## ·추·천·사·

우리 목회자에게 부여된 설교의 특권은 어떤 것과도 비교할 수 없는 영광이며 또한 어깨를 누르는 부담이기도 합니다. 어떤 이들은 진리보다도 설교를 멋지게 하려고 하기도 하고 본인의 성숙의 무게보다 더한 말들을 하려고도 합니다.

이런 때에 찰스 스윈돌 목사님의 신약 인사이트 시리즈가 나오게 된 것은 모든 목회자들을 위한 축복이라고 생각합니다. 그는 50년 가까이 사역을 하면서 단 한 번의 소란스러운 소문도 내지 않고 모든 교인에게 존경을 받은 목회자입니다. 탁월한 삶의 안목으로 진리를 발견하고, 가장 풍성한 언어로 본문의 강해를 전하는 목회자입니다. 그런가 하면 그는 가장 말씀을 잘 교육하는 달라스 신학교를 맡아 후학들을 교육하여 미국에서 가장 영향력 있는 신학교로 발전시켜나갔습니다.

이 책은 그의 50년 말씀 강해 사역의 결산입니다. 어렵고 난해한 설명이 아니라 진리에 대한 분명한 이해와 전 생애를 통해 입증한 진리의 말씀을 그만이 할 수 있는 언어의 연금술사적 표현으로 이 강해를 완성했습니다. 이 시리즈는 가볍고 빈약한 말씀으로 얼룩진 한국 교회의 강단에 풍성한 말씀의 은혜를 가져다줄 것입니다. 성경 본문을 다시 보게 만들고, 진리의 깊은 뜻에 목회자 자신이 먼저 은혜를 받게 하며, 전해야 할 메시지를 분명하게 정리해 주는 가이드가 될 것입니다. 한국 강단에 말씀이 흥왕되기를 간절히 바라며 젊은 목회자뿐만 아니라, 말씀 앞에 오늘도 씨름하며 간절히 사모하는 모든 설교자에게 진심으로 이 책을 권합니다.

**홍정길 목사_남서울은혜교회 원로 목사**

찰스 스윈돌은 우리 시대 하나님의 선물입니다. 그는 가장 신실한 강해 설교의 모본을 보이신 분입니다. 그는 학자는 아니지만 언제나 본문에 성실한 설교자입니다.

그는 주석/ 석의의 기본을 중시하면서 본문을 강해하는 분입니다. 그러면서 탁월한 적용으로 우리를 삶의 마당으로 안내합니다. 이번에 도서출판 디모데가 『찰스 스윈돌의 신약 인사이트』 시리즈를 펴낸 것에 대해 한국 교회와 더불어 축하하며 기뻐하고 싶습니다.

그만큼 한국 교회 강단이 풍성해질 것을 기대하기 때문입니다. 설교자들은 옷을 팔아서라도 이 시리즈를 비치하고, 모든 성경 연구자는 새로운 재산 목록으로 이 시리즈를 추가하십시오. 이 시리즈가 오늘의 허약한 강단을 부요하게 하고, 위기에 처한 한국 교회를 살리는 보약이 될 것을 예감합니다. 진지하게 말씀을 묵상하는 모든 이에게 이 책은 우리 시대의 동의보감이 될 것입니다. 찰스 스윈돌이 이미 끼친 영향력보다 더 오래, 그리고 더 깊게 이 시리즈는 말씀을 연구하는 모든 사람의 길잡이가 될 것입니다.

함께 귀한 보화를 나누는 기쁨으로 이 책을 추천합니다.

**이동원 목사_지구촌교회 원로 목사**

찰스 스윈돌 목사님은 저 개인의 판단으로는 현재 생존하고 있는 설교자 가운데 최고의 설교자라고 늘 생각해왔습니다. 제가 미국에 거주했던 오랜 시간 동안 기회가 있을 때마다 스윈돌 목사님의 설교를 들으면서 하나님의 말씀이 얼마나 귀하고 위대한 진리인지를 강하게 느끼곤 했습니다. 특히 설교를 전달하는 그분의 능력은 누구와도 비교가 되지 않습니다. 사실 이러한 판단은 저만의 느낌이 아니고 그분의 설교를 들어본 전 세계 수많은 기독교인들이 같은 판단을 하고 있다고 생각합니다. 스윈돌 목사님의 설교는 거의 강해식 설교인데 성경 말씀의 현실적 가치를 남김없이 드러내줍니다. 설교자들이 본받아야 할 모델임에 틀림없습니다. 달라스 신학대학원 총장을 은퇴한 스윈돌 목사님은 달라스에 교회를 개척하신 후 오늘까지도 설교를 하고 계십니다. 그 설교 시리즈를 〈인사이트 포 리빙〉(Insight for Living)이라 부릅니다. 이번에 디모데에서 출판한 『찰스 스윈돌의 신약 인사이트』 시리즈는 그분의 설교를 주석 형태로 정리하여 출판한 것으로서, 비록 활자화된 책이 그분의 현장 설교를 그대로 반영할 수는 없겠지만, 그래도 그분의 탁월한 말씀 선포를 최대한 반영한 것이라 할 수 있습니다. 한국의 모든 목회자와 신학생과 한국 교회에 이 시리즈가 소중한 자료로 사용되어지고, 독자들에게 큰 은혜를 끼치게 될 것을 기대해마지 않습니다.

**김상복 목사_세계복음주의연맹(WEA) 회장, 할렐루야교회 원로 목사**

포스트모던 시대에 살고 있는 현대 크리스천들과 목회자들과 선교사들에게 있어서 가장 큰 취약점은 날이 갈수록 성경 말씀이 그들로부터 멀게 느껴진다는 사실이다. 찰스 스윈돌 목사님의 설교와 성경 강해는 이런 추세를 돌이키고도 남음이 있음을 지난 47여 년 동안 그의 설교를 듣고 하나님의 말씀이 주는 감동을 다시 찾은 미국 교회 회중들에 의해 충분히 입증된 바 있다. 이『찰스 스윈돌의 신약 인사이트』시리즈도 현대 한국 크리스천들과 목회자들과 선교사들로 하여금 말씀에 대한 이해와 적용을 할 수 있도록 도움으로써 다시 한 번 성경의 원저자가 의도했던 감동을 주기에 충분할 것이다.

성경 말씀이 처음 선포되었을 때 이를 들은 회중에게 일어났던 임팩트가 재현되기 위해서는 최소한 다음 두 가지 여건이 재조성되지 않으면 안 된다. 첫째, 하나님이 원래 의도하셨던 대로 그 의미(meaning)가 정확하게 전달되어야 한다. 둘째, 듣는 이들의 마음속에 말씀이 들어가서 하나님이 그 말씀을 통해 의도하셨던 일이 선명하게 드러나야 한다. 이럴 때 비로소 우리는 전해진 말씀이 자신들과 연관성(relevance)이 있다는 사실을 피부로 느끼게 될 것이다. 이를 다시 한국 상황에 맞게 정리하면 성경에 대한 이해와 아울러 이 말씀을 듣는 회중, 즉 한국 사람들의 마음에 대한 이해가 깊지 않으면 안 된다는 말이다. 이에 한 가지 중요한 요소를 더 보탠다면 이 둘 사이에 다리를 놓는 것, 즉 커뮤니케이션이 잘 되어야 한다는 것이다.

이 시리즈는 이 세 가지 모두를 탁월하게 이해한 이 시대의 가장 저명한 강해자 가운데 한 사람이 그의 전 생애를 건 결실이기도 하다. 이를 사용하는 한국 크리스천들과 목회자들과 선교사들에게도 다시 한 번 하나님의 말씀이 가슴속 깊이 파고들어가 원저자이신 성령이 의도하신 대로의 메시지에 따라 삶이 변화되며, 급기야 그 가치관과 세계관이 성경적이 되어 더 이상 얄팍한 크리스천이라는 비난을 받지 않게 되기를 간절히 기원하며 이 시리즈를 모든 사람에게 추천한다.

**이태웅 목사_한국글로벌리더십연구원 원장**

찰스 스윈돌 목사님은 우리 시대 최고의 목회자요 설교자로서 이미 수많은 저서를 통해 우리에게 잘 알려진 존경받는 저술가이기도 하다. 『찰스 스윈돌의 신약 인사이트』 시리즈는 목회자에게 유익을 주는 또 하나의 저서이다. 이 책은 목회자들의 설교나 성경 공부 준비에 아주 요긴한 좋은 지식을 제공하고 있어 대단히 유익하다.

**김경원 목사_서현교회**

"나는 성경 말씀을 고찰하고 선포하는 일에 중독되었다고 서슴없이 말할 수 있습니다." 이것은 찰스 스윈돌 목사님이 서문에서 고백한 내용이다. 그는 설교자로서 하나님의 말씀을 정확하고, 명료하고, 현실적이고, 통찰력 있게 전달하고자 애썼으며 이 일에 자신의 전 생애를 헌신했다. 이 책은 지난 50여 년 동안 설교하고 가르치면서 하나님의 진리를 이해하고 설명하고 적용한 귀한 책이다.

**김병삼 목사_만나교회**

찰스 스윈돌 목사님은 본문 주해와 적용에 탁월한 강해 설교자이다. 그에게는 원어로 말씀을 분석하는 지력과 말씀을 삶에 실제적으로 적용하는 통찰력이 있다. 그에게는 하나님의 말씀인 로고스(Logos), 그 말씀을 자신 있게 전하는 설교자의 에토스(Ethos), 그리고 열정과 헌신으로 가득한 설교자의 파토스(Pathos)가 있기에 이 시리즈가 말씀을 사랑하는 평신도와 목회자에게 큰 유익이 되리라 확신한다.

**노창수 목사_워싱턴 중앙장로교회**

찰스 스윈돌은 모든 사역자에게 존경을 받는 분입니다. 그분의 분명한 성경 강해와 실천적인 적용의 원리는 모든 곳, 모든 사람에게 깊은 영향력을 끼치고 있습니다. 이번에 디모데에서 출간된 『찰스 스윈돌의 신약 인사이트』 시리즈는 설교를 준비하는 신학생으로부터 담임목사에 이르기까지 매 주일 말씀을 선포하는 사역자들의 목마름을 해갈시켜줄 좋은 도움서입니다. 모든 분들의 일독을 적극 추천합니다.

**박은조 목사_샘물교회**

지난 반세기를 말씀을 전하는 일에 헌신해온 찰스 스윈돌 목사님은 과연 이 시대 가장 탁월한 설교자답게 모든 설교자를 위하여 대단히 귀한 선물을 준비했다. 설교자 치고 자료의 중요성을 모르는 사람이 어디 있을까? 이번에 그가 펴낸 이 새로운 시리즈는 어렵고 난해한 주석들과 너무도 평범한 설교집들 사이에서 방황하던 설교자들에게 마침표를 찍어줄 것이다.

**박정근 목사_부산영안침례교회**

내가 처음 강해 설교를 배운 후 연습을 위해 참고한 것이 찰스 스윈돌의 성경 공부였다. 그가 말씀을 묵상한 내용은 깊이도 있지만 적용의 포인트가 아주 신선했다. 무엇보다도 의사소통에 천재적인 능력을 보여주었다. 그는 자신이 강조하는 것처럼 성경 신학자는 아니다. 그럼에도 불구하고, 아니 그렇기 때문에 그의 성경 해석은 모든 사람에게 쉽게 전달이 된다. 이 시리즈는 성경을 공부하는 사람들에게 부담을 주지 않으면서도 실제적으로 많은 도움을 줄 것이다.

**방선기 목사_직장사역연구소 소장**

신약의 성경들과 관련된 주석들을 많이 읽어보았지만 찰스 스윈돌 목사님의 시리즈만큼 인사이트풀한 책은 없었습니다. 방대한 자료를 제시하며 깊이 있게, 여러 가지 관점으로 볼 수 있도록 인도하는『찰스 스윈돌의 신약 인사이트』시리즈는 신기할 정도로 한결같이 친절하고 생생한 언어를 사용해 성경의 원저자들을 만난 것 같은 기분을 느끼게 합니다. 가르치는 사람이라면 꼭 읽고 공부하시기를 권합니다. 다만, 이 책을 펼치시기 전에 조심해야 할 일이 있습니다. 이 책을 읽는 사람이라면 누구나 이 시리즈의 전도사가 될 것이기 때문입니다.

**서정인 목사_한국컴패션 대표**

명료하면서도 풍성한 표현, 정확하면서도 깊은 이해, 어렵지 않으면서도 부족함이 없는 성경 해석서가 있기를 바라왔는데 주님은 그런 축복을 찰스 스윈돌 목사님을 통해 우리에게 주셨습니다. 훌륭한 목회자로, 탁월한 설교자로서 그의 47년 목회 사역의 귀중한 자료들을 망라한 이 책을 말씀에 대한 갈증을 느끼는 모든 목회자, 특별히 설교를 준비하는 모든 설교자에게 진심으로 권합니다.

**이찬수 목사_분당우리교회**

오늘날 교계의 가장 빼어난 지도자 가운데 한 분으로 나는 주저 없이 찰스 스윈돌 목사님을 꼽는다. 그는 탁월한 지도력을 갖춘 목회자이고, 건강한 신학적 안목을 지닌 성경 강해자이며, 선명한 복음을 선포하는 설교자이다. 그러나 내가 그를 존경하는 진짜 이유는 말과 행실이 일치하는 그의 성숙한 신앙 인격 때문이다. 평생 스캔들 한 번 없이 수많은 사람들에게 거룩한 영향력을 미친 그의 47년 사역의 결정체가 책자로 출간되었다니 말할 수 없이 기쁘고 감사하다. 전통적 주석과 달리 성경을 통합적으로 꿰어내는 통찰력이 그의 라디오 사역인 〈인사이트 포 리빙〉(Insight for Living)을 연상시킨다. 이 보석 같은 책자를 모든 성도와 신학도와 설교자에게 자신 있게 추천한다.

**정민영 선교사_WBT 부총재**

찰스 스윈돌 목사님은 우리에게 잘 알려져 있는 목사님이다. 그가 가진 성경 공부와 강해 설교에 대한 탁월한 은사는 우리로 하여금 성경을 전체적으로 그리고 세밀하게 바라볼 수 있도록 도와준다. 그리고 그가 저술한 여러 책들은 누구나 성경을 바로 이해할 수 있도록 도와줄 뿐만 아니라 말씀을 삶에 적용하고 실천하는 데 대단히 훌륭한 가이드가 된다. 이번에 디모데에서 출판한 『찰스 스윈돌의 신약 인사이트』 시리즈는 목회자들의 설교 사역에 대단히 큰 도움을 줄 것이라고 확신한다.

**정주채 목사_향상교회**

드디어 기다리던 작품이 나오게 되어 기쁘다. 찰스 스윈돌, 그는 실천적 성경 해석가요 본문을 살아나게 하는 설교자이다. 그는 '그때 거기서' 주어졌던 말씀을 '지금 여기에서도' 적용되도록 실용적 인사이트를 준다. 특히 그는 어느 본문에서도 예수 그리스도가 나타나도록 설교의 절정을 이루는 원리와 비법을 자연스럽게 제시해준다. 그래서 말씀을 듣는 사람들을 부활의 능력으로 소생시켜준다. 이것이 그가 만들어내는 인사이트 주석의 핵심이다.

**조봉희 목사_지구촌교회(서울)**

본문에 대한 세밀한 통찰력과 시대를 읽어내는 예리한 지성이 청중을 사로잡는 수사학과 버무려진 책이다. 본문을 통하여 하나님의 음성을 읽어내는 영성과 그 음성을 청중의 삶에 적용하기 위한 찰스 스윈들의 열정과 사랑이 집대성되었다. 이 책에는 천상의 소리를 지상의 소리로 만드는 비법이 고스란히 담겨 있다.

**최명덕 목사_건국대학교 교수**

『찰스 스윈돌의 신약 인사이트』 시리즈를 통해 찰스 스윈돌 목사님을 우리 개인의 서재로 초대하고, 그분과 함께 목회 동역자로 일할 수 있는 길이 가능해졌다. 성경에 대한 그분의 애정과 깊은 영성은 모든 목회자에게 엄선된 자료, 탁월한 분석과 요약, 놀라운 통찰력, 감동과 도전을 준다. 우리는 더 이상 성경 본문 속에서 방황할 필요가 없다. 왜냐하면 이제 성경의 핵심으로 바로 뛰어 들어갈 수 있기 때문이다.

**홍인종 목사_장로회신학대학원 교수**

찰스 스윈돌의 신약 인사이트

# 고린도전·후서

Swindoll's Living Insights NT Commentary #7: 1 & 2 Corinthians

찰스 스윈돌
신약 인사이트 시리즈

김희수 옮김

# SWINDOLL'S NEW TESTAMENT INSIGHTS

1 & 2 CORINTHIANS

# 고린도전·후서

디모데

## 차례

■ **지도·도표·사진과 보충설명 목록**

# 머리말

60년이 넘도록 나는 성경을 애독해왔습니다. 성경을 향한 그 사랑에 내가 해병대 복무 중에 받은 복음 사역으로의 부르심이 더해져 나는 달라스 신학교에 입학하게 되었습니다. 그 4년 동안 나는 하나님의 말씀을 사랑하는 훌륭한 하나님의 사람들 밑에서 수학하는 특권을 누렸습니다. 그분들은 무오한 하나님의 말씀을 추앙하고, 신중하게 가르치며, 열정적으로 설교하고, 행동으로 실천하는 모범을 보여주었습니다. 나는 내 것이라고 선포된 위대한 유업에 대해 하나님께 감사하지 않고 보낸 주가 한 주도 없었습니다! 하나님의 진리를 이해하고 설명하고 적용하는 일에 이토록 헌신하도록 나를 키워준 그 훌륭한 신학자들과 멘토들에게 나는 영원한 빚을 지고 있습니다.

45년 이상을 나는 이 일에 정진해왔습니다. 그리고 얼마나 이 일을 사랑하는지 모릅니다! 고백하건대 나는 성경 말씀을 고찰하고 선포하는 일에 중독되었다고 서슴없이 말할 수 있습니다. 그렇기 때문에 이 시리즈–특히 하나님이 기록하신 말씀 속에 담겨진 진리를 설명하고 이해를 돕는–는 내 삶에서 매우 중요한 의미를 가집니다. 오랜 세월 힘을 다해 성경을 성실하게 연구하면서 발견한 소중한 서적들을 모아 널찍한 서재를 만들었습니다. 생의 마지막 날까지 내 인생의 가장 중요한 목표는 하나님의 말씀을 정확하고, 명료하며, 현실적이고, 통찰력 있게 전달하는 것입니다. 찾아볼 수 있는 많은 정보가 담겨진 신뢰할 만한 서적들이 없었다면 나의 작업은 몇 십 년 전에 '고갈'되어버렸을 것입니다.

내가 가장 많이 그리고 즐겨 사용한 책들은 성경의 본문을 더 잘 이해하는 데 유용한 책들입니다. 대부분의 주석가들이 그렇듯이 나는 끊임없이 나의 재능을 연마하고 더 날카롭게 해줄 문헌들을 찾고 있습니다. 다시 말해서, 복잡한 것을 단순하고 이해하기 쉽게 만들어주고, 내가 살고 있는 21세기 세상의 관점에서 신성한 진리와의 관련성을 볼 수 있게 해주는 통찰력 있는 해설과 눈으로 보는 듯한 생생한 서술을 제공하며, 그 진리들을 내가 쉽게 잊지 못하도록 마음속 깊이 새겨주는 자료들을 찾는다는 뜻입니다. 그런 책을 발견하면 나는 그것을 손에서 놓지 않고 탐독한 후에 나중에 다시 찾아보기 위해 내 서재에 보관합니다. 그리고 정말로, 나는 자주 그 책들을 찾아봅니다. 신선한 통찰이 부족하거나 적합한 이야기나 예화가 필요할 때, 또는 본문 해석이 잘 풀리지 않아 빠져나올 방법을 찾을 수 없을 때 찾아볼 수 있는 자료들이 있다는 게 얼마나 다행인지 모릅니다. 열정적인 주석가들에게 서재는 반드시 있어야 합니다. 나의 멘토 중 한 분이 이런 말을 한 적이 있습니다. "도대체 다른 어디에서 자네 손바닥에 만 명의 교수들을 올려놓을 수 있겠나?"

최근에 나는 내가 방금 설명한 것과 같은 충분한 자료들이 턱없이 부족하다는 사실을 알게 되었습니다. 그리고 문제를 한탄하기보다는 내가 그 해답의 일부가 되자는 생각을 품게 되었습니다. 그러나 그 해답은 큰 임무를 떠맡는 것이 될 터였습니다. 신약의 모든 책과 편지들을 망라하는 저술 작업은 너무나 벅차고 두렵게 느껴졌습니다. 그러나 내가 지난 50년이 넘도록 신약 성경의 대부분을 가르치고 설교했다는 사실을 깨달았을 때 안도감이 밀려왔습니다. 내 자료 파일들은 이 시대의 필요에 부응하는 새로운 의미가 보태어져 세상에 나가 주님의 신선한 말씀을 갈망하는 사람들의 삶에 적용되기를 기다리며 숨어 있던 메시지들에 대한 주석들로 가득했습니다. 이거면 됐다! 나는 그 모든 파일을 바탕으로 신약 주석을 집필하기로 계획을 세웠습니다.

직접 편집을 해준 마크 게이더(Mark Gaither)와 마이크 스비겔(Mike Svigel)의 지칠 줄 모르는 노고에 감사의 마음을 전합니다. 그들은 신약 성경 27권의 각 장과 구절들을 모두 섭렵하는 작업을 멋지게 해냈습니다. 그들은 원고를 성경 본문에 충실하고 흥미롭고 독창적이면서도 읽기 편한 문체로 다듬고 자연스럽게 내 목소리가 드러나게 해주었습니다. 그 과정을 지켜보는 것은 또 다른 즐거움이었습니다.

내가 50년이 넘도록 섬겨온 미국 여러 지역의 교인들에게도 깊은 감사를 드립니다. 매년 하나님의 메시지를 지키고 전달하는 소명을 수행하면서 그분들의 사랑, 지원, 인내 그리고 수많은 격려의 말을 들을 수 있었던 것은 행운이었습니다. 나는 목자로서 그 양 떼들을 이루 말할 수 없이 사랑했습니다. 또한 내가 지금 기쁨으로 섬기고 있는 텍사스 주 프리스코에 있는 스톤브라이어 교회(Stonebriar Community Church)의 양 떼들은 더더욱 그렇습니다.

마지막으로, 공부와 설교와 글쓰기에 중독된 나를 이해해준 아내 신시아(Cynthia)에게 감사합니다. 아내는 내가 이 일을 하는 것을 한 번도 반대한 적이 없습니다. 언제나 내가 최선을 다하도록 격려해주었습니다. 그녀의 애정 어린 지원과 더불어 35년이 넘도록 인사이트 포 리빙(Insight for Living)을 훌륭히 이끌어온 그녀의 헌신에 힘입어 "때를 얻든지 못 얻든지" 나의 소명에 충실할 수 있었습니다. 평생을 함께 사역하면서 형성된 동역자로서의 관계는 그렇다 치더라도, 나에 대한 그녀의 헌신이 없었다면 이 시리즈는 결코 시작되지 못했을 것입니다.

이 책에 당신의 손길이 닿을 수 있어서 그리고 궁극적으로 당신의 서가에 놓일 수 있게 되어서 정말 기쁩니다. 나의 끊임없는 기도와 바람은 이 책들이 당신이 성경을 공부하고 적용하는 데 유용하게 쓰이는 것입니다. 내가 오랜 세월에 걸쳐 깨달았듯이 당신 또한 하나님의 말씀은 시대를 초월하는 진리라는 사실을 깨닫는 데 이 책이 도움이 되기를 기도합니다.

"풀은 마르고 꽃은 시드나
우리 하나님의 말씀은 영원히 서리라"(사 40:8).

찰스 스윈돌(Charles Swindoll)

텍사스주 프리스코

# 스트롱 번호 체계

찰스 스윈돌의 신약 인사이트 주석은 스트롱의 단어 연구 번호 체계를 사용하여 초보자와 경험자를 막론하고 성경 학도들이 성구사전, 사전, 신학사전 등 유익한 원어 자료를 더 신속하고 간편하게 찾아볼 수 있도록 했다. *Strong's Exhaustive Concordance of the Bible*을 통해 보편화된 스트롱 번호 체계는 대다수 성경 헬라어 및 히브리어 참고문헌에 쓰이고 있다. 고대 히브리어, 아람어, 헬라어 철자에 익숙하지 않은 이들도 해당 번호만 찾아보면 각 단어에 대한 정보를 바로 얻을 수 있다. 애매한 활용과 어형 변화의 사전적 형태를 신속히 찾아볼 수 있어 성경 원어를 아는 이들에게도 도움이 된다. (로고스 역간『개역개정 · 개역한글 비교 성구사전 스트롱 원어코드』를 참고하라–역주.)

본문에 헬라어 단어를 언급할 때마다 괄호 안에 스트롱 번호를 병기했다. 예컨대 '사랑'을 뜻하는 헬라어 단어 *agapē*(26)의 경우 스트롱 번호 체계와 연계된 모든 헬라어 자료에 같은 번호 26이 쓰인다.

간혹 본문에 히브리어 단어가 언급될 때도 있는데 스트롱 히브리어 번호는 헬라어 번호와는 완전히 별개로 앞에 H가 붙는다. 예컨대 '속죄소'를 뜻하는 히브리어 단어 *kapporet*(H3727)는 '속량하다, 선물로 호의를 얻다'는 뜻의 *kopher*(H3722)에서 파생했다.

# 고린도전서 인사이트

바울은 고린도 교회를 분열시키는 문제들을 해결하려고 애썼다. 교회는 유대인들과 이방인들로 구성원이 다양했고, 그 시작은 핍박으로 험난했으며, 종교적, 도덕적으로 타락한 문화의 영향 속에서 갈수록 문제가 늘어나고 있었다.

문명의 빛은 희미해지고 교회들은 무질서하고 이기적인 고린도 교회의 모습을 점점 더 닮아가는 이 시대에 그 분열된 교회를 향한 바울의 말은 더 절박하고 더 큰 의미로 다가온다.

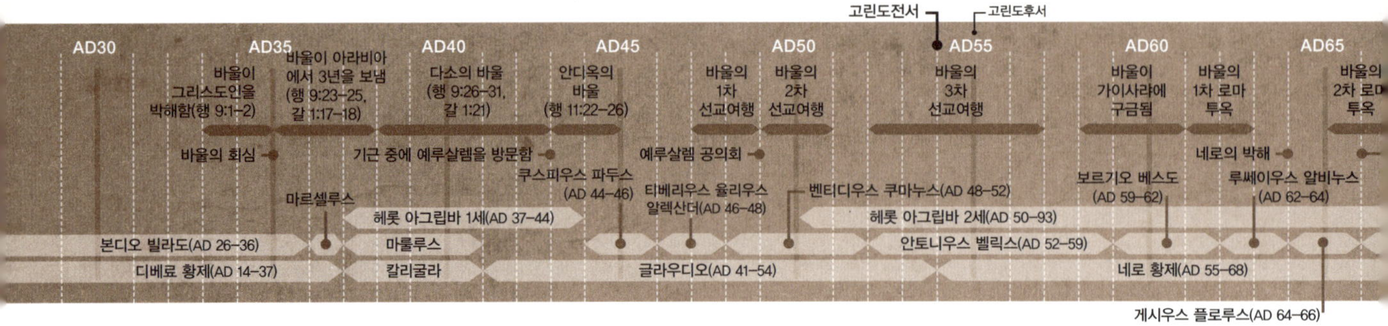

**바울의 2차 선교여행.** 바울과 실라는 안디옥에서 출발해 바울이 AD 47-48경 1차 선교여행 때 교회를 개척한 몇몇 도시를 다시 찾았다. 그들은 아시아를 거쳐 헬라를 지나 고린도까지 갔다. 바울은 고린도에서 브리스길라와 아굴라를 만났다. 디도 유스도의 집에 거하면서 새로 그리스도를 영접한 사람들로 이루어진 교회에서 사역했다.

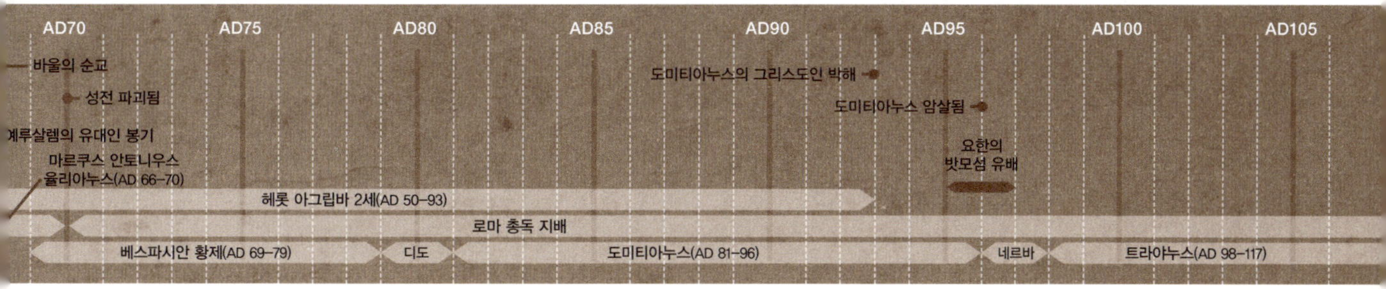


# 고린도전서

## 서론

우리 부부는 1957년의 마지막 몇 달을 샌프란시스코에서 지냈다. 하지만 그곳 주민이었다고 말하기에는 다소 무리가 있는 게 우리는 대부분의 시간을 길을 잃고 헤맸다! 그때는 내비게이션이 개발되기 수십 년 전이라 우리는 느닷없는 길에 가로막히곤 했다. 수직이나 대각선으로 뻗은 도로가 있는가 하면 어떤 도로는 거대한 스파게티 접시 위를 운행하는 것 같았다. 계속 일방통행 표지판을 살피지 않으면 난데없이 나타나기 일쑤인 트롤리에 들이받힐 판이었다. 이렇게 구불구불하고 오르락내리락하는 도로와 퇴색한 도로 표지판 탓에 시내 지도는 거의 무용지물이었고, 괴상한 구식 건물들과 다닥다닥 늘어선 주택들은 마치 누군가가 똑같은 디자인을 복사해서 도시 구획을 따라 쭉 붙여 넣은 것처럼 보였다. 그래서 눈에 띄는 랜드마크로 길을 찾을 수 없었다. 이렇게 헷갈리는 길에다가 그 자체만으로도 지독한 반도의 짙은 안개까지 한몫했다. 몇 시간을 혼자 숨바꼭질하고 나면 "이곳은 거울나라 저편의 도시인 게 분명해!"라는 결론을 내리고 앨리스와 모자 장수를 찾게 된다.

우리 부부는 얼마 후 그 도시에서 길을 찾는 방법을 알아냈다. 아내가 조수석에 앉아서 지도에 코를 박은 채 인간 내비게이션처럼 부드러운 목소리로 방향을 지시했다. "두 번째 길에서 우회전…첫 번째 길에서 좌회전…. 앗, 잘못 들어갔어요. 돌아가요." 나는 내가 있

## 한눈에 보는 고린도전서

<table>
<tr><th>단락</th><th>인사와 기도</th><th>분쟁과 어리석음을 질책함</th><th>패역과 음행을 바로잡음</th></tr>
<tr><td rowspan="2">주제</td><td rowspan="2">기도<br>축복<br>인사</td><td colspan="2">분열과 재앙<br>죄에 물든 상황에 대한 질책<br>“형제들아 내가…너희를 권하노니”(1:10).</td></tr>
<tr><td>연합을 호소함<br>어리석음을 질책함</td><td>순결을 호소함<br>부도덕을 질책함</td></tr>
<tr><td rowspan="2">핵심 용어</td><td colspan="3">영적 육적</td></tr>
<tr><td>은혜<br>부름받음</td><td>지혜<br>어리석음</td><td>청지기<br>부도덕</td></tr>
<tr><td>본문</td><td>1:1–9</td><td>1:10–3:23</td><td>4:1–6:20</td></tr>
</table>

<table>
<tr><th>가정과 교제를<br>굳건히 함</th><th>교회와 예배의<br>질서</th><th>죽음과 부활에<br>관하여</th><th>마무리 지침과<br>경고</th></tr>
<tr><td colspan="4">난제와 논쟁<br>특정 질문에 대한 회답<br>“너희가 쓴 문제에 대하여 말하면…”(7:1).</td></tr>
<tr><td>결혼과 이혼<br>자유와 방종</td><td>여자와 예배<br>은사와 사역</td><td>복음과 믿음<br>죽음과 부활</td><td>주는 것과 받는 것<br>책망과 권고</td></tr>
<tr><td colspan="4">사랑 지혜</td></tr>
<tr><td>결혼<br>지식</td><td>교화<br>은사</td><td>복음<br>부활</td><td>모금<br>마라나타</td></tr>
<tr><td>7:1–10:33</td><td>11:1–14:40</td><td>15:1–58</td><td>16:1–24</td></tr>
</table>

는 곳이 어딘지 몰랐지만, 아내를 믿었다. 우리는 A 지점에서 B 지점으로 이동할 때(자주 계획에 없는 C, D, E 지점을 거쳐서) 거리의 차와 성급한 운전자들이 우리를 앞지르지 않기만 바랐다.

그런데 그해 가을에 친구들과 신축된 샌프란시스코 힐튼 호텔 옥상에 올라갔을 때 상황이 달라졌다. 지상 20층까지 올라가자 한눈에 도시의 구조가 파악되었다. 그 높이에서 반도의 전경을 바라보니 도시 전체가 서로 연계된 게 보였다. 멀리 금문교가 있었고, 베이 브릿지도 보였다. 그 둘 사이에는 피셔맨스 워프(미국 샌프란시스코 어항의 선창가–역주)가 있었고, 우리 뒤로는 노브힐과 차이나타운이 있었다. 더 남쪽으로는 데일리시티와 반도 아래쪽의 다른 중요한 지역들이 있었다. 그리고 주요 도로, 공원도로, 대로들이 보였다. 위에서 도시 전체를 한눈에 내려다보니 갑자기 샌프란시스코를 더 잘 이해하게 되었다.

바울이 고린도 교회에 보낸 첫 번째 서신서는, 먼저 시간을 갖고 성경적이고 역사적인 맥락 속에서 전체를 조망하지 못하면, 텍사스 사람이 샌프란시스코의 거리를 처음 운전하는 것만큼이나 당혹스러울 수 있다. 정말로, 숙련된 설교자와 교사도 복잡하게 뒤얽힌 고린도전서의 장과 절 속에서 갈피를 못 잡고 헤맬 수 있다. 많은 주석가가 이 책의 개요를 파악하기 전에 세부 사항에 몰입하는 치명적 오류를 범한다. 이 원칙은 성경의 모든 책에 적용되지만, 고린도전서에서는 특히 중요하다. 그래서 내가 당신을 안내해서 1세기의 고린도와 그곳에서 펼쳐진 바울의 사역을 먼저 살펴보고, 그다음에 이 서신서를 개괄하려고 한다. 먼저 이 위대한 서신서의 주요 도로와 랜드마크를 숙지해야 길을 잃지 않고 흥미로운 거리와 교차로, 마을들을 살펴볼 수 있다.

## 고린도전서의 핵심 용어

ἀγάπη [*agapē*, 아가페] *(26)* '사랑', '자비심'

헬라어 명사 *agapē*는 유대인과 그리스도인의 글 외에서는 거의 찾아볼 수 없지만, 일반적으로 '사랑하다'는 동사형으로는 널리 쓰였다. 헬라 문화는 맥락에 따라 다양하게 사용되기는 했지만, 대개 이성 간에 타오르는 충동적이고 낭만적인 사랑인 *erōs*를 찬양했다. 헬라인은 또 *philia*(5373),

즉 깊은 우정에서 나오는 따뜻하고 고결한 애정을 존중했다. 하지만 *agapē*라는 용어는 헬라 문학에서 발달하지 않았다. 특별히 유대와 기독교 문학에서 하나님의 사랑을 표현할 때 사용되었던 *agapē*는 다른 사람의 최대, 최고의 유익을 추구하겠다는 결단에서 나오는 조건 없는 사랑을 나타냈다. 이러한 자기의 유익을 구하지 않는 사심 없는 사랑은 사람들을 향한 하나님의 사랑과 더불어 다른 사람들에게 그 사랑을 그대로 보여주어야 할 그리스도인의 책임을 보여준다(4:21, 8:1, 13:1–13, 14:1, 16:14). 바울의 '사랑 장'(13:1–13)은 진정한 *agapē*가 무엇인지를 생생하고 아름답게 그린다.

πνευματικός [*pneumatikos*, 프뉴마티코스] *(4152)* '영적인'

σαρκικός [*sarkikos*, 사르키코스] *(4559)* '육적인'

형용사 *pneumatikos*는 다른 비물질적인 것들을 나타낼 수도 있지만(엡 6:12), 신약성경에서는 성령을 언급하는 데 가장 많이 쓰였다. 따라서 성령님이 주시는 은사, 축복, 계시 등과 같은 것들을 "영적인 것"이라고 하며(롬 1:11, 7:14, 고전 2:13, 엡 1:3), 성령의 능력을 힘입어 사는 사람들을 "신령한 자"라고 말한다(고전 2:15, 3:1, 14:37, 갈 6:1). *Pneumatikos*는 세상과 인간에게서 말미암은 것을 뜻하는 *sarkikos* 또는 파생어인 *sarkinos*(4560)(두 가지 모두 '육신에 속한'이라는 뜻이다. 참조. 고전 3:1, 3)와 대비해서 천상과 하나님에게서 난 것을 강조하기도 한다. 바울은 이 두 반의어를 사용해 영적 성숙을 위해 노력해야 했던 고린도 교인의 세속적이고 미성숙한 상태를 보여준다.

σοφία [*sophia*, 소피아] *(4678)* '지혜'

*Sophia* 곧 '지혜'는 헬라인들도 추구하고 찬양했지만, 히브리 성경에서도 다양한 의미로 쓰였다. 지혜는 사실에 대한 단순한 지식보다 훨씬 많은 것을 포함한다. 지혜는 헬라 철학에서 볼 수 있는 삶의 지혜나 실제적인 미덕의 강조보다 한 걸음 더 나아간 개념이다. 오히려 기독교적인 의미의 '지혜'는 하나님이 주시는 선물(약 1:5)로 성령의 임재와 역사하심과 밀접한 관계가 있으며, 초자연적인 분별력과 신중성이 이로부터 나온다. 참된 지혜는 하나님에게서 오기 때문에 이방인들은 종종 그것을 '어리석은 것'으로 여겼다.

## 고린도

신약시대에 고린도는 거의 헬라 전역을 망라하는 로마의 아가야 지역을 통치했다. 정치 권력의 중심지였던 고린도에는 지방 총독의 관사가 있었다.[1] 고린도는 BC 146년에 로마인들에게 파괴되었는데, BC 44년에 율리오 가이사(Julius Caesar)가 황폐한 도시를 재건하고 로마제국 주변의 자유민들을 이주시켰다.

이렇게 외부 민족이 유입되면서 고린도는 매우 다양하고 다원적인 국제도시가 되었다.

상업이 호황을 누렸고 수많은 종교가 공존하면서 혼합주의적인 신앙 체제가 많이 생겨났다. 고린도에는 풍요의 여신 아프로디테의 성전을 위시해 다양한 신들을 기념하고 숭배하는 성전이 많았다. 이렇게 번성하는 항구 도시에서 성전의 성창(聖娼) 제의와 거리 매춘이 흔했는데 이것이 고린도의 특징이었다.

고린도는 전략적 요지에 있었던 덕분에 매우 부유했다. 고린도는 헬라 본토 남부에 위치한 펠로폰네소스 반도와 북부 접경 지역 및 마게도냐와 에피루스 지역을 연결하는 지협에 자리 잡고 있었는데, 이 지역은 서쪽의 아드리아해와 동쪽의 에게해에 모두 접근할 수 있는 요지였다. 많은 상인이 펠로폰네소스 반도 남쪽의 격류 때문에 한쪽 항구의 건선거에 선박을 대고 짐을 부린 후 육로를 통해 다른 항구로 운송하거나 비용을 지불하고 육로로 선박을 끌고 갔는데 이는 간단치 않은 일이었다. 육상과 해상 무역로를 모두 끼고 있는 전략적 위치는 고린도의 상업을 크게 번성하게 했고, 청동과 테라코타 같은 자체 산업도 고린도 경제에 한몫했다.[2] 상업적 중요성을 나타내는 지표인 시장으로 보자면 1세기에 고린도 시장은 로마 제국에서 가장 큰 규모를 자랑했다.[3] 그야말로 번영의 젖과 꿀이 고린도의 잔 속으로 흘러들었다.

경제적 번영과 함께 평화도 찾아왔다. 고린도는 재정적 안정을 되찾자 다시 이스트미아 제전(Isthmian Games)을 개최하기 시작했다. 제국 전역에서 온 헬라인과 로마인이 이 자리에서 육상뿐 아니라 연극, 음악, 웅변 등을 겨뤘다. 2년마다 열린 이스트미아 제전은 며칠 동안 고린도의 거대한 경기장과 두 개의 극장에서 진행되었다. 한 곳은 18,000명이 앉을 수 있는 노천 극장이었고, 다른 한 곳은 3,000명을 수용할 수 있는 실내 극장이었다. 이 제전은 인기도 많았지만 화려함과 방종으로도 이름을 날렸다. 대회는 관광객을 불러 들였고, 상업과 관광의 결합으로 은행 시스템이 구축되었으며, 은행은 도시의 부를 더욱 증대시켰다. 지난 세기 동안 이루어진 고고학 연구로 부촌, 공공 및 개인 식사, 오락 시설, 고급 임대 부동산 등의 존재가 밝혀지면서 이 도시의 화려함이 충분히 입증되었다.[4]

## 바울의 고린도 사역

그해는 AD 50년이었다. 바울은 안디옥을 떠나 꼬박 1년을 실라와 디모데와 함께 복음을

아크로코린토스가 뒤로 보이는 고린도 유적인 레카이온 거리

전하며 육로와 해로로 소아시아를 가로지르고 마게도냐를 거친 후 헬라 철학과 문화의 중심지인 아덴으로 길을 재촉했다(행 15:40–17–15). 데살로니가에서부터 그를 집요하게 괴롭혔던 유대인 선동가들의 분노에서 막 벗어난지라(행 17:1–13), 아덴은 싸움에 지친 사도에게 너무나도 필요한 휴양지가 될 수 있었다. 그가 부활하신 주님을 선포하고자 하는 억누를 수 없는 열정에 이끌리지만 않았다면 말이다.

바울은 아덴의 공공장소에 모여 있는 무수한 우상을 보고 "격분하여" 즉시 유대인이건 이방인이건 대상을 가리지 않고 예수 그리스도의 진리를 변론했다(행 17:16–17). 그의 말을 듣는 자들 중에는 당대 지적 엘리트였던 에피쿠로스와 스토아 철학자들도 있었다. 그들은 '마르스 언덕'(Mars Hill)으로도 알려진 아레오바고에서 즉석 청문회를 열었다(행 17:19–21). 바울이 그곳에서 한 설교를 듣고 문화적, 사회적으로 아덴의 엘리트였던 아레오바고의 관리 디오누시오를 위시한 수많은 사람이 그리스도를 처음으로 믿었다(행 17:34).

바울은 그를 비판하는 사람들도 예의를 표했던 유명한 도시 아덴을 떠나 고린도의 좁은 지협을 건넜다. 사로니코스만의 연안을 따라 아덴에서 고린도로 간 이틀의 여정은 명망 높은 곳에서 악명 높은 곳으로, 이른바 헬라의 지적 문화를 이끄는 중심지에서 헬라의 부도덕한 부패의 구덩이로 추락하는 것이었다. 바울은 그 방종의 소굴에서 극악한 타락상을 보게 될 것을 분명히 알았지만, 복음을 전파하고자 하는 열망이 두려움을 눌렀다.

자칫 막막하고 의기소침해질 수 있었을 고린도 사역 초기에 하나님은 두 개의 밝은 빛이 되어준 브리스길라와 아굴라를 보내주셨다. 바울이 만난 이 유대인 부부는 글라우디오 황제가 모든 유대인에게 로마를 떠나라는 명령을 내리자 최근에 이달리야를 떠났다(행 18:2). 하나님의 섭리로 두 남자는 천막을 만드는 일을 함께했다(행 18:3). 같은 유대인 혈통에, 생업을 함께하고, 유랑민 처지라는 공통점 때문에 이 세 사람의 우정은 바울의 남은 생애 동안 지속되었다(롬 16:3, 고전 16:19, 딤후 4:19). 바울은 주중에는 그들에게 제자훈련을 시키고 안식일에는 회당에서 유대인들이 기다리는 메시아가 바로 나사렛 예수였다고 설교하며 "유대인과 헬라인을 권면"했다(행 18:4–5). 이내 유대인 지도자들이 바울에게 대들었고 바울은 회당을 떠났다(행 18:6–7).

고린도에서 최초로 제자가 된 사람 중 하나가 이방인인 디도 유스도였다. 그는 하나님을 경외하는 자로 고린도에서 열린 첫 번째 기독교 신자들의 집회를 위해 자기 집을 내어주었다(행 18:7). 이 그룹 안에는 온 집안이 그리스도께 회심한 회당장 그리스보도 있었다. 그래서 처음부터 고린도 교회의 창립 지도자 중에는 유대인과 이방인이 모두 포함되었다

**고린도**가 무역의 중요한 교차점을 지배했기 때문에 로마는 고린도를 소중히 여겼다. 선주들은 위험을 무릅쓰고 말레아곶을 돌아가기보다는 선박과 화물 등을 좁은 고린도 지협을 가로질러 끌고 가는 쪽을 택했다. 바울이 아덴에서 고린도로 갈 때도 그 경로를 택했다.

(행 18:8). 이렇게 싹트고 있는 사역이 사그라드는 것도 원하지 않았고 또 환상 속에서 사역을 계속하라는 주님의 독려를 받은(행 18:9-10) 바울은 일 년 반 동안 그곳에 머물며 “그들 가운데서 하나님의 말씀을 가르”쳤다(행 18:11).

그러나 고린도에서 움트고 있던 사역은 이내 적의 이목을 끌었고, 이들은 또다시 유대인 율법주의자들을 부추겨 바울과 반목하게 했다(행 18:12). 유대인으로 구성된 바울의 적들은 아가야 총독으로 새로 임명된 갈리오가 자기네 편을 들어줄 거라 믿고 불법적인 종교를 전파한다는 죄목으로 바울을 고발했다. 그러나 갈리오는 유대인들에게 “언어와 명칭과 너희 법에 관한”(행 18:15) 문제에는 관여하지 않겠다며 그들의 기대에 찬물을 끼얹었다. 이에 불만을 품은 자들이 고린도의 신자들에게 폭력을 행사했는데 갈리오는 이 일을 모르는 척했다(행 18:16-17).

AD 51년 가을에 바울은 브리스길라와 아굴라와 함께 고린도를 떠나 배를 타고 에베소로 갔다(행 18:18-19). 제자로 시작해서 동역자가 된 이들은 성장하고 있는 사역을 계속 수행하기 위해 에베소에 남았고, 바울은 가이사랴와 예루살렘을 거쳐 본거지인 안디옥 교회로 갔다(행 18:22). 에베소에 있는 동안 고린도의 형제자매를 향한 아굴라와 브리스길라의 마음은 더 간절해졌다. 그래서 학식이 높은 아볼로라는 유대인이 에베소에 와서 예수님에 대해 그가 알고 있는 것을 담대하게 전파하자 선교사 부부는 그 젊은 선생을 제자로 삼아 고린도에서 풍성한 열매 맺는 사역을 할 수 있도록 준비시켰다. 사도행전 18장 26-28절은 아볼로가 훈련받고 고린도로 파송되어 그곳에서 영향력 있는 선생이자 변론가로 섬기게 된 경위를 설명한다.

> 그가 회당에서 담대히 말하기 시작하거늘 브리스길라와 아굴라가 듣고 데려다가 하나님의 도를 더 정확하게 풀어 이르더라 아볼로가 아가야로 건너가고자 함으로 형제들이 그를 격려하며 제자들에게 편지를 써 영접하라 하였더니 그가 가매 은혜로 말미암아 믿은 자들에게 많은 유익을 주니 이는 성경으로써 예수는 그리스도라고 증언하여 공중 앞에서 힘있게 유대인의 말을 이김이러라.

아볼로가 고린도에서 섬기고 있을 때 바울은 에베소로 돌아가(행 19:1) AD 53년에서

Barry Beitzel

고린도에 있는 베마(*bēma*) 또는 '심판대.' 여기에서 로마법에 따라 재판했다.

55년 사이에 고린도 교회와 서신을 주고받기 시작했다. 바울은 고린도전서를 쓰기 조금 전에 고린도 교회에 첫 번째 편지를 이미 한 번 보냈었다. 아주 간단한 내용이었을 거라고 생각되는 그 편지에서 바울은 신자들에게 "음행하는 자들을 사귀지 말라"(고전 5:9)고 경고했다. 그런데 바울이 자기가 한 말의 의미를 분명하게 다시 설명한 것으로 보아 이 첫 편지의 가르침이 왜곡되거나 오용되었던 것 같다(5:10-13). 고린도전서의 전편이 남아 있지 않은 이유는 고린도전서가 전편에 쓰인 내용을 다 담고 있으면서 더 깊이 다루고 있기 때문일 것이다. 바울은 교회를 분열시키는 문제들을 해결하려고 애썼다. 교회는 유대인과 이방인으로 그 구성원이 다양했고, 시작부터 핍박으로 험난했으며, 종교적, 도덕적으로 타락한 문화 속에서 사역해야 했던 탓에 갈수록 문제가 늘어나고 있었다.

문화의 빛은 희미해지고 교회들은 무질서하고 이기적인 고린도 교회의 모습을 점점 더 닮아가는 이 시대에 그 분열된 교회를 향한 바울의 말은 더 절박하고 더 큰 의미로 다가온다.

## 고린도전서 개요

바울이 고린도 교인에게 보낸 첫 번째 편지는 간략한 소개를 포함해서 일곱 단락으로 구성되어 있다. 사역과 복음 사역자인 바울과 관련된 주제에 초점을 맞춘 고린도후서와는 달리 고린도전서는 건강한 교회 생활에 초점을 맞추어 문제들을 해결하고, 계속 성결한 삶에 매진하며, 영적 은사를 행사할 것을 촉구했다. 이 서신서의 전반적인 개요를 살펴보자.

**인사와 기도(1:1–9).** 바울의 편지가 항상 그렇듯, 고린도전서는 바울과 소스데네의 일반적인 인사말로 시작한다(1:1). 소스데네는 한때 고린도 회당의 회당장이었다가(행 18:17) 지금은 바울의 동역자가 된 것으로 보인다. 이 서두에서 바울은 마땅히 칭찬할 것을 칭찬하고(고전 1:4–7), 결국은 하나님이 끝까지 그들의 믿음을 굳게 지켜주실 것이라는 확신을 표현한다(1:8–9). 그러나 이 짧은 서두는 갑자기 연합에 대한 간절한 호소로 이어진다.

**분쟁과 어리석음을 질책함(1:10–3:23).** 바울은 여러 가지 질책 중에서 제일 먼저 고린도 교인 사이에 형성된 파벌을 비판한다. 그는 이렇게 썼다. "형제들아 내가 우리 주 예수 그리스도의 이름으로 너희를 권하노니 모두가 같은 말을 하고 너희 가운데 분쟁이 없이 같은 마음과 같은 뜻으로 온전히 합하라"(1:10). 고린도 교인의 문제 중 하나는 그들이 기독교는 인간의 지혜에 근거하지 않고 예수 그리스도의 인격과 사역 그리고 성령을 통해 주어진 하나님의 계시에 기초한다는 사실을 깨닫지 못했다는 점이다(2:1–16). 하나님의 지혜는 인간의 지혜를 어리석은 것으로 만든다. 그리고 복음 사역은 결국 사람이 아닌 하나님의 일이기 때문에 바울, 베드로, 아볼로 같은 인물을 중심으로 파벌을 만드는 것은 어리석은 짓이다. 이들은 모두 하나님의 초자연적인 건축 프로젝트에서 함께 일하는 일꾼일 뿐이다(3:1–23).

**패역과 음행을 바로잡음(4:1–6:20).** 유감스럽게도 고린도 교회의 문제는 불화만이 아니었다. 바울은 그리스도의 사도라는 자신의 권위를 거듭 언명한 후(4:1–21) "누가 그 아버지의 아내를 취하였다"(5:1)라며 역겨우리만치 패역한 문제를 거론한다. 그런 다음 교회 권징의 원칙과 과정을 간추려 설명하는데, 그 취지는 교회에서 악을 몰아내고 교인들을 정결하게 하는 것이다(5:11–13). 이뿐만 아니라 고린도 교인은 세상 법정에서 서로 고소하기를 서슴지 않았고(6:1–8), 일부는 기독교로 개종은 했지만 여전히 성적으로 문란했다(6:9–20). 다시 말해서, 고린도 교인의 삶은 여러 면에서 그리스도인보다는 고린도 사람들과 더 가까웠다!

**가정과 교제를 굳건히 함(7:1–10:33).** 바울은 사자를 통해 들은 긴급한 문제들(1:11, 5:1)을 다룬 후 7장에서 고린도 교인이 직접 쓴 중요한 사안으로 넘어간다(7:1). 제일 먼저 결혼, 독신 및 이혼(7:1–40)에 관한 쟁점을 다룬 후 우상에게 바친 고기를 먹는 것과 믿음이 약한 형제를 배려하는 것에 대해 답한다(8:1–13). 바울은 자신의 생활 방식을 예로 들면서 복음을 위해 개인의 권리를 기꺼이 포기하라고 강력히 권고한다(9:1–27). 바울은 예수 그리스도를 통해 하나님을 예배하는 것과 우상이나 악한 영인 가짜 신들을 예배하는 것은 절대 양립할 수 없음을 상기시키면서 이 단락을 마무리한다(10:1–33).

**교회와 예배의 질서(11:1–14:40).** 다음으로 바울은 고린도 교인의 무질서한 예배 형식에 주목한다. 그들은 그리스도에게 그리고 서로에게 복종하는 올바른 질서를 보여주지 못했고(11:1–16), 그 때문에 성찬식을 준수하는 문제에 대해서도 자기주장만 내세우는 분열과 파벌을 낳았다(11:17–34). 그러니 예상대로 영적 은사도 겸허하게 서로를 존중하기보다는 자기과시용으로 사용했다. 이는 성령이 은사를 주시는 목적과 정반대다(12:1–14:40). 자기중심적인 방식으로 그리스도인의 삶을 살고 있는 그들을 고쳐줄 수 있는 것은 참되고 사심없는, 무조건적인 사랑의 태도밖에 없다(13:1–13).

**죽음과 부활에 관하여(15:1–58).** 고린도전서 13장의 사랑 장이 실천적인 측면에서 최고봉이라면, 바울 논문의 신학적 정점은 고린도전서 15장이다. 바울은 "가장 중요한 것", 즉 예수 그리스도의 인격과 사역에 관한 복음의 메시지를 다시 강조하면서 시작한다(15:1–11). 바울은 기독교 신학의 근본인 그리스도의 대속 죽음과 생명의 부활에서 시작하여 우리의 미래의 부활에 관한 교리를 깊이 파고든다(15:12–58). 믿음의 복음과 부활 소망의 논술은 너무나 중요하여 전체 개요에서 15장이 한 문단을 차지한다.

**마무리 지침과 경고(16:1–24).** 마지막으로 바울은 질책이나 논쟁이 아닌 몇 가지 소소한 문제를 다룬다. 성도를 위한 특별 모금을 지시하고(16:1–4), 몇 가지 개인적인 안부와 함께 디모데가 고린도 교회에 온다는 소식을 전한다. 그러면서 자기의 권위가 담긴 서신도 중요하지만 개인적으로 함께 지내며 얼굴을 맞대고 교류하는 것(16:5–12)의 중요성을 강조한다. 바울은 단호한 질책으로 시작한 이 위대한 서신서를 주님을 향한 사랑과 그분의 재림에 대한 소망을 품고 믿음 안에 굳게 서라는 권고로 마친다(16:13–24).

## 주

1. F. W. Grosheide, ***The First Epistle to the Corinthians***, The New International Commentary on the New Testament(Grand Rapids: Eerdmans, 1953), 13.
2. Marion L. Soards, ***1 Corinthians***, New International Biblical Commentary(Peabody, MA: Hendrickson Publishers, 1999), 3–4.
3. Wendell Willis, "Corinth," in ***Eerdmans Dictionary of the Bible***, ed. David Noel Freedman(Grand Rapids: Eerdmans, 2000), 279–280.
4. See a brief summary and description in Rivka Gonen, ***Biblical Holy Places: An Illustrated Guide***(Jerusalem: The Jerusalem Publishing House, 2000; published for North America by Mahwah, NJ: Paulist Press, 2000), 31–33에 나오는 간략한 요약과 설명 참조.

# 인사와 기도

고린도전서 1:1–9

이 책의 인사말을 보면 고린도 교회가 얼마나 풍성한 은혜를 받았는지 첫눈에 알 수 있다(1:1–9). 이 단락에서 우리는 편지의 필자와 수신인이 누구인지(1:1–3), 이 교회가 원래 얼마나 영적으로 부유했는지(1:4–7), 그들의 인내에 대해 약속된 보상이 무엇인지(1:8–9)를 볼 수 있다. 그러나 고린도 교회가 그렇게 영적으로 풍성한 은혜를 받고도 얼마나 나락으로 떨어졌는지를 보면 이 긍정적인 말은 심각한 비극의 엄숙한 서문에 불과하다는 것을 알게 된다.

## 핵심 용어

κλητός [*klētos*, 클레토스]*(2822)* '불리다', '명명된', '초대된'

καλέω [*kaleō*, 칼레오]*(2564)* '부르다', '명명하다', '초대하다'

고린도전서를 여는 1장 1–9절의 인사말과 기도에서 *kal*을 어원으로 하는 명사나 동사가 네 번 나온다. 이 용어는 실제로 부르고 지명하며 소환한다는 뜻이다. 바울은 사도로 섬기라는 "부르심을 받았고"(*klētos*, 1:1, 참조. 롬 1:1), 고린도 교인은 예수 그리스도의 이름을 "부름"[*epikaleō(1941)*]으로써(고전 1:2) 성도가 되라는 "부르심을 받았으며"(*klētos*, 1:2), 예수 그리스도와 더불어 교제하라는 "부르심을 받았다"(*kaleō*, 1:9). 바울이 이 용어를 여러 차례 사용한 의도는 고린도 교인이 그리스도의 몸 안에서 받은 구원이 확실함을 강조하기 위해서였다.

χάρις [*charis*, 카리스]*(5485)* '은혜', '분에 넘치는 또는 받을 자격이 없는 호의', '기쁨의 원천'

신약성경 이외의 헬라 문학에서 이 용어는 '기쁨'과 밀접한 관련이 있으며 선의, 호의, 쾌락, 기쁨만이 아니라 그런 기질의 바탕이 되는 품성과 그 결과로 나타나는 행동도 가리킨다. 신약성경에서는 대부분이 이런 기본적인 의미로 사용되었다. 그러나 바울은 이 용어로 택하신 백성을 향한 하나님의 다함없는 선하심과 백성의 불순종에도 불구하고 신실함으로 나타나는 그분의 변함없고 한결같은 사랑을 드러낸다. 이런 기술적 의미에서 바울–신약성경 저자 중 이 단어를 가장 많이 사용하는–에게 '은혜'란 특별히 하나님이 그분의 백성에게 주시는 과분하고 과다한 축복을 의미한다. 바로 이 은혜로 구원과 성화가 성취된다.

## 영적으로 풍요로웠던 시작(고린도전서 1:1–9)

[1]하나님의 뜻을 따라 그리스도 예수의 사도로 부르심을 받은 바울과 형제 소스데네는
[2]고린도에 있는 하나님의 교회 곧 그리스도 예수 안에서 거룩하여지고 성도라 부르심을 받은 자들
과 또 각처에서 우리의 주 곧 그들과 우리의 주 되신 예수 그리스도의 이름을 부르는 모든 자들에게
[3]하나님 우리 아버지와 주 예수 그리스도로부터 은혜와 평강이 있기를 원하노라
[4]그리스도 예수 안에서 너희에게 주신 하나님의 은혜로 말미암아 내가 너희를 위하여 항상 하나
님께 감사하노니 [5]이는 너희가 그 안에서 모든 일 곧 모든 언변과 모든 지식에 풍족하므로 [6]그리스도
의 증거가 너희 중에 견고하게 되어 [7]너희가 모든 은사에 부족함이 없이 우리 주 예수 그리스도의 나
타나심을 기다림이라 [8]주께서 너희를 우리 주 예수 그리스도의 날에 책망할 것이 없는 자로 끝까지
견고하게 하시리라 [9]너희를 불러 그의 아들 예수 그리스도 우리 주와 더불어 교제하게 하시는 하나님
은 미쁘시도다

에드거 앨런 포(Edgar Allan Poe)는 미국 작가 가운데서 가장 비극적인 삶을 산 사람 중 하나다. 40년의 짧은 세월 동안 그는 말 그대로 부자에서 걸인으로 추락했다. 그는 양부모의 사랑을 듬뿍 받으면서 성장했고, 그가 관심을 보인 분야에서 그의 천재성에 걸맞는 교육을 받았다. 영국의 사립학교를 다녔고, 버지니아 대학에서 공부했으며, 사관 후보생으로 웨스트 포인트 육군사관학교를 다니기도 했다.

전성기에는 문학 평론가, 편집자, 시인, 단편 소설가, 특히 극적인 스릴러 작가로는 그의 천재성에 필적할 자가 없었다. 대다수 미국인은『함정과 진자』(*The Pit and the Pendulum*), 『고자질하는 심장』(*Tell-Tale Heart*), 『갈가마귀』(*The Raven*) 같은 등골을 오싹하게 하는 이야기를 읽었다. 포의 작품은 미국 문학사와 미국인의 삶에 한 획을 그었다.

그렇지만 그의 생활 방식이 남긴 흔적도 이야기할 필요가 있다. 결핵으로 젊은 아내를 잃은 포는 절망에 빠져 마약과 술, 주술을 통해 고통을 잊으려고 했다. 그는 짧은 인생을 살면서 우울증과 정신 이상에 시달리다가 결국 삭막한 볼티모어의 빈민굴에서 의식을 잃었다. 그는 다시 의식을 회복하지 못하고 나흘 뒤 세상을 등졌다.

포의 인생은 찬란함, 재능, 기회, 명성, 부와 함께 시작되었다. 그러나 생의 말년에는 괴로움, 가난, 도덕적 타락, 영적 빈곤 속으로 침몰했다. 명망 있는 시인에서 무일푼 부랑자로. 이것이 에드거 앨런 포의 비극적인 이야기다.

개인만이 아니라 교회도 부자에서 걸인으로 전락하는 이 파괴적인 행로를 걸을 수 있다. 고린도 교회가 그런 비극의 본보기다. 고린도 교회의 시작이 풍요로웠기 때문에 그들은 천하무적으로 보였다. 세계 선교에 강력한 영향을 미칠 준비가 되어 있는 상업과 문화의 교차로에서 영적 은사로 치장한 역동적이고 다양한 교인들이 그 증거로 보였다. 그러나 포가 그랬듯이, 고린도 교회는 죄의 무게가 교인들을 수치심의 수렁으로 끌어당기자 금방 특별함을 잃고 혼란에 빠졌다.

## —1:1-3—

바울의 서신서에서 늘 보듯이, 바울은 편지 서두에서 고린도 교인에게 예수 그리스도의 사도인 자신의 지위를 상기시키면서 신분을 밝힌다(1:1). 분명 "바울"이라는 이름만 언급해도 고린도 교인은 몇 년 전 일을 떠올렸을 것이다. 그때 바울은 그들이 믿음 안에서 첫걸음마를 떼도록 도왔다. 그들은 바울을 잘 알았다. 그런데 왜 바울은 자기가 "사도로 부르심을 받"았다[*kletos*(2822)]는 사실을 일깨워야 했을까? 이 서신서는 일련의 엄정한 비판, 질책, 강력한 권고, 상세한 지시를 전달해야 했다. 그래서 그가 왕년에 교회를 창립한 목회자일 뿐만 아니라 교회의 사도라는 점을 고린도 교인에게 상기시켜야 어쩌면 저항이 있을 수 있는 시기에 그의 권위를 공고히 할 수 있었을 것이다.

사도 바울은 자기 눈으로 부활하신 그리스도를 보았고 구주이신 그분에게서 직접 사도의 직분을 받았다(행 26:13-19). 그리고 주님은 그 사실을 아나니아 선지자에게 확인해주셨다(행 9:15). 그 후 바울은 병을 고치고, 선악을 분별하며, 교리적 오류를 범하지 않고 담대히 말할 수 있는 권능을 받았다(행 9:22, 13:9-10, 19:11-12, 고전 2:13). 사도로서 바울은 인간 권세자들은 아랑곳하지 않고 전적으로 하나님께만 순종했다. 그는 건강한 독립성을 잘 보여주었다. 그는 인간의 지지보다 하나님의 은총을 훨씬 더 소중히 여겼다(갈 1:10).

바울은 인사말에 "[우리] 형제 소스데네"(고전 1:1, 영어 성경은 "우리"라고 기록함-역주)도 언급하는데, 헬라어 본문에는 그냥 "형제 소스데네"라고 쓰였다. 소스데네가 고린도전서를 쓸 때 어떤 역할을 했는지 확실히 알 수는 없으나, 일각에서는 그를 바울의 비서이자 바울이 불러주는 말을 받아 적은 대필자였다고 본다.[1] 사도행전 18장 17절을 보면 고린도의 "회당장"으로 그의 이름이 등장한다. 이 두 사람이 동일 인물이라면 그가 기독교로 개종한 후 에베소에서 바울과 합류한 게 분명하다. 어찌되었든, 고린도의 그리스도인은 이 사람의 이름을 알고 있었다. 편지에서 바울은 시종 자신을 일인칭 단수 "나"로 지칭하는데 이는 의도적으로 이 편지가 소스데네나 한 사역팀인 그 두 사람에게서 온 것이 아니라 바울 자신에게서 왔음을 알게 하려는 의도다.[2]

고대 서신서의 전형적인 양식에 따라 바울은 편지의 수신인을 밝힌다(고전 1:2). 그는 첫 수신인으로 "하나님의 교회"(1:2)를 지칭한다. 교회를 뜻하는 헬라어 *ekklēsia*(1577)는 '집회'를 의미한다. 이 말은 간혹 일반적인 사회 집회나 정치 집회를 의미하기도 하지만(행 19:32, 41), 질서 정연한 모임을 뜻하는 이 일반적인 용어는 바울의 붓 끝에서 중요한 신학적 무게를 지닌다. 대체로 이 용어는 특정 도시에 있는 교회의 교인, 즉 특정 신도를 지칭하지만(롬 16:1, 살전 1:1, 계 2:1, 1:8, 12 등), 거명된 지역에 있는 모든 신자와 개교회를 포괄하는 '모든 지역 교회'를 지칭할 수도 있다(행 9:31, 고전 16:19). 이 용어는 전 세계에 퍼져 있는 기독교 전체를 표현하는 데도 쓰인다(엡 1:22-23, 3:10, 골 1:18, 24). 분명히 바울의 머릿속에 있는 교회는 벽돌과 시멘트, 스테인드글라스, 파이프 오르간, 푹신한 신도석이 아니라 그리스도에 대한 믿음으로 구원받고, 공동체 안에서 함께 살도록 부름받은 사람 전체다. 실제로 헬라어 *ekklēsa*의 어원은 '부름받다'는 뜻을 가지고 있다. 이 개념을 교회에 적용하면 그리스도의 주권 아래 있는 새로운 공동체의 일원이 되기 위해 세상에서 불려나온 특별한 집단이 교회다. 그러므로 엄밀히 말하자면 우리가 예배당에 들어갈 때 우리가 교회를 가지고 오는 것이다. 그리고 세상으로 돌아갈 때 우리는 교회를 가지고 간다. 모든 신자가 교회다.

바울은 또 고린도 교인이 "그리스도 예수 안에서 거룩하여"졌다고 말한다(고전 1:2). 이는 "하나님이 그들을 거룩한 백성으로 삼기 위해 구별"하셨다는 뜻이다.[3] 신학자들은 뜻을 명확히 하기 위해서 과거의 일회성 구원 사건을 '칭의'(justification), 일생 동안 점진적으로 진행되는 변화를 '성화'(sanctification), 장차 영화롭게 된 불멸의 육신으로 부활해 구원이 완성되는 것을 '영화'(glorification)라고 말한다. 성경은 구원의 과거, 현재, 미래의 양상을 분명하게 묘사하지만, 각 단계를 설명할 때 반드시 일관된 용어를 사용하지는 않는다. 바울은 하나님의 관점에서 처음에 일회성으로 사람들을 '구별하는 것'이라는 뜻으로 "거룩하여지[다]"(1:2)는 말을 사용하는데, 이것을 '위치적 성화'라고도 한다. 이 영구적인 구별의 결과로 이제 신자는 "성도라 부르심을 받은 자들"이 되었다(1:2).[4] 즉, "거룩해진" 성도는 일상생활에서 성도의 실제적 성결과 상관없이 하나님이 보시기에 헌신되고 성별되며 순결하고 거룩하며, 하나님이 사용하시기 위해 특별히 구별되었다.

바울은 고린도 교인에게 보낸 그의 편지가 "고린도에 있는 하나님의 교회 곧 그리스도 예수 안에서 거룩하여지고 성도라 부르심을 받은 자들과 또 각처에서 우리의 주 곧 그들과 우리의 주 되신 예수 그리스도의 이름을 부르는 모든 자들"(1:2)에게 훨씬 폭넓게 적용될 수 있음을 알고 있다. 전 세계의 모든 신자는 하나의 보편적인 그리스도의 교회 일원이며 바울의 편지를 통해 고린도 교인에게 말씀하신 성령이 모든 시대의 모든 신자에게 말씀하시기 때문에 고린도라는 지역 교회에 선포한 바울의 말은 지리적, 역사적 경계를 초월할 수 있다. 다시 말해서, 이 편지는 1세기의 고린도 교인을 위한 것이면서 동시에 21세기의 우리를 위한 것이기도 하다.

바울은 고린도 교인의 가장 깊은 필요를 드러낸다. 그것은 바로 "하나님 우리 아버지와 주 예수 그리스도로부터 은혜와 평강"이다(1:3). 이것은 바울의 서신서(롬 1:7, 고후 1:2, 갈 1:3 등)에 항상 나오는 인사말이지만, "은혜"와 "평강"의 축복은 그리스도인 그리고 특히 고린도 교회에 특별한 의미가 있었을 것이다. 바울이 말하는 은혜는 영적 죽음에서 영적 생명으로 옮겨지는 구원의 은혜(엡 2:8–9, 골 1:13)가 아니며, 평강도 구원받은 죄인이 예수 그리스도가 성취하신 일을 믿음으로써 의롭게 되어 하나님과 누리는 영원한 화평(롬 5:1)이 아니다. 바울이 말하는 "은혜와 평강"은 교회의 화합을 유지하는 데 반드시 필요한 그리스도인의 삶의 덕목이다. 이 편지의 나머지 부분에서 알 수 있듯이, 바울은 고린도 교인이 서로 사이 좋게 지낸 자비로운 성도로 알려지기를 원한다.

다음 단락(고전 1:10–17)에서 고린도의 그리스도인에게 왜 특히 하나님이 주시는 은혜와 평강이 필요했는지 보게 될 것이다. 그러나 바울은 그들이 잘못한 것을 질책하기 전에 먼저 옳은 일을 위해 고난을 감내한 교회를 칭찬했다.

## —1:4–7—

누군가를 대면하거나 잘못을 지적할 필요가 있을 때 먼저 그 사람에게 고마운 점을 말해야 한다는 것은 잘 알려진 의사소통 기술의 원칙이다.[5] 소통에 능한 사람들은 상대방의 행복을 진심으로 염려하기 때문에 저절로 그렇게 된다. 사도 바울의 글에서 이렇게 현명하고 재치 있는 접근 방식을 볼 수 있는 건 어찌 보면 당연하다. 고린도 교회의 성숙한 영성에 대한 바울의 진솔한 평가에 대해 한 주석가는 이렇게 썼다.

> 바울은 고린도 교회의 다른 실상을 보기 전에 그리스도 안에 거하는 교회의 모습을 본다. 지역 교회의 신앙이 이렇게 성숙하게 표현되는 경우는 드문 일이다. 결점은 점검하고 아쉬워하지만 하나님이 그리스도 안에서 이미 이루신 것은 놓칠 때가 많기 때문이다. 만약 이 편지의 첫 아홉 절을 본문에서 삭제한다면 독자는 고린도 교회에 대해 비관적인 생각밖에 할 수 없을 것이다.[6]

바울이 나열한 고린도 교회의 다섯 가지 좋은 점은 허풍이 아니다. 고린도 교회를 창립한 사도로서 바울은 고린도의 새 신자를 가르치고 설교하며 훈련하고 목양하는 데 많은 시간을 보냈다. 그는 고린도 교인의 많은 장점은 몸소 겪어서 알고 있었지만, 최근의 실패와 결점에 대해서는 말로만 들은 터였다. 그래서 편지에서 크게 꾸짖기 전에 "내가 너희를 위하여 항상 하나님께 감사하노니"(1:4)라고 쓰고 고린도 교회에 대해서 매우 고맙게 생각하는 것 몇 가지를 언급한다.

첫째, 고린도 교인은 정말로 구원받았다(1:4). 바울이 감사한 근거는 은혜[*charis*(5485)]다. 은혜란 고린도 교인이 절대 그들 힘으로 얻거나 갚을 수 없는데도 불구하고 하나님이 아낌없이 베푸신 선하심과 호의를 말한다. 1장 3절에 언급된 하나님과 그리스도에게서 오는 "은혜와 평강"은 그리스도인의 삶을 사는 데 필요한 지속적인 은혜지만, 1장 4절에서 말하는 "하나님의 은혜"는 과거에 고린도 교인이 받은 은혜를 말한다. 헬라어 문법은 이 특별한 하나님의 선물이 "예수 그리스도 안에서" 주어졌음을 나타낸다. 이는 고린도 교인이 대가 없이 베푸시는 하나님 구원의 은혜를 진짜로 체험했고, 예수 그리스도를 신뢰함으로써 구원의 선물을 받았음을 바울이 확신했다는 뜻이다.

둘째, 고린도 교인은 풍족했다(1:5). 그들은 구원뿐만 아니라 언변과 지식도 받았다. 그들은 예수 그리스도의 복음을 알았다. 복음을 분명히 이해했고 그것을 정확하게 설명할 수 있었다. 만일 우리가 고린도 교회의 집회에 참석했다면 하나님의 말씀을 잘 설명하는 설교를 들을 수 있었을 것이다. 실제로 바울은 고린도 교인의 상태를 "풍족"하다는 말로 묘사한다. 이 용어는 대개 재정적 풍요를 뜻하지만, 여기서는 영적인 풍요를 나타낸다. 당신이 섬기는 교회를 바울이 창립했다고 상상해보라. 그런 다음 '성경에 능통한' 아볼로가 그 사역을 이어받았다고 생각해보라. 만약 그 과정에서 베드로가 직접 당신의 영적 성장을 도왔다면? 이게 바로 영적 풍요다!

셋째, 고린도 교인은 기초가 튼튼했다(1:6). 바울은 "그리스도의 증거가 너희 중에 견고하게 되[었다]"고 말한다. "견고하게 되었다"는 '확실히 자리 잡다', '확인받다', '입증되다'는 뜻이다. 신약성경의 다른 곳에서는 사도들이 전파한 복음을 하나님이 확증의 수단으로 사용하신 기적의 표적과 기사들을 지칭할 때 이 단어를 사용했다(막 16:20, 히 2:3). 바울은 고린도에서 일 년 반을 머물면서 그들의 믿음의 기초를 단단히 다졌다(고전 3:10). 이게 고린도의 진짜 불행이다. 그들은 예수 그리스도에 관한 사도의 증언을 듣지 못했던 게 아니다. 사실, 그들은 가장 우두머리 사도의 증언을 들었고, 일찍이 바울이 그들의 믿음이 진실함을 확인했다.

넷째, 고린도 교인은 영적 은사를 가지고 있었다(1:7). 7절 서두에 나오는 "그리하여"(개역개정에는 없으나 새번역에는 표기됨-역주)를 놓치지 말라. 이 단순한 접속사는 앞 절의 결과를 나타낸다. 고린도 교인의 진정한 구원 신앙의 결과로 그들은 모든 종류의 영적 은사를 받았다. 이 점을 주목해야 한다! 그들은 모든 은사를 갖추고 있었고, 이 단락의 긍정적인 어조로 보아 그들이 종종 이 은사를 제대로 사용하고 있었음을 알 수 있다.

다섯째, 고린도 교인은 장차 일어날 일을 의식하고 있었다(1:7). 바울은 그들 또한 "우리 주 예수 그리스도의 나타나심을 기다"리며 영적 은사를 사용했다고 말한다. 그리스도가 언제라도 재림하실 수 있다는 것을 알았던 그들은 그 예언의 실현성을 의식하며 사역에 열중했다. 날마다 영원에 한 발짝씩 다가가고 있었기에 그들은 주님의 얼굴을 보게 될 순간을 간절히 기다리며 살았다(비교. 롬 8:19, 23, 빌 3:20).

## —1:8-9—

고린도 교회 특유의 이런 활력으로 그들은 바울이 1장 8-9절에서 언급한 두 가지 보상을 받았다. 첫 번째 보상은 신자의 미래에 관한 것이다. 즉 그리스도가 "너희를 우리 주 예수 그리스도의 날에 책망할 것이 없는 자로 끝까지 견고하게 하시리라"(1:8)는 것이다. 현재 우리 상태는 갈 곳 없는 죄인이지만, 영원의 세계에서는 흠 없는 존재가 될 것이다. 흠이 없다는 말은 비난받지 않는다는 뜻이다. 이 일은 그리스도가 재림하시는 '그날', 즉 그분의 오심과 동시에 일어날 것이다. 우리는 성경의 다른 부분을 통해 이 일이 신자의 부활과 동시에 일어날 것을 안다. 그리고 부활하면 죄와 고통, 죽음의 지배를 받던 우리 육신은 부활하신 그리스도의 몸처럼 온전하고 영원히 죽지 않는 몸으로 놀랍게 변할 것이다(빌 3:21, 살전 4:16-17, 고전 15:51-54). 우리가 영화롭게 된 새로운 육신을 갖게 되면 천국이나 지옥의 어느 누구도 우리를 지배할 수 없을 것이다. 우리는 그분 앞에서 완전하고 흠이 없게 될 것이다(유 1:24).

영광스러운 그날을 간절히 기다리면서 우리는 지금 여기서 두 번째 축복을 누릴 수 있다. "너희를 불러 그의 아들 예수 그리스도 우리 주와 더불어 교제하게 하시는 하나님은 미쁘시도다"(고전 1:9). 하나님은 오직 그분의 주권적 은혜(엡 2:8-9)로 우리가 처음 믿었을 때 시작된 그리스도와의 영원한 교제로 우리를 부르셨다. 이 교제의 영속성은 우리의 노력이 아니라 전적으로 하나님의 신실하심에 기초한다. 하나님은 "끝까지" 믿는 자들을 "견고하게" 하실 것이다(고전 1:8). 그리고 바울은 우리에게 "하나님은 미쁘시"다는 사실을 일깨운다(1:9). 따라서 두 번째 보상인 지속적인 교제는 하나님이 절대 우리를 버리지도 떠나지도 않으실 것이라는 약속과 함께 우리가 그리스도인으로 사는 동안 매일 경험할 수 있다(롬 8:38-39, 히 13:5).

## 적용: 고린도전서 1:1-9

### 멋지게 시작해서 잘 끝내기

우리는 고린도전서의 인사말을 근거로 여러 실질적인 원칙을 살펴볼 수 있었다. 그 중에서 우리가 특별히 기억해야 할 점을 강조하자면 이렇다. 시작이 성공적이고 대단하다고 해서 끝도 반드시 그런 것은 아니다.

"높을수록 더 호되게 떨어진다"는 말이 있다. 이와 비슷하지만 조금 다른 이 말은 못 들어보았을 것이다. "스스로 높다고 생각할수록 더 호되게 떨어진다." 잠언 16장 18절 말씀대로 "교만은 패망의 선봉이요 거만한 마음은 넘어짐의 앞잡이[다]."

고린도 교회는 여러 면에서 그리스도인의 삶의 경주를 남보다 앞서서 출발했다. 그 시대의 어떤 교회보다도 고린도 교회는 은사와 열정과 폭넓은 다양성을 가지고 있었다.

그러나 바로 이런 면모가 큰 교만을 낳았고, 이는 이기심과 질투로 이어졌다가 종국에는 분열과 갈등으로 끝났다. 고린도 교인은 자기들의 활기찬 영성을 자랑하고 우쭐댔다. 그 결과 그들은 교만을 떨다가 코가 납작해졌다.

우리는 누구나 잠재적으로 자존감을 부풀리려는 성향을 가지고 있다. 많은 하나님의 백성이 훌륭한 영적 은사, 사람을 끄는 인품, 물질적 부, 특별한 혜택, 각별한 훈련, 좋은 기회를 부여받았다. 하나님이 이런 것을 선물로 주신 취지는 하나님의 교회를 세워 그분을 섬기라는 뜻이다. 그런데 우리는 세상, 육신, 마귀가 완벽한 하모니로 부르는 엉뚱한 노래에 귀를 기울인다. 그들은 이렇게 노래한다. "네가 이룬 것을 보라! 이제 인정받을 때다! 사람들에게 네 능력을 알려라! 누가 최고인지 보여주라!"

우리는 이 경고를 받아들여야 한다. 고린도 교회가 불행한 사태로 산산조각 났듯이 우리도 그렇게 될 수 있다. 하나님이 주신 재물이나 지위가 우리를 교만하게 한다면 하나님이 간섭하셔서 도로 가져가실 수 있다. 그리스도인으로서의 첫걸음을 잘 내디뎠다고 해서 끝도 좋을 것이라는 보장은 없다. 그렇다. 우리가 받은 영원한 구원의 약속은 절대 빼앗기지 않지만(요 10:28), 우리는 교만의 독소와 우리를 옭아매는 정욕에서 벗어나 성결한 삶을 추구하겠다는 결단을 날마다 새로 다져야 한다.

## 주

1. Craig S. Keener, *1–2 Corinthians*, The New Cambridge Bible Commentary, ed. Ben Witherington III(Cambridge: Cambridge University Press, 2005), 20. 참조.
2. 데살로니가전후서에 나오는 세 사람의 이름(바울, 실라, 디모데)과 여기서 일인칭 복수를 사용한 것을 비교해보라. 이로 보아 이 세 사람 중 누가 실제로 바울을 대신해서 편지를 적었는지는 알 수 없지만, 전 사도팀이 이 편지의 내용을 지지했음을 알 수 있다. 반면에 고린도 교인에게 보낸 편지는 바울의 직권으로 쓰였다.
3. F. F. Bruce, ed., *1 and 2 Corinthians*(Greenwood, SC: The Attic Press, 1971), 30.
4. 종교개혁 이후 신학자들은 이 초기의 '성별'을 '칭의'의 일회성 경험과 결부시키고, 그 후로 신자가 점점 더 거룩해지는 경험은 따로 '성화'라는 용어를 채택했다. 신학적인 논의를 할 때 이 용어들을 구별해서 사용하면 혼란을 피할 수 있지만, 신학성경은 후대 신학자들과 같은 방식으로 이 용어를 사용하지 않는다. 성경은 과거의 한 번의 회심, 현재 진행되는 영적 성장, 미래의 부활과 성화를 다 구원으로 표현하는데, 구원의 이 세 가지 '시제'에 사용한 용어와 이미지는 다양하다.
5. Gary Smalley and John Trent, *The Blessing*(Nashville: Thomas Nelson, 1986), 104–107.
6. David Prior, *The Message of 1 Corinthians: Life in the Local Church*, The Bible Speaks Today (Downers Grove, IL: InterVarsity, 1985), 23 참조.

# 분쟁과 어리석음을 질책함

## 고린도전서 1:10-3:23

"너희를 불러 그의 아들 예수 그리스도 우리 주와 더불어 교제하게 하시는 하나님은 미쁘시도다"(1:9). 고린도 교회에 이처럼 고무적인 인사말을 전한 후에 이 편지가 취할 수 있는 방향이 여럿 있었다. 바울 사도는 로마서처럼 은혜의 복음에 관한 방대한 논문을 쓸 수도 있었다. 또는 짧지만 강력한 갈라디아서처럼 행위에 의한 구원을 주장하는 유대주의자에게 맞서서 진정한 하나님의 은혜를 옹호할 수도 있었다. 바울은 데살로니가 교회에 보낸 첫 번째 편지가 그랬듯 그리스도의 재림을 전제로 하는 실제적인 삶을 다룰 수도 있었다. 1장 1–9절에 쓰인 극찬의 말 때문에 원래의 독자는 자기들의 교회를 창립한 사도에게서 긍정적이고 고무적이며 힘을 북돋워주는 서신이 왔기를 기대했을 수도 있다.

그러나 이 편지는 로마나 갈라디아나 데살로니가가 아니라 큰 곤경에 처해 있던 고린도 교회에 보내는 것이었다. 그래서 서두의 인사말에 나오는 긍정적인 평가는 이내 분열과 속된 어리석음에 대한 강한 질책으로 바뀐다(1:10–3:23).

몇 가지 예외가 있기는 하지만, 9절 이후 16장까지는 악평이 자자한 교회에 대한 강한 책망이 줄줄이 이어진다. 이 첫 단락에서 바울은 고린도 교인 사이의 분쟁을 지적한다. "형제들아 내가 우리 주 예수 그리스도의 이름으로 너희를 권하노니 모두가 같은 말을 하고 너희 가운데 분쟁이 없이 같은 마음과 같은 뜻으로 온전히 합하라"(1:10). 그들이 겪고 있는 많은 문제는 주로 예수 그리스도 안에 계시된 하나님의 진리를 기뻐하기보다 인간의 지혜를 높이는 그들의 성향에서 비롯되었다(2:1–16). 고린도 교인이 교회를 인간의 사역이 아닌 하나님의 사역으로 받아들였다면 그들이 바울, 베드로, 아볼로를 중심으로 파당을 형성한 것이 어리석은 일이었음을 알았을 것이다(3:1–23).

## 핵심 용어

μωρός [*mōros*, 모로스]*(3474)* '어리석은'

μωρία [*mōria*, 모리아]*(3472)* '어리석음'

영어의 'moron'(바보)이라는 단어는 헬라어 *mōros*(어리석은)에서 나왔다. 이 용어는 항상 비난의 뜻으로 쓰이며 '멍청한', '무분별한', '통찰력이 없는'이라는 뜻도 있다. 바울은 고린도전서에서 사람의 관점이 어리석다고 말하면서 이 단어를 사용한다. 불신자에게는 십자가에 달리신 그리스도

(1:23)와 성령의 일들(2:14)이 어리석게 보인다는 것이다. 마찬가지로 십자가의 메시지는 헬라의 철학자들에게는 어리석게 보인다(1:18). 반면에 하나님이 보시기에는 세상에서 가장 큰 지혜가 '어리석은 것'(*mōria*)이다(3:19).

σοφία [*sophia*, 소피아]*(4678)* '지혜'

σοφός [*sophos*, 소포스]*(4680)* '지혜로운 사람'

유대인과 헬라인 모두에게 '지혜'라는 말은 대개 긍정적인 의미로 쓰이지만, 바울은 때때로 하나님을 떠나 세상이나 세속적인 지혜를 추구한다(1:20)는 부정적인 의미로 *sophia*('지혜')와 *sophos*('지혜로운 사람')라는 말을 사용한다. '말 솜씨'[cleverness(*sophia*) of speech] 같은 표현은 고갱이는 쏙 빼고 미사여구만 늘어놓는다는 뜻을 함축하고 있다. 그러면서도 바울은 "하나님의 지혜"에 맞서는 "세상의 지혜"가 그렇다는 것일 뿐 모든 지혜를 믿지 못하는 것은 아님을 분명히 밝힌다(1:20-21). 신자는 진실로 지혜로운 자를 따르도록 주의해야 한다. 진짜 지혜로운 사람이란 사실은 '어리석은', 세상의 지혜가 아닌 하나님의 지혜에 눈뜬 사람이다.

## 교회를 분열시키는 방법(고린도전서 1:10-17)

10형제들아 내가 우리 주 예수 그리스도의 이름으로 너희를 권하노니 모두가 같은 말을 하고 너희 가
운데 분쟁이 없이 같은 마음과 같은 뜻으로 온전히 합하라 11내 형제들아 글로에의 집 편으로 너희에
대한 말이 내게 들리니 곧 너희 가운데 분쟁이 있다는 것이라 12내가 이것을 말하거니와 너희가 각각
이르되 나는 바울에게, 나는 아볼로에게, 나는 게바에게, 나는 그리스도에게 속한 자라 한다는 것이
니 13그리스도께서 어찌 나뉘었느냐 바울이 너희를 위하여 십자가에 못 박혔으며 바울의 이름으로 너
희가 세례를 받았느냐 14나는 그리스보와 가이오 외에는 너희 중 아무에게도 내가 세례를 베풀지 아
니한 것을 감사하노니 15이는 아무도 나의 이름으로 세례를 받았다 말하지 못하게 하려 함이라 16내가
또한 스데바나 집 사람에게 세례를 베풀었고 그 외에는 다른 누구에게 세례를 베풀었는지 알지 못하
노라 17그리스도께서 나를 보내심은 세례를 베풀게 하려 하심이 아니요 오직 복음을 전하게 하려 하
심이로되 말의 지혜로 하지 아니함은 그리스도의 십자가가 헛되지 않게 하려 함이라

내가 어렸을 때 사람들은 이혼에 대해 이야기할 때 목소리를 최대한 낮추었다. 이혼은…저 아래 사는 먼 친척이나 부정한 이웃에게만 일어나는 십대 임신이나 정신병과 같은 범주에 드는 어둡고 은밀한 비극이었다. 그런데 확실히 시대가 변했다. 우리 중 많은 사람이 이런

가정 파괴의 치명적인 후유증을 느꼈다. 두 사람의 의지가 충돌하면서 발생한 파편들은 마구 날아다니다가 대개 가장 무고한 아이들에게 내려앉는다.

결혼이 파탄나는 것과 마찬가지로 교인들이 분열되는 것도 고통스럽고 비극적인 일이다. 영적 가족에게서 안정과 안전을 기대하는 영적 아기들에게는 특히 더하다. 확신하건대 교회를 분열시키는 것만큼 하나님의 마음을 아프게 하는 것은 없다. 불화, 동요, 분열만큼 하나님의 백성에게 깊은 상처를 주는 일은 없다. 우리는 지난 10년 동안 한때 번성했지만 지금은 쪼개지고 갈라지고 불화만 가득 찬 교회를 수십 곳은 꼽을 수 있다. 사랑 대신 증오가 들어왔다. 혼란이 평화를 몰아냈다.

바울 시대에 고린도 교회는 분열의 위기 속에서 흔들리고 있었다. 바울은 그들과 멀리 떨어져 있었지만, 결국 붕괴를 초래할 수 있는 갈등의 균열을 감지했다. 교회의 괴로운 상태를 전해들은 바울은 화가 나서 가만히 있을 수 없었다. 그래서 고린도 교인을 향해 이기적인 욕망을 버리고 주 예수 그리스도 안에서 서로를 꼭 붙잡고 헌신의 서약을 새롭게 하라는 간절한 화해의 호소를 했다.

## —1:10—

누구나 "권고"라는 말을 들은 적이 있다. 우리는 이 말을 간혹 '신랄한 질책'과 혼동하는데 대개 질책으로 번역되는 헬라어 *parakaleō*(3870)는 단순히 '조언이나 격려를 위해 옆으로 부르다'는 뜻이다. 바꾸어 말하면, 망나니 고린도 교인을 대하는 바울의 태도는 장작더미 뒤에 숨은 아이를 끌고 나오려는 아버지의 태도라기보다는 현명한 조언을 하기 위해 그들을 곁으로 불러 너무 늦기 전에 바른 길로 가라고 격려하는 쪽이다. 바울의 말은 분노와 좌절이 아니라 진정한 사랑과 관심에서 우러나온 말로 이해되어야 한다.

바울이 자기 독자를 "형제들"(1:10)이라고 부르며 그의 사랑을 상기시키는 것도 그런 연유다. 바울은 마치 가족 모임을 위해 그들을 끌어 모으듯이 부드럽게 그들에게 다가간다. 그러면서도 그의 말에는 가족을 책임진 가장의 권위가 담겨 있다. 사도로서 바울은 "우리 주 예수 그리스도의 이름으로", 즉 주님의 권세에 의거해서 그들에게 권고할 수 있었다. 바울은 그들에 대한 사랑에 이끌리고 그리스도의 이름으로 말할 수 있는 그의 권위를 사용해서 고린도 교인에게 분열을 끝내고 서로 화해할 것을 절절히 호소한다.

바울의 간절한 권고에는 두 가지 측면이 있다. 그들은 분열을 멈추고 연합해야 한다. 그는 그들 사이의 '분열'을 없애라고 촉구한다. '분열'이라는 헬라어 *schisma*(4978)에서 영어의 'schisms'(분열) 또는 'scissors'(가위) 같은 단어가 나왔다. *Schisma*는 찢어진 곳, 쪼개진 틈, 균열을 뜻한다. 마태복음 9장 16절은 옷에 난 구멍을 이 단어로 표현했다. 고린도 교회는 반목과 분열과 깨어짐으로 고통받았다.

바울은 점점 심해지고 있는 분열의 문제를 두 가지 긍정적인 권고로 접근한다. "형제들아…모두가 같은 말을 하고 너희 가운데 분쟁이 없이 같은 마음과 같은 뜻으로 온전히 합하라"(고전 1:10). 이 권고가 내면의 생각에 중점을 둔 것에 유의하라. 바울은 다양성 속에서도 태도의 조화, 신앙의 본질에 대한 동의, 단일한 목표가 있기를 원한다. 그러면 그들은 '온전해질' 것이다. "온전히 합하라"로 번역된 동사 *katartizō*(2675)는 마태복음 4장 21절에서 그물을 고친다는 뜻으로 쓰였다. 다툼과 불화, 해결되지 않은 갈등으로 깨어진 관계를 고치는 것에 정말 잘 맞는 이미지다.

진도를 나가기 전에 이 구절을 극단적으로 받아들이지 않도록 스스로 상기해야 한다. 바울은 어떤 교회에서도 믿음과 실천이 획일적으로 같을 수는 없다는 사실을 인정했다(참조. 롬 14:1-5). 실제로 하나님은 교회가 엄격한 획일성을 보여주어야 한다고 생각하지 않으셨고, 고린도전서 12-14장은 이 점을 분명히 밝힌다. 하나님은 똑같이 생긴 양철 병정을 만드는 일에 관심이 없으시다. 목표는 통일이지 획일이 아니다. 구성원의 다양성은 하나님의 능력과 영광을 나타낸다. 교회에 대한 하나님의 이상은 분열과 갈등도 아니고 좀비 같은 획일성도 아니다. 하나님은 다양성 안의 연합을 바라신다.

## —1:11-16—

바울은 1장 10절에서 보편적인 원리를 말하고, 1장 11-16절에서 바로 구체적인 사안으로 넘어간다. 바울은 "글로에의 집"(1:11) 사람들에게서 들은 이야기에 근거해 훈계하면서 고린도 교회의 세 가지 주요 문제, 즉 분쟁(1:11), 파벌(1:12), 자만심(1:13-16)에 대해 말한다. 이 세 가지 분열의 원인을 하나씩 자세히 살펴보기로 하자.

**그들의 분쟁(1:11).** 우선, 바울은 고린도 교인이 자주 티격태격하는 것에 대해 말한다. '말다툼'에 해당하는 헬라어는 *eris*(2054)로 분쟁, 불화 또는 언쟁을 뜻한다. 그러나 바울은 단순한 논쟁이나 사소한 불화 이상의 뜻으로 사용하고 있다. 실제로, 갈라디아서 5장 19-21절에서 비난한 우상숭배, 술 취함과 같은 악덕의 목록 안에 *eris*도 포함되어 있다. 바울은 "이런 일을 하는 자들은 하나님의 나라를 유업으로 받지 못할 것"(갈 5:21)이라고 말한다. 다시 말해, 바울은 "말다툼"을, 단호히 다루지 않으면 교회를 망가트리게 되는 심각한 영적 문제로 보았다.

그러나 바울은 그들의 다툼을 사탄의 탓으로 돌리지 않는다. 우리는 걸핏하면 우리 자신의 정욕 때문에 지은 죄를 사탄의 탓으로 돌린다. 결국 배후에서 모든 악을 만들어내는 자는 사탄이지만(창 3장), 세상과 육신 또한 우리의 죄성을 한몫 거든다는 사실을 사람들은 자주 잊는다. 바울이 고린도 교인의 영적 미성숙으로 갈등이 일어났다고 지적하면서 그들에게 책임을 돌린 것은 당연하다. "너희는 아직도 육신에 속한 자로다 너희 가운데 시기와 분쟁이 있으니 어찌 육신에 속하여 사람을 따라 행함이 아니리요"(고전 3:3). 야고보도 고린도에서 발생한 것과 같은 다툼과 갈등의 원인을 강조했다. "너희 중에 싸움이 어디로부터 다툼이 어디로부터 나느냐 너희 지체 중에서 싸우는 정욕으로부터 나는 것이 아니냐 너희는 욕심을 내어도 얻지 못하여 살인하며 시기하여도 능히 취하지 못하므로 다투고 싸우는도다"(약 4:1-2).

육적인 고린도 교인의 격한 언쟁은 두 번째 큰 문제를 야기했다.

**그들의 파벌(1:12).** 바울은 고린도 교인을 분열시키고 있는 세 개의 파당을 거명한다. 고린도의 많은 사람이 '바울당'에 동조했던 것은 이해할 만하다. 그들은 바울에게서 처음으로 예수 그리스도에 대한 좋은 소식을 들었다(15:3). 그렇지만 바울의 설교는 율법에서의 해방을 강조했기 때문에 이 집단이 하나님의 은혜를 정욕에 대한 파란 신호등으로 변질시키기 시작했을 수도 있다. 어쨌든, 오늘날 바울의 서신서들에서 몇 구절만 강조하면서 야고보, 요한, 베드로 그리고 성경의 나머지 부분에서 말씀하는 총체적 가르침을 무시하는 사람들과 비슷한 일을 고린도의 '바울당'이 하고 있었다.

고린도에는 바울의 추종자들이 대다수였지만 바울이 교회를 떠난 후에는 아볼로가 와서 "은혜로 말미암아 믿은 자들에게 많은 유익을 주니 이는 성경으로써 예수는 그리스도라고 증언하여 공중 앞에서 힘있게 유대인의 말을 이[겼다]"(행 18:27–28). 아볼로는 지적으로 예리했을 뿐 아니라 언변도 뛰어났다. 특히 예리한 논리와 감동적인 웅변에 마음을 빼앗기는 헬라인들이 그에게 쏠렸을 것이다. 이렇게 '아볼로 팬클럽'은 탄생했다. 그렇게 논리 정연한 선생에게 견주면 바울의 스타일은 거칠고 투박하게 보였을 것이다(고후 10:10, 11:6). 바울과 아볼로는 경쟁자가 아니라 동료였지만(고전 3:6–9), 열정이 지나친 일부 추종자가 아볼로를 지적인 영웅으로 떠받들면서 고린도 회중 사이에서 마찰을 일으켰다(1:12).

그런데 상황은 탁월한 두 스승을 놓고 가상의 대결을 벌이는 것 이상으로 복잡해졌다. 바울은 사도 베드로를 따르는 세 번째 그룹을 언급한다. 이들을 '게바당'이라고 하자. 베드로는 아마 원래의 열두 제자 중에서 가장 유명했을 테고, 따라서 아람어를 사용하는 유대인 그리스도인의 공동체에 상당한 영향력을 행사했다. 사실 바울이 '베드로'라는 이름의 아람어 버전('게바')을 사용한 것도 베드로가 유대인에게 복음을 전하는 사명을 받은 선교사였기 때문에 그를 추종하는 이 특정 집단이 고린도의 유대인 그리스도인으로 이루어져 있음을 강조하기 위해서였다(갈 2:7–9). 그들에게 율법에 대한 바울의 견해는 너무 '진보적'으로 보였을 것이고, 아볼로의 스타일은 너무 '이교도식'으로 여겨졌을 것이다. 그리스도를 직접 본 사도로 공인받은 베드로를 중심으로 신실한 추종자들이 형성되었을 것은 어찌 보면 당연한 일이다(고전 1:12).

고린도 교회를 망가뜨리는 데 이 세 파벌만으로는 부족하다는 듯 바울은 단체 목록에 하나를 더 추가한다. '그리스도당'은 아예 사람을 필요로 하지 않았다. 바울도 아볼로도 베드로도 필요 없었다. 대신 그들은 그리스도만 따랐다. 언뜻 보면 '그게 뭐가 문제지? 그 사람들 모두가 그랬어야 하는 거 아닌가?'라고 생각할 수도 있다. 그러나 바울이 그들의 이름을 용납할 수 없는 파당들 사이에 올린 이유는 그리스도를 따르는 무리가 그리스도를 섬기는 태도가 건강하지 않았기 때문이었다. 그들은 그리스도가 임명하신 자들까지 포함해서 교회의 모든 권위자를 거부하는 극단적인 태도를 보였다. 아마 그들은 그리스도가 "모퉁잇돌"이 되어 교회를 세우셨지만, 사도들과 선지자들도 교회의 "터"가 되었음을 잊은 듯하다(엡 2:20). 그리스도가 택하신 사도들을 배제하면서 그리스도께만 헌신한다고 주장할 수는 없다. 그리스도당은 자기들만 그리스도께 속했다고 주장하다가 어느새 자기들만 그리스도를 소유한 듯이 행동하게 되었을 수도 있다. 바울은 다섯 파벌을 언급하고 나서 교만을 사악한 분열의 뿌리로 지목한다.

**그들의 자만심(1:13–16).** 교만은 고린도 교인 사이에 벌어진 다툼과 파벌의 불씨에 기름을 붓고 부채질해서 아직 믿음이 어린 회중을 거뜬히 파괴할 수 있었다. 그들은 자기네가 누구에게 세례를 받았는지를 뻐기며 자부심을 드러냈다(1:13). 그들은 자기들이 가진 믿음의 권위가 세례뿐만 아니라 세례자들에게서도 나온다고 믿었던 것 같다. 놀랍게도, 이 갈등의 와중에, 한 몸 안에서 신자가 서로 연합되었음을 나타내야 했던 그리스도가 베푸신 이 의식(엡 4:4–6)이 교만의 조건으로 변질되었다.

바울은 그들의 자랑에 준엄하게 맞선다. 자신의 '바울당'과 싸우며 두 가지를 분명하게 지적한다. 바울은 그들의 죄를 위해 죽지 않았고, 아무도 바울의 이름으로 세례를 받지 않았다(고전 1:13). 바울은 고린도의 개종자 중에서 그리스보와 가이오, 스데바나 집 사람에게만 직접 세례를 주었고(1:14, 16), 여기서 그는 다른 사람들에게 세례를 베풀지 않은 것에 대해 하나님께 감사한다. 바울은 세례에 대해 안 좋게 말하거나 깎아내리거나 쓸모없는 예식이라고 선언하고 있는 게 아니다. 오히려 고린도의 특별한 상황 때문에 자기가 새로 그리스도인이 된 이들에게 개인적으로 세례를 많이 주지 않았다는 점에 안도했다. "이는 아무도 나의 이름으로 세례를 받았다 말하지 못하게 하려 함이라"(1:15).

교만이 자기를 드러내는 방법은 참으로 다양하고 놀랍다! 모든 자랑거리 중에서 고린도 교인은 누가 자기들에게 손을 얹고 "아버지와 아들과 성령의"(참조. 마 28:19) 이름을 말했는가를 놓고 으스댔다. 그들은 초점을 잃었다. 그들은 복음에 대한 가시적 반응인 세례의 행위를 오용하여 자기 아들을 보내 그들의 죄를 위해 죽으셨다가 다시 살아나 성령으로 새 생명을 주게 하신 아버지의 메시지를 가렸다. 교회에서 파벌들이 우쭐대고 다투다가 논쟁이 벌어지면 교만은 무슨 짓이든 서슴지 않는다.

## —1:17—

다툼과 분열과 자만심을 버리라는 준엄한 권고의 정점에서 바울은 고린도 교인의 주의를 가장 중요한 것–그들을 한마음으로 묶어주는 복음–으로 돌린다. "그리스도께서 나를 보내심은 세례를 베풀게 하려 하심이 아니요 오직 복음을 전하게 하려 하심이로되 말의 지혜

# 묵상의 서재

## 사소한 것에 목숨 거는 사람들(고린도전서 1:13)

나는 작은 마을에서 불과 몇 구역 떨어져 있는, 교단이 다른 두 교회 이야기를 들었다. 두 교회 모두 각각 따로 고생하지 말고 합쳐서 더 큰 공동체를 이루고 더 많은 열매를 맺으면 좋겠다고 생각했다. 좋은 생각이었지만 그들은 모두 속이 좁았다. 뭐가 문제였냐고? 그들은 주기도문을 암송하는 방식에 합의하지 못했다! 한쪽은 "우리의 죄를 사하여 주옵시고"를, 다른 한쪽은 "우리의 허물을 사하여 주옵시고"를 원했다. 그래서 한 교회는 죄로 다시 돌아갔고 다른 교회는 허물로 다시 돌아갔다고 신문은 보도했다.

몇 년 전에 함께 사는 두 독신 자매에 대한 이야기를 읽었다. 사소한 일로 약간의 말다툼을 한 후로 자매는 서로 말을 하지 않게 되었다. 살고 있는 작은 집에서 이사할 여력도 의지도 없었기에 계속 같은 방을 쓰고, 같은 식탁에서 밥을 먹고, 같은 방에서 잠을 자면서도 서로 한마디도 하지 않았다. 분필로 선을 그어 잠자리를 둘로 나누고, 출입구와 벽난로도 갈랐다. 각자 상대편의 영역을 침범하지 않고 드나들고, 음식을 조리해서 먹고, 바느질하고 책을 읽었다. 둘 중 아무도 용서와 화해의 첫 발짝을 떼려 하지 않았다.

그렇게 어리석은 사소한 싸움은 우스워 보일 것이다. 그런 모습이 우리 교회와 그리스도 안에 있는 형제자매와의 관계 속에 널리 퍼져 있지만 않는다면 말이다. 성경에 분명하게 제시된 주요 쟁점에 대해 확고한 입장을 취하는 것과 시시콜콜한 문제를 놓고 싸우는 것은 별개의 문제다. 정말 사소한 일에 우리 그리스도인이 얼마나 옹졸해지는지를 보면 놀라지 않을 수 없다.

나는 어느 해 여름 사경회에서 이 민감한 주제를 놓고 열띤 토론을 벌였다. 그 후로 많은 참석자에게서 자기들도 비슷한 생각을 가졌지만, 마음 놓고 그런 말을 못 한다는 이야기를 듣고 걱정이 되었다. 담임 목사들이 사소한 논쟁을 부추기거나 오래된 상처를 다시 건드린다는 거였다. 설교자들은 자기들이 설교할 때는 아무도 말대꾸를 할 수 없다는 걸 방패 삼아 무차별 공격을 가하거나, 막상 진짜 적(악마)은 하품하며 미소 짓게 만드는 시시콜콜한 문제들에 대해서 잽을 날리고 강대상을 쾅 치면서 지지리도 옹졸해질 수 있다! 믿을 수 있고, 잘 입증된 성경의 진리를 신중하게 적용해서 성도를 훈련하고 교화하기는커녕 많은 목회자가 오히려 분열시키고, 논란을 일으키며, 맹목적으로 자기 의견만 고집하는 배타적인 태도를 조장한다.

우리는 모든 것을 알 수 없고, 좋아하는 것도 가지각색이며, 생각도 다르기 때문에 그다지 중요하지 않은 분야에서는 여지를 많이 남겨두어야 한다. 다양성과 차이점이 어우러지면 몸은 아름다운 균형을 이루게 된다. 그러나 편견에 사로잡힌 완고한 사람은 신랄한 비난의 올가미로 희생자의 목을 조르는 살인자다.

이 모든 것은 중요하고 냉정한 질문을 우리에게 던진다. 당신은 다른 사람에게 얼마나 많은 자유를 허용하는가?

로 하지 아니함은 그리스도의 십자가가 헛되지 않게 하려 함이라"(1:17). 바울은 자기를 과시하려고 고린도에 간 것이 아니었다. 그는 자기 능력을 뽐내지 않았다. 그는 자신을 드러내지 않았다. 실제로 그는 다른 일에 얽매이지 않고 받은 소명인 복음을 전파하는 일에 매진하기 위해 세례 베푸는 것은 다른 사람들에게 위임했다. 바울은 자기가 복음의 메시지를 감동적인 말이나 미사여구 또는 "말의 지혜"로 전하지 않았다는 것도 상기시킨다. 그렇게 하면 메시지보다 메신저에게 관심이 쏠리기 때문이다. 한 주석가가 이렇게 재치 있는 말을 했다. "십자가의 이야기를 아름답고 솜씨 좋게 꾸며서 말한다면 사람들은 그 사실보다 그 언어를 더 많이 생각할 것이다."[1]

그리스도의 인격과 사역을 전하는 복음은 우리가 생각하고 말하고 행하는 모든 것의 중심에 있어야 한다. 안타깝게도, 너무나 많은 그리스도인이 가장 중요한 이 진리를 간과하고 있다. 오늘날 사람들은 군중의 마음을 사로잡고, 청중에게 활력을 불어넣으며, 좋은 볼거리를 제공하는 '스타 설교자'들에게 매료된다. 엔터테인먼트가 판을 치는 우리 문화 속에서 번쩍이는 불빛과 재즈가 무대의 중심에서 사람들의 관심을 독차지하는 사이 하나님의 말씀은 자주 무대 뒤로 사라진다. 얼마나 슬픈 일인가! 사도 바울의 생각은 더할 나위 없이 분명하다. 너희가 메신저를 영화롭게 하면 사람들은 메시지에 집중하지 못할 것이다.

## 적용: 고린도전서 1:10-17

### 눈을 돌려 예수님을 보라

고린도 교회가 논쟁과 갈등의 불길에 휩싸이자 사도 바울이 나서서 간절한 호소로 진화를 시작했다. 21세기의 관점에서 바울이 1세기의 위기를 어떻게 해결했는지를 살펴보면 우리 시대에도 꼭 필요한 몇 가지 교훈을 얻을 수 있다. 우리는 고린도 회중의 까맣게 타버린 관계의 잿더미 속에서 아주 중요한 실제적인 진리를 찾아낼 수 있다. 그것을 적용하면 교회를 위협하는 불화의 재앙을 피할 수 있다. 그 진리란 바로 이것이다. 우리는 오로지 그리스도만 바라보아야 한다.

우리가 그리스도에게서 시선을 돌리면 반드시 다른 것–몇 가지를 꼽자면 이기적인 추구, 개인적인 의견, 사소한 이슈들, 좋아하는 사람들–에 시선을 고정하게 된다. 이렇게 초점이 어긋나면 분열이 생긴다. 분열은 다툼을 일으킨다. 다툼은 파벌을 낳는다. 파벌은 공격 명령이 떨어지기만 기다리고 있는 집단이다! 다시 말해서, 교인이 그리스도께만 초점을 맞추지 못하면 논란과 갈등을 낳을 게 뻔하다. 이 진리에 대해 우리는 어떻게 반응해야 할까? 오래된 찬송가가 이것을 아주 잘 표현했다.

> 네 눈을 주님께 돌려
> 그 놀라운 얼굴 보라
> 그분의 영광과 은혜의 빛 안에서
> 이 세상 것은 점점 희미해지리라[2]

히브리서 12장 1-2절은 다음과 같이 말한다. "모든 무거운 것과 얽매이기 쉬운 죄를 벗어 버리고 인내로써 우리 앞에 당한 경주를 하며 믿음의 주요 또 온전하게 하시는 이인 예수를 바라보자." 지금 당신은 어디에 초점을 맞추고 있는가? 그리스도가 그림의 중심에 계시는가, 아니면 그분의 형상이 점점 희미해지고 있는가? 이기적인 야망과 분열과 갈등을 낳아 그리스도를 보지 못하게 만드는 네 가지 대표적인 방해 요소를 생각하면서 인생의 초점을 재조정하는 시간을 가지라. 잠시 멈추고 아래 질문에 답해보라.

첫째, 내 시선이 물질에만 고정되어 있지 않은가? 그러면 반드시 물질주의에 빠지게 된다. 물질주의는 더 많은 것, 더 많은 돈, 더 많은 신제품, 넘치도록 많은 플라스틱, 크롬, 금속, 실리콘, 디지털 영상을 끝없이 갈구한다. 당신이 물질에 초점을 맞추고 있다면 당신은 계속 불만스러울 것이다. 바울은 부유한 자들에게 이렇게 충고했다. "마음을 높이지 말고 정함이 없는 재물에 소망을 두지 말고 오직 우리에게 모든 것을 후히 주사 누리게 하시는 하나님께 두[라]"(딤전 6:17).

둘째, 내 시선이 환경에만 고정되어 있지 않은가? 그러면 자기연민이나 교만이 조성되기 딱 좋다. 좋은 환경은 흔히 가짜 안전감을 준다. 나쁜 환경은 불안이나 우울감을 느끼게 한다. 우리는 이 세상에서 눈을 돌려 그리스도를 바라보며 "위의 것을 생각하고 땅의 것을 생각하지 말[아야]" 한다(골 3:2).

셋째, 내 시선이 나 자신에게만 고정되어 있지 않은가? 우리가 '나', '자신', '자아'의 '삼위일체'를 받들 때 다른 사람들을 향한 관심은 시들해지고 결국 교회 안에 불화를 일으키게 된다. 이렇게 내부로만 향하는 시선을 바로잡으려고 바울은 이렇게 썼다. "각각 자기 일을 돌볼뿐더러 또한 각각 다른 사람들의 일을 돌보아 나의 기쁨을 충만하게 하라"(빌 2:4). 이 것을 독려하기 위해서 바울은 독자에게 이타적인 겸손의 귀감이 되신 그리스도를 바라보라고 권면했다(빌 2:5-8).

마지막으로, 내 시선이 다른 사람들에게 고정되어 있지 않은가? 고린도 교인은 그들의 관심을 그리스도에게서 그리스도의 일꾼들에게로 빈번히 돌렸다. 그들은 사람들을 청동 우상으로 만들어 받침대에 세우고 예배의 대상으로 삼았다…유혹에 빠지기 쉬운 타락한 인간은 결국에는 기대에 미치지 못하고 실망을 줄 것이 뻔하기 때문에 이런 식의 인물 중심적 사역은 환멸을 낳기 마련이다. 시편 기자가 말했듯이 "여호와께 피하는 것이 사람을 신뢰하는 것보다 [낫다]"(시 118:8).

이 질문들에 답한 후에 "너희 마음[당신 삶의 중심과 근본]에 그리스도를 주로 삼아 거룩하게 하[는][구별하는]" 시간을 가지라(벧전 3:15). 마음의 눈을 예수님께로 돌리면 이 세상 것들이 희미해지고, 그리스도의 몸 안에 있는 다른 지체들에게서 절대 양립할 수 없는 차이로 보이던 것이 점차 문제가 되지 않을 것이다.

## 십자가의 어리석음(고린도전서 1:18-31)

18십자가의 도가 멸망하는 자들에게는 미련한 것이요 구원을 받는 우리에게는 하나님의 능력이라
19기록된 바

내가 지혜 있는 자들의 지혜를 멸하고
총명한 자들의 총명을 폐하리라 하였으니

20지혜 있는 자가 어디 있느냐 선비가 어디 있느냐 이 세대에 변론가가 어디 있느냐 하나님께서
이 세상의 지혜를 미련하게 하신 것이 아니냐 21하나님의 지혜에 있어서는 이 세상이 자기 지혜로 하
나님을 알지 못하므로 하나님께서 전도의 미련한 것으로 믿는 자들을 구원하시기를 기뻐하셨도다 22
유대인은 표적을 구하고 헬라인은 지혜를 찾으나 23우리는 십자가에 못 박힌 그리스도를 전하니 유대
인에게는 거리끼는 것이요 이방인에게는 미련한 것이로되 24오직 부르심을 받은 자들에게는 유대인
이나 헬라인이나 그리스도는 하나님의 능력이요 하나님의 지혜니라 25하나님의 어리석음이 사람보다

지혜롭고 하나님의 약하심이 사람보다 강하니라
[26]형제들아 너희를 부르심을 보라 육체를 따라 지혜로운 자가 많지 아니하며 능한 자가 많지 아니하
며 문벌 좋은 자가 많지 아니하도다 [27]그러나 하나님께서 세상의 미련한 것들을 택하사 지혜 있는 자
들을 부끄럽게 하려 하시고 세상의 약한 것들을 택하사 강한 것들을 부끄럽게 하려 하시며 [28]하나님
께서 세상의 천한 것들과 멸시 받는 것들과 없는 것들을 택하사 있는 것들을 폐하려 하시나니 [29]이는
아무 육체도 하나님 앞에서 자랑하지 못하게 하려 하심이라 [30]너희는 하나님으로부터 나서 그리스도
예수 안에 있고 예수는 하나님으로부터 나와서 우리에게 지혜와 의로움과 거룩함과 구원함이 되셨으
니 [31]기록된 바 자랑하는 자는 주 안에서 자랑하라 함과 같게 하려 함이라

---

골수 축구 팬들은 '로이 리겔스'(Roy Riegels)라는 이름을 기억할 것이다. 그의 이름을 들어본 적이 없다면 간단한 인터넷 검색만으로도 그가 유명해진 이유를 소상히 알 수 있다. 그가 주목받게 된 것은 UC 버클리 선수로 활약한 1929년 로즈 볼(Rose Bowl) 때였다. 좀처럼 풀리지 않는 경기를 하던 중 그는 받은 공을 떨어뜨리고 말았다. 그는 공을 얼른 다시 잡아서 60미터 정도를 달리다가 골라인 바로 앞에서 가로막혔다. 팬들은 격분해서 소리치거나 눈을 의심하며 환호했다. 로이 리겔스가 문제였다. 그가 상대편 골라인으로 공을 갖고 달려갔던 것이다. 상대편 팬들이 환호했고, 결국 상대 팀이 승리했다. 1993년 세상을 뜰 때까지 로이는 '거꾸로 간 리겔스'로 알려졌다.

교회에도 똑같은 일이 일어날 수 있다. 그리스도인에게도 이런 일은 일어날 수 있다. 우리는 자기도 모르게 상대편을 돕느라 무심코 엄청난 에너지를 사용할 수 있다. 1세기의 고린도 교회가 그랬다. 우리는 그들을 '거꾸로 간 고린도'라고 불러도 된다. 갈팡질팡하다 잘못된 길로 접어든 이 그리스도인들은 부지중에 상대편을 거들고 있었다. 그래서 바울은 마스터 코치처럼 하나님의 전술 노트를 펴들고 그분의 진리를 설명했다. 그들이 생각해낼 수 없었을 그 진리는 영원한 삶으로 가기 위해 십자가에 달리신 메시아와 십자가에 달린 자아에 관한 것이다.

바울이 고린도에 교회를 개척한 후로 고린도 회중은 점점 더 오만하고 완고하며 하찮은 일에 티격태격하는 공동체로 추락했다. 그들은 지역 사회에서 하나님을 영화롭게 하는 그리스도의 증인 역할을 할 수 없을 지경까지 이르렀다. 그들은 멜빵 밑에 엄지손가락을 집어넣고 누구에게 세례를 받았는지 같은 사소한 것들을 자랑했다(1:12-15). 그들은 교만해져

서 예수님의 죽음과 부활에 관한 좋은 소식보다 인간의 화려한 언변과 재간을 높였다. 한 마디로, 복음의 심장이 인본주의적 사이비 지성주의의 발아래 짓밟히고 있었다. 이러한 세속적인 관점은 예수 그리스도의 십자가에 담긴 진정한 의미와 맞닥칠 수밖에 없었다.

## —1:18-19—

1장 18절에서 바울은 그가 말의 지혜(1:17)를 의지해 고린도 교인에게 복음을 전하지 않은 이유를 설명하기 시작한다. 그러려면 복음에서 십자가를 빼야 했을 것이다. 그것은 그리스도의 십자가 처형과 믿는 자들에게 주어지는 십자가 구원이라는 은혜의 메시지가 세상 기준에서 바보처럼 보이기 때문이다. 그리스도의 대속 죽음을 믿지 못하여 죄 사함을 받지 못한 자들에게 십자가는 너무나도 어리석게 보였다. 완벽한 한 사람이 무수히 많은 죄인을 대신해 죽을 수 있다는, 그리고 이 희생이 충분한 대가가 되었고 모든 믿는 자에게 아무 제약 없이 적용된다는 개념은 1세기의 누가 들더라도 가당찮은 메시지였다.

그러나 신자에게는 그리스도의 십자가 죽음이 핵심이다. 그리스도의 죽음이 과거, 현재, 미래의 모든 구원에서 가장 중요하다. 바울이 “구원을 받는”(1:18)이라고 현재분사를 사용한 것이 그가 현재의 성화 과정을 무엇보다도 중요시하고 있음을 암시한다. 신자는 성화 과정에서 십자가를 지는 삶을 살면서 죄의 지배에서 벗어난다. 예수님은 누가복음 9장 22-24절에서 불순종과 죄의 지배를 받는 삶에서 벗어나는 구원의 현재성이 어떤 모습인지 알려주신다. “인자가 많은 고난을 받고 장로들과 대제사장들과 서기관들에게 버린 바 되어 죽임을 당하고 제 삼일에 살아나야 하리라 하시고 또 무리에게 이르시되 아무든지 나를 따라오려거든 자기를 부인하고 날마다 제 십자가를 지고 나를 따를 것이니라 누구든지 제 목숨을 구원하고자 하면 잃을 것이요 누구든지 나를 위하여 제 목숨을 잃으면 구원하리라.”

나는 오늘날 대부분의 사람이 예수님이 날마다 십자가를 져야 한다고 하신 말씀의 의미를 이해하는지 의심스럽다. 왜냐하면 우리는 십자가가 처형의 도구로 사용되는 것을 보지 못하기 때문이다. 그러나 로마 제국에서 십자가형을 선고받은 사람은 자기가 달릴 십자가 중에서 적어도 한 부분을 지고 도시를 가로질러 공개 처형 장소로 지정된 곳까지 가야 했다. 이 관행은 구경꾼에게 이 사형선고를 받은 반역자가 ‘죽음’으로써 마침내 제국에 굴복했음을 보여주었다![3] 그러므로 예수님의 말씀은 이런 뜻이었다. "너희가 내 길을 따라가고 싶다면 그리고 내 진정한 제자가 되고 싶다면, 너희는 날마다 너희의 고집과 사사로운 욕망을 스스로 죽여야 한다. 그리고 내가 그랬듯이 너희 뜻이 아니라 아버지의 뜻을 기꺼이 받아들여야 한다."

하지만 불신자들에게 십자가의 메시지는 참으로 어리석게 들린다. 하나님의 아들이 죄인을 위해 자진해서 죽었다는 개념과 구원받은 죄인은 제자도를 위해서 자기 자신을 죽여야 한다는 생각이 다 그렇다. 바울이 사용한 "미련한"(고전 1:18)이라는 단어는 *mōria*(3472)로 *mōros*(3474)와 연관되어 있으며, 여기서 영어 단어 *moron*이 나왔다. 세상의 관점에서는 바보만 십자가의 메시지를 믿고 십자가에 비추어 자기희생의 삶을 산다. 그러나 자기 십자가를 지고 그리스도를 따름으로써 절망적인 죄의 속박에서 벗어나고 있는 신자에게 십자가는 "하나님의 능력"(1:18)이다.

십자가의 메시지는 참으로 반문화적이다! 나는 하나님의 구원과 성화의 메시지가 모든 인간이 만든 종교적, 사회적, 심리적인 기대를 거스르는 게 참 좋다. 바울은 십자가의 신학이 고린도의 독자에게 얼마나 모순으로 들렸을지 알았다. 그들이 가장 하고 싶어하지 않는 것이 자기들의 권리, 특권, 혜택을 포기하면서 십자가를 지는 것임을 그는 알고 있었다. 바울은 이사야 29장 14절에서 중요한 구약의 진리를 끌어와 십자가의 "미련한" 메시지를 현명하게 지원한다.

이사야 29장 14절은 어려움을 겪고 있는 북이스라엘 왕국이 함정에 빠진 상황이 그 배경이다. 앗수르군의 장군은 공격 태세로 똬리를 틀고 있는 방울뱀 같았다. 무자비한 적들이 그들을 멸망시키려 한다는 게 확실해지자 이스라엘 백성은 딜레마에 빠졌다. 인간의 지혜를 따를 것인가, 하나님의 선지자를 통한 그분의 부르심을 따를 것인가. 이스라엘은 회개하고 하나님의 초자연적인 구조를 기대하지 않았다. 그들은 "우리는 애굽과 연합해야 한다. 그는 우리 주변국 중에서 앗수르에 맞서 우리를 보호해줄 수 있는 군사력을 가진 유일한 초강대국이기 때문이다. 회개와 성결에 집착하는 이 극단적인 종교는 잊어라"고 말하는 정치가들의 지혜를 따랐다. 이스라엘은 인간의 힘, 인간의 지혜, 인간의 능력에 의지하는 이방 나라와 분리되어야 한다는 기준을 타협했다. 그 결과는 엄청난 비극이었다. 이스라엘은 인간의 지력(智力)에서 지혜를 구했고, 혹독한 대가를 치렀다(왕하 17장).

바울은 이사야서의 이 구절을 암시하면서 하나님의 계획과 방법이 "지혜 있는 자들의 지혜를 멸하고 총명한 자들의 총명을 폐"(고전 1:19)한다는 점을 고린도 교인에게 상기시켰다. 십자가의 메시지가 "미련해" 보일지라도 그것은 구원을 이루시는 하나님의 능력이며 풍성한 삶을 사는 유일한 비결이다.

## —1:20-25—

바울은 하찮은 일로 옥신각신하는 고린도 교인에게 삿대질하듯이 캐묻는다. "지혜 있는 자가 어디 있느냐 선비가 어디 있느냐 이 세대에 변론가가 어디 있느냐"(1:20). 하나님이 십자가의 메시지로 인간의 이성을 이기시는 것을 생각해보면 이방인 천재들, 유대인 학자들, 헬라의 지식인들은 상대가 되지 않는다. 세상에서 가장 위대한 지혜의 근원이 십자가에는 아무 유익이 되지 않을 뿐 아니라 십자가의 메시지를 다듬고, 지적으로 표현하며, 합리적으로 설명하려는 시도는 오히려 메시지를 훼손할 뿐이다. 하나님은 형세를 완전히 역전시켜 세상의 지혜[*sophia*(4678)]를 "미련하게"(1:20) 만드셨다!

바울은 더 밀어붙인다. 세상 지혜를 추구할수록 성경의 유일하신 참 하나님에게서는 멀어질 수밖에 없다. "하나님의 지혜에 있어서는 이 세상이 자기 지혜로 하나님을 알지 못[한다]"(1:21). 우리 시대에도 많은 뛰어난 천문학자가 지금까지 발명된 것 중 가장 성능이 좋은 망원경으로 우주를 들여다보지만, 그렇게 우주를 구석구석 살펴보아도 창조 세계 너머에 계시는 창조주를 만나지 못한다. 정반대로, 많은 과학자가 고성능 현미경으로 물질을 구성하는 가장 작은 입자를 들여다보면서 물질의 질서, 물리적 우주의 복잡함과 아름다움에 대한 설명을 찾으려 하지만, 그들 역시 그 질서를 만드신 전지전능하신 그분을 발견하지 못한다.

오로지 "전도의 미련한 것"을 통해서만 하나님의 참모습을 알 수 있다(1:21). 바울이 복음의 메시지를 "미련한 것"이라고 한 것은 세상 관점에서 본 것이다. 하나님과 신자들의 관점에서는 복음이야말로 사물의 본원(本源)이 되는 참 지혜다. 바울은 자신의 주장에 부연해서 유대인과 헬라인 모두가 이 단순한 메시지에 혼란을 느끼고 명백한 진리에 어안이 벙벙해지는 이유를 설명한다(1:22). 유대인은 복음의 권위를 입증해줄 증거로 표적과 기사를 요구했다. 헬라인은 합리적인 설명, 즉 생각할 줄 아는 사람이라면 누구나 스스로 추정해낼 수 있는 지적이고 논리적인 증거를 찾았다. 이들이 복음에 대해 보인 반응은 모두 인간의 관점에서 보면 합리적으로 보이지만, 사람들을 그리스도께로 인도하지는 못한다.

유대인은 로마제국을 기적적으로 물리치고 다윗 왕국의 영광을 회복해서 승리의 왕국을 세울 전사 메시아를 기다렸다(마 27:42, 눅 1:68-75, 24:21, 행 1:6).[4] 그런데 예수님은 소외되고 멸시받고 거부당한 소수의 무리에게 기적을 베푸셨다. 예수님은 회개와 의와 평화의 메시지를 전파하셨다. 예수님은 그분의 발자취를 따라 자기를 희생하고 하나님의 뜻에 순복하라고 촉구하셨다. 필요하다면 십자가를 지기까지 그분을 따르라고 하셨다. 예수님은 사람들이 요구한다고 기적을 행하지 않으셨기에(마 12:38-41), 사람들의 지지를 얻기 위해 정치 세력을 전복시키려고 하는 종교적 열심당들과 멀어지셨다. 유대인들이 이 예수가 그들이 대망해온 구세주라는 것을 어떻게 믿을 수 있었을까? 나사렛 출신의 시골뜨기 설교자는 그들에게 '자격 미달'이었다. 그 잘못된 기대 때문에 그들은 실족했다(고전 1:23).

지혜를 추구한 헬라인은 다른 경로를 취했지만 결국 똑같이 막다른 길에 다다랐다. 그들은 지성과 정신의 영역에서 지고한 사상에 도달할 수 있고, 유토피아에 대한 인간의 갈망을 만족시켜줄 걸출한 철학자 왕 또는 지혜로운 선견자를 찾았다(행 17:18-21). 그런데 오히려 자신을 낮추어 미천한 신분의 가난한 유대인으로 태어나 자랐고, 얼토당토않은 이타적인 덕목을 내세우는 왕국에 대한 비유를 들려주면서 3년을 보낸 한 신성한 통치자에 대해 들었다. 이 사이비 현자는 철학 학파를 세우기는커녕 자기 동족에게 배반당하고 제자들 대부분에게 버림받으면서 사역을 마감했다. 전 세계에 영향을 미치겠다는 목표로 이제 막 싹트기 시작한 학파를 홍보하기에는 썩 좋지 않았다! 요컨대, 헬라인은 예수님 같은 영웅적인 종교인, 십자가에 달린 메시아에게 반감을 가졌다(고전 1:23).

바울은 십자가의 '지혜로운 미련함'에 대한 자기 생각을 결론짓는다(1:24-25). 세상의 눈에는 예수 그리스도의 복음이 어리석지만, 믿는 우리에게 그리스도는 인격화된 능력과 지혜시다(1:24). 정말로 "하나님의 어리석음이 사람보다 지혜롭고 하나님의 약하심이 사람보다 강하[다]."

## —1:26-31—

그런 다음 바울은 세상의 "지혜"와 복음의 "미련함"을 개개인에게 적용하여 대조한다(1:26). 세상이 "미련한 것"으로 생각하는 것을 통해 나타나는 복음의 능력은 그 특성상 미천한 배경을 가진 신자에게 더 확연히 보였을 것이다. 바울은 고린도 교인에게 그들 중에서 '세속'의 눈으로 볼 때 '지혜롭고, 능력 있으며, 문벌 좋은' 자들은 많지 않다는 것을 상기시킨다. 인간적 기준에서 볼 때 그랬다. 고린도에는 아볼로 같은 지적 거장도 있었지만, 고린도 교회에 속한 대부분의 그리스도인은 세속적인 지혜나 재물이나 가문을 자랑할 수 있는 처지가 아니었다.

그러나 바울은 복음의 메시지에 비추어 문화적 '최상류층'부터 최하류층에 이르기까지 모든 인간은 하나님이 없으면 타락의 쓰레기 더미 속에 살고 있는 부랑자들임을 상기시킨다. 우리의 가치를 따지지 않고 은혜와 자비로 우리를 부르시는 하나님 앞에서는 사회의 상류층이건 하류층이건 공로를 자랑할 수 없다. 자비로우신 하나님은 아래로 손을 내밀어 쓰레기 더미에서 더러운 우리를 거두시고 소중한 예술 작품으로 변화시키기 시작하신다.

사회의 쓰레기 같은 사람들을 택해 구원하심으로써 하나님은 지혜롭고 힘 있는 자들을 부끄럽게 만드신다(1:27). 멸시받고 소외당한 자들, 정치적, 사회적, 문화적, 종교적, 지적으로 "아무 것도 아닌 사람들"(1:28, 메시지 성경)로 왕국을 세우신 하나님은 세상에 획기적인 메시지를 보내신다. 즉 "아무 육체도 하나님 앞에서 자랑하지 못[한다는]" 것이다(1:29). 실제로, 십자가는 공정하고 거룩하신 하나님 앞에서 모든 사람이 죄인임을 확증함으로써 공평한 경쟁의 장을 만든다(롬 3:23). 그러면 모든 사람에게 내려진 유죄 선고에 대한 해결책은 무엇인가? 은혜다. 바울은 이렇게 말한다. "너희는 그 은혜에 의하여 믿음으로 말미암아 구원을 받았으니 이것은 너희에게서 난 것이 아니요 하나님의 선물이라 행위에서 난 것이 아니니 이는 누구든지 자랑하지 못하게 함이라"(엡 2:8-9).

이와 같은 은혜를 떠올릴 때마다 모름지기 찬양과 영광을 받아야 하는 것은 작품이 아니라 작가임을 잊지 말아야 한다. 하나님은 교만한 자, 오만한 자, 자만하는 자들을 용납하지 않으신다. 그런 사람들은 자신을 작은 신으로 생각하면서 전지전능하신 창조주, 유일하신 참 하나님의 자리를 찬탈한다. 하나님은 오만한 자들을 낮추어 겸손하게 만드시며, 그들이 자신의 빈곤을 인정하고 하나님의 막대한 부를 받아들이게 만드신다(참조. 단 4:28-37).

이어 바울은 고린도 교인의 영적 결핍과 그리스도의 풍요를 비교한다. 부패하고 유한한 인간에게 없는 모든 것이 예수 그리스도를 통해 제공되었다. 그분은 "하나님으로부터 나와서 우리에게 지혜와 의로움과 거룩함과 구원함이 되셨[다]"(고전 1:30).

세상은 영웅을 찾지만, 하나님은 겸손한 자를 찾으신다. 세상은 권력, 특권, 부를 찬양한다. 하나님은 이제까지 존재했던 모든 사람 가운데 가장 온유하고 겸손하신 그리스도께로 우리의 관심을 돌리신다. 사람들은 신분이 상승하고, 사회에서 높임을 받으며, 물질로 보상받는 것을 좋아하지만, 하나님은 자기 아들을 모든 피조물 위에 세우시고, 우리에게 천국에서 그리스도와 함께 있으면서 그리스도가 홀로 받으셔야 마땅한 찬양과 풍요를 똑같이 누리게 해주실 것을 약속하신다(엡 2:6-7). 우리만 보면 아무것도 아니지만, 그리스도 안에 있으면 우리는 귀중한 존재다. 그 차이는 우리 안에 있지 않고 그리스도 안에 있다. 그렇기에 우리는 결코 하나님 앞에서 우리의 공로를 자랑할 수 없다(고전 1:29). 우리가 자랑할 것이 있다면 "주 안에서 자랑"할 것밖에 없다(1:31).

주님 외에는 아무것도 아무에게도 자랑하지 말라는 바울의 마지막 권고에는 예레미야 9장 23-24절의 권위 있는 명령이 그대로 묻어난다.

> 여호와께서 이와 같이 말씀하시되 지혜로운 자는 그의 지혜를 자랑하지 말라 용사는 그의 용맹을 자랑하지 말라 부자는 그의 부함을 자랑하지 말라 자랑하는 자는 이것으로 자랑할지니 곧 명철하여 나를 아는 것과 나 여호와는 사랑과 정의와 공의를 땅에 행하는 자인 줄 깨닫는 것이라 나는 이 일을 기뻐하노라 여호와의 말씀이니라.

## 적용: 고린도전서 1:18-31

### 하나님의 어리석음의 지혜

"하나님의 어리석음이 사람보다 지혜롭[다]"(1:25). 바울의 말은 내가 몇 년 전에 참석했던 한 모임을 생각나게 한다. 내가 앉은 테이블 맞은편에는 한 실력 있는 의사가 앉아 있었다. 그와 한동안 그의 직업에 관해 이야기를 나눈 끝에 나는 예수 그리스도의 복음에 대해 말할 기회를 찾았다.

나는 종이 내프킨을 펼쳐서 양 끝에 가파른 절벽을 하나씩 그리고 둘 사이에 큰 간격을 남겨놓았다. 이 '다리' 그림은 그리스도가 이루신 화해의 사역을 전달하는 데 종종 쓰인다. 단순하고 간단명료하다. 나는 벌어진 틈의 한쪽에 '인간'이라고 쓰고 다른 쪽에 '하나님'이라고 썼다. 그런 다음 바닥에 작은 사다리를 세워서 인간이 어떻게 자력-선행, 자선, 교회 출석, 도덕, 철학, 영성 등 모든 인본주의적인 시도-으로 그 간극을 건너려고 하는지 보여주었다. 그리고 한가운데에 큼직한 십자가 다리를 그려 한 사람이 주 예수님의 죽음과 부활(15:1-4)을 믿음으로써 절벽 사이를 걸어서 건너가는 모습을 보여주었다. 나는 대략 4분 정도의 설명을 마치고 내프킨을 테이블 건너편으로 밀면서 물었다. "어떻게 생각하세요?"

그 의사는 눈을 깜박이더니 대뜸 이렇게 말했다. "나는 이렇게 비논리적이고 단순한 이론을 절대 믿을 수 없습니다!"

이것이 복음의 단순성을 자기의 복잡한 철학의 틀에 맞출 수 없는 사람이 보이는 반응이다. 이런 의미에서, 나는 완고한 자만심으로 마음이 강퍅해져서 지적 총명이 오히려 구원에 걸림돌이 되는 지식인들이 불쌍하다.

인정할 건 인정하자. 고답적인 회의론자들과 냉소적인 비평가들이 흔히 보이는 복음을 멸시하는 태도는 삶을 변화시키는 그리스도의 죽음과 부활에 대한 소식을 전하려는 우리를 주춤하게 할 수 있다. 사실 "바보 같은 소리!"라든지 "도대체 그런 걸 어떻게 믿어?"라는 반응이 돌아오면 한 방 얻어맞은 느낌이 들면서 자신에게도 같은 질문을 하게 된다. 믿기에는 복음이 너무 단순하고 터무니없지 않나?

절대 그렇지 않다!

기독교의 주장에 대한 문화적 비판은 초대 교회 때부터 있었음을 잊으면 안 된다. 실제로, AD 210년경에 기독교 변증론자인 카르타고의 테르툴리아누스는 성경적 복음이 '그대로' 받아들이기에는 너무 정교하지 않다고 주장하는 이단자들과 맞서 격렬한 항변으로 믿음을 지켰다. 이단자들은 거친 모서리를 둥글리고 공격적인 요소를 완화하여 당대 엘리트 사상가들이 철학적으로 더 만족할 수 있도록 기독교를 변질시키려고 했다.

신인(*God-man*)이 인간의 몸을 입으셨고, 돌아가셨으며, 부활하셨다는 메시지는 지극히 미련한 이야기라는 비난에 대해 테르툴리아누스는 이렇게 썼다. "우리 인간이 가진 개념으로 하나님을 판단한다면 그것은 당연히 어리석다. 그러나…정녕 당신이 잊지 않았다면, 이 성경 말씀을 잘 생각해보라. '하나님께서 세상의 미련한 것들을 택하사 지혜 있는 자들을 부끄럽게 하려' 하셨다."[5] 테르툴리아누스는 아주 적절하게 고린도전서 1장 27절을 인용해서 존경받는 지성을 숭상하는 세상의 기준은 하나님의 진리에 관한 한 아무 의미가 없다는 것을 상기시켰다. 실제로 테르툴리아누스는 회의론자들과 비평가들에게 맞서 형세를 역전시켰다. 그는 복음이 지적으로 어리석게 들리는데도 그 주장을 믿어야 하는 게 아니라 바로 그렇기 때문에 믿어야 한다고 했다. 그는 논리적인 사고를 하는 인간이라면 아예 십자가에 달린 신인과 같은 것을 만들어내지도 않을 뿐더러 그것을 세상에 전파하려 하지도 않을 거라고 주장했다. 만약 인간이 복음을 꾸며냈다면 철학적으로 훨씬 그럴싸한 것, 말하자면 이단자들에게서 나온 왜곡된 믿음 같은 것을 지어냈을 것이다. 테르툴리아누스는 다음과 같은 유명한 글을 썼다. "하나님의 아들이 십자가에 못 박히셨다. 나는 그것을 부끄러워하지 않는다. 부끄러워해야 할 쪽은 인간이기 때문이다. 그리고 하나님의 아들이 돌아가셨다. 이것은 반드시 믿어야 한다. 왜냐하면 황당무계한 이야기이기 때문이다. 그리고 그분은 장사지낸 바 되었다가 다시 살아나셨다. 이것은 분명한 사실이다. 왜냐하면 꾸며낼 수 없는 이야기이기 때문이다."[6] 나는 이 말이 참 좋다!

나는 우리 각자가 복음의 '어리석음'을 자랑스럽게 여기고 다시 당당하게 맞서야 한다고 확신한다. 우리는 복음을 부끄러워해서는 안 된다. 화해를 경험한 우리는 모두 복음이

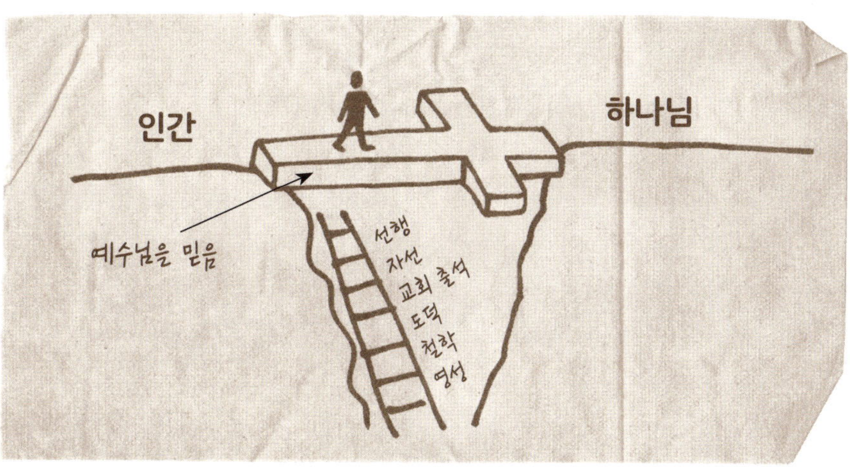

구원을 주시는 하나님의 능력임을 안다(롬 1:16). 그러니 세속적인 불신자들이 복음을 비웃은들 어떤가? 비웃게 놔두라! 비평가들은 복음을 믿는 우리를 조롱할 것이다. 내버려두라! 두려워서 뒤로 물러나거나 움츠리지 말고 "하나님의 어리석음이 사람보다 지혜롭다"(고전 1:25)는 것을 알고 그 "어리석은" 복음을 보듬겠다는 헌신을 새롭게 다지자. 잠시 멈추고 시간을 내어 십자가의 메시지를 선포하고 그대로 살 수 있는 담대함과 확신을 달라고 하나님께 간구하라(엡 6:19).

## 감추어진 하나님의 지혜가 드러나다(고린도전서 2:1-16)

1형제들아 내가 너희에게 나아가 하나님의 증거를 전할 때에 말과 지혜의 아름다운 것으로 아니하였
나니 2내가 너희 중에서 예수 그리스도와 그가 십자가에 못 박히신 것 외에는 아무 것도 알지 아니하
기로 작정하였음이라 3내가 너희 가운데 거할 때에 약하고 두려워하고 심히 떨었노라 4내 말과 내 전
도함이 설득력 있는 지혜의 말로 하지 아니하고 다만 성령의 나타나심과 능력으로 하여 5너희 믿음이
사람의 지혜에 있지 아니하고 다만 하나님의 능력에 있게 하려 하였노라

6그러나 우리가 온전한 자들 중에서는 지혜를 말하노니 이는 이 세상의 지혜가 아니요 또 이 세
상에서 없어질 통치자들의 지혜도 아니요 7오직 은밀한 가운데 있는 하나님의 지혜를 말하는 것으로
서 곧 감추어졌던 것인데 하나님이 우리의 영광을 위하여 만세 전에 미리 정하신 것이라 8이 지혜는
이 세대의 통치자들이 한 사람도 알지 못하였나니 만일 알았더라면 영광의 주를 십자가에 못 박지 아
니하였으리라 9기록된 바

> 하나님이 자기를 사랑하는 자들을 위하여 예비하신 모든 것은
> 눈으로 보지 못하고 귀로 듣지 못하고
> 사람의 마음으로 생각하지도 못하였다 함과 같으니라

10오직 하나님이 성령으로 이것을 우리에게 보이셨으니 성령은 모든 것 곧 하나님의 깊은 것까지
도 통달하시느니라

11사람의 일을 사람의 속에 있는 영 외에 누가 알리요 이와 같이 하나님의 일도 하나님의 영 외에
는 아무도 알지 못하느니라 12우리가 세상의 영을 받지 아니하고 오직 하나님으로부터 온 영을 받았
으니 이는 우리로 하여금 하나님께서 우리에게 은혜로 주신 것들을 알게 하려 하심이라 13우리가 이
것을 말하거니와 사람의 지혜가 가르친 말로 아니하고 오직 성령께서 가르치신 것으로 하니 영적인
일은 영적인 것으로 분별하느니라

14육에 속한 사람은 하나님의 성령의 일들을 받지 아니하나니 이는 그것들이 그에게는 어리석게
보임이요, 또 그는 그것들을 알 수도 없나니 그러한 일은 영적으로 분별되기 때문이라 15신령한 자는

모든 것을 판단하나 자기는 아무에게도 판단을 받지 아니하느니라 [16]누가 주의 마음을 알아서 주를 가르치겠느냐 그러나 우리가 그리스도의 마음을 가졌느니라

우리 시대에는 직접 보여주는 것만큼 설득력이 큰 방법이 없는 것 같다. 우리는 성경의 진리를 가르치고, 본문을 올바로 해석하며, 불변의 신학을 끌어내어 청중의 삶에 적용할 수 있다. 직접 진리를 따라 산 다른 사람들을 지목할 수도 있다. 그러나 선생이나 설교자 개인의 삶을 예로 들어 하나님 말씀의 진리가 역사하는 원리를 보여주면 사람들은 더 주의 깊게 듣고, 더 쉽게 믿으며, 말씀을 더 열심히 적용하는 경향이 있다. 바울의 삶은 살아서 역사하는 하나님의 진리에 대한 간증이었다.

바울은 미사여구로 세련되게 다듬은 세상 지혜의 웅변과 기독교 신앙의 겸손하고 단순한 진리를 대조한 후에 자신이 고린도 교인과 함께 있을 때 수행했던 사도직의 본질을 그들에게 일깨운다. 그는 자기의 능력을 과시하거나 주목받기 위해서 그 사역을 한 게 아니다. 오히려 그 반대다! 그는 하나님이 단순한 수단으로 어떻게 그분의 숨겨진 깊이를 드러내시는지 그리고 한낱 인간의 지성이 아닌 하나님의 영이 역사하심으로 어떻게 그분의 지혜를 드러내시는지를 보려면 자기의 사역이 그 예라고 말한다.

## —2:1-5—

바울이 자기 사역에 대해 말한 것을 이해하려면 그가 교육적으로나 지적으로 부족함이 없었다는 점을 기억해야 한다. 그는 1세기의 유명한 랍비인 가말리엘의 제자였다(행 5:34, 22:3). 그뿐만 아니라 바울은 그를 반대하는 자들과의 논쟁에서 조금도 꿇리지 않았다(행 19:8-10, 26:24-29). 그렇기 때문에 바울은 "말과 지혜의 아름다운 것"(고전 2:1)을 가지고 고린도 교인에게 다가갈 수 있었다. 하지만 바울은 그러지 않기로 했다. 왜일까? 자신을 배제하고 하나님의 영이 그들을 설득하게 하기로 했기 때문이다. 바울은 전제와 삼단논법과 논리로 고린도 교인을 공격하는 대신 "예수 그리스도와 그가 십자가에 못 박히신 것"(2:2)을 제시했다. 그것 외에 다른 것은 쓸데없거나 오히려 복음에 집중하는 것을 방해해서 안 하느니만 못했다.

바울은 "약하고 두려워하고 심히 떨"면서(2:3) 고린도 교인을 섬겼다. 이런 이미지는 많은 사람이 상상하는, 용감하고 '죽을힘을 다하는' 사도의 모습과 어울리지 않는다. 어떤 사람들은 바울이 고린도 교인을 두려워해서 떤 것이 아니라 믿지 않는 자들에게 그리스도의 복음을 성실히 전해야 하는 엄중한 의무 앞에서 순전한 '두려움과 떨림'을 보여준 것이라고 생각한다.[7] 또 어떤 이들은 바울이 대중연설가들만큼 마음을 사로잡는 연설을 잘 하지 못하는 것에 대해 말한 것이라고 주장한다(고후 10:10).[8] 혹은 바울이 고린도에 왔을 때 예전에 정상적인 소통 능력에 영향을 미쳤던 "육체의 가시"로 고통받고 있어서 '기대에 부응하지' 못했던 것일 수도 있다(고후 12:7-9). 어떤 경우든, 바울은 겸손하게 사역하고 어느 때보다도 주님의 능력에 의지하라는 부르심을 받아들였다(빌 2:12-13).

결과는 놀라웠다. 바울이 용기와 재능으로 보여주지 못한 것을 하나님은 초자연적인 능력으로 만회하셨다. 하나님의 은혜가 차고 넘쳤다. 바울이 불안정한 외국 억양으로 말할 때 고린도 거리에서 복음이 폭발했다. 성령이 상점, 집, 성전, 회당, 좁은 뒷골목으로 움직이셨다. 사람들이 와서 바울의 말에 귀를 기울였다. 그가 군중을 즐겁게 해주어서가 아니라 그가 전하는 메시지의 내용과 거기에 수반되는 기적의 강력한 증거에 끌렸기 때문이다.

바울은 대가들의 웅변술을 모방하거나 논리학자들처럼 그럴듯한 논거를 만들어내려고 하지 않았다. 거들먹거리지도 않았다. 대신에 "성령의 나타나심과 능력"에 전적으로 의지했다(고전 2:4). 그제야 바울은 고린도 교인의 믿음이 인간의 지혜보다는 하나님의 능력에 바탕을 두고 있다는 것을 확신할 수 있었다(2:5). 바울은 우리가 잊지 않고 계속 생각해야 할 중요한 영적 진리를 확신했다. 그것은 인간의 천재성이나 기발한 웅변술은 사람들을 천국으로 끌어들이지 못한다는 것이다. 성령에 의해 마음에 심긴 단순한 복음만이 사람들을 겸손하게 하고, 세상의 방법을 포기하게 만들며, 길이요 진리요 생명이신 그분을 받아들이게 할 수 있다.

## —2:6—

바울은 이성이 아닌 십자가에 호소했고 잘 꾸며낸 말이 아닌 성령에 의지했기 때문에 고린도의 대다수 사람에게 잘 먹히지 않았다. 따라서 볼 수 있는 눈과 들을 수 있는 귀를 가진 사람들(참조. 마 13:13-17)과 성령을 통해야 깨닫는 것들을 도저히 이해할 수 없었던 사람들을 가르는 선이 생기기 시작했다.

바울은 복음이란 무턱대고 믿음으로 뛰어들 수 없는 사람들에게 하나님이 딴죽을 걸려고 꾸며낸 이해하기 힘든 무의미한 말이라는 잘못된 생각을 말끔히 정리한다(고전 2:6). 빙산이 그 깊이를 수면 저 아래까지 숨기고 있듯이 불신자는 기독교 신앙에 담긴 지혜와 깊이 감추어진 진리를 보지 못한다. 그래서 자기가 세상의 지혜를 폄하하는 것을 들은 일부 사람이 복음을 받아들이려면 지적 자살을 해야 한다는 뜻으로 해석할 수도 있다는 것을 깨달은 바울은 믿음과 이성의 해묵은 갈등을 다루면서 하나님의 숨겨진 지혜 안에서 그 둘을 화해시킨다.

이 구절에서 말하는 지혜는 경험을 통해 진상을 파악하는 것이나 직관적인 상식이 아니라 통찰력, 즉 사람, 문제, 우리 자신, 인생에 대한 인식이다. 바울은 그것을 "하나님의 지혜", "하나님의 일", "성령의 일", "그리스도의 마음"이라고 부른다(2:7, 11, 14, 16). 그리스도 안에서 성숙한 사람만 이 지혜를 가질 수 있으며, 이는 영적 아기들의 성장을 자극한다. 우리는 하나님의 진리—인간의 지혜가 아니라 성령의 도우심으로 깨우치는—를 더 깊이 알아갈수록 더 많은 지혜를 얻어 영적으로 성숙해진다(히 5:14-6:1).

## —2:7-9—

바울은 하나님의 감추어진 지혜를 더 깊이 파고들면서(2:7-9) 믿지 않는 자들이 빙산의 일각밖에 볼 수 없는 이유를 설명한다.

복음의 지혜는 신비롭다. 바울은 신자들이 "오직 은밀한 가운데 있는 하나님의 지혜를 말하는 것"(2:7)이라고 설명한다. '신비'에 해당하는 헬라어는 *mystērion*(3466)으로 이전에 감춰졌다가 지금 드러난 것을 지칭한다. 선택된 소수의 사람만 공유하는 비밀처럼 하나님은 감추어진 복음의 신비를 계시의 수혜자들인 신자들에게 훤히 밝히셨다. 그러나 아직 하나님 편에 서지 않은 사람들에게는 여전히 가려져 있다. 바울은 하나님의 감추어진 지혜가 "만세 전에 미리 정하신 것"이라고 설명하면서 더 깊이 들어간다. 바울은 에베소서 1장 4절에 같은 표현을 사용해서 하나님이 "곧 창세 전에 그리스도 안에서 우리를 택하사"라고 말한다. 복음은 하나님 아들의 성육신, 죽음, 부활이라는 예기치 못한 방법으로 우리에게 왔지만, 하나님은 창세 전에 이미 계획하셨다.

복음의 지혜는 성령을 떠나서 알 수 없다. 신자들에게는 복음의 신비가 분명하게 드러났지만, 불신자들은 복음의 지혜를 알지 못한다(고전 2:8). 바울이 사용한 "알다"라는 뜻의 헬라어는 *ginōskō*(1097)로, 개인적으로 깊이 아는 데서 나온 지식을 뜻한다.[9] 이렇게 깊은 이해는 성령의 도움으로 주어지는 선물로만 받을 수 있다. 고린도후서 4장 3-4절은 이렇게 말한다. "만일 우리의 복음이 가리었으면 망하는 자들에게 가리어진 것이라 그 중에 이 세상의 신이 믿지 아니하는 자들의 마음을 혼미하게 하여 그리스도의 영광의 복음의 광채가 비치지 못하게 함이니." 바울은 예수님을 처형한 인간 통치자들(로마인과 유대인 모두)을 독자에게 상기시키며 이렇게 말한다. "이 지혜는 이 세대의 통치자들이 한 사람도 알지 못하였나니 만일 알았더라면 영광의 주를 십자가에 못 박지 아니하였으리라"(고전 2:8). 하나님은 심지어 믿음이 없는 정치 권력가들의 영적 무지를 이용해서 복음의 심오한 신비를 밝히 드러내셨다.

복음의 지혜는 인간이 찾을 수 있는 게 아니다. 신비를 드러내는 것과 신비를 발견하는 것은 별개다. 하나님은 인류가 그들 나름의 방법과 추구로 절대 발견할 수 없는 것을 밝혀주셨다. 많은 사람이 과학적 방법을 십계명의 새로운 등가물로 여기는 우리 시대에는 "보는 것이 믿는 것이다"라는 식으로 현실에 접근하기 때문에 믿음이 들어설 자리가 없다. 복음에 대한 전형적인 논쟁으로 자주 등장하는 내용이 이런 것이다. "우리는 죽었다가 살아난 사람을 본 적도 없고 믿을 만한 보도도 들은 적이 없다. 그러므로 누군가가 죽었다가 살아났다는 생각은 신화나 전설로 이해하는 게 맞다."

이런 식의 "내게 보여달라"는 인생 철학은 우리 시대에 처음 등장한 게 아니다. 실제로 바울도 당대의 일부 회의론자에게서 분명히 그런 말을 들었을 것이다. 믿기 힘든 복음의 본질에 대해 이런 식의 반대가 나올 것을 예상한 바울은 이사야 64장 4절을 풀어서 복음의 감추어진 신비를 "하나님이 자기를 사랑하는 자들을 위하여 예비하신 모든 것은 눈으로 보지 못하고 귀로 듣지 못하고 사람의 마음으로 생각하지도 못하였다"(고전 2:9)면서 대응한다. 하나님이 스스로 그분의 때에 계시하시는 것을 인간의 논리나 관찰, 조사, 직감으로 알아낼 수 없다. 사람들은 일류 학교에서 공부하고, 자기 이름을 딴 몇 개의 저술을 추가하며, 전 세계를 여행하고, 삶이 제공하는 모든 것을 경험하며 평생을 보낼 수 있다. 그러나 이러한 경험적 방법은 절대 하나님의 신비의 깊이를 알아낼 수 없다. 그것은 오직 믿음을 통해 성령에 의해서만 드러난다.

## —2:10-13—

인간이 인간의 방법으로 하나님의 지혜를 알아내지 못하고, 인간의 지성으로 이해하지 못하며, 인간의 힘으로 믿지 못한다면 어떻게 복음을 알고 믿을 수 있는가? 바울은 이어서 이 문제를 다룬다. 바울은 우선순위(2:10), 과정(2:10-11), 영적 계시의 목적(2:12-13)으로 나누어 설명한다.

**우선순위.** 바울은 하나님이 자기를 믿는 사람을 선택해서 그분의 지혜를 받아들이게 하셨다고 설명한다. "오직 하나님이 성령으로 이것을 우리에게 보이셨으니"(2:10, 밑줄 나의 강조). 하나님은 세상의 학식 있는 학자들, 영향력 있는 지도자들, 거부들에게 그분의 지혜를 드러내지 않으신다(1:27-31). 대신 단순하게 믿음으로써 하나님이 베푸시는 분에 넘치는 은혜를 힘입어 그분께 나아오는 자들에게 자신을 드러내는 쪽을 택하셨다(엡 2:8-9).

**과정.** 성령은 신자들을 복음의 진리로 인도하는 사역 외에도(요 16:8-13) 그리스도를 믿기 시작하는 순간부터 신자들 안에 거하시며 우리를 그리스도의 형상으로 변화시키는 사역을 시작하신다(요 14:17, 고전 12:13, 고후 3:18). 성령은 우리 안에 거하시면서 우리가 하나님의 자원을 이용할 때 "하나님의 깊은 것"(고전 2:10)을 살펴 그분의 생각을 우리에게 전달하신다(2:11-12, 요 16:13-15, 엡 4:14-19). 바울은 인간의 심령이 개인의 숨겨진 생각과 태도를 알듯이 하나님의 영이 하나님의 숨겨진 신비를 알고 있다고 주장한다. 따라서 이 세상에서 성령의 역할은 신자들에게 이 신비의 내용을 드러내는 것이다.

**영적 계시의 목적.** 하나님은 구원과 동시에 성령을 주겠다고 약속하신다. 우리가 하나님을 신뢰하면 성령이 기독교의 신성한 지혜를 전달하신다. 인간은 자력으로는 그것을 절대 알아낼 수 없기 때문이다. 이 계시의 목적은 두 가지다. "우리로 하여금 하나님께서 우리에게 은혜로 주신 것들을 알게 하[는 것]"(고전 2:12)과 우리가 성령이 영감으로 주신(딤후 3:16) 그 말씀을 성령을 도와 다른 이들에게 "말하[는 것]"(2:13)이다. 성령이 주시는 이 말씀, 즉 성경의 말씀은 한낱 인간의 말이 아니라 "성령께서 가르치신"(고전 2:13) 말이기 때문에 영적인 변화를 일으킬 수 있다. 그 생각과 그 말은 모두 하나님의 계시로 주어진다(벧후 1:21).

**요약:** 하나님은 성령을 통해 복음의 진리를 계시하신다. 성령은 인간의 표현이 아닌 '영적인 말'로 이 진리를 표현하신다. 그렇기 때문에 성경말씀을 공부하고 그것을 다른 사람들에게 전달할 때 우리는 신비를 선포하는 과정에 직접 참여하게 된다. 하나님의 신비는 한때 감추어졌지만 지금은 교회를 통해 밝혀졌다(엡 3:10).

## —2:14-16—

성령을 통해 배우는 신자들은 평생 하나님의 신비의 심연을 탐구할 수 있지만, 바울이 "육에 속한 사람"(2:14)이라고 칭한 불신자들은 그렇게 할 수 없다. 그런 사람은 "성령의 일"을 받아들이지 않는다. 성령의 일이란 복음의 신비, 그리스도의 인격과 사역, 성경의 의미 그리고 이 모든 것과 하나님 앞에서 그 사람의 지위와의 연관성을 말한다. 그래서 바울은 "육에 속한 사람"이라는 용어를 일종의 세속적인 사람을 부르는 호칭으로 사용한다. 고린도전서 1-2장에서 바울이 말한 육에 속한 사람은 세상 지혜의 영역에서 활동하고, 모든 경우에 경험적 증거를 요구하며, 모든 것에 대해 논리적 설명을 찾아내려고 하는 사람이다. 그런 사람에게 성령의 일은 "어리석은" 것이다.

내주하시는 성령의 사역이 없다면 불신자들은 성령의 풍성함을 완전히 이해하지도, 진정으로 믿지도, 직접 체험하지도 못할 것이다. 그런 일들은 "영적으로 분별되기" 때문이다(2:14). "분별되다"라는 말은 '진리로 판명되다'는 뜻이다. 사람은 성령이 주신 믿음의 눈을 통해서만 비로소 계시된 하나님 말씀의 겉뜻 아래 있는 속뜻을 파고들어 그 안에 감추어진 지혜를 이해하게 된다. 불신자는 말씀을 피상적으로 '이해할' 수 있지만, 말씀을 받아들이고 사랑하고 믿고 그대로 살 수는 없다. 그러려면 말씀의 뜻을 밝혀주시는 성령의 초자연적인 역사가 필요하다.

구원받지 못한 사람 곧 자연인의 대척점에는 바울이 "신령한 자"(2:15)라고 묘사한 성숙한 그리스도인이 있다. 이런 사람은 성령의 은사와 인도를 받으며 세상 지혜라는 이해의 범위를 넘어서 일한다. 바울이 믿는 자는 "아무에게도 판단을 받지" 않는다고 한 것은 모든 그리스도인은 책망이나 교정의 대상이 아니라는 말이 아니다(참조. 5:1-5, 12-13, 10:15). 오히려 성령의 지혜와 함께 일하고 기독교 세계관을 따르는 사람은 복음과 같은 범주에 속하게 되어 세상의 눈에는 어리석게 보인다. 그런 사람들은 세상의 사리, 수사학, 철학을 바탕으로 평가받을 수 없다.

솔직히 말해서, 불신자들은 믿음이 있는 친구와 가족을 제대로 '이해하지' 못할 것이다. 믿는 친구와 가족이 왜 그런 삶을 선택하는지, 왜 세상적인 추구를 희생하고, 사심 없이 베풀며, 신실하게 섬기는지 그들은 좀처럼 이해하지 못한다. 불신자들은 세상의 악에서 얻을 게 더 많을 때 그리스도인의 덕목의 본질을 보지 못한다. '자연인'은 '신령한 사람'이 성령의 인도로 갖게 된 확신을 온전히 이해하지 못한다.

믿는 자들의 생활 방식이 헤아릴 수 없는 하나님의 신비-자기를 부인하는 예수 그리스도의 십자가 삶-를 보여주기 때문에 불신자들은 신자들의 믿음과 결정을 이해하지 못하는 것이다. 세상은 얼마나 어리석은가! '신령한 사람'의 삶을 바라보는 '자연인'은 평범한 인간이 알 수 없는 "그리스도의 마음"의 작은 부분을 만난다(2:16). 바울은 이사야 40장 13절을 언급하며 하나님의 지혜, 지식, 모사의 절대적 차이를 알려준다. 그래서 불신자들이 성령이 가르치신 지혜, 지식, 하나님의 모사에 순복한 신자들을 만나면 그들은 어안이 벙벙해진다. 왜냐하면 "우리가 그리스도의 마음을 가졌[기]" 때문이다(고전 2:16). 그리스도의 마음을 갖지 못한 자들은 우리의 방식을 이해하지 못한다.

## 적용: 고린도전서 2:1-16

### 하나님의 지혜를 캐다

"다 해봐서 알 만큼 안다." 1980년대에, (특히) 젊은이들이 논란이 되는 문제를 이미 다 경험했고 그래서 더는 관심이 없다는 뜻으로 이 문구를 사용했다. 나는 성경 공부에 대해서도 많은 그리스도인이, 물론 인정하지는 않겠지만, 이처럼 느끼고 있다는 사실을 알게 되었다. "할 만큼 해봐서 다 알아." 그들은 여전히 의무감으로 성경을 한두 구절 읽고, 그날 필요한 빠른 '해결책'을 얻을 수도 있다. 그러나 일단 체계적인 성경 공부를 해보았거나, 신구약을 통독했거나, 많은 성경 구절을 암송한 사람들이 지속적이고 깊이 있는 성경 공부를 최우선으로 생각하지 않는 경우가 있다. 왜일까? “할 만큼 해봐서 다 안다”는 생각에서다.

그러나 고린도전서 2장에 나오는 계시된 하나님의 신비에 관한 바울의 말은 글로 기록된 하나님의 계시인 성경에 관해 아주 중요한 것을 우리에게 알려준다. 우리는 이것을 잊어서는 안 된다. 성경 말씀은 단순한 인간의 말이 아니라 “성령께서 가르친”(2:13) 말씀이기에 우리 삶에 적용할 수 있는 자양분이 무궁무진하다. 유한한 우리 인간이 하나님의 마음을 온전히 이해할 수 없는 것과 마찬가지로 성경의 깊은 의미도 제대로 헤아리지 못한다. 우리가 성경 속 하나님의 무한한 지혜의 샘으로 돌아올 때마다, 성경의 저자이자 선생이신 성령이 우리 마음을 비추시고 바로 그 시간, 그날, 그해에 우리에게 원하시는 것을 우리 삶에 적용하시면 우리의 작은 잔은 차고 넘친다. 이 단순성과 깊이에 대한 생각을 6세기의 교부 그레고리 대제가 아주 잘 표현했다.

> 하나님 말씀 안에 담겨 있는 신비를 이해하려면 현자의 이해력이 필요하다. 그래서 보통 말씀의 겉뜻은 생각이 단순한 사람들을 키우는 젖이다. 이것은 영적 아기들의 양식이 된다. 하나님 말씀의 신비는 감추어져 있어서 오만한 사람들은 말씀에 좀처럼 탄복하지 않는다. 이런 비유가 가능하다면, 말씀은 얕고 깊은 강과 같아서, 어린 양이 발을 담글 수도 있고 코끼리가 둥둥 뜰 수도 있다.[10]

당신은 한두 번 성경을 통독했을 수 있다. 많은 구절, 아니면 아예 책 한 권을 통째로 외웠을지도 모르겠다. 지금 읽고 있는 이 책 같은 주해서를 몇 권 독파했을 수도 있다. 훌륭하다! 계속하라! 그리고 더 깊이 들어가라. 그러면 어떻게 해야 할까? 하나님의 말씀을 묵상하는 잃어버린 기술을 되살리면 된다(수 1:8). 묵상은 성경의 한 구절이나 한 단락에 오랫동안 생각을 집중하는 것이다. 묵상할 때 하나님 말씀 중에서 한 단어, 구절, 생각, 원칙을 파고들면서 성경의 특정 진리를 하나씩 천천히 숙고하면, 성령이 우리 마음과 생각의 깊은 곳을 뚫고 들어와 그 진리를 우리 마음속에 영원히 심어놓으신다. 묵상은 성경의 진리에 차차 물들어가는 과정이다.

당신은 하나님 말씀을 묵상하면서 어떻게 하나님 신비의 깊이를 헤아리는가? 잠언 3장 5-6절을 예로 들어 다섯 가지 실제적인 단계를 제안하고 싶다.

**첫째, 여러 단어와 구절을 집중적으로 보라.** 잠언 3장 5-6절을 묵상하면서 특정 용어에 초점을 맞추라. "여호와를 신뢰하라" 또는 "마음을 다하여 여호와를 신뢰하라"를 예로 들어보겠다. 우선 신뢰에 대해 생각하라. 그런 다음 마음을 다한다는 말의 광대함을 찬찬히 생각해보라. "네 명철을 의지하지 말라"는 경고를 읽으면서 당신이 뛰어들어 자력으로 해결하는 많은 방법을 떠올려보라.

**둘째, 이 구절을 개인의 말로 풀어 써보라.** 당신 자신의 말로 다시 생각해서 고쳐 말해보라. 예를 들면, "주님, 주님은 제가 자주 그러듯이 제 방식으로 일을 해결하려 하고 걱정하는 습관을 버리고 당신께 의지하라고, 제 삶을 당신께 온전히 의탁하라고 제게 명하십니다." 주님의 영감으로 쓰인 말씀을 통해 성령이 당신에게 말씀하고 계시다는 것을 깨달으라.

**셋째, 이 구절을 다른 성경 말씀과 비교하라.** 당신이 묵상하는 구절과 관련이 있는 다른 두세 개의 구절과 연관하여 생각해보라. 상호 참조용 성경, 학습 노트, 검색 도구를 활용하라. 다른 구절들을 머릿속으로 엮어보라. 잠언 3장 5-6절의 경우, 시편 37편 4-5절, 빌립보서 4장 6-7절, 베드로전서 5장 7절에 담긴 성령의 생각이 통찰력을 더해주고 더 깊이 있는 시각을 제공한다는 사실을 알게 될 것이다.

**넷째, 이 구절을 당신의 현재 상황에 연결하라.** 당신이 염려하고 불안해하며 안절부절한다고 가정해보자. 그것이 잘못이라는 걸 알면서도 당신은 멈추지 못할 것 같다. 그런 가운데 잠언 3장 5-6절을 보게 되고 이 말씀을 묵상하기로 한다. 묵상할 때 당신이 버리지 못하는 습관과 특정한 문제를 마음에 담고 있으라. 주님이 주시는 통찰력을 구하라. 당신의 염려를 하나씩 꺼내놓으라. 그 염려들의 정체를 밝히라. 확인이 끝나면 그 구절에 비추어 그 염려들을 다시 보라. 그런 다음 당신이 발견한 것을 기도로 바꾸고 당신의 문제와 염려를 주님께 내어드리라.

**다섯째, 기도로 마무리하라. 반드시 기도로 결론 내려야 함을 잊지 말라.** 주님의 생각을 당신의 생각에 전달해주시고, 당신 삶에도 적용해달라고 간구하라. 염려하지 않고 주님을 신뢰할 수 있는 힘을 달라고 요청하라. 당신이 주님의 말씀을 이해하고 신실하게 따를 때 주님이 가져오실 변화에 대해 먼저 감사드리라.

아무리 영적인 그리스도인이라 해도 하나님의 말씀을 묵상하는 것을 "다 해봐서 알 만큼 안다"라고 말할 수는 없다. 그것은 묵상을 통해 하나님 지혜의 깊이를 실제로 경험했다면 "할수록 새롭다"며 다른 이들에게도 권면할 것이기 때문이다.

## 분쟁의 치료법(고린도전서 3:1–23)

1형제들아 내가 신령한 자들을 대함과 같이 너희에게 말할 수 없어서 육신에 속한 자 곧 그리스도 안
에서 어린 아이들을 대함과 같이 하노라 2내가 너희를 젖으로 먹이고 밥으로 아니하였노니 이는 너희
가 감당하지 못하였음이거니와 지금도 못하리라 3너희는 아직도 육신에 속한 자로다 너희 가운데 시
기와 분쟁이 있으니 어찌 육신에 속하여 사람을 따라 행함이 아니리요 4어떤 이는 말하되 나는 바울
에게라 하고 다른 이는 나는 아볼로에게라 하니 너희가 육의 사람이 아니리요

5그런즉 아볼로는 무엇이며 바울은 무엇이냐 그들은 주께서 각각 주신 대로 너희로 하여금 믿게
한 사역자들이니라 6나는 심었고 아볼로는 물을 주었으되 오직 하나님께서 자라나게 하셨나니 7그런
즉 심는 이나 물 주는 이는 아무 것도 아니로되 오직 자라게 하시는 이는 하나님뿐이니라 8심는 이와
물 주는 이는 한가지이나 각각 자기가 일한 대로 자기의 상을 받으리라 9우리는 하나님의 동역자들이
요 너희는 하나님의 밭이요 하나님의 집이니라

10내게 주신 하나님의 은혜를 따라 내가 지혜로운 건축자와 같이 터를 닦아 두매 다른 이가 그 위
에 세우나 그러나 각각 어떻게 그 위에 세울까를 조심할지니라 11이 닦아 둔 것 외에 능히 다른 터를
닦아 둘 자가 없으니 이 터는 곧 예수 그리스도라 12만일 누구든지 금이나 은이나 보석이나 나무나 풀
이나 짚으로 이 터 위에 세우면 13각 사람의 공적이 나타날 터인데 그 날이 공적을 밝히리니 이는 불
로 나타내고 그 불이 각 사람의 공적이 어떠한 것을 시험할 것임이라 14만일 누구든지 그 위에 세운
공적이 그대로 있으면 상을 받고 15누구든지 그 공적이 불타면 해를 받으리니 그러나 자신은 구원을
받되 불 가운데서 받은 것 같으리라

16너희는 너희가 하나님의 성전인 것과 하나님의 성령이 너희 안에 계시는 것을 알지 못하느냐 17누
구든지 하나님의 성전을 더럽히면 하나님이 그 사람을 멸하시리라 하나님의 성전은 거룩하니 너희도
그러하니라

18아무도 자신을 속이지 말라 너희 중에 누구든지 이 세상에서 지혜 있는 줄로 생각하거든 어리
석은 자가 되라 그리하여야 지혜로운 자가 되리라 19이 세상 지혜는 하나님께 어리석은 것이니 기록
된 바 하나님은 지혜 있는 자들로 하여금 자기 꾀에 빠지게 하시는 이라 하였고 20또 주께서 지혜 있
는 자들의 생각을 헛것으로 아신다 하셨느니라 21그런즉 누구든지 사람을 자랑하지 말라 만물이 다
너희 것임이라 22바울이나 아볼로나 게바나 세계나 생명이나 사망이나 지금 것이나 장래 것이나 다
너희의 것이요 23너희는 그리스도의 것이요 그리스도는 하나님의 것이니라

고린도의 많은 그리스도인은 품행이 난잡했다. 그들을 '돼지우리 안에 있는 그리스도인'이라고 불러도 무방할 정도였다. 하나님은 죄로 가득 찬 삶의 수렁에서 그들을 구해내어 그리스도의 피로 정갈히 씻기시고, 성령으로 그들의 생각을 밝혀주셨다. 그러나 그들은 뜨뜻한 오물이 그리워 여전히 돼지우리 근처를 서성였다. 그들은 진흙탕에 발을 담그고 울타리 사이로 코를 들이밀면서 딱 한 번만 더 시궁창 속에서 뒹굴 수 있기를 바랐다.

바울은 고린도전서 2장 14-16절에서 "신령한" 사람(구원받은 자)과 "육에 속한" 사람(구원받지 못한 자)을 극명하게 대조하고 나서 이번에는 객관적으로 볼 때 고린도의 그리스도인을 "신령한 자들"이라고 할 수 없다며 그들을 강하게 질책한다. 그들의 태도와 행동은 중간 범주에 속했다. 그들은 구원받지 못한 자들처럼 행동하지는 않았지만, 그렇다고 구원받은 자들처럼 행동하지도 않았다. 그들은 한심할 정도로 미성숙한 "육적인" 그리스도인이었다. 바울은 교회를 파괴하고 있는 분쟁이 그들의 영적 미성숙에 대한 반증이라고 말한다(3:1-4). 그러면서 세 가지 인상적인 예화로 그들이 교회에서 보여야 하는 태도와 행동을 설명한다(3:5-17). 마지막으로, 바울은 독자에게 어리석음을 물리치고 하나님의 지혜를 품으라고 촉구한다. 그러면 분쟁이 해결되고 예수 그리스도 안에서 하나가 될 수 있다(3:18-23).

## —3:1-5—

바울은 구원받지 못한 '자연인'[*psychikos*(5591)](2:14)과 번성하는 "신령한"[*pneumatikos*(4152)] 사람(2:15) 외에 "육신에 속한 자"[*sarkikos*(4559)]라는 세 번째 부류의 사람을 고린도 교인에게 소개한다. 이들은 진짜 믿는 사람들이지만 옛 본성의 시궁창에 뿌리를 박고 성령께 그들 삶의 주도권을 내어드리지 않는 자들이다. 그들은 의롭다 함을 받았고, 예수 그리스도가 이루신 일을 믿음으로써 '무죄'를 선고받았다. 그러나 그들은 성화의 길로 가지 못했다. 성화란 하나님과 긴밀한 교제를 누리고, "그리스도의 마음"을 품으며(2:16), 성령의 능력으로 그리스도를 따르려고 하는 신자들이 조금씩 조금씩 영적으로 성숙해가는 과정이다.

고린도 교회의 신자 중에는 이렇게 의롭게 되었지만, 성화에 힘쓰지 않는 '세속적' 또는 '육체적' 그리스도인들로 이루어진 중간 집단이 많았다. 사실 고린도 교회의 '세속적' 특성이 너무 두드러져서 바울은 공공연히 이것을 고린도 교회의 특징으로 꼽았다. "형제들아 내가 신령한 자들을 대함과 같이 너희에게 말할 수 없어서 육신에 속한 자 곧 그리스도 안에서 어린 아이들을 대함과 같이 하노라"(3:1). 바울이 고린도 교인을 '자연인' 또는 구원받지 못한 자들의 범주로 떨어뜨리지 않는 것에 유의하라(2:14). 하지만 그들은 영적으로 성숙하지 못했기 때문에 바울은 그들을 '신령한' 사람, 즉 삶 속에서 신자의 생기 있고 열매 맺는 삶을 보여주는 자들로 부르지 못한다.

고린도 교인은 구원받았는가? 그렇다.

그들은 성화되었는가? 아니다.

바울은 "육신에 속한" 자들의 세 가지 특징을 알려준다.

첫째, 그들은 비그리스도인처럼 행동하는 진짜 그리스도인이다(3:1, 4). 고린도 교인은 진짜 구원받았다. 이것은 의심의 여지가 없다. 바울은 고린도 교회를 "성도"(1:2)로 일컫고 그들을 "그리스도 안에 [있는]" "형제들"(3:1)이라고 부른다. 이것은 동료 신자에게만 사용할 수 있는 호칭이다. 그러나 바울은 그들을 "신령한 사람들"이라고 말하지 못하고 "육신에 속한 자들"이라고 부른다. 실제로 그들의 행동은 거듭난 신자들의 행동보다는 '평범한 사람들'에 더 가까웠다(3:4). 따라서 때로는 선행의 표현(또는 결여)으로 진짜 거듭난 신자와 불신자를 분간할 수 없다.

둘째, 육적인 그리스도인은 영적 성장이 없다(3:2). 갓난아기가 스테이크를 먹을 거라고 기대하지 않듯이 새 신자가 기독교 신앙의 더 딱딱한 교리까지 소화시킬 거라고 기대해서는 안 된다. 그러나 바울은 어느 정도 훈련과 시간을 거치면 고린도 교인이 젖먹이 상태를 벗어나 고린도전서 2장에 묘사된 것 같은 깊은 가르침을 감당할 준비가 되리라고 기대했다. 그러나 영적으로 성장할 시간이 충분히 흐른 뒤에도 그들은 여전히 그리스도 안에서 아기로 남아 있었다. 그들은 히브리서에 묘사된 사람들과 같은 부류였다.

> 때가 오래 되었으므로 너희가 마땅히 선생이 되었을 터인데 너희가 다시 하나님의 말씀의 초보에 대하여 누구에게서 가르침을 받아야 할 처지이니 단단한 음식은 못 먹고 젖이나 먹어야 할 자가 되었도다 이는 젖을 먹는 자마다 어린 아이니 의의 말씀을 경험하지 못한 자요 단단한 음식은 장성한 자의 것이니 그들은 지각을 사용함으로 연단을 받아 선악을 분별하는 자들이니라(히 5:12–14).

바울이 고린도 교인을 가리켜 "아직도 육신에 속[해 있다]"(고전 3:3)고 말한 것은 그들이 "육신에 속한 자로" 그리스도인의 삶을 시작했지만(모든 새 신자가 그렇듯), 하나님의 목적은 그들이 미성숙하고 세속적인 상태에서 벗어나 성장하는 것이라는 뜻을 담고 있다.

셋째, 육적인 그리스도인은 고백하지 않은 죄를 품고 키운다(3:3-4). 바울은 그들이 육적인 상태라는 증거를 구체적으로 집어내기 시작한다. 육적인 그리스도인은 질투심을 품고 반목한다. "주 예수 그리스도로 옷 입[은]"(롬 13:14) 이들에게 그런 악한 행태는 온당하지 않았다. 심지어 바울이 갈라디아서 5장 20절에서 "육체의 일"이라고 비난한 행태의 목록에도 분쟁과 시기가 들어 있다. 고린도 교인은 그들 안에 그러한 회개하지 않은 죄를 용인하지 말았어야 했다. 그들처럼 교회 안에서 분열과 분파-"나는 바울에게, 나는 아볼로에게… 속한 자라"(고전 1:12)-가 생겼다는 것은 분쟁과 시기가 극에 달해 이미 노골적인 충돌이 일어났다는 뜻이다.

바울은 그들이 기독교 지도자에 대해 품고 있는 인식 자체를 문제 삼았다. 그들이 자기네 교단의 '지도자'로 여기고 있는 바울이나 아볼로는 그들의 충성심에 눈꼽만큼도 감동받지 않았다(3:4). 바울은 고린도 교인에게 두 사람은 그들을 믿음으로 인도하는 데 쓰임받은 "종"(3:5, 현대인의 성경)일 뿐임을 상기시켰다. 얼마나 충격적이고 놀라운 사실인가! 바울은 분명한 메시지를 들려준다. "바울과 아볼로는 같은 팀 선수인데 어떻게 고린도에서는 바울당과 아볼로 팬 클럽이 서로 대립할 수 있는가?" 이 두 복음의 동역자를 시기와 분쟁으로 반목하게 만드는 건 지극히 세속적인 기독교 신앙을 가진 영적 유아들이나 하는 일이었다.

## —3:6-17—

점점 고조되고 있는 고린도 교회의 분파들 사이의 긴장을 해소하기 위해 바울은 그와 아볼로의 조화로운 사역을 더 잘 설명할 방법을 찾아야 했다. 이 두 동역자가 서로 싸우고 있는 교회에서, 바울이 이 적대적인 파벌들을 화해시키려면 아볼로와 바울의 사도직이 단일함을 이해시키는 길밖에 없었다. 복잡한 신학적 명제와 치밀한 삼단논법을 논할 시간이 없었다. 바울은 급히 설득력 있는 그림을 그려야 했다. 그러기 위해서 바울은 대스승이신 예수님의 본을 따라 세 개의 이미지-식물, 건축, 성전-로 고린도 교회의 개척 사역에 대한 진리를 가르쳤다.

**식물**(3:6-9). 고린도 교인이 말씀을 주신 하나님보다 말씀을 가르치는 교사들을 따른 것을 보면 그들의 믿음이 어린 묘목이었음을 알 수 있다. 어떤 이들은 바울의 사역을, 또 다른 이들은 아볼로의 사역을 편들었을 때 그들의 미성숙이 분명히 드러났다(3:5). 고린도의 파벌들은 말씀을 가르치는 자들을 신격화하고 자기가 좋아하는 교사들을 떠받들었다. 그러다 보니 다른 교사들을 배격하게 되었다. 바울은 씨 뿌리는 자와 토양을 구분하면서 그들의 오류를 정면으로 반박한다.

씨 뿌리는 자들은 예수님을 위해 심고, 물 주고, 거름을 주고, 가지를 치고, 수확하는 사람들이었다. 바울은 그들을 "너희로 하여금 믿게 한 사역자들"(3:5)이라고 말한다. 고대 고린도에서와 마찬가지로 오늘날 교회에도 말씀의 씨를 뿌리는 일꾼들이 있다. 그들은 사람들이 추종하는 대상이 되거나 유명인 대우를 받을 자격이 없다. 그들은 믿는 자들에게 하나님의 복된 말씀을 전하기 위해 파송된 그리스도의 사적 대리인에 불과하다. 바울은 복음의 씨를 뿌리는 자들은 함께 일하는 동역자이지(3:6), 다른 이들을 배격하는 존재가 아니라고 말한다. 바울은 설교 사역으로 고린도에 교회를 개척했다. 그 후 아볼로가 와서 가르치는 사역으로 교회에 물을 주었다. 그렇지만 영적으로 성장하게 하신 분은 바울도, 아볼로도 아닌 바로 하나님이시다(3:7).

바울과 아볼로가 받은 사역의 소명은 달랐지만, 그들은 사역을 분리하지 않았다. 그들의 심고 물을 주는 사역은 "한 가지"였다(3:8). 설교와 가르침, 전도와 제자도, 복음 선포와 영성 형성은 단순히 "제자 삼기 위한"(마 28:19) 단일 사역의 다른 측면일 뿐이었다. 바울은 자신과 아볼로를 "하나님의 동역자들"(고전 3:9)로 표현하면서 그들이 본질적으로 하나임을 강조했다.

일꾼들은 제자를 만드는 포괄적인 사역 안에 하나로 묶여 있어도 주님 앞에서 각자 맡은 책임이 있으며, 주님에게서 "각각 자기가 일한 대로 자기의 상을 받"을 것이다(3:8). 바울은 우리 각자가 최선을 다해 최고의 종이 되어야 할 책임이 있다는 생각을 절대 배격하지 않는다. 그렇지만 바울은 씨 뿌리는 자들이 서로 독립적이지 않고 보완적이며, 복음 사역에서 건강한 열매를 맺으실 수 있는 유일하신 하나님과 상호의존 관계라는 중요한 진리를 절대 잊지 않는다.

바울은 고린도 교인을 "하나님의 밭"이라고 부른다. 그들은 일꾼 바울과 아볼로가 일군 땅이다. 그러나 고린도 교인은 꽃을 활짝 피워 씨 뿌린 자들을 뿌듯하게 해주기는커녕 아무 짝에도 쓸데없는 잡초를 생산했다. 고린도 교회가 풍성하고 오래 가는 열매를 맺으려면 성령의 능력을 힘입은 하나님의 사도들, 선지자들, 전도자들, 목회자들, 교사들이 행한 모든 사역에 화답하는 길밖에 없었다(엡 4:11-16). 그러나 고린도 교인은 자기들이 따를 대상을 까다롭게 고르고 선택함으로써 가시와 엉겅퀴만 생산할 위험에 처해 있었다.

이제 잠시 멈추어 몇 가지 질문으로 우리 자신을 돌아보자. 우리는 고린도 교인처럼 엉겅퀴, 가시풀, 민들레를 키우고 있는가? 아니면 하나님의 선하심과 자비를 나타내는, 꽃이 만발하고 향기로운 과실을 맺는 나무 같은가? 바울이 고린도 교인에게 촉구했듯이 우리도 한때 죄의 썩은 열매가 자라던 땅에 신선한 성령의 열매를 맺는 나무를 옮겨 심어야 한다(갈 5:22-23).

**건축**(고전 3:10-15). 고린도 교인이 성령의 인도를 받아 영적으로 성숙해가야 한다는 것을 강조하기 위해 씨 뿌리는 자와 밭의 이미지를 사용했던 바울은 갑자기 고린도 교회를

Barry Beitzel

바울은 고린도의 사역을 건축물을 세우는 것에 비유했다. 기초(예수 그리스도의 인격과 사역)는 사도들과 선지자들이 이미 닦아 놓았다. 이제 그 건축물을 세워나가는 책임은 고린도에 남아 있는 신자들의 몫이었다.

건축물에 비유한다. 이 이미지는 고린도 교인이 영적인 건축물을 세우기 위해 지향해야 하는 자질을 강조한다. 바울은 터를 닦고, 건축하며, 최종 준공 검사에 이르는 각 단계로 그들을 인도한다.

고린도 교회의 창립자인 바울은 자신을 감독, 즉 "지혜로운 건축자"(3:10)로 자처할 수 있었다. 그러나 그가 포괄적으로 받은 사도의 소명이 은혜의 선물이었듯이(롬 1:5), 고린도에서 시작한 특정한 사역 역시 "하나님의 은혜를 따라" 그에게 주어졌다(고전 3:10). 고린도 교회의 기초를 세우는 데 필요한 지혜, 기술, 자원, 계획 중 바울에게서 나온 건 하나도 없었다. 모든 것이 하나님에게서 왔다. 고린도의 사역이 세워질 수 있었던 것은 다름 아닌 예수 그리스도-구원의 복음을 구성하는 그분의 인격과 사역이 전하는 메시지-가 그 기초가 되셨기 때문이다(3:11).

바울은 기초가 되신 예수 그리스도의 중요성을 강조한 뒤 고린도 교인이 이 건축 작업에서 맡은 바 책임을 다해 아주 잘 지어야 한다고 경고한다(3:10). 바울은 나무, 풀, 짚 같은 약하고 불에 잘 타는 싸구려 재료를 쓰지 말고 최상의 재료-금, 은, 귀금속 같은 내구성이 좋고 귀중한 재료-만 사용하라고 당부한다(3:12).

바울은 각 건축자가 지은 것이 불로 시험을 받을 것이라고 경고한다(3:13-15). 바울의 글에서 "그 날"은 주로 장차 그리스도의 재림 때 있을 심판의 날을 가리킨다(살전 5:4, 살후 2:2). 그 날에 그리스도는 보좌에서 신자들의 공과를 심사-구원의 근거로서가 아니라 상급의 근거로서-하실 것이다(롬 14:10, 고후 5:10). 고린도 교인이 그랬듯이 언젠가 우리도 우리의 공적을 심사-누가 구원받을 수 있는지를 판단하기 위해서가 아니라 신자가 받을 상급을 결정하기 위해서-받을 것이다.

**성전**(3:16-17). 마지막으로 바울은 자연스럽게 건축의 이미지를 하나님의 거룩한 성전으로서 고린도 교회의 이미지로 연결한다. 랄프 얼(Ralph Earle)은 그것을 이렇게 설명한다. "어떤 의미에서 그리스도인이 함께 고린도에 하나님의 거처를 세웠다고 할 수 있다."[11] 바울은 다른 곳에서 교회를 뭉뚱그려 "성전"으로 표현하기도 하지만(엡 2:21, 고후 6:16), 각 그리스도인을 하나님의 성전으로 지칭할 때도 있고(고전 6:19), 예루살렘에 실제로 있는 물리적 성전을 나타내기도 한다(살후 2:4). 여기서 바울은 고린도 교인이 하나님의 백성으로서 힘을 합하여 성령의 거처를 세웠다고 말한다(고전 3:16). 그들은 교회 공동체로서 살아계신 하나님을 세상에 분명하게 보여주어야 했다.

그러나 고린도에서 하나님을 대표하는 교회의 특권에는 막중한 책임도 함께 따랐다. 태만이나 못된 행동으로 성전인 교회를 파괴하는 사람은 멸망할 것이다(3:17). 이 구절에서 말하는 성전은 개인의 육신(성전)이 아닌 특정 장소에 있는 교회 공동체 전체를 가리키므로, 성전의 파괴가 신자의 자살을 의미하지 않는다. 즉, 하나님은 교회의 사역을 매우 소중히 여기시기 때문에 지상에 있는 그분의 거룩한 성소를 더럽히는 자는 누구든 멸망할 것을 경고하신다는 것이다(3:17).

신약성경에는 하나님이 교회의 성결을 위해서 단호한 행동을 취하시는 예가 나온다. 하나님은 아나니아와 그의 아내 삽비라가 교회와 금전적인 거래를 하면서 부분적으로 거짓말했다는 이유로 그들을 죽이셨다(행 5:1–11). 예수님의 형제 야고보는 일부 그리스도인이 회개하지 않은 죄로 인해 병에 걸렸을 수 있다고 말했고(약 5:15), 바울도 어떤 고린도 사람들은 성찬식에 부적절하게 참여했기 때문에 "약하고 병들었으며" 심지어 죽기도 했다며 비슷한 말을 한다(고전 11:28–30). 그러므로 하나님의 교회를 더럽히는 자들은 거룩한 성전인 교회의 순결을 지키기 위해서 하나님의 징계를 받을 것이다.

## —3:18–23—

바울은 이 마지막 몇 구절로 처음 몇 장에서 펼친 주장을 마무리한다. 새로운 내용을 덧붙이지 않고 지금까지 당부한 것을 요약하는데, 이번에는 이 진리를 고린도 교인이 처한 상황에 구체적으로 적용한다. 그는 인간과 하나님의 지혜를 대조하면서(1:18–25), 하나님의 기준에 "지혜로운 자"가 되기 위해 세상 사람들의 눈에 "어리석은 자"가 되라고 권고한다(3:18). 그렇지 않으면 세상의 지혜[*sophia*(4678)]가 영구적이고 신뢰할 만한 것을 제공할 수 있다는 생각에 스스로 속는 것이다. 바울은 "이 세상 지혜는 하나님께 어리석은 것"(3:19)이라는 요지를 거듭 언급하면서 이런 잘못된 생각을 반박한다. 이 좌우명을 강조하려고 바울은 욥기 5장 13절과 시편 94편 11절을 언급한다.

지혜로운 자가 자기의 계략에 빠지게 하시며 간교한 자의 계략을 무너뜨리시므로 (욥 5:13).

여호와께서는 사람의 생각이 허무함을 아시느니라(시 94:11).

이어서 바울은 고린도 교인의 구체적인 죄를 지목하며 실제적인 권고를 한다. 특정한 하나님의 종 한 사람의 위상을 높이는 행위는 세속적인 생각에 물든 사람들이 할 법한 일이지 하나님의 자녀들이 할 일은 아니다. 하나님의 자녀들은 하나님의 종에 불과한 "사람을 자랑[해서는]" 안 된다(고전 3:21). 사람을 높이면 겸손함에 이르지 못하고 계속 미성숙한 상태로 남아 있게 된다. 사람을 우상화하면 실망하고 환멸을 느끼다가 결국에는 급작스럽게 추락할 것이다. 주님을 제외한 모든 신은 반드시 그를 떠받치던 받침대에서 떨어진다.

"다 너희 것이요"(3:22)라는 바울의 말은 언뜻 이해하기 힘들 수 있다. 크레이그 키너(Craig Kenner)는 이렇게 설명한다. "하나님의 종들이 교회를 섬기는 것이지 교회가 하나님의 종들을 섬기는 게 아니다."[12] 세상의 리더십은 시키는 대로 다 하는 추종자들을 거느린 인기 있고, 영향력 있으며, 유력한 지도자를 요구한다. 다시 말해 통치자, 왕, 권위자가 모든 것을 차지한다. 그러나 그것은 왕국이나 이교의 관행일 뿐 하나님이 그분의 몸된 교회를 세우시는 방식이 아니다. 오히려 교회의 지도자들은 양치기, 안내자, 무리의 모범으로서 섬기는 하나님의 종이 되어야 한다. 하나님은 각 교회에 하나가 아닌 다수의 종을 주셨다. 따라서 이들이 모두 협력하면 교회는 건강하고 건전하며 조화롭게 성숙해갈 것이다.

윌리엄 바클레이(William Barclay)는 바울의 이 말을 "갑자기 날개가 돋아 열정과 시정(詩情)을 담은 서정시가 된 산문"[13]이라고 표현했다. 바울의 말은 고린도 교인의 영적 성장을 위해 바울, 아볼로, 게바의 사역만 주어진 것이 아니라, 결국에는 만물이 그리스도와 하나님의 것이기 때문에 모든 것이 천국을 향한 그들의 여정-세상, 삶, 죽음, 현재와 미래의 일-에 유익하다는 뜻이다(3:22-23). 지나친 과장으로 보일 수도 있지만 바울의 말은 본질적으로 로마서 8장 28절과 같다. "우리가 알거니와 하나님을 사랑하는 자 곧 그의 뜻대로 부르심을 입은 자들에게는 모든 것이 합력하여 선을 이루느니라." 아무 조건 없이 전지전능하신 하나님이 자기 백성의 유익을 위해 모든 것을 연출하신다.

세상에서는 그것이 어리석게 보일 수도 있다. 그러나 성령의 능력으로 사는 믿는 자들에게 그것은 하나님의 지혜를 나타낸다.

## 적용: 고린도전서 3:1-23

### 세울 것인가, 무너뜨릴 것인가?

분명, 하나님은 영적 건축 사업-교회-을 중요하게 생각하신다. 실제로 바울이 교회를 세우지 않고 파괴하는 자에게 닥칠 무시무시한 응보에 대해 경고할 정도다(3:17). 그런데 정작 우리는 어떤가? 우리는 교회 사역에 도움이 될 만큼 동료 신자들의 성장에 신경을 쓰는가? 재정적인 기여를 말하는 게 아니다(물론 그것도 중요하지만). 바울이 성령의 능력을 힘입어 기록한 것, 곧 그리스도 안에서 우리의 형제자매를 섬기고 좋은 품성을 함양함으로써 그리스도의 몸을 세우는 것에 대해 말하는 것이다.

언젠가 우리의 건축 프로젝트에 대한 검사가 실시될 것이다. 그때에는 우리 삶의 모든 구석과 균열, 틈새, 벽장과 다락방을 샅샅이 검사받게 될 것이다. 그러므로 우리는 교회 사역을 할 때 편법을 거부해야 한다. 우리는 하나님의 설계도대로 장차 올 그분의 영광이라는 불길을 견뎌낼 재료로 주님이 닦아놓으신 토대 위에 우리 삶을 세워야 한다.

고린도전서 3장을 보면 우리가 교회의 영적 건축에 사용하고 있는 자재의 질에 대하여 실제적인 질문을 하지 않을 수 없을 것이다. 우리는 세우고 있는가, 아니면 무너뜨리고 있는가? 이 질문의 답을 찾기 위해 몇 가지 탐색하는 질문을 해보자. 성급히 답하지 말라. 진지하게 묻고 솔직하게 답하라.

- 나는 겸손, 만족, 인내, 끈기, 사랑, 진실성의 단단한 벽돌로 내가 속한 교회에서 동료 신자를 세워주고 있는가?
- 아니면 교만, 야망, 성급함, 약함, 냉소, 부조화 같은 것들로 교회 사역의 질을 떨어뜨리고 있는가?
- 나는 교회의 교인들을 세워줄 수 있는 사역의 기회를 못 본 척하고 있는가? 그것은 어떤 사역인가? 얼마나 빨리 참여할 수 있는가?

- 하나님이 '교회'를 그분의 '성전'으로 여겨 최우선으로 사랑하시듯이 나도 내 교회를 그렇게 생각하는가(3:16)? 내 삶에서 하나님의 교회보다 줄곧 앞서는 것은 무엇인가?
- 나는 진정으로 온 마음과 영혼과 생각과 힘을 주님을 섬기는 일에 바치고 있는가? 내가 가장 큰 사랑과 관심을 쏟고 있는 일은 무엇인가?

바울이 고린도전서 3장에서 각 신자가 교회에서 사역할 것을 강조한 것에 비추어볼 때 정기적으로 이 질문들로 자신을 살펴보는 게 좋을 것이다.

---

주

1. William Barclay, ***The Letters to the Corinthians***, The New Daily Study Bible, 3rd rev. ed. (Louisville: Westminster John Knox, 2002), 20.
2. Helen H. Lemmel, "Turn Your Eyes upon Jesus(눈을 주님께 돌려)," ***The Hymnal for Worship and Celebration***, ed. Tom Fettke(Waco, TX: Word Music, 1986), no. 335.
3. Michael P. Green, "The Meaning of Cross-Bearing," ***Bibliotheca Sacra*** 140(April 1983): 124-27.
4. S. G. F. Brandon, ***Jesus and the Zealots***(New York: Scribner's, 1967) 참조.
5. Tertullian, ***On the Flesh of Christ*** 4.
6. 같은 책 5.
7. Robert Jamiesen, A. R. Fausset, and David Brown, ***A Commentary, Critical, Experimental, and Practical, on the Old and New Testaments***, vol. 3(Grand Rapids: Eerdmans, 1984), 287
8. Keener, ***1-2 Corinthians***, 34-35.
9. Donald W. Burdick, "***Oida*** and ***Ginōskō*** in the Pauline Epistles," in ***New Dimensions in New Testament Study***, eds. Richard N. Longenecker and Merrill C. Tenney(Grand Rapids: Zondervan, 1974), 344-356.
10. Gregory the Great, preface to ***Moralia*** vol. 1, 4.
11. Ralph Earle, ***Word Meanings in the New Testament***(Grand Rapids: Baker, 1986), 221.
12. Keener, ***1-2 Corinthians***, 43.
13. Barclay, ***Letters to the Corinthians***, 42.

# 패역과 음행을 바로잡음

## 고린도전서 4:1–6:20

교정(矯正)을 좋아하는 사람은 없다. 제대로 씻지 않았다는 잔소리를 듣는 다섯 살배기 아이부터 부진한 성과로 상사의 책망을 받는 50대에 이르기까지 사람들은 잘못을 지적받는 것을 좋아하지 않는다. 어떤 이들은 방어적인 태세로 남 탓을 하거나 지적하는 사람을 도리어 공격하기도 한다. 교정을 잘 받아들이는 사람들조차도 히브리서 저자의 고백에 공감할 것이다. "무릇 징계가 당시에는 즐거워 보이지 않고 슬퍼 보이나"(히 12:11).

그러나 그리스도인은 영적으로 성장하려면 하나님의 말씀, 역사, 일꾼을 통한 하나님의 교정이 꼭 필요하다는 것을 깨달아야 한다. 우리의 하늘 아버지는 우리를 훈련하셔서 우리가 "그의 거룩하심에 참여하게"(히 12:10) 하신다. 이 땅의 부모는 때때로 너무 심하거나 너무 관대해서 우리를 잘못 벌할 때도 있지만, 주님은 늘 합당한 때에 합당한 이유와 방법과 강도로 우리를 혼내신다(히 12:10–11).

그래서 바울은 권위와 사랑으로 음행을 위시해 온갖 악행을 일삼는 고린도 그리스도인을 징계하기 위해 펜을 교정의 매로 사용한다. 우리는 앞에서 바울이 고린도의 분열, 파벌, 당파, 불화를 바로잡아야 했던 것을 보았다. 이제 바울은 자기의 독특한 사도적 권위를 재확인하고(고전 4:1–21) "그 아버지의 아내를 취[한]"(5:1) 역겨운 성적 패륜의 문제에 대해 고린도 교인에게 도전한다. 이어서 바울은 교회의 징계 원칙을 설명하면서 교회에서 부정한 행위를 몰아내고 그들을 깨끗하게 할 방법을 모색한다(5:1–13). 이 외에도 고린도 교인은 세상 법정에서 서로 고소하기를 주저하지 않았고(6:1–8), 어떤 이들은 기독교로 개종한 후에도 성적으로 순결한 생활 방식을 따르지 않았다(6:9–20). 그래서 바울은 그들 믿음의 아버지로서, 예수 그리스도를 따르는 자들이라는 명성에 어울리는 삶을 살지 못하는 고린도 교인에게로 관심을 돌린다.

공동체의 병폐와 개인적인 비행을 고치라는 바울의 강경한 권고는 21세기를 사는 우리를 향한 것이기도 하다. 우리 모두는 그 경고에 귀 기울여 하나님이 불순종하는 자녀를 회복시키기 위해 사용하시는, 즐겁지 않지만 꼭 필요한 징계를 피하는 게 현명할 것이다.

## 핵심 용어

οἰκονόμος [*oikonomos*, 오이코노모스]*(3623)* '청지기', '관리인', '집사'

고린도전서 4장 1–2절에서 바울은 그와 그의 동료 사도들을 하나님의 비밀을 맡은 "관리인"(*oikonomos*, 새번역)으로 여겨야 하며(4:1), 그들은 막중한 책임을 맡은 자로서 충성해야 한다고 말한다(4:2). *Oikonomos*라는 말은 문자 그대로 '가정의 규율'이라는 뜻이며, 주로 집주인의 권위 아래서 일하는 매니저나 관리인을 뜻했다(눅 12:42, 16:1). 로마서 16장 23절에서 이 말은 공공 자금을 위임받은 로마의 '재무관'을 지칭한다. 교회 지도자들도 지역 회중을 위한 "청지기"로 간주되며(딛 1:7), 교회 안의 모든 신자도 서로에 대해 책임을 지는 청지기다(벧전 4:10).

πορνεία [*porneia*, 포르네이아]*(4202)* '부도덕', '음행'

성적 부도덕을 표현하는 가장 일반적인 용어인 *porneia*는 혼전 또는 혼외 성관계를 위시해서 성매매와 동성애까지 포함하며, 간혹 갈라디아서 1장 19절에 나오는 *moicheia*(3430)와 동의어로 쓰이기도 한다. *Porneia*의 뜻이 더 광범위하지만 다수의 헬라어 사본에는 이 구절에 *porneia* 대신 간음을 뜻하는 특정 용어인 *moicheia*가 쓰였다. 이 말의 어원인 *porn*는 현대 영어의 'pornography'(*pornē*+*graphein*)에 남아 있다. 포르노그래피는 부도덕한 성행위를 노골적으로 표현한 것이다.

## 신실하신 아버지의 징계(고린도전서 4:1–21)

1사람이 마땅히 우리를 그리스도의 일꾼이요 하나님의 비밀을 맡은 자로 여길지어다 2그리고 맡은 자
들에게 구할 것은 충성이니라 3너희에게나 다른 사람에게나 판단 받는 것이 내게는 매우 작은 일이
라 나도 나를 판단하지 아니하노니 4내가 자책할 아무 것도 깨닫지 못하나 이로 말미암아 의롭다 함
을 얻지 못하노라 다만 나를 심판하실 이는 주시니라 5그러므로 때가 이르기 전 곧 주께서 오시기까
지 아무 것도 판단하지 말라 그가 어둠에 감추인 것들을 드러내고 마음의 뜻을 나타내시리니 그 때에
각 사람에게 하나님으로부터 칭찬이 있으리라

6형제들아 내가 너희를 위하여 이 일에 나와 아볼로를 들어서 본을 보였으니 이는 너희로 하여금
기록된 말씀 밖으로 넘어가지 말라 한 것을 우리에게서 배워 서로 대적하여 교만한 마음을 가지지 말
게 하려 함이라 7누가 너를 남달리 구별하였느냐 네게 있는 것 중에 받지 아니한 것이 무엇이냐 네가
받았은즉 어찌하여 받지 아니한 것 같이 자랑하느냐

8너희가 이미 배 부르며 이미 풍성하며 우리 없이도 왕이 되었도다 우리가 너희와 함께 왕 노릇

하기 위하여 참으로 너희가 왕이 되기를 원하노라 [9]내가 생각하건대 하나님이 사도인 우리를 죽이기
로 작정된 자 같이 끄트머리에 두셨으매 우리는 세계 곧 천사와 사람에게 구경거리가 되었노라 [10]우
리는 그리스도 때문에 어리석으나 너희는 그리스도 안에서 지혜롭고 우리는 약하나 너희는 강하고
너희는 존귀하나 우리는 비천하여 [11]바로 이 시각까지 우리가 주리고 목마르며 헐벗고 매맞으며 정처
가 없고 [12]또 수고하여 친히 손으로 일을 하며 모욕을 당한즉 축복하고 박해를 받은즉 참고 [13]비방을
받은즉 권면하니 우리가 지금까지 세상의 더러운 것과 만물의 찌꺼기 같이 되었도다

[14]내가 너희를 부끄럽게 하려고 이것을 쓰는 것이 아니라 오직 너희를 내 사랑하는 자녀 같이 권
하려 하는 것이라 [15]그리스도 안에서 일만 스승이 있으되 아버지는 많지 아니하니 그리스도 예수 안
에서 내가 복음으로써 너희를 낳았음이라 [16]그러므로 내가 너희에게 권하노니 너희는 나를 본받는 자
가 되라 [17]이로 말미암아 내가 주 안에서 내 사랑하고 신실한 아들 디모데를 너희에게 보내었으니 그
가 너희로 하여금 그리스도 예수 안에서 나의 행사 곧 내가 각처 각 교회에서 가르치는 것을 생각나
게 하리라 [18]어떤 이들은 내가 너희에게 나아가지 아니할 것 같이 스스로 교만하여졌으나 [19]주께서 허
락하시면 내가 너희에게 속히 나아가서 교만한 자들의 말이 아니라 오직 그 능력을 알아보겠으니 [20]하
나님의 나라는 말에 있지 아니하고 오직 능력에 있음이라 [21]너희가 무엇을 원하느냐 내가 매를 가지
고 너희에게 나아가랴 사랑과 온유한 마음으로 나아가랴

---

아들이나 딸이 타락하는 모습을 보고 싶어하는 부모는 없다. 나는 평생 동안 사역하면서 이런 시나리오를 가까이서 직접 보았다. 아들딸을 믿음 안에서 양육하는 일에 전부를 바친 부모가 매혹적인 세상의 유혹이라는 안개 속으로 홀연히 사라지는 자녀의 모습을 망연히 바라본다. 그런가 하면 탕자처럼 방황하던 아이가 마침내 안전한 항구로 돌아올 때도 있다. 나는 이런 일을 너무 많이 보아서 잃어버렸던 아이가 겸연쩍게 발을 질질 끌며 걸어오는 모습을 보았을 때 그 탕자의 아버지가 느꼈을 기쁨을 충분히 실감한다. 그러나 반항적인 아이들의 이야기가 전부 살찐 송아지를 잡는 잔치로 끝나지만은 않는다. 나는 부모들이 남은 생애를 믿음을 버린 아이 때문에 고뇌하며, 믿음을 떠나 돌이킬 수 없는 죄 속으로 무작정 뛰어든 아이를 위해 눈물 흘리며 밤낮으로 기도하는 것도 보았다. 비극적인 삶의 필름에서 영사(映寫)된 가슴 저리는 장면이다.

고린도 교인의 미성숙하고 세속적인 신앙과 행태에 대한 불미스러운 소식을 접한 바울은 방탕한 아이의 위험한 태도와 행동을 들은 절망적인 아버지가 보였음 직한 반응을 보였다. 어쨌거나 바울은 고린도 교인이 처음으로 만나 증언을 들은 사도였기 때문에 그들의

믿음을 세워준 영적 '아버지'였다. 바울은 좋은 아버지라면 누구나 자기 아이에 대해 책임을 느끼듯이, 그들의 영적 성장과 건강에 대해 개인적으로 깊은 책임을 느꼈다.

그러나 바울의 영적 양육 방식은 나무라지 않고 마냥 응석을 받아주는 양육 태도와 사뭇 달랐다. 영원한 유익에 비하면 순간의 고통은 아무것도 아님을 알았던 바울은 하늘 아버지의 훈육 방식을 적용했다. "무릇 징계가 당시에는 즐거워 보이지 않고 슬퍼 보이나 후에 그로 말미암아 연단 받은 자들은 의와 평강의 열매를 맺느니라"(히 12:11).

바울은 사랑과 권위를 가지고 제멋대로 구는 고린도 교인을 훈육하기 위한 교정봉으로 펜을 사용했다. 우리는 고린도 교인이 매 맞는 아픔을 참으면서 내는 신음 소리를 들을 수는 없지만, 따끔하게 꾸짖는 말을 읽을 수 있고 그것이 오늘날 우리에게 어떻게 적용되는지 볼 수 있다.

## —4:1-5—

앞서 인물 중심의 분열에 대해 경고했던(3:21-23) 바울은 이 단락에서 자연스럽게 강한 질책으로 넘어간다. 그런 다음 사도들과 아볼로 같은 다른 교사들을 "그리스도의 일꾼이요 하나님의 비밀을 맡은 자"로 규정한다(4:1). "일꾼"으로 번역된 단어 *hypēretēs*(5257)는 다른 사람의 명령에 따라 움직이는 사람, 특히 큰 권위에 복종하는 이미지를 나타낸다. "맡은 자"를 뜻하는 단어 *oikonomos*(3623)는 어원적으로 가정이나 재산을 관리하는 사람이라는 뜻이다. 바울은 이 두 가지 용어로 엄정히 뽑힌 복음의 관리자로서 하나님께 받은 권위와 그리스도의 절대 권리에 대한 복종 두 가지를 다 나타낸다. 따라서 그는 "충성"해야 할 책임이 있다(4:2).

고린도의 상황을 잠깐만 들여다보아도(4:3) 아볼로나 베드로나 다른 유명인들을 중심으로 파당을 형성한 많은 고린도 교인이 바울의 사역 방식을 가소롭게 여겼다는 것을 알 수 있다. 그들은 바울의 가르침을 판단하고 선택받은 복음의 청지기로서 그가 가진 사도적 권위를 거부했다. 바울은 자기의 복음 사역은 인간이 판단-고린도 교인이건, 세상이건, 하나님 나라에서 자신이 어떤 가치를 지닌 존재라고 생각하건-할 대상이 아님을 상기시킨다(4:3). 그보다는 그리스도의 종이자 그분의 비밀을 맡은 관리자로서 바울은 하나님께 직접 책임을 졌다(4:4).

"세상 법정"(새번역)으로 번역된 구절은 문자적으로 해석하면 '인간의 날'로, 모든 사람이 하나님께 받은 책무에 성실했는지에 대해 책임을 지게 될 주님이 재림하시는 날(3:13)과 의도적인 대비를 이룬다.[1] 바울은 장차 그리스도의 평가가 드러나게 될 것이라고 말하면서 다른 이들의 사역에 대해 스스로 판단하지 말라고 경고한다(4:5). 그리스도가 다시 오실 때 그분이 "어둠에 감추인 것들을 드러내고 마음의 뜻을 나타내[실]" 것이다(4:5). 바울의 이 말은 미래에 있을 그리스도의 심판대를 의미한다(고후 5:10).

오늘날 우리를 향한 바울의 메시지는 간단명료하다. 이 세상에서 그리스도의 심판을 미리 시도하지 말라! 아무도 그럴 자격이 없다. 우리가 보고 듣고 생각하는 것을 근거로 다른 사람을 판단해서는 안 된다. 심판은 주님께 맡기자. 주님은 인간이 절대 할 수 없는 두 가지를 하실 수 있기 때문이다. 첫째, 어둠 속에 감추인 것을 밝히실 수 있다. 그분만이 이야기의 시종을 아신다. 우리가 아는 것은 작은 부분에 불과하고 각 이슈의 표면만 건드릴 수 있을 뿐이다. 둘째, 그리스도는 마음속의 동기를 드러내실 수 있다. 그분은 그 사람의 언행을 아실 뿐 아니라 말과 행동의 이유도 아신다. 평범한 인간은 그런 능력이 없다.

이 모든 논의는 바울에게 고린도 교인의 잘못을 교정할 수 있는 지위를 부여한다. 바울은 그리스도의 종이지만, 고린도 교회와의 관계에서는 여전히 권위자의 위치에 있다. 바울은 그들의 믿음의 아버지로서 자기를 본받으라고 권고한다.

## —4:6–13—

바울은 고린도 교회의 영적 아버지로서 그들을 훈육할 권리와 책임을 모두 갖고 있다는 점을 확실히 밝힌 뒤 이 단락에서 훈계를 시작한다(4:6). 바울은 고린도 교인이 서로를 희생적으로 섬기기 위해 필요한 자세를 보여주기 위한 본보기로 자신과 아볼로를 '상징적으로' 세웠다고 말한다.

바울은 고린도 교인에게 "기록된 말씀 밖으로 넘어가지 말라"(4:6)고 경고한다. 주석가들은 이 말의 의미를 놓고 오래동안 씨름해왔다. 성경에 충실하라는 뜻이었을까? 그렇다면 독자에게 느닷없이 성경에 충실하라는 경고를 하기에 이 단락은 이상한 지점이다. 왜냐하면 바울은 특정한 성경 말씀을 인용하고 있지 않으며, 성경에 충실해야 한다는 내용을 전개하고 있지도 않기 때문이다. 아니면 바울이 그들에게 편지로 주의를 주었던 사항을 어겨서는 안 된다는 뜻이었을까? 바울이 이전 편지에서 언급했듯이(5:9) 그럴 수도 있다. 그러나 그 편지는 성적으로 부도덕한 행동을 금하는 내용이었는데, 여기서 바울이 다루는 주제는 그것이 아니다. 이 구절의 의미를 정확히 밝히기는 어렵지만, 전후 상황을 볼 때 그리스도인으로서 지켜야 할 적정선을 넘어설 정도로 교만해져서 자기들이 특별히 좋아하는 교사들을 자랑하거나 자기들의 영적, 물리적 성취를 뽐내는 고린도 교인을 가리키는 듯하다(4:6).

바울은 그들의 과도하고 불균형한 행태에 대해 그들의 자부심을 꼬집는 세 가지 수사적 질문으로 질책한다(4:7). 그리고 날선 비아냥으로 그들의 어깨를 잡고 눈을 똑바로 쳐다보면서 자아도취에서 깨어나게 한다(4:8).

첫 번째로 바울은 묻는다. "누가 너를 남달리 구별하였느냐"(4:7)? 아무도 그러지 않았다. 고린도 교회는 다른 모든 교회와 동등한 위치에 있었다. 둘째, "네게 있는 것 중에 받지 아니한 것이 무엇이냐?" 아무것도 없다. 처음에 그들은 바울에게서 복음을 들었고, 그리스도에게 구원받았으며, 바울과 아볼로에게 훈련받았다. 모든 것이 다른 누군가에게서 왔다. 셋째, "네가 받았은즉 어찌하여 받지 아니한 것 같이 자랑하느냐?" 이 마지막 질문은 분명 따끔했을 것이다. A. T. 로벗슨(A. T. Robertson)이 말했듯이, 바울은 "팽팽하게 부푼 거짓 자존심의 풍선을 한 방에 터트린다."[2] 마지막 질문을 보면 고린도 교인은 오로지 감사와 찬양 외에는, 으스대고 자랑할 아무 근거가 없었다. 우리도 "온갖 좋은 은사와 온전한 선물이 다 위로부터 빛들의 아버지께로부터 내려[온다는]"(약 1:17) 것을 늘 기억하며 과대망상에 빠지지 말아야 한다.

고린도인으로서 품고 있는 우월감이 복음에 대한 그들의 증언을 손상시켰기 때문에 바울은 신랄하게 공격하고 싶은 생각이 들었다(고전 4:8-13). 고린도 교인이 어떤 상황에 있었는지 그 배경을 조금 알면 어째서 바울이 이토록 신랄한 조롱에 가까운 강한 비난을 했는지 이해하게 된다. 데이비드 프라이어(David Prior)는 이렇게 설명한다.

> 고린도 교인이 그들 자신을 자랑하는 중심에는 자기들이 매우 성공적이고, 활기차

> 며, 성숙하고, 효율적인 교회라는 확신이 있었다. 그들은 자기들의 영성, 리더십, 삶의 전반적인 질에 모두 만족하고 있었다. 그들은 그들이 될 수 있는 최고의 상태에 도달했다는 착각에 빠져 있었다. 그들은 자기들이 '성공했다'고 생각했다.[3]

날아가는 열기구를 쏘아 떨어뜨리는 숙련된 사수처럼, 바울은 날카로운 조소로 고린도 교인의 부풀어오른 자만심에 구멍을 낸다. 그들의 행태는 하나님의 사업을 충실히 수행하기 위해 매진하는 겸손한 종이 아니라 부족할 것 없이 다 이룬, 지혜롭고 강하며 존귀한(4:10) 왕의 모습이었다(4:8). 사실 그리스도인의 소망 중 하나가 언젠가 그분이 다시 오실 때 그분과 함께 다스리는 것인데, 고린도 교인은 마치 천국이 이미 도래한 것처럼 사도들이나 그리스도도 배제한 채 그들의 작은 영지를 분배하고 있었다. 그들이 그리스도의 죽음과 부활의 복음을 제대로 이해했다면 십자가 없는 면류관은 없고, 고뇌 없는 환희도 없으며, 낮아지지 않고 높아질 수 없다는 것을 깨달았을 것이다.

고린도 교인의 텃세를 희화화한 것과는 대조적으로 바울은 세상 사람들의 눈에 약하고 비천한 바보로 보였던 사도 사역자들의 낮은 지위를 언급한다(4:10). 바울은 자신과 다른 교회 지도자들을 "죽이기로 작정된 자"와 "세계 곧 천사와 사람에게 구경거리"라고 일컫는다(4:9). 고린도 교인의 당당한 모습과 정반대인 그들의 열등한 위치에 대한 증거로 바울은 그가 "바로 이 시각까지"(4:11) 견뎌온 경험들을 장황하게 늘어놓는다. 그가 예수 그리스도의 발자취를 따르기 위해 감내한 능욕과 무력함, 극심한 고난의 긴 목록을 보라(4:11-13).

- 굶주림
- 목마름
- 헐벗음
- 매 맞음
- 정처 없음
- 수고함
- 모욕당함
- 박해받음

• 비방당함

간단히 말해서, 사도들은 세상의 쓰레기나 사회의 찌꺼기 같은 존재로 취급받았다(4:13). 바울의 과장된 표현은 중요한 요지를 드러낸다. 그리스도를 위해 살다 보면 종종 사회와 반목하게 된다는 것이다. 여기에는 고린도 교인이 교만과 자만심에 이끌려 보여준 이기적이고 거들먹거리는 행태는 그리스도를 본받는 삶에 들어설 자리가 없다는 의미가 내포되어 있다.

## —4:14-21—

바울은 고린도 교인의 주체할 수 없는 오만에 대한 신랄한 비판을 멈추고 그가 영적 자녀들과 맺고 있는 다정한 관계를 거듭 확인한다. 바울은 자기의 의도는 그들을 부끄럽게 만드는 게 아니라 그의 "사랑하는 자녀"인 그들을 훈계하려는 것이라고 밝힌다(4:14). 여기에 나오는 "부끄럽게 하다"라는 헬라어 단어는 *entrepō*(1788)로, 자기 자신에게 등을 돌린다는 뜻이며, '권하다'[*noutheteō*(3560)]라는 단어는 무언가에 대해 마음에 깊은 인상을 심어준다는 뜻이다. 바울이 바란 것은 고린도 교인이 그들 자신에게 등을 돌리는 것이 아니라 마음을 바꾸는 것이었다. 다시 말해서, 죄책감을 갖게 하려는 것이 아니라 그들의 비뚤어진 생각을 바로잡고 잘못된 행동을 교정하기 위한 회개의 요청이다.

고린도 교인은 바울이 처음 교회를 개척한 후 아볼로 같은 재능 있는 교사를 많이 접하는 축복을 누렸지만, 바울은 '복음으로 그들을 낳은 아버지'(참조. 4:15)로서 그들과 특별한 관계를 유지했고, 따라서 각별한 책임감을 계속 느꼈다. 아버지의 비유를 계속 이어가면서 바울은 그들의 영적 아버지인 자기를 따라야 할 모범으로 본받으라고 권면한다. 바울의 말을 곰곰이 생각하면서 나는 그렇게 말할 수 있는 기독교 지도자가 얼마나 적은지를 새삼 깨닫는다. 내가 관찰한 바에 따르면 권위와 책임을 가진 위치에 있는 너무나 많은 신자가 다른 사람들이 의지할 수 있는 모범을 보여주는 데 필요한 영적 성숙을 갖추고 있지 않다.

그들은 재능 있는 연설가, 유능한 조직자, 비전을 가진 최고경영자일 수는 있다. 그러나 겸손, 자기희생, 어떤 역경에도 불구하고 자기의 소명을 완수하겠다는 진지한 결단력을 생각해볼 때 딱히 마음속에 떠오르는 현대의 기독교 지도자가 많지 않다. 그러나 바울은 따를 만한 가치가 있는 기독교 지도자의 면모를 갖추고 있었다.

바울은 그리스도인 제자훈련의 원리를 이해시키기 위해 실제로 직접 보고 만질 수 있는 본보기의 중요성을 알았다. 직접 고린도에 갈 수 없었던 바울은 주님 안에서 '신실한 자녀'의 모범으로 디모데를 보냈다. 분명 디모데는 제자도의 개념을 따라야 할 믿음으로만이 아니라 본떠야 할 생활 방식으로 진지하게 받아들였다. 그는 고린도 교인과 함께 있으면서 그리스도 안에서 행하는 바울의 방식을 보여주는 본보기가 되었을 것이다(4:17).

경험 많은 사역자인 바울은 그의 편지와 디모데의 방문에 대해 고린도의 일부 완강한 사람들이 반감을 품을 것을 알았다(4:18). 그래서 바울은 이 단락을 경고로 강조한다. "주께서 허락하시면 내가 너희에게 속히 나아가서 교만한 자들의 말이 아니라 오직 그 능력을 알아보겠으니"(4:19). 즉, 바울은 겉껍질 안에 있는 실체를 알아볼 것이다. 이 잘난 척하는 자들이 진정한 하나님 나라의 사도로 하나님이 신중히 택하신 바울에게 주어진 진정한 영적 권위를 얻어낼 수 있을까(4:20)? 물론 답은 '아니다'이다. 결국 바울은 뻔뻔하게 스스로 지도자라고 주장하는 자들은 공허한 말의 모래 위에 자기들만의 왕국을 세우려고 시끄럽게 깍깍대는 까마귀에 불과할 뿐임을 알고 있었다.

바울은 고린도 교인에게 선택을 제시하며 이 단락을 끝맺는다(4:21). 한편으로 그들은 제멋대로 구는 아이들을 꾸짖으려고 매를 든 준엄하고 단호한 아버지로 바울을 받아들일 수 있었다. 그러려면 계속 고집대로 하면 되었다. 아니면, 그들에게 영적 축복을 주려고 찾아온 온유하고 사랑 많은 아버지로 바울을 환영할 수 있었다. 그러려면 그들은 회개하고 이기적인 태도를 버리고 겸손을 실천해서 다시 교회를 하나로 만들어야 했다.

결국, 선택은 그들의 몫이었다. 오늘날 우리도 같은 선택을 앞에 두고 있다.

## 적용: 고린도전서 4:1–21

### 바울의 영적 양육

우리가 아는 한 사도 바울은 친자식이 없었다.[4] 그러나 그에게는 수많은 영적 자녀 곧 기독교로 개종한 사람들이 있었다. 바울은 영적 아버지로서의 책임을 매우 진지하게 받아들였기 때문에 우리는 그에게서 영적 부모로서 어떻게 자녀들을 돌보아야 하는지에 대해 몇 가지 실제적인 지침을 볼 수 있다. 우리는 이 원칙들을 우리가 섬기는 사람들과 자녀들에게 적용할 수 있다.

첫째, 영적 자녀를 양육하는 일은 이타적인 희생을 요구한다. 데살로니가전서 1장에서 바울은 이렇게 썼다. "우리는 그리스도의 사도로서 마땅히 권위를 주장할 수 있으나 도리어 너희 가운데서 유순한 자가 되어 유모가 자기 자녀를 기름과 같이 하였으니 우리가 이같이 너희를 사모하여 하나님의 복음뿐 아니라 우리의 목숨까지도 너희에게 주기를 기뻐함은 너희가 우리의 사랑하는 자 됨이라"(살전 2:7–8). 바울은 가는 곳마다 이런 자세로 다가갔다. 고린도 교인에게도 그랬다. 바울은 그가 믿음으로 인도한 자들에게 일관되게 자신의 삶을 쏟아부었다. 우리는 그의 모습에서 사역이란 단지 정보의 전달이 아님을 배운다. 사역은 우리가 섬기는 사람들의 삶 속에 개인적으로 깊숙이 들어가는 것이다. 당신은 어떤 자세로 사역하고 있는지 생각해보라. 당신은 정보만 전달하는가, 아니면 당신 자신을 다른 사람들의 삶 속에 쏟아붓고 있는가?

둘째, 영적 양육은 영적 성숙을 권면하고 격려하면서 그에 합당한 모범을 보이는 것이다. 이것은 자녀 양육의 긍정적 측면이다. 바울은 이렇게 썼다. "너희도 아는 바와 같이 우리가 너희 각 사람에게 아버지가 자기 자녀에게 하듯 권면하고 위로하고 경계하노니 이는 너희를 부르사 자기 나라와 영광에 이르게 하시는 하나님께 합당히 행하게 하려 함이라"(살전 2:11–12). 그는 또 고린도 교인에게 자기를 본받으라고 권면했다(고전 4:15–16). 바울은 독자에게 자기의 발자취를 따르라고 권면하기 위해 모범적인 삶을 유지해야 했다. 그렇다면 우리는 우리에게 있지도 않은 것–영적 성숙–을 영적 자녀에게 주려고 하면서 위선적으로 권고하고 격려하는 죄를 범하고 있지는 않은지 의구심이 들 수밖에 없다. 우리가 그리스도를 믿지도 않고, 사랑하지도 않으며, 꾸준히 선행을 실천하지도 않으면서 어떻게 다른 사람들에게 그런 경건한 자질을 키워줄 수 있겠는가?

셋째, 영적 양육은 온유한 격려만으로 충분하지 않을 때 대면하고 나무라는 것이다. 바울은 불순종이 지속될 때 따르는 심각한 결과를 말하면서 즉각적인 회개를 촉구했다. 그는 부모로서 잘못을 바로잡기 위해 "매를 가지고" 고린도에 가야 할 수도 있다고 말했다(4:21). 때로 영적 지도자는 고집스러운 영적 자녀를 대면하고 바로잡기 위해 엄격해야 한다. 우리 대부분은 동료 신자들과 대면하느니 차라리 얼음집에 사는 게 낫다고 생각할 것이다. 그러나 우리는 교정의 고귀한 목표를 놓치지 말아야 한다. 그것은 바로 방황하는 자녀가 하나님과 다른 사람들과의 교제를 회복하는 것이다. 영적으로 성숙한 부모가 질책과 교정이 필요한 신자들을 내버려둔다면 누가 그것을 하겠는가?

우리가 멘토 역할을 하고, 가르치며, 제자훈련을 하고, 또는 영향을 미치는 사람들의 영적 부모가 되어야 하는 소명은 물리적 양육만큼이나 중요하다. 우리가 말과 모범을 통해 이 과업에 희생적으로 자신을 내어주며 제멋대로인 자녀를 대면할 힘을 낸다면, 영적 부모로서의 의무를 완수하게 될 것이다.

## 추문에 대처하는 방법(고린도전서 5:1-13)

[1]너희 중에 심지어 음행이 있다 함을 들으니 그런 음행은 이방인 중에서도 없는 것이라 누가 그 아버
지의 아내를 취하였다 하는도다 [2]그리하고도 너희가 오히려 교만하여져서 어찌하여 통한히 여기지
아니하고 그 일 행한 자를 너희 중에서 쫓아내지 아니하였느냐

[3]내가 실로 몸으로는 떠나 있으나 영으로는 함께 있어서 거기 있는 것 같이 이런 일 행한 자를 이
미 판단하였노라 [4]주 예수의 이름으로 너희가 내 영과 함께 모여서 우리 주 예수의 능력으로 [5]이런
자를 사탄에게 내주었으니 이는 육신은 멸하고 영은 주 예수의 날에 구원을 받게 하려 함이라

[6]너희가 자랑하는 것이 옳지 아니하도다 적은 누룩이 온 덩어리에 퍼지는 것을 알지 못하느냐 [7]너
희는 누룩 없는 자인데 새 덩어리가 되기 위하여 묵은 누룩을 내버리라 우리의 유월절 양 곧 그리스
도께서 희생되셨느니라 [8]이러므로 우리가 명절을 지키되 묵은 누룩으로도 말고 악하고 악의에 찬 누
룩으로도 말고 누룩이 없이 오직 순전함과 진실함의 떡으로 하자

[9]내가 너희에게 쓴 편지에 음행하는 자들을 사귀지 말라 하였거니와 [10]이 말은 이 세상의 음행하
는 자들이나 탐하는 자들이나 속여 빼앗는 자들이나 우상 숭배하는 자들을 도무지 사귀지 말라 하는
것이 아니니 만일 그리하려면 너희가 세상 밖으로 나가야 할 것이라 [11]이제 내가 너희에게 쓴 것은 만
일 어떤 형제라 일컫는 자가 음행하거나 탐욕을 부리거나 우상 숭배를 하거나 모욕하거나 술 취하거
나 속여 빼앗거든 사귀지도 말고 그런 자와는 함께 먹지도 말라 함이라 [12]밖에 있는 사람들을 판단하
는 것이야 내게 무슨 상관이 있으리요마는 교회 안에 있는 사람들이야 너희가 판단하지 아니하랴 [13]밖
에 있는 사람들은 하나님이 심판하시려니와 이 악한 사람은 너희 중에서 내쫓으라

우리는 타락한 세상에 살고 있는 그리스도인으로서 종종 오염된 세속의 바닷물이 해안에

서 철썩대는 작은 기독교 섬에서 살고 있는 것처럼 행동한다. 혹은 외부 세계로부터 가려지고 보호되는 성경이라는 투명한 공 안에 있는 밀폐된 영적 생태계 속에 살고 있는 것처럼 느낀다. 그러나 이런 류의 고립주의적 사고방식은 성경적 기독교에 문제를 야기한다. 예수님은 "세상에 속하지" 말고 "세상에 있으라"고 우리를 부르셨다(요 17:11, 14–16). 다시 말해서, 우리는 우리 시대의 타락한 도덕의 영향에서 격리되어야 하지만, 세상 사람들에게서 고립되어서는 안 된다.

우리 모두는 세상에서 도망치려는 마음과 세상에 빠져드는 마음 사이에서 오도 가도 못하고 있는 것 같이 느껴질 때의 긴장감을 잘 이해한다. 그렇다. 어떤 신자들은 그들 자신과 그들의 공동체를 안전하게 지키기 위해 거룩한 무리 주변에 사회적 벽을 쌓아서 그 긴장을 해소한다. 그러나 너무나 많은 신자가 다른 극단으로 넘어갔다. 그들은 성경에 제시되고 성령의 능력을 힘입어 제공된 순결한 삶을 저버리고 도덕적 타락의 구렁텅이에 빠지고 만다.

고린도전서 5장에서 바울은 바로 그렇게 된 한 교인의 문제를 지적한다. 그는 죄의 유혹에 넘어가 자기 배를 가증스러운 죄의 들쭉날쭉한 바위 쪽으로 몰고 갔다. 바울이 죄인의 가증스러운 행위뿐 아니라 죄에 대한 교회의 관대한 태도도 질책하는 것이 처음에는 이상해 보일 수 있다. 그리스도의 이름을 달고 다니면서 성경의 기준과 정면으로 배치되는 생활 방식과 행동을 용인하는 현대의 자유주의 그리스도인들처럼, 고린도 교회는 다른 사람들의 죄에 간섭하지 않는 것을 자랑스럽게 여겼다. 바울은 이와 같은 자기만족의 심각성을 보여주면서 교회가 교회의 징계로 어떻게 비리를 다루어야 하는지 가르친다.

## —5:1—

독성 물질이 스며들어 도시의 상수도를 오염시키듯이 도덕적 타락이 고린도 교회에 슬며시 퍼져 회중 전체를 독살시키려고 했다. 바울은 그가 염두에 두고 있는 주제가 독자들에게 미칠 갑작스러운 충격을 아랑곳하지 않고 지극히 파괴적인 고린도의 상황에 주목한다. 우리는 이 죄에 대해 세 가지 의미를 찾을 수 있다(5:1).

**첫째, 그 죄는 잘 알려져 있었다.** 바울은 그 죄를 "들[었다]"고 말한다. 우리는 바울의 어조에 스며 있는 혐오감을 느낄 수 있다. 그리스도를 따른다고 고백한 교인들의 교회에서 그런 소식이 들려온다는 것은 있어서는 안 될 일이다. 그런데 이 죄의 가장 골치 아픈 면은 그 소문이 널리 퍼진다는 것이다. 그것은 사람들이 진상을 알지 못하게 은폐된 비밀스러운 죄가 아니었다. 오히려 그 소식은 바울에게 금방 전해졌는데, 아마도 글로에 집안 사람(1:11)이나 그를 찾아온 다른 사람(16:17-18)을 통해서였을 것이다. 또는 그 추문의 내용이 너무나 가증스러운 일이어서 맹렬한 산불이 휩쓸듯이 교회에서 교회로 번져 여러 출처를 통해 바울의 귀에까지 들렸을 수도 있다.

**둘째, 그것은 역겨운 죄였다.** 그렇다고 어떤 죄는 아름답거나 용인될 수 있다는 말이 아니다. 그러나 이 특별한 경우에 대해 바울은 이런 류의 죄는 "그런 음행은 이방인 중에서도 없는 것"(5:1)이라고 강조한다. 요컨대, 비그리스도인 이교도들도 고린도의 그리스도인이 용인한 이런 식의 성적 패륜[*porneia*(4202)]에 충격을 받을 것이라는 말이다. 그 죄는 무엇이었을까? 아마도 젊은 남자였을 고린도 교회의 한 신자가 자기 계모와 성적으로 부도덕한 일을 저질렀다. 바울이 그 여인을 "과부"가 아닌 "아내"로 언급한 것으로 보아 그의 아버지는 그 여자와 결혼했던 것이 분명하다. 그것은 모자 사이에서 벌어진 근친상간이었다!

**셋째, 그 죄는 계속 진행 중이었다.** 바울은 어떤 젊은 청년이 자기 아버지의 젊은 새 신부에게 홀딱 빠져 교회 안에서 다소 당혹스러운 소란을 일으킨 데 대한 놀라움을 표하고 있는 게 아니었다. 오히려 바울은 그 죄를 교회 안에 늘 있는 고질적인 행태로 표현한다. 그것은 교회 "가운데"(새번역), 즉 그들 안에서, 바로 그들 면전에서 일어난 패륜이었다. 다시 말해서 고린도 교회는 그 관계를 전부 알면서도 아무 조치도 취하지 않았다!

바울이 가장 크게 질책한 것이 이 세 번째 문제다. 존 화이트(John White)와 켄 블루(Ken Blue)가 지적했듯이, "교회의 누군가가 사랑으로 진리를 바로 세우고, 의를 실현하며, 화해를 이루기 위해 추문의 당사자에게 가기로 결단하지 않으면, 그 상황을 알고 있는 모든 교인은 매 순간 죄를 짓고 있는 것이다. 사실상 어떤 식으로든 '확인된 죄인'의 죄에 참여하는 것과 같다."[5] 모든 교회는 그들이 범하는 죄를 다루어야 한다. 어떤 교회도 그것을 대면할 책임을 회피해서는 안 된다. 그러나 고린도 교인은 회피하고 있었다.

## —5:2-3—

놀랍게도 고린도 교인은 교회 안에서 벌어진 추악한 근친상간의 죄를 대면하기는커녕 정반대로 나갔다. 그들은 마치 그리스도의 은혜로 그분의 명령에 순종할 의무를 면제받은 양 그 일에 대해 오만해졌다. 막말로, 그들은 은혜가 풍성하게 하려고 죄를 지은 것이었다(참조. 롬 6:1-2). 그들은 너무 오랫동안 교만의 고인 물 속에 발을 담그고 있었기 때문에 그 더러움을 보지 못했다. "좋은 게 좋은 거다"라는 식으로 죄를 대하는 태도에 대해서 바울은 그들의 수동적인 태도를 대면하고 죄에 대한 태도를 바로잡고 나서 그 상황에 대한 올바른 접근법을 가르친다.

첫째, 바울은 직설적으로 솔직하게 고린도 교인을 꾸짖는다. 그는 이렇게 말한다. "너희가 오히려 교만하여[졌다]"라고 말한다(고전 5:2). 여기서 "너희"라는 헬라어는 복수로, 고린도 회중 전체가 그 죄를 저지른 사람에 대해 책임이 있음을 나타낸다. "교만하여져서"로 번역된 헬라어 단어[*physioō*(5448)]는 문자적으로 '부풀어 오르다'는 뜻이다. 이 단어는 신약성경에 일곱 번 나오는데, 그중 여섯 번이 고린도전서에서 쓰였다.[6] 그들은 은혜에 대한 파괴적인 생각으로 우쭐해졌다. 그들은 그리스도 안에서 구원받은 신자는 무엇이든 원하는 대로 해도 된다고 생각했다. 그러나 그들은 죄에 대한 이런 오만한 태도 대신 장례식에서 사랑하는 사람의 죽음을 애도하듯이 오히려 "슬퍼해야" 했다. 여기서 잃어버린 것은 한 사람의 인생이 아니라 교회의 순결이다.

슬프게도, 고린도 교회는 우리 시대에 빠르게 번지고 있는 은혜에 대한 거짓 가르침에 넘어갔다. 어떤 이들은 한번 하나님 앞에서 의롭다 함을 입고 선행과 무관하게 구원을 받으면 구원의 은혜가 모든 것을 덮기 때문에 그 사람은 무엇이나 원하는 대로 할 수 있다고 믿는다. 그러나 로마서 6장 1절은 이렇게 말한다. "은혜를 더하게 하려고 죄에 거하겠느냐?" 로마서 6장 2절은 성경에 많이 나오는 강한 부정으로 이에 답한다. "그럴 수 없느니라." 오직 믿음을 통해 은혜로 받는 구원은 논리적으로 '무슨 일이든 허용된다'는 생활 방식으로 귀결되지 않는다. 실제로, 우리가 구원에 담긴 하나님의 역사를 온전히 이해한다면, 성령이 하나님의 은혜로 우리를 영구히 인치실 뿐만 아니라(엡 1:13, 2:8-9, 고후 1:22) 우리 안에 거하시며, 그분의 뜻에 순종하고 그분의 명령을 지킬 수 있도록 우리를 속속들이 변화시키신다는 것을 기억할 것이다. 이 말은 내주하시는 성령이 오직 하나님의 은혜로 우리가 선한 일을 바라고 행할 수 있도록—구원을 얻기 위해서가 아니라 구원의 완성으로서—우리 안에서 계속 역사하신다는 뜻이다(엡 2:10, 빌 2:12-13). 그 결과는 경건한 삶이다.

고린도 교인은 은혜가 부도덕한 일을 저질러도 된다는 허가를 주었다는 얼토당토않은 생각으로 교만해져서 역겨운 죄까지도 용인했다. 그들은 교회에서 그 범죄자를 쫓아냈어야 했다(고전 5:2). 그러면 그들이 그 죄악을 혐오할 뿐 아니라 교회의 순결을 걱정하며 그 죄인이 회개하고 돌아오기를 바란다는 메시지를 보여주었을 것이다(갈 6:1-2). 그러나 고린도 교회는 계속 부정한 상태로 있었고 그 사람도 회개하지 않았다.

바울은 고린도 교회의 다수 의견에 담대하게 맞섰다(고전 5:3). 바울이 멀리서 징계에 개입했다는 사실만으로도 고린도 교회가 얼마나 나락으로 떨어졌는지를 알 수 있다. 당시 고린도에 어떤 지도자들이 있었는지는 모르지만, 그들은 도덕의 나침반도, 교회의 징치(懲治)로 단순명쾌하게 해결할 수 있었던 문제를 감당할 능력도 없었다. 바울은 죄를 범하고 있는 형제와 교회의 순결을 위해서 누군가는 나서야 한다는 것을 깨달았다. 회중과 지도자들이 그럴 능력이 없다면 바울이 자신의 지위를 내세워 직접 심판해야 했다. 실제로 바울은 멀리서 상황을 판단하고(그는 그들과 "영으로" 함께 했으나 "육신"은 함께 있지 않았다), 교회에 구속력을 갖는 사도의 권위로 그 죄인을 심판했다.

## —5:4-5—

이 장의 나머지 부분에는 바울이 사도로서 내린 판결을 수행하는 구체적인 지침이 나온다. 바울은 하나님이 사도와 마찬가지로 이런 심판을 할 수 있는 권위를 교회에 주셨다고 가르쳤다. 그리고 고린도 교회가 이미 그 회개하지 않는 죄인에 대해 적절한 행동을 취했기를 바랐다. 그러나 그들이 적절한 교회의 징치를 실행하지 못했기 때문에 바울이 사도의 권위로 개입했던 것이다. 오늘날 교회 징치에 대한 성경적 원칙을 따르는 모든 교회는 교회의 순결을 지키고, 회개하지 않은 죄인들을 회복시킬 목적으로 그들을 견책해야 할 의무와 권위를 가지고 있다.

바울은 징치의 결과를 간략히 언급한다(5:4-5). 우리는 이것을 그의 판결을 실행하는 지침으로 볼 수 있다. 첫째, 그들은 그들 자신의 권위–목사, 장로, 감독 또는 교회 헌법이나 내규–가 아닌 "우리 주 예수"(5:4)의 도덕적 권위에 근거해서 판결을 내려야 했다. 그들은 주 예수님의 이름으로 모였으므로 그분의 명령에 따라 그분의 권위를 행사해야 했다. 바울은 마태복음 18장에 나오는 교회 징치에 관한 지침을 염두에 두었을 것이다. 단호하면서 겸손한 자세로 합당한 원칙에 의거해 징계했다면, 그들은 자기들이 주님께 승인을 받았고 그분의 권위를 행사하고 있음을 확신할 수 있었다.

둘째, 그들은 "모여서" 징치해야 했다. *Synagō*(4863)라는 헬라어 동사에서 *synagogue*(회당)라는 단어가 파생되었다. 이 말은 '함께 모이다'는 뜻이며 회중의 공식 모임을 나타낸다. 따라서 이 판결은 은밀히 또는 비공개로 하면 안 되었다. 이때쯤에는 그 근친상간에 대한 소문이 이미 널리 퍼졌고, 어느 모로 보나 고린도 회중이 이 부도덕한 관계를 알 뿐 아니라 그 관계를 승인한 것처럼 보였다는 점을 기억하라. 이 인식을 뒤집고 교회 전체에 그 죄의 심각성을 알리려면 교회 징치는 공개적이어야 했다. 그렇다고 모든 죄를 공개적으로 대면해야 한다는 말은 아니다. 사사로운 죄는 대개 내밀히 다루어져야 하지만, 원칙은 공공에 관련되고, 중대하며, 회개하지 않은 죄일수록 징계가 더 공개적이고 공식적으로 이루어져야 했다(딤전 5:20).

셋째, 그들은 "이런 자를 사탄에게 내어"주어야 했다(고전 5:5). 달리 말해서, 고린도 교회는 죄를 지은 그리스도인을 교회 모임에서 파문해야 했다. 1세기 교회에서 파문은 교인 자격을 공식적으로 박탈하는 것으로, 더는 그리스도 안에서 형제자매로 여겨지지 않을 뿐 아니라(고전 5:2), 성만찬의 축복,(10:16), 교회의 구제(엡 4:28, 요일 3:17), 회중 안에 현존하시는 성령의 영적 보호(살후 3:3)를 받지 못하게 되는 것을 의미했다. 파문당한 신자는 사탄의 영지인 세상으로 쫓겨날 것이고, 교회의 영적 보호를 벗어난 그곳에서 그는 사탄의 공격을 물리칠 수 없을 것이다(벧전 5:8).

이러한 회개하지 않은 신자를 공식적으로 파문할 때 두 가지 결과 중 하나가 따른다. 회개와 회복 없이 계속 죄를 범하면 그 사람은 파괴적이고 죄로 가득찬 생활 방식에 내장되어 있는 응보(롬 1:26-27)로, 또는 회개하지 않는 신자에 대한 하나님의 직접적인 징계의 결과로 육신의 죽음을 맞을 수 있다(히 12:5-11, 참조. 고전 11:30, 요일 5:16). 그러나 "육신은 멸하고"(고전 5:5)라는 말을, 죄를 짓고 있는 신자의 육욕을 사탄이 극한으로 밀어붙이면 결국 그것이 꺾이면서 마침내 제정신이 돌아올 것이라는 뜻으로 해석할 수도 있다. 육욕에 빠져 헛되고 무익한 삶을 살았던 탕자처럼 말이다(눅 15장). 두 경우 모두 징계의 목적은 단순한 징벌도 아니고 죄를 지은 신자를 영원히 지옥에 떨어트리는 것도 아니었다. 이 엄중한 징계의 목적은 회복이었다. "영은 주 예수의 날에 구원을 받게 하려 함이라"(고전 5:5). 윌리엄 바클레이는 이렇게 설명한다.

> 초대 교회의 징계와 훈육의 배경에는 교회는 죄를 지은 사람을 회복시켜야지 파멸시켜서는 안 된다는 신념이 깔려 있다…징계는 모름지기 그것을 실행하는 사람의 만족을 위해서가 아니라, 죄를 지은 사람과 교회의 회복을 위해서 실행되어야 한다. 징계는 복수가 되어서는 안 되며, 반드시 치유가 따라야 한다.[7]

바울은 죄에서 돌이키지 않는 교인을 보복하듯이 벌주지 말고 사랑을 가지고 교정하라고 명령한다(참조. 마 18:15-17). 그리고 생각과 마음을 돌이켜 회복되고 나면 회중은 두 팔 벌려 돌아온 탕자를 맞이해야 한다(눅 15:20-24, 고후 2:6-8). 이렇게 하면 죄인은 결국 주님의 징계하시는 손길로 말미암아, 또는 교회 앞에서 뉘우침으로써 죄악 된 생활 방식에서 벗어나게 될 것이다(고전 3:15).

## —5:6-8—

바울은 죄인의 회개와 회복을 목적으로 하는 징계에서 교회의 정화로 화제를 옮긴다. 범죄자가 회개하지 않으면 교회의 도덕적 순결을 위해서 회개하지 않는 죄인을 회중에서 추방해야 한다. 우리 모두가 그리스도의 몸을 대표하기 때문에 우리는 서로에게 좋은 것이든 나쁜 것이든 직접 영향을 미친다. 누룩이 반죽 덩어리 전체에 퍼지듯이(5:6), 한 그리스도인의 회개하지 않은 죄가 전 회중을 오염시킨다.

몇 년 전 달라스 신학교에서 헬라어를 수강하던 학생이 이 구절을 한 헤어 무스 회사의 슬로건에 빗대어 이렇게 표현했다. "조금만 써도 충분합니다!" 그 학생의 엉성한 번역을 이 문맥에 딱 맞도록 고쳐보겠다. "조금만 써도 문제가 생깁니다!" 아주 작은 죄도 전 회중을 충분히 오염시킨다. 육안으로 보이지 않는 아주 작은 바이러스 하나가 전신을 감염시키고 불구로 만들 수 있다. 타이어에 난 구멍 하나가 자동차를 멈출 수 있다. 시험에서 받은 'F' 하나가 총 학점을 끌어내릴 수 있다.

그러나 바울이 언급한 범죄의 심각성을 볼 때 그들이 다루고 있는 것은 '작은' 죄 이상임을 알 수 있다. 그래서 바울은 "묵은 누룩을 내버리라"고 단호히 권고한다. 바울은 음란과 악행으로 점철된 옛 생활 방식을 묵은 누룩에 비유했다. 그들은 하나님 앞에서 그들의 신분에 걸맞는 삶, 즉 순결하고 거룩한 삶-누룩이 없는 떡으로 비유된-을 날마다 실천해야 했다.

이 한 구절에 칭의와 성화에 관한 바울의 교리를 구성하는 모든 요소가 들어 있다. 그리스도를 믿는 우리는 믿는 순간에 '의롭게 된다.' 다시 말해서, 우리는 여전히 죄를 짓고 있지만, 하나님은 우리를 의롭다고 선포하셨다. 그러나 거기서 그치지 않고 우리는 '성화'의 삶으로 부름받았다. 점차 새롭게 되고 그리스도의 형상을 닮아가면서 일상생활 속에서 점점 더 의로워지는 것이 성화다. 따라서 바울이 고린도 교인에게 "누룩 없는 자"(5:7)라고 한 것은 그들의 신분이 누룩이 없는 상태-하나님 앞에서 법적으로 의로운 신분-라는 뜻이다(고후 5:17, 롬 6:1-12). "새 덩어리가 되기 위하여 묵은 누룩을 내버리라"(고전 5:7)는 바울의 권고는 점진적으로 누룩이 없는 떡-영적 실체로의 실제적인 변화-으로 변하라는 뜻이다(롬 12:1-2, 고후 3:18).

의인의 신분을 갖는 것이나 점진적으로 의롭게 되는 것은 모두 그들 자신의 힘으로 되는 것이 아니라 예수 그리스도의 인격과 공로 덕분이다. 그래서 바울은 이렇게 말한다. "우리의 유월절 양 곧 그리스도께서 희생되셨느니라"(고전 5:7). 그들의 과거, 현재, 미래의 죄를 위한 그리스도의 희생이 죄의 형벌로부터의 자유(칭의)뿐만 아니라 죄의 권세로부터의 자유(성화)를 샀다. 그리스도를 그들의 유월절 희생 제물로 받아들이면 그들은 용서와 죄 씻음을 얻을 수 있었다.

바울은 유대인들이 유월절 축제를 준비하면서 집안의 누룩을 모조리 없애는 유월절 관습에 비추어 유월절 비유를 더 전개한다. 율법에 의하면 유월절 시작 전날에 모든 유대인 가정은 촛불을 밝히고 누룩이 있는지 샅샅이 살펴야 했다(출 12:15, 19, 13:7). 유월절을 순결하게 지키려면 티끌만 한 누룩도 남아 있으면 안 된다. 바울은 고린도 교인에게 유대인들처럼 하라고 명령한다. 다시 말해 교회를 오염시킬 수 있는 모든 죄를 색출해서 진실하게 회개함으로 공동체에서 그것을 제거하라는 것이다(고전 5:7). 고린도 교인은 증오와 악행의 묵은 누룩(회개하지 않은 이교도의 옛 관행)을 제거하고 그 자리를 누룩을 넣지 않은 "순전함과 진실함"(5:8)의 순수한 떡으로 채워야 했다.

## —5:9-13—

5장 9-13절에 나오는 교회 징치에 관한 바울의 지침은 우리 문화에서 "판단하지 말라"고 주장하는 많은 사람에게 충격으로 다가온다. 그러나 이 말씀은 동료 신자들의 추악한 죄는 너그러이 눈감아주면서 바깥 세상 죄인들에게 손가락질하는, "세상을 심판하라"고 외치는 많은 그리스도인의 태도와도 배치된다.

이러한 그릇된 시각에 대한 답으로 바울은 이전에 고린도에 보낸 편지를 언급하는데, 내용을 살펴보면 고린도 교인은 그 편지의 내용을 오해했거나 오용한 듯하다. 그 편지에서 바울은 고린도 교인에게 "음행하는 자들을 사귀지 말라"(5:9)고 가르쳤다. 그들은 이 말을 부도덕한 세상 사람들, 즉 비그리스도인인 이교도들에게서 자신들을 고립시키라는 권고로 받아들인 것 같다. 그러려면 말 그대로 세상을 떠나야 했을 것이다(5:10). 바울은 자신의 의도를 분명히 밝힌다. "이제 내가 너희에게 쓴 것은 만일 어떤 형제라 일컫는 자가 음행하거나 탐욕을 부리거나 우상 숭배를 하거나 모욕하거나 술 취하거나 속여 빼앗거든 사귀지도 말고 그런 자와는 함께 먹지도 말라 함이라"(5:11).

많은 사람에게 이 말은 매우 냉철하게 들리겠지만, 바울의 요지는 1세기의 고린도 교인에게 그랬듯 21세기의 우리에게도 매우 중요하다. 우리는 성경을 배운 적도 없고 제자의 삶에 헌신하지도 않은 교회 밖의 사람들에게 성경적인 의의 기준을 강요하라는 지시를 받지 않았다. 사실, 그들은 성령을 받지 않았기 때문에 스스로 하나님의 율법에 순종할 수 있는 능력이 없다(롬 8:7). 그보다 우리는 서로 사랑과 선행을 격려하면서 서로를 책임지도록 부름받았다(히 10:24).

그렇지만 회개하지 않고 상습적으로 죄에 물든 세속적인 생활에 빠져 있는 반항적인 신자들은 교제에서 배제해야 했다(고전 5:11). 심지어 고대 세계에서 가장 친밀한 형태의 교제였던 함께 식사를 즐기는 것도 금지된다. 여기서는 특별히 성만찬을 의미할 수도 있는데, 당시의 성만찬에는 대개 가난한 사람들에게 식량을 공급해주는 것뿐만 아니라 친밀한 교제도 나누는 '자선 식사'가 따랐다. 다시 말해서, 교회의 징치를 받은 자들은 신자들이 운영하는 단체가 제공하는 영적, 물리적 자양분을 공급받지 못하는 처지가 되었다.

회중 가운데서 "악한 사람은…내쫓[는]"(5:13) 교회의 권위와 책임은, 관용이라는 말에 예민한 우리 시대 사람들에게는 무자비해 보일 수 있다. 그러나 이러한 교회의 징치는 필요하며, 바울은 헬라어 문법으로 찬성의 대답이 함의된 수사적 질문을 던진다. "교회 안에 있는 사람들이야 너희가 판단하지 아니하랴"(5:12). 즉, 교회는 믿지 않는 죄인들의 세상에 대한 심판은 하나님께 맡기고 교회의 구성원들을 훈육해야 한다(5:12-13).

## 적용: 고린도전서 5:1-13

### 스스로 판단하라

수년 전만 해도 사람들에게 좋아하는 성경 구절을 물어보면, "여호와는 나의 목자시니 내게 부족함이 없으리로다"(시 23:1) 또는 "하나님이 세상을 이처럼 사랑하사 독생자를 주셨으니 이는 그를 믿는 자마다 멸망하지 않고 영생을 얻게 하려 하심이라"(요 3:16) 같은 구절을 많이 들었을 것이다. 요즘에는 "사랑하지 아니하는 자는 하나님을 알지 못하나니 이는 하나님은 사랑이심이라"(요일 4:8)나 "비판을 받지 아니하려거든 비판하지 말라"(마 7:1)고 답하는 사람이 많을 것 같다. 우리의 주인이며 목자이시고 자기 아들의 죽음을 통해 믿는 자들을 지옥에서 구원하시는 하나님이라는 성경의 소개는 명색만 그리스도인인 사람들에게도 일반적인 상식이었다. 그런데 지난 20년 사이 하나님에 대한 일반적인 인식이 완전히 변했다. 이제 하나님은 사람들을 너무나 사랑해서 아무도, 아무것에 대해서도 심판할 생각을 하지 않는 온화한 아버지의 모습으로 비치고 있다. 이러한 하나님의 이미지는 어떤 믿음을 갖고 어떤 행위를 하든 상관없이 모든 사람을 품어주는 사랑과 관용이 넘치는 교회의 이상적인 이미지와 함께 시작되었다. "모든 사람의 생활방식을 용납하라"가 성경에 나오는 모든 '부정적인' 계명보다 앞서는 새로운 불문율이 되었다.

고린도전서 5장에 나오는 교회 징치에 관한 바울의 간략한 논고는 무조건 죄를 관용해야 한다는 생각을 정면으로 반박한다. 우리가 이 중요한 주제를 명료하고 균형 있게 이해하는 데 도움이 될 네 가지 적용 사항을 나누고자 한다.

첫째, 심각한 죄를 간과하는 것은 사랑이 아니며 위험하다. 당신은 종종 사람들이 "글쎄, 우리는 우리와 교제하는 사람들이 어떻게 사는지 상관하지 않아. 그건 그 사람들과 하나님 사이의 문제지. 중요한 건 우리 모두 예수님을 사랑하고 서로를 사랑한다는 거야"라는 말을 들을 것이다. 바울은 5장 1-13절에서 이런 생각이 잘못이라고 말한다. 생각해보라. 당신의 아이가 독이 든 음료에 손을 뻗친다면 당신은 이렇게 말하지 않을 것이다. "그건 위험하지만 나는 사랑하니까 내 아이가 스스로 결정하게 할 거야. 그건 아이와 창조주 사이의 문제니까." 절대 그러지 않을 것이다! 우리는 아이의 감정을 상하게 하더라도 독약을 빼앗을 것이다.

바울은 이렇게 말했다. "악한 사람을 너희 중에서 내쫓으라." 오늘날 우리의 방만한 교회 문화 속에서 당신이 이 구절을 적용한다면 장담하건대 당신은 율법주의자로 불릴 것이다! 당신은 모함과 박해와 고소를 당할 수 있다. 연루되어 있는 죄인들만이 아니라 옳은 일을 할 배짱이 없는 방관자들도 같은 태도를 취할 수 있다. 회개하지 않는 심각한 죄에 대해 누군가가 강경한 태도를 취할 때마다 그 사람에게 율법주의자라는 꼬리표를 달 준비가 되어 있는 사람들이 은혜를 설교하는 수많은 교회 안에서 기다리고 있다. 그러나 우리는 사람들이 좋아하지 않더라도 최선을 다해 옳은 일을 해야 한다.

둘째, 심각한 죄를 대면하는 것은 선택이 아니라 반드시 해야 할 일이다. 물론, 그 과정은 반드시 하나님의 기준에 부합하는 분명한 지침을 따라야 한다. 마태복음 18장 15-17절을 주의 깊게 읽으라. 이 구절을 연구하고 묵상하라. 그런 다음 신중하게 그것을 적용하라. 이 말씀은 대면을 포기하거나 중도에 철회할 여지를 주지 않는다는 점에 유의하라. 교회의 건강과 죄인의 회복을 위해서 우리는 지혜가 이끄는 대로 모두 그 과정에 참여해야 한다.

셋째, 심각한 죄를 다루는 것은 처벌이 아니라 교정을 위해서다. 야고보는 이렇게 썼다. "너희가 알 것은 죄인을 미혹된 길에서 돌아서게 하는 자가 그의 영혼을 사망에서 구원할 것이며 허다한 죄를 덮을 것임이라"(약 5:20). 교회에서 죄인들을 낚아채 문까지 데려간 다음 그들이 절대 다시는 그 성전에 얼굴을 보이지 않도록 거칠게 다루는 것을 사명인 양 느끼는 자칭 기독교 '경비원들'이 반드시 있다. 고린도후서 2장에서 볼 수 있듯이 심지어 고린도 교인 중에도 그런 사람들이 있었다. 그러나 방황하는 성도들을 모욕하거나 격앙시키거나 괴롭히는 것이 교회가 징치하는 취지가 아니다. 그들이 잘못을 뉘우치도록 권면하고 회개와 교제로 다시 돌아오도록 인도하는 게 목적이다. 당신은 경비원인가 목자인가?

마지막으로, 심각한 죄를 바로잡는 것은 외면이 아니라 내면을 다루는 것이다. 교회의 징치는 신자들이 신자들을 위해서 수행해야 한다. 그러나 그리스도인이 사생활을 자기 자신이 아닌 주 예수 그리스도를 중심으로 유지한다면 교회가 교정할 일은 아무것도 없을 것이다.

지금이 당신 삶의 재고를 조사하고 공공연한 추문으로 번지거나 터질 가능성이 있는 은밀한 죄가 있는지 판단하기 딱 좋은 때다. 지금이 이러한 죄에서 돌이켜 회개하고, 굴욕스러운 징계에서 벗어날 수 있는 때다.

## 고소, 할 것인가? 말 것인가?(고린도전서 6:1-11)

1너희 중에 누가 다른 이와 더불어 다툼이 있는데 구태여 불의한 자들 앞에서 고발하고 성도 앞에서
하지 아니하느냐 2성도가 세상을 판단할 것을 너희가 알지 못하느냐 세상도 너희에게 판단을 받겠거
든 지극히 작은 일 판단하기를 감당하지 못하겠느냐 3우리가 천사를 판단할 것을 너희가 알지 못하느
냐 그러하거든 하물며 세상 일이랴 4그런즉 너희가 세상 사건이 있을 때에 교회에서 경히 여김을 받
는 자들을 세우느냐 5내가 너희를 부끄럽게 하려 하여 이 말을 하노니 너희 가운데 그 형제간의 일을
판단할 만한 지혜 있는 자가 이같이 하나도 없느냐 6형제가 형제와 더불어 고발할 뿐더러 믿지 아니
하는 자들 앞에서 하느냐

7너희가 피차 고발함으로 너희 가운데 이미 뚜렷한 허물이 있나니 차라리 불의를 당하는 것이 낫
지 아니하며 차라리 속는 것이 낫지 아니하냐 8너희는 불의를 행하고 속이는구나 그는 너희 형제로다

9불의한 자가 하나님의 나라를 유업으로 받지 못할 줄을 알지 못하느냐 미혹을 받지 말라 음행
하는 자나 우상 숭배하는 자나 간음하는 자나 탐색하는 자나 남색하는 자나 10도적이나 탐욕을 부리
는 자나 술 취하는 자나 모욕하는 자나 속여 빼앗는 자들은 하나님의 나라를 유업으로 받지 못하리라
11너희 중에 이와 같은 자들이 있더니 주 예수 그리스도의 이름과 우리 하나님의 성령 안에서 씻음과
거룩함과 의롭다 하심을 받았느니라

그들은 광고판으로 우리를 꾀는가 하면 텔레비전에서 우리를 유인한다. 호객을 위해 사고 희생자를 찾아 경찰 보고서를 샅샅이 뒤지는가 하면 컬러로 인쇄된 팸플릿을 우편으로 보

내 그들의 서비스에 관심을 두게 한다. 그들은 변호사들이다. 물론, 복잡한 계약, 비즈니스 벤처, 또는 권리가 침해당한 중대한 사안을 해결하기 위해 이렇게 교육받고 숙련된, 경험 많은 전문가의 도움이 필요할 때도 분명히 있다. 그러나 우리가 사는 세상은 소송에 미쳐 때때로 법률 전문직을 시장 주도산업으로 변질시킨다는 게 내 생각이다.

오늘날 우리가 보는 현상은 새로운 게 아니다. 고린도 교회를 둘러싸고 있던 그리스-로마 문화권에도 소송이 많았다. 지금까지 살펴본 것처럼 슬프게도, 고린도의 그리스도인들은 세속적인 문화의 많은 악덕을 빨리 버리지 못했다. 민사 소송의 유행도 예외는 아니었다. 6장 1-11절에서 바울은 독자들을 괴롭히고 있는 주된 문제를 밝힌다. 그것은 형제들 사이의 소송이었다. 바울은 그 원인을 밝히고 1세기의 신자들뿐만 아니라 이 시대의 그리스도인에게도 적합한 해결책을 제시한다.

## —6:1—

고린도의 그리스도인은 주변 이교도처럼 다른 신자들과 분쟁이 생기면 민사 법정으로 가져갔고, 거기서 불신자들이 로마 민법에 따라서 그들의 소송을 판결했다. 그것이 가족 문

### 그레코로만 사회의 법률 소송(고린도전서 6:1)

세계 최초의 민주주의 발원지였던 고대 헬라의 법정은 늘 북새통이었다. 윌리엄 바클레이는 이렇게 썼다. "헬라인들은 유독 소송을 좋아했다. 법원에 가는 게 그들의 큰 오락 중 하나였다…헬라의 도시에서는 모두가 변호사나 다름없었고, 송사를 듣거나 판결하는 데 많은 시간을 썼다."[8]

헬라의 도시 아덴은 특히 소송을 좋아하기로 악명이 높았다. 가장 좋은 증거가 아니라 가장 설득력 있는 주장을 편 사람들이 소송에서 이기는 경우가 잦았기 때문에 웅변을 잘하는 사람들이 높은 평가를 받았다. 한 역사학자는 이렇게 썼다. "아덴 사람들은 고소하기를 좋아해서 소송도 많았고 정치적 절차도 많아서 변론 기술이 꽃을 피웠다."[9]

대도시적 분위기를 가진 국제 무역 중심지이자 헬라 소송의 중심지인 아덴에 근접해 있는 고린도는 소송 매니아의 영향을 받을 수밖에 없었다. 크레이그 키너는 이렇게 말한다. "로마 사회는 툭하면 소송하는 것으로 악명이 높았고, 고린도는 졸부들로 구성된 신흥 계급과 더불어, 한술 더 떴다. 고대의 많은 소송은 부자들 사이의 재산 문제를 다루었다. 어떤 소장들은 단순히 모욕을 보복하고 원한을 갚기 위한 구실이었다."[10] 고린도 그리스도인의 웅변술에 대한 열정에다 소송에 집착하는 문화까지 받아들이게 되면서 민사 법정에서 신자가 다른 신자를 고소하는 안타까운 결과가 교회를 물들일 수밖에 없었다.

제이건 또는 재산, 상속, 계약 위반, 중상모략 등의 문제이건 간에 이런 민사 소송들이 비일비재해지면서 바울은 그 문제를 정면으로 다루어야 할 필요성을 느꼈다.

바울은 6장 1절에서 불신과 경멸이 뚝뚝 떨어지는 질문을 퍼붓는다. 그는 조심스럽게 탐문하기보다 문제를 바로 제기하는데, 그것은 이미 일부 사람이 불신자들에게 소송을 맡겼다는 것을 알고 있었기 때문이다(6:6-8). 그렇기 때문에 형제들 사이의 소송 문제에 대한 이 서론을 읽을 때(6:1) 우리는 바울이 믿음 안에 있는 그의 자녀들이 보인 뻔뻔한 행태에 놀라 할 말을 잃고 미간을 찌푸리고 있는 모습을 떠올릴 수밖에 없다.

앞에서 바울이 그들 안에 있는 성적 도착에 대해 도덕적 판단을 하지 못한 교회를 꾸짖어야 했던 것을 기억할 때 고린도의 상황에 대해 바울이 보인 분노는 더더욱 부각된다. 그들은 교회의 성결을 위해 심판받아야 할 자들을 심판하지 않았을 뿐만 아니라(고전 5:12), 서로를 판단할 때 하나님을 믿지 않는 재판관에게 도움을 청함으로써 그들의 성결까지 손상시켰다!

## —6:2-3—

범죄자들의 주의를 끈 바울은 이제 견고한 신학적 토대에 근거해서 그리스도인의 정체성과 운명에 대한 논쟁을 전개한다. 바울은 우선 장차 그들이 세상(6:2)과 천사들(6:3)까지 심판하게 된다는 약속에 비추어 그리스도 안에서 그들의 정체성을 상기시킨다. 언젠가 죽은 자들이 부활하면, 성도는 영적 영역과 세속적 영역을 모두 관할하는 재판관으로서 그리스도와 함께 다스릴 것이다(유 1:14-15, 계 2:26-27, 3:21, 20:4).

이 신학적 진리를 근거로 바울은 큰 쟁점에서부터 작은 쟁점으로 논쟁을 전개한다. 언젠가 성도는 장차 올 세상의 가장 중요한 문제들을 심판하는 사명을 맡게 될 텐데, 어째서 그들은 현세의 가장 사소한 쟁점들을 중재하는 데 어려움을 겪고 있는가(고전 6:2-3)? 바울이 소송을 언급하는 데 사용하는 "지극히 작은" 일(6:2)이라는 말은 그렇게 분을 낼 필요가 없는 사소한 일을 뜻하는 듯하다.

이 말로 보아 바울은 형사 사건이 아니라 민사 소송을 구체적으로 언급하고 있음을 알 수 있다. 한 주석가는 이렇게 설명한다. "그리스도인이 그리스도인을 법정에 데려가는 것에 대해서 말할 때 바울은 단 한 건의 형사 사건도 구체적으로 명시하지 않는데, 이는 그가 다른 곳에서 형사 사건들은 국가가 해결해야 한다고 가르쳤기 때문이다(롬 13:3-4). *Pragma echōn*(소송이나 분쟁)이라는 표현 안에 바울은 다양한 종류의 재산권 소송을 포함했다(고전 6:7)."[11] 바울은 세상에 법과 정의를 실현하기 위해 하나님이 정하신 기관인 인간 정부를 공격하지 않는다.[12] 사실, 그리스도인은 언제나 형사 사건이 국가의 정당한 사법권 아래 있다고 생각했다. 단지 여기서 바울은 신자들이 사사로이 다른 신자들에게 제기한 자발적 민사 소송을 비난하고 있는 것이다.

바울의 요지는 고려 중인 사안이 너무 사소한 것들이어서 굳이 법률가의 도움이 필요하지 않다는 것이다. 일단 신자들이 그리스도 안에서 자기들의 지위를 제대로 이해하고 성경적 원리를 이용한다면, 교인 사이에서 일어나는 분쟁을 중재하는 데 꼭 필요한 요소들을 모두 갖추게 된다. 그들에게 필요한 것은 다만 그것을 적용하는 것이다.

## —6:4-6—

바울은 민사 법원의 지혜와 권위를 깎아내리지 않고 하나님을 믿지 않는 판사의 위치를 올바른 관점에서 바라본다. 사랑에서 비롯되고 은혜를 중심으로 하는 기독교 신앙의 가치와 미덕은 민사 법정의 그것들과 같지 않다. 그들의 정의는 법조문을 자의적으로 따른 것이다. 세속 법원과 신성한 변호인의 차이는 법과 은혜의 차이이다. 믿지 않는 법률가는 그리스도인의 삶을 이해하지 못한다. 그들은 성령 안에서 행하는 것, 하나님의 관점에서 사물을 보는 것, 영원에 견주어 일시적인 것의 무게를 가늠하는 것, 우리 자신의 이익만이 아니라 다른 사람들의 이익을 도모하는 것이 어떤 의미인지 이해하지 못한다. 우리는 잃어버린 사람에게 이런 영적인 것들은 "어리석은 일"(2:14)임을 기억해야 한다. 그런 재판관의 견해는 교회에서는 쓸모가 없을 것이다. 교회는 형제를 향한 무조건적인 사랑 안에서 작용하는 그리스도의 법의 지배를 받기 때문이다(6:4).

성숙하고 영적인 생각을 가진 그리스도인의 관점에서 볼 때, 세속적인 생각을 가진 비그리스도인에게 그리스도의 초(超)세속적 명령에 따라 살아야 하는 신자들 사이의 분쟁을 해결해달라고 하는 것은 심사위원이 문맹인 백일장에 참가하는 것과 다를 바 없다. 바울이 말했듯이, 이는 황당무계할 뿐만 아니라 부끄러운 일이다(6:5). 바울은 분통을 터트리며 신랄한 어조로 고린도 교인이 그들 사이의 분쟁을 중재해줄 역량이 있는 현명한 사람을 단 한 사람도 찾지 못한 것에 놀란다(6:5). 고린도 교인이 스스로 지혜롭다고 자랑스럽게 여겼던 것을 기억하면 그의 지적은 특히 따끔하다(고전 1-2장). 믿지 않는 판사 앞에서 "형제가 형제와 더불어 고발[한다는]"(6:6) 사실을 외부인이 보았다면 고린도의 지도자 중에서 가장 현명한 사람이 단순한 세상사조차도 해결할 수 없는 바보였다고 추론할 수밖에 없을 것이다.

## —6:7-8—

모든 소송의 목표는 이기는 것이다. 패소할 것 같은데 소송을 거는 사람은 없다. 그런데 바울은 그들이 소송에 의지했다는 것은 하나님의 관점에서 보면 이미 진 거라고 말한다(6:7). 세상은 그리스도인의 "사랑"과 "교제"가 혐오와 내분으로 붕괴되는 것을 지켜보면서 믿는다고 주장하는 그들을 더 비웃었다. 그러니 그들이 이미 패배했다고 바울이 말한 것은 놀랍지 않다. 세상 사람들에게 그리스도의 진정한 제자로서 그들의 증언은 효력을 잃었다(요 13:35). 전 세계 다른 기독교 교회 앞에서 그들은 이미 성결과 연합을 상실했다. 그 민사 소송의 결과와 상관없이 고린도 교인은 영적 생활에서 뒤쳐질 것이고, 고린도 교회는 또 다른 추문으로 얼룩지게 될 것이다.

개인의 간증과 공동체의 증언이 효력을 상실하는 것은 영원한 영향을 미치기 때문에 바울은 세속적인 문제에 관한 분쟁을 다른 관점에서 보았다. 그는 불의를 행하고 속이는 자로 알려지는 것보다 불의와 사기를 당하는 자가 되는 게 더 낫다고 말한다(고전 6:8). 동료 그리스도인이 우리에게 해를 끼치면 그것을 그리스도의 명확한 권고를 실천할 기회로 삼아야 한다. "나는 너희에게 이르노니 악한 자를 대적하지 말라 누구든지 네 오른편 뺨을 치거든 왼편도 돌려 대며 또 너를 고발하여 속옷을 가지고자 하는 자에게 겉옷까지도 가지게 하며 또 누구든지 너로 억지로 오 리를 가게 하거든 그 사람과 십 리를 동행하고 네게 구하는 자에게 주며 네게 꾸고자 하는 자에게 거절하지 말라"(마 5:39-42).

우리가 그리스도의 제자로 살면서 그리스도가 우리에게 명하신 모든 것을 지켜야 한다면(마 28:20), 동료 신자들과의 관계가 좋은 출발점이다. 그러나 반문화적인 그분의 가르침은 적용하기가 쉽지 않다. 고린도 교인처럼 자기의 권리를 지키고 명성과 재산을 지키기 위해 싸우는 것이 인지상정이다. 그러나 눈에는 눈, 이에는 이라는 식의 태도는 그리스도의 가르침이 아니라 세상의 가치를 그대로 보여준다.

## —6:9-11—

바울은 6장 9-11절에서 불신자들의 가치관과 생활 방식을 신분과 유업이 다른 신자들의 그것과 더 뚜렷이 대조하기 위해서 전략을 바꾼다. 그가 열거한 악덕 중 많은 것이 원래 성적인 것(간음하는 자, 탐색하는 자, 동성애자)이나 부당한 이득을 취하는 것(도적, 탐욕스러운 자, 사기꾼)과 관련이 있다. 이것은 그리스도인 사이의 분쟁을 비그리스도인에게 가져갈 필요가 없다는 그의 주장에 더 힘을 실어준다. 이 극명한 대조를 잘 보라.

| 신자 | 불신자 |
|---|---|
| 하나님 나라를 유업으로 받고, 주 예수 그리스도의 이름과 하나님의 성령 안에서 씻음과 거룩함과 의롭다 하심을 받는다(6:11). | 음행하는 자, 우상숭배하는자, 간음하는 자, 탐색하는 자, 남색하는 자, 도적, 탐욕을 부리는 자, 술 취하는 자, 모욕하는 자, 속여 빼앗는 자. |

바울이 악인은 하나님 나라를 상속받지 못한다고 말한 것은 고린도 교인이 구원을 잃을 수도 있다는 뜻이 아니다. 5장 1절과 달리 이 구절에서 바울은 고린도전서 6장 9-10절에 열거된 악을 하나도 비난하지 않는다. 오히려, 일부 고린도 교인이 구원받기 전에 그런 악행을 저질렀다고 터놓고 말한다(6:11). 그의 요지는 성령이 내주하시고 하나님 나라에서 재판관 역할을 할 운명(6:3)인 신자들은 그들 사이에서 일어난 민사 분쟁을 판단할 충분한 지혜를 얻을 수 있다는 것이다. 세상의 재판관은 상속으로나 임명으로 지상 왕국에서 높은 지위를 차지할 수 있다. 그러나 그들 역시 죄악된 삶을 살면서 판단력이 흐려지고 신자 사이의 문제를 해결할 자격을 잃는다.

## 적용: 고린도전서 6:1-11

### 법의 늪에서 벗어나기

"나는 권리가 있다!"

"나는 그것을 받을 자격이 있다!"

"나는 당연히 받아야 할 것을 원할 뿐이다!"

"내가 당신한테서 그런 대우를 받을 이유가 없다!"

고소를 일삼는 이 세대가 남발하는 말들이다. 아이들이 자기 부모를 고소한다. 학생이 선생님을 고소한다. 운동선수가 코치를 고소한다. 아내가 남편을, 고용인이 고용주를 고소한다. 그리고 이것은 불신자들에게만 국한되지 안는다. 그리스도인은 이제 법의 늪 안에 허리까지 잠겨 있다. 그리스도인 이웃이 서로 고소한다. 그리스도인 교수진이 대학과 신학교 행정부를 상대로 소송을 제기한다. 교회가 서로 고소하는 것도 모자라 이제는 회중이 담임 목사를 고소하고, 목사는 회중을 고소한다. 교역자에게 받은 상담에 불만을 가진 교구민이 분노를 표출하고 거액의 합의금을 받기 위해 법원으로 간다!

그렇다. 하나님의 가족에 속한 형제자매가 법의 더러운 진창 속으로 서로를 끌어당기면서, 얼굴을 마주하고 화해하려는 시도조차 하려 하지 않는 경우가 비일비재하다. 당신은 고린도전서 6장 1-8절이 어떤 이유에서인지 성경에서 떨어져나갔다고 생각할 것이다.

그리스도인은 법이 없어도 산다거나 항의할 일이 전혀 없다고 믿을 만큼 내가 순진하다고 생각하지 말라. 양의 탈을 쓴 늑대들이 여전히 양 떼를 먹이로 삼고 착취하고 있다는 사실을 내가 모른다고 생각하지 말라. 인간의 타락은 저지되어야 하며 교회 안에서 벌어지는 그런 사악한 행태는 드러나야 한다는 것을 우리는 인식하고 경계하며 항상 유념해야 한다. 그러나 우리는 그 일을 풀어나가는 방식, 갈등을 다루는 자세, 어려운 화해의 과정에서 보여주는 태도에서 기독교의 가치를 버리고 걸핏하면 세속적인 악덕을 무기처럼 집어든다. 이런 일들을 영적 관점에서 다루는 대신 우리는 엄격한 법적 관점에서 쟁점을 몰아붙일 때가 허다하다. 소송에서 이겨도 우리는 겸손히 감사하며 떠나지 않는다. 우리는 거만하고 대담해져서 우리를 거스르는 다음 사람이나 집단을 공격할 태세로 걸어나간다.

현대의 그리스도인에게는 철저히 경건한 방법으로 분쟁을 해결하는 법을 상기시켜주는 장치가 필요한 것 같다. 시간을 들여 다음 구절을 공부하고 묵상하며, 하나님이 분쟁 해결에 대해 말씀하시는 내용을 찾아서 적어보라.

| 구절 | 묵상 내용 |
|---|---|
| 고린도전서 6:1–8 | |
| 로마서 12:14–19 | |
| 에베소서 4:31–32 | |

몇 가지만 살펴보고 멈추지 말라. 다시 돌아가 찾은 것들을 명령으로 바꾸라. 하나님은 우리의 세속적인 태도와 행동을 어떻게 조정하라고 요구하시는가? 우리의 감정을 상하게 하거나, 우리를 해치거나 배반하는 사람들에게 어떻게 반응해야 하는가?

나처럼 당신도 하나님의 방법은 반문화적이고, 급진적이며, 믿기 힘들다는 것을 알게 될 것이다. 그것은 저절로 되지 않으며, 완강한 의지와 자부심으로도 되지 않는다. 이타심이 훨씬 커야 한다. 성경적인 방법으로 갈등을 해결하려고 하는 그리스도인은 기꺼이 듣고, 협상하며, 양보하고, 고백하며, 용서하고, 복종하며, 해방시켜주고, 결국에는 잊어버려야 한다.

## 내 몸과 나(고린도전서 6:12–20)

12모든 것이 내게 가하나 다 유익한 것이 아니요 모든 것이 내게 가하나 내가 무엇에든지 얽매이지 아
니하리라 13음식은 배를 위하여 있고 배는 음식을 위하여 있으나 하나님은 이것 저것을 다 폐하시리
라 몸은 음란을 위하여 있지 않고 오직 주를 위하여 있으며 주는 몸을 위하여 계시느니라 14하나님이
주를 다시 살리셨고 또한 그의 권능으로 우리를 다시 살리시리라 15너희 몸이 그리스도의 지체인 줄
을 알지 못하느냐 내가 그리스도의 지체를 가지고 창녀의 지체를 만들겠느냐 결코 그럴 수 없느니라
16창녀와 합하는 자는 그와 한 몸인 줄을 알지 못하느냐 일렀으되 둘이 한 육체가 된다 하셨나니 17주

와 합하는 자는 한 영이니라 [18]음행을 피하라 사람이 범하는 죄마다 몸 밖에 있거니와 음행하는 자는 자기 몸에 죄를 범하느니라 [19]너희 몸은 너희가 하나님께로부터 받은 바 너희 가운데 계신 성령의 전인 줄을 알지 못하느냐 너희는 너희 자신의 것이 아니라 [20]값으로 산 것이 되었으니 그런즉 너희 몸으로 하나님께 영광을 돌리라

우리는 인간의 몸에 집착하는 시대에 살고 있다. 사람들은 매년 화장품, 운동 기구, 피트니스 클럽, 패션, 비타민, 다이어트 프로그램, 성형 수술에 엄청난 돈을 쏟아붓는다. 모든 형태의 미디어가 조각 같은 아름다운 몸을 우리 앞에 전시한다. 그들은 우리 몸보다 더 굴곡지고, 더 매끈하며, 더 날씬하고, 더 탄력 있으며, 근육이 발달된 몸을 보여주면서 완전한 몸이란 그런 거라고 말한다.

몸 가꾸기 광풍은 사람들을 병적으로 성에 집착하게 했다. 텔레비전, 잡지, 영화, 인터넷은 인간의 성을 변태적으로 왜곡되게 묘사한 온갖 허접쓰레기를 차려놓고 정신을 오염시킬 기회를 제공한다. 하나님이 주신 성욕—신실한 결혼 속에서는 참으로 건강하고 거룩한—이 부도덕한 이미지, 태도, 행위의 구실로 이용당한다.

우리는 세상이 인간의 몸과 성을 이렇게 왜곡시키는 게 당연히 염려스럽지만 놀랄 필요는 없다. 태곳적부터 세상은 육체에 대한 균형잡힌 경건한 관점에서 벗어났다. 다음으로 바울이 바로잡아주려고 하는 고린도 교인의 부정한 행실은 인간의 몸과 성적 행위의 왜곡에 관한 것이다. 고린도전서 6장 12-20절에서 바울은 고린도 교회의 오해와 비행을 반박하고, 그들이 영적으로 거룩하듯이 육체적으로도 순결한 삶을 살라고 명령한다.

## —6:12—

확실히 바울은 그리스도인의 자유를 설파하는 사람이었다. 그의 가장 초기 서신서 중 하나에 이런 구절이 나온다. "그리스도께서 우리를 자유롭게 하려고 자유를 주셨으니"(갈 5:1). 그러나 이 구절만 맥락에서 떼어내면, 온갖 극단적인 생활 방식이나 음란하고 부도덕한 행위를 변호하는 슬로건으로 이용될 수 있다. 그리스도인의 자유에 관한 바울의 가르침이 고린도 문화에서 그리스도인의 쾌락주의적 생활 방식을 지지하는 것으로 받아들여졌으리라

고 짐작할 수 있다.

균형 잡힌 시각을 갖지 못한 고린도 교인은 자유에 관한 바울의 교리 중 한쪽은 무시하고 다른 한쪽만 적극적으로 받아들였다. 그들은 갈라디아서 5장 13절의 전반부 곧 "형제들아 너희가 자유를 위하여 부르심을 입었으나"에 대해서는 "아멘!"을 외쳤지만, 후반부 곧 "그 자유로 육체의 기회를 삼지 말고"는 저버렸다. 그들은 옛 스승인 모세의 율법에서 자유롭게 되었다는 신학적 진리를 지나치게 강조한 나머지 그것 못지않게 중요한 진리인 하나님의 의의 열매를 맺기 위해 우리가 그리스도와 연합되었다(롬 7:4)는 진리는 까맣게 잊어버렸다. 그들은 "모든 것이 내게 가하나"(고전 6:12)라는 생각을 기꺼이 받아들이기는 했는데, 자기들의 음행과 다른 이기적인 욕구를 정당화하는 강령으로 잘못 받아들였다(8:4-13, 10:23-33).

분명, 바울이 말한 것과 고린도 교인이 들은 것은 달랐다. 이 때문에 바울은 그리스도인의 자유에 적절한 경계를 그어줄 편의와 절제라는 가드레일을 설정해서 오해를 일소해야겠다고 생각하게 되었다.

자유는 타당성에 준해야 한다(6:12). 실제로 그리스도인은 과거에 히브리인과 하나님과의 특별한 관계에 적용되었던 언약인 모세의 율법에서 자유하다. 그 옛 언약은 순종에 대해서는 축복을, 불순종에 대해서는 저주를 약속했다(갈 3:10-14). 그러나 생활 방식이 율법의 언약에서 자유하다고 해서 이제는 자기 자신이나 다른 사람들에게 미칠 영향을 상관하지 않고 원하는 모든 것을 할 수 있는 권리를 가졌다고 결론지어서는 안 된다. 오히려, 신자는 성령이 주시는 지혜로 어떤 행동이 "유익한지"[*sympherō*(4851)], 다시 말해, 이롭고 쓸모 있으며 유용한지를 행동 지침으로 삼아야 한다. 이 말은 상호 교화, 즉 공동체를 튼튼히 세운다는 뜻을 내포한다. 바울이 다른 곳에서 말했듯이, "그러므로 우리가 화평의 일과 서로 덕을 세우는 일을 힘쓰나니…우리 각 사람이 이웃을 기쁘게 하되 선을 이루고 덕을 세우도록" 해야 한다(롬 14:19, 15:2).

자유는 자기 절제에 준해야 한다(6:12). 고린도 교인은 그릇된 욕망을 탐닉하면 정작 그것을 얻는 대신 자유를 잃어버린다는 사실을 깨달아야 했다. 억제되지 않은 부도덕한 죄에 빠지는 것은 의의 자유를 정욕의 족쇄와 맞바꾸는 것이다. 자유와 속박을 구별하는 것에 관한 한 우리가 얼마나 스스로 속일 수 있는지 놀랍지 않은가? 우리는 얼마나 자주 "나는 내 뜻대로 할 거야!"라고 말하는가! 우리는 그것이 자유라고 생각하지만, 실제로는 우리가 도저히 "안 돼"라고 할 수 없는 것들 곧 탐욕, 탐식, 외설물, 험담, 중독, 그 외에 우리의 자유를 포기하게 만드는 다른 만족감 앞에 머리를 숙인 것이다. 믿는 자들이 하나님을 섬길 자유를 사용하지 않으면 자기도 모르게 죄를 섬기게 된다.

1960년 로저 코먼(Roger Corman)의 영화 "흡혈 식물 대소동"(*The Little Shop of Horrors*)은 파산 위기에 놓인 한 꽃가게에 손님들이 새로 교배한 이상한 식물을 보려고 각지에서 몰려오면서 구제받게 된 이야기를 그렸다. 그런데 손님들이 미처 몰랐던 사실이 있다. 파리지옥을 닮은 오드리 주니어(Audrey Jr.)라는 식물이 인간의 피만 먹고 산다는 것이다. 이 유명한 식물은 자랄수록 식욕도 점점 더 왕성해졌다. 그 꽃가게가 계속 잘되려면 이 통제 불능의 식충식물에 점점 더 많은 먹이를 공급해야 했다. 결국, 그 가게는 번창하기는커녕 오드리 주니어가 가게 점원들의 삶을 지배하게 되면서 그들은 사실상 아귀 같은 그 괴물의 노예로 전락하고 만다.

이 고전적인 블랙 코미디는 죄의 유혹적 속성을 잘 보여준다. 처음에 우리가 죄의 쾌락을 만끽하며 그 혜택을 누릴 때에는 그것이 자유를 주는 것 같다. 그러나 죄의 욕망을 계속 채워주다 보면 우리는 금세 통제력을 잃고 점점 더 게걸스럽게 먹이를 탐하는 욕망의 노예가 되고 만다. 그것은 자유가 아니다. 그것은 예속이다.

## —6:13–14—

그리스도인의 자유에 대한 극단적인 생각에서 우리를 지켜주는 두 개의 가드레일을 설치한 바울은 독자에게 하나님이 그들의 몸을 어떻게 사용하고자 하시는지를 설명하면서 자유의 목적을 가르친다.

바울은 헬라식 연회 장면을 암시하는 듯한 잘 알려진 속담으로 시작한다. "음식은 배를 위하여 있고 배는 음식을 위하여 있[다]"(6:13). 크레이그 키너는 이 말이 "폭식과 성교의 일반적인 연관성을 잘 표현한다"면서 이렇게 설명한다. "부자들의 연회에서 대개 이 두 가지가 모두 가능했다. 또 일부 헬라인은 '음식은 배를 위하여 있[듯이]' 몸은 성교를 위해 지음받았다"는 식의 논리로 난교를 정당화했다."[13] 바울이 "하나님은 이것 저것을 다 폐하시리라"(6:13)고 결론지은 것은 언젠가 영원한 세상에서 하나님은 물리적 자양분을 끝없이 갈구하는 육신의 욕망을 폐하실 것이라는 뜻이다. 또 이 말은 "내일 죽으리니 먹고 마시자"(사 22:13)라는 속담과 비슷한 헬라의 쾌락주의 철학을 '한 방 먹이는' 것이었을 수도 있다. 무엇이 진실이든 간에 고린도 그리스도인은 이렇게 추론했다. '육신이 허기지면 먹이라. 목마르면 갈증을 풀어주라. 욕정이 일면 충족시키라. 갈구하면 질릴 만큼 채워주라.' 오래지 않아 상황은 걷잡을 수 없게 되었다.

이 세상에서 우리가 가진 육신은 언젠가는 반드시 죽을 것이라는 사실이 우리 몸을 일회용 쓰레기처럼 마구 굴려도 된다는 결론으로 이어지는 것은 아니다. 바울은 우리의 영혼뿐만 아니라 육신도 음행이 아니라 주님을 섬기는 일에 바쳐야 한다고 강조하면서 쾌락주의의 영향을 받은 고린도 교인의 그릇된 이원론을 바로잡는다(고전 6:13). 그는 또 현재 우리가 가진 필멸의 육신은 장차 갖게 될 불멸의 육신과 계속 이어질 것임을 상기시킨다. 십자가에 달려 장사지낸 바 되신 그리스도의 육신은 폐기되거나 소멸되지 않고 하나님의 권세로 영광을 입고 불멸의 상태로 변형되었다. 마찬가지로, 믿는 자들의 육신도 영광을 입

## 몸과 영혼(고린도전서 6:15)

몸은 물질이고, 일시적이며, 우리의 참 존재인 영혼에서 갈라져 나온 것에 불과하다는 것이 1세기 헬라인들의 몸과 영혼에 대한 통속적인 생각이었다. 따라서 몸에 일어난 일은 영혼과 무관했다. 반대로, 성경과 초기 그리스도인들은 육신이 하나님의 독창적이고 멋진 창조물의 일부이며(창 2:7), 따라서 육체는 인간 본질의 일부분이었다. 비록 이생의 삶에서 육신은 부패와 고난, 죄와 죽음을 겪지만, 하나님의 계획은 육신을 소멸시켜 영원히 육신을 갖지 않은 존재로 우리의 영혼을 해방하는 것이 아니다. 놀랍게도, 하나님의 계획은 육체의 부활을 통해 우리 인간의 물리적 부분을 회복시키고 영화롭게 하는 것이다(고전 15:42–43).

고린도 교인은 인간의 몸에 대한 우리의 시각과 완전히 다른 시각–몸은 영혼의 감옥이나 무덤과 같아서 '진짜 사람'의 물리적 껍데기에 불과하다–을 놓고 갈등했다. 몸과 영혼을 분리하는 이 확고한 이원론에 의하면 육신에는 도덕적 가치가 없는 것으로 이해될 수 있었다. 그러나 육신은 관능적이고 저속한 욕구로 인해 선한 영혼을 죄에 빠뜨리고 악의 구렁텅이로 끌고 갔다.

삶을 대하는 두 가지 태도가 이 철학에서 비롯되었다. 한쪽은 금욕주의자가 되었다. 이들은 육체의 욕망을 억제하기 위해 혹독한 자기 훈련과 심지어 자신의 몸을 자해하는 터무니없는 극단으로 치우쳤다. 다른 쪽은 쾌락주의자가 되었다. 그들은 죽은 후에는 영혼만 살아남기 때문에 몸으로 무슨 짓을 해도 상관이 없다고 믿었다. 그들은 육신에 정욕을 채울 모든 기회를 주었다. 두 가지 태도 모두 고린도에서 발견되었고(6:12–13, 7:5), 불행하게도 고린도의 많은 그리스도인을 물들였다. 그래서 바울은 하나님의 계획 속에 인간의 육신이 어떤 위치를 차지하는지 가르쳐야 했다.

고 불멸하는 영적인 상태로 살기 위해 부활할 것이다(6:14). 그렇다. 우리의 육신은 질적으로 변화될 것이나 지상에 존재했던 바로 그 몸일 것이다(참조. 고전 15장).

현재 우리가 가진 이 육신이 부활해서 영광을 입고, 왕으로 하늘과 땅을 다스리며, 재판관으로 통치할 것이기 때문에 어떤 음행-혼전 및 혼외 성관계, 동성애, 양성애, 근친상간, 수간-에도 사용되어서는 안 된다. 그리스도는 죄의 노예 시장에서 우리의 영혼뿐만 아니라 육신도 사셨다(고전 6:20, 7:22-23, 딛 2:14, 벧전 1:18-19). 그러므로 우리는 우리의 육신으로 하나님을 섬기고, 어떤 형태의 음행도 삼가며, 그분을 예배해야 한다. 간단히 말해서, 장차 영화롭게 될 때(부활을 통해 온전히 거룩해지는 것) 우리의 육신도 온전히 참여하게 되듯이, 성화의 과정(실제로 점차 거룩해지는 것)에도 온전히 포함되어야 한다.

## —6:15-20—

바울은 6장 15-20절에서 몸과 음행에 대한 고린도인들의 불균형한 시각을 계속 논박한다. 그는 우리 몸의 가치와 몸을 사용해 하나님을 섬겨야 할 책임을 더 확실히 알려주는 세 가지 사실을 제시한다.

첫째, 우리 몸은 이 세상에서 그리스도의 몸이 물리적으로 확장된 것이다(6:15). 교회가 그리스도의 몸이고(엡 4:12), 각 사람은 그리스도의 몸된 교회의 일원이듯(롬 12:5), "그리스도의 몸"을 영적이고 눈에 보이지 않는 것이라고만 생각할 수 없다. 오히려 그리스도가 영적, 물리적 존재이셨듯이 그리스도의 몸은 물리적 임재로 나타난다. 그리스도의 몸을 이루는 각 구성원은 지상에서 주님을 대표한다. 자기 나라의 눈과 귀와 손과 입 역할을 하는 외국 대사들처럼 우리는 이 세상에서 그분의 이름으로 그분의 이익을 위해 일하는 그리스도의 대사들이다. 우리 몸을 하나님을 섬기는 일에 바침으로써만 우리는 세상에서 그리스도의 마음과 생각뿐만이 아니라 그분의 손과 발이 되라는 우리의 소명을 성취할 수 있다.

둘째, 우리 몸은 우리와 그리스도의 관계를 보여주는 살아 있는 그림이 되어야 한다(6:15-18). 우리는 영적으로나 육체적으로 그리스도의 몸의 지체이므로 그리스도가 매춘부를 따라다니시는 것을 상상할 수 없듯이 우리도 사생활이나 교회 생활에서 성적으로 부도덕한 일에 질겁해야 한다. 그 생각이 너무 역겨워 바울은 가장 강력한 비난을 내뱉는다.

*Mē genoito*(3361+1096), “결코 그럴 수 없느니라!”…“하나님이 금하신다!”…“당치 않다!”

우리가 간음의 죄를 지으면 우리는 그리스도를 통한 우리와 하나님과의 거룩한 연합을 훼손하는 부도덕한 연합을 형성하게 된다. 왜 그럴까? 성적 연합은 두 사람 사이에서 가능한 가장 친밀한 연합의 물리적 표현인 까닭이다. 두 사람은 “한 몸”이 된다(6:16). 그러나 일부 고린도 교인은 몸을 하찮게 여겨 몸으로 하는 행위에 담긴 영적 함의를 깨닫지 못했다. 아마도 물리적 세례 의식에서 생생하게 표현된 자기 정화를 통해 주님과 연합한 자들은 “[주와] 한 영”이 되었다(6:17). 육체의 행위가 영적 실제를 예시했다. 그러므로 그들이 그 후에 그들의 몸을 음행에 굴복시킨 것은 그리스도와 그들의 영적 연합을 부정한 것이었다.

그러나 고린도 교인은 내적, 영적 실체와 외적 표현 사이의 밀접한 관계를 이해하지 못했다. 그들은 몸에 의해서 또는 몸을 통해서 이루어진 모든 일은 부도덕한 것이 아니라 초도덕, 즉 도덕과 무관한 것이라고 생각했다. 바울은 “음행하는 자는 자기 몸에 죄를 범하느니라”(6:18)고 하며 그들의 주장을 반박한다. 혼외정사는 오래 지속되지도 못하고, 결국에는 후회만 남길 저속한 쾌락으로 몸을 학대하는 것이기 때문에 잘못이다. 그래서 바울은 고린도 교인에게 “음행을 피하라”고 명령한다(6:18).

셋째, 우리 몸은 살아 있는 성령의 전이다(6:19). 고린도전서 3장에서, 바울은 고린도 교회를 성령이 거하시는 성전에 비유했다(3:16). 하나님이 모으신 공동체 안에 독특한 방식으로 성령이 거하신다는 사실과 함께 신자들의 연합체가 성전임을 강조했다. 그러나 고린도전서 6장에서 바울은 또 다른 중요한 유형의 성령의 내주하심–각 신자의 몸 안에 임재하심–을 제시한다(6:19). 하나님을 영화롭게 하는 특별 용도로 솔로몬의 장엄한 성전을 다른 건축물과 구별하고 거기에 하나님이 자신의 임재를 나타내셨듯이(대하 5:11–7:16), 성령이 그리스도의 보혈로 속량받은 우리 각 사람 안에 거하시며, 오로지 그분의 영광을 위해 우리를 다른 모든 사람과 구별하신다(롬 8:9, 11, 고전 6:20).

하나님은 우리를 죄에서 구속하시려고 자기 아들을 보내 죽게 하셨다. 언젠가 하나님은 예수 그리스도께 하셨듯이 우리를 죽음에서 살려내실 것이고, 그래서 우리는 영원히 그분과 함께 다스릴 것이다(6:2–3). 그때가 이를 때까지 주님은 우리에게 그분의 기준에 따라서 그분의 내재하시는 능력을 힘입어 살라고 우리를 부르셨다. 주님은 상상할 수 있는 가장 큰 대가인 자신의 생명 값으로 우리를 사셨다. 그분은 지상에서 주 예수 그리스도의 대리인이라는 가장 고귀한 소명을 우리에게 주셨다. 그분은 부활해서 영화롭게 된 몸으로 영생을 누리는, 가장 영광스러운 결말을 위해 우리를 준비시키셨다. 그런데 우리가 어떻게 순종함으로, 특히 우리 몸을 복종함으로 최소한 그분을 공경하지 않을 수 있겠는가? 우리가 진실로 그리스도께 속해 있다면, 어떻게 그분을 섬기는 일에 우리 몸을 바치지 않을 수 있겠는가? 어떻게 온갖 악행의 노예 생활에서 도망쳐 우리를 해방해주시는 예수님 품으로 다시 달려가지 않을 수 있겠는가?

## 적용: 고린도전서 6:12-20

### 나의 목표? 그분의 영광!

우리 육신은 일회용 쓰레기, 꽃에 주는 거름, 구더기의 먹이가 아니다. 육신에 대한 이런 이교도들의 생각은 하나님의 작품을 모욕하는 것이다. 하나님은 비물질적인 요소와 물질적인 요소를 사용해 우리를 창조하셨다. 두 가지 모두 원래 선한 것이어서 우리는 우주 만물 속에서 하나님의 형상을 소유한 존재로 소임을 다할 수 있었다. 하나님은 그분의 구속받은 백성으로서 언젠가 필멸할 우리 몸을 불멸의 몸으로 변화시키실 것이지만, 그때가 이르기 전까지 우리 몸은 그리스도의 물리적 확장, 주님의 도덕적 예시, 성령이 내주하시는 성전이다.

이 모든 것은 부인할 수 없는 하나의 결론으로 이어지는데, 바울은 이것을 간단한 명령으로 강조했다. "그런즉 너희 몸으로 하나님께 영광을 돌리라"(6:20).

하나님은 죄와 반항의 생활 방식에서 우리 몸을 구속하시기 위해 자기 아들을 죽게 하셨다. 언젠가 하나님은 우리를 죽음에서 일으켜 우리 몸을 죽음과 부패에서 구원하실 것이다. 우리는 영화롭게 된 상태로 영원히 그분과 함께 다스릴 것이다(6:2-3). 그전까지, 주님은 필멸할 현재 우리 몸으로 그분의 진리의 빛을 투영하며 그분이 세우신 기준에 맞추어 살기를 기대하신다. 죽어 없어질 육신이므로 몸으로 음행을 저질러도 된다는 변명은 가당치 않다.

바울은 우리가 "값으로", 즉 그리스도의 보혈로 산 바 되었음을 일깨운다(6:20). 그런 우리가 어떻게 하나님께 순종하고, 그분께 영광 돌리는 삶으로 그분을 높이지 않을 수 있겠는가? 우리가 그리스도께 속해 있다면, 신실하고 일관되게 그분을 섬겨야 한다. 생각으로만, 감정으로만 섬겨서는 안 된다. 우리의 손과 발과 눈과 귀와 혀로 섬겨야 한다. 우리가 말하는 것, 행하는 것, 가는 곳, 보는 것, 듣는 것, 이 모든 것을 그분의 영광을 위해 해야 한다.

어떻게 그렇게 할 수 있을까?

첫째, 극단적인 금욕주의를 피한다. 즉, 우리 몸이 영적 생활과 무관한 것처럼 무시하지도 말고 하나님을 섬기는 데 걸림돌인 것처럼 부인하지도 말라. 육신의 필요를 부인하는 것이 영적인 것이 아니다. 우리는 하나님이 주신 욕구와 욕망을 가진 존재로 지어진 육신을 가진 생명체다. 성숙한 그리스도인은 이것을 부인하지 않는다. 그들은 육신을 하나님의 뜻에 굴복하고 그분의 영광을 위해 쓴다. 우리는 누구나 음식, 의복, 거처, 교제, 친교가 필요하다. 그러나 이 모든 것을 하나님의 명령에 따라 추구해야 한다.

둘째, 극단적인 쾌락주의를 피한다. 열정을 통제함으로써 우리 몸으로 하나님을 높인다. 음행에 빠지지 않는다. 먹고 마시는 일에 지나치게 탐닉하지 않는다. 우리의 성품과 미덕이 손상되고 있는데 외모에만 초점을 맞추지 않는다. 영적 건강은 소홀히 하면서 체격만 키우지 않는다.

하나님이 값을 치르고 우리를 사셨기 때문에 우리 몸의 목표는 그분을 영화롭게 하는 것이어야 한다.

## 주

1. Keener, *1–2 Corinthians*, 43.
2. A. T. Robertson, *The Epistles of Paul*, vol. 4, Word Pictures in the New Testament(Nashville: Broadman, 1931), 106.
3. Prior, *The Message of 1 Corinthians*, 65.
4. 바울이 독신으로 살기로 결단했다는 것은 알려져 있지만, 그가 아예 결혼을 안 했는지 홀아비였는지는 확실하지 않다(고전 7:8). 어찌 되었든, 바울에게 자녀가 있었다면 비교적 많은 글을 쓴 바울이 어딘가에서 자녀에 대해 언급했을 것이다.
5. John White and Ken Blue, *Healing the Wounded: The Costly Love of Church Discipline*(Downers Grove, IL: InterVarsity, 1985), 66.
6. 고린도전서 4:6, 18, 19, 5:2, 8:1, 13:4 참조. 일곱 번째는 골로새서 2:18에 나옴.
7. Barclay, *Letters to the Corinthians*, 53.
8. 같은 책, 58–59.
9. Gustav Friedrich Hertzberg and William Nickerson Bates, *Ancient Greece*, A History of All Nations, vol. 3(Philadelphia: Lea Brothers, 1905), 326.
10. Keener, *1–2 Corinthians*, 52.
11. W. Harold Mare, "1 Corinthians," in *The Expositor's Bible Commentary*, vol. 10., ed. Frank E. Gaebelein(Grand Rapids: Zondervan, 1976), 221.
12. Prior, *The Message of 1 Corinthians*, 107.
13. Keener, *1–2 Corinthians*, 57.

# 가정과 교제를 굳건히 함

고린도전서 7:1–10:33

중요한 쟁점 + 의견 차이= 논쟁.

이 공식이 고린도전서 7-10장의 내용을 요약한다. 나는 이 단락에 '가정과 교제를 굳건히 하기'라는 제목을 붙였지만, 이 긍정적인 제목에 속지 말라. 이 네 장에서 바울이 다루고 있는 주제는 많은 사람의 예민한 신경을 꽤나 건드린다. 사실 이 주제들은 논란의 여지가 많다. 이 주제가 이론(異論)이 많은 이유는 우리 삶의 내밀한 영역과 교회 생활의 공개적인 측면을 다루기 때문이다.

결혼을 해야 하는가, 아니면 계속 독신을 유지해야 하는가?
불행한 결혼을 어떻게 감당할 수 있는가?
이혼을 해도 되는가?
알아야 하거나 피해야 할 문화적 금기 사항이 있는가?
교회에서 예배드릴 때 남녀의 역할 차이가 있는가?
성찬식의 올바른 방법은 무엇인가?

고린도전서 7장에서 바울이 다른 사람들에게 듣고 주목하게 되었던 교회의 갈등과 음행에 관한 긴급한 사안들에서 벗어나면서 바울의 편지는 전환점을 맞는다(1:11, 5:1). 바울은 이제 고린도 교인이 직접 제기한 주요 사안들을 다루기 시작한다(7:1). 그는 모든 세대의 모든 신자와 관련이 있는 이슈인 결혼, 독신, 이혼의 문제로 시작한다(7:1-40).

이어서 우상에게 바친 고기에 관한 질문과 도의심이 약한 그리스도 안에 있는 형제자매의 믿음과 맞물려 있는 그리스도인의 자유에 관한 이슈로 넘어간다(8:1-13). 바울은 자신의 사역을 예로 들면서 고린도 교인에게 복음을 위해 개인의 권리를 포기하라고 요구한다(9:1-27). 그런 태도와 행동은 갈등과 분열로 고통받는 교회에서 평화와 조화를 도모하는 데 큰 도움이 될 것이었다.

바울은 고린도 교인에게 우상을 섬기면서 예수님을 통해 참 하나님을 예배하는 행위는 양립할 수 없음을 상기시키며 이 단락을 마무리한다(10:1-33). 진정한 예배에는 주님의 식탁에서 그리스도와 다른 사람들과 함께하는 진정한 교제가 따른다. 우상숭배는 악마와 교제하는 것이다!

## 핵심 용어

γαμέω [*gameō*, 가메오]*(1060)* '결혼하다', '혼인하다'

이 용어는 고린도전서 7장에서만 아홉 번 사용되었고, 변형어인 *gamizō*[스트롱 히브리어 사전에는 *ekgamizō*(1547)로 기재되어 있음]는 7장 38절에서 두 번 사용되었다. 결혼을 규정하는 원칙에 대한 바울의 논고는 신약성경에서 가장 상세하고 일목요연하다. 결혼 제도를 대하는 태도는 여러 세기를 거치면서 변화를 겪었지만, 그것이 한 남자와 한 여자가 자녀를 양육하는 가정을 이룰 목적으로 삶을 함께하겠다는 약속이라는 기본 틀은 그대로 유지되어왔다. 그러나 바울에게 결혼은 필요한 사회 제도 이상의 의미였다. 그리스도인의 결혼은 그리스도와 교회의 관계에 대한 그림이다(엡 5:25–32). 바울은 고린도전서 7장에서 결혼 제도를 다루면서 이 신학적 사실을 이용해 그 중요성을 설명한다.

γνῶσις [*gnōsis*, 그노시스]*(1108)* '지식', '이해'

*Gnosis*로 표현된 지식은 동사 *ginōskō*(1097)와 관련된 것으로, 경험이나 관계를 통해 얻은 습득된 지식을 뜻한다. 이런 유형의 지식은 꼭 겉으로 드러나는 건 아니다. 신약성경은 이 용어를 하나님의 계시에서 오는 지식을 나타내는 데 자주 사용한다(엡 1:17). 바울은 고린도전서에서 현실로 통하는 하나님이 주신 창으로서의 지식을 나타낼 때 이 용어를 사용한다. 이 창을 통해 학식 있고 성숙한 신자는 삶을 조망할 수 있다(고전 8:7). 그러나 그런 지식이 사랑의 통제를 받지 않으면, 치유보다 상처를 주게 된다(8:1).

## 결혼에 관한 조언(고린도전서 7:1–16)

1너희가 쓴 문제에 대하여 말하면 남자가 여자를 가까이 아니함이 좋으나 2음행을 피하기 위하여 남
자마다 자기 아내를 두고 여자마다 자기 남편을 두라 3남편은 그 아내에 대한 의무를 다하고 아내도
그 남편에게 그렇게 할지라 4아내는 자기 몸을 주장하지 못하고 오직 그 남편이 하며 남편도 그와 같
이 자기 몸을 주장하지 못하고 오직 그 아내가 하나니 5서로 분방하지 말라 다만 기도할 틈을 얻기
위하여 합의상 얼마 동안은 하되 다시 합하라 이는 너희가 절제 못함으로 말미암아 사탄이 너희를 시
험하지 못하게 하려 함이라 6그러나 내가 이 말을 함은 허락이요 명령은 아니니라 7나는 모든 사람이
나와 같기를 원하노라 그러나 각각 하나님께 받은 자기의 은사가 있으니 이 사람은 이러하고 저 사람
은 저러하니라

8내가 결혼하지 아니한 자들과 과부들에게 이르노니 나와 같이 그냥 지내는 것이 좋으니라 9만일

절제할 수 없거든 결혼하라 정욕이 불 같이 타는 것보다 결혼하는 것이 나으니라
[10]결혼한 자들에게 내가 명하노니 (명하는 자는 내가 아니요 주시라) 여자는 남편에게서 갈라서
지 말고 [11](만일 갈라섰으면 그대로 지내든지 다시 그 남편과 화합하든지 하라) 남편도 아내를 버리지
말라
[12]그 나머지 사람들에게 내가 말하노니 (이는 주의 명령이 아니라) 만일 어떤 형제에게 믿지 아니
하는 아내가 있어 남편과 함께 살기를 좋아하거든 그를 버리지 말며 [13]어떤 여자에게 믿지 아니하는
남편이 있어 아내와 함께 살기를 좋아하거든 그 남편을 버리지 말라 [14]믿지 아니하는 남편이 아내로
말미암아 거룩하게 되고 믿지 아니하는 아내가 남편으로 말미암아 거룩하게 되나니 그렇지 아니하면
너희 자녀도 깨끗하지 못하니라 그러나 이제 거룩하니라 [15]혹 믿지 아니하는 자가 갈리거든 갈리게
하라 형제나 자매나 이런 일에 구애될 것이 없느니라 그러나 하나님은 화평 중에서 너희를 부르셨느
니라 [16]아내 된 자여 네가 남편을 구원할는지 어찌 알 수 있으며 남편 된 자여 네가 네 아내를 구원할
는지 어찌 알 수 있으리요

---

이 시대에는 결혼의 신성함과 생존을 위협하는 위험 요소가 수두룩하다. 동성애 단체에서부터 동거까지, 가정 폭력부터 합의 이혼까지, 가출한 엄마로부터 자녀 양육을 방임하는 아버지에 이르기까지 결혼은 현대의 가장 뜨거운 논쟁거리가 된 것 같다. 정치 활동가, 사회 급진주의자, 종교 자유주의자, 문화 비평가 모두가 저마다 결혼 관계에 대한 의견이 있다.

그러나 이러한 사회, 정치, 종교 세력은 고대와 현대 세계에서 결혼을 무너뜨리는 제일 큰 적을 당해내지 못한다. 그것은 이기심이다. 나와 자신, 자아로 이루어진 이 사악한 삼위일체는 배우자가 끼어들 여지를 남겨놓지 않는다. 우리의 자아 중심 문화에서 사람들이 결혼에 대한(저평가되고 따를 수 있는 본보기도 별로 없는) 성경의 원칙을 완전히 이해하기는 쉽지 않다. 그러나 성경은 결혼 문제를 자주 다루면서 결혼에 관한 이슈들에 대해 모든 세대가 적용할 수 있는 시대를 초월한 지혜를 제공한다.

그러니 논쟁의 폭풍이 우리를 둘러싸고 있는 이 시대에 어둡고, 불길한 구름이 드리운 지평선 너머를 바라보자. 하나님 말씀의 광휘가 폭풍 속에서 어둠을 뚫고 거룩함이라는 안전한 피난처로 우리를 인도하게 하자.

## —7:1—

바울은 고린도전서 7장을 "너희가 쓴 문제에 대하여 말하면"이라는 말로 시작한다. 고린도 교인은 질문이나 논쟁 또는 둘 다에 해당했던 이슈들에 대해 사도에게 편지를 썼다. 편지 전반에 비슷한 구절들이 있는 것으로 보아 결혼과 독신에 관한 쟁점을 다룬 이 장에서부터 고린도 교회가 지대한 관심을 가지고 있던 문제들에 대해 바울이 직접 답을 주기 시작했음을 알 수 있다(7:25, 8:1, 12:1, 16:1, 12). 고린도 교회에서 바울에게 보낸 편지의 원본은 없지만 사도의 대답을 근거로 그들이 어떤 질문을 했는지 짐작할 수 있다. 첫 번째 질문은 결혼생활과 대비한 독신의 가치와 관련이 있다. 결혼하는 것과 독신으로 남는 것 중 어느 것이 더 좋은가? 그 결정은 어떻게 할 수 있는가? 얼마나 중요하고 실제적인 질문인가!

7장 1절에서 바울은 "남자가 여자를 가까이 아니함이 좋으나"라고 답한다. 여기서 "좋다", *kalos*(2570)라는 말은 '이상적인' 또는 '더 바람직한'이라는 뜻인데, "여자를 가까이[하다]"로 번역된 문구는 성관계를 표현하는 고대의 관용어다.[1] 여기서 바울의 권고는 남자가

### 사도 바울의 아내?(고린도전서 7:8)

여러 해 전, 『다빈치 코드』(*The Da Vinci Code*)라는 소설에서 예수 그리스도가 막달라 마리아와 결혼했음을 시사하는 내용이 논란을 일으켰다. 이에 대해 자유주의 진영과 진보 진영의 성경 학자 모두가 그런 생각은 제멋대로 꾸며낸(나는 '불경한'이라는 말을 더하겠다) 이야기라는 데 동의했다. 그것은 아주 흥미로운 소설이 될 수는 있겠지만, 'Mrs. 그리스도'라는 생각은 황당무계하기 짝이 없다.

그런데 'Mrs. 사도 바울'은 어떨까? 사도 바울은 결혼했을 법하지(아니면 적어도 가능하지) 않은가? 신약성경이나 다른 초기 기독교 문헌은 이 질문에 확실한 답을 주지 않는다. 바울이 결혼한 적이 있다고 생각하는 학자들은 두 가지 논거를 제시한다. 첫째, 바울 시대에 경건한 유대인은 18세가 되면 으레 결혼했다. 바울은 자기민족의 전통을 열렬히 받들었으니(행 22:3, 26:5, 갈 1:14) 응당 일찍 결혼했을 거라는 결론이다. 그러나 1세기에도 유대인 독신남들이 있었다. 특히 세례 요한처럼 사역을 위해서 결혼하지 않은 사람들이 있었다. 바울 역시 예외였을 수 있다. 더구나 만약 바울이 결혼했다면 결혼에 대해 가르치면서 왜 자기의 결혼에 대해 이야기하지 않았겠는가?

둘째, 바울이 산헤드린에서 투표권이 있었다는 것은 그가 이 유대인 사법 기구의 일원이었을 가능성을 시사한다(행 26:10). 더불어 그 직위는 결혼해서 자녀를 둔 남자에게만 열려 있었다. 그러나 이러한 자격 규정은 바울이 세상을 떠나고 오랜 후인 1세기 말 또는 2세기 초 이후에 생겼기 때문에 그의 경력에서 결혼이 꼭 요구되는 경우는 없었다.

결국, 바울의 젊은 시절에 'Mrs. 사도 바울'이 있었는지에 대해서는 여전히 오리무중이다. 그러나 한 가지는 확실하다. 그가 고린도전서를 쓴 AD 53년에서 55년 사이에 그는 홀몸이었다(고전 7:7). 그리고 죽을 때까지 독신으로 남아 있었다.

혼외정사를 하지 말라는 것이 아니다. 그 문제는 이미 앞에서 다루었다. 그보다 바울은 남자가 결혼하는 것과 독신으로 사는 것 중 무엇이 더 바람직한지에 초점을 맞춘다.

바울이 주장하는 요지와 맥락을 이해하려면 7장 26절로 건너뛰어야 한다. “내 생각에는 이것이 좋으니 곧 임박한 환난으로 말미암아 사람이 그냥 지내는 것이 좋으니라.”

그가 남자에게 “현재 상태대로 살아가는 것”(새번역), 즉 미혼이 좋다는 조언을 한 때가 고린도 교회가 특정한 고난을 당하던 시기였음에 유의하라. “지금 닥쳐오는 재난”(새번역)이란 아마도 그리스도인들이 로마 관리들에게 박해받는 상황을 뜻할 것이다. 바울은 육체의 고난, 격변, 위기의 때에 새로운 결혼 생활로 인한 여러 가지 어려움이 중첩되는 것을 피하기 위해 독신을 유지하는 게 현명하다고 조언했다. 그러므로 결혼에 대한 바울의 논의를 공부하면서 그가 결혼 관계를 어떤 의미로든 폄하하고 있지 않으며, 수도사나 수녀의 삶의 방식을 권장하고 있지도 않다는 것을 알아야 한다!

## —7:2-6—

바울은 독신 생활이 결혼 생활보다 더 바람직할 수 있음을 인정하면서 시작했지만, 현실주의자로서 모든 사람이 독신의 삶으로 부름받지는 않았다는 것을 알고 있었다. 사실, 독신자들이 사역에 전념할 시간이 더 많기는 하지만(7:35), 성적 순결에서 꾀어내는 유혹과 씨름해야 한다. 따라서 성적인 죄에 대한 유혹이 너무 커서 독신 생활에서 순결을 지킬 수 없다면 그 사람은 결혼해야 한다(7:2). 바울은 이 권면을 하면서 결혼이 성욕을 통제하는 다른 모든 시도가 실패한 뒤 취할 수 있는 마지막 대안인 양 결혼을 저평가하지 않는다.

사람들에게 지금 상태대로 있으라고 한 바울의 권고는 막연히 모든 독신 그리스도인이 독신으로 남아 있어야 한다고 싸잡아 말하는 것이 아님을 기억해야 한다. 바울은 고린도 교회에만 국한된 특별히 힘든 상황에 비추어 물어본 구체적인 질문에 답한 것이다. 그러나 그 위기가 사라진다 해도, 바울은 어떤 그리스도인은 결혼하도록 부름받았듯이 어떤 그리스도인은 독신의 삶으로 부름받았다고 명쾌히 단언했다. 본질적으로 바울은 이랬다. “만약 당신이 독신이라면 그것은 고귀하고 고결한 부르심이다. 그러나 당신이 제어할 수 없는 성욕과 싸우는 데 모든 시간을 쓰고 있다면 독신의 삶을 추구하는 것은 아무 도움이 되지 않는다. 오히려 결혼하는 게 낫다."

바울은 결혼한 부부는 청교도처럼 고상한 척하지 않고 서로의 성적 욕구를 채워주어야 할 책임이 있다고 가르쳤다. 고린도전서 7장 3-5절에서 그는 결혼 생활에서 남편과 아내의 의무를 간추려 설명한다. "의무"(7:3)로 번역된 단어는 갚아야 할 '빚'을 뜻한다. 신약성경은 개인이나 정부가 청구된 금액을 지불하는 것을 뜻하는 다른 맥락에서 이 단어를 사용한다(마 18:23-32, 롬 13:7). 예수님은 마태복음 22장 21절에서 "가이사의 것은 가이사에게, 하나님의 것은 하나님께 바치라"고 말씀하실 때 '(의무를) 다하다'는 용어를 사용하신다. 바울은 이 비유를 결혼에 적용해서 남편과 아내는 결혼 서약에서 언약한 바를 서로에게 충실히 이행해야 한다고 말한다. 이 권고는 어떤 배경에서 나왔을까? 아마도 고린도에서 파견된 일부 사람이 다음과 같은 추론을 한 듯하다. 만약 금욕적인 독신으로 하나님께 헌신하는 것이 특별히 고결한 삶이라면, 결혼한 부부가 결혼하지 않은 것처럼 살면 결혼을 했더라도 더욱 영적일 수 있을 것이다. 그러나 이런 금욕은 잘못된 생각이었다(123쪽 "몸과 영혼" 참조).

성적 친밀감은 결혼 생활에서 반드시 필요한 것이기 때문에 부부는 반드시 배우자의 육체적 욕구를 채워주어야 한다. 부부의 몸은 그 배우자에게 속해 있음을 기억하면 도움이 될 것이다(고전 7:4). 바울은 남편과 아내는 서로의 몸에 대해 권한이 있다고 말한다. 서로에게 순복하고 서로를 책임지는 부부는 얼마나 놀라운 이미지인가! 배우자가 항시 상대방의 유익만을 생각하고 있다면 그 결혼이 어떤 모습일지 상상해보라. 한 배우자가 가장 깊은 사랑의 친밀감을 필요로 하거나 원할 때 상대 배우자는 그 필요를 기쁨으로 채워주어야 한다.

바울은 이 규칙에 딱 한 가지 예외를 둔다. 남편과 아내는 "합의", 즉 상호 동의에 의해서만 분방해야 한다. 일시적으로 금욕에 동의하는 것은 영적인 목적, 즉 기도에 전념하기 위해서다. 아마도 바울은 기도 외에도 하나님께 헌신하거나 청원하는 데 온전히 집중하기 위해서 일정 기간 특정한 육신의 필요를 거부하는 금식 같은 것을 염두에 두었을 것이다. 사탄이 연약한 육신을 혼외정사로 유혹하는 것을 막기 위해 성적 친밀감을 "금식하는 것"은 "일시적으로만" 지속된다는 점이 눈에 띈다. 요컨대, 우리가 배우자에게 성적 친밀감을 허용하지 않는다면 결혼 생활에 문제를 자초하는 것이다.

바울은 영적 훈련을 위한 일시적인 금욕의 원칙은 "허락"이라고 덧붙인다(7:6). 헬라어 *syngnōmē*(4774)는 '무언가를 할 수 있는 허가'[2]라는 뜻이다. 바울은 결혼 생활에서 지속적인 성관계를 규범이자 명령으로 여겨야 한다고 밝힌다. 반면에, 특별히 기도가 필요한 시기에 성관계를 자제하는 것은 어디까지나 예외적인 경우다. 바울은 툭하면 그의 말을 오해하는 고린도 교인(5:10)이 자기가 허용할 수 있다고 말한 것을 따라야 할 이상적인 규율로 착각했을까 봐 이 점을 분명히 못 박아야 했다.

## —7:7-9—

다음으로 바울은 어떤 사람은 결혼하는 것이 낫고, 어떤 사람은 독신이 나은가라는 질문에 답한다. 바울은 복음을 위해서 모든 사람이 자기처럼 독신인 것이 더 바람직하다고 인정한다. 바울의 생각을 바꿔 말하자면, 이런 말과 같다. "욕심 같아서는, 결혼 생활을 포기하고 복음을 전하는 일에만 일편단심으로 헌신해서 남은 생애 동안 자신을 다스려 독신으로 산 남녀의 무리를 모으고 싶다." 비록 바울은 그런 생활 방식을 본으로 삼았지만, 모든 사람이 그와 같지는 않다는 사실을 깨달았다. 모두가 동일한 "은사"를 받는 것은 아니다. 어떤 이들은 독신의 은사를, 어떤 이들은 결혼의 은사를 받는다(7:7).

결혼한 상태에 있지 않은 사람들을 위해서 바울은 간단한 조언을 한다(7:8). 바울은 *agamos*(22)라는 헬라어로 '결혼하지 않은' 상태를 표현한다. 이 단어는 아예 결혼한 적이 없는 사람들을 뜻할 수도 있지만,[3] 고린도전서 7장의 다른 구절에서는 정식으로 결혼했으나 더는 결혼한 상태가 아닌 사람들을 일컫는다(7:11, 34). 따라서 이 몇 구절에 나오는 바울의 권고는 결혼한 적이 없는 사람들과 이전에 결혼 경험이 있는 사람, 즉 영구적인 결혼 관계에 있지 않은 사람 모두에게 적용된다. 이 권고에는 남편이 세상을 떠난 '과부'도 포함된다. 바울은 이런 사정으로 독신 상태인 사람들은, 자신이 독신으로 남기로 결정했듯이, 계속 독신으로 살 것을 권한다(7:8).

계속 독신으로 사는 것이 주님을 전심으로 섬기는 데 더 좋기는 하지만(7:32-35), 바울은 결혼하지 않은 모든 사람에게 독신의 은사가 있는 것은 아님을 알고 있다. 그래서 불타는 정욕과 끊임없이 싸우느라 사역에 집중하지 못하는 사람들은 "결혼하는 것이 [낫다]"(7:9). 모든 사람이 평생 독신으로 헌신할 수 있는 것은 아니다.

## —7:10-16—

바울은 미혼자에게서 기혼자에게로 초점을 바꾸어 이혼과 재혼에 관한 중요한 조언을 한다. 앞에서 미혼, 이혼, 과부의 가정에 지침을 주었던 바울은 이어서 불행한 결혼 생활을 하는 약하고 금이 간 가정에 사도의 지혜를 적용한다.

처음부터 바울은 결혼에 대한 주님의 이상을 말한다. "여자는 남편에게서 갈라서지 말고…남편도 아내를 버리지 말라"(7:10-11). 바울은 독자에게 이 가르침은 자기에게서 나온 것이 아니라 이혼에 관한 예수님의 가르침을 되풀이하는 것임을 알려준다. 마태복음 5장 32절에 기록된 예수님의 말씀-"나는 너희에게 이르노니 누구든지 음행한 이유 없이 아내를 버리면 이는 그로 간음하게 함이요 또 누구든지 버림받은 여자에게 장가드는 자도 간음함이니라"-에 이런 가르침이 간략하게 나온다. 예수님의 가르침에서 "음행"으로 번역된 단어는 *porneia*(4202)로, 성적으로 부도덕한 행위를 광범위하게 지칭하는 용어다. 마태복음 19장에서 예수님은 이혼과 재혼 문제를 더 자세히 다루셨다. "모세가 너희 마음의 완악함 때문에 아내 버림을 허락하였거니와 본래는 그렇지 아니하니라 내가 너희에게 말하노니 누구든지 음행한 이유 외에 아내를 버리고 다른 데 장가 드는 자는 간음함이니라"(마 19:8-9).

바울은 이 문제에 대한 예수님의 가르침을 언급하면서 결혼에 관한 성경의 기본 원칙인 영속성을 거듭 강조한다. 부부는 서로에게 충실하고, 하나로 묶이며, 한 몸이 되고, 안정된 결혼의 견고하고 확실한 토대 위해 튼튼한 가정을 세워야 한다. 그리스도인 부부는 이혼이 가정을 파괴하도록 항복해서는 안 되며, 영속성이라는 이상 위에 그들의 결혼을 세우고 가꾸는 일에 최선을 다해야 한다.

결혼은 평생에 걸친 헌신이어야 한다는 엄연한 이상을 부정하지 않으면서도 바울은 죄로 가득찬 세상의 현실을 인정한다. 가장 건강한 결혼조차도 죄로 얼룩져 영속성이라는 이상은 어려운 도전이 되었다. 어떤 결혼은 인간의 타락으로 너무나 변질되어서 그 이상이 꼭 유지되지는 않는다. 바울은 이 현실을 외면하지 않는다. 대신, 정면으로 맞서서 고통스럽고 역기능적인 결혼을 하나님의 방법으로 해결하는 실제적인 지침을 제시한다.

바울은 죄 또는 이기심의 날카로운 칼날에 결혼의 유대가 끊어진 그리스도인을 향해 이혼한 부부는 계속 독신 상태를 유지하거나 화해하라고 권고한다(고전 7:11). 바울은 부부가 갈라선 원인을 말하지 않는다. 아마도 방임이나 다른 위기로 그렇게 되었을 것이다. 아마도 그냥 '도저히 좁힐 수 없는 성격 차이'였을 것이다. 어조로 보아 갈라서는 이유가 회개하지 않은 간음이나 명백한 학대 같은 심각한 문제가 아니라 일반적인 부부 간의 갈등 같은 사소한 것인 듯하다. 예수님도 그리스도인이 성적 부도덕으로 인해 이혼했을 때는 이전 배우자가 아닌 다른 사람과 결혼하는 것을 허용하셨다(마 19:9).

배우자 중 한 사람만 신자인 결혼은 어떤가? 이 결합을 지속해야 하는가, 아니면 영적 부조화로 인해 갈라서는 것을 허용해야 하는가? 예수님은 이 문제를 다루지 않으셨다. 그러나 바울은 하나님이 주신 사도의 권위를 바탕으로 영적으로 건전한 조언을 한다. 바울이 "이는 주의 명령이 아니라"(고전 7:12)고 말한 것은 그가 단순히 그 문제에 대해서 사사로운 의견을 말하고 있다는 뜻이 아니라 그의 가르침이 이전에 그리스도가 직접 명령하신 것에 근거하지 않았다는 뜻이다. 여기서는 사도가 성령의 영감으로 예언적으로 쓴 것을 성령이 새로운 상황에 적용하시고 있다. 한쪽 배우자가 불신자인 결혼에 대해서 바울은 믿지 않는 배우자가 믿는 배우자와 함께 기독교적 신념과 생활 방식을 받아들여 결혼을 유지할 의향이 있다면 믿는 자가 갈라서려고 해서는 안 된다고 말한다(7:12–13).

바울은 그렇게 영적으로 서로 다른 결혼 생활을 그대로 유지해야 하는 확실한 이유를 제시한다. 첫째, 구원받지 않은 배우자는 그리스도인과 결혼했기 때문에 '성화'되거나 독특한 축복 관계에 놓이게 된다(7:14). 라반의 식솔들이 야곱 때문에 축복받았고(창 30:27), 보디발의 가정은 요셉 때문에 복을 받았다(창 39:5). 그러므로 비그리스도인 배우자는 그들의 그리스도인 배우자로 인해 복을 받는다. 가장 큰 축복 중 하나는 믿지 않는 배우자가 믿는 배우자의 간증을 통해 예수 그리스도의 인격과 메시지를 접하면서 구원의 가능성이 열리는 것이다(고전 7:16).

둘째, 그리스도인 배우자가 비그리스도인 배우자와 함께하면 자녀에게도 유익하다. 혼합된 가정에서 자란 아이들은 깨어진 가정의 영향 아래서 살아야 하는 아이들보다 신앙을 가진 부모의 삶 속에 나타난 그리스도의 사랑을 볼 수 있는 기회를 더 많이 갖게 된다.

분명히 바울은 믿는 자가 결혼 서약을 신실하게 지키는 것을 이상적인 것으로 귀중하게 여겼지만, 이 타락한 세상에서 믿지 않는 배우자들이 언제나 결혼을 지속하는 것은 아니라는 것도 알았다. 비그리스도인 배우자가 그리스도인 배우자가 원하지 않는데도 이혼하면 어떻게 되는가? 바울은 결백한 그리스도인 배우자에게 저항하지 말고 "믿지 않는 사람 쪽에서 헤어지려고 하면, 헤어져도 됩니다"라고 지시한다(7:15, 새번역). 그런 경우에 그리스도인은 고의적 유기의 희생자이기 때문에 "얽매일 것이 없[다]." 다시 말해서 하나님의 자녀는 더는 그 결혼 관계에 묶이지 않는다. 그러면 그 믿는 자는 "결혼하지 않은" 사람의 범주에 속하며(7:8), "주 안에서" 동료 신자와 자유롭게 결혼할 수 있지만(7:39), 거리낌 없이 사역에 전념하기 위해서 독신으로 남는 게 좋다.

## 적용: 고린도전서 7:1–16

### 끝까지 포기하지 말라

수십 년 전에 내가 성장한 전통적인 가족 가치에서 이탈한 현대 문화 속 많은 사람은 힘든 시기를 헤쳐나가며, 좋을 때나 나쁠 때나 헌신하겠다는 이상을 추구하느니 직장, 교회, 계약 그리고, 그렇다, 결혼도 그만두겠다고 말할 것이다. 나는 수많은 통계, 사실, 수치를 지루하게 늘어놓지 않고 우리 시대의 실상을 있는 그대로 말하겠다. 이전에는 대안이 될 수도 없었던 것이 이제는 통례가 되었다. 혼인 서약을 '깰 수 있는' 선택권을 갖는 것이 전 세대에서 유행하고 있으며, 우리는 그것이 가족, 자녀, 교회 및 사회에 미치는 비극적인 영향을 목도하고 있다.

극단적인 상황만 제외하고 결혼 생활을 유지하라는 바울의 분명한 권고에 의거해 결혼에 대한 반문화적, 그러나 전적으로 기독교적인 태도를 고수하기로 하자. 아무리 어려워도 끝까지 헤쳐나가보자! 당신에게 일깨워주고 싶은 것이 있다. 기억할 가치가 있는 업적은 실망의 상처에서 흘러나온 부단한 노력과 결단의 피로 얼룩져 있다는 것을. 어떤 경우에도 떠나고, 피하고, 심지어 숨기는 것은 갈등과 결별의 뿌리를 제거하지 못한다.

당신은 지금 결혼 생활에서 극복할 수 없을 것처럼 보이는 어려움을 겪고 있는가? 또는 겉으로는 멀쩡해 보이지만 안에서는 삭고 있는, 오랜 시간 서서히 끓어올라 폭발 직전인 관계를 견디고 있는가? 당신은 떠나거나 포기하거나 도망가고 싶은 유혹을 받아본 적이 있는가? 두 번, 세 번 더 생각해보기를 권한다. 내가 관찰한 바로는 많은 경우 부부는 별거나 이혼에 대한 성경적인 근거에 다다르기 훨씬 전에 그만두기로 한다. 화해할 수 없는 성격 차이, 개인의 행복 그리고 "더는 당신을 사랑하지 않아"는 성경적 이혼 사유가 아니다. 그러나 성경이 이 선한 싸움을 계속해야 한다고 권고하는데도 걸핏하면 이런 이유로 물러선다.

포기하고 싶은 생각이 들어도 포기하지 말라(물론 당신과 아이들이 위험해질 수 있는 학대가 없는 경우에). 그 자리에 있으라. 뒤로 물러서지 말라. 상황을 하나님의 관점에서 보고 격랑 속에서 붙잡아주시는 그분의 능력에 의지하라. 그러려면 응당 결단력과 큰 인내심이 필요하다. 아무도 그리스도인의 삶이 쉽다고 말한 적이 없다. 그리고 결혼 생활은 그리스도인들조차도 인생에서 가장 어려운 도전이 될 수 있다. 그러나 하나님은 우리에게 닥친 시련과 고난 가운데서 그것을 견딜 수 있는 은혜와 분명한 임재를 약속하신다.

잠시 멈추고 상황을 찬찬히 살피면서 성경을 펴 인도하심을 구하라. 말씀이 당신의 마음을 새롭게 하고, 태도를 바꾸며, 가야 할 길을 밝히시게 하라. 고린도전서 7장 외에도 성경에는 결혼, 별거, 이혼, 재혼에 관한 중요한 쟁점을 다룬 중요한 구절이 적어도 5개가 있다. 이 문제에 대해 하나님의 생각을 더 잘 이해할 수 있도록 시간을 들여 연구하라. 하나님이 반복하시고, 강조하시며, 명령하시고, 허락하시는 것들을 잘 보라. 성경을 진지하게 공부한 지식 있는 어른이 되라. 그런 다음 그에 걸맞게 당신의 생각과 감정, 행동을 고치라.

창세기 2:18–25
신명기 24:1–4
마태복음 19:3–12
에베소서 5:22–33
베드로전서 3:1–7

## 인생의 분깃을 최대한 활용하라(고린도전서 7:17–40)

17오직 주께서 각 사람에게 나눠 주신 대로 하나님이 각 사람을 부르신 그대로 행하라 내가 모든 교회
에서 이와 같이 명하노라 18할례자로서 부르심을 받은 자가 있느냐 무할례자가 되지 말며 무할례자로
부르심을 받은 자가 있느냐 할례를 받지 말라 19할례 받는 것도 아무 것도 아니요 할례 받지 아니하는
것도 아무 것도 아니로되 오직 하나님의 계명을 지킬 따름이니라 20각 사람은 부르심을 받은 그 부르

심 그대로 지내라
[21]네가 종으로 있을 때에 부르심을 받았느냐 염려하지 말라 그러나 네가 자유롭게 될 수 있거든
그것을 이용하라 [22]주 안에서 부르심을 받은 자는 종이라도 주께 속한 자유인이요 또 그와 같이 자유
인으로 있을 때에 부르심을 받은 자는 그리스도의 종이니라 [23]너희는 값으로 사신 것이니 사람들의
종이 되지 말라 [24]형제들아 너희는 각각 부르심을 받은 그대로 하나님과 함께 거하라
[25]처녀에 대하여는 내가 주께 받은 계명이 없으되 주의 자비하심을 받아서 충성스러운 자가 된
내가 의견을 말하노니 [26]내 생각에는 이것이 좋으니 곧 임박한 환난으로 말미암아 사람이 그냥 지내
는 것이 좋으니라 [27]네가 아내에게 매였느냐 놓이기를 구하지 말며 아내에게서 놓였느냐 아내를 구하
지 말라 [28]그러나 장가 가도 죄 짓는 것이 아니요 처녀가 시집 가도 죄 짓는 것이 아니로되 이런 이들
은 육신에 고난이 있으리니 나는 너희를 아끼노라 [29]형제들아 내가 이 말을 하노니 그 때가 단축하여
진 고로 이 후부터 아내 있는 자들은 없는 자 같이 하며 [30]우는 자들은 울지 않는 자 같이 하며 기쁜
자들은 기쁘지 않은 자 같이 하며 매매하는 자들은 없는 자 같이 하며 [31]세상 물건을 쓰는 자들은 다
쓰지 못하는 자 같이 하라 이 세상의 외형은 지나감이니라
[32]너희가 염려 없기를 원하노라 장가 가지 않은 자는 주의 일을 염려하여 어찌하여야 주를 기쁘
시게 할까 하되 [33]장가 간 자는 세상 일을 염려하여 어찌하여야 아내를 기쁘게 할까 하여 [34]마음이 갈
라지며 시집 가지 않은 자와 처녀는 주의 일을 염려하여 몸과 영을 다 거룩하게 하려 하되 시집 간 자
는 세상 일을 염려하여 어찌하여야 남편을 기쁘게 할까 하느니라 [35]내가 이것을 말함은 너희의 유익
을 위함이요 너희에게 올무를 놓으려 함이 아니니 오직 너희로 하여금 이치에 합당하게 하여 흐트러
짐이 없이 주를 섬기게 하려 함이라
[36]그러므로 만일 누가 자기의 약혼녀에 대한 행동이 합당하지 못한 줄로 생각할 때에 그 약혼녀
의 혼기도 지나고 그같이 할 필요가 있거든 원하는 대로 하라 그것은 죄 짓는 것이 아니니 그들로 결
혼하게 하라 [37]그러나 그가 마음을 정하고 또 부득이한 일도 없고 자기 뜻대로 할 권리가 있어서 그
약혼녀를 그대로 두기로 하여도 잘하는 것이니라 [38]그러므로 결혼하는 자도 잘하거니와 결혼하지 아
니하는 자는 더 잘하는 것이니라
[39]아내는 그 남편이 살아 있는 동안에 매여 있다가 남편이 죽으면 자유로워 자기 뜻대로 시집 갈
것이나 주 안에서만 할 것이니라 [40]그러나 내 뜻에는 그냥 지내는 것이 더욱 복이 있으리로다 나도
또한 하나님의 영을 받은 줄로 생각하노라

---

불만이라는 병은 간과되는 질병이다. 조용하지만 파괴적인 불만 바이러스에 감염된 사람들에게 나타나는 현상을 잠시 생각해보라.

불만은 우리가 오랫동안 후회할 수도 있는 성급하고 어리석은 결정을 낳는다. 그 영향

력 아래서 사람들은 자기 가족을 버렸고, 가정은 그들의 교회를 버렸으며, 교회는 그들의 주님을 버렸다. 불만은 우리의 지갑을 비우고, 은행 계좌를 비우며, 신용 상태를 망가뜨릴 수 있다. 무엇보다 그것은 우리의 평판에 영향을 미쳐 우리를 사람들이 믿을 수 있는 안정된 사람이 아니라 무책임하고, 신뢰할 수 없으며, 우유부단한 사람으로 만들 수 있다. 불만은 우리에게서 기쁨, 평화, 인내, 신실성, 자제력을 앗아가는 파괴적인 질환이다.

바울이 고린도전서 7장에서 주로 다룬 것은 결혼과 독신 생활에 관한 이슈였지만, 결혼을 할 것인지, 언제, 누구와 할 것인지에 대한 질문의 저변에는 만족의 원칙이 있다. 그래서 바울은 독신 생활과 결혼 생활에 관련된 이슈들(7:25-40)에 다시 초점을 맞추기 전에 뒤로 물러나 만족하는 삶을 살펴본다(7:17-24). 현재 삶에 대한 불만은 1세기의 사람들을 괴롭혔던 것과 마찬가지로 현대인을 괴롭히는 문제다. 그래서 여기에서 바울이 제시한 원칙은 단순히 독신 대 결혼에 대한 질문보다 더 많은 문제에 대입해 생각해볼 수 있다.

## —7:17-24—

바울은 믿는 독자들에게 결혼을 유지할 의향이 있는 믿지 않는 배우자와 결혼 생활을 지속하라고 충고한 직후에(7:12-13, 16), 돌연 결혼에 관한 이슈에서 벗어나 이 모든 논의의 근저에 있는 문제 곧 인생의 분깃을 최대한 활용하는 것에 관해 말한다. 바울은 그가 모든 교회와 나눈 바 있는 한 가지 보편적인 원칙에 호소한다. 그것은 한 사람이 그리스도인으로 부름받았을 때의 보편적인 상황 속에 그대로 있는 것이다(7:17). 하나님은 각 사람을 특정한 사회 영역과 고유한 삶의 상황에서 부르셨으므로 그 사람은 동일한 상황 속에서 계속 살아야 한다. 그것은 그 특정 사회 속에서 빛으로 계속 살기 위해서다(7:16).

그러한 원리는 자칫 잘못 이해되거나 악용될 수 있기 때문에 바울은 바로 그가 염두에 두고 있던 사회 문화적 영역과 관련한 여러 가지 구체적인 예를 제시한다.

- 유대인 신자는 유대인의 정체성을 버리고 이방인처럼 행동해서는 안 된다(7:18).
- 이방인은 그들의 고유한 문화를 버리고 유대인처럼 행동해서는 안 된다(7:18).
- 노예는 노예에게 주어진 법적 의무에서 해방되기 위해 조바심을 내서는 안 된다

(7:21).

- 해방된 자는 새 주인과 다시 노예 계약을 맺어서는 안 된다(7:21, 23).
- 혼약한 자는 혼약을 파기해서는 안 된다(7:27).
- 독신자는 성급히 결혼해서는 안 된다(7:27).

이 기본 지침에 들어 있는 바울의 의도는 각 신도는 자신이 부름받았을 때의 처지에 그대로 있으면서 만족하라는 것이다(7:20, 24). 신학적 이유와 실제적인 이유 모두 이 원칙을 뒷받침한다.

신학적인 이유는 이렇다. 예수 그리스도를 믿음으로 은혜로 받는 구원의 복음은 어떤 하나의 사회적, 경제적, 인종적, 민족적, 문화적 범주를 선호하지 않는다. 다른 곳에서 바울은 이렇게 썼다. "너희는 유대인이나 헬라인이나 종이나 자유인이나 남자나 여자나 다 그리스도 예수 안에서 하나이니라"(갈 3:28). 현재 상황에 머무르는 것의 신학적 목적은 외부 사람들이 창을 통해 기독교 신앙을 들여다보았을 때 그곳이 색깔, 지위, 급여 등급이 같은 사람들로 채워져 있지 않고 깜짝 놀랄 만큼 다양한 인종, 언어, 계층으로 이루어진 공동체를 보는 것이다.

실제적인 이유는 이렇다. 그리스도인이 된 모든 사람이 독신, 빈곤, 침묵, 고독에 대한 서약을 하기로 결심하고 자기들의 직업, 가족, 공동체, 취미를 버렸다고 상상해보라. 그리스도의 몸은 은둔자들의 집단으로 바뀌어 세상에 등을 돌리고 세상에서 잊힌 상태로 쪼그라들어 사라질 것이다. 세상 구석구석에 교회가 존재하는 목적은 해가 쨍쨍한 날 물이 증발하듯이 조용히 사라질 것이다. 또 모든 새신자가 그리스도인으로서 받은 소명을 전임 사역의 소명으로 바꾸었다고 상상해보라. 그것이 기도에 대한 응답처럼 들릴 수도 있다. 그러나 실제로는 세상에서 정직한 노동을 하면서 사역자들을 지원할 부를 생산하는 신실하고 후히 베푸는 평신도를 모두 잃게 되면서, 그리스도의 몸은 기형적으로 머리만 거대해져 고꾸라지고 말 것이다. 실제적인 진리는, 하나님은 단조롭지 않은 다양하고 조화로운 공동체를 창조하시기 위해 모든 소득 수준, 사회 계층, 생활 양식, 직업, 문화, 상황에 있는 사람들을 부르셨다는 것이다. 우리 믿는 자들이 만족하며 부르심을 받은 상황 속에 그대로 있으면 우리가 속한 공동체 안에서 계속 빛과 소금이 된다. 우리는 구원받지 못한 친구, 친척, 동료, 지인들에게 계속 영향을 미친다.

그러나 어린 양들은 방랑을 좋아한다! 방목지의 양처럼 우리는 울타리 사이로 머리를 디밀고 우리 것보다 더 맛있어 보이는 다른 사람의 풀밭에서 풀을 뜯는다. 그러나 멈추고 귀를 기울이면 다른 사람들이 그들의 초지를 우리에게 남겨두고 우리 풀밭에서 풀을 뜯어 먹는 소리를 듣게 될 것이다. 당신도 본 적이 있다. 무릎까지 레고 장난감에 파묻히고 과도한 특별 활동으로 스트레스에 찌든 부모가 자녀가 없는 부부의 한가한 스케줄과 자유로운 생활을 동경의 눈으로 바라볼 수 있다. 동시에, 자녀의 축복을 받지 못한 이 부부는 자녀가 있는 그들을 부러운 눈으로 바라보며 주님이 자녀의 축복을 주시기를 눈물로 기도하고 있을지도 모른다. 바로 길 아래쪽에 사는, 꿈꾸던 안정된 직장을 갖게 된 한 독신 여성은 그르렁거리는 고양이 외에 저녁 식사를 함께할 사람이 생기기를 바랄지도 모른다. 그 길 건너편에 사는 한 기혼 남자는, 계속되는 결혼 생활의 책임만 없다면 자기의 경력을 얼마나 더 쌓을 수 있을지 생각하며, 새 신부를 맞이한 것이 과연 옳은 선택이었는지 궁금해할지도 모른다.

너무나 많은 사람이 자기가 처한 상황의 부정적인 면만 본다. 그들은 부름받은 상황 속에 내재되어 있는, 하나님을 영화롭게 하는 사역의 가능성을 보지 못한다. 고린도전서 7장에서 바울이 말하는 만족의 원칙은 우리가 자신의 상황을 다른 시각에서 보게 해준다. 그는 울타리 양쪽에 있는 하나님의 백성이 모두 불만을 떨쳐내고 인생의 분깃을 최대한 활용하라고 충고한다.

## —7:25-35—

바울은 하나님이 우리를 두신 곳에 만족하는 원칙을 마지막으로 반복하면서(7:24) 독신자가 결혼해서 그들의 상황을 바꾸는 것이 옳은가 하는 문제에 이 원칙을 적용한다. 독신자에 대한 바울의 충고는 한마디로 이렇다. “미혼으로 있는 것이 바람직하지만, 꼭 그래야 하는 것은 아니다.” 그는 기혼자에게는 없고 독신자에게는 있는 두 가지 장점을 들어 자신의 주장을 뒷받침한다. 독신에 관한 바울의 조언은 예수님이 직접 가르치신 것은 아니지만, 성령이 바울에게 계시하셨고, 그리스도의 가르침과 동일한 권위를 가진다(7:25, 벧후 1:21,

3:15-16).

첫째, 독신자는 적대적인 세상에서 스트레스와 개인적인 어려움을 덜 겪는다(고전 7:26-28). 바울 시대에는 산발적이고 국지적으로 박해가 있었지만, 사도는 예수님의 가르침(마 23:34)을 바탕으로 시대의 징표를 읽으면서 전면적인 박해가 코앞에 닥쳤다는 것을 알았다. 실제로, 바울이 이 편지를 쓰고 10년쯤 후에 로마의 네로 황제가 그리스도인이 제국의 수도에 불을 질렀다는 거짓 누명을 씌웠다. 그는 남녀노소를 가리지 않고 신도를 학살했다. 난동이 꼬리에 꼬리를 물면서 큰 폭발의 여파가 퍼지듯이 로마의 도시 경계선을 넘어 제국의 나머지 지역으로 번졌다. 참혹한 박해는 치유하는 데 수십 년은 걸릴 깊은 상처를 그리스도의 몸에 남겼다. 이 임박한 운명에 비추어 바울은 배우자와 자녀가 있는 사람은 가족을 보호하기 위해 믿음을 부인하거나, 최소한 증언을 약화시키는 유혹을 받을 것을 알았다.

많은 사람이 결혼 관계에서 이런 류의 어려움을 당하지는 않는다. 그러나 대부분 사람은 결혼 생활에서 오는 다른 고난을 겪는다. 실직, 배우자나 자녀의 죽음, 십대의 반항, 재정적 압박 그리고 가정 생활과 관련된 일상의 갖가지 시련과 고난들. 믿는 자들은 여전히 그리스도를 향한 세상의 적대감이라는 날카로운 공격을 받기 때문에 독신으로 남아 있으라는 바울의 충고는 지금 우리 중 일부에게도 적용된다. 배우자나 자녀가 고통받는 것을 지켜보는 것은 견디기 어려운 일이다. 그것은 우리를 절망에 빠트릴 수 있다.

이미 배우자에게 결혼이나 법적 약혼으로 묶인 사람들은 극심한 고난을 당하더라도 약속을 이행해야 한다(고전 7:27). 그러나 이혼으로 결혼에서 벗어나거나 혼약 취소로 약혼에서 풀려난 사람들은, 적어도 바울이 예상한 위기가 지나갈 때까지만이라도 독신으로 남을 것을 강력히 고려해야 한다.

바울이 독신의 가치를 너무 강조하는 바람에 고린도 교인이 결혼 자체가 나쁘다는 생각을 가질 수 있었다. 혹여 그럴까 봐 그는 결혼이 죄가 아니라고 분명히 말한다(7:28). 결혼 자체는 좋은 것이다. 앞서 바울은 불타는 욕정 속에서 사느니 결혼하는 게 훨씬 바람직하다고 말했다(7:9). 그러나 결혼이 좋고 건전한 것이라고 해서 핍박으로 인한 사회, 경제적 위기의 시기나 그 직전에 결혼하는 사람들이 더 큰 곤경에 처하게 될 거라는 사실이 변하지는 않는다.

외부의 박해가 없어도 마찬가지다. 독신 생활과 비교하면 결혼은 어렵다. 50여 년 동안 사역하면서 어려운 상황에 부딪혀 상담을 받으러 우리 교회 교역자들을 찾아온 부부의 수가 독신자보다 25배나 더 많았다. 우리 사역자들은 결혼 예비상담의 가치를 충분히 이해한다. 사실을 말하자면, 결혼 전에 짧게 주어지는 이 기간에 일부 예비부부가 아직 결혼할 준비가 되어 있지 않다는 사실을 깨닫도록 도와주는 게 이 전략의 일부이다. 이유가 궁금한가? 그것은 너무나 많은 젊은 커플이 결혼 생활의 어려움을 제대로 이해하지 못한 채 열정에 이끌려 성급하게 결혼을 약속하기 때문이다.

요즘의 높은 이혼율은 결혼이 절대 클로버로 뒤덮인 아름다운 초원이 아님을 폭로하는 반증이다. 건강한 결혼은 높은 생산 비용으로 사랑, 기쁨, 성취, 즐거움을 줄 수 있다. 동시에 결혼은 책임을 증가시키고, 우리의 꿈과 희망을 재조정하며, 끊임없이 '나만의 시간'에 끼어든다. 작가 마이크 메이슨(Mike Mason)의 설명은 적나라하다. "분노, 굴욕, 측은, 질책, 정화, 이런 것들이 사랑이 떠난 자리에 들어와 우리의 가장 아픈 곳을 건드린다. 결혼은, 때로는 권태, 긴장, 불화, 슬픔으로 가득 찰 수도 있는 평생의 만남으로 우리를 끌고 들어가, 사랑을 위해서 모든 것을 포기하라고 다그친다."[4]

둘째, 독신자는 세속적인 방해 요소가 더 적기 때문에 영적인 문제에 집중할 수 있다(7:29-35). 바울은 "때가 얼마 남지 않았[다]"(7:29, 새번역), "이 세상의 외형은 지나[간다]"(7:31)며 그들이 잠정적인 세상에 살고 있다는 사실을 일깨운다. 다시 말해서, 예수님의 초림과 재림 사이에 사는 사람들은 사물이 영원히 계속될 것처럼 살고 있지만(벧후 3:4), 성경을 잘 알고 성숙한 그리스도인은 그렇게 어리석지 않다. 우리는 이 세상을 향한 하나님의 계획을 통찰할 수 있기 때문에 현재 이 세상을 구성하고 있는 문화, 사회, 경제 체제가 임시방편이라는 걸 안다(참조. 눅 20:34-36). 그렇기 때문에 바울은 골로새서 3장 2절에서 이렇게 적었다. "위의 것을 생각하고 땅의 것을 생각하지 말라."

이 시대의 일시적이고 잠정적인 본질을 제대로 이해한 현명한 그리스도인은 영원한 것에 시간을 투자하려고 한다. 가족, 여가, 재산에 시간과 에너지를 쏟고 있는 사람들은 세상 염려에 끌려다니게 되고 걸핏하면 영적인 우선순위를 놓친다. 따라서 천국의 세계관을 가진 성도는 그 세계관으로 결혼, 슬픈 일, 기쁜 일, 물건을 사고파는 일, 물질적인 일을, 그것들에 예속되지 않으면서 해낼 수 있다(고전 7:29-31).

결혼한 부부는 결혼 생활을 가꾸고 배우자의 필요와 욕구를 충족시키는 것에 신경을 쓴다. 이는 다 타당한 일이며, 결혼의 의무에서 중요한 부분이다. 그렇기 때문에 바울은 비혼자들이 그리스도인으로서 섬기는 삶에 헌신할 수 있는 시간과 자원이 더 많을 뿐 아니라 기혼자들에게 요구되는 필수적인 책무에서 자유로울 수 있다는 명백한 사실을 지적한다(7:32-35). 그렇다. 결혼한 부부도 사역에 참여해야 하지만, 그들의 시간과 에너지는 어쩔 수 없이 나뉜다. 전임 사역을 하는 기혼자들은 그것이 결혼 생활과 가족에게 어떤 긴장과 압박감을 줄 수 있는지 알 것이다. 많은 사람이 이 둘 사이에서 균형 잡기를 힘들어한다. 여기에서 바울이 말하고자 하는 것도 바로 이 점이다. 그의 의도를 오해하지 말라. 그는 결혼을 금지하지 않는다. 그는 결혼의 냉혹한 현실을 독자에게 경고하면서 결혼 예비상담을 하고 있다(7:35).

## —7:36-40—

주관적이고 예측 불가능한 과정을 거쳐 남성과 여성이 '함께 어울리고' 데이트하며 연애하고 구애하며 어떻게든 배필을 찾는 대부분 서구 문화에서 바울의 충고(7:36-38)는 말이 되지 않는다. 바울 시대에는 부모가 종종 결혼할 아들딸의 의사를 묻지 않고, 심지어 알리지도 않고 미리 결혼을 결정하는 경우가 많았다. 우리는 그런 문화적 관습을 비판하고 싶은 마음을 뿌리쳐야 한다. 부모가 결혼 상대를 정하는 전통이 여전히 성행하는 다른 문화권에도 많은 그리스도인이 있다.

바울이 이렇게 충고한 배경에는 바로 부모가 정하는 결혼(또는 법적 약혼)의 개념이 깔려 있다(7:36-38). 또 해결해야 할 다른 이슈도 있는데, 그것은 이 구절을 어떻게 해석하느냐에 따라서 달라진다. 일각에서는 7장 36-38절에 나오는 남자를 미혼인 딸의 아버지로 해석하는데, 또 다른 사람들은 그를 약혼한 젊은이(법적으로 혼약을 맺은)라고 생각한다. 바울이 누구를 언급하고 있는지 판단하기가 쉽지는 않으나, 나는 바울이 미혼인 딸에 대한 아버지의 책임을 말하고 있는 것이라는 사람들 편이다.[5]

적당한 남편감을 찾고 적절한 지참금을 마련하는 등 딸의 장래를 계획하는 것이 아버지의 책임이었던 문화 속에서 독신의 유익에 관한 바울의 조언을 들었을 때 그는 귀가 번

찍 뜨였을 것이다. 그래서 그 남자는 이미 정해진 약혼을 취소했거나 정작 자기 딸에게 맞지도 않는 독신의 삶을 자원해버렸을지도 모른다. 그러나 바울은 결정을 내리기 전에 정직하게 돌이켜볼 것을 그런 아버지들에게 충고한다(7:37). 요컨대, 독신으로 살든 결혼을 하든 자기 만족을 위해서 또는 깊이 생각하지 않고 그 길로 들어서서는 안 된다는 것이다.

마지막으로, 바울은 처녀에게서 과부로 주의를 돌린다(7:39-40). 그의 조언은 그가 이 단락에서 시종일관 강조했던 모든 내용과 궤를 같이한다. 한 아내의 남편이 살아 있으면 그 여자는 법적으로 그에게 매여 있다. 그러나 남편이 죽으면 결혼의 굴레는 끊어지고 그 여인은 이제 다른 믿는 남자와 결혼할 자유를 얻는다(7:39). 그러나 성령의 지혜에 이끌린 바울은 다시 한번 과부들에게 홀로 살면서 주님을 섬기는 일에 삶을 바치는 것을 고려해보라고 제안한다(7:40).

이 모든 상황 속에서 바울의 생각을 이끈 것은 일반적인 만족의 원칙이다. 그는 사람들이 질투, 불만, 불만족에 떠밀려 다른 것을 찾기보다는 자기가 처한 상황 속에서 인내하기를 바란다. 그들은 삶의 최우선순위가 이 덧없는 세상에서 주님을 섬기는 일임을 깨닫고 아무 목적도 없이 쳇바퀴처럼 돌아가며 정신없이 변하는 인생보다는 영원한 것에 투자해야 한다.

## 적용: 고린도전서 7:17-40

### 독신에 대한 생각

당신이 독신이라면, 바울이 말한 이 구절은 특별히 당신을 위한 것이다. 이 구절들을 공부하면서 당신이 써야 할 만큼의 시간을 쓰지 않았음을 깨달았을 수도 있다. 어쩌면 당신이 일에 관심을 두는 것이나 배필을 찾는 것이 그릇된 방향으로 가고 있었다는 사실을 알게 되었을 수도 있다. 독신에 대한 당신의 생각이 비성경적이었거나, 불만투성이었거나, 혹은 다른 사람이 사는 모습을 부러워했다면, 다음에 나오는 세 가지 권고를 따르라. 그러면 당신의 독신 생활을 그리스도를 위해 보다 더 가치 있게 만들 수 있다.

**기뻐하라!** 당신이 독신인 것을 하나님께 감사드리고 인생의 이 시기가 하나님이 주신 최선임을 알고 즐기라. 당신이 사는 환경은 하나님의 손안에 있다. 혹시라도 변화를 원하신다면 하나님은 그분의 때에 변화시키실 것이다. 인생의 현 단계에서 하나님이 당신을 두신 곳에 만족하고 그것을 최대한 활용하라.

**방향을 재조정하라!** 초점을 바꾸고 에너지를 재충전하라. 잠시 있다 사라질 이 세상의 수평적 차원에 초점을 맞추지 말고 위에서 내려오는 하나님의 영원한 부르심에 초점을 맞추라. 우선순위와 에너지의 방향을 하나님과 그분의 일에 전념하는 쪽으로 바꾸라. 먼저 하나님의 나라와 그 의를 구하면 당신에게 필요한 모든 것–독신 생활에서 얻는 만족감부터 적절한 때에 적합한 배필에 이르기까지–을 곁들여 받을 것이다(마 6:33).

**편히 쉬라!** 더는 울타리 너머의 풀을 갈구하지 말라. 당신의 초장에 머무르며 그곳에 하나님이 당신을 위해 마련해주신 많은 좋은 것을 취하라. 당신이 그분 안에서 안식하고, 그분을 기다리며, 믿음으로 순종하고, 그분을 섬기면 독신의 초원은 만족과 성취의 장이 될 수 있다.

내가 관찰한 바에 따르면 많은 독신 그리스도인이 주님께 전적으로 헌신하는 것에 관심이 없다. 아마 성경의 우선순위를 따르지 않고 사회를 지배하는 문화적 가치가 강요하는 삶의 욕구와 욕망, 관심사만 쫓고 있기 때문일 것이다. 그러나 고린도전서 7장에서 바울은 다른 그림을 제시한다. 독신 남성이든 여성이든, 나이가 많든 어리든 주님을 섬기는 일에 기꺼이 헌신할 수 있다. 어떤 이들은 일정 기간, 또 어떤 이들은 평생 전폭적인 헌신의 삶으로 부름받는다. 하나님은 지금 당신을 독신의 삶으로 부르셨는가? 그렇다면 기뻐하면서 방향을 재설정하고 편히 쉬라. 그리고 인생에서 당신에게 주어진 분깃으로 최선을 이루라.

## 사랑과 자유 사이에서(고린도전서 8:1-13)

1우상의 제물에 대하여는 우리가 다 지식이 있는 줄을 아나 지식은 교만하게 하며 사랑은 덕을 세우
나니 2만일 누구든지 무엇을 아는 줄로 생각하면 아직도 마땅히 알 것을 알지 못하는 것이요 3또 누
구든지 하나님을 사랑하면 그 사람은 하나님도 알아 주시느니라

4그러므로 우상의 제물을 먹는 일에 대하여는 우리가 우상은 세상에 아무 것도 아니며 또한 하나
님은 한 분밖에 없는 줄 아노라 5비록 하늘에나 땅에나 신이라 불리는 자가 있어 많은 신과 많은 주가
있으나 6그러나 우리에게는 한 하나님 곧 아버지가 계시니 만물이 그에게서 났고 우리도 그를 위하여
있고 또한 한 주 예수 그리스도께서 계시니 만물이 그로 말미암고 우리도 그로 말미암아 있느니라

7그러나 이 지식은 모든 사람에게 있는 것은 아니므로 어떤 이들은 지금까지 우상에 대한 습관이
있어 우상의 제물로 알고 먹는 고로 그들의 양심이 약하여지고 더러워지느니라 8음식은 우리를 하나
님 앞에 내세우지 못하나니 우리가 먹지 않는다고 해서 더 못사는 것도 아니고 먹는다고 해서 더 잘
사는 것도 아니니라 9그런즉 너희의 자유가 믿음이 약한 자들에게 걸려 넘어지게 하는 것이 되지 않
도록 조심하라 10지식 있는 네가 우상의 집에 앉아 먹는 것을 누구든지 보면 그 믿음이 약한 자들의
양심이 담력을 얻어 우상의 제물을 먹게 되지 않겠느냐 11그러면 네 지식으로 그 믿음이 약한 자가 멸
망하나니 그는 그리스도께서 위하여 죽으신 형제라 12이같이 너희가 형제에게 죄를 지어 그 약한 양
심을 상하게 하는 것이 곧 그리스도에게 죄를 짓는 것이니라 13그러므로 만일 음식이 내 형제를 실족
하게 한다면 나는 영원히 고기를 먹지 아니하여 내 형제를 실족하지 않게 하리라

나는 채식주의자를 제대로 이해하지 못했다. 그들에게 악감정이 있는 건 절대 아니다. 사실, 아담, 하와 그리고 노아의 홍수 이전 시대에 살았던 사람들은 과일과 채소, 곡물만 먹었다(창 1:29–30, 9:3). 사람들이 옛날로 돌아가고 싶어서 소고기와 닭고기를 나와 다른 육식 동물에게 남겨 준다 해도 나는 상관없다. 그러나 가끔 극단적인 초식 동물을 만날 때가 있다. 찌푸린 얼굴을 한 율법주의자처럼 비판적인 이들 광신자는 육류와 모든 동물성 제품을 피하는 것도 모자라 만나는 모든 사람에게 개인적인 견해를 강요하려고 한다. 그들의 생각은 건강상의 이유로 육식을 삼가는 것 이상이다. 그들은 육식이 도덕적으로 옳지 않다고 생각한다. 막무가내다.

고기를 먹어야 하는가에 관한 질문은 오늘날의 우리와 무관하게 보일 수 있다. 육즙이 흐르는 두툼한 햄버거를 베어 무는 우리를 비난할 사람은 거의 없다. 그러나 송년회에서 샴페인을 마시는 것을 비난하는 사람들은 어떤가? 핼러윈 때 과자를 얻으러 다니는 것은? 영화를 보거나, 춤을 추거나, 비디오 게임을 하거나, 세속적인 음악을 듣는 것은? 이 모든 것이 다른 사람들이 생각하는 그리스도인의 '금지 목록'에 올라 있다.

고린도 교회의 뜨거운 쟁점은 극장에 가거나, 비디오 게임을 하거나, 샴페인을 마시는 것이 아니었다. 그들은 우상에게 제물로 바친 고기를 먹는 것이 적합한지를 고민했다. 나는 풍요의 여신이나 술의 신에게 바쳤던 고기일지도 모르기 때문에 고기를 먹는 것을 반대하는 그리스도인 채식주의자를 본 적이 없다. 그러나 이 문제에 대한 해결책으로 바울이 제시한 원칙은 고린도에서 제기됐던 이 문제처럼 우리 시대의 '회색 지대'와 논란이 되는

관행에 적용할 수 있다.

## —8:1-6—

고린도전서 8장에서 바울은 완전히 새 주제 곧 "우상의 제물에 대하여"(8:1)로 갑자기 전환한다. 이 문제는 사람이 우상에게 바쳤던 제물을 먹게 되는 경로가 세 가지였기 때문에 그리스도인은 세 가지 딜레마에 빠질 수 있었다. 첫째, 실제로 이교도 신전에 가서 이교도 신에게 경의를 표하는 친교의 식사를 하는 것이다. 둘째, 그리스도인이 우상에게 바쳐진 고기를 먹을 수 있는 경로는 집에서 먹을 고기를 시장에서 사는 것이다. 셋째, 제물로 바쳐진 동물의 고기를 먹을 수 있는 경로는 친구 집에 초대받아 이교도 신전에서 나온 고기가 포함된 식사를 하는 것이다. 그렇기 때문에 우상에게 바친 고기를 먹는 것이 타당한지에 대한 고린도 교인의 질문에 답할 때 그는 이 세 가지 문제를 모두 다루어야 한다.

### 고린도의 우상들(고린도전서 8:4)

고린도는 고대 세계에 존재한 수많은 우상숭배의 중심지 중 하나였다. 사람들은 예배 때 제물로 바칠 동물을 제사장 앞에 데려왔다. 그리고 그 동물의 몸 중 일부분-다리, 지방, 내장 기관-만 불사른 후, 보통 가장 좋은 부위인 나머지는 축제 때 참가자들이 먹어 치우거나, 혼자서 먹을 요량으로 집에 가져가거나 시장에서 팔았다.[6]

이것이 신도들에게 문제가 된 까닭은 그들이 어떤 사람의 집에 초대되어 식사하거나 시장에서 고기를 샀을 때, 그 중에는 거짓 신을 예배할 때 제물로 바쳐진 동물의 고기가 섞여 있을 가능성이 컸기 때문이다. 우상을 예배하면서 바친 고기를 먹는 것은 우상숭배에 참여하는 것과 같았다. 한 주석가가 이 어려운 딜레마를 설명했다.

> 고린도와 다른 헬라 도시들에 있는 신도들은 주변 이교도 사회와의 관계에서 난처한 입장에 처해 있었다. 한편으로 복음을 전하기 위해서 그들은 가족과 교우 관계를 절대 포기할 수 없었다. 다른 한편으로는, 이런 관계는 유혹으로 가득 차 있어서 까딱하면 그들을 부정한 일에 끌어들일 수 있었다. 그렇게 되면 그들은 교회의 수치와 이교도의 조롱거리가 될 것이었다.[7]

**성전에서 제물로 바친 고기**

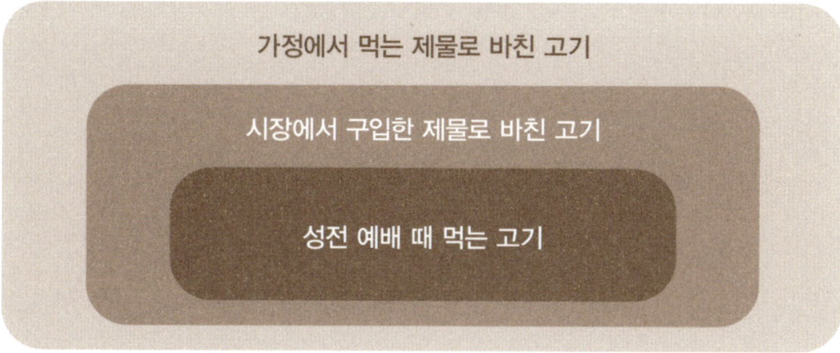


바울은 글로 쓴 지침 서두에서 그리스도 안에 있는 성도의 자유에 호소한다. 그는 앞에서도 이 원칙을 언급했다. "모든 것이 내게 가하나 다 유익한 것이 아니요 모든 것이 내게 가하나 내가 무엇에든지 얽매이지 아니하리라"(6:12). 고린도 교인은 그리스도 안에서 그들이 자유롭다는 것을 알았지만, 그로 인해 다른 사람을 사랑하기보다 오만해진 자들이 더러 있었다(8:1). 그들은 교만해져서 자유를 남용하게 되었고, 지혜와 성결의 경계를 넘어 경솔한 어리석음과 죄의 수렁에 빠졌다. 이런 현상은 이미 성적으로 부도덕한 문제에서 나타났다(5:1-2).

바울은 오만한 지식과 세워주는 사랑을 대조하면서 그들의 생각을 바로잡는다(8:1). "세우다"라는 헬라어는 *oikodomeō*(3618)로, 원래 '집을 짓다'는 뜻이다. '교만하게 하다'는 *physioō*(5448)인데, 풀무로 바람을 불어넣어 무언가를 부풀린다는 뜻이다.[8] 이 구절의 마지막 부분을 이렇게 표현하면 좋을 것 같다. "지식은 부풀리나 사랑은 세운다." 지식은 현실을 볼 수 있는 창이다. 우리는 그 창을 통해 인생을 볼 수 있지만, 세워주는 사랑[*agapē*(26)]의 통제를 받지 않는 지식은 세우기보다 무너뜨리는 위험한 무기가 될 수 있다. 바울은 스스로 우쭐해지게 만드는 지식보다(8:2), 다른 사람을 사랑할 때 드러나는(8:9) 하나님의 사랑을 주장한다(8:3).

바울은 우상에게 바친 고기를 먹는 문제에 초점을 맞춰 이 원칙을 적용한다. 모든 그리스도인은 한 분이신 주 예수 그리스도를 믿음으로써 한 분이신 참 하나님에 대한 지식을 공유한다. 어리석은 이교도들은 그들이 나무, 금, 은, 돌로 만든 조각상에 신성한 힘이 있다고 믿을지 모르지만, 그리스도인은 그것들은 인간이 만든 타락한 종교의 유물에 불과하다는 것을 알고 있다(8:4-6). 이 지식을 근거로 했을 때 함의는 분명하다. 우상은 단지 인간의 창조물이고 참 하나님은 오직 한 분이시므로, 형상을 깎은 나무 조각이나 은으로 만든 주물에게 바쳤던 고기를 먹는 것은 사실 무의미하다. 도대체 존재하지도 않는 신들이 어떻게 고기를 악하게 만들 수 있는가?

그렇기 때문에 기독교 세계관으로 우리 주변에 흔히 있는 미신을 몰아내야 한다. 깨진 거울, 사다리 아래를 걸어가는 것, 검은 고양이, 특정한 숫자들을 불길하게 여기는 두려움을 유일하신 참 하나님과 그분이 만드신 이 세상이 돌아가는 이치를 아는 성도의 지식으로 몰아내야 한다. 그러나 이 지식을 가졌지만, 하나님과 다른 사람에 대한 사랑이 없다면 온갖 문제가 발생할 수 있다. 그것은 모든 성도가 이러한 상황을 처리하는 성숙한 이해력을 가지고 있지는 않기 때문이다.

## —8:7-13—

바울은 모든 사람이 이와 같은 지식[*gnōsis*(1108)]을 가져 성숙한 사고를 할 수 있는 것은 아니라고 말한다(8:7). 즉, 우상을 숭배하는 이단 종교에 깊이 빠져 있던 일부 새 신자는 올바른 세계관을 이해하는 데 시간이 더 오래 걸릴 수 있었다. 이 점을 오늘날의 예로 설명할 수 있다. 술과 마약으로 난잡한 파티를 일삼던 새 신자는 '주점 식당'에서 친구를 만나는 것을 문제 삼지 않는 그리스도인에게 거부감을 느낄 수 있다. 성에 탐닉하던 삶에서 구원받은 성도는 특정 영화를 보거나 해변에 가는 것에 문제의식을 느끼지 않는 성도를 보고 눈살을 찌푸릴 수 있다. 또는 동양의 신비주의에 빠졌던 경험이 있는 사람은 집에서 향을 피우는 그리스도인이 부지중에 악령을 부르고 있다고 생각할 수 있다. 그러나 지식이 많은 그리스도인은 그런 장소나 사물 자체는 무해하다는 것을 알고 있다. 하지만 신앙이 약하고 제자훈련을 갓 시작한 그리스도인은 여전히 이런 것들을 그들이 한때 발을 담갔던 악과 연결할 것이다.

이런 이유에서 바울은 고린도 교인의 바른 신학과 논리에만 호소하지 않고 구원받았지만 아직 배우지 못하고 미성숙한, 믿음이 약한 성도를 사랑해야 하는 책임에 호소한다. 균형 잡힌 기독교 세계관을 모르는 탓에 그들은 다른 그리스도인의 자유로운 모습에 상처받았을 수 있다. 이교도들의 우상 신학–우상 자체가 신비한 힘을 가지고 있다는–에 익숙한 그들은 우상에게 바친 고기는 그 접촉으로 오염되었기 때문에 영적으로 해롭다고 믿었다(고전 8:7).

이 성도들은 고기 문제가 초도덕적, 즉 도덕적으로 중립이라는 걸 깨닫지 못했다. 고기를 먹는 것은 어떤 식으로든 그리스도와의 관계에 영향을 미치지 않는다(8:8). 먹는 사람도 해를 입지 않으며, 안 먹는 사람이 축복받지도 않는다. 사실, 고기에 관한 문제는 성숙한 기독교 세계관을 가진 사람에게는 고려할 가치가 없다. 그러나 많은 고린도 교인은 여전히 우상의 제물이었던 고기 문제를 예민하게 의식했기 때문에 바울은 성숙한 지식을 가진 자들이 그리스도 안에 있는 연약한 형제자매를 대할 때에는 스스로 자유를 제한해서 사랑을 실천하라고 권면했다(8:9). 성숙에는 절제가 포함된다.

바울은 지식의 오만한 적용이 낳은 어리석음을 지적한다(8:10). 지식이 성숙한 사람들은 이교도의 성전에 곧장 들어가 제단에 있는 따끈한 고기를 먹는다고 해서 그것이 문제가 되지 않는다고 확신했다(8:10). 이 담대하지만 무신경한 세속적인 성도들은 사랑과 자기 절제로 자기들의 결정을 한 번 더 점검하지 못하고 자유의 경계선을 넘어갔다. 결과적으로 그들은 방종에 빠졌고, 많은 연약한 성도까지 함께 데리고 갔다. 이들 믿음이 약한 성도들은 아직 "이건 그냥 고기 조각일 뿐이다"라고 말할 수 있는 단계에 이르지 않았다. 그들에게 그 고기는 여전히 거짓 신을 숭배하는 수단이었기 때문에, 양심의 가책으로 소박한 믿음을 타락하게 하는 결과를 낳았다(8:11).

로마서 14장은 이와 동일한 문제를 다루면서 어떻게 우리 지식을 영적으로 연약한 성도에게 맞추어 사랑으로 적용할 것인지를 설명한다. 거기서 바울은 성숙한 지혜에 관해 썼다. "내가 주 예수 안에서 알고 확신하노니 무엇이든지 스스로 속된 것이 없으되 다만 속되게 여기는 그 사람에게는 속되니라 만일 음식으로 말미암아 네 형제가 근심하게 되면 이는 네가 사랑으로 행하지 아니함이라 그리스도께서 대신하여 죽으신 형제를 네 음식으로 망하게 하지 말라"(롬 14:14-15). 다시 고린도전서로 돌아와서 동료 성도를 양심에 걸려 넘어지게 한다는 말에는 심각한 의미가 내포되어 있다. "이같이 너희가 형제에게 죄를 지어 그 약한 양심을 상하게 하는 것이 곧 그리스도에게 죄를 짓는 것이니라"(고전 8:12).

문제의 핵심은 자신의 이익뿐 아니라 다른 이들의 이익도 살펴야 하는 알 만한 성도들이 그러지 못한 것이다(빌 2:4). 그들은 원하는 모든 종류의 고기를 마음껏 먹고 그리스도 안에서 자기들이 누리는 자유를 무분별하게 과시하면서 교회의 교제를 약화시켰다. 바울은 한 연약한 성도 앞에서 이렇게 어리석게 자유를 과시한 것을 극단적인 해법으로 공격한다. "그러므로 만일 음식이 내 형제를 실족하게 한다면 나는 영원히 고기를 먹지 아니하여 내 형제를 실족하지 않게 하리라"(고전 8:13). 헬라어 본문은 *ou mē*(3364)…*eis*(1519) *ton aiōna*(165)라는 단어를 사용해서 더 분명히 표현한다. 문자적으로 해석하면 "절대, 결코… 영영히"라는 뜻이다. 요컨대, 고기 한 점을 즐김으로써 그리스도 안에 있는 형제를 그가 이제 막 떠나온 생활 방식으로 다시 돌아가게 만든다면 바울은 차라리 영영 고기를 먹지 않을 것이다!

바울은 경건한 척하는 율법주의적 성도들의 눈치를 살피라고 말하는 게 아니다. 이런 성도들은 기독교를 해야 할 일과 하지 말아야 할 일을 깐깐하게 제시하는 체계로 만들었다. 바울은 신학적인 이유를 들먹이며 모든 그리스도인을 유대교의 멍에 아래로 끌고 가려는 율법 전문가를 자처하는 종교적 율법주의에 대해 단호한 태도를 취한다(갈 5:1, 딤전 1:7). 하지만 이 구절은 그것에 관해 말하고 있지 않다. 여기서 바울은 연약한 신자의 여린 양심을 보호하는 것에 대해 말하고 있다. 요컨대, 그가 우리에게 말하는 것은 그리스도인의 사랑이 그리스도인의 자유를 지혜롭게 통제해야 한다는 것이다.

## 적용: 고린도전서 8:1-13

### 자유를 절제하는 사랑

당신은 교회에서 한 젊은 그리스도인을 만나 우정을 쌓는다. 그러다 문득 그 사람이 당신을 영적인 인도자로 우러러보고 있다는 걸 깨닫는다. 당신은 그 사람이 제자훈련을 제대로 받지 못했음을 바로 알아챈다. 그런 사람들은 성숙한 지식의 흔적이 없다.

당신은 훈련을 잘 받은 마라톤 선수다. 당신이 새로 사귄 친구는 이제 막 조깅을 시작했다. 바울은 그런 사람을 믿음 안에 있는 연약한 형제라고 부른다. 당신은 이 성도의 발전을 돕기 위해 속도를 늦추겠는가, 아니면 비슷한 수준의 다른 사람에게 그를 넘기겠는가? 다른 예를 들어보겠다. 당신은 피아니스트다. 그녀는 피아노를 배운 지 1년이 되었다. 당신은 그녀와 함께 이중주를 하기 위해 템포와 기교의 수준을 낮추겠는가, 아니면 초보자를 인내해줄 수 있는 선생님을 소개하겠는가?

자, 한 걸음 더 나가보자. 이 새 성도가 20년간 술과의 전쟁에서 벗어나 술집과 나이트 클럽을 전전하지 않는 삶을 사는 방법을 조금씩 배우면서 알코올 중독을 치료하고 있다고 가정해보자. 반면에, 당신은 이따금 멋진 식사와 함께 와인 한 잔을 즐기고, 특별한 날에는 샴페인을 내고, 요리나 디저트를 만들 때 술을 넣는 가정에서 자랐다. 다시 말해서 술은 당신이 속한 세상에서 중립적인 것이었다. 이 새 성도가 당신 집에 온다면 당신은 어떻게 하겠는가? 보통 때와 똑같은 요리를 하고 똑같은 음료를 대접하겠는가? 그 연약한 성도를 위해서 그리스도 안에서 당신이 누리는 자유를 포기하겠는가? 아니면 아예 그 사람을 당신의 삶에 초대하지 않겠는가?

이런 상황에서 우리의 진심이 드러난다. 오늘날에는 우상에게 바친 고기를 먹는 문제와 씨름할 필요는 없지만, 이 세상에는 아직 회색 영역이 산재해 있어서 그런 부분에 능숙하게 대처하지 못하는 사람들을 실족시킬 수 있다. 이런 문제가 발생하면 당신은 적합한 우선순위를 신속하게 결정해야 한다. 당신은 그리스도인의 자유를 행사하는가, 아니면 예수님의 사랑을 실천하는가? 당신은 연약한 성도들을 성가신 존재로 여기는가, 아니면 믿음의 훈련이 필요한 자들로 포용하는가?

삶의 회색 지대에 대한 우리의 입장이 어떻든 간에 우리는 모두 성경에 있는 하나의 분명한 명령에 순종해야 한다. "서로 사랑하라"(요 13:34). 각 상황에서, 우리는 늘 그리스도 안에서 자유를 누리며 살 방법만 찾지 말고 다른 사람들에게 인내심을 보이고 은혜를 베풀 기회를 찾으면서 사랑과 자기 절제를 지혜롭게 적용해야 한다.

## 상급을 위해서 권리를 포기하다(고린도전서 9:1-27)

[1]내가 자유인이 아니냐 사도가 아니냐 예수 우리 주를 보지 못하였느냐 주 안에서 행한 나의 일이 너
희가 아니냐 [2]다른 사람들에게는 내가 사도가 아닐지라도 너희에게는 사도이니 나의 사도 됨을 주 안
에서 인친 것이 너희라

[3]나를 비판하는 자들에게 변명할 것이 이것이니 [4]우리가 먹고 마실 권리가 없겠느냐 [5]우리가 다
른 사도들과 주의 형제들과 게바와 같이 믿음의 자매 된 아내를 데리고 다닐 권리가 없겠느냐 [6]어찌

나와 바나바만 일하지 아니할 권리가 없겠느냐 7누가 자기 비용으로 군 복무를 하겠느냐 누가 포도를
심고 그 열매를 먹지 않겠느냐 누가 양 떼를 기르고 그 양 떼의 젖을 먹지 않겠느냐

8내가 사람의 예대로 이것을 말하느냐 율법도 이것을 말하지 아니하느냐 9모세의 율법에 곡식을
밟아 떠는 소에게 망을 씌우지 말라 기록하였으니 하나님께서 어찌 소들을 위하여 염려하심이냐 10오
로지 우리를 위하여 말씀하심이 아니냐 과연 우리를 위하여 기록된 것이니 밭 가는 자는 소망을 가지
고 갈며 곡식 떠는 자는 함께 얻을 소망을 가지고 떠는 것이라 11우리가 너희에게 신령한 것을 뿌렸은
즉 너희의 육적인 것을 거두기로 과하다 하겠느냐 12다른 이들도 너희에게 이런 권리를 가졌거든 하
물며 우리일까보냐 그러나 우리가 이 권리를 쓰지 아니하고 범사에 참는 것은 그리스도의 복음에 아
무 장애가 없게 하려 함이로다 13성전의 일을 하는 이들은 성전에서 나는 것을 먹으며 제단에서 섬기
는 이들은 제단과 함께 나누는 것을 너희가 알지 못하느냐 14이와 같이 주께서도 복음 전하는 자들이
복음으로 말미암아 살리라 명하셨느니라

15그러나 내가 이것을 하나도 쓰지 아니하였고 또 이 말을 쓰는 것은 내게 이같이 하여 달라는 것
이 아니라 내가 차라리 죽을지언정 누구든지 내 자랑하는 것을 헛된 데로 돌리지 못하게 하리라 16내
가 복음을 전할지라도 자랑할 것이 없음은 내가 부득불 할 일임이라 만일 복음을 전하지 아니하면 내
게 화가 있을 것이로다 17내가 내 자의로 이것을 행하면 상을 얻으려니와 내가 자의로 아니한다 할지
라도 나는 사명을 받았노라 18그런즉 내 상이 무엇이냐 내가 복음을 전할 때에 값없이 전하고 복음으
로 말미암아 내게 있는 권리를 다 쓰지 아니하는 이것이로다

19내가 모든 사람에게서 자유로우나 스스로 모든 사람에게 종이 된 것은 더 많은 사람을 얻고자
함이라 20유대인들에게 내가 유대인과 같이 된 것은 유대인들을 얻고자 함이요 율법 아래에 있는 자
들에게는 내가 율법 아래에 있지 아니하나 율법 아래에 있는 자 같이 된 것은 율법 아래에 있는 자들
을 얻고자 함이요 21율법 없는 자에게는 내가 하나님께는 율법 없는 자가 아니요 도리어 그리스도의
율법 아래에 있는 자이나 율법 없는 자와 같이 된 것은 율법 없는 자들을 얻고자 함이라 22약한 자들
에게 내가 약한 자와 같이 된 것은 약한 자들을 얻고자 함이요 내가 여러 사람에게 여러 모습이 된 것
은 아무쪼록 몇 사람이라도 구원하고자 함이니 23내가 복음을 위하여 모든 것을 행함은 복음에 참여
하고자 함이라

24운동장에서 달음질하는 자들이 다 달릴지라도 오직 상을 받는 사람은 한 사람인 줄을 너희가
알지 못하느냐 너희도 상을 받도록 이와 같이 달음질하라 25이기기를 다투는 자마다 모든 일에 절제
하나니 그들은 썩을 승리자의 관을 얻고자 하되 우리는 썩지 아니할 것을 얻고자 하노라 26그러므로
나는 달음질하기를 향방 없는 것 같이 아니하고 싸우기를 허공을 치는 것 같이 아니하며 27내가 내
몸을 쳐 복종하게 함은 내가 남에게 전파한 후에 자신이 도리어 버림을 당할까 두려워함이로다

---

이런 장면을 상상해보라. 당신은 시즌 중에서 가장 중요한 경기를 하고 있는 야구팀 선수

다. 9회 말이다. 상대 팀과 동점이고 만루에 노 아웃 그리고 당신이 타석에 서 있다.

당신은 타석에 들어서면서 한두 차례 스윙 연습을 한 후 3루 코치의 신호를 기다린다. '치고 달리라'는 신호를 기대하던 당신은 코치가 모자를 살짝 내려쓰고 코를 문지른 후 엄지손가락을 핥는 것을 보고 속이 울렁거리기 시작한다. 걱정하던 '희생 플라이' 신호다.[9]

'코치의 의중이 뭐지?' 당신은 생각한다. '팀이 점수를 낼 수 있도록 일부러 플라이 아웃(야구에서 타자가 공을 하늘 높이 쳐올려 아웃이 되는 일-역주)을 하라는 건가? 그럼 3할 5푼인 내 타율은? 공을 치게만 해주면 홈런을 날릴 수 있는데…. 그럼 1점이 아니라 4점 차이로 이길 거고, 무엇보다 내가 눈부신 불꽃 속에서 이 경기를 끝낼 수 있어. 영화 내추럴(*The Natural*, 로버트 레드포드가 야구 선수로 나오는 영화. 주인공이 9회 말에 친 공이 경기장의 조명을 맞춰 불꽃놀이처럼 조명이 터지면서 경기가 끝난다-역주)에 나오는 로버트 레드포드처럼 말이야!'

이제 당신은 결정의 순간을 맞이한다. 다른 팀원이 달릴 수 있게 공을 칠 권리를 포기할 것인가? 아니면 홈런을 쳐서 영광을 얻을 것인가?

앞서 보았듯이, 고린도 팀은 시기, 이기심, 자만심, 다툼에 시달렸다. 팀원들은 서로 교류하지 않아 각자 자기만의 생각을 고수하면서 한 선수의 행동이 팀의 나머지 선수에게 미칠 영향에 대해서는 생각하지 않았다. 고린도전서 9장 1-18절에서 바울은 그들의 행태를 보여준다. 그들을 기운 나게 하는 구호는 '난 권리가 있어!'이다. 그런 다음 바울은 선수 대기석에서 선수들에게 승리를 위한 자신의 전략을 따르라고 강권한다. 그 전략이란 그리스도의 몸으로서의 요구를 개인의 권리보다 우선시하는 것이다. 그들이 자신의 이익만을 챙기지 않고 팀의 일원으로 삶의 경쟁에서 싸울 때 비로소 영원한 보상을 받을 수 있는 자격을 얻을 것이다.

## —9:1-2—

고린도 교인은 그리스도로 인해 율법에서 자유롭게 살도록 해방되었기 때문에(갈 5:1) 그들은 새로 얻은 권리를 행사하는 데 온 정신이 팔려 있었다. 그러나 일을 거꾸로 하는 방법이 있다면 그들은 그 방법을 찾아낼 것이다. 그들은 자신들에게 주어진 자유로 육욕과 자아를 살찌우고, 자신들의 유익을 도모하는 데 그것을 사용했다. 그들은 그리스도의 몸인 다른 지체들을 받쳐줄 생각은 하지 않고 자기네 권리만 주장했다. 그래서 바울은 큰 것에서부터 작은 것에 이르기까지 그들의 태도를 조목조목 짚으며 반박한다. 바울 스스로 사도의 권리를 포기한다면 어떻게 고린도 교인이 자기들의 권리를 존중해달라고 우길 수 있겠는가?

바울은 자신의 자격, 즉 그의 독자들이 익히 알고 있는 그의 이력을 골자만 열거하는 것으로 포문을 연다(고전 9:1-2). 그는 율법에서 해방된 성도이자 하나님이 택하신 사도였고, 부활하신 그리스도의 목격자이며, 하나님 나라를 위해 열매를 맺는 일꾼이었다.

고린도 성도 중에서 그의 자격을 논박할 수 있는 사람은 아무도 없었다. 바울이 고린도에서 사역하지 않았다면 그들은 잃어버린 자로 남아 있었을 것이다. 야구의 비유로 돌아가면, 마치 팀 감독인 바울이 야구 방망이를 들고 타석에 들어서는 것과 같다. 모든 사람 중에서 그보다 더 경기장에서 마음대로 할 수 있는 권리를 가진 사람은 없었다. 코치나 감독이 아닌 팀원 중 어느 누구도 그와 같은 권리를 갖지 못했다.

## —9:3-14—

바울은 본을 보이려고 자기 행실에 대해 그가 "변명" 또는 *apologia*(627)라고 일컫는 것을 제시하는데(9:3), 이는 누군가가 그의 사역 방식을 판단하거나 비판할 경우를 대비한 것이다. *Apologia*라는 용어는 기본적으로 '답변' 또는 '설명'이라는 뜻으로, 바울은 자기를 희생하는 사역에 대한 그의 생각을 논리적으로 제시하면서 자신에 관해 설명하기 시작한다. 바울은 방금 자신의 자격을 나열했듯이, 자신의 높은 지위에 수반되는 권리, 즉 충분히 먹고 마실 권리(9:4), 사역하러 다닐 때 가족을 동반할 권리(9:5) 그리고 자기가 사역하는 사람들에게서 사역을 지원받을 권리(9:6-11)를 강조한다.

다시 말해서 사도로서 바울은 자신과, 가족이 있다면 가족까지, 전폭적인 물질적, 재정적 지원을 받을 권리가 있었다. 야고보, 유다, 게바 같은 다른 복음 사역자들도 사도로서 사역할 때 당연한 권리로 생활비를 받았다(9:5). 제단에 바친 희생 제물 중 일부를 먹을 권리를 가졌던 구약의 제사장들처럼(9:13), 주님은 복음을 전하는 자들이 그들의 돌봄을 받는 사람들의 헌물로 생계를 꾸리기 바라신다(9:14).

바울은 이런 권리를 행사할 자격이 충분했지만, 자발적으로 그 권리를 포기하기로 했다.

# 묵상의 서재

## 목사가 보수를 받는 것이 성경적인가?(고린도전서 9:9)

이따금 사역이 '직업화'되는 것에 대한 불만의 소리를 듣는다. 대개 교회 지도자들은 보수를 받지 않고 사역해야 한다고 믿는 자들이 그런 말을 한다. 일부 교회는 이른바 '성직자 계층'을 없애고 다수의 평신도 지도자를 선정해 목사와 보수를 받는 교역자를 두지 않고 있다. 교회는 원래 가정 교회나 교회의 나이 많은 사람이 이끄는 작은 공동체 형태로만 존재했으며, 그렇기 때문에 훈련받고, 안수받고, 보수를 받는 전문가의 개념은 신약성경에 나오는 이상적인 사역자의 모습과는 거리가 멀다고 주장하는 사람도 간혹 있다.

그러나 성경을 자세히 보면 그런 견해는 잘못되었다는 것을 알 수 있다.

바울은 고린도전서 9장 9-11절에서 사역자들이 그들의 영적 노고에 대해 물질로 보상받아야 한다고 주장한다(9:11). 황소가 밭을 갈고 있을 때 먹지 못하게 입마개를 씌우는 건 바보 같은 짓이다(9:9). 그러므로 어리석은 교회만 사역에 종사하는 사람들에게 합당한 보수를 주지 않을 것이다. 실제로, 사역자는 사역 외에 다른 일을 하지 않고도 가족을 부양할 수 있을 만큼의 보수를 받도록 되어 있었다(9:4-6).

바울은 또 디모데전서 5장 17-18절에서 목회 사역에 대한 몇 가지 기본 사항을 설명하면서 교회 지도자들에게 보수를 지불하는 문제를 다룬다. 그는 이렇게 썼다. "잘 다스리는 장로들은 배나 존경할 자로 알되 말씀과 가르침에 수고하는 이들에게는 더욱 그리할 것이니라 성경에 일렀으되 곡식을 밟아 떠는 소의 입에 망을 씌우지 말라 하였고 또 일꾼이 그 삯을 받는 것은 마땅하다 하였느니라." 이 구절에서 우리는 사도와 순회 선교사들을 포함한 교회 사역자들에게 보수를 지불하는 원칙을 본다. 가르침과 설교에 상당한 시간을 바친 교회 지도자들(장로들) 역시 물질적인 보상을 받게 되어 있었다.

그는 "그리스도의 복음을 전하는 일에 지장을 주지 않도록, "모든 것을 참[기로]" 했다(9:12, 새번역). 바울이 사역자로서 자신의 권리를 행사하는 것이 어떻게 고린도 교인이 복음을 받아들이는 것을 방해했을까? 윌리엄 바클레이가 신빙성 있는 답을 제시한다. "사람들은 메시지를 전하는 사람의 삶과 인품으로 메시지를 판단한다. 그래서 바울은 청렴하게 살기로 결심했다. 그는 자신의 삶에서 그가 입으로 선포하는 메시지와 모순되는 어떤 것도 허용하지 않았다. 한번은 어떤 사람이 설교자에게 이렇게 말했다. '당신의 됨됨이에 대해 들은지라 당신이 하는 말을 들을 수가 없군요.' 누구도 바울에게는 그렇게 말할 수 없었다."[10]

바울이 사역했던 지역에는 사기꾼, 기회주의자, 장삿속으로 점을 보는 역술인이 들끓었다. 시장에는 온갖 종류의 철학적, 종교적 주장들이 쏟아져 나왔는데, 그런 주장을 유포하는 선생들은 자기들이 깨달은 사상을 접하는 대가로 돈을 요구했다. 만약 바울이 메시지를 전할 때마다 헌금을 걷으면서 고린도에 발을 들여놓았다면 사람들은 즉시 예수 그리스도의 기쁜 소식을 그런 사기꾼들과 연결 지어 생각했을 것이다.

## —9:15-18—

바울은 복음 사역을 하면서 생활비를 받을 권리가 있었음에도 불구하고 현명하게도 더 큰 유익을 위해 권리를 포기하기로 했다. 그럼으로써 바울은 그가 복음에 전적으로 헌신했다는 것을 그의 생활 방식으로 증명할 수 있었다. 복음은 그가 전하지 않고 배길 수 없는 것이었다(9:16). 그는 칭찬도, 명예도, 청중의 갈채도, 대가도 일절 필요 없었다.

나는 종종 기독교 사역을 업으로 하라는 부르심을 받은 것은 아닌지 고민하는 젊은 그리스도인들의 질문을 받는다. "하나님이 저를 설교자로 부르셨다는 것을 어떻게 알 수 있나요?" 나는 대개 이렇게 답한다. "당신이 그 외에 다른 일을 하면서 만족할 수 있다는 생각이 든다면 사역이 아닌 그 일을 하십시오." 바울은 복음을 전하지 않으면 불행할 거라고 말했다(9:16). 바울에게 사역은, 개인적으로 지지하지 않는 전쟁에서 싸우기 위해 군대에 징집된 누구처럼, 원치 않는 짐이 아니었다. 바울은 자유 의지에 따라 자진 입대해서 자신의 삶과 권리를 포기하고 복음에 전적으로 헌신했다(9:17).

바울은 복음 전파를 너무나 간절히 원했던 나머지 이 특권을 상으로 여겼다. "그런즉 내 상이 무엇이냐 내가 복음을 전할 때에 값없이 전하고 복음으로 말미암아 내게 있는 권리를 다 쓰지 아니하는 이것이로다"(9:18). 이것은 고린도 교인이 바울의 이타적인 삶의 방식을 생각하면서 경외감으로 가득 찬 눈으로 그를 바라보게 하려고 한 말이 아니었다. 이 말의 의도는 다른 사람들보다 자신의 권리를 앞세운 오만한 사람들에게 죄책감을 주입하기 위한 것이었다. 이기심으로 악명 높은 교회에서 바울이 보여준 이타심의 모범은 볼 수 있는 눈을 가진 사람들에게 충격을 주었을 것이다.

## —9:19-23—

나는 고린도전서 9장 19절 말씀이 우리의 고백이 될 때까지는 헌신적인 그리스도인의 삶을 시작한 것이 아니라고 확신한다. "내가 모든 사람에게서 자유로우나 스스로 모든 사람에게 종이 된 것은 더 많은 사람을 얻고자 함이라." 그리스도인으로서 우리는 우리를 위해 하나님이 주신 모든 것을 누리는 데 우리의 자유와 지위를 사용할 권리가 있다. 그러나 우리에게는 복음을 나누고 믿음 안에 있는 다른 그리스도인을 세워줄 책임과 특권도 있다. 그러려면 겸손과 희생 그리고 팀워크가 꼭 필요하다(엡 4:1-16).

바울은 다른 사람을 위해 자신의 신분, 특혜, 관행을 어떻게 포기했는지 자세히 설명하면서 이 생각을 더 펼친다(고전 9:20-22). 그는 유대인에게 복음을 전할 때 그들의 감정을 상하게 하지 않으려고 생활 방식을 바꾸었다(9:20). 이방인은 유대인의 율법에 관심이 없었을 뿐 아니라 그들의 규칙과 규율을 '공연히 까칠하게 구는 것'쯤으로 인식했다. 바울은 이런 이방인에게 하나님의 은혜를 가리지 않는 방식으로 살면서 설교했다(9:21). 버림받은 자, 병든 자, 탄압받는 자, 가난한 자들이 예수 그리스도만 계속 바라볼 수 있도록 바울은 무소유의 삶을 살기로 결심했다(9:22). 바울이 복음의 진리나 예수 그리스도의 제자로서 거룩한 삶을 타협하지 않으면서 먹고 마시는 것, 문화적 규범, 예배 형식 같은 중립적인 문제에 대한 관행을 바꾼 것은, 모두 "복음을 위하여" "아무쪼록 몇 사람이라도 구원하고자" 함이었다(9:22-23).

## —9:24-27—

바울은 이 단락에서 모든 것을 건 복음 사역자의 삶을 생생하게 묘사한다. 복음 사역자는 자신이 받은 소명과 사역을 위해 삶을 안락하게 해주는 모든 것을 포기했다. 그는 현세적인 것이 아닌 영원한 상을 바라보며 이렇게 했다. 이 구절에서는 운동선수들의 땀이 뚝뚝 떨어진다. 이 그림 같은 비유를 읽다 보면 그들의 끙끙대는 신음을 들을 수 있다.

그리스도인의 삶을 되새기면서 바울은 모든 독자에게 익숙한 실례—격년으로 열리는 유명한 이스트미아 제전—를 사용했다. 바울이 고린도 독자에게 천국에서 받을 상만 바라보며 영적 승자가 되라고 가르칠 때 이 비유는 그들의 마음에 와닿았을 것이다.

이 구절에서 바울은 구원을 얻기 위해 열심히 일하라고 말하지 않는다. 전체 맥락은 이미 구원받은 사람이 사심 없이 사역에 참여하는 것에 대해 말하고 있다. 바울은 운동선수

### 이스트미아 제전(고린도전서 9:24)

고린도전서 9장 24-27절에서 바울은 영원한 상을 받기 위해 자기를 훈련하는 것을 헬라의 운동 경기에 비유한다. 고린도는 유명한 이스트미아 제전이 열리는 지역에서 반경 약 16킬로미터 안에 위치했다. 이 제전은 격년으로 열렸는데, 올림픽 경기 전년과 후년에 개최되었다. 오늘날의 올림픽 경기는 전차 경주, 레슬링, 복싱, 음악, 시를 놓고 경쟁을 벌였던 이 고대의 운동 경기를 본뜬 것이다.[11] 전통적으로 헬라인만 참여할 수 있었지만, BC 228년 이후에는 로마인들도 참여할 수 있게 되었다.[12]

바울 시대에는 로마 전역에서 선수와 관객이 이 경기에 참석하기 위해 모여들면서 인지도와 수익이 높아졌다. 고대 역사가 스트라보(Strabo)에 따르면 이 제전으로 인해 상업이 번성하면서 지역 경제를 살찌웠다.[13] 바울이 이렇게 크고 중요한 체전을 극기를 위한 고투를 보여주는 비유로 사용했을 때 분명 고린도 교인의 상상을 자극할 수 있었을 것이다.

이스티미아 면류관

바울은 숱한 운동선수가 받으려고 노력하는 상과 그가 추구하는 상을 분명하게 대조한다. 이스트미아 제전에서 승리한 고대 헬라의 운동선수에게는 셀러리나 소나무로 만든 화환이 주어졌다. 그러나 바울은 썩지 않는 상을 받기 위해 자신을 단련하려고 애썼다. 그의 독자들은 대회 참가 자격을 얻기 위해 선수들이 감내한 극기와 엄격한 훈련을 익히 알고 있었기에 바울이 작은 것에서 큰 것으로 발전시킨 논증(작은 것을 예로 들어 큰 것을 입증하는 것—역주)을 이해했을 것이다.

를 예로 들어 모든 그리스도인이 그들이 어떻게 살았고, 시간과 에너지와 자원을 어떻게 투자했는지에 대해 똑같이 보상받는 것은 아니라고 설명한다. 바울은 앞에서 고린도 교인에게 어떤 사람들은 할 일을 잘했다고 칭찬받을 것을 기대하며 그리스도의 심판대 앞에 서겠지만, 그들이 한 일이 불의 시험대를 통과할 때 모두 타서 재가 될 것이라고 말했다(3:12-15). 이들은 신실하게 섬긴 것으로 인해 면류관을 받지 못할 것이다.

그러나 전심으로 봉사한 다른 그리스도인은 이 세상에서 장거리 경주를 뛰면서 그들이 몸 바쳐 성취한 영적으로 선한 일에 대해 보상받을 것이다(고후 5:9-10). 그래서 바울은 "너희도 상을 받도록 이와 같이 달음질하라"(고전 9:24)고 하면서 최선을 다해 뛰는 운동선수처럼 경쟁하라고 독자를 독려한다. 누구나 번호를 받고, 경주에 참여하며, 팀의 일원이 될 수 있다. 그러나 경주를 완주하는 자만이 인정받고 보상받을 것이다.

바울은 이스트미아 제전에서 받을 수 있는 세상의 상과 "모든 일에 절제[한]"(9:25) 신실한 복음 사역자가 받을 수 있는 영원한 천국의 상을 비교한다. 그는 작은 것에서 큰 것을, 무익한 것에서 귀중한 것을 유추한다. 사람들이 시드는 면류관을 상으로 받기 위해 자기 몸을 상할 정도로 단련한다면, 신자는 천국에서 주는 상을 받기 위해 자신의 삶을 얼마나 더 훈련해야 하는가?

바울은 9장 26-27절에서 "우리"라는 복수어를 더는 사용하지 않고 자기를 예로 들면서 일인칭 단수 "나"를 주어로 말한다. 그가 영적 경주를 할 때 어떤 것도 그를 막아 세우지 못한다. 그가 엉뚱한 방향으로 전력 질주하는 주자나 허공에 대고 거칠게 주먹을 휘두르는 복서처럼 되지 않고, 쓸데없는 혼란과 어리석은 경쟁을 피할 수 있었던 것은 언제나 목표를 바라보았기 때문이다(9:26). 바울은 세상의 강력한 유혹이 위대한 부르심에 주의를 집중하지 못하게 우리를 압박한다는 걸 알았다. 그 미끼를 물지 않으려면 극기 훈련이 필요하다. 그래야만 우리는 결승선을 일등으로 통과할 수 있고, 링에서 실려 나가지 않고 두 발로 걸어 나갈 수 있다(9:27).

## 적용: 고린도전서 9:1-27

### 경기 시작!

선수 대기석은 물을 끼얹은 듯 조용하다. 스탠드의 팬들은 소리를 죽였고 모든 시선이 당신을 향한다. 그러나 당신이 신경 쓰는 것은 오직 두 개의 눈동자뿐이다. 3루 코치가 당신을 뚫어지게 쳐다보면서 마지막으로 '희생타'를 뜻하는 신호를 반복하고 있다.

심판이 침묵을 깬다. "플레이 볼!"

전에도 이런 적이 있었다. 이번에는 어떻게 할 것인가? 당신이 원하는 투구를 칠 권리를 양보할 것인가? 당신 이름이 적힌 종이를 들고 있는 팬들에게 감동을 주기 위해 홈런을 칠 기회를 노릴 것인가? 아니면 코치의 신호대로 희생타를 치고 1루로 달려가 다른 선수가 결승점을 내고 영웅이 되게 할 것인가?

고린도전서 9장에서 바울은 우리 각 사람에게 '팀을 위해 희생 플라이'를 칠 뿐 아니라 우리가 가진 모든 것을 주라고 권면한다. 우리는 모름지기 그리스도와 그분의 몸 된 교회에 대한 사랑을 늘 우리 자신의 이익보다 앞에 놓아야 한다. 때로 이것은 모든 것-그리스도인의 자유를 행사할 권리, 삶에서 나만의 행로를 택할 권리, 편리와 안락과 행복을 추구할 권리-을 포기한다는 뜻이다. 또 우리를 무력하게 만드는 죄와 어리석은 혼란을 하나님 나라를 위해서 버리고 항상 우리 자신을 산 제사로 영적인 제단에 온전히 바쳐야 한다는 뜻이다(롬 12:1).

인생이라는 경주에서 지고 싶은 사람은 없다. 그런데 왜 그토록 많은 사람이 그리스도가 보좌에 앉아 하늘의 상급을 나누어주실 때 아무것도 받지 못할 게 뻔한 일을 하는 걸까? 왜 우리는 우리가 받은 소명을 알면서도 그 일을 하지 않는 걸까?

간단하다. 우리는 목적을 상실했다. 우리는 자기를 버리고 그리스도를 닮겠다는 목표를 망각한 채 무턱대고 인생의 경주를 달린다. 준비도 안 돼 있고, 고단하며, 근육도 뻣뻣한데 등산화를 신고서 그리스도가 우리 앞에 계획해놓으신 경로는 아랑곳하지 않고 우리가 원하는 곳으로 달린다. 충성한 자에게 주님이 주시는 상은 잊은 채 말이다.

지난 시대의 한 주석가가 이를 아주 잘 표현했다.

우리는 조금도 달리지 않고도 상을 받을 수 있다는 듯이, 또는 그 상을 받으려고 굳이 달릴 가치가 없다는 듯한 태도로 트랙에 자리를 잡는다. 우리는 공상하고 빈둥거리며 팔짱을 낀다. 지나가며 흥미를 끄는 것은 죄다 몸을 돌려 쳐다본다. 설령 우리가 조금 활기차게 시작했다 해도, 막상 더 힘을 내어야 할 때 분투의 열정과 온기는 더 사그라들고 식는다…그리고 우리가 가는 길을 어떤 장애물이 막아 세우든 상관하지 않는다.[14]

최고의 타자나 마라톤 선수의 비유가 우리에게 감동적으로 와 닿든 말든 오늘날 우리를 향한 바울의 권고는 동일하다. 우리가 이생에서 가진 개인적 권리를 희생하면 다음 생에서 상 받을 자격을 얻는다. 얼마나 어려운 일인가! 얼마나 희한한 일인가! 우리는 날마다 그리스도인의 삶이라는 경기를 어떻게 치를 것인지 선택해야 한다. 우리가 결정하고, 우리가 원하는 길을 추구하면서 스타로서 경기할 것인가? 아니면 팀의 충실한 일원으로서 다른 사람을 위해 우리 자신을 경기에 내던질 것인가? 이것은 힘든 결정이며, 날마다 해야 하는 결정이다. 우리의 결심을 행동으로 옮기는 것을 돕기 위해 선수 대기석으로 들어가 코치에게서 9회 말 작전을 들어보자. 로마서 12장을 공부하라. 왼쪽 칸에 바울이 우리에게 하라고 명령한 것을 적으라. 그다음 오른쪽 칸에는 이 명령에 따라 당신이 어떤 행동을 취할 수 있는지 최소한 세 가지 아이디어를 적어라.

| 바울의 명령 | 당신의 대답 |
|---|---|
| | |

## 궁극적인 목표를 향한 조심스러운 발걸음(고린도전서 10:1-33)

1형제들아 나는 너희가 알지 못하기를 원하지 아니하노니 우리 조상들이 다 구름 아래에 있고 바다 가운데로 지나며 2모세에게 속하여 다 구름과 바다에서 세례를 받고 3다 같은 신령한 음식을 먹으며 4다 같은 신령한 음료를 마셨으니 이는 그들을 따르는 신령한 반석으로부터 마셨으매 그 반석은 곧 그리스도시라 5그러나 그들의 다수를 하나님이 기뻐하지 아니하셨으므로 그들이 광야에서 멸망을 받았느니라

6이러한 일은 우리의 본보기가 되어 우리로 하여금 그들이 악을 즐겨 한 것 같이 즐겨 하는 자가 되지 않게 하려 함이니 7그들 가운데 어떤 사람들과 같이 너희는 우상 숭배하는 자가 되지 말라 기록된 바 백성이 앉아서 먹고 마시며 일어나서 뛰논다 함과 같으니라 8그들 중의 어떤 사람들이 음행하다가 하루에 이만 삼천 명이 죽었나니 우리는 그들과 같이 음행하지 말자 9그들 가운데 어떤 사람들이 주를 시험하다가 뱀에게 멸망하였나니 우리는 그들과 같이 시험하지 말자 10그들 가운데 어떤 사람들이 원망하다가 멸망시키는 자에게 멸망하였나니 너희는 그들과 같이 원망하지 말라 11그들에게 일어난 이런 일은 본보기가 되고 또한 말세를 만난 우리를 깨우치기 위하여 기록되었느니라 12그런즉 선 줄로 생각하는 자는 넘어질까 조심하라 13사람이 감당할 시험 밖에는 너희가 당한 것이 없나니 오직 하나님은 미쁘사 너희가 감당하지 못할 시험 당함을 허락하지 아니하시고 시험 당할 즈음에 또한 피할 길을 내사 너희로 능히 감당하게 하시느니라

14그런즉 내 사랑하는 자들아 우상 숭배하는 일을 피하라 15나는 지혜 있는 자들에게 말함과 같이 하노니 너희는 내가 이르는 말을 스스로 판단하라 16우리가 축복하는 바 축복의 잔은 그리스도의 피에 참여함이 아니며 우리가 떼는 떡은 그리스도의 몸에 참여함이 아니냐 17떡이 하나요 많은 우리가 한 몸이니 이는 우리가 다 한 떡에 참여함이라 18육신을 따라 난 이스라엘을 보라 제물을 먹는 자들이 제단에 참여하는 자들이 아니냐 19그런즉 내가 무엇을 말하느냐 우상의 제물은 무엇이며 우상은 무엇이냐 20무릇 이방인이 제사하는 것은 귀신에게 하는 것이요 하나님께 제사하는 것이 아니니 나는 너희가 귀신과 교제하는 자가 되기를 원하지 아니하노라 21너희가 주의 잔과 귀신의 잔을 겸하여 마시지 못하고 주의 식탁과 귀신의 식탁에 겸하여 참여하지 못하리라 22그러면 우리가 주를 노여워하시게 하겠느냐 우리가 주보다 강한 자냐

23모든 것이 가하나 모든 것이 유익한 것은 아니요 모든 것이 가하나 모든 것이 덕을 세우는 것은 아니니 24누구든지 자기의 유익을 구하지 말고 남의 유익을 구하라 25무릇 시장에서 파는 것은 양심을 위하여 묻지 말고 먹으라 26이는 땅과 거기 충만한 것이 주의 것임이라 27불신자 중 누가 너희를 청할 때에 너희가 가고자 하거든 너희 앞에 차려 놓은 것은 무엇이든지 양심을 위하여 묻지 말고 먹으라 28누가 너희에게 이것이 제물이라 말하거든 알게 한 자와 그 양심을 위하여 먹지 말라 29내가 말한 양심은 너희의 것이 아니요 남의 것이니 어찌하여 내 자유가 남의 양심으로 말미암아 판단을 받으

리요 [30]만일 내가 감사함으로 참여하면 어찌하여 내가 감사하는 것에 대하여 비방을 받으리요
[31]그런즉 너희가 먹든지 마시든지 무엇을 하든지 다 하나님의 영광을 위하여 하라 [32]유대인에게
나 헬라인에게나 하나님의 교회에나 거치는 자가 되지 말고 [33]나와 같이 모든 일에 모든 사람을 기쁘
게 하여 자신의 유익을 구하지 아니하고 많은 사람의 유익을 구하여 그들로 구원을 받게 하라

---

러시아 소설가 알렉산더 솔제니친은 그의 대표작 중 하나인 『이반 데니소비치의 하루』라는 소설에서 시베리아 노동 수용소의 삶을 적나라하게 묘사해 충격을 주었다.

소설의 주인공 이반 데니소비치는 부당하게 10년 노역 형을 선고받았다. 그러나 솔제니친은 죄수 앞에 펼쳐지는 기나긴 세월을 우리에게 풀어놓지 않기로 한다. 대신, 그는 우리의 시야를 좁혀서 딱 하루의 일상을 처음부터 끝까지 이반과 함께 경험하게 한다. "레일을 망치로 두드려 소리가 처음 울릴 때부터 마지막 울릴 때까지."[15]

우리와 이반 데니소비치의 상황은 전혀 다르지만, 솔제니친의 고전 소설에 나오는 여러 서술은 묘하게도 우리 사회에 반향을 불러일으킨다. 개인의 충절, 인간의 존엄성, 믿음과 같은 초월적인 문제를 다루기 때문이다. 이런 주제가 매 페이지에 스며 흐르면서 소설 전체를 하나의 주제로 엮는다.

저자는 인간 실존에 관한 이러한 주제를 전개하면서 어둠 속에서 잘 드러나지 않고 수동적인 독자의 눈에는 거의 띄지 않는 작은 모티브들을 흩뿌려놓았다. 그것 중 하나가 우리가 뚜렷하게 궁극적인 목표를 품고 살 때 가질 수 있는 삶의 목적이다.

뼛속까지 시린 추위 속에서 끊임없이 허기에 시달리며 좌절할 수밖에 없는 모든 이유를 가진 이반 데니소비치는 해야 할 일이 있었고, 그것이 매일 아침을 맞이해야 할 이유였다. 그의 임무는 벽돌과 모르타르로 벽을 쌓는 것이었다. 그는 하루를 버텨냈으며 벽을 잘 쌓았다는 사실만으로 소박한 자부심을 느꼈다. 이반은 영하로 내려가는 시베리아의 잿빛 겨울 속에서 그의 무의미한 삶이 끝날 날만 바라보며 하루하루를 근근이 살기보다 결심과 목적을 새로이 다지며 하루를 맞이했다.

이반 데니소비치가 수레에 실은 벽돌과 양동이의 모르타르로 벽을 쌓았듯이 "지혜로운 건축자"인 바울은 고린도에 교회의 기초를 놓은 다음(3:10), 성도에게 매일 한 번에 하나씩 조심스럽게 벽돌을 쌓아 건물을 짓는 임무를 맡겼다. 그들이 해야 할 일-그리스도의 몸을

세우는 것-은 단순했다. 이 목표를 마음에 분명히 새기고 바울은 그들에게 매일 해야 할 일에 대한 상세한 지침도 주었다.

문제는 고린도 교인이 함께 건설해야 할 영광스러운 성전에는 아무 관심도 없고 각자 자기네가 살 작은 집을 짓고 있는 것이었다. 그들은 공동체를 치유하고 강건하게 만들기보다는 자기 자신에게만 집중하면서 공동체를 약하게 만들고 상처를 입혔다. 그래서 바울은 광야에 살았던 히브리 민족의 예를 들면서 하나님이 그들에게 주신 삶의 지침을 충실히 지키라고 당부한다(10:1-11). 그런 다음 고린도전서 8장에서 언급한 주제-거짓 신에게 바쳤던 고기를 먹는 것-로 돌아가, 그것과 그리스도의 몸 안에서 행하는 올바른 예배와 교제를 대조한다(10:12-22). 마지막으로, 그는 삶의 궁극적 목적 곧 하나님의 영광에 그들의 노력을 다시 집중하도록 인도한다(10:23-31).

## —10:1-11—

바울은 고린도 교인이 앞으로 나아가려면 과거를 성찰하는 것으로 시작해야 한다고 강조한다. 그는 히브리 민족이 애굽에서 탈출해 하나님의 백성으로 광야를 떠돌던 경험을 구체적으로 언급한다. 그는 고린도 교인이 이스라엘 자손으로서 동일한 교훈을 배워야 했기 때문에 이 역사를 예시하면서 다가갔다. 과거 이스라엘 백성도, 바울 시대의 고린도 교인도 지시가 불분명해서 하나님의 지침을 따르지 못했다고 핑계 댈 수 없었다. 양쪽 다 살아생전 하나님께 가장 위대한 최신 계시를 받는 특권을 누렸다. 그 계시는 참으로 놀라운 것이어서 수천 년 동안 유례없는 믿음과 냉소적인 불신의 대상이 되었다.

바울은 히브리인이 애굽의 노예 생활에서 탈출한 것과 고린도 교인이 죄의 노예였던 삶에서 전향한 것을 비교한다(10:1-4). 바울은 1세기 유대인의 흔한 수사적 장치인 이른바 '예표론'을 사용한다. 예표론(typology)이란 *typos*(5179)라는 헬라어에서 파생한 것으로 고린도전서 10장 6, 11절에서 바울이 사용했다. "이러한 일은 우리의 본보기(*typos*)가 되어…그들에게 일어난 이런 일은 본보기(*typos*)가 되고 또한 말세를 만난 우리를 깨우치기 위하여 기록되었느니라." 그랜트 오스본(Grant Osborne)은 예표론과 예언을 구별하고 신약성경에서 그것이 어떻게 사용되었는지 설명한다.

> 예언은 미래를 보고 신약성경의 사건을 직접 예측하는 반면, 예표론은 구약성경의 사건을 유사한 신약성경의 사건에 간접적으로 연결한다는 점에서 차이가 있다. 유대인을 포함한 초기 그리스도인은 구원의 역사를…처음부터 끝까지 쭉 이어지는 단일 사건으로 보았다. 따라서 과거의 사건은 현재의 사건과 연결되어 있으며, 출애굽 사건이나 바벨론 유수에서 귀환한 것과 같은 하나님의 위대한 업적은 현재 하나님의 공동체인 교회의 경험을 예표한다.[16]

바울은 신약성경의 진리와 구약성경의 사건을 연관시키면서, 과거 죄의 노예였던 삶에서 기적적으로 해방된 것과 현재 누리고 있는 구원받은 삶을 상기시킨다. 그들은 이 사건들이 세례와 성찬식을 포함해서 그들이 믿음을 갖게 된 것을 어떻게 예시하는지 자연스럽게 이해했을 것이다.

| 히브리인이 노예 생활에서 해방됨 | 고린도 교인이 죄에서 해방됨 |
|---|---|
| 히브리인은 이스라엘 백성에게 성령의 임재를 상징하는 구름 아래를 지나갔다(출 13:21). | 고린도 교인은 하나님의 성전인 교회에 거하시는 성령의 임재를 경험했다(고전 3:16). |
| 히브리인은 기적적인 방법으로 노예 생활에서 구출되어 홍해를 건넜다(출 14:21–22). | 고린도 교인은 죄로 가득찬 삶에서 해방되는 것을 상징하는 물 세례를 받았다(고전 1:13). |
| 히브리인은 모세에게 속하여 다 구름과 바다에서 '세례를 받았다.' 즉, 그들의 영적, 물리적 머리로서 모세를 전적으로 지지했다(출 14:31). | 고린도 교인은 성령 세례(고전 12:13)와 물 세례(고전 1:13)로 교회의 머리이신 그리스도의 사람이 되었다. |
| 히브리인은 '영적' 양식, 하늘에서 내려온 만나를 함께 먹었고, 그것으로 그들의 물리적 생명을 유지했다(출 16:4–36). | 고린도 교인은 그리스도와 서로간의 친밀한 영적 교제를 상징하는 성만찬에 참여하고 영적 축복을 받았다(고전 10:16–17). |

"모세에게 속하여…세례를 받고"(10:2)라는 개념은 처음에는 혼란스러워 보일 수 있다. 그러나 바울의 비유가 신약성경에 나오는 세례에 관한– 뚜렷이 다르지만 분리할 수 없는– 세 개의 개념을 합한 것임을 알면 이해할 수 있다. 1) 믿음의 외적 상징인 물세례. 2) 믿기 시작한 순간에 일어나는 영적 실제인 성령 세례(행 10:47). 3) 영적 세례와 물리적 세례 모두를 나타내는 세례 또는 말 그대로 "그리스도 예수와 합하여"(롬 6:3) 물에 잠기는 것. 염료에

담군 의복이 다른 색으로 변하듯이 특정 교사의 세계관으로 세례를 받은 사람도 새로운 가르침과 삶의 방식을 열렬히 추구하는 신봉자로 바뀐다. 모세는 어떤 형태의 세례식도 집행하지 않았지만, 백성이 하나님이 모세에게 주신 말씀을 신뢰함으로써 구출된 출애굽의 상황은 영적, 물리적 세례의 그림이었다. 이 구약성경의 세례를 "모세에게 속하여"(고전 10:2)라고 표현한 것에 대해 한 주석가는 "그들이 하나님 아래서 바울 그리고 모세와 모세의 리더십과 연합하기 시작했다는 뜻"이라고 설명한다.[17]

하나님이 구름 속에서 백성 사이에 임재하심, 홍해를 통한 구출, 모세의 예언적 지도력 그리고 하늘에서 내려온 먹을 것과 마실 것, 이 모든 특권은 고대 이스라엘 백성에게 물리적 필요를 공급하는 것 이상의 의미였다. 그것 하나하나가 하나님이 베푸시는 은혜의 행위이기도 했다. 마찬가지로 우리가 삶에서 누리는 은사, 축복, 특권은 물리적 필요만 충족시키는 게 아니다. 하나님이 우리에게 베푸시는 모든 호의에는, 그것이 아주 작은 것일지라도 우리를 향한 그분의 은혜와 자비가 들어 있다. 구약의 히브리인에게 사실이었던 것은 신약의 그리스도인에게도 사실이다.

히브리인 같은 축복을 받은 백성이라면 하나님께 무조건 감사와 순종으로 화답하는 것이 당연하다. 하지만 시내 광야의 상황은 그렇게 전개되지 않았다. 바울은 그들이 받은 숱한 축복을 열거한 뒤 하나님이 그들 대다수를 "기뻐하지 아니하셨다"(10:5)고 말한다. 애굽을 탈출한 첫 세대 수십만 명 중 여호수아와 갈렙만 하나님을 기쁘시게 했다. 이루 말할 수 없는 물리적, 영적 축복을 받은 나머지 반항적인 이스라엘 백성은 그 후 40여 년 동안 광야를 떠돌았다. 한 주석가는 이렇게 말했다. "자기만족에 빠져 있는 고린도 교인의 눈앞에 사도가 보여준 광경은 가히 목불인견이다. 기적의 음식과 음료를 포식하고, 사막의 흙을 뒤집어쓴 이 시신들을 눈앞에 그려보라!"[18]

히브리인은 그들을 구원하신 하나님을 어떻게 실망시켰는가? 그들의 불순종과 그로 인한 심판은 고린도 교인에게 어떤 경고를 주었는가? 바울은 히브리인과 고린도 교인이 공통으로 행했던 악을 지적한다.

그들은 악한 것을 좋아했다(10:6). 바울은 마음속 깊이 뿌리내린 악을 갈구하는 욕망을 적나라하게 드러낸다. 축복에 둘러싸여 있으면서도 만족하지 못하고 감사할 줄 몰랐던 히브리인은 계속 애굽으로 돌아가고 싶어 안달했다(민 11:4–6). 많은 성도가 그렇듯, 고린도 교인도 과거의 생활 방식과 싸우면서 과거의 악으로 '돌아가고 싶은' 유혹을 받았다(고전 6:9-11).

그들은 우상숭배에 빠졌다(10:7). 위대하신 "스스로 있는 자"가 구원해주신 후에도 히브리인은 금송아지를 만들고 그 우상이 그들에게 자유를 준 신이라고 선포했다(출 32:4-6). 결론적으로, 우상이란 하나님이 마땅히 있으셔야 할 자리인 우리 삶의 왕좌를 찬탈한 모든 것이다. 오늘날 많은 사람과 마찬가지로 고린도 교인은 다른 사람들과 사물을 유일하고 온당한 그리스도의 주권 위에 두었다(고전 3:3-4).

그들은 부도덕한 행위를 했다(10:8). 이스라엘 백성은 우상숭배를 하다가 술에 취해 흥청망청 놀았다(출 32:6-7). 그들은 악행을 일삼다가 하나님 대신 우상을 섬겼고, 결국에는 성품과 행실이 타락했다. 고린도 교인 역시 태도와 행실이 그들처럼 불순했다(고전 5:1-2).

그들은 주님의 신실성을 시험했다(10:9). 그들의 필요를 채우시는 하나님의 신실성을 의심하며 히브리인은 모세에게 물었다. "어찌하여 우리를 애굽에서 인도해 내어 이 광야에서 죽게 하는가"(민 21:5). 하나님은 이 질문에 심판으로 대응하셨다(민 21:6). 하나님께 약속을 이행하라고 대들었다는 것은 믿음이 없었다는 뜻이다. 고린도전서 15장에서 볼 수 있듯이, 일부 고린도 교인은 기독교의 기본 교리조차도 제대로 믿지 않았다(15:12).

그들은 하나님의 지도자들에게 투덜댔다(10:10). 히브리인은 원하는 것을 얻지 못하면 하나님이 세우신 지도자들에게 가차 없이 불만을 터트렸다(민 16:41, 17:5, 10). 사리사욕에 눈이 멀어 내분을 일으킨 고린도의 그리스도인 역시 걸핏하면 불평하고 투덜대며 그들을 지도할 권한을 가진 자들에게 대들었다.

## —10:12-22—

히브리인이 출애굽한 후 일어난 불행한 사건을 예표론적으로 적용한 바울의 요지는 분명했다. 고린도 교인이 정욕, 우상숭배, 부도덕, 불충, 불평을 뉘우치지 않으면 그것과 비슷한 하나님의 심판이 임할 것이다. 고린도 교인은 율법에서 자유함, 과거와 현재, 미래의 죄 사함, 그리스도 안에서 양심의 자유를 누림 등의 명목으로 지역 사원에서 벌어지는 우상숭배에 참여했다. 바울이 설명하고 있듯이, 이것은 악마 숭배의 구렁텅이로 끌고가는 소용돌이에 발을 담근 것과 다를 바 없었다.

고린도 교인은 성령 세례, 물세례의 봉인, 은총을 베푸는 교회의 삶에 참여함으로써 아무리 죄를 지어도 바닥나지 않는 용서의 예금 계좌를 받았다고 믿고 있었다. 바울은 그런 그들이 들으면 화들짝 놀라 그릇된 신학에서 돌이킬 만한 엄중한 경고를 했다. "그런즉 선 줄로 생각하는 자는 넘어질까 조심하라"(고전 10:12). 조심하라는 단어는 '무언가를 살피다'는 뜻이다. 그러므로 바울의 말은 이런 뜻이다. "너희가 기독교로 개종했기 때문에 하나님의 징벌하시는 손길을 피할 것으로 생각한다면 잘 보라. 너희도 거룩하신 하나님의 징계를 받을 수 있다."

그러나 바울의 엄중한 경고에는 긍정적인 격려가 따른다. 고린도 교인은 온갖 시련과 유혹에 맞닥뜨렸지만, 신실하신 하나님은 이런 유혹이나 믿음의 시험에서 "피할 길을 주실 것"을 약속하신다. "시험"으로 번역된 헬라어 *peirasmos*(3986)는 믿음의 진실성을 검증하는 시험을 가리킨다(베드로전서 1장 6절에서처럼). 또는 "유혹", 즉 죄로 기우는 우리의 성향을 호리고 우리의 도덕성에 도전하는 것을 뜻할 수도 있다(눅 4:13). 고린도전서 10장 13절의 맥락을 보면 바울은 일상생활에서 걸려 넘어질 수 있는 죄의 덫을 염두에 두고 있는 것 같지만, 삶에서 만나는 이런저런 믿음의 시련을 마음에 두고 있는 것 같기도 하다. 어떤 경우든, 여기까지는 '모든 사람이 흔히 겪는' 시험에만 대처하면 됐다고 말한다. 바울은 우상숭배의 영적, 악마적 속성에 관해 논할 참이었기 때문에 그들이 무심결에 '초자연적' 상황에 빠지기 전에 지금 처해 있는 흔한 영적 타락의 길에서 돌이킬 기회가 있다는 것을 말하는 듯하다. 돌이켜 옳은 일을 시작하기에 너무 늦은 때란 없다고 해도 그런 상황에서 벗어나기는 훨씬 힘들 것이기 때문이다.

고린도 교인에게는 이 격려가 절실했다. 왜냐하면 그들은 그리스도인의 삶의 변방에서 살기로 선택했기 때문이다. 그들은 이교 세계와 위험할 만큼 가까이 살면서 이교의 모든 유혹에 둘러싸여 있었다. 바울은 그들이 계속 그렇게 가면 처음에는 자유의 찬미가였던 노래가 마귀의 압제 아래서 죄의 노예가 부르는 애가로 끝날 것이라고 경고했다. 이 경고의 내용을 한 문장으로 표현하면 이것이다. "우상 숭배에서 도망치라"(10:14)!

바울은 우상숭배에 무턱대고 참여하는 것이 얼마나 파괴적인 영향을 미치는지 알았기 때문에 탈선한 고린도 교인 앞에 깜박이는 경고등처럼 이 경고를 배치한다. 이 초기 경보를 보조하기 위해 그는 고린도 교인에게 브레이크를 힘껏 밟고, 우상숭배에서 돌아설 것을 촉구하는 두 개의 노란 깃발을 흔든다(10:15).

첫째, 우상숭배에 연루되면 거짓 종교에 참여하게 된다. 바울은 고린도 교인에게 두 가지 예, 곧 주님의 식탁과 이스라엘 민족을 통해 영적 재앙으로 가는 첫걸음이 어떻게 시작되는지 보여준다(10:16-18). 이 구절에서 나눔/나누는 자[*koinonia*(2842)/ *koinōnos*(2844)]의 개념이 세 번이나 나오는 것에 유의하라. 이 말은 서로 친밀한 교제를 나눈다는 뜻이다. 성도가 성만찬의 빵과 포도주를 먹는 것은 보고, 맛보고, 냄새 맡고, 만지고, 들을 수 있는 믿음의 고백에 참여하는 것이다. 순전히 물리적 의미에서, 성도는 진짜 살과 피를 취하시고(요 1:14), 우리 죄를 위해 죽으시며, 우리에게 새 생명을 주시기 위해 죽은 자들 가운데서 부활하신 신인(神人)의 성육신에 대한 믿음을 고백한다. 성도는 그리스도가 주재하시는 만찬에서 "축복의 잔"과 "한 덩이의 떡"을 함께 나눔으로써 성령을 통해 그분과 교제한다(요 14:16-17). 그들은 또 이 엄숙한 성만찬을 통해 연합된 "한 몸"으로서 서로 교제한다(고전 10:17).

이스라엘 백성 역시 구약 율법의 희생제물을 통해 하나님과 교제하고 예배했다(신 12:18). 성만찬과 제물에 의미와 권능을 부여한 것은 성만찬의 보이지 않는 주인이신 예수님과 이스라엘 백성의 희생제물 뒤에 보이지 않는 근거이신 하나님이었다.

바울은 고린도전서 8장에서 소개했던 문제를 다시 거론하며 우상숭배의 영적 위험에 대해 분명히 경고한다(10:19-20). 그는 우상 자체는 아무 힘이 없는 물질에 불과하기 때문에, 우상에게 바친 고기 자체는 본질적으로 선하지도 악하지도 않음을 거듭 확인한다(8:8). 그러나 그들이 이교의 성전에서 우상을 숭배하는 희생 예식에 참여하면 악령과 영적 교류를 하게 되어 정말로 위험하다고 말한다. 주석가 R. C. H. 렌스키(Lenski)가 이 점을 잘 설명한다.

> 그들의 우상숭배와 우상에게 바친 희생제물의 배후에 아무것도 존재하지 않는다고 생각한다면 큰 오산이다. 분명한 사실은, 8장 4절에서 밝히듯이, 우상의 신들은 전혀 존재하지 않는다는 것이다. 주피터라는 이름을 가진 존재는 없으며 다른 신도 마찬가지다. 그러나 이런 가짜 신들보다 훨씬 무서운 무언가가 존재한다. 이른바 하나님을 적으로 여기는 어둠의 왕국, 악마 혹은 타락한 천사의 무리가 존재한다. 그리고 그들을 지배하는 가장 큰 자, 이름하여, 사탄이 존재한다.[19]

철판에서 막 꺼내 따끈한 최상의 숯불구이 스테이크를 먹으려고 이교의 성전에 가는 고린도의 그리스도인이 가진 문제의 본질은 그들의 존재와 행위가 악마를 숭배하는 자들과 완전히 똑같다는 것이었다. 물과 불이 함께할 수 없듯이 사탄과 그리스도는 섞일 수 없다(10:21). 하나님은 분열된 충성심을 용납하지 않으신다. 그분은 이스라엘 시대에도 그러셨고(신 32:21-25, 왕하 17:7-23, 시 78:54-64), 고린도 교인에게도 그러셨다. 우리 시대에도 마찬가지다. 유일하신 참 하나님과 악령의 우상 사이에서 우리의 충절이 나뉘는 것을 하나님은 질투하신다(고전 10:22). 이 점을 절대 잊으면 안 된다!

## —10:23-33—

바울은 고린도전서 6장에서 처음 말한 "모든 것이 가하나 모든 것이 유익한 것은 아니요"(6:12, 10:23)라는 주제를 반복하면서 그리스도의 공동체 안에서 진정한 교제를 강화하는 문제를 다룬 이 단락을 마무리한다. 이 두 가지 원칙을 합치면, 그리스도인의 자유를 행사하는 데 있어서 긍정적인 영역과 부정적인 영역을 모두 얻는다.

**고린도전서 6:12, 10:23**

우리는 모든 것에 대해 율법에서 자유하다 (고전 6:12, 10:23).

우리는 죄악된 행위가 우리를 지배하게 해서는 안 된다(고전 6:12).

그러나

우리는 모든 일에서 다른 사람들을 세워주어야 한다(고전 10:23).

다음 세 가지 질문에 우리가 어떤 중립적인 관행에 참여해야 하는지 말아야 하는지를 지혜롭게 결정할 수 있는 기본 지침이 요약되어 있다.

1. 그것은 악하고 부도덕한 생활 방식을 배제하는가(6:12-20)?
2. 그것은 그리스도 안에 있는 우리 형제자매의 유익을 구하는가(10:23)?

3. 그것은 궁극적으로 하나님께 영광을 돌리는가(6:20, 10:31)?

이제 신자가 취할 수 있는 여러 종류의 고기를 정리한 3단계의 도표를 다시 보고 위의 세 가지 질문에 비추어 우상에게 바친 고기에 관한 바울의 주장을 정리해보자.

**성전에서 제물로 바친 고기**

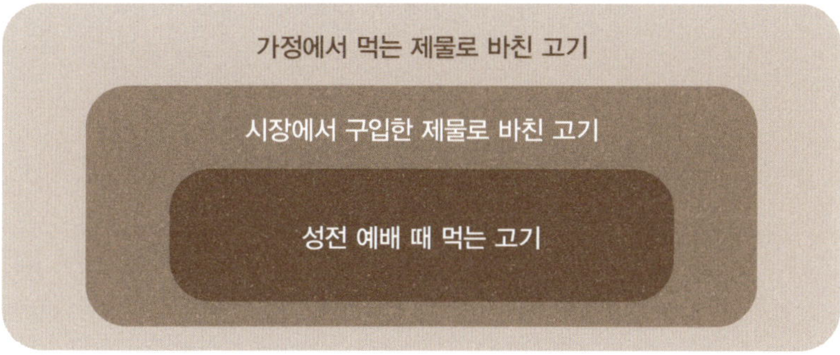


성전 예배에 참석해서 고기를 먹는 것(도표에서 한가운데 원)은 바울에게는 생각할 필요도 없는 문제다. 여기에는 우상숭배와 영적 음행(질문 1)이 포함되며, 그리스도 안에 있는 다른 형제자매를 죄에 빠트리고(질문 2), 귀신 숭배로 하나님을 모욕한다(질문 3).

시장에서 산 제물로 바친 고기(두 번째 원)에 관해 바울은 이렇게 조언한다. "무릇 시장에서 파는 것은 양심을 위하여 묻지 말고 먹으라"(10:25). 다시 말해서, 우리가 그 고기를 중립적 환경에서 구입한 무해한 하나님의 창조물로 여긴다면(10:26), 그것은 우상숭배와 음행(질문 1)과 무관하고, 믿음이 약한 성도를 실족시키지 않으며(질문 2), 감사한 마음으로 그 음식을 취할 때 하나님을 영화롭게 한다(10:30, 질문 3).

마지막으로, 불신자의 집에서 먹는 제물로 바쳤던 고기(가장 바깥쪽 원)에 대해서는 구원받지 못한 주인이 고기의 출처를 밝히지 않으면 성도는 자유롭게 먹을 수 있다고 바울은 말한다(10:25). 만약 접대자가 우상에게 바쳤던 고기임을 밝힌다면, 그는 이교의 신에 헌신하는 마음가짐으로 그 고기를 보고 있을 가능성이 크다. 그 경우에는, 그리스도인의 신앙고백과 연약한 신자의 양심을 위해서 조용히 그 음식을 먹지 말아야 한다(10:27–29).

결론적으로, 그리스도인은 하나님 그리고 다른 사람과의 교제를 위해서 그리스도인의 자유를 행사할 권리를 기꺼이 내려놓아야 한다. 그리스도의 복음이 가르치시는 진리는 이미 충분히 불편하다(1:17-18). 그러니 예수 그리스도의 인격과 사역에 대한 절대 진리-설령 세상 사람들에게는 어리석어 보일지라도-에 있어서는 우리 입장을 양보해서는 안 된다. 그러나 의심스럽거나, 선택의 여지가 있거나, '회색' 지대에 있는 것들에 대해서는 바울의 명령을 깊이 새겨야 한다. "유대인에게나 헬라인에게나 하나님의 교회에나 거치는 자가 되지 말고 나와 같이 모든 일에 모든 사람을 기쁘게 하여 자신의 유익을 구하지 아니하고 많은 사람의 유익을 구하여 그들로 구원을 받게 하라"(10:32-33).

## 적용: 고린도전서 10:1-33

### 선택의 세 가지 원칙

그리스도인은 날마다 선택의 기로에 선다. 옳은 것과 그른 것뿐만 아니라 좋은 것, 더 좋은 것, 최고로 좋은 것 가운데서 결정해야 한다. 하나님은 우리에게 누릴 수 있는 아름다움으로 가득 찬 세상을 주셨다. 그렇다면 하나님이 은혜로 베풀어주신 것과 악한 욕망에 제멋대로 빠지는 것을 어떻게 분별는가? 고린도전서 10장에 기록된 바울의 가르침을 실천할 때 지혜롭고 건전한 결정을 내리고 하나님을 영화롭게 하는 길로 가는 데 도움이 되는 세 가지 기본 원칙을 생각해보자.

**유익의 원칙(10:23).** 유익의 원칙은 다른 경우라면 중립적이었을 사안에 대해 다른 사람의 유익을 위해서 우리의 자유를 행사하지 않는 것이다. 여기서 강조점이 우리 자신이 아닌 다른 사람의 유익이라는 점에 유의하라. 시간을 쓰는 방법부터 돈을 쓰는 방법에 이르기까지 모든 것에 대해서 우리는 끊임없이 점검하는 질문을 해야 한다. 누가 혜택을 받는가? 어떤 유익을 주는가? 다르게 결정하면 더 유익할까? 이런 생각을 하면 본능적으로 자기중심적인 우리의 성향을 거스를 수 있다.

로마서 14장 19-20절도 단호한 어조로 똑같은 주장을 한다. "그러므로 우리가 화평의 일과 서로 덕을 세우는 일을 힘쓰나니 음식으로 말미암아 하나님의 사업을 무너지게 하지 말라 만물이 다 깨끗하되 거리낌으로 먹는 사람에게는 악한 것이라." 이론적으로 그리스도인은 그 자체는 부도덕하지 않은 모든 활동에 참여할 자유가 있지만, 동시에 다른 사람에게 유익을 줄 수 있는 일에 집중해야 할 소명을 받았다.

**사람의 원칙(고전 10:24, 33).** 사람의 원칙은 유익의 원칙과 맞물려 있다. 우리는 활동에 참여하고 다른 사람에게 더 유익한 결정을 내리려고 할 때 진심으로 그들을 위하는 마음을 가졌는지 신중히 살펴야 한다. 그러려면 사람을 알아야 한다. 그냥 이름이나 이력이 아니라 그들의 필요, 상처, 고통, 강점과 약점을 알아야 한다는 뜻이다. 그래야만 "이게 그들에게 최선인가?"라는 질문에 제대로 된 답을 얻을 수 있다.

사람들이 원하는 것을 주거나 욕구를 즉각 충족시켜주는 게 꼭 가장 유익한 것은 아니다. 자녀양육이 특히 그렇다. 간혹 아이가 원하는 것을 주지 않는 것이 매우 유익할 때도 있다. 때로는 아이들을 위해서 그들이 원하지 않는 것을 주어야 할 때도 있다. 빌립보서 2장 3-4절은 바로 이 점을 강조한다. 이 구절을 외워두면 좋다. "아무 일에든지 다툼이나 허영으로 하지 말고 오직 겸손한 마음으로 각각 자기보다 남을 낫게 여기고 각각 자기 일을 돌볼뿐더러 또한 각각 다른 사람들의 일을 돌보아 나의 기쁨을 충만하게 하라."

**목적의 원칙(고전 10:31).** 당신은 먹고 마시는가? 하나님의 영광을 위해서 하라. 야구나 하키를 하는가? 하나님의 영광을 위해서 하라. 설교하거나 가르치는가? 하나님의 영광을 위해서 하라. 타이어를 고치거나, 패스트푸드점에서 일하거나, 대수학을 배우거나, 집을 청소하거나, 대통령직에 출마하거나, 자녀를 양육하거나 간에 이 모든 일의 목적은 단 하나, 하나님의 영광이어야 한다.

직업 선택 같은 중요한 일에 대해서만 하나님의 영광을 생각해서는 안 된다. 보통 마지못해 하는 일상의 사소한 일도 하나님의 영광을 위해서 해야 한다. 마치 그분을 섬기듯이 그분을 기쁘시게 하는 데 집중해야 한다. 여기에는 식기 세척기를 돌리고, 빨래하고, 욕실을 청소하고, 침실을 정리하고, 교회에서 의자를 옮기고, 아픈 아이를 돌보고, 은퇴해서 사는 삶 등 모든 일이 포함된다. 무엇을 하든 그것이 당신의 유일한 주 하나님을 섬기는 일이라고 생각하라. 그분이 모든 것-당신의 삶과 시간, 에너지-의 주인이시다. 모든 것이 그분이 빌려주신 것이다.

잠시 시간을 내어 고린도전서 10장 31절을 외우면 어떨까? 목적의 원칙을 당신 일상생활의 중심에 놓을 수 있는 좋은 출발점이 될 것이다! "그런즉 너희가 먹든지 마시든지 무엇을 하든지 다 하나님의 영광을 위하여 하라."

## 주

1. Keener, *1–2 Corinthians*, 62.
2. Johannes P. Louw and Eugene A. Nida, eds., *Greek-English Lexicon of the New Testament Based on Semantic Domains*, vol. 1, *Introduction and Domains*, 2nd ed.(New York: United Bible Societies, 1988), § 13.141. 이 말은 신약성경에서 여기에 딱 한 번 나온다.
3. 4 Maccabees 16:9 참조.
4. Mike Mason, *The Mystery of Marriage: As Iron Sharpens Iron*(Portland: Multnomah, 1985), 45.
5. 키너는 이 구절에 나오는 남자들과 약혼녀가 누구인지 고린도 교인은 분명히 알고 있었다고 지적한다(Keener, *1–2 Corinthians*, 71 참조).
6. Ittai Gradel, *Emperor Worship and Roman Religion*, Oxford Classical Monographs(Oxford, UK: Oxford University Press, 2004), 16; Kathryn Hinds, *Everyday Life in the Roman Empire*(Tarrytown, NY: Marshall Cavendish, 2010), 231; William Smith and Charles Anthon, eds., *A Dictionary of Greek and Roman Antiquities*, 3rd ed.(New York: Harper and Brothers, 1843), 845.
7. Frederic Louis Godet, *Commentary on First Corinthians*(1889; repr., Grand Rapids: Kregel, 1977), 401.
8. Earle, *Word Meanings*, 230.
9. 희생 플라이를 할 때 타자는 외야수가 쉽게 잡도록 공을 외야쪽으로 높이 친다. 이렇게 하면 공이 3루와 홈 플레이트에서 멀리 떨어져 있어서 외야수가 던진 공보다 3루 주자가 먼저 홈인해서 득점할 수 있다. 그러면 타자는 아웃되지만 3루 주자는 홈으로 달려서 이길 수 있다. 타자는 팀을 위해 희생한다.
10. Barclay, *Letters to the Corinthians*, 95.
11. Pausanias, *Description of Greece* 5.2.4.
12. Polybius, *Histories* 2.12.8.
13. Strabo, *Geography* 8.6.20.
14. John S. Howson, *The Metaphors of St. Paul*, 2nd ed.(London: Strahan, 1869), 153.
15. Alexander Solzhenitsyn, *One Day in the Life of Ivan Denisovich*(New York: E. P. Dutton, 1963), 158.
16. Grant R. Osborne, *The Hermeneutical Spiral: A Comprehensive Introduction to Biblical Hermeneutics*, 2nd ed.(Downers Grove, IL: InterVarsity, 2006), 328.
17. Mare, "1 Corinthians," 249.
18. Godet, *Commentary on First Corinthians*, 487 – 88.
19. R. C. H. Lenski, *The Interpretation of 1 Corinthians*, Lenski's Commentary on the New Testament (Minneapolis: Augsburg Fortress, 2008), 415.

# 교회와
# 예배의 질서

## 고린도전서 11:1-14:40

나는 그 일이 바로 오늘 아침에 벌어진 것처럼 생생하다. 대만 인근의, 당시에는 포모사라고 불리던 곳의 북동쪽 끄트머리에서 1958년에 벌어진 일이다. 우리가 탄 배가 항구 입구에 멈추어 옴짝달싹하지 못하고 있었다. 선착장은 2킬로미터도 채 안 되는 거리에 있었다. 배가 그대로 진행하면 금세 안전하게 상륙할 것처럼 보였다. 하지만 우리는 도선사가 오기를 기다렸다. 승선한 도선사는 물살이 잔잔한 쪽으로 직진하지 않았다. 배는 천천히 항구 쪽으로 가는가 싶더니 우현으로 방향을 틀었다. 도선사는 마치 일부러 항해를 질질 끌듯이 길고 굽이진 경로로 출렁이며 나아가기 시작했다.

대부분 승객에게 이런 갈지자의 항해는 불필요할 뿐 아니라 우스꽝스러워 보였다. 그러나 배의 난간 너머 아래로 투명한 물을 자세히 보니 바로 이해가 되었다. 수면 아래로 전략적으로 배치된 무시무시한 지뢰의 돌기가 여기저기 눈에 띄었다. 우리 배가 살짝 건드리기만 해도 바로 터질 태세였다. 지뢰가 정확히 어디에 얼마나 깊이 있는지 아는 도선사는 저 아래서 터질 수 있는 재앙을 피해서 눈에 보이지 않는 항로로 배를 조종했다.

훗날 우리는 요코하마 항구에서 부두로 천천히 다가갈 때 똑같은 경험을 했다. 그곳 바다는 순하고 잠잠했다. 그러나 아차 하면 언제라도 지뢰가 폭발할 수 있었다!

그 항구의 바다처럼 깊고 강력한 진리와 실제적인 적용이 폭넓게 담겨 있는 고린도전서 11-14장에는 자칫 갈등을 폭발시킬 수 있는 논란의 지뢰도 숨겨져 있다. 오늘날까지도 팽팽하게 대립하는 이런 쟁점들은 그리스도인 간에, 한 교회 안에서뿐만 아니라 교회와 교단 간에 격렬한 논쟁을 불붙일 수 있다(그리고 종종 그런다).

- 교회 안에서 남자와 여자의 관계, 특히 머리로서의 권위와 복종의 문제(11:1-16)
- 성만찬에 대한 올바른 이해와 실행(11:17-34)
- 영적 은사에 대한 바른 시각과 실행(12:1-31)
- 특정 은사의 중단에 관한 문제(13:1-14:25)
- 함께 모여 드리는 예배의 올바른 원칙(14:26-40)

이런 쟁점들을 조심스럽게 다루지 않으면 역풍을 맞을 수도 있음을 깨닫는 데 50년 동안이나 목회해야 할 필요는 없다. 실제로 나는 수십 년간 목회하면서 목회자들과 교사들이 이 물길을 신중하게 헤쳐 나가지 못해서 많은 교회와 기독교 단체가 치명타를 입는 것을 목격했다.

이 길을 헤치고 나아가는 나만의 전략은 논란의 세부사항을 무시하거나, 회피하거나, 경시하지 않는 것이다. 나는 이 쟁점들을 단도직입적이고 허심탄회하게, 하지만 지혜롭고 조심스럽게 다룰 생각이다. 여기에 나오는 모든 세부사항이 아주 명확하지는 않기 때문에 큰 그림에 생각을 집중하면서 실제적인 적용에 중점을 두려고 한다.

바울은 고린도전서 11장 1절부터 독자에게 교회 안의 올바른 질서에 대해 그에게 받은 가르침을 적용하라고 권면한다. 고린도 교인이 그리스도와 서로에게 순복함으로써 올바른 질서를 보여주지 못했던 것은 분명하다(11:1-16). 그 때문에 교회의 연합을 기리는 성찬식을 준수하는 문제에서도 자기중심적인 분열과 공격적인 갈등이 일어났다(11:17-34). 또 이런 당파심 외에도, 성령의 은사는 겸손하고 서로를 존중하는 가운데 나타내야 함에도 불구하고(12:1-14:40), 고린도 교인은 주로 이기적 야망을 위해 영적 은사를 사용했다. 이 단락에서 바울은 그들의 자기중심적이고 분란을 일삼는 태도를 고칠 수 있는 것은 진실하고 사심 없으며 무조건적인 아가페(26) 사랑밖에 없다고 말한다(고전 13장).

## 핵심 용어

οἰκοδομέω [*oikodomeō*, 오이코도메오]*(3618)* '교화하다', '세우다'

οφκοδομή [*oikodomē*, 오이코도메]*(3619)* '교화', '건물'

*Oikodomeō*와 명사 *oikodomē*의 본래 문자적 의미는 '집을 짓는다'는 뜻이다[*oikos*('집')+*demos*('짓다')]. 바울은 이 문자적 의미로 그리스도인의 지식, 지혜, 덕성의 성숙을 돕는 다양한 방법을 비유적으로 표현했다. 바울은 고린도전서에서 교회의 주된 기능은 신자를 교화하고 세우는 것이라고 주장한다. 영적 은사를 정도에서 벗어나 이기적인 목적으로 사용하는 것은 여기에서 배제된다(14:12, 26). 그리스도인은 모름지기 항상 다른 사람을 교화하는 데 힘써야지 자기 자신을 세우려고 해서는 안 된다.

χάρισμα [*charisma*, 카리스마]*(5486)* '선물', '은혜의 선물'

'관대하게 베풀다'는 뜻의 동사 *charizomai*(5483)에서 파생한 '은혜'[*charis*(5485)]라는 말과 연관된 *charisma*는 주어진 것을 강조하는 동사적 명사다. 이 말은 선물 자체에 초점을 맞추기보다는 선물을 베푸는 지극히 은혜로운 속성을 강조한다. 이 말은 '자비심'이나 '베푼 호의'로 번역할 수 있다. 이런 의미에서, 은혜의 선물은 그것을 베푼 의도와 상관없이 수혜자가 마음대로 할 수 있는 재산으로 생각하면 안 된다. 바울은 고린도전서 12장에서 교회를 세우기 위해 성령이 주신 초자연적 능력(영적 은사)을 지칭할 때 이 단어를 사용한다(12:4). 오늘날 '은사 운동'에서 볼 수 있는 특징은 이러한 영적 은사를 강조하는 것이다.

## 외모가 전달하는 것(고린도전서 11:1-16)

1내가 그리스도를 본받는 자가 된 것 같이 너희는 나를 본받는 자가 되라

2너희가 모든 일에 나를 기억하고 또 내가 너희에게 전하여 준 대로 그 전통을 너희가 지키므로
너희를 칭찬하노라 3그러나 나는 너희가 알기를 원하노니 각 남자의 머리는 그리스도요 여자의 머리
는 남자요 그리스도의 머리는 하나님이시라 4무릇 남자로서 머리에 무엇을 쓰고 기도나 예언을 하
는 자는 그 머리를 욕되게 하는 것이요 5무릇 여자로서 머리에 쓴 것을 벗고 기도나 예언을 하는 자
는 그 머리를 욕되게 하는 것이니 이는 머리를 민 것과 다름이 없음이라 6만일 여자가 머리를 가리지
않거든 깎을 것이요 만일 깎거나 미는 것이 여자에게 부끄러움이 되거든 가릴지니라 7남자는 하나님
의 형상과 영광이니 그 머리를 마땅히 가리지 않거니와 여자는 남자의 영광이니라 8남자가 여자에게
서 난 것이 아니요 여자가 남자에게서 났으며 9또 남자가 여자를 위하여 지음을 받지 아니하고 여자
가 남자를 위하여 지음을 받은 것이니 10그러므로 여자는 천사들로 말미암아 권세 아래에 있는 표를
그 머리 위에 둘지니라 11그러나 주 안에는 남자 없이 여자만 있지 않고 여자 없이 남자만 있지 아니
하니라 12이는 여자가 남자에게서 난 것 같이 남자도 여자로 말미암아 났음이라 그리고 모든 것은 하
나님에게서 났느니라 13너희는 스스로 판단하라 여자가 머리를 가리지 않고 하나님께 기도하는 것이
마땅하냐 14만일 남자에게 긴 머리가 있으면 자기에게 부끄러움이 되는 것을 본성이 너희에게 가르치
지 아니하느냐 15만일 여자가 긴 머리가 있으면 자기에게 영광이 되나니 긴 머리는 가리는 것을 대신
하여 주셨기 때문이니라 16논쟁하려는 생각을 가진 자가 있을지라도 우리에게나 하나님의 모든 교회
에는 이런 관례가 없느니라

미국에서 모든 남자가 공공장소에서 모자를 쓰는 것을 중요하게 생각하던 때가 있었다. 그건 그냥 1940년대와 1950년대의 문화적 기대였다. 집을 나설 때는 모자를 가져가라. 실내에 들어오면 모자를 벗어라. 모자 착용에 대해 '누가, 언제, 어디서'를 결정하는, 성문화되

지 않은 무언의 '모자 에티켓'이 엄연히 있었다. '왜'에 대한 설명이 실제로 있었는지는 기억나지 않는다. 남자들은 그냥 그렇게 했다. 이렇다 할 만한 사람(또는 그런 사람이 되고 싶은 사람)이라면 누구나 모자를 썼다. 실제로, 모자 쓰는 유행이 시들해지기 시작하던 1960년대에 일부 고약한 전통주의자는 존 F. 케네디가 바람에 머리카락을 날리며 대중 앞에 등장한 것을 괘씸하게 생각했다.

진실은, 모자를 쓴다고 해서 존경을 받는 게 아니라는 거다. 양복을 입고 넥타이를 맨다고 전문직을 가진 사람이 되지 않는다. 머리를 뒤로 빗어 넘기거나 가르마를 탄다고 해서 그 사람이 보수적이거나 진보적인 사람이 되지 않는다. 유행은 바뀌고, 스타일은 끊임없이 변한다. 그리고 한 세대에서 딱 좋다고 생각되던 것이 다른 세대에서는 고루하게 여겨질 수 있다. 하지만 우리 문화의 관습과 예의범절이 계속 변하고 있다는 현실을 부인하지 않더라도, 우리가 입는 것 그리고 외부에 우리 자신을 소개하는 방식이 다른 사람들에게 우리의 속사람에 대한 메시지를 준다는 점을 인정할 수밖에 없다.

솔직히 말해보라. 염색한 머리, 무수한 피어싱, 문신, 찰스 맨슨(Charles Manson, 미국의 연쇄 살인범-역주) 사진이 인쇄된 티셔츠를 입은 십대를 볼 때 당신은 '학급 반장'을 생각하는가, 아니면 '미래의 범죄자'를 생각하는가? 지금 우리의 판단은 완전히 틀렸을지도 모른다. 그 아이가 경건한 젊은이가 될 수도 있다는 게 우리가 아는 전부다. 그러나 어느 문화권에서나 식자들은 우리가 겉에 입는 것이 우리가 무엇에 충성하는지, 우리의 가치와 정체성, 신념이 무엇인지를 전달한다는 것을 알고 있다. 킬트를 입은 남자는 대개 스코틀랜드 혈통을 가진 것으로 간주한다! 앞치마를 두른 여인은 가정주부의 이미지를 나타낸다. 다시 말하지만, 그 사람에 대한 우리의 해석은 틀릴 수도 있다. 하지만 이러한 문화적 규약이 의도적이든 아니든 그 사람에 대한 정보를 전달한다는 사실은 변함이 없다. 우리가 맨슨 티셔츠를 입은 한 훌륭한 소년을 불법을 저지르는 반항아로 잘못 판단했다면, 자기를 모르는 사람들에게 어떤 메시지를 주는지 생각하지 않고 그날 그 옷을 고른 아이에게도 일말의 책임이 있다.

이제 고린도전서 11장 1-16절에서 바울이 언급한 상황으로 들어가 보자. 바울은 독자에게 그들의 차림새가 그들이 속한 문화적 환경에서 무엇을 전달할 수 있을지 생각해보라고 권한다. 신자는 세상에 예수 그리스도를 대표하고, 세상은 그리스도를 따르는 자들의 삶에 투영된 시각적 이미지에 따라서 구세주에 대한 생각을 형성할 것이므로 이 질문은 신자에게 무엇보다도 중요하다.

## —11:1–2—

바울은 앞서 한 말을 되풀이하면서(4:16) 고린도전서 11장을 시작한다. "내가 그리스도를 본받는 자가 된 것 같이 너희는 나를 본받는 자가 되라"(11:1). 많은 주석가가 이 구절을 고린도전서 10장을 마무리하는 요약문으로 생각한다.[1] 그럴 경우, 바울은 고린도 교인에게 그리스도가 우리를 위해서 하신 것처럼 다른 사람을 위해 자기의 권리와 특권을 포기한 그의 본을 따르라고 권면하고 있는 것이다(10:33). 그런데 이 구절은 다음 논의로 넘어가는 완벽한 경첩 역할도 겸한다. 그는 고린도인들과 함께 살 때 그가 주었던 가르침을 그들이 따르는 것에 대해 칭찬한다. 그들은 바울을 기억했고, 그의 모범을 따라 그가 가르친 전통을 잘 지켰다(11:2).

바울의 말을 보면 고린도 교회가 잘못하기만 했던 건 아니었다. 걱정되는 부분도 있지만, 칭찬할 만한 요소도 있었다. 사실 어떤 교회나 비슷한 모습일 것이다. 가장 건강한 교회에서도 어느 정도의 불화, 갈등, 파렴치한 죄를 찾을 수 있다. 마찬가지로, 쇠락하는 교회에서도 생명의 징표, 언뜻 보이는 희망 그리고 가장 암울한 시기에도 신실하게 남아 있는 사람들을 볼 수 있다. 바울은 칭찬할 것은 공정하게 칭찬한다(1:4–9).

그러나 바울의 말에서 알 수 있듯이 고린도 교인이 전부 바울의 말을 마음에 새기고 그가 보여준 그리스도와 같은 사심없는 겸손의 모범을 따르지는 않았다. 더러는 바울의 가르침에서 벗어나 교회 안에 분열과 파벌을 만들었다(11:18). 그래서 바울은 그들이 가는 길을 바로잡고, 기초가 되는 교리로 그들을 다시 이끌어 결국에는 그들의 본이 되시는 그리스도를 바라보게 한다.

## —11:3–6—

바울은 적절한 복장을 규정하는 원칙을 제시하기 전에 신학에서 얻은 교훈을 제시한다. 성경은 '하라'와 '하지 말라'는 것을 동전 던지기로 정하지 않는다. 우리가 취하는 태도와 행동은 하나님의 성품과 계획, 목적과 질서에 준해야 한다. 바울이 몇 가지 실용적인 결론을 내리기 전에 교리적 기초를 튼튼히 세우는 이유도 이 때문이다. 그는 지도자의 위상과 겸손에 대한 하나님의 질서를 상기시키면서 시작한다.

신학적으로, 창조와 구속의 계획과 목적을 시작하신 분은 아버지 하나님이며, 그분이 아들 하나님을 보내셨다(갈 4:4, 고전 8:6). 아들은 겸허히 아버지의 뜻에 따라 성육하셔서 그분의 뜻에 온전히 순종하며 사시다가 세상 죄를 위해 죽으시려고 이 땅에 오셨다(눅 22:42, 요 5:36, 8:28, 12:49, 고전 15:3). 아버지와 아들은 신성(요 1:1, 5:18, 10:30), 영광(요 17:5), 영원성(요 8:58)이 동등하시지만, 삼위일체 하나님이 아버지의 구속 계획을 성취하실 때 아버지는 아들의 '머리' 역할을 하신다(빌 2:6-8). 그래서 바울이 "그리스도의 머리는 하나님이시라"(고전 11:3)고 말할 수 있는 것이다.

헬라어 *kephalē*(2776)는 말 그대로 사람의 몸 중 물리적 머리를 지칭하지만(마 10:30), 비유적으로 지휘 계통에서 '우두머리' 또는 '권위'를 뜻하는데 사용되기도 한다(엡 1:22, 골 1:18). 고린도전서 11장 3-10절에서 바울은 *kephalē*라는 단어를 비유적 의미와 문자적 의미를 바꿔가면서 아홉 차례나 사용했고, 고린도전서 11장 3절에서는 모두 비유적으로 사용했다. 아버지 하나님은 그리스도에 대해 '권위'를 가지시며, 그리스도는 평생 아버지의 뜻에 순종하셨다. 마찬가지로, 그리스도는 부유하거나 가난하거나, 강건하거나 약하거나, 자유의 몸이거나 노예거나 '모든 사람'-그리스도께 복종하는 모든 사람-의 머리시다. 그리스도는 우리 삶의 최고 권위자시다. 그다음으로, 가족 안에서는 남편이 가정의 머리로서(엡 5:22-23) 아내와 자녀를 보호하고 필요를 공급하며 인도한다(엡 5:25).

권위의 사슬은 아버지 하나님을 첫 연결 고리로 시작해서 아들 하나님, 남자, 마지막으로 여자에게로 이어진다. 이 순서는 우월하거나 열등한 관계를 강요하기 위한 것이 아니다. 오히려 이 순서는 가족 관계에서 조화와 평화를 증진하기 위한 것이다(부디 이 두 문장을 다시 읽어주기 바란다). 이 질서의 개념은 하나님이 세우신 창조 질서의 패턴과 일맥상통한다. 하나님은 밤과 낮을 다스리며 조화롭게 역할을 수행하라고 천체에 명하셨다(시 136:8-9). 하나님은 당신의 말씀을 신실하게 전파하고 가르치는 사람들을 교회의 권위로 세우셨다(히 13:7). 인간 정부의 영역에서는 선을 권장하고 악을 벌하기 위해 정치 권력을 세우셨다(롬 13:1-7, 벧전 2:13-14). 이러한 권위 체계가 없다면 모든 기관은 혼란에 빠질 것이다.

바울은 하나님의 질서를 기본적인 진리로 확고히 세우면서 고린도전서 11장 4절에서 그것을 실제로 적용한다. 머리 됨의 신학적 원칙에 비추어 "무릇 남자로서 머리에 무엇을 쓰고 기도나 예언을 하는 자는 그 머리를 욕되게 하는 것이요." "욕되게 하다"는 말은 "부끄럽게 하다"(1:27)는 뜻이며, 여기서 남자의 "머리"는 그리스도시다. 고린도 문화에서 여자는 여성의 겸양과 남편의 권위에 대한 순종의 표시로 머리를 가렸다. 남자가 머리에 무언가를 쓰는 것은 성 역할의 모호함을 고린도 문화에 상징적으로 전달했을 것이다. 따라서 그런 행위는 남자의 "머리"이신 예수 그리스도를 부정적으로 나타냈다. "기도하거나 예언하는 것"에 대한 언급에서는 바울이 교회 집회에서 공개적으로 시선을 끌면서 말하는 사람들을 특정하고 있음을 알 수 있다. 많은 사람이 교회 집회에서 그런 사람들을 예수 그리스도의 대변자로 여겼다.

이어서 바울은 예배 중에 기도하거나 예언할 때 적합한 여자의 복장에 대해 말한다(11:5-6). 머리를 드러내야 하는 남자들과 반대로 아내들은 적절한 문화적 상징을 유지하고 머리를 덮어야 했다. 머리를 드러내는 것은 그들이 더는 남편을 가정의 머리로 여기지 않는다는 의미였다. 그러면 성 역할은 다시 경계가 허물어져 여자의 "머리"(11:3)인 남편에게는 수치심을 주고 회중은 혼란에 빠졌을 것이다. 바울은 머리를 덮지 않은 여인들을, 그들의 문화에서는 큰 충격인 삭발한 여인들에게 빗대었다! 바울의 어투는 날카롭다. 그의 말뜻은 사실 이랬다. "당신이 하나님이 가정에 정해주신 질서를 더는 받아들일 의사가 없다는 것을 천명하려 한다면 아예 머리를 남자처럼 하라!"

현대의 예로 설명해보겠다. 한 여자가 교회에 와서 친구들에게 "지난 금요일부터 나는 더는 스미스 부인이 아니야. 다시 처녀 때 이름인 존스로 바꿨어"라고 선포한다고 상상해보라. 제일 먼저 무슨 생각이 들까? 아마 존스 부인과 스미스 씨가 헤어졌거나 결혼생활에 심각한 문제가 있을 거라고 추측할 것이다. 그것은 우리 문화에서 아내가 남편의 성을 취하는 것은 혼인 관계에서 남편과 아내의 하나 됨을 나타내고 전통적으로 가장인 남편에 대한 아내의 경의를 보여주는 일반적인 관습이기 때문이다. 스미스 씨와 존스 부인의 결혼이 실제로 아무 문제가 없을 수도 있지만, 존스 부인의 언행은 잘못된 메시지를 전달하고 있다. 이와 비슷하게 바울 시대에 여자가 머리에 베일을 쓰지 않거나 남자가 공공 예배 장소에서 머리를 덮는 것은 가정 질서와 성 역할의 경계를 허무는 행위였다.

## —11:7-10—

적절한 복장에 대한 신학적, 문화적 논쟁은 11장 7-10절에서 성경적 논쟁으로 넘어간다. 남자는 그의 주권자이신 예수 그리스도를 부끄럽게 하지 않고 그분을 높이는 데 힘써야 한다. 남자는 창조 질서 속에서 "하나님의 형상과 영광"(11:7)의 역할을 하도록 부름받았기 때문이다. 머리를 덮은 남자는 혼란을 일으키고 조롱받을 것이며, 이는 구세주의 명성에 악영향을 미칠 것이다. "하나님의 형상"을 지닌 인간은 이 세상에서 하나님의 대표자로 섬기고, 하나님을 대신해서 창조 질서를 다스려야 한다. "하나님이 이르시되 우리의 형상을 따라 우리의 모양대로 우리가 사람을 만들고 그들로 바다의 물고기와 하늘의 새와 가축과 온 땅과 땅에 기는 모든 것을 다스리게 하자"(창 1:26).

창세기는 하나님이 인간 남자 아담을 먼저 창조하셨다고 말한다(창 2:7). 아담에게 동산을 가꾸고 유지하면서 하나님의 통치를 강화하고 창조 활동을 발전시킬 임무를 부여하신 후(창 2:15), 아담의 갈비뼈로 돕는 배필 하와를 만드셨다(창 2:18). 하와도, 가정의 머리로서가 아니라 남편과 함께, 하나님이 인간에게 부여하신 임무를 수행해야 했다.

"돕는 자"라는 말은 성경에서 여자를 묘사하는 데 사용된 최초의 용어다(창 2:18). 성경은 여자를 '노예', '깔개' 또는 '애완동물'로 표현하지 않는다. "돕는 자"란 열등이 아니라 동등을 나타내는 말이다. 실제로, 이 말에는 아담 혼자서는 하나님이 인간을 통해 이루기 원하시는 것을 완수하기에는 부족했다는 뜻이 내포되어 있다. 하와는 남편을 통해 피조 세계에 하나님의 영광을 투영하는 일에 꼭 필요한 배우자였다. 논리적 순서로 보면 하나님은 남자를 위해 여자를 빚으셨다. 남자가 먼저 지음받았고 여자는 남자를 돕고 완성하기 위해서 남자에게서 나왔다(고전 11:8-9). 아담이 타락하기 전 상태에서 하나님의 영광을 나타내고 그분의 성품을 그대로 비추었듯이 여자는 아담의 영광을 나타내고 그의 성품을 비추었다(11:7).

바울은 창조의 순서와 하나님의 형상을 가진 존재로서 상이하지만 분리할 수 없는 남녀의 역할에 비추어, 바울 시대의 문화에서 아내는 그의 머리 위에 글자 그대로 "권세"를 두어야 한다고 설명한다(11:10). “표”라는 말은 헬라어 원본에는 없다. 여기서 바울이 강조하는 것은 단순한 문화적 상징으로 머리를 덮는 것을 넘어서 그것이 상징하는 것, 즉 하나님이 정하신 권위에 복종하는 태도다. 초점은 남편의 권위에 대한 아내의 태도에 있다. 엄밀한 의미에서는 하나님의 뜻을 받드는 아내의 자세를 공개적으로 보여주는 것이며, 아내의 마음가짐은 겉모습과 상충해서는 안 된다.

천사의 실재를 예배에 적합한 차림을 해야 하는 동기로 언급하면서 바울은 살짝 옆길로 샌 듯 보인다. 주석가들은 헬라어로 번역된 “천사들로 말미암아”라는 말을 어떻게 해석해야 할지 골머리를 앓았다. 한 주석가는 천사들이 교회 예배의 구경꾼으로 실재한다는 것이 가장 적합한 해석임을 밝힌 뒤 몇 가지 다른 해석을 요약한다.

> “천사들로 말미암아”라는 말에 대한 다른 (덜 그럴듯한) 설명들은 다음과 같다. (a) 고린도 회중 사이에 있는 여자들에게 욕정을 느낀 악한 천사들. (b) 천사들은 메신저, 즉 목사들이다. (c) 선한 천사들이 여자들에게서 배운다. (d) 선한 천사들은 복종의 본보기다. (e) 선한 천사들이 여자의 반항으로 인해 악심이 일 것이다.[2]

“천사들”을 어떻게 해석하든 바울의 요지는 분명하다. 순종하는 마음을 가진 아내는 예배 공동체 안에서 문화적으로 적절한 태도로 그것을 나타내야 한다. 그러지 않으면 남편에게 수치를 주고 교회 안에 혼란을 조장하게 된다.

## —11:11–16—

여태까지 바울은 모름지기 여자는 가족 관계와 기도 속에서 복종하는 경건한 자세를 보여주어야 한다는 것을 독자에게 분명히 인식시켰다. 그런데 이 성경의 진리가 간혹 결혼 관계 속에서 여성의 위상을 격하하는 빌미가 될 수 있다. 여자를, 남편을 머리로 두고 서로 다른 역할을 수행하는 동등한 파트너로 보지 않고 극단으로 치우쳐 불건전하고 비성경적인 복종을 요구하는 경우가 더러 있다. 그래서 쟁점의 일면만 제시하는 것을 피하기 위해 바울은 그 이면도 보여주는 지혜를 발휘한다.

남녀의 평등함과 상호 의존성을 보여준 바울은 남편과 아내 모두 결혼 관계에서 독립적이지 않다고 말한다. 그렇다. 하와가 원래 아담에게서 나왔듯이, 남성이 여성의 근원이었다. 그러나 최초의 창조 이래로 모든 남자는 여인에게서 태어났다(11:11-12). 남자와 여자 모두 하나님의 형상과 영광을 나타내고, 하나님을 대신해 세상에 대한 통치권을 행사하며, "생육하고 번성하여 땅에 충만하[고] 땅을 정복"(창 1:28)하는 데 없어서는 안 되는 존재다. 여자는 하나님의 계획에서 반드시 필요하고 귀중한 존재다. 하나님의 계획 속에서 남자와 여자는 영적으로 동등하다. 결혼 관계에서도 맡은 역할만 다를 뿐 동등한 지위를 가진다.

마지막으로 바울은 인본주의적이고 세속적인 관점이 아닌 현명하고 성령 충만한 관점에서 나온, 요즘에는 '상식'이라고 불릴 만한 것에 호소한다. 바울은 자신의 주장을 신학과 성경에 비추어 그들의 문화적 환경에서 여자가 머리를 가리지 않고 교회에서 기도하는 것이 온당한 일인지 스스로 판단하라고 촉구한다(고전 11:13). 답은 분명하다. "아니요, 그것은 잘못된 메시지를 전달할 것입니다."

바울은 이어 그의 주장을 뒷받침해주는 작은 증거, 곧 여자와 남자의 타고난 신체적 차이를 제시한다(11:14-15). 여자는 길고 치렁치렁한 머리카락이 머리를 덮고 있다. 유사 이래로 대부분 문화에서 머리카락은 여인의 영광이었고, 아름다움의 상징으로 여겨졌다. 반면 남자는 턱수염이 났고, 일반적으로 여자보다 성인이 되었을 때 탈모에 더 취약했다. 많은 남자가 나이가 들면서 머리카락이 빠지는데 반해, 여자는 여간해서는 탈모가 발생하지 않는다. 바울은 이런 관찰을 사용해서 자연도 남자와 여자의 분명한 차이를 보여준다고 주장한다.[3]

마지막 주장에서 바울은 권위에 호소한다. 바울에 의하면 교회의 공개 모임에서 머리에 베일을 쓰는 것은 모든 교회의 공통적인 관행이었다. 크레이그 키너는 이렇게 말한다. "바울은 지중해 동부 지역에 있는 교회의 관행…대부분 품행이 방정한 여자들이 공공장소에서 머리를 가렸던 문화를 언급하며 호소한다."[4] 품위 있고, 겸손하며, 머리 된 자에 대한 순종의 표시로 머리를 덮는 문화적 상징은 널리 퍼져 있었기 때문에 바울은 그 관행을 거부하는 사람은 전 세계의 경건하고 현명한 그리스도인이 널리 공감하는 것에 반기를 드는 것이라고 자신 있게 말할 수 있었다.

## 적용: 고린도전서 11:1–16

### 그리스도인에게 합당한 차림새

여성이 꼭 머리에 베일을 써야 하는가에 대한 바울의 주장과 지침을 읽는 많은 사람에게 이 주제는 이상하게 들린다. 나는 바울 시대에는 머리를 덮는 것이 여성의 교양, 겸손 그리고 질서와 주권에 대한 존중을 나타냈다는 점을 강조하고자 했다. 많은 서구 문화권에서는 머리에 쓰는 베일에 더는 그런 의미를 부여하지 않는다. 도리어 현대 교회에서 어떤 여성이 모자를 쓴다면 정반대의 결론을 내리는 사람도 있을 것 같다. "과시적이고, 관심을 끌고 싶어 하며, 세속적인 유행을 교회에 유입시키려고 하는군!"

이미 눈치챘겠지만, 나는 바울 시대의 독특한 문화적 환경에서 유래한 머리에 쓰는 베일에 관한 실제적인 지침을 오늘날 우리 문화에 적용하고 싶지 않다. 그러나 바울의 지침 안에 숨어 있는 원칙은 적용해야 한다고 확신한다. "바울이 요즘 우리 교회에 들어온다면 질서와 복종을 나타내는 어떤 징표를 볼 수 있을까?" 바울이 기본으로 깔고 있는 교리를 우리 상황에 적용하려고 할 때 다음 세 가지 원칙을 염두에 두어야 한다.

첫째, 유행과 스타일의 문제는 문화와 개인에 따라 다르게 규정되고 적용된다는 것을 기억해야 한다. 나는 유행이 왔다가 가고 또다시 돌아오는 것을 보았다. 나팔바지, 일자 청바지, 밑단을 접어 올린 청바지, 찢어진 청바지, 긴 드레스, 짧은 스커트, 모자, 부분 가발, 긴 머리, 짧은 머리, 넓은 넥타이, 짧은 넥타이, 얇은 넥타이, 나비넥타이 등 목록은 끝이 없다. 보편적으로 '무례'로 간주하는 것은 있지만, '정숙'과 '예절'의 기준은 문화마다 다르다. 성경을 다 뒤져도 머리 길이나 치마에 관한 '무릎 규정'이나 주일 예배에 대한 복장 규정은 찾지 못할 것이다. 우리 문화권에서 합당한 차림새에 관해 어떤 결론을 내리든 우리는 안에서 옳다고 생각하는 것들을 바깥세상 사람들과 소통하기 위해 노력해야 한다.

둘째, 우리가 취하는 스타일은 우리의 성 정체성뿐만 아니라 기독교의 정체성도 반영해야 한다는 것을 명심해야 한다. 헤어스타일, 보석, 옷, 화장품, 몸매 가꾸기 같은 외모와 관련한 결정을 할 때 하나님을 영화롭게 한다는 목적에 준해서 결정하는가(고전 10:31)? 사람들이 하나님을 바라보게 하는가, 아니면 우리가 시선을 받으려고 하는가? 독립된 존재로서 우리 자신의 개성을 나타내려 하는가, 아니면 하나님의 성품과 가치를 보여주려고 하는가? 마찬가지로, 성경이 정의한 대로 우리의 분명한 성 정체성과 성 역할을 드러내는 차림새를 하는가? 여성인 당신은 당신의 여성성을 하나님의 선물로 받아들였는가? 남자로서 당신은 하나님이 정해주신 당신의 남성성에 수반되는 역할과 책임을 수용했는가? 당신이 다른 사람을 겉으로 대하는 태도에서 이러한 성 역할이 잘 나타나는가? 이성 교인을 대하는 당신의 언행과 의복에서 그것이 잘 나타나는가? 당신이 기혼자라면 이런 부분에서 보이는 당신의 행동이 배우자를 부끄럽게 만드는가, 아니면 높이는가?

끝으로, 우리는 하나님을 영화롭게 하기 위해 기꺼이 스타일을 조율해야 한다. 바울의 원칙을 적용하기 까다로운 부분이 바로 여기다. 불편하더라도 다음 질문에 정직하게 답하라.

- 하나님의 이미지를 드러내기 위해서 당신의 이미지를 버리겠다는 결정을 자발적으로 한 적이 있는가?
- 거룩하고 정결하며 정숙하지 않은 것으로 인식될 수 있어서 삼가야 할 특정한 유행이 있는가?
- 당신의 성 역할에 문화적으로 부합하는 의복을 선택하는가, 아니면 일부러 경계에 도전하는가?
- 당신이 어떤 동기에서 그런 결정을 했는지 생각해보았는가? 당신의 현재 헤어스타일에서부터 신발, 화장품, 고급 시계에 이르기까지 그렇게 차려입는 이유가 무엇인가? 내면의 결핍을 숨기기거나 사람들의 시선을 받고 싶어서 그런 것은 아닌가?

다른 사람들이 당신을 지켜보며 나름대로 판단하고 있기 때문에 이 기회에 민감한 이슈에 대해 중대한 결정을 하라. 당신이 아니라 하나님의 영광을 나타내기 위해 당신의 스타일을 조율하고 있는지 점검하라.

## 그때와 지금의 성만찬(고린도전서 11:17-34)

[17]내가 명하는 이 일에 너희를 칭찬하지 아니하나니 이는 너희의 모임이 유익이 못되고 도리어 해로
움이라 [18]먼저 너희가 교회에 모일 때에 너희 중에 분쟁이 있다 함을 듣고 어느 정도 믿거니와 [19]너희
중에 파당이 있어야 너희 중에 옳다 인정함을 받은 자들이 나타나게 되리라 [20]그런즉 너희가 함께 모

여서 주의 만찬을 먹을 수 없으니 21이는 먹을 때에 각각 자기의 만찬을 먼저 갖다 먹으므로 어떤 사
람은 시장하고 어떤 사람은 취함이라 22너희가 먹고 마실 집이 없느냐 너희가 하나님의 교회를 업신
여기고 빈궁한 자들을 부끄럽게 하느냐 내가 너희에게 무슨 말을 하랴 너희를 칭찬하랴 이것으로 칭
찬하지 않노라

23내가 너희에게 전한 것은 주께 받은 것이니 곧 주 예수께서 잡히시던 밤에 떡을 가지사 24축사
하시고 떼어 이르시되 이것은 너희를 위하는 내 몸이니 이것을 행하여 나를 기념하라 하시고 25식후
에 또한 그와 같이 잔을 가지시고 이르시되 이 잔은 내 피로 세운 새 언약이니 이것을 행하여 마실 때
마다 나를 기념하라 하셨으니 26너희가 이 떡을 먹으며 이 잔을 마실 때마다 주의 죽으심을 그가 오
실 때까지 전하는 것이니라

27그러므로 누구든지 주의 떡이나 잔을 합당하지 않게 먹고 마시는 자는 주의 몸과 피에 대하여
죄를 짓는 것이니라 28사람이 자기를 살피고 그 후에야 이 떡을 먹고 이 잔을 마실지니 29주의 몸을
분별하지 못하고 먹고 마시는 자는 자기의 죄를 먹고 마시는 것이니라 30그러므로 너희 중에 약한 자
와 병든 자가 많고 잠자는 자도 적지 아니하니 31우리가 우리를 살폈으면 판단을 받지 아니하려니와
32우리가 판단을 받는 것은 주께 징계를 받는 것이니 이는 우리로 세상과 함께 정죄함을 받지 않게
하려 하심이라

33그런즉 내 형제들아 먹으러 모일 때에 서로 기다리라 34만일 누구든지 시장하거든 집에서 먹을
지니 이는 너희의 모임이 판단 받는 모임이 되지 않게 하려 함이라 그밖의 일들은 내가 언제든지 갈
때에 바로잡으리라

---

대가족 모임은 이제 옛일이다. 어떤 사람들은 사촌이나 육촌 형제, 고모나 이모할아버지와 할머니의 이름이나 그들이 어디 사는지 기억하는 데 애를 먹을 것이다. '대가족'은 지난 수 년 동안 계속 줄어들고 있어서 먼 친척까지 한자리에 모이는 경우는 보통 결혼식이나 장례식 때뿐이다.

나는 1930년대에 태어나 대가족 모임이 아주 활발하던 남부에서 자랐다. 해마다, 어떤 때는 일주일을 꼬박, 외가 쪽 친척들은 무슨 대회나 긴 회의라고 불러도 무방할 모임을 했다. 우리는 할아버지의 오두막 별장에 모여서 웃고 노래하고 노는 데 4분의 3, 먹는 데 4분의 1의 시간을 썼다!

음식은 바비큐나 뷔페식당이 무색할 정도였다. 할아버지는 일꾼을 한 명 고용해서 바비큐 구덩이를 팠다. 목장을 소유한 삼촌 중 한 명이 소고기와 돼지고기와 닭고기를 가져왔다. 우리는 만에서 물고기와 해산물을 잡았고 꼬박 닷새나 엿새 동안 함께 먹었다. 일 년

동안 서먹해진 관계를 새롭게 하고, 해이해진 가족에 대한 헌신을 강화하며, 사소한 일로 옥신각신했던 사람들과 화해하던 그때가 내 인생 최고의 날들이었다. 가족 각자는 이 연례 모임에서 전 가족에게 뭐라도 기여했다.

그런데 대가족 모임은 1930년대에 시작된 게 아니다. AD 30년대로 돌아가서 예수님이 십자가에 못 박히시기 전날 밤 제자들과 함께 유월절 만찬을 즐기셨듯이(마 26:26–30), 예수 그리스도는 하나님의 가족이 자주 모여 함께 나누고, 돌보고, 묵상하고, 화해하고, 노래하고, 기도하고, 교제하고, 재헌신하고, 그리스도의 인격과 사역을 기념하는, 그리스도인 가족 모임이라고 할 수 있는 것을 시작하셨다. 그게 바로 성만찬이다. 기독교 메시지의 핵심을 기념하는 이 의식에서 신자는 가장 의미 깊고 친밀한 형태의 예배를 함께 드리며, 하나의 떡을 함께 떼고 하나의 잔으로 함께 마신다.

## 애찬과 성만찬(고린도전서 11:20)

초대 교회의 애찬 또는 "사랑의 식탁"[*agapē*(26), meal](유 1:12, 공동번역)은 현대의 포틀럭 식사(각자 음식을 조금씩 가져와서 나눠 먹는 식사–역주)와 비슷했지만, 그보다는 가난한 사람들을 위한 기부의 장 역할을 했다. 부자들은 식사를 주재하거나 먹고 마실 것을 제공했고, 가진 것이 없는 사람들은 형편껏 음식을 가져왔다. 정말로 가난한 사람들은 빈손으로 와서 배불리 먹고 가족이 한 주를 버틸 수 있는 식량을 얻어갔다.[5] 따라서 '애찬'은 단순한 친목 식사 이상이었다. 가족이 교제하는 장이면서 가난한 자들을 위해 자선을 베풀고 식량을 지원하는 역할도 했다.

이와 같은 '자선 식사' 외에도 교회는 '성만찬'을 준수했다. 성만찬은 Eucharist로 불리는데, 이는 '감사'[*eucharistia*(2169)]를 뜻하는 헬라어에서 나왔다. 이 용어는 아마도 그리스도의 성육과 십자가에서 이루신 대속의 죽음을 떡과 포도주로 특별히 기념하면서 함께 드렸던 감사 기도에서 유래한 듯하다. 교회 공동체에서 나누는 친교의 일환으로 예수 그리스도가 물리적으로 성육하시고, 돌아가시고, 부활하신 것을 예배를 주재하는 사람이 떡과 포도주라는 가시적인 상징물로 기념했다.

초대교회는 성만찬을 준행하면서 그리스도의 몸으로서 서로 간의 영적, 육체적 친교, 하나님과 신도들과의 화목, 자신들을 새롭게 성별해서 하나님께 드리는 것을 깨달았다. 신도가 서로 나누고, 노래하며, 함께하는 시간을 즐기다 보면 장벽은 무너지고, 신분은 무색해지며, 유대는 강화되었다. 그래서 성만찬은 단순한 기념을 넘어선 진정한 친교였다.

전혀 다르면서 분리할 수 없는 초기 기독교 예배의 두 가지 요소, 곧 애찬과 성만찬은 그리스도의 몸의 진정한 연합을 강조했다. 이 연합은 말뿐 아니라 행동을 통해서도 분명히 드러났다. 육체적으로 굶주리고 영적으로 갈급한 상태로 교회에 온 신자들은 그리스도의 몸인 교회 안에서 친밀한 교제를 통해 예수 그리스도와 깊은 교제를 누리고 영적, 육체적으로 채움을 받고 떠났다.

## —11:17-22—

그들이 손댔던 다른 많은 것과 마찬가지로 그리스도인은 성만찬을 어떻게든 뒤틀고 왜곡했다. 그리스도의 몸 된 교회의 연합과 조화를 나타내야 할 예배의 한 요소가 분열과 논쟁의 표적이 되어버렸다. 얼마나 슬픈 모순인가! 교회를 영적으로 강건하게 해주어야 할 성만찬이 오히려 물리적 약함과 죽음을 불러왔다. 고린도 교인은 하나님이 자선을 기뻐 행하고 그리스도의 죽음을 기리기 위해 만드신 것을 교만과 이기심의 난장판으로 변질시켰다. 그러니 바울이 그들의 행동을 칭찬할 수 없다고 한 것은 놀랍지 않다! 그들의 집회는 사람을 교화시키기는커녕 분열시키고 좌절에 빠트렸다(11:17). 교회를 세우는 것은 고사하고 넘어뜨리고 있었다. 그들이 성만찬을 너무 타락시킨 나머지 바울은 아예 성만찬을 하지 않기를 바랐다.

바울은 이 장의 나머지 부분에서 일부 고린도 신자가 벌인 수치스러운 행위를 묘사할 때도 이렇게 엄한 어조를 유지한다. 그들은 그리스도의 몸의 일원으로서 서로 사랑하고 지원한다는 표시로 "교회에 모[여]"(11:18) "주의 만찬을 먹[어야]"(11:20) 했다. 그런데 오히려 그들은 분열했고, 파벌과 당이 생겼다(11:18). 바울 역시 어떤 교회도 완전한 연합은 불가능하다는 것을 인정한다. 모든 사람이 동일한 수준으로 성숙한 상태는 아닐 것이기 때문이다(11:19). 악하고 세속적이며 반항적인 교인이 일으킨 분열은 거룩하고 영적이며 겸손한 자들을 돋보이게 해서 따르고 본떠야 할 사람들을 보여준다. 그러나 바울이 언급하고 있는 고린도의 분열(1:10-12)은 그 정도가 거룩함을 부각하는 정도를 훌쩍 뛰어넘었다. 전 회중이 분열, 무질서, 혼란의 위기에 처해 있었던 듯하다.

고린도 교인은 그리스도 안에서 하나 됨을 누리기 위해 모여야 했지만, 여러 파당과 파벌은 자기들끼리만 모였다. 자선 식사(또는 '애찬')의 취지 중 하나는 회중 가운데서 기아로 고통받는 가난한 가정을 돕는 것이었다. 그런데 부유한 사람들이 가난한 사람들에게 자비를 베풂으로써 순수하고 무조건적인 사랑을 표현할 수 있는 기회가 '각자도생' 쪽으로 변질하여 빈익빈 부익부 현상이 나타났다(11:21). 계층이 나뉘어 부자는 부자끼리 어울리며 호의호식했고, 중산층은 빵과 야채, 물과 포도주를 나눠 먹었으며, 극빈층은 소외된 채 그들이 교회의 사랑을 가장 필요로 하던 때에 무시당하고 버림받았다. 얼마나 무심한가! 얼마나 한심한가!

바울은 그들의 세속적인 행태에 분통을 터트린다. 그는 그들의 행위가 성만찬이 아니라고 대놓고 말한다(11:20). 예수님은 최후의 만찬에서 그들이 서로에게 보여주어야 할 사심 없는 겸손을 보여주셨고, 그들이 교회의 가족으로서 모일 때 그런 모습을 보여주기 원해서 성만찬을 제정하셨다. 그러나 그들의 식사는 예수님이 의도하신 바와 완전 딴판이었다.

> 저녁 먹는 중 예수는 아버지께서 모든 것을 자기 손에 맡기신 것과 또 자기가 하나님께로부터 오셨다가 하나님께로 돌아가실 것을 아시고 저녁 잡수시던 자리에서 일어나 겉옷을 벗고 수건을 가져다가 허리에 두르시고 이에 대야에 물을 떠서 제자들의 발을 씻으시고 그 두르신 수건으로 닦기를 시작하여…그들의 발을 씻으신 후에 옷을 입으시고 다시 앉아 그들에게 이르시되 내가 너희에게 행한 것을 너희가 아느냐 너희가 나를 선생이라 또는 주라 하니 너희 말이 옳도다 내가 그러하다 내가 주와 또는 선생이 되어 너희 발을 씻었으니 너희도 서로 발을 씻어 주는 것이 옳으니라 내가 너희에게 행한 것 같이 너희도 행하게 하려 하여 본을 보였노라 내가 진실로 진실로 너희에게 이르노니 종이 주인보다 크지 못하고 보냄을 받은 자가 보낸 자보다 크지 못하나니 너희가 이것을 알고 행하면 복이 있으리라(요 13:3-5, 12-17).

예수님이 최후의 만찬 때 보여주신 사심 없는 태도와 행동은 고린도 교인이 모임에서 보인 모습과 전혀 닮지 않았다. 고린도 교인의 비틀어진 성만찬은 서로에 대한 사랑과 겸손을 보여주는 것과는 너무나 거리가 멀어서 바울이 "그런즉 너희가 함께 모여서 주의 만찬을 먹을 수 없으니"(고전 11:20)라고 말한 것이 당연했다. 늘 먹을 것이 충분한 부자들은 집에서 배불리 먹은 다음 교회와 함께 그들의 부로 가난하고 도움이 필요한 자들을 돌보며 그리스도의 본을 따랐어야 했다. 그런데 그들의 탐욕스럽고 자기중심적인 행동으로 보건대 그들은 교회를 경멸하고 먹을 양식이 없는 사람들을 부끄럽게 만들었다(11:22).

바울은 아마도 수사적 효과 때문인 듯한 과장된 표현으로 그런 행태의 논리적 결과를 비교한다. "이는 먹을 때에 각각 자기의 만찬을 먼저 갖다 먹으므로 어떤 사람은 시장하고 어떤 사람은 취함이라"(11:21). 징징대는 두 살배기 아이처럼 그들은 "내 것!"이라고 부를 수 있는 것에 집착했다. 자기들의 음식과 포도주를 배가 터지게 먹고 마셨으면서도 여전히 나누는 법을 배우지 못했다. 그들은 그리스도가 최후의 만찬 때 보여주신 이타적인 겸손에서 교훈을 얻지 못했다. 나는 고린도전서 11장 20-21절을 읽을 때 동생들과 나누지 않는 큰아들을 계속 야단치는 아버지를 떠올린다. 바울은 속수무책으로 한탄한다. "너희가 먹고 마실 집이 없느냐 너희가 하나님의 교회를 업신여기고 빈궁한 자들을 부끄럽게 하느냐 내가 너희에게 무슨 말을 하랴 너희를 칭찬하랴 이것으로 칭찬하지 않노라"(11:22).

## —11:23-26—

바울은 고린도 교회의 자기중심적이고 분열된 친목 식사를 바로잡기 위한 신학적 토대를 마련하기 위해 신앙을 깊이 파고든다. 그는 상식, 이성, 규정에 호소하지 않는다. 그대신 바로 예수님의 말씀과 행동으로 돌아가 그가 주님께 받은 관행을 그 순간부터 교회에서 반복해야 한다는 것을 상기하게 한다.

바울은 성만찬에 관한 지침을 주님께 직접 받았다고 말한다(11:23). 그는 언제 이 가르침을 받았을까? 바울이 다메섹으로 가는 길에서 부활하시고 영광을 입으신 예수님을 처음 만났을 때(행 9장), 주 예수님은 그리스도를 믿음으로 죄 사함을 받는 복음의 기본 메시지를 분명히 밝히셨다(참조. 행 26:18). 또 장차 바울에게 나타날 일도 말씀하셨다(행 26:16). 우리는 예수님과 바울 사이에 이런 방문과 접촉이 몇 차례 있었다고 들었다(행 18:9-10, 고후 12:8-9). 그래서 바울이 고린도 교인에게 성만찬에 대해 예수님께 직접 지시를 받았다고 한 것은 그의 첫 번째 선교여행 직전, 아마도 아라비아에서 3년 동안 있었을 때 그가 받은 계시 중 하나를 언급하는 것일 가능성이 크다(갈 1:17-18). 그저 전해 들은 것을 전달하는 중개인과 달리 성만찬에 관한 바울의 가르침은 예수님께 직접 받은 것이었다.

바울은 최후의 만찬에 직접 참여하지는 않았지만, 그때 있었던 일 중 가장 중요한 부분을 요약해서 설명한다(고전 11:23-25). 유다가 예수님을 배반하게 될 그 어두운 밤, 예수님은 유대인의 전통인 유월절 만찬을 즐기기 위해 제자들을 모으셨다. 그 만찬 때 하나님의 아들은 예기치 못했던 일, 즉 수 세기 동안 지켜온 유월절 전통을 완전히 깨는 일을 하셨다. 예수님은 떡을 들어 감사 기도를 드리신 후 떡을 떼며 말씀하셨다. "이것은 너희를 위하는 내 몸이니 이것을 행하여 나를 기념하라"(11:24, 참조. 마 26:26, 막 14:22, 눅 22:19). 제자들이 아직도 이 돌발적인 변화의 의미를 생각하고 있는 와중에 예수님은 식후에 포도주 잔을 드시고 또 다른 새로운 일을 행하셨다. "이 잔은 내 피로 세운 새 언약이니 이것을 행하여 마실 때마다 나를 기념하라"(고전 11:25, 참조. 마 26:27-28, 막 14:23-24, 눅 22:20).

예수님은 유월전 전통을 바꾸어 새로운 것을 시작하셨다. 실제로 예수님은 빵과 포도주로 하는 새로운 의식을 "새 언약"(11:25)이라고 부르시면서 분명하게 선을 그으셨다. "언

## 주님의 몸과 피(고린도전서 11:24)

역사를 통틀어 많은 사람이 "이것은…내 몸"과 "이 잔은 내 피"(11:24-25)라는 말을 완전히 문자 그대로 받아들였다. 중세 이래로 로마 가톨릭 교회는 화체설(化體說), 곧 떡과 포도주가 실제로 예수님의 물리적 몸과 피로 변하는 불가사의한 기적이 일어나 참가자들이 구세주의 살과 피를 먹는다는 설[6]을 교의로 고수했다. 개신교 개혁가들은 화체설은 거부했지만, 떡과 포도주의 본질과 목적에 동의하는 데 어려움을 겪었고, 결국 최초의 개신교 개혁가들은 루터파와 츠빙글리파로 갈렸다. 루터는 "이것은 내 몸이라"는 말을 글자 그대로 받아들여야 한다고 주장했다. 츠빙글리는 은유적 또는 상징적인 해석 쪽으로 더 기울었다. 칼뱅주의자나 개신교 전통은 중간 입장을 취했다. 오늘날까지 일부 개신교 전통은 떡과 포도주에 관해 그리스도의 '실제 임재설' 또는 '실제 영적 임재설'을 고수한다. 다른 이들은 떡과 포도주가 불가시적인 실재의 가시적인 상징이라고 믿는다. 즉, 신자들이 그리스도의 이름으로 모이는 곳에 그분이 임재하시듯이 성만찬 때에도 성령의 능력으로 그리스도의 '임재'가 일어난다는 것이다(마 18:20).

나는 이러한 관점들이 잘못된 답을 주는 것이 문제라기보다는 잘못된 질문에서 시작하는 데 문제가 있다고 생각한다. 신약성경 어디에서도 예수님이나 바울, 베드로 또는 성령의 영감을 받은 다른 저자가 예수님의 말씀을 문자적으로 또는 비유적으로 해석하는 것을 볼 수 없다. 사실, 신약성경은 그 떡과 포도주가 무엇인지에 대해서 관심이 없어 보인다. 그보다는 성만찬을 제대로 지키는 것이 참가자들에게 어떤 영향을 미치는지, 또한 어떤 자세로 임하며 그것을 기리는 의미가 무엇인지에 더 관심이 많은 듯하다.

그러므로 떡과 포도주(우리 문화에서는 떡과 주스일 때가 더 많지만)는 떡과 포도주 이상의 의미를 갖게 할 의도가 없었다는 것이 내 생각이다. 그것은 그리스도의 몸과 피를 상징한다. 우리는 주님이 직접 건네주시는 것처럼 그것을 받는다. 그러나 신비롭게 실제로 주님의 살과 피를 먹는 것처럼 그것을 받지 않는다. 한 로마 가톨릭 역사가가 인정했듯이 초대교회는 이런 견해를 취했다. "유대교 특유의 개념에 따르면, 이 식사는 처음에 '그리스도와 함께 먹는 것', 즉 믿음으로 지금 함께하고 있는 것으로 받아들여졌다…유대인의 희생제물…그리고 신에게 봉헌했던 제물에 신이 현존한다고 여겼던 이교의 신성한 식사에 대한 개념에 따라 '그리스도를 먹는 것' 쪽으로 변했다."[7]

그러나 떡과 포도주를 상징으로 보는 내 견해를 성만찬의 관습을 경시하는 것으로 이해하면 안 된다. 그것들이 중요하지 않다는 뜻에서 상징에 불과하다는 것이 아니다. 바울이 고린도전서 11장에서 설명한 대로 성만찬의 올바른 준행은 서로 간의 화합, 구세주의 죽음에 대한 기억, 하나님을 향한 찬양과 감사의 태도를 나타내면서 이 지극히 중요한 기념 의식을 구심점으로 하나가 된 신자들에게 진정한 영적 은혜를 준다.

약"이라는 말은 상호 합의한 두 당사자 사이의 약속이나 계약을 일컫는다. 옛 언약은 모세의 율법에 기초했으나 새 언약은 예수님의 피, 즉 죄의 형벌을 완전히 치르기 위해 우리를 대신하신 그분의 희생에 근거한다. 율법 아래 있는 자들은 정죄당하지만, 새 언약의 피로 덮인 사람들은 모든 심판에서 자유하다(참조. 롬 8:1-2).

원래 주님이 하셨던 성만찬은 제자들의 삶에서 감동적인 순간이었지만, 동시에 그 만찬 식탁에 기대 누워 있던 사람들은 예수님이 자신의 죽음과 속죄의 희생에 대해 말씀하시자 마음이 뒤숭숭하고 혼란스러워졌다. 그들은 오랫동안 구원자를 고대했었다. 그들은 주님의 기적을 목도했고 그분이 성육하신 영원한 하나님의 아들이심을 확신하게 되었다. 그러나 예수님은 정복과 승리가 아니라 고통, 죽음, 떠남에 대해 말씀하셨다. 분명히 그들은 아직 그분이 받으실 치욕을 받아들이지 못했다. 주님은 바울이 "사람의 모양으로 나타나사 자기를 낮추시고 죽기까지 복종하셨으니 곧 십자가에 죽으심이라"(빌 2:8)고 썼듯이 모든 신적 영광을 버리고 그 치욕을 당하실 것이었다.

예수님은 "나를 기념하라"(고전 11:24-25)는 말을 반복하시면서 성만찬의 취지를 분명히 하셨다. 바울은 "너희가 이 떡을 먹으며 이 잔을 마실 때마다 주의 죽으심을 그가 오실 때까지 전하는 것이니라"(11:26)는 말로 성만찬의 의의를 설명한다. 성만찬은 하나님의 가족이 그분의 식탁에 다시 모여 그분의 죽음을 기념하는 것이다. 떡과 포도주는 우리를 위해 희생하신 몸과 흘리신 피를 상징하기 때문에 신성한 의미를 지닌다. 그것은 하나님의 아들이 성육하신 것과 우리 죄를 위한 속죄 제물이 되신 것을 믿는다는 무언의 고백이다. 그것은 마음과 생각뿐 아니라 오감을 다루는 그리스도의 인격과 사역에 관한 복음이며, 가장 가시적인 방법으로 우리 주 예수 그리스도와 우리가 누리는 친밀한 교제를 일깨워준다.

## —11:27-34—

바울은 주님의 식탁에 교회 가족이 다시 모이는 가장 이상적인 방법을 제시한 뒤 고린도 교인이 엉망으로 망쳐놓은 문제로 돌아온다. 성만찬에 관한 내규 중 하나가 자만심, 이기심, 탐식, 술 취함의 누더기를 벗고 그에 걸맞은 차림새, 곧 내적인 자세를 갖춰야 한다는 것이다. 바울은 불순종의 심각성을 역설한다(11:27). "분별하지 못하고" 떡을 먹고 잔을 마시는 것은 물리적 처벌을 받을 수 있는 죄가 된다(11:29-30). 신자가 그리스도의 희생하신 몸과 흘리신 피로 그들의 죄를 씻지 않은 채 성만찬에 참여하는 것은 그리스도의 고난과 죽음을 수치스럽게 만드는 것이다. 우리 삶에 죄가 있는 것을 알면서 부정한 영혼으로 주님의 식탁에 나아오는 것은 구주를 욕되게 하는 것이다. 바울이 언급한 징계는 단지 징벌만이 아니라 죄를 범한 자들을 회개하게 하고 그리스도의 몸 된 교회 안에 경건한 삶과 교제를 회복하고자 하는 아버지의 마음에서 나온 훈육이다(11:32, 참조. 히 12:5-7).

바울은 어떻게 고린도 교인이 성만찬에 합당한 태도로 참여해서 하나님의 징계를 피할 수 있다고 말하는가? 첫째, "자기를 살펴"(고전 11:28) 다윗이 한 것처럼 주님께 탄원해야 한다.

> 하나님이여 나를 살피사 내 마음을 아시며 나를 시험하사 내 뜻을 아옵소서 내게 무슨 악한 행위가 있나 보시고 나를 영원한 길로 인도하소서(시 139:23-24).

둘째, "몸을 분별"해야 한다(고전 11:29). 어떤 이들은 이것을 떡과 포도주가 말 그대로 그리스도의 몸과 피인지 단순한 상징인지를 판단하는 기준으로 삼았지만, 맥락을 보면 바울은 지역적인 '그리스도의 몸'으로서 교회를 존중하고 엄숙한 자세로 대하는 것을 언급하고 있음을 알 수 있다. 바울의 가장 큰 불만은 성만찬을 집행할 때 고린도의 일부 신자가 그리스도가 성육과 속죄로 본을 보이신 자기희생적인 겸손을 전적으로 부인하고 있는 것이었다. 그들은 그리스도의 몸을 세우는 일도 하지 않고 그들 가운데 있는 가난하고 곤궁한 자들도 지원하지 않음으로써 사실상 분열을 조장하고 있었다.

셋째, 성만찬을 준수하는 자들은 "서로 기다[려야]" 한다(11:33). 교회의 신자는 각각 다른 사람들의 이익을 살펴야 한다. 바울은 자기 집에서 고픈 배를 채울 수 있는 사람들은 집에서 먹어야 한다는 조언을 반복한다(11:34). 그런 사람들은 성만찬에 참여할 때 다른 사람들의 필요를 돌보아야 하기 때문이다. 그들은 그들 자신을 산 제사로 하나님께 드리며 겸손한 태도로 연합을 이루려고 노력해야 한다(롬 12:1-2).

마지막으로 바울은 자신의 강한 경고에 위로의 약속을 더한다. 고린도에 있는 방탕하고 이기적인 폭식가들이 그들의 그릇된 행실을 돌이켜 그리스도가 보이신 태도와 행동을 따르고, 그들 자신을 제대로 살핀다면 심판을 면할 것이다(고전 11:31). 이 신성한 식탁에 모여 하나님과 교제하고 서로 교제를 나눈다면 그들은 병약해지거나 죽지 않고 축복의 잔을 들게 될 것이다(10:16).

## 적용: 고린도전서 11:17-34

### 가족 모임의 중요성

우리 스윈돌 가족이 가족 모임을 중단하자 가족 안에 변화가 생겼다. 우리는 멀어지기 시작했다. 작아진 핵가족은 작은 섬이 되어, 결국에는 다른 섬들, 즉 이모, 고모, 삼촌, 사촌, 조카와의 연락이 끊어졌다. 얼마 지나지 않아 친척 대부분이 어디에 사는지도 모르는 지경이 되었다. 이유가 뭘까? 가족 모임을 하지 않기 때문이다.

당신 교회는 성만찬을 하면서 정기적으로 '교회 가족 모임'을 할 것이다. 어떤 교회는 매주, 매달, 매분기마다 성만찬을 한다. 주일 예배 때 하는 교회도 있고 저녁 예배 때 하는 교회도 있다. 또 어떤 교회는 한 장소만 고집하지 않고 비공식적인 장소에서 소그룹으로 진행한다. 당신이 속한 교회가 어떤 식으로 성만찬을 하든 교회의 가족 모임이 있을 때마다 매번 참석하기 바란다.

당신은 초대만 받은 게 아니라 떡을 떼고 잔을 들면서 주님이 오실 때까지 주님의 죽음을 계속 선포하라는 명령도 받았다. 그리스도인이 성만찬을 중심으로 모인 하나님의 가족과 관계가 끊어질 때 불건전한 일이 벌어진다. 시간이 흐르면서 영적 행보와 다른 사람들과의 관계에서 무언가가가 일어난다. 가족의 소속감을 상실하면서 공동체와의 일체감이 약화된다. 시간이 지남에 따라 많은 부분에서 영적 발달이 느려진다. 왜 그럴까? 성만찬은 우리를 위한 그리스도의 인격과 사역을 재고할 것을 우리 모두에게 요구하기 때문이다. 성만찬은 우리가 날마다 행하고 말하는 것 속에서 복음을 나타내는 삶에 재헌신할 것을 촉구한다. 성만찬은 우리가 한 몸으로 성찬에 임할 때 서로 화해하라고 요구한다. 그리고 참여하기 전에 고백하지 않은 죄를 고백하고 회개할 것을 요구한다.

성만찬할 때 당신의 식사 예절은 어떤가? 씻지 않은 손으로 먹는가? 마지못해 음식을 나누는가? 이 가족 모임이 무엇을 상징하는지 기억하라. 진심으로 감사하며 즐기고 마땅히 가져야 할 경외심을 가지고 임하라. 무엇보다도 함께 즐기고, 용서를 구하며, 그리스도의 몸 안에서 당신이 마음을 상하게 했을지도 모르는 사람들과 화해하라.

## 하나의 몸, 여러 지체(고린도전서 12:1-31)

1형제들아 신령한 것에 대하여 나는 너희가 알지 못하기를 원하지 아니하노니 2너희도 알거니와 너희
가 이방인으로 있을 때에 말 못하는 우상에게로 끄는 그대로 끌려 갔느니라 3그러므로 내가 너희에게
알리노니 하나님의 영으로 말하는 자는 누구든지 예수를 저주할 자라 하지 아니하고 또 성령으로 아
니하고는 누구든지 예수를 주시라 할 수 없느니라

4은사는 여러 가지나 성령은 같고 5직분은 여러 가지나 주는 같으며 6또 사역은 여러 가지나 모
든 것을 모든 사람 가운데서 이루시는 하나님은 같으니 7각 사람에게 성령을 나타내심은 유익하게
하려 하심이라 8어떤 사람에게는 성령으로 말미암아 지혜의 말씀을, 어떤 사람에게는 같은 성령을
따라 지식의 말씀을, 9다른 사람에게는 같은 성령으로 믿음을, 어떤 사람에게는 한 성령으로 병 고
치는 은사를, 10어떤 사람에게는 능력 행함을, 어떤 사람에게는 예언함을, 어떤 사람에게는 영들 분
별함을, 다른 사람에게는 각종 방언 말함을, 어떤 사람에게는 방언들 통역함을 주시나니 11이 모든
일은 같은 한 성령이 행하사 그의 뜻대로 각 사람에게 나누어 주시는 것이니라

12몸은 하나인데 많은 지체가 있고 몸의 지체가 많으나 한 몸임과 같이 그리스도도 그러하니라
13우리가 유대인이나 헬라인이나 종이나 자유인이나 다 한 성령으로 세례를 받아 한 몸이 되었고 또
다 한 성령을 마시게 하셨느니라

14몸은 한 지체뿐만 아니요 여럿이니 15만일 발이 이르되 나는 손이 아니니 몸에 붙지 아니하였다
할지라도 이로써 몸에 붙지 아니한 것이 아니요 16또 귀가 이르되 나는 눈이 아니니 몸에 붙지 아니하
였다 할지라도 이로써 몸에 붙지 아니한 것이 아니니 17만일 온 몸이 눈이면 듣는 곳은 어디며 온 몸
이 듣는 곳이면 냄새 맡는 곳은 어디냐 18그러나 이제 하나님이 그 원하시는 대로 지체를 각각 몸에 두
셨으니 19만일 다 한 지체뿐이면 몸은 어디냐 20이제 지체는 많으나 몸은 하나라 21눈이 손더러 내가 너
를 쓸 데가 없다 하거나 또한 머리가 발더러 내가 너를 쓸 데가 없다 하지 못하리라 22그뿐 아니라 더
약하게 보이는 몸의 지체가 도리어 요긴하고 23우리가 몸의 덜 귀히 여기는 그것들을 더욱 귀한 것들
로 입혀 주며 우리의 아름답지 못한 지체는 더욱 아름다운 것을 얻느니라 그런즉 24우리의 아름다운
지체는 그럴 필요가 없느니라 오직 하나님이 몸을 고르게 하여 부족한 지체에게 귀중함을 더하사 25몸
가운데서 분쟁이 없고 오직 여러 지체가 서로 같이 돌보게 하셨느니라 26만일 한 지체가 고통을 받으
면 모든 지체가 함께 고통을 받고 한 지체가 영광을 얻으면 모든 지체가 함께 즐거워하느니라

27너희는 그리스도의 몸이요 지체의 각 부분이라 28하나님이 교회 중에 몇을 세우셨으니 첫째는
사도요 둘째는 선지자요 셋째는 교사요 그 다음은 능력을 행하는 자요 그 다음은 병 고치는 은사와

서로 돕는 것과 다스리는 것과 각종 방언을 말하는 것이라 29다 사도이겠느냐 다 선지자이겠느냐 다
교사이겠느냐 다 능력을 행하는 자이겠느냐 30다 병 고치는 은사를 가진 자이겠느냐 다 방언을 말하
는 자이겠느냐 다 통역하는 자이겠느냐 31너희는 더욱 큰 은사를 사모하라
내가 또한 가장 좋은 길을 너희에게 보이리라

---

바흐의 "브란덴부르크 협주곡", 베토벤의 "교향곡 9번", 헨델의 "메시아"를 경험해본 적이 있는가? 하얗고 작은 이어폰으로 바흐의 정교한 음률을 듣거나 베토벤의 힘차게 치고 올라가는 교향악에 서재의 유리창이 덜컹거리거나 헨델의 감동적인 "할렐루야 합창"이 자동차 스테레오를 정화하는 것을 말하는 게 아니다. 그건 음악을 듣는 것이다. 나는 체험하는 것을 말하고 있다.

집에서 스테레오로 녹음된 모차르트 음악을 듣는 것과 심포니 홀에서 라이브 음악을 체험하는 것은 크게 다르다. 같은 음악을 들어도 녹음된 사운드를 귀로 듣기만 하는 것과 지휘자와 오케스트라 단원들을 보면서 여러 악기의 고유한 움직임과 음향을 보고 듣는 것은 완전히 다르다. 곡이 연주되는 것을 보다 보면 경이와 전율 같은 것이 느껴진다. 우리는 음악을 기술이 뛰어난 제품으로 생각하기보다는 심오한 인간의 예술 작품으로 경험한다.

연주회에서는 오케스트라 전체가 하나의 통합체가 된다. 검은 타이를 맨 지휘자를 주시하다 보면 마치 "마법사의 제자"(*Sorcerer's Apprentice*)에 나오는 마법사처럼 다른 세계의 음악을 불러오고 있는 듯이 보인다. 그러나 무대 위를 채우고 있는 재능 있는 음악가들의 열정적인 노고를 보고 나면 지휘자의 "마술 지팡이"가 영감을 불러낸 것처럼 보일지 몰라도 사실은 그 예술가들이 흘린 땀이 연주회장을 가득 채운 아름다운 소리를 만들어낸다는 사실을 깨닫는다. 교향악 연주에서 각 연주자도 중요한 역할을 하지만, 전체가 조화를 이루며 함께 연주할 때에야 비로소 교향곡의 규모와 폭과 깊이를 충분히 체험할 수 있다.

마찬가지로, 그리스도의 몸 된 교회 안에서 영적 은사가 어떻게 아름다운 조화를 이루는지 이해하려면 각 사람이 자신의 은사에 맞추어 만들어낸 하모니에 귀를 기울이는 것만으로는 부족하다. 교인 한 사람 한 사람을 몸 전체에 필요한 중요한 악기로 보아야 한다. 그리고 자기의 뜻과 목적-그리스도의 몸을 세우는-에 따라 각 지체와 몸에 은사와 지침을 주시는 위대한 지휘자이신 성령의 역사를 이해해야 한다.

바울은 고린도전서 12장에서 영적 은사에 대한 확실한 이해를 제공한다. 그는 각 은사의 세부사항보다는 은사가 함께 어우러져 실제로 풍성한 선율을 만들어내는 방법과 이유에 초점을 맞춘다. 각 신자가 은사를 적절히 발휘할 때 풍부하고 조화로운 선율이 나오듯, 주님의 백성이 사랑 안에서 서로를 세워줄 때 하나님을 영화롭게 한다.

## —12:1-3—

바울은 "그 밖의 일들은 내가 언제든지 갈 때에 바로잡으리라"(11:34)는 말로 성만찬을 올바로 준행하라는 지시를 마무리한다. 그는 그들의 질문에 답하고 현재 그들이 처해 있는 위기를 돌파할 수 있도록 상세한 지침을 주었고, 향후 그곳을 방문했을 때 더 많은 가르침을 주겠다고 했다. 이제 바울은 고린도에서 벌어지고 있는 쟁점과 갈등의 다음 영역, 곧 영적 은사를 대하는 올바른 태도와 실천하는 문제로 넘어간다. 그는 완전히 새 주제로 전환하기 위해 그가 즐겨 사용하는 "~에 대하여"(12:1)라는 말로 시작한다.[8]

바울은 영적 은사에 관해서 고린도 사람 누구도 어깨를 으쓱하며 "나는 잘 모르는데요. 그리고 관심도 없어요"라고 말하기를 원하지 않았다. 바울은 신자들이 "알지 못하거나" 무시하기를 원하지 않는다는 말로 이 쟁점의 중요성을 표현한다. 바울은 그리스도인이 영적 은사에 대해 바로 알고, 각 신자의 삶에서 그리고 더 중요하게는 교회 공동체의 삶에서 어떤 역할을 하는지 이해하는 것이 중요하다고 믿었다.

바울은 이어 고린도 교인이 이전에 이교도였을 때 어슴푸레 이해했던 것과 그리스도 안에 있는 신자로서 성령의 빛으로 경험한 것을 대조한다(12:2-3). 구원받기 전 그들에게는 무지를 해결해주시며 참지식의 근원이신 성령이 함께하시지 않았다. 이전의 잃어버린 바 된 상태에서 그들은 무지-성령의 능력으로 거듭나는 놀라운 은혜를 체험하지 못한 사람들의 타락한 영적 능력-의 소치로 멍청하고 무력한 우상을 섬겼다. 그러나 이제는 내주하시는 성령으로 인해 예수님을 "주"(12:3)로 고백할 수 있게 된 신자로서 그들은 더는 그리스도를 거부하지 않고 구주이자 주님이신 그분의 참모습을 받아들인다.

## —12:4–11—

바울은 신령한 은사를 계속 알아가라고 당부하고 나서 영적 은사[*charisma*(5486)]를 사용하는 것에 대한 이론적 근거를 가르친다. 고린도 교회의 문제는 영적 은사의 실재를 모르는 게 아니라 그것을 세속적이고 극단적으로 적용하는 것이었다. 그들은 자기들이 영적 은사를 받은 것은 알았지만, 올바른 사용법을 몰랐다.

제각기 다른 악기를 전공한 열두 명의 음악가를 예로 들어 고린도 교회 특유의 문제를 설명해보겠다. 고린도 교인은 함께 모여서 아름다운 교향악을 연주하지는 않고 각자 실력을 뽐내며 어떤 악기가 최고인지를 놓고 다투었다. 그들은 자랑하려고 왔다! 그러나 오케스트라에서 연주하거나 합창단에서 노래해본 경험이 있는 사람들은 그냥 모여서 제멋대로 악기를 치거나, 불거나, 두드리거나, 울리거나 – 또는 난데없이 독창하거나–해서는 아름다운 선율을 만들어낼 수 없다는 것을 안다. 아름다운 음악은 자기만 드러내는 연주보다 더 큰 것을 위해서 다른 사람들과 함께 자신이 맡은 부분을 기꺼이 연주하려는 마음과 악보에 대한 이론적인 이해에서 나온다.

바울은 은사에 대한 고린도 교인의 혼란을 바로잡기 위해 기본으로 돌아가 영적 은사의 근원(12:4–6), 은사의 목적(12:7), 은사의 정체(12:8–10), 은사의 분배(12:11)를 설명한다.

**영적 은사의 근원(12:4–6).** 신자에게 영적 은사를 주시는 분은 완벽한 조화를 이루며 교회 구성원에게 '다양한' 은사와 사역을 주시는 삼위일체 하나님, 곧 성부, 성자, 성령이시다.

바울은 영적 은사의 다양성을 구별과 차이를 뜻하는 헬라어 *diairesis*(1243)로 표현한다.[9] 이 단어의 어원은 *hairesis*(139)라는 말과 관련이 있는데, *hairesis*는 '이단' 또는 '파벌'로 번역된다. *Hairesis*는 파괴적인 파벌(고전 11:19, 갈 5:20, 벧후 2:1)을 의미하는 데 반해 *diairesis*는 건설적인 다양성을 내포한다. 그런데 이 *diairesis*를 *hairesis*로 변질시키는 것이 고린도 교인의 문제였다. 그들은 하나님이 선물로 주신 건강한 다양성을 인간의 이기심에서 비롯된 불건전한 갈등으로 변질시켰다. 그 결과 큰 혼란이 일어났다.

시대를 막론하고 모든 신자는 정통 신학과 실천을 중심으로 하나가 되어 위험한 이단에 함께 맞서고 기독교 신앙의 본질적인 진리 아래 똘똘 뭉쳐야 한다.[10] 그러나 기독교는 복제인간 집단이나 엇비슷한 프랜차이즈 교회를 의도하지 않았다. 바울은 유일하신 삼위일체 하나님이 건전한 은사를 다양하게 만드시고 다채로운 사역으로 인도하셔서 다양한 성과를 이루신다고 말한다(고전 12:4-6). 삼위일체 하나님이 모두 은사를 주는 일에 관여하신다는 점에 주목하라. 바울은 고린도 교인에게 연합과 다양성을 보여줄 본보기로 삼위일체 하나님의 연합과 다양성을 말한 것 같다.

**영적 은사의 목적(12:7).** 하나님은 각 사람에게 영적인 재능을 주셨다. 오케스트라 단원이 특정 악기를 연주하는 것과 같이 하나님 가족을 이루는 각 구성원은 성령의 적극적 임재를 나타내는 특정한 은사를 받았다. "나타냄"이라는 단어는 '무언가를 명명백백하게 드러낸다'는 뜻이다. 신자가 영적 은사를 사용할 때 이들을 통해 하나님이 지상에 적극적으로 임재하신다는 사실이 가시적이고 분명하게 나타난다.

이렇게 다양한 은사의 목적은 "공동 이익"(12:7, 새번역)을 위한 것이다. "공동 이익"은 '합치다'는 뜻의 헬라어 동사 *sympherō*(4851)에서 파행한 단어를 번역한 것이다. 하나님은 우리가 방음 장치가 되어 있는 외딴 방에서 영적 악기를 연습하고 연주하도록 의도하지 않으셨다. 하나님은 우리가 오케스트라에 자리를 잡고 성령의 지휘 아래서 다른 사람들을 세워주는 아름답고 조화로운 곡을 연주하기 원하신다.

**영적 은사의 정체(12:8-10).** 바울은 초대 교회가 받은 몇 가지 영적 은사를 말한다. 고린도 교회는 다양한 은사를 후히 받는 축복을 누렸다(1:7). 이 목록도 상당히 많지만, 모든 은사를 다 망라한 건 아니다. 바울은 성령이 신자에게 주신 은사 중 일부를 예로 들면서 이 모든 은사를 주시는 분은 "같은 성령"(12:9)임을 여러 번 강조한다.

이 구절과 다른 몇 개의 구절(롬 12:6-8, 엡 4:11, 벧전 4:10-11)을 근거로 우리는 교회를 세우기 위해 주어진 다양한 은사를 찾아볼 수 있다. 이 은사들은 '지원의 은사'(사도직, 예언, 전도, 목회, 가르침), '섬김의 은사'(행정, 권고, 믿음, 베풂, 도움, 자비), '표적의 은사'(분별의 영, 기적을 행함, 치유, 방언, 방언 해석)로 분류될 수 있다. 바울은 이 다채로운 은사가 공동의 이익을 위해 조화롭게 본연의 역할을 수행하는 방법을 강조한다.

## 선물, 은사, 열매(고린도전서 12:7)

영적 은사에 대한 성경의 가르침을 정리하려고 할 때 성경에서 다르게 구별되어 있는 것이 머릿속에서 뒤엉킬 때가 있다. 주제에 깊이 들어가기 전에 성령의 선물, 성령이 주시는 은사, 성령의 열매가 서로 어떻게 다른지 이해해야 한다.

**성령의 선물.** 성경의 일부 구절은 성령을 신자들에게 주는 선물로 표현한다(예를 들어 행 2:38). 죄인이 그리스도를 믿는 순간 성령이 그 사람에게 오셔서 영속적으로 내주하시며, 그리스도와 영원히 하나가 되게 하신다. 예수님은 성령이 오실 것을 이렇게 예언하셨다. "내가 아버지께 구하겠으니 그가 또 다른 보혜사를 너희에게 주사 영원토록 너희와 함께 있게 하리니 그는 진리의 영이라 세상은 능히 그를 받지 못하나니 이는 그를 보지도 못하고 알지도 못함이라 그러나 너희는 그를 아나니 그는 너희와 함께 거하심이요 또 너희 속에 계시겠음이라"(요 14:16-17). 그리스도가 부활하신 지 50일째 되던 날 모인 신자는 모두 "성령의 세례"(행 2:1-4, 10:47, 11:16)를 받았다. 이 유일무이한 성령 세례는 성령이 각 신자 안에 거하시는 순간을 말한다. 이 선물은 절대로 빼앗기지 않는다.

**성령이 주시는 은사.** 성령 세례를 받은 모든 신자는 성령이 주시는 영적 은사도 받는다. 영적 은사란 그리스도의 몸을 유익하게 하기 위해 주어진 기술, 능력, 초자연적인 지원, 도움을 뜻한다. 선물로 주어지는 것이므로 노력으로 얻어낼 수 없다. 바울은 이렇게 썼다. "우리에게 주신 은혜대로 받은 은사가 각각 다르니"(롬 12:6). 은사는 애써 구하거나 기도해서 얻을 수 있는 게 아니며, 충성에 대한 보상으로 주어지지도 않는다. 그것은 "그[성령]의 뜻대로 각 사람에게 나누어 주시는 것"(고전 12:11)이다.[11] 우리는 교회의 유익을 위해 이 은사를 사용해야 할 책임과 특권이 있다. 그렇기 때문에 성령이 주시는 은사는 사역 중심이며 저마다 고유하다. 요컨대, 성령의 은사는 각 신자가 효율적이고 즐거우며 쉽게 그리스도의 몸 전체에 기여할 수 있게 해주는 특별한 기술이나 능력이다.

**성령의 열매.** 성령의 열매는 품성, 즉 내주하시는 성령의 능력을 힘입어 우리 안에서 열매 맺은 덕목으로 나타난다. 갈라디아서 5장 22-23절은 성령이 우리 안에 키우시는 품성의 실례를 몇 가지 추려서 알려준다. "오직 성령의 열매는 사랑과 희락과 화평과 오래 참음과 자비와 양선과 충성과 온유와 절제니." 하나님은 영으로 모든 신자 안에 역사하셔서 자기의 기쁘신 뜻을 이루신다(빌 2:13).

요약하면, 예수 그리스도를 믿는 모든 신자는 성령으로 세례를 받았고, 그로 인해 성령이 내주하시는 선물을 받았다. 그 내주하시는 하나님의 영이 그리스도의 몸인 교회를 세우는 일에 사용할 수 있는 고유한 영적 은사를 각 개인에게 주신다. 성령은 또한 우리 안에 성령의 열매를 맺어 그분의 영적 성품이 발현되게 하시며, 그로 인해 우리는 경건하고 고결한 삶을 살 수 있게 된다.

| 성경에 나오는 영적 은사 | | | |
|---|---|---|---|
| 로마서 12:6-8 | 고린도전서 12:4-11, 28 | 에베소서 4:11 | 베드로전서 4:10-11 |
| 예언 | 지혜의 말씀 | 사도 | 말씀 전파 |
| 섬김 | 지식의 말씀 | 선지자 | 봉사 |
| 가르침, | 믿음 | 전도자 | |
| 위로 | 치유 | 목사 | |
| 구제 | 능력 | 교사 | |
| 다스림 | 예언 | | |
| 긍휼 | 영 분별 | | |
| | 방언 | | |
| | 방언 통역 | | |

**영적 은사의 분배**(12:11). 오케스트라 지휘자가 각 연주자에게 적합한 부분을 배당하듯이 성령도 모든 신자에게 "그의 뜻대로"(12:11) 은사를 나누어주신다. 한 신자가 하나의 은사만 받을 수 있다는 것은 틀린 말이다. 신자는 어떤 은사든 구하고 찾고 얻어내야 한다는 말도 사실이 아니다. 성령은 그분의 계획에 따라 임의로 각자에게 은사를 나누어주신다. 성령은 그분의 영광과 목적을 위해 쓰일 수 있도록 우리의 성품과 재능에 맞추어 친히 우리에게 줄 은사를 고르신다.

## —12:12-14—

바울은 신자가 독자적으로 영적 은사를 사용하지 말고 상호 의존적인 공동체로서 교회가 함께 성장해야 할 필요성을 이해시키기 위해 그리스도의 몸의 통일성과 다양성을 신체의 통일성과 다양성에 빗댄다(12:12). 머리끝부터 발끝까지 우리 몸의 각 부분은, 대개 기본적으로는 다르지만, 연합하여 하나의 완전체를 이룬다. 마찬가지로 그리스도의 교회를 이루는 교인은 모두 유기적이고, 상호 의존적이며, 다양하면서도 하나로 묶여 있는 몸의 지체다.

연합된 그리스도의 몸이라는 진리는 인간이 만든 클럽이나 조직 같은 단체의 연합과는 다르다. 다양성을 아우르는 연합의 원칙은 심오한 영적 실재를 바탕으로 하기 때문이다. 성령이 신자 개개인에게 그리스도와 영적으로 하나가 되는 세례를 베푸시고(12:13), 우리 모두를 하나의 영적인 몸으로 합치시며, 우리의 머리 되시는 그리스도와 한 몸을 이루게 하신다. 한 주석가의 말을 빌리자면, 성령 세례라는 공동의 경험을 이렇게 말할 수 있다. "바울은 그리스도인이 성령 안에 있는 것과 성령이 그리스도 안에 계시는 것이 우리가 그리스도 안에 있는 것과 그리스도가 우리 안에 계시는 것과 똑같다고 말하고 있는 듯하다."[12]

불행히도 요즘 교회에서 가르치는 성령 세례는 명확성과 연합의 기틀이 되지 못하고 혼란과 분열의 전쟁터가 되고 말았다. 우리는 성령 충만을 받으라는 명령을 받았다(엡 5:18). 그러나 성령의 세례를 받는 것은 우리 소관이 아니다. 우리가 그리스도를 신뢰하면 성령이 우리에게 세례를 베푸시고, 사탄의 가족이었던 우리의 신분(요 8:44, 요일 3:8-10)을 하나님의 가족으로 영구히 바꾸어주신다.[13]

## —12:15-27—

바울은 이제 몸의 비유에 기지와 유머를 곁들여 몸의 각 지체가 서로 싸우는 우스꽝스러운 그림을 그린다. 고린도의 독자는 바울이 자기들의 행동을 빗대어 조롱하고 있다는 것을 바로 눈치챘을 것이다. 바울은 만약 우리의 발과 귀가 말할 수 있다면, 그리고 그것이 고린도 교인이 교회에서 하듯이 행동한다면, 참으로 이상한 말을 할 거라고 주장한다. 발과 귀는 몸에서 하찮아 보이는 역할을 맡은 것에 대해 자격지심을 느끼고 더 중요한 일을 하기를 바랄 것이다(12:15-16).

그러나 바울은 인간의 몸이 본연의 기능을 수행하는 데 다양성이 필수이듯이 그리스도의 몸에도 다양성이 반드시 필요하다고 분명히 말한다(12:17). 하나의 커다란 귀, 하나의 거대한 코, 둥둥 떠 있는 하나의 둥그런 안구로만 이루어진 생물은 맛보고, 만지고, 보고, 듣고, 냄새 맡는 감각을 지닌 기관으로 이루어진 복합체에 비하면 아무짝에도 쓸모가 없을 것이다. 몸은 단 하나의 지체만으로 이루어질 수 없다(12:19-20).

하나님은 기능이 딱 하나뿐인 몸을 만들지 않으셨다. 만약 그렇다면 우리는 아름다움, 대칭, 조화를 창조하신 전지전능하신 하나님의 창조물로는 적합하지 않은 흉측한 괴물이 될 것이다. 마찬가지로, 하나님은 교회의 모든 구성원이 동일한 영적 은사를 갖도록 교회를 설계하지 않으셨다. 오히려 하나님은 "그 원하시는 대로 지체를 각각 몸에 두셨[다]"(12:18). 머리가 되신 것은 주권자의 특권이다.

다양한 기능을 가져야만 통합된 몸이 계속 건강을 유지하고 성장할 수 있다. 건강한 신자들로 이루어진 몸 안에서 모든 구성원은 서로 의지하며 최선을 다해 맡은 역할을 수행할 수 있도록 서로 돕는다. 눈은 영양소가 풍부한 열매를 볼 수는 있지만, 손으로 나무에서 그 열매를 따려면 팔이 뻗어주어야 한다. 그런 다음 그것을 먹으려면 이빨이 있는 입이 있어야 하며, 더불어 몸에 영양분을 공급할 수 있도록 그 과일을 소화하는 보이지 않는 여러 내장 기관이 필요하다. 마찬가지로 그리스도의 몸을 이루는 일부 구성원은 겉보기에는 별로 중요하지 않아 보일 수 있다. 귓속에 있는 자그마한 망치뼈, 모루뼈, 등자뼈를 생각해보라. 비록 작지만, 그 뼈들은 소리를 듣고 균형을 잡는 세계의 비밀을 간직하고 있으며, 다른 구성원에게 그것은 절대적으로 필요하다. 교회도 마찬가지다(12:21-24).

바울은 12장 25-26절에서 하나님이 왜 우리를 독자적인 독립체가 아니라 상호 의존하는 전체의 구성원으로 지으셨는지를 설명한다. 우리가 서로 사랑하고 돌봄으로 분열을 지향하는 우리의 본성을 극복하면(12:25) 전 세계에 하나님의 초자연적 권능과 은혜를 보여줄 수 있다. 예수님은 "너희가 서로 사랑하면 이로써 모든 사람이 너희가 내 제자인 줄 알리라"(요 13:35)고 말씀하셨다. 우리와 비슷한 사람들을 사랑하고, 존경받는 사람들과 시간을 보내며, 우리에게 유익한 사람들과 친하게 지내기는 쉽다. 약자에 대한 세속적 경멸, 강자에 대한 속물적 질투, 고통에 대한 이기적 무관심을 극복하기는 훨씬 어렵다. 하지만 성령의 역사로, 그분이 없었다면 분열되고 말았을 이기적인 인간들의 모임이 세속적인 욕망을 극복하고 겸손과 사랑으로 하나가 될 수 있다.

요컨대 그리스도의 몸 안에서 우리의 곤궁함을 인정하고 다른 사람들의 필요를 채워줌으로써 자아를 극복하며 다른 사람들을 포용할 때 우리는 모든 사람에게 우리가 "그리스도의 몸이요 지체의 각 부분"(고전 12:27)임을 보여준다.

## —12:28-31—

마지막으로 바울은 그리스도의 몸에는 배타적인 은사 같은 것은 없다고 설명하면서 그의 비유에 담긴 영적인 측면을 강조한다. 아마도 한 개인에게 관심이 쉽게 쏠리는 것이 기적을 행하는 은사였기 때문에 고린도 교인 사이에서 방언의 은사가 지나치게 부각되었던 듯하다. 그들은 한 사람의 영적 행보를 검토해보지도 않고 방언을 확실한 영성의 표징으로 삼았다. 바울은 이러한 불균형에 대처하기 위해서 하나님의 말씀을 선포하는 역할을 수행하는 사도, 선지자, 교사의 직분에 하나님이 특별한 권위를 주셔서 교회 안에 질서를 세우셨음을 시인한다(12:28). 그다음으로 다른 은사를 가진 사람들, 즉 기적과 치유의 일꾼, 돕는 자와 행정가, 다양한 방언하는 자가 조화로운 통합체의 일원으로 자리를 차지한다.

바울은 사람들이 죄다 기적을 행하고, 병을 고치며, 방언의 능력을 받은 게 아니듯 그리스도인이 모조리 사도, 선지자, 교사로 부름받은 것이 아님을 지적한다(12:29-30). 한 사람의 구원, 성령 세례, 영적 성숙의 증거가 방언을 하는 것이라는 주장은 여기에 나오는 바울의 수사적 질문과 정면으로 배치된다. 이 질문들은 헬라어 어법상 부정적인 답을 요구하는 방식으로 표현되어 있다. 간단히 말해, 사람들이 죄다 방언을 할 것이라고 기대해서는 안 된다.

마지막으로, 바울은 고린도 교인에게 하나의 통합된 몸-그리고 오늘을 사는 우리 모두-으로서 "더욱 큰 은사를 사모하라"(12:31)고 당부한다. 예언이나 가르침 같은 더 큰 은사는 효과적이고 직접적으로 그리스도의 몸 전체를 튼튼히 세운다. 방언과 같은 작은 은사는 작은 부분만 강화하며, 간접적인 해석 과정을 통해서만 기여한다(14:1-5). 모든 은사의 목적은 몸을 세우는 것이라는 사실에 비추어 우리는 "가장 좋은 길"(12:31)-자기를 희생하는 사랑의 길-을 따라가야 한다(13:1-13).

## 적용: 고린도전서 12:1-31

### 은사를 베풀고 은사를 주신 분께 영광을 돌리라

음악 이론을 배우는 것은 그 자체가 목적이 아니다. 그것은 악기나 목소리를 연습해서 완벽하게 익히는 것이고 그러려면 음악 이론을 알아야 한다. 바울이 설명한 영적 은사에 관한 신학의 일반적인 원칙에 부응하여 우리는 받은 은사를 잘 사용할 수 있기를 바라며 준비해야 한다. 영적 은사를 가르쳐주는 이 진리에 대해 보여야 할 세 가지 반응을 나누고자 한다.

첫째, 하나님은 우리가 우리의 영적 은사를 아는 것을 기뻐하신다. 하나님은 우리가 어떤 분야에 은사를 받았는지 알기 원하신다. 우리는 은사를 어떻게 찾아내야 하는가? 교회에는 우리가 영적 은사를 알아내는 데 도움이 되는 자료가 있을 것이며, 고맙게도 수많은 인쇄물과 온라인상의 '영적 은사 일람표'도 찾을 수 있다. 그러나 영적 은사를 발견하는 가장 좋은 방법은 사역에 참여해서 성령이 우리를 어디로 이끄시며 준비시키시는지 보는 것이다. 예를 들어, 긍휼의 은사를 가진 사람은 다른 사람에게 연민을 보여주는 것이 숨을 쉬는 것처럼 자연스럽다. 마찬가지로, 재능 있는 교사는 열의에 찬 학습자들을 마주하고 하나님의 말씀을 그들에게 펼쳐주는 것이 아닌 다른 일을 상상할 수 없다. 그리고 베푸는 은사를 가진 사람들은 늘 다른 사람들과 넉넉히 나눌 기회를 찾는다.

우리가 받은 영적 은사를 발휘할 때 우리는 자유롭고 거침없으며 축복받았다고 느낀다. 그 일은 당신의 기운을 빼는 자질구레한 일이 아니라 활력을 주는 특권이다. 레이 스테드먼(Ray Stedman)은 그의 저서 『그리스도의 몸된 삶』(*Body Life*)에서 이 점을 강조한다. "영적 은사를 발휘하는 것은 언제나 충만감을 주는 즐거운 경험이다…예수님은 자기를 보내신 분의 뜻을 행하는 것이 끊임없는 기쁨이라고 말씀하셨다. 아버지의 선물이 예수님의 욕망을 깨웠고 그분은 자신이 아주 즐거워하는 일을 하기 시작하셨다."[14]

둘째, 당신의 은사를 기꺼이 사용하면 그리스도의 몸 전체가 유익을 얻는다. 당신의 은사를 아는 것과 그것을 신실하게 사용하는 것은 완전히 별개의 문제다. 당신이 은사를 사용할 때 모두가 축복을 받는다. 때때로 우리가 공헌하는 바가 그다지 중요하지 않다고 생각할 수 있지만, 바울은 고린도전서 12장에서 그것은 정말로 잘못된 생각이라고 설명한다. 기억하라. 비중이 작은 파트는 없다. 오케스트라의 다른 파트를 위해 선율을 연주하거나 리듬을 맞추지 않더라도, 당신이 맡은 파트가 없다면 그렇게 완벽하고 아름다운 음향이 나올 수 없을 것이다. 당신 파트가 없으면 음향은 늘 불완전할 것이다. 그러니 당신이 은사를 받은 분야를 찾아내어 그 일에 참여하라!

셋째, 당신의 은사에 만족하는 것은 그것을 주신 분을 높이는 것이다. 하나님이 당신에게 은사를 주어 하게 하신 일을 하는 것만큼 하나님을 영화롭게 하는 것은 없다. 당신에게 없는 은사를 갈망하거나 열려 있지 않은 기회를 동경하면서 시간을 낭비하지 말라. 당신이 받은 은사를 발휘하고 당신 앞에 놓인 사역의 기회를 잡으라.

그렇다. 교인의 20퍼센트만이 실제로 영적 은사를 사용하고 사역한다고 하니 당신도 신도석에 앉아서 팔짱을 끼고 구경꾼처럼 지켜보는 무리의 일원일 수 있다. 그러나 그럴 때 당신은 동료 신자를 세워주라고 하나님이 당신에게 주신 은사를 낭비하고 있음을 깨달아야 한다. 사역에는 오직 당신만 연주할 수 있는 파트가 있다. 당신이 은사를 사용하지 않으면 그리스도 안에 있는 당신의 형제자매는 영적으로 성장할 수 있는 중요한 수단을 놓칠 것이고, 더 나쁜 것은 당신의 창조주가 의당 받으셔야 할 영광을 빼앗기시게 된다.

## 사랑: 가장 위대한 것(고린도전서 13:1–13)

---

1내가 사람의 방언과 천사의 말을 할지라도 사랑이 없으면 소리 나는 구리와 울리는 꽹과리가 되고
2내가 예언하는 능력이 있어 모든 비밀과 모든 지식을 알고 또 산을 옮길 만한 모든 믿음이 있을지라
도 사랑이 없으면 내가 아무 것도 아니요 3내가 내게 있는 모든 것으로 구제하고 또 내 몸을 불사르
게 내줄지라도 사랑이 없으면 내게 아무 유익이 없느니라

4사랑은 오래 참고 사랑은 온유하며 시기하지 아니하며 사랑은 자랑하지 아니하며 교만하지 아
니하며 5무례히 행하지 아니하며 자기의 유익을 구하지 아니하며 성내지 아니하며 악한 것을 생각하
지 아니하며 6불의를 기뻐하지 아니하며 진리와 함께 기뻐하고 7모든 것을 참으며 모든 것을 믿으며
모든 것을 바라며 모든 것을 견디느니라

8사랑은 언제까지나 떨어지지 아니하되 예언도 폐하고 방언도 그치고 지식도 폐하리라 9우리는
부분적으로 알고 부분적으로 예언하니 10온전한 것이 올 때에는 부분적으로 하던 것이 폐하리라 11내
가 어렸을 때에는 말하는 것이 어린 아이와 같고 깨닫는 것이 어린 아이와 같고 생각하는 것이 어린
아이와 같다가 장성한 사람이 되어서는 어린 아이의 일을 버렸노라 12우리가 지금은 거울로 보는 것
같이 희미하나 그 때에는 얼굴과 얼굴을 대하여 볼 것이요 지금은 내가 부분적으로 아나 그 때에는
주께서 나를 아신 것 같이 내가 온전히 알리라 13그런즉 믿음, 소망, 사랑, 이 세 가지는 항상 있을 것
인데 그 중의 제일은 사랑이라

---

"사랑은 찬란한 것." "필요한 건 사랑뿐." "사랑은 모든 것을 이긴다." "사랑은 우리를 날아오르게 한다." "사랑의 기운이 온 누리에 가득해." "사랑은 모든 것을 바꾼다." "지금 세상

에 필요한 건 사랑, 달콤한 사랑." "사랑은 어디에나 있다."

이 진부한 사랑 타령을 듣다 보면 이 세상은 '사랑'의 언어로 가득 차 있다는 생각이 든다. 사람들은 사랑이라는 말을 끊임없이 아무렇게나 툭툭 내뱉는다. '사랑'은 하나님부터 초콜릿, 자동차, 애완동물, 축구, 가족에 이르기까지 모든 것에 대한 우리의 감정을 표현하는 데 쓰인다. 슬프게도, 세상에서 널리 회자하는 시나 상투적인 말에 내포된 사랑은 성경이 처음부터 끝까지 설명하고 있는 사랑의 의미와는 완전히 다르다. 특히 고린도전서 13장이 칭송하는 사랑의 전형이 그렇다.

책의 끄트머리 쪽에 있지만, 고린도전서 13장을 '중심 주제'로 보아도 된다. 바울은 이 구절에서 무조건적인 *agapē*(26) 사랑-그리스도인의 최고 덕목-을 고린도 교인이 서로 교류하지 못하게 만든 악한 성품과 대조한다. 흔히 '사랑 장'으로 불리는 이 장은 우리 마음을 찌르고 감화한다. 교리도 응축되어 있지만 실제적인 교훈도 풍성하다. A. T. 로벗슨이 이 점을 잘 설명했다.

> 플라톤…그리고 다른 많은 사람이 사랑에 관해 썼지만, 바울은 이 놀라운 산문시로 그들 모두를 훌쩍 뛰어넘었다. 12장과 14장의 은사에 관한 글이 땡그랑거릴 때 13장은 그사이에서 울리는 부드러운 종소리처럼 다가온다. 이 보석을 해부하거나 이토록 향기로운 장미의 꽃잎을 하나하나 떼어내는 건 안타까운 일이다. 다행스럽게도 여기에 쓰인 바울의 언어는 토를 달 필요가 없다. 왜냐하면 이것은 마음의 언어기 때문이다.[15]

우리가 바라는 건 영감과 정보만이 아니라 도전과 변화라는 것을 이해하면서 이 '사랑 장'을 살펴보도록 하자.

## —13:1-3—

고린도전서 13장을 싹둑 잘라내어 액자에 넣은 뒤 벽에 걸어놓고 진정한 사랑이 어떤 것인지 끊임없이 생각하게 하는 것은 어렵지 않겠지만, 이 아름다운 구절이 어떤 맥락에서 나왔는지를 잊어서는 안 된다. 바울이 고린도 교인이 영적 은사를 이기적인 목적으로 사용하는 것을 바로잡아 주고 있는 한가운데에 고린도전서 13장이 있다. 고린도 교인은 몸 전체의 유익을 위해서 그들의 은사를 사용하지 않고 이기적인 야망을 위해 재능을 과시하고 있었다. 바울은 이 사랑 장에서 시종일관 사랑하는 마음[*agapē*(26)]으로 행한 것만 고결하다고 주장한다.

바울이 13장 13절에 나열한 멋있는 행동은 큰 것을 가지고 작은 것을 논증하는 과장법이다. 즉, 이런 개념이다. 우리가 겉보기에 기적적이고 놀랍고 극단적인 일을 한다 해도 제일 중요한 요소인 아가페 사랑이 없다면 아무것도 아니다. 이런 부류의 사랑이 동기가 되지 않으면 가장 유창하고 감동적인 연설–천사가 하는 것일지라도–도 귀에 거슬리는 거친 소음으로 들릴 것이다. 사랑이 없다면, 우리의 예언, 계시, 지식, 믿음, 자선은 아무 가치가 없고, 빈 껍데기며, 칭찬과 보상을 받을 자격이 없다.

어떤 사람들은 이 구절에서 바울이 사용한 수사적 장치인 과장법을 오해해서, 고린도전서 13장 1절이 인간의 언어로 하는 방언(행 2:6)과 천상의 언어, 천사들의 언어, 기도 언어인 방언을 구별하고 있다고 보았다. 그러나 헬라어 구조로 볼 때 바울이 상상 가능한 가장 극단적인 예를 들기 위해서 천사의 말이라는 표현을 집어넣은 것으로 보인다. "내가 사람의 방언과 천사의 말을 할지라도 사랑이 없으면 소리 나는 구리와 울리는 꽹과리가 되고"

## 세 가지 사랑(고린도전서 13:4)

바울 시대의 헬라어에는 '사랑'으로 번역될 수 있는 최소한 세 가지 상용어가 있었다. *Erōs*(이 용어는 신약성경에는 나오지 않는다), *philia*(5373) 그리고 *agapē*(26). 에로스는 영어의 'erotic'이라는 단어의 어원으로, 흔히 자기만족의 열정적 사랑을 나타낸다. 에로스는 대개 팝송 가사에 담겨 있거나 시시껄렁한 로맨스 소설, 천박한 황금시간대 드라마 그리고 돌진하는 남자가 멋진 여자를 얻었을 때 뻔하게 끝나는 기분 전환용 영화에서 예찬하는 수준의 사랑이다.

필리아는 우정, 동료 의식, 또는 여타의 친밀한 혈연관계에서 느끼는 애정과 친밀감, 두 사람 사이의 동료 의식에서 나온 강한 정서적, 심리적, 사회적 유대감인 '형제애'를 나타낸다.

이 두 단어에도 깊은 감정이 담겨 있기는 하지만, 에로스나 필리아는 하나님의 사랑을 본뜬 사랑과는 다르다.

고린도전서 13장에서 바울이 말하는 것은 아가페 사랑이다. 이것은 자신의 안락, 안전, 유익을 희생하면서까지 다른 사람의 최선을 구하는 사랑이다. 아가페라는 말은 유대인과 기독교 문학 외에서는 잘 쓰이지 않았다. 수명이 짧은 에로스나 상호적인 필리아와는 달리, 아가페는 영속성, 조건 없는 자선, 감정을 뛰어넘는 결단, 감정을 초월한 헌신을 의미한다. 아가페는 자기의 유익을 구하지 않고 다른 사람들의 유익을 구하는 사랑을 의미한다.[16]

(고전 13:1).[17] 맥락을 보면 바울이 가능한한 가장 극단적이고 과도한 행위를 나타내는 가상의 예를 제시하고 있음을 알 수 있다. "모든"이라는 단어가 반복해서 사용되고 있음을 눈여겨보라. "내가…모든 비밀과 모든 지식을 알고…모든 믿음이 있을지라도…내가 내게 있는 모든 것으로 구제하고…"(13:2–3).

물론, 바울은 아무도 인간의 언어와 천상의 언어를 모두 말할 수 없고, 모든 것을 알며, 모든 것을 드러내고, 모든 것을 줄 수 있는 사람도 없다는 것을 알았다. 그러나 바울의 주장은 이렇게 과장된 가상의 능력을 가정할 때 더 와닿는다. 사랑이 없으면 가장 멋진 연설, 통찰력 있는 지식, 희생적 행위가 아무 소용이 없다.

바울은 독자에게 한 가지 중요한 공식을 각인해주고 싶어 한다(13:1–3).

**모든 것 – 사랑 = 무(無)**

## —13:4–7—

바울은 비할 데 없는 사랑의 가치를 열매 맺는 그리스도인의 삶에 반드시 필요한 요소로 설명하고 나서 아가페 사랑을 시적으로 생생하게 표현한다. 그는 몇 가지 긍정적 측면(사랑인 것)과 부정적 측면(사랑이 아닌 것)을 대조한다.

| 긍정적 측면 | 부정적 측면 |
|---|---|
| 오래 참고 | 시기하지 아니하며 |
| 온유하며 | 자랑하지 아니하며 |
| 진리와 함께 기뻐하고 | 교만하지 아니하며 |
| 모든 것을 참으며 | 무례히 행하지 아니하며 |
| 모든 것을 믿으며 | 자기의 유익을 구하지 아니하며 |
| 모든 것을 바라며 | 성내지 아니하며 |
| 모든 것을 견딘다 | 악한 것을 생각하지 아니하며 |
| | 불의를 기뻐하지 아니한다 |

이 목록을 훑어보면 부정적인 요소가 고린도 교회가 겪고 있는 문제들을 정확히 나타내고 있음을 바로 알게 된다. 사랑은 시기하지 않는다. 그러나 고린도 교인은 "시기와 분쟁"(3:3)으로 망가졌다. 사랑은 자랑하지 않는다. 그러나 고린도 교인은 으스댔다(4:7, 5:6). 사랑은 교만하지 않다. 그러나 고린도 교인은 교만이 극에 달했다(4:18-19, 5:2). 사랑은 무례히 행하지 않는다. 그러나 고린도 교회는 수치스럽고 욕된 행위가 침투하는 것을 묵인했다(6:5, 11:4, 22). 사랑은 자기의 유익을 구하지 않는다. 그러나 고린도 교인은 독선적인 이기심의 소용돌이 속에서 허우적댔다(10:24). 간단히 말해, 고린도 교회에는 많은 돈, 최상의 지리적 위치, 무수한 영적 은사, 유명한 교사들이 남긴 유산이 있었지만, 가장 필요한 한 가지, 사실상 가장 위대한 요소인 사랑이 없었다.

고린도 교인은 그들의 소유-종교라는 장식품, 자잘한 일상사, 겉으로 드러난 모습-에 푹 빠져 있었다. 그러나 무엇보다 그들은 힘써 사랑했어야 했다. 그 강력한 성령의 열매는 장식품에 불과한 종교도 변화라는 보물로, 자잘한 일상사도 그리스도의 몸을 세워주는 도구로 탈바꿈시켰을 것이다.

## —13:8-13—

바울은 그의 목록에 "사랑은 없어지지 않[는다]"(13:8, 새번역)는 마지막 특성을 추가한다. 언뜻 보면, 사랑은 우리를 결코 저버리지 않는다는 믿음을 나타내는 것으로 들릴 수 있다. 그러나 맥락을 보면 바울은 언제까지나 남아 있고, 절대 끝나지 않는 사랑의 영속성과 고린도 교인이 그렇게 매혹되었던 몇몇 은사와 경험의 일시적인 속성을 대조하고 있다. 사랑은 결코 없어지지 않고, 쇠하지 않으며, 희망을 잃지 않고, 끝나지 않는다. 실제로 아가페 사랑은 하나님의 본질적 속성이기 때문에(요일 4:8) 영원히 지속될 것이다.

바울은 사랑의 영속성과 비교해서 시간과 함께 사라질 세 가지 은사, 곧 예언, 방언, 지식(고전 13:8)을 나란히 놓는다. 하나님의 예언적 권세를 가지고 하나님의 계시를 선포하는 능력인 예언은 "폐할 것이다"[*katargeō*(2673)]. 이 말에는 예언의 은사가 그것을 쓸모없게 만드는 어떤 외적인 힘이나 상태로 인해 사라질 것이라는 의미가 깔려 있다.

바울은 또 고린도 교인이 좋아하는 은사 중 하나인 방언이 "그[칠 것]"(13:8)이라고 지적한다. 여기서 중간태로 쓰인 헬라어 단어 *pauō*(3973)는 자체적으로 그 기능이 멈추게 되는 것을 나타낸다. 자기네가 꽤나 대단한 줄 알고 우쭐대던 고린도의 방언하는 자들은 자기들을 다른 사람들보다 우월하게 만들어주었던 그 경험이 어느 날 갑자기 사라질 것이라는 말에 정신이 번쩍 들었을 것이다.

마지막으로, 바울은 예언이 사라질 것이라고 말했을 때와 같은 동사를 사용해서 지식도 "폐하리라"고 말한다(13:8). 이는 정보의 습득이 폐할 것이라는 뜻이 아니다. 그러면 우리는 모두 영원히 지성이 없는 존재가 될 것이다. "지식"이라는 말은 아마도 "지식의 말씀"(12:8)을 열심히 공부해서, 아마 그보다는 하나님이 그것을 특별히 계시해주셔서 습득하는 지식을 뜻할 것이다.

현재 우리가 하는 예언과 초자연적 지식의 내용은 "부분적"(13:9)이다. 즉, 하나님의 특별한 권위가 담긴 메시지를 받은 선지자라 할지라도 완전한 그림을 얻지는 못했다(벧전 1:10-11). 그리고 열심히 성경을 공부하는 우리도 영원히 답을 알 수 없는 질문들이 있다. 그리스도가 다시 오실 때까지 부분적 지식과 부분적 예언-믿음, 소망, 사랑의 삶을 살기에는 충분하지만 완전하지 않고 미완성인-이 현 세상의 특징일 것이다. 사도 요한은 부분적 지식만 있는 현재 우리의 상태를 미래에 선명하게 보게 될 상황과 비교했다. "사랑하는 자들아 우리가 지금은 하나님의 자녀라 장래에 어떻게 될지는 아직 나타나지 아니하였으나 그가 나타나시면 우리가 그와 같을 줄을 아는 것은 그의 참모습 그대로 볼 것이기 때문이니"(요일 3:2).

"온전한 것"이 올 때는 "부분적인 것"(예언과 지식)이 "폐하리라"(고전 13:10)는 바울의 말은 아마도 그리스도가 다시 오셔서 그분의 통치를 확립하실 때 우리가 경험할 온전한 지식과 성숙을 의미한 것 같다. 그때에는 "물이 바다를 덮음 같이 여호와를 아는 지식이 세상에 충만할 것이[다]"(사 11:9). 장차 올 이때에 대해 하나님은 예레미야 선지자를 통해 이렇게 말씀하셨다. "그들이 다시는 각기 이웃과 형제를 가리켜 이르기를 너는 여호와를 알라 하지 아니하리니 이는 작은 자로부터 큰 자까지 다 나를 알기 때문이라 내가 그들의 악행을 사하고 다시는 그 죄를 기억하지 아니하리라 여호와의 말씀이니라"(렘 31:34).

바울이 방언이 "그[칠 것이라고]"(고전 13:8) 말해놓고도 13장 9-10절에서 방언을 언급하지 않는 것을 눈여겨볼 필요가 있다. 그는 우리가 "부분적으로" 방언을 한다고 말하지도 않고, 방언이 외부의 힘으로 "그칠 것"이라고 말하지도 않는다. 이 구절은 방언이 그 자체로 언제 그칠지에 대한 질문에 확실하게 답하지 않는다. 바울은 "온전한 것"–아마도 그리스도가 재림하실 때 세상의 상태, 또는 일각에서 제시하듯이 신약성경의 완성–이 오면 "부분적"인 것들(예언과 지식)은 "폐할 것"(*katargeō*)이라고 말한다. 이 구절만 보아서는 방언 역시 그 완전한 상태가 이를 때까지 계속될 것이라는 뜻인지, 아니면 그 전에 이미 스스로 사라진다는 뜻인지 확실히 알 수 없다.

**온전한 것이 올 때**

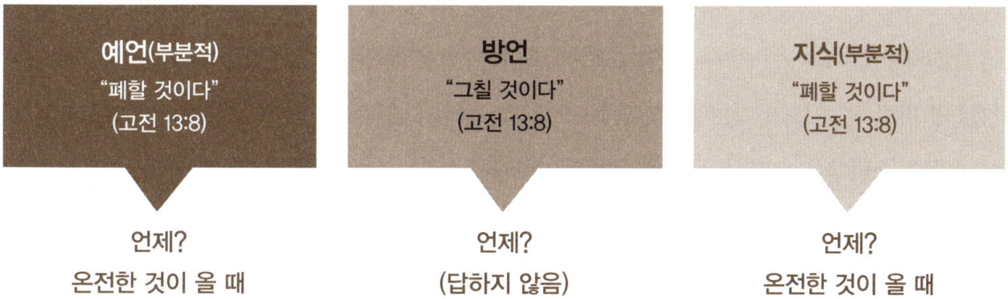


바울은 성숙한 인간의 참모습을 두 가지 예로 설명한다. 어린아이였을 때 우리의 말과 생각, 논리는 미성숙하다. 성인이 되어 어린 시절을 돌이켜보면 우리가 세상에 대해 생각하고 말했던 것이 얼마나 무지하고 순진했었는지 보게 된다. 그러나 어렸을 때는 우리가 미성숙한 상태라는 것조차도 알지 못했다. 나이를 먹고 성숙해지면서 한때 유치했던 모습에서 벗어났다. 마찬가지로, 그리스도가 부활해서 영화롭게 된, 티나 흠이 없이(엡 5:27) 완전무결한 자신의 신부를 나타내실 때, 우리는 필멸의 육신 속에 있던 때를 잠시 무지몽매하고 미성숙했던 시절로 되돌아보게 될 것이다. 우리가 품었던 생각들, 우리가 싸웠던 것들, 한때 우리가 꽤 독단적이었던 쟁점들, 이런 것들은 그리스도가 다시 오실 때 비로소 온전한 지식과 이해로 대체될 것이다(고전 13:11).

둘째, 바울은 현재 우리가 영적인 것에 대해 알고 있는 것을 사람이 "거울로 보는 것 같이 희미[한]" 상태에 비유한다(13:12). 고대와 대부분의 중세 시대에 사용된 거울은 청동에 광을 낸 것이어서 사물이 희미하게 비쳤다.[18] "희미한"이라는 헬라어 *ainigma*(135)에서 영어의 *enigma*(수수께끼)가 나왔다. 하나님이 공개적으로 모세에게 "대면하여" 말씀하시는 것

보통 반질반질하게 광을 낸 구리나 청동으로 만든 고대의 거울은 사물이 실제보다 흐릿하고 뒤틀리며 불완전한 모습으로 비쳤다.

과 "은밀한 말"로 말씀하시는 것이 대조되었다(민 12:8, 헬라어 번역본에 *ainigma*로 표현됨). 키너는 이 점에 주목한다. "지금 그리스도인들이 보는 것은, 모세와 선지자들이 본 것보다 조금 더 나을 뿐인, 비친 모습에 불과하다."[19]

그렇다. 신약성경은 구약성경보다 그리스도와 하나님의 구속 사역에 대한 더 많은 계시를 주지만, 우리에게 드러날 영광에 비하면 우리가 알고 있는 것은 여전히 일부분이다(롬 8:18-19, 고전 2:9). 그리스도가 다시 오시면 현실의 왜곡된 이미지, 삶의 신비, 수수께끼 같은 교리, 불가해한 고통은 모두 사라질 것이다. 우리가 구세주를 얼굴과 얼굴을 맞대고 볼 때 우리의 모든 물음표는 느낌표로 바뀔 것이다!

바울은 이 세상 너머까지 지속하는 것이 사랑만은 아니라고 선포한다. "그런즉 믿음, 소망, 사랑, 이 세 가지는 항상 있을 것인데 그 중의 제일은 사랑이라"(13:13). 그리스도인이 살아가면서 갖추어야 할 이 기본 덕목들은 "거할"-항상 있을 것을 나타내는 바울의 용어-것일 뿐 아니라 "지금" 존재한다. 그 의미는 분명하다. 장차 사라질 현재의 영적 은사에 집착하지 말고 우리의 시간과 에너지를 믿음, 소망, 사랑을 키우는 데 쏟아야 한다. 이것들은 현재뿐 아니라 시간을 초월해 영원에 이르기까지 우리에게 유익이 되기 때문이다.

바울은 이 세 덕목의 차이를 말한다. "그 중의 제일은 사랑이라"(13:13). 왜일까? 그 이유는 윌리엄 바클레이가 말한 바와 같다. "사랑이 없는 믿음은 차갑고, 사랑이 없는 소망은 우울하다. 사랑은 믿음에 불을 붙여주는 불꽃이며 소망을 확신으로 바꿔주는 빛이다."[20] 또한 그리스도가 다시 오시면 믿음과 소망은 작아지고 사랑은 강렬해질 것이다. 우리는 언제까지나 하나님을 온전히 신뢰할 테지만, 하나님의 약속에 대한 신념과 볼 수 없는 것들에 대한 믿음은 하나님의 약속이 모두 다 성취되면 그 소임을 다하게 될 것이다. 마찬가지로, 신자는 하나님과 다른 사람들과의 관계 속에서 계속 성장할 것을 기대하며 영원히 살 테지만, 오늘날 우리가 품고 있는 영광에 대한 소망은 그리스도가 다시 오실 때 실현될 것이다. 따라서 믿음과 소망은 하나님을 얼굴과 얼굴을 맞대고 보는 축복과 함께 사그라들고 희미해지는 반면에 그분을 향한 우리의 사랑은 매 순간, 언제까지나 영원히 더욱 커져만 갈 것이다.

## 적용: 고린도전서 13:1-13

### '일'에 대한 애착

우리는 너무 자주 고린도전서 13장을 액자에 넣어 벽에 걸거나 열쇠고리에 달고 다니는 감상적인 시나 멋진 말 정도로 변질시켰다. 그러나 바울의 의도는 우리가 이 말을 마음에 품고, 소중히 여기며, 묵상하고, 결국 그것으로 인해 우리 삶이 완전히 변화되는 것이었다. 나는 성경의 이 장려한 장에 대해 생각하면서 그 적용이 무궁무진하다는 것을 깨닫는다. 우리가 사랑을 시작할 수 있도록 이 장을 공부하면서 제기된 몇 가지 자기 평가 질문을 생각해보자. 이 질문에 대답하는 것으로 만족하지 않았으면 좋겠다. 질문을 곰곰이 생각하고 묵상하라.

첫째, 사랑이 당신의 사역에서 없어서는 안 될 필수 요소라고 생각하는가? 다른 사람들과의 관계에서 가장 중요한 단 한 가지가 사랑인가? 아니면 사명과 방법에 정신이 팔려 있는가? 고린도 교인은 자기네가 이룬 영적 업적, 즉 자기들의 공적을 담은 인상적인 이력서를 드러내기 좋아했다. 당신도 같은 함정에 빠졌는가? 당신 가족에게 개인적으로 물어본다면 그들은 당신이 순전한 사랑 때문에 움직이는 사람으로 묘사할까? 아니면 성취, 활동, 계획 때문에 움직이는 사람으로 묘사할까?

둘째, 당신은 사랑을 표현하는가? 당신이 다른 사람들을 대하는 태도에서 사랑이 나타나는가? 많은 사람이 다른 이들에게 사랑을 보여주기를 힘들어한다. 특히 과거에 허심탄회하게 사랑을 표현했다가 상처받은 적이 있다면 더 그렇다. 사랑은 위험하다. 특히 고린도전서 13장에 묘사된 사랑은 더 그렇다. 그러나 사랑 때문에 모든 것을 걸어야 할지라도 우리는 하나님의 성품을 반영하는, 자기희생적이고 다른 사람을 중요하게 여기는 사랑을 하려고 노력해야 한다. 고린도전서 13장 4-7절에 나오는 사랑의 긍정적인 면과 부정적인 대비를 검토하고 자문해보라. "이 기준에 얼마나 부합하는가?" 이 구절을 가지고 당신 삶에서 사랑이 없는 부분을 찾아내 성령의 능력으로 바로잡으라. 이 오래된 특정한 습성을 변화시킬 수 있는 힘을 달라고 성령께 요청하라.

셋째, 당신의 사랑은 변덕스러운가? 이랬다저랬다 하고 뜨거웠다 차가웠다 하는가? 사랑하는 것이 안전하거나 쉬운 일은 아니지만, 사랑은 무조건적이고 한결같아야 한다. 당신의 사랑이 오락가락하는 이유가 당신이 다른 사람들의 반응에 좌우되기 때문인가? 당신의 사랑은 정말 아가페 사랑인가? 아니면 당신은 필리아 사랑으로 결혼, 가족, 교회, 사역을 이끌어왔는가?(217쪽 "세 가지 사랑" 참조). 다른 사람들이 당신을 살갑지 않게 대할 때 어떻게 반응하는지 생각해보라. 당신 인생에서 사랑스럽지 않은 사람들을 조건 없는 은혜와 자비로 돌볼 기회가 있는가? 아니면 사랑받을 '자격이 있는' 사람들을 위해 사랑을 따로 남겨두는가?

마지막으로, 다른 어떤 덕목보다도 사랑이 당신 삶에서 표출되는가? 바울은 성령의 열매를 설명하면서 사랑을 제일 먼저 언급한다(갈 5:22). 야고보는 "최고의 법"이 "네 이웃 사랑하기를 네 몸과 같이 하[는]" 것이라고 말한다(약 2:8). 다른 곳에서 바울은 사랑이 "율법의 완성"이라고 썼다(롬 13:10). 당신 주변의 사람들이 당신을 표현하는 한 가지 덕목을 찾는다면 그것은 사랑일까? 아니면 기독교 신앙과 관련한 언론 기사들을 고수하고 변호하는 열의와 확신을 특징으로 꼽을까? 그들은 당신이 그리스도의 재림에 몰두해 큰 희망과 기대 속에 살고 있는 사람이라고 말할까? 그들은 당신을 사역에 전념하는 사람으로 특징지을까? 이런 것들도 다 훌륭하지만, 아니 위대하지만, 다른 사람들을 향한 은혜와 자비와 자선이 구체적이고 실천적인 방법으로 표현된 조건 없는 사랑이 없으면, "그 중에 제일 큰" 그리스도인의 덕목은 사그라들게 된다.

사랑할 수 있는 힘은 오로지 사랑의 신성한 근원에서 나올 수 있다. 그러니 우리 마음속 사랑 없는 협곡에 다리를 놓으려고 할 때 하나님이 주 예수님을 통해서 우리에게 보여주신 위대한 사랑을 새롭게 떠올리자. 다른 사람들을 향한 진실하고 변함 없는 아가페 사랑을 우리 안에 만들어주시는 성령의 내적 역사에 의지하자.

## 은사주의에 대한 답변(고린도전서 14:1-40)

[1]사랑을 추구하며 신령한 것들을 사모하되 특별히 예언을 하려고 하라 [2]방언을 말하는 자는 사람에게

하지 아니하고 하나님께 하나니 이는 알아 듣는 자가 없고 영으로 비밀을 말함이라 3그러나 예언하는
자는 사람에게 말하여 덕을 세우며 권면하며 위로하는 것이요 4방언을 말하는 자는 자기의 덕을 세우
고 예언하는 자는 교회의 덕을 세우나니 5나는 너희가 다 방언 말하기를 원하나 특별히 예언하기를
원하노라 만일 방언을 말하는 자가 통역하여 교회의 덕을 세우지 아니하면 예언하는 자만 못하니라

6그런즉 형제들아 내가 너희에게 나아가서 방언으로 말하고 계시나 지식이나 예언이나 가르치는
것으로 말하지 아니하면 너희에게 무엇이 유익하리요 7혹 피리나 거문고와 같이 생명 없는 것이 소리
를 낼 때에 그 음의 분별을 나타내지 아니하면 피리 부는 것인지 거문고 타는 것인지 어찌 알게 되리
요 8만일 나팔이 분명하지 못한 소리를 내면 누가 전투를 준비하리요 9이와 같이 너희도 혀로써 알아
듣기 쉬운 말을 하지 아니하면 그 말하는 것을 어찌 알리요 이는 허공에다 말하는 것이라 10이같이 세
상에 소리의 종류가 많으나 뜻 없는 소리는 없나니 11그러므로 내가 그 소리의 뜻을 알지 못하면 내가
말하는 자에게 외국인이 되고 말하는 자도 내게 외국인이 되리니 12그러므로 너희도 영적인 것을 사
모하는 자인즉 교회의 덕을 세우기 위하여 그것이 풍성하기를 구하라

13그러므로 방언을 말하는 자는 통역하기를 기도할지니 14내가 만일 방언으로 기도하면 나의 영이
기도하거니와 나의 마음은 열매를 맺지 못하리라 15그러면 어떻게 할까 내가 영으로 기도하고 또 마
음으로 기도하며 내가 영으로 찬송하고 또 마음으로 찬송하리라 16그렇지 아니하면 네가 영으로 축복
할 때에 알지 못하는 처지에 있는 자가 네가 무슨 말을 하는지 알지 못하고 네 감사에 어찌 아멘 하
리요 17너는 감사를 잘하였으나 그러나 다른 사람은 덕 세움을 받지 못하리라 18내가 너희 모든 사람
보다 방언을 더 말하므로 하나님께 감사하노라 19그러나 교회에서 네가 남을 가르치기 위하여 깨달은
마음으로 다섯 마디 말을 하는 것이 일만 마디 방언으로 말하는 것보다 나으니라

20형제들아 지혜에는 아이가 되지 말고 악에는 어린 아이가 되라 지혜에는 장성한 사람이 되라
21율법에 기록된 바 주께서 이르시되 내가 다른 방언을 말하는 자와 다른 입술로 이 백성에게 말할지
라도 그들이 여전히 듣지 아니하리라 하였으니 22그러므로 방언은 믿는 자들을 위하지 아니하고 믿지
아니하는 자들을 위하는 표적이나 예언은 믿지 아니하는 자들을 위하지 않고 믿는 자들을 위함이니라
23그러므로 온 교회가 함께 모여 다 방언으로 말하면 알지 못하는 자들이나 믿지 아니하는 자들이 들
어와서 너희를 미쳤다 하지 아니하겠느냐 24그러나 다 예언을 하면 믿지 아니하는 자들이나 알지 못하
는 자들이 들어와서 모든 사람에게 책망을 들으며 모든 사람에게 판단을 받고 25그 마음의 숨은 일들
이 드러나게 되므로 엎드리어 하나님께 경배하며 하나님이 참으로 너희 가운데 계신다 전파하리라

26그런즉 형제들아 어찌할까 너희가 모일 때에 각각 찬송시도 있으며 가르치는 말씀도 있으며 계
시도 있으며 방언도 있으며 통역함도 있나니 모든 것을 덕을 세우기 위하여 하라 27만일 누가 방언으
로 말하거든 두 사람이나 많아야 세 사람이 차례를 따라 하고 한 사람이 통역할 것이요 28만일 통역
하는 자가 없으면 교회에서는 잠잠하고 자기와 하나님께 말할 것이요 29예언하는 자는 둘이나 셋이나
말하고 다른 이들은 분별할 것이요 30만일 곁에 앉아 있는 다른 이에게 계시가 있으면 먼저 하던 자

는 잠잠할지니라 [31]너희는 다 모든 사람으로 배우게 하고 모든 사람으로 권면을 받게 하기 위하여 하
나씩 하나씩 예언할 수 있느니라 [32]예언하는 자들의 영은 예언하는 자들에게 제재를 받나니 [33]하나님
은 무질서의 하나님이 아니시요 오직 화평의 하나님이시니라 모든 성도가 교회에서 함과 같이
[34]여자는 교회에서 잠잠하라 그들에게는 말하는 것을 허락함이 없나니 율법에 이른 것 같이 오직
복종할 것이요 [35]만일 무엇을 배우려거든 집에서 자기 남편에게 물을지니 여자가 교회에서 말하는 것
은 부끄러운 것이라 [36]하나님의 말씀이 너희로부터 난 것이냐 또는 너희에게만 임한 것이냐
[37]만일 누구든지 자기를 선지자나 혹은 신령한 자로 생각하거든 내가 너희에게 편지하는 이 글이
주의 명령인 줄 알라 [38]만일 누구든지 알지 못하면 그는 알지 못한 자니라
[39]그런즉 내 형제들아 예언하기를 사모하며 방언 말하기를 금하지 말라 [40]모든 것을 품위 있게
하고 질서 있게 하라

---

인도에 여섯 명의 남자가 있었지.
배우기를 좋아하는 그들은
코끼리를 보러 갔지
(모두 장님이었지만)
각자 살펴보고는
자기 멋대로 생각했지[21]

19세기 시인 존 고드프리 삭스(John Godfrey Saxe)가 고대 힌두의 민담을 해학적으로 다시 쓴 "장님과 코끼리"(*The Blind Men and the Elephant*)라는 친숙한 시는 이렇게 시작된다. 이 이야기에서 코끼리에 관해 처음 들어본 여섯 명의 시각 장애인은 각각 다른 방향에서 이 거대한 동물에게 다가가 한 부분을 만져본 뒤 그것을 바탕으로 그 동물에 대해 결론을 내린다.

첫 번째 사람은 넓고 튼튼한 옆구리에 부딪힌 후 코끼리는 벽같이 생겼다고 결론짓는다. 두 번째 사람은 매끄럽고 날카로운 상아를 만지고는 코끼리는 창처럼 생겼다고 단정한다. 세 번째 사람은 꿈틀거리는 코를 쥐고 뱀을 닮은 동물로 묘사한다. 네 번째 사람은 큼지막하고 피부가 거칠거칠한 다리를 만지고는 코끼리가 나무를 닮았다고 추정한다. 다섯 번째 사람은 펄럭이는 코끼리 귀를 만지면서 선풍기에 빗댄다. 여섯 번째 사람은 흔들리는 꼬리를 붙잡고 코끼리는 밧줄 같다고 결론짓는다.

이 시는 그들의 실패한 탐색을 다음과 같이 익살스럽게 묘사하면서 끝난다.

그리고 이 인도 사람들은
큰 소리로 한참을 옥신각신했지
각자 자기 생각대로
고집스레 우겼지
각자 만진 부분은 맞았지만
전체는 틀렸지![22]

영적 은사의 올바른 역할에 관한 바울의 주장, 특히 방언의 은사에 관해 읽을 때는 전체적인 맥락을 조망하면서 각 부분을 이해해야 한다. 이것은 우리가 성경을 해석할 때 의당 가져야 할 자세다. 그러나 수많은 사람이 제 나름의 생각을 "고집스레 우기면서" "큰 소리로 한참" 다투고 있는 쟁점을 놓고 따질 때에는 특히 더 중요하다.

일부 성경 주석가는 "방 안에 있는 코끼리"(모두 알지만 말하지 않고 있는 문제-역주)를 그냥 무시하면서 논쟁을 회피한다. 그러나 바울은 고린도 교인이 혼란스러워하는 은사주의 문제를 하나하나 살피면서 많은 글을 썼다. 우리는 정직하고 객관적이며 공정하고 균형 있게 그가 제기한 쟁점들을 다루어야 한다.

오늘날의 그리스도인은 진지하게 진실을 모색하면서 다음과 같은 질문을 한다.

- 방언의 은사는 얼마나 중요한가?
- 방언하려고 노력해야 하는가?
- 우리 교회에 방언의 은사가 있는가?
- 방언은 정말로 영적 은사인가, 아니면 단순히 감정이 고조되면서 나타나는 황홀경인가?

궁금하고 혼란스러웠던 고린도 교회는 거의 2천 년 전에 이와 비슷한 질문을 바울에게 캐물었다. 바울은 고린도전서 14장에서 방언이라는 은사의 가치와 역할에 대해 몇 가지 유용한 원리와 지침을 제공한다. 내 목표는 전체에 비추어 이 부분을 이해하는 것이다. 그래서 40개의 구절을 한 번에 쭉 훑어보고자 한다. 그래야 문맥에서 몇 구절만 보고 우리 앞에 있는 '코끼리'가 뱀이나 창, 또는 밧줄이라고 오판하는 흔한 오류를 피할 수 있다.

이 구절을 상세히 들여다보기 전에 전체 그림을 참작하도록 도와줄 간단한 두 가지 전제를 소개하려고 한다. 첫째, 우리는 방언이 아니라 고린도전서 14장을 공부하고 있다. 우리는 이 쟁점을 다루는 바울의 말을 올바른 관점에서 보아야 한다. 방언이라는 까다로운 주제를 풀어내려면 책 한 권은 족히 쓸 수 있다(그리고 쓴 것도 있다).[23] 그러나 이 책은 방언에 관한 책이 아니다.

둘째, 고린도전서 12–14장의 주된 주제는 영적 은사 전체이지 방언이라는 단일 주제에 국한되어 있지 않다. 바울이 고린도전서 14장에서 방언을 강조한 것은 그것이 영적 은사 중에서 특별히 중요하기 때문이 아니라 고린도 교인이 방언을 지나치게 극단적으로 몰고 갔기 때문이다. 바울은 고린도 교인이 특히 방언의 은사를 남용하고 있다는 것을 알았기 때문에 그것을 예찬하기 위해서가 아니라 다른 은사들에 비해 상대적으로 중요하지 않다는 것을 보여주려고 이 주제에 시간을 할애한다.

이른바 "방 안의 코끼리"에 관한 올바른 관점을 가지고 이 구절들을 신중하고 꼼꼼하게 살피면서 바울이 썼기를 바라는 바가 아니라 바울이 실제로 뭐라고 썼는지를 알아보도록 하자.[24]

## —14:1–19—

바울은 유려한 사랑 장에서 서서히 주제를 옮겨 고린도 교인이 극단적으로 영적 은사를 오용하는 행태에 이타적이고 타인 중심인 아가페 사랑의 기준을 적용한다. 교회 안에서 서로를 존중하기 위해 주어진 것이 있다면 그게 바로 영적 은사다. 그런데 교회 안에서 서로 돕고 세워주며 연합을 도모하기 위해 주어진 바로 그것이 제일 큰 분쟁의 씨앗이 되어버렸다. 바울은 고린도전서 13장의 무게를 다 담아서 예리하고 정곡을 찌르는 하나의 명령으로 압축한다. "사랑을 추구하라"(14:1).

"추구하다"는 동사는 경찰이 지명 수배자를 추격하거나 사냥꾼이 사냥감을 쫓듯이 전력을 다해 죽자사자 뒤쫓는다는 뜻이다. 필사적으로 자기희생적인 사랑을 하려면 그 목표를 가장 빠르게 성취할 수 있는 행동의 우선순위를 바로잡아야 한다. 바울이 우리가 마땅히 사모해야 할 영적 은사 중에서 예언의 은사를 가장 중요하게 생각해야 한다고 한 것도 이 때문이다(14:1).

우리는 흔히 예언이란 미래를 예측하는 것이라고 생각하지만, 꼭 그렇지만은 않다. 그러나 진정한 예언은 반드시 하나님이 직접 하신 말씀이어야 한다. 성경이 완성되기 전에는 하나님의 영감을 받은 권위 있는 메시지가 선지자들의 입을 통해 초대 교회로 전달되었다. 진정한 예언자는 "하나님의 메시지가 정확하게 전달되기 위해서 특별한 계시의 형태로 하나님의 메시지와…그 선포에 대한 지침을" 받아야 했으며, "그 메시지 자체에 하나님의 권위가 담겨 있어야 했다."[25]

1세기에는 신약성경이 아직 완성되지 않았기 때문에 선지자가 많이 필요했다. 그래서 선지자들은 사도들과 더불어 1세대 교회 사역의 터를 다졌다(엡 2:20). 오늘날에는 모든 신자와 교회를 위해 성경에 보존된 사도들과 선지자들의 글을 통해 권위 있고 예언적인 가르침을 접할 수 있다. 그래서 살아 있는 사도들과 선지자들이 필요 없게 되었다. 바울이 고린도전서 14장에서 말하는 선지자들의 가르침의 위상을 현대 교회에 대입한다면 교회의 설교자들과 교사들이 신실하게 선포한 성경말씀이 그 자리를 대신한다.

바울은 방언의 기적에 편협하게 집착하는 고집스러운 고린도 교인의 생각을 바로잡아 주기 위해 우선 신자(고전 14:1-19)와 불신자(14:20-25) 모두에게 예언이 방언보다 더 낫다고 주장한다. 그는 예언의 은사가 방언의 은사보다 더 우월하고 우선시되어야 한다는 주장에 세 가지 이유를 제시한다.

첫째, 해석이 없는 방언은 교회에 덕을 끼치지 못하지만, 예언은 덕을 세운다(14:2-4). 전체 맥락을 보지 않고 바울의 글을 읽으면 바울이 올바른 행동을 처방하고 있는 게 아니라 고린도 교인의 부적절한 행태를 고쳐주기 위해 진단하고 있다는 점을 잊기 쉽다. 바울은 아무도, 심지어 당사자도 알아듣지 못하는 방언을 하는 가상의 사람을 언급한다(14:2). 그런 경우에는 오직 하나님만 이해하신다. "그는 성령으로"(새번역)라는 전치사구는 하나의 헬라어 단어 *pneumati*[*pneuma*(4151)에서 유래됨]인데, '영 안에서/에 의해서'라는 뜻으로 실제로는 "그"라는 대명사가 없다(개역개정에도 대명사가 없다-역주). 따라서 이 말은 들을 수 있는 물리적 영역에 반대되는 "영으로"라는 뜻으로(참조. 벧전 3:18, 계 1:10), 오직 하나님만 그 방언을 말하는 사람을 이해하신다는 사실을 강조하는 것일 수 있다. 또는 단순히 "성령을 힘입어"라는 뜻일 수도 있다(벧전 1:12).

교회 사람들이 알아듣지 못하는 방언과는 대조적으로 예언의 대상은 그 메시지를 이해할 수 있는 사람들이다(고전 14:3). 예언의 메시지는 "권면과 위로"를 주며, 그 결과 "덕을 세운다"[*oikodomē*(3619)]. 바울은 자기의 이익을 위해 방언의 은사를 부적절하게 행사하는 사람을 비판한다. "방언을 말하는 자는 자기의 덕을 세우고 예언하는 자는 교회의 덕을 세우나니"(14:4). 방언은 자기 교화를 위한 은사고, 예언은 공동체의 교화를 위한 것이라는 의미로 이 글을 이해하는 사람들도 있다. 그러나 그보다는 방언의 은사를 다른 사람들을 세워주는 방향으로 사용하지 않고 이기적인 목적으로 사용하면서 자기 자신을 높이려고 하는 일부 오만한 고린도 교인의 잘못을 바로잡아 주고 있는 것으로 보인다. 따라서 고린도전서 14장 4절을 이렇게 풀어쓸 수 있다. "해석 없이 교회에서 방언하기를 고집하는 사람은 이기적으로 자기를 내세우는 것이지만, 예언하는 사람은 교회를 올바로 세워주는 것이다." 방언을 포함한 모든 영적 은사는 "공동의 유익을 위해서" 주어진다는 점을 고려할 때(12:7, 10), 고린도전서 14장 4절은 자기의 덕을 세우기 위해서 방언하는 것은 은사를 불법적으로 남용하는 것이라는 뜻임이 분명하다.

둘째, 방언은 통역자가 없으면 듣는 사람에게 무익하지만, 예언은 모든 사람에게 유익하다(14:5-15). 바울은 영적 은사의 목적이 교회의 "덕을 세우는 것"임을 다시 강조한다. 모르는 언어를 초자연적으로 말하는 것이 그 취지대로 공동체에 유익을 줄 수 있는 유일한 방법은 그 말이 해석되는 것이다. 아무리 바울이 모든 사람이 모르는 언어로 "하나님의 큰 일"을 말할 수 있는 초자연적인 능력(행 2:11)을 경험하기를 바란다고 해도, 그 언어를 이해하지 못하는 사람들을 위한 통역이 없으면 교회는 덕을 세울 수 없을 것이다. 그러므로 통역이 없으면 방언보다 예언이 훨씬 더 유익한 은사다(고전 14:5).

바울은 교회에서 방언의 올바른 사용을 위한 해석의 중요성을 설명하기 위해 세 가지 비유, 곧 악기, 전쟁터의 나팔 소리, 언어를 사용한다(14:7-9). 플루트나 하프가 저마다의 음색, 높낮이, 적절한 리듬을 가지고 연주하지 않으면 그들이 내는 소리는 오케스트라가 공연 전에 음을 맞출 때 내는 불협화음처럼 한낱 소음에 불과할 것이다(14:7). 나팔수가 아무 음이나 불어대면 군대는 공격해야 할지 퇴각해야 할지 알 수 없을 것이다(14:8). 메시지를 이해하려면 언어가 명확하고 뚜렷해야 한다(14:9). 그 언어를 이해하는 사람이 없으면, 또는 그 언어를 해석하는 초자연적인 능력이 없으면, 그 발언의 의미는 전달되지 않을 것이고 교회는 덕을 세우지 못할 것이다(14:10-12).

고린도 교인이 빠져 있는 묵과할 수 없는 관행을 해결하는 유일한 방법은 방언 통역을 위해 기도하는 것이었다(14:13). 왜냐하면 성령의 신비로운 능력에 의해 실제로 말을 한다 해도 그 말을 하는 사람조차도 뜻을 이해할 수 없기 때문이다(14:14). 그런 경우 바울이 이 구절과 고린도전서에서 시종일관 반복한 "교회의 덕을 세우기 위하여 그것이 풍성하기를 구하라"(14:12)는 권고에 어긋난다.

셋째, 통역이 없는 방언은 모인 사람들을 가르칠 수 없지만, 예언은 가르칠 수 있다(14:16-19). 어떤 사람들은 바울의 말이 "영으로" 기도하는 것과 "마음으로" 기도하는 것(14:15)을 별개-방언 기도와 보통 기도-로 보고 비교하는 것으로 생각했다. 그러나 그보다는 사람이 아는 언어로 성령의 능력을 힘입어 하는 한 가지 기도에 대해 말하고 있는 것 같다. 즉, 바울은 이렇게 말하고 있다. "방언하는 사람은 그 의미를 이해하지 못하기 때문에 마음이 없이 영의 힘으로만 기도하는 것보다는 성령의 권능에 의지해서 정상적인 언어(마음으로)와 예수님의 이름으로(영으로) 기도하는 게 더 낫다." 이렇듯 마음과 영으로 동시에 하는 기도의 개념이 시사하는 바는 바울에게는 성령이 초자연적인 능력으로 다른 언어를 말하게 해주셔서 하는 기도보다 진심에서 우러난 진지하고 겸손한 기도가 '영적'이라는 것이다. 이해할 수 있는 기도, 축복, 감사는 하나님뿐 아니라 말하는 사람과 그 자리에 있는 자들도 이해할 수 있다(14:16-17).

바울은 자신이 다른 누구보다도 방언을 많이 한다는 점을 인정하면서(14:18), 이 은사를 올바른 관점에서 행사하는 방법을 보여주는 본보기로 자신을 내세운다. 그는 말한다. "그러나 교회에서 네가 남을 가르치기 위하여 깨달은 마음으로 다섯 마디 말을 하는 것이 일만 마디 방언으로 말하는 것보다 나으니라"(14:19). 즉, 누구나 이해할 수 있는 단순한 언어로 성령 충만하고 정상적인 진리를 선포하는 것이 방언으로 말하는 것보다 훨씬 더 바람직하다는 것이다.

## 오늘날에도 사도와 예언자가 있는가?(고린도전서 14:3)

간혹 '사도'나 '선지자'를 자처하는 설교자나 교사를 만날 때가 있다. 대부분은 가장 일반적인 의미로 이 명칭을 사용한다. 선교사는 사도라는 말을 '파송받은 자'라는 뜻으로 사용할 수 있고, 설교자는 '메시지를 선포하는 자' 또는 고대의 선지자 대부분이 그랬듯 '홀로 굳게 서 있는 자'라는 뜻으로 사용할 수 있다. 이 용어에 대한 성경 자체의 정의를 혼동하지만 않는다면, 그런 식으로 '사도'와 '선지자'라는 말을 사용하는 것은 무방하다. 그러나 간혹 신약성경에서 볼 수 있는 교회의 주춧돌 역할을 했던 사도와 선지자(엡 2:20)와 같은 위상을 가진 '사도'나 '선지자'임을 자처하는 사람들이 있다. 그런 사람은 자기가 베드로, 바울, 요한과 같은 권위를 가지고 있어서 하나님에게서 직접 영감을 받은 권위 있는 메시지를 전달한다고 주장하는 것이다.

그게 가능한 일일까? 오늘날에도 진짜 사도와 선지자가 있을 수 있을까? 우리가 하나님의 말씀과 초대 교회의 간증을 제대로 이해하면 '아니요'라는 답이 분명해진다. 교회의 초석이 되었던 사도와 선지자라는 직분은 1세기 교회 시대에만 있었다. 성경에 따르면 "하나님이 교회 중에 몇을 세우셨으니 첫째는 사도요 둘째는 선지자"였다(고전 12:28). 이는 사도와 선지자가 교회의 기본 직분 서열에서 첫 번째라는 뜻이다. 또한 바울은 진정한 사도의 징표는 "예수 우리 주를" 본 것(9:1)임을 지적했다. 바울은 고린도전서 15장 7절에서 부활하신 예수님을 목격한 사람들을 열거할 때 야고보와 "그 후에 모든 사도에게" 나타나셨고, "맨 나중에 만삭되지 못하여 난 자" 같은 자신이 마지막 사도로서 그리스도를 보았다고 말한다(15:8).

'진정한 사도'의 또 다른 중요한 징표는 "표적과 기사와 능력"을 행하는 권능이었다(고후 12:12). 원사도들의 메시지를 확인해주는 표적과 기사의 역할은 히브리서 2장 3-4절에 나온다. 이 구절에서 히브리서 저자는 이렇게 썼다. "우리가 이같이 큰 구원을 등한히 여기면 어찌 그 보응을 피하리요 이 구원은 처음에 주로 말씀하신 바요 들은 자들이 우리에게 확증한 바니 하나님도 표적들과 기사들과 여러 가지 능력과 및 자기의 뜻을 따라 성령이 나누어 주신 것으로써 그들과 함께 증언하셨느니라." 마찬가지로 마가복음 16장 20절도 "제자들이 나가 두루 전파할새 주께서 함께 역사하사 그 따르는 표적으로 말씀을 확실히 증언하[셨다]"고 동의한다.[26] 초자연적인 방언의 은사는 사도와 선지자들의 시대에 성령의 고유한 사역을 증명해주는 표적의 은사 안에 포함되어 있었을 것이다.

하나님은 1세기 이후로도 교회의 기초가 되는 사도직분을 계속 이어가셨을까? 하나님이 계속해서 사도와 선지자를 부르시고, 표적과 기사로 하나님의 메시지를 확증하시며, 다음 세대에 교회의 기반을 넓히시는 게 당연한 일 아니었을까? 흥미롭게도 원사도들과 선지자들 이후의 초기 그리스도인 세대로 돌아가보면 원사도와 선지자들의 제자들이 사도 직분을 이미 사라진 것으로 언급했음을 볼 수 있다.[27] 이것은 초대 교회가 어떤 기준으로 특정 기독교 문서를 성경으로 결정했는지를 생각해보면 특히 중요하다. 2세기 중반에 작성된 무라토리의 캐논(현존하는 최고의 신약성경 목록표. 18세기 초 L. 무라토리가 밀라노에서 발견했다-역주)은 『헤르마스의 목자』(*Shepherd of Hermas*)라는 책이 사도와 선지자들 시대 이후에 쓰였다는 이유로 신중하게 성경에서 배제했다. "이 책은 교회에서 선지자나 사도의 글로 공개적으로 읽힐 수 없다. 선지자는 수가 다 찼고, 사도 시대 이후에 쓰였기 때문에 사도들의 글도 아니다."[28]

사도들 이후의 초대 교회 기록과 성경은 모두 신약성경에 나오는 사도들과 선지자들의 수가 교회의 제1세대 때 고정되었음을 보여준다. 주님의 십자가 처형과 부활에 관한 그들의 가르침과 글은 교회의 근간이었다. 지상의 삶이 끝날 때 그들의 직분도 종결되었다. 오늘날 그들의 교리는 성경에 보존되어 있고 살아 있는 그들의 제자들-전도자, 목사, 교사-이 그것을 가르친다(엡 4:11). 따라서 아무도 현대 교회에서 권위 있는 사도나 진짜 선지자라고 주장할 수 없다고 말하는 것이 안전하다. 그렇다면 사도와 선지자 고유의 권위를 확인하기 위해 주어졌던 표적과 기사와 능력 또한 사도 시대가 끝났을 때 그쳤으리라는 것이 이치에 맞다. 예언과 방언도 거기 포함되었을 것이다.

## —14:20-25—

예언은 신자를 위한 더 좋은 학습 도구일 뿐 아니라 불신자와 교회 방문객에게는 더 유익하다. 바울은 신자의 덕을 세우는 면에서 방언이 예언보다 약하다고 말하고 나서(14:1-19), 방언의 사용이 불신자에게 주는 유익도 열등하다는 쪽으로 논점을 튼다(14:20-25).

바울은 먼저 방언에 대한 고린도 교인의 생각이 더 성장하고 성숙해야 한다고 권고한다(14:20). 그리고 고린도 교인의 자기중심적이고, 불완전하며, 궁극적으로 용납할 수 없는 방언 사용 실태를 묘사한 후 초대 교회에 하나님이 제정하신 방언의 진정한 목적을 설명한다. 바울은 이사야 선지자의 말을 깊이 고찰하면서 이사야 28장 11-12절을 풀어쓴다. 이 말씀에서 이사야는 믿음이 없는 이스라엘 백성에게 하나님의 심판이 다가오고 있음을 경고했다. 심판의 징조 중 하나가 앗수르의 외국어가 그들 귀에 들리는 것이었다. 이스라엘 백성은 외국인들이 그들의 터전인 약속의 땅을 짓밟기 시작하자 자신들이 하나님의 언약에 불충했었다는 사실을 깨달았을 것이다.

이것은 사도들이 외국어를 말하는 것이 예루살렘의 믿지 않는 일부 유대인에게 표적이 되었던 사도행전 2장 1-13절의 오순절 기사와 완벽하게 들어맞는다. 그들은 예수님을 그들의 메시아로 받아들이지 않았고 사도들이 선언한 그리스도의 부활도 거부하고 있었기 때문에 이스라엘 땅에서 터진 외국인들의 방언은 그 현장에 있던 믿지 않는 유대인들에게 이중의 메시지를 전달했다. 그들이 회개하고 예수님을 메시아로 받아들이지 않으면 하나님이 열방에 복음의 축복을 내리실 것이고 이스라엘에는 심판이 임할 것이다. 바울은 고린도전서 14장 20-22절에서 방언의 은사는 믿지 않는 유대인에게 계속 "표적"이 될 거라고 주장한다. 그들이 메시아를 거절한 것은 중대한 실수였고 그 결과는 심판밖에 없었다.

방언의 기적은 어떻게 믿지 않는 유대인에게 표적이 되었을까? 이 장면을 상상해보라. 당신은 고린도에 사는 독실한 유대인이다. 당신은 바울이라는 사도와 그의 후계자들이 일으킨 소동—그들이 어떻게 한때 독실했던 수많은 유대인과 하나님을 경외하는 이방인들을 타락하게 했는지—에 대해 듣는다. 이 그리스도인 무리는 나사렛 출신의 한 농민 목수가 로마 정부에 의해 범죄자로 십자가에 처형되었는데도, 그가 사실은 메시아라고 많은 사람을 설득했다. 그들은 예수님이 메시아일 뿐 아니라 죽은 자 가운데서 살아나셨고 친히 선택한 사도들을 세상에 보내어 유대인은 물론이고 할례받지 않은 이방인에게도 구원을 전하게 하셨다고 말했다. 이 이야기는 경건한 유대인인 당신이 듣기에 황당하기 이를 데 없다. 그러나 워낙 큰 논란거리여서 당신은 그들의 집회에 슬쩍 들어가 이 협잡꾼들이 어떤 신성모독적인 발언을 하는지 직접 보기로 한다. 당신이 들어가자 이방인 신자들이 기도하는 소리가 들리는데 느닷없이 히브리어를 알 리가 없는 이방인들이 유창한 히브리어로 말하는 소리가 들린다. 그들은 부활하신 주님인 예수 그리스도를 통해서 하나님이 하신 놀라운 일에 대해 말하고 있다. 이제 당신은 하나님이 정말 이 이방인 집단 안에 계신다는 증거를 보았다. 이것은 공식적으로 그들을 이단으로 점찍은 지역 회당에 좋은 징조가 아니다. 이제 당신은 결정을 내려야 한다. 그리스도인들에게 합류해서 예수님을 당신의 메시아로 받아들일 것인지, 아니면 교회에 하나님이 임재하셨음을 나타내는 초자연적인 증거를 직접 보고도 회당에 충성할 것인지 말이다.

그래서 바울은 고린도 교회가 받은 방언의 은사는 사도행전에 나오는 방언과 마찬가지로 표적의 은사라고 가르친다. 사도행전에서 하나님은 이스라엘 백성에게서 이방인에게로 축복을 돌리고 있다는 표적을 유대인에게 주셨다.[29] 이 표적은 이스라엘 백성이 회개하고 예수님을 그들의 메시아로 받아들이지 않으면 심판이 임할 것이라는 경고로 받아들여졌어야 했다. 그러므로 방언-고린도에서 사용되었던 방언까지도-이 해야 할 본연의 역할은 믿지 않는 유대인에게는 성령이 이방인 그리스도인 가운데 정말로 임재하신다는 것을 보여주는 표적이 되고, 하나님의 백성에게는 이사야 28장 11-12절에 나오는 심판의 경고를 돌아보고 회개하라고 부르는 손짓이 되는 것이었다. 마침내 이스라엘에 심판이 임해 예루살렘이 로마군에게 포위되고 파괴되었을 때(AD 70년경) 표적으로서 방언의 목적은 없어졌다. 그러나 예언의 은사는 그리스도의 몸을 세우기 위해 주어졌다(고전 14:22). 예언과 방언은 모두 결국 사도들이 생존했던 1세기가 저물어갈 무렵에는 필요 없게 되었을 것이다.

바울은 계속해서 가장 직접적으로 덕을 세우는 은사인 예언과 공동체를 세우는 것과는 가장 거리가 먼 은사인 방언을 비교하고 대조한다(14:23-25). 이 장면을 상상해보라. 어떤 사람이 벌떡 일어나 모여 있는 사람들 전부는 아니더라도 대다수가 이해하지 못하는 언어로 말한다. 이어서 다른 사람이 그리고 또 다른 사람이 나선다. 통역은 제공되지 않는다. 대신에, 알지 못할 언어로 말하는 사람들이 얻는 것이 딱 하나 있다. 그들은 군중 속에서 돋보인다. 방언이 완전히 생소한 불신자나 방문객의 귀에 들리는 것이라곤 뜻을 알 수 없는 중얼거림뿐이다. 그는 혼란스워하며 교회를 나와 그 사람들이 미쳤다고 결론짓는다.

이와는 대조적으로, 예언은 신자들을 가르칠 뿐 아니라 불신자들이 죄를 깨닫게 할 수 있다. 불신자들도 그들의 언어로 하는 말을 이해할 수 있기 때문이다. 이 이해를 출발점으로 책망, 판단, 경배, 마지막으로 하나님의 임재를 인식하는 과정이 이어진다(14:24-25). 이것은 주일 예배 때 강대상에서 전파되는 하나님의 말씀을 듣는 현대의 불신자들에게도 똑같이 적용된다.

## —14:26-35—

바울은 가장 작은 은사(방언)와 가장 큰 은사(예언)를 대조한 후 고린도 교회에서 벌어진 은사주의 논란을 해결하기 위한 몇 가지 중요한 실제적인 결론을 도출한다. 그는 서로 덕을 세워주는 원칙-각 사람이 모임에 기여하기 위해서 공동체 전체에 도움이 될 것을 가져오는 것-으로 다시 돌아간다. 교회에서 방언할 때는 "덕을 세우기 위하여" 공개적인 해석이 수반되어야 한다(14:26).

우리는 바울의 말에서 초대 교회의 예배 형식을 엿볼 수 있다. 1세기 교회의 예배는 자발적이면서도 질서정연했던 것으로 보인다. 완성된 성경은 없었지만, 유능하고 재능 있는 설교자와 교사, 사도와 선지자가 있었다. 성령이 교회를 휩쓸면서 각 사람에게 공동의 유익에 기여할 수 있는 것을 선물로 주셨다. 찬송시, 가르치는 말씀, 계시, 방언, 통역. 이것은 모두 공동체 전체의 유익을 위해 주어진 다양한 은사다.

믿지 않는 유대인은 회개하고 예수님을 메시아로 받아들여 다가오는 예루살렘의 심판과 파괴(결국 AD 70년에 일어남)를 피하라는 요구를 계속 받고 있었기 때문에 고린도에는 방언의 초자연적 표적이 여전히 활발했다. 그러나 바울은 이런 신비한 영적 체험이 이미 통제 불능이 되었다는 것을 알았기 때문에 집회 때 은사를 질서 있게 사용하도록 현명한 조언을 했다. 첫째, 바울은 예배 중에 세 사람 이상 방언을 해서는 안 되며 한 번에 한 사람씩만 해야 한다고 설명한다(14:27). 둘째, 방언은 통역-우연히 그 언어를 아는 사람이 있거나 메시지를 이해하고 통역할 수 있는 초자연적인 능력을 갖춘 사람-이 있을 때만 공공 예배에서 할 수 있다. 이 조건이 충족되지 못하면 방언하는 사람은 교회에서 침묵해야 한다(14:27-28). 다시 말해서, 예배 때 일어나는 모든 행위는 공동의 덕을 세우는 원칙으로 통제되어야 한다. 그러나 교회 모임에서 질서를 잘 지켜야 하는 것은 방언뿐만이 아니었다. "둘이나 셋"이 해야 한다는 원칙은 예언에도 적용되었다. 예언도 순서대로 해서 교회 지도자들이 그것이 진짜 선지자의 말인지, 아니면 거짓 교사들의 위험한 선언인지 분별할 수 있어야 했다(14:29). 하나님은 혼란의 하나님이 아니라 질서의 하나님이시기에(14:33), 선지자들은 차례로 말하고 하나님의 역사에서 나옴 직한 위엄, 엄숙함, 진지함을 보여주어야 한다(14:30-32). 모름지기 방언도 예언도 혼란과 혼동을 일으켜서는 안된다. 오늘날 일각에서 은사를 행사하는 방식과 반대로 진정한 성령의 은사는 성령의 열매 중 하나인 절제(갈 5:23)가 특징이다(14:32). 이 원칙에 비추어 데이비드 프라이어는 성경이 말씀하는 영적 은사의 올바른 사용과 오늘날 우리가 종종 듣는 혼란스러운 현상을 비교한다.

> 은사를 받은 사람은 그것을 사용할지 말지를 선택할 수 있다…이런 이유로 성령의 은사, 특히 방언을 묘사하면서…'황홀경'이나 희열 같은 언어를 사용하는 것은 큰 오해를 일으킬 수 있다. 그런 용어는 하나님이 활동하시는 무대에 이교의 사상과 경험을 다시 들여오는 것이다. 하나님의 영은 인간의 의지와 정신을 압도하지 않으신다.[30]

바울은 공공 예배에서 질서 있고 적절한 행동에 관한 논의를 계속 이어가면서 여성과 관련해 예언의 말씀을 권위 있게 선포하는 것에 대한 지침을 준다. 우리는 초대 교회를 설명하는 몇 가지 사실에 기초해서 고린도전서 14장 34-35절에 나오는 바울의 가르침을 읽어야 한다. 첫째, 남자와 여자는 구원의 약속에 대한 동등한 상속자로 지음받았다(갈 3:28). 둘째, 여자는 초대 교회 사역에서 중요한 역할을 했다(롬 16:1-7). 셋째, 초대교회에는 분명히 예언 사역에 참여한 여자 선지자들도 있었다(행 21:9). 넷째, 여자들은 남편들의 적절한 권위 아래서 기도하고 예언할 수 있었다(고전 11:5). 다섯째, 하나님은 당신의 목적을 위해 장로-주로 인도하고 가르치며 설교하는 책임을 맡은-의 권위적 역할을 수행하도록 남자들을 임명하셨다(딤전 3:1-7, 5:17). 여섯째, 여자들은 "가르치는 것과 남자를 주관[해서는]" 안 되며, 공공 연설을 할 때 조용히 있어야 했다(딤전 2:12). 이 원칙은 교회 안의 모든 대중

연설에서 말하는 것을 금지한 것이 아니라 오늘날 우리가 '설교 사역'이라고 부르는 것, 즉 설교 목사가 공식적으로 하는 역할에만 적용되었다.

종합해보면, 바울이 강한 어조로 여자들에게 "교회에서 잠잠하라"(고전 14:34)고 한 것은 가르치고 설교하는 장로들(또는 '목사들')의 자격으로 하는 공식 연설을 하지 말라는 뜻으로 해석하는 게 가장 맞는 것 같다. 전후 문맥을 고려했을 때 지도자 중 '분별'의 권한을 부여받은 여러 장로 사이에서 벌어질 법한 대화와 토론의 주체가 되지 말라는 뜻으로 보인다(14:29). 여자들도 기도하고 예언할 수 있었지만, 교회 지도자로 안수받은 남성 장로들만 권위 있는 직책을 맡아 가르치고 설교해야 했다.

현대를 사는 우리 귀에는 여자를 장로나 목사의 역할을 하지 못하도록 제한한 바울의 말이 시대착오적이거나 남성우월주의적인 것으로 들릴 수 있다. 그러나 교회의 발원지인 유대 문화에 비추어보면 바울의 말은 사실 상당한 자유를 준 것임을 알 수 있다. 유대 문화에서 여자는 율법을 아예 배울 수 없었다. 성경을 배우고 가르치는 것은 모두 남자만의 특권이었다. 그러나 바울은 교회의 리더십 중 남성의 리더십 원칙을 지키면서 그런 관습에 단호히 도전한다. 그는 특별히 이렇게 적었다. "만일 무엇을 배우려거든 집에서 자기 남편에게 물을지니"(14:35).

## —14:36-40—

신랄하고 유행을 좇고 겉만 번드르르한 현대의 많은 교회처럼 고린도 교인도 그들 자신을 질서, 전통, 관습-그리스도와 사도들이 세운 것까지도-쯤은 가볍게 내던지는 선도자로 보았던 듯하다. 그들은 자신들이 다른 사람보다 더 높은 영성을 가졌다고 주장하면서, 아마도 그들이 가진 이른바 예언적 은사의 권위에 기대어 무질서, 분열, 혼란이 특징인 기독교 예배 형식을 직접 창안했다.

바울은 그들의 현학적이고 혁신적인 태도에 신랄한 풍자로 대응한다. "하나님의 말씀이 너희로부터 난 것이냐 또는 너희에게만 임한 것이냐"(14:36). 분명, 대답은 '아니요'였다. 바울은 고린도 교인이 분수를 알게 하는 것이 좋겠다고 생각했다. 그들은 바울과 다른 사도들이 세운 다른 교회들보다 더 중요하지 않았다. 그들은 전 세계 다른 모든 교회와 동일한 정통성과 질서에 예속되어 있다.

은사를 가진 고린도의 많은 사람이 스스로 '선지자나 영적인 사람'이라고 주장했고, 이는 자기들이 사도들이 규정한 원칙과 절차에 구애받지 않아도 된다는 것으로 여겼다. 하지만 바울은 진정한 선지자와 참으로 영적인 사람은 사도의 권위를 알아볼 것이라고 지적한다(14:37). 바울의 가르침이 주님에게서 온 것이라는 사실을 그들이 무시한다면, 그다음에는 그들이 무시당할 것이다(14:38). 이 경고를 무시하는 것은 그들이 그리스도인으로서 합당한 성품을 갖추지 않은 것뿐만 아니라, 그리스도의 권위도 부인하는 것을 의미한다.

바울은 이렇게 경고한 후 마지막으로 예언과 방언의 차이점을 비교한다. 예언은 즉석에서 유익한 덕을 세울 수 있기 때문에 고린도 교인은 "예언하기를 사모"(14:39)해야 했다. 그렇다고 방언이 배제된다는 뜻은 아니다. 방언도 덕을 세우기 위해서 통역이 된다면 배제되지 않는다(14:26). 그러나 바울의 주 관심사는 "모든 것을 품위 있게 하고 질서 있게"(14:40) 하는 것이었다.

예배는 모든 이에게 아름답고 의미 있으며 유익한 경험이 되어야 한다. 제대로 안수받은 지도자의 감독 아래서 누구나 적합하게 기여할 수 있는 기회가 열려 있어야 하며, 이 모든 것에 무질서, 혼란, 혼동의 흔적이 없어야 한다. 무엇보다도 모든 일을 단 하나의 목표–그리스도의 몸에 서로 덕을 세우는 것–를 마음에 품고 해야 한다.

## 적용: 고린도전서 14:1-40

### 오늘날의 예언과 방언?

나는 믿음의 비본질적인 문제를 놓고 동료 신자와 싸워본 적이 없다. 나는 종말에 있을 사건의 순서나 창세기 1장의 의미 같은 논란의 여지가 있는 교리에 대해 나만의 입장을 가지고 있다. 그리고 세례나 성만찬을 실행하는 방식과 예배에 적합한 음악 같은 부차적인 실천사항에 있어서 더 좋아하는 방식이 있다. 그러나 나와 견해가 다른 신자들 또는 이런 문제나 다른 부차적인 문제로 인해 갈라진 교회를 비난할 마음은 추호도 없다. 영적 은사의 경우에는 특히 더 그렇다. 나는 이런 문제로 갈라진 교회를 많이 보았다. 가장 안타까운 것은 영적 은사의 목적이 교회를 찢어놓는 것이 아니라 세우는 것이라는 사실이다!

오늘날에도 예언과 방언의 은사를 받을 수 있을까? 고린도전서 14장을 해설할 때 이 질문에 대한 답을 조금 비치기는 했지만, 오늘날 많은 교회가 이런 관행에 어떻게 대응하는지 묻기 전에 이 문제에 대해 좀더 분명히 말하고 싶다.

바울 시대는 신약성경이 아직 완성되기 전이었다. 교회에는 하나님의 계시를 듣고 전달하는 독특한 능력을 갖춘 사도와 선지자들이 있어서 교회 역사에 기틀을 마련했다. 그 시기에는 사도들과 남자와 여자 선지자들을 통해 하나님의 말씀이 전달되었다. 이런 특별한 계시를 전달하는 방법이 환상, 꿈, 예언, 방언이었다. 그 시대에는 이런 자들의 권위와 진정성이 기적을 통해 확인되었다. 명심하라. 아무 사기꾼이나 미친 사람도 거짓 쇼를 벌이면서 터무니없는 주장을 할 수 있다. 그러나 하나님은 아예 속임수를 쓸 여지를 배제하는 방식으로 당신의 메시지를 확증하셨다.

1세기 말경에는 수많은 교회가 사도들에 의해 개척되고 선지자들에 의해 세워졌다. 이 초대 교사들은 신약성경을 남겼고, 이후로 신약성경은 교회의 교리와 관행의 기초가 되었다. 이것이 우리가 *sola Scriptura*('오직 성경')를 고수하는 까닭이다. '오직 성경만이' 믿음과 실천에 관한 모든 문제를 결정하는 최종 권위다. 이 토대가 확고하게 다져졌기 때문에 예언이나 방언 같은 계시의 은사가 더는 필요하지 않게 되었다(참조. 13:8-10). 하나님은 물론 계속 교회에서 기적을 행하실 수 있었지만, 1세기의 계시는 사도와 선지자들이 황혼을 맞이하고 신약성경이 완성되면서 사라졌을 것이다.

그렇다면 오늘날의 예언과 방언은 어떻게 받아들여야 할까? 많은 신자는 예언과 방언이 하나님의 영에게서 온 진정한 새 계시라고 믿는다. 만약 그렇다면, 그것은 당연히 성경과 동일한 권위를 가질 것이고, 오직 성경(*sola Scriptura*)에 대한 우리 믿음은 교황이 성경과 동등한 권위를 가진다고 주장했을 때 만큼이나 위협받을 것이다. 일각에서는 예언과 방언은 추가적인 계시가 아니라 성경이 이미 가르치고 있는 것을 다시 확실히 밝히는 것이라고 말한다. 계시라기보다는 적용에 가깝다는 것이다. 그런데 그것은 도대체 왜 필요한가? 이 이론은 성경의 충족성 교리를 흔드는 것이다.

과거에 은사주의자였던 한 목사가 이 문제를 가지고 씨름하다가 다음과 같은 결론을 내렸다.

> 피할 수 없는 딜레마는 이것이다. 그리스도의 신비가 충분히 밝혀졌다면, 예언적 계시는 거기에 더할 게 없다. 그러나 만약 방언과 예언이 정경인 성경에만 국한된다면 (많은 사람이 주장하는 것처럼) 그것은 엄밀히 말해서 계시가 아니다. 그냥 반복이며 불필요한 것이다. 그뿐만 아니라, 이 은사의 역할은 새 계시를 주시는 것을 확증하는 것이었으므로 그 목적은 온전히 성취되었다.[31]

오늘날에도 우리에게 방언의 은사가 있다고 믿는다면 어떻게 해야 하는가? 또는 이 특별한 은사를 가졌다고 주장하는 사람들에게 뭐라고 해야 하는가? 이런 경험을 평가하는 데 기억하면 도움이 될 중요한 두 가지가 있다.

첫째, 모든 진정한 성령의 은사는 성경에서 규정한 본래 용도를 준행해야 한다. 이론의 여지 없이 모든 성령의 은사는, 그것이 돕는 은사이든 치유의 은사이든, 은사를 가진 자를 우쭐대게 만들기 위해서가 아니라 교회에 덕을 세우기 위해 주어졌다(14:12). 교회에 덕을 세우면 불화와 갈등이 아니라 화합과 사랑이 싹튼다(엡 4:11-16). 어떤 사람이 영적 은사를 발휘했을 때 교회에 덕이 되지 않고, 화합하지 못하며, 사랑이 고취되지 않는다면, 그런 은사가 하나님의 영이 하시는 사역인지 의심할 충분한 이유가 된다.

둘째, 영적 은사 문제에 대해 모두가 동의할 필요는 없다. 어떤 이들은 지금도 하나님이 기도에 대한 응답으로 꾸준히 병을 치유하신다고 믿는다. 또 다른 이들은 신유가 거의 없다고 믿는다. 어떤 이들은 하나님이 선교지의 불신자들에게까지도 환상과 꿈을 통해 말씀하실 수 있다고 믿는다. 그런가 하면 이런 경험은 1세기에 국한된 것이었다고 믿는 사람들도 있다. 어떤 이들은 지금도 방언은 귀중한 기도 언어라고 믿는다. 또 방언은 1세기에 그쳤다고 생각하는 사람들도 있다. 그런데도 그리스도인은 논쟁의 여지가 있는 모든 세부사항에 동의하지 않고서도 신앙의 본질에 대한 일치와 친교를 여전히 누릴 수 있다. 참된 그리스도인이라면 누구나 삼위일체, 그리스도의 신성과 인성, 그분의 속죄 죽음과 기적의 부활, 오직 그리스도만 믿는 믿음을 통해 오직 은혜로 받는 구원과 같은 핵심 교리를 받아들인다. 때때로 논란이 되는 문제 가운데서 우리는 모두 한 걸음 물러나 숨을 깊이 들이마시고, 우리를 참 그리스도인으로 구별해주는 중요한 교리를 구심점으로 연합되어 있다는 사실을 스스로 상기해야 한다. 사소한 문제까지 모두 의견이 일치하지 않아도 된다.

## 주

1. Keener, *1–2 Corinthians*, 90.
2. David K. Lowery, "1 Corinthians," in *The Bible Knowledge Commentary*, vol. 2, ed. John F. Walvoord and Roy B. Zuck(Wheaton: Victor Books, 1983), 529.
3. 남녀 간의 기본적인 평등과 역할 구별에 관한 쉬운 이해를 위해서 Alexander Strauch, *Men and Women, Equal Yet Different: A Brief Study of the Biblical Passages on Gender*(Colorado Springs: Lewis and Roth, 1999) 참조하라.
4. Keener, *1–2 Corinthians*, 94.
5. 역사적으로 성만찬과 애찬의 관계를 알려면, Everett Ferguson, "Lord's Supper and Love Feast," *Christian Studies* 21(2005 - 2006): 27 - 38; and Marcel Metzger, *History of the Liturgy: The Major Stages*, trans. Madeleine M. Beaumont(Collegeville, MN: Liturgical Press, 1997), 21 - 22을 보라.
6. Ralph P. Martin, *Worship in the Early Church*(1964; repr., Grand Rapids: Eerdmans, 1975), 110 - 129 참조.
7. Metzger, *History of the Liturgy*, 41.
8. 바울은 고린도전서에서 한 주제에서 다른 주제로 갑작스럽게 전환하는 것을 나타내는 *peri de*("대하여")라는 문구를 고린도전서에서 여섯 차례(7:1, 7:25, 8:1, 12:1, 16:1, 16:12)나 사용한다.
9. Louw and Nida, *Greek-English Lexicon*, 57. 91.
10. 여기에는 삼위일체, 그리스도의 온전한 신성과 인성, 동정녀 탄생, 우리 죄를 대속하시는 그리스도의 속죄의 죽음, 그리스도의 초자연적인 육체의 부활, 장차 있을 재림의 약속, 오직 그리스도에 대한 믿음을 통해 오직 은혜로 받는 구원, 성경의 영감과 무오성 및 이와 유사한 정통적이고 타협불가한 기본적인 진리가 포함된다.
11. 고린도전서 14장 39절은 교회가 "예언하기를 사모하[라고]" 촉구하지만, 이 포괄적인 권고는 누구나 다 예언자가 될 수 없기 때문에 아무나 다 예언을 할 수 있는 게 아니라는 고린도전서 14장의 전체적인 가르침을 바탕으로 이해해야 한다(고전 12:29). 바울의 생각은 교회 전체가(교회 안의 개인이 아닌) 회중 가운데서 예언이 있기를 바라야 한다는 뜻인 것 같다.
12. Prior, *The Message of 1 Corinthians*, 211.
13. 성령 세례와 성령 충만의 더 상세한 차이점을 알려면 209쪽의 "선물, 은사, 열매"를 보라.
14. Ray C. Stedman, *Body Life*, 2nd ed.(Glendale, CA: Regal, 1979), 56.
15. Robertson, *The Epistles of Paul*, 176.
16. Gerhard Kittel, ed., *Theological Dictionary of the New Testament*, trans. and ed. Geoffrey W. Bromiley(Grand Rapids: Eerdmans, 1987), 1:37.
17. Keener, *1–2 Corinthians*, 108; Lowery, "1 Corinthians," 535.
18. Earle, *Word Meanings*, 239.
19. Keener, *1–2 Corinthians*, 110.
20. Barclay, *Letters to the Corinthians*, 148.
21. John Godfrey Saxe, "The Blind Men and the Elephant," in *The Poems of John Godfrey Saxe: Complete in One Volume*(Boston: Ticknor and Fields, 1868), 259.

22. 같은 책, 260.
23. 더 자세히 알려면 John F. MacArthur Jr., *Charismatic Chaos*(Grand Rapids: Zondervan, 1992); Robert G. Gromacki, *The Modern Tongues Movement*(Phillipsburg, NJ: P&R, 1972); Spiros Zodhiates, *Speaking in Tongues and Public Worship: First Corinthians*, Exegetical Commentary Series(Chattanooga, TN: AMG Publishers, 1997)을 보라.
24. 성경에서 성령의 은사를 기록한 구절은 딱 네 개다(롬 12:1, 고전 12장, 엡 4장, 벧전 4장). 방언의 은사는 고린도전서 12장에만 나오며 매번 맨 끝 아니면 끝에서 두 번째에 배치되어 있다. 특히 고린도전서 12장 28절의 우선순위를 눈여겨보라.
25. John F. Walvoord, "Contemporary Issues in the Doctrine of the Holy Spirit Part IV: Spiritual Gifts Today," *Bibliotheca Sacra* 130(1973): 319.
26. 마가복음의 더 긴 결말이 마가가 성령의 영감으로 쓴 복음의 원본이 아닐 가능성이 크지만, 여기서는 사도들의 메시지를 확증하는 기사와 표적의 본질에 대한 초기 기독교의 역사적 증거로 사용된다.
27. *1 Clement* 5.3-4, 42.1-3, Ignatius *Magnesians* 13.1, Ignatius *Romans* 4.3, Polycarp *Philippians* 9.1, Tertullian, *Against Marcion* 4.5 참조.
28. "The Muratorian Fragment," in Bruce M. Metzger, *The Canon of the New Testament: Its Origin, Development, and Significance*(Oxford: Clarendon Press, 1987), 307.
29. 사도행전 1-13, 10:46-48, 19:6 참조.
30. Prior, *The Message of 1 Corinthians*, 259-261.
31. Neil Babcox, *A Search for Charismatic Reality*(Portland, OR: Multnomah, 1985), 69.

# 죽음과 부활에 관하여

고린도전서 15:1–58

사도들이 활약한 초기 시대부터 두 가지 범주의 오류가 기독교 신앙에 스며들었다. 정론(바른 믿음)에 반론을 제기하는 오류와 정행(바른 실천)을 반박하는 오류. 이 중대한 오류들은 모두 단호히 배격되어야 하지만, 이 두 가지는 그 심각성에 있어서 분명한 차이가 있다. 아래 표는 정론의 오류와 정행의 오류를 비교한다.

| 정론의 오류 | 정행의 오류 |
|---|---|
| 기독교 신앙의 핵심 교리를 믿지 않는다. | 그리스도인이 지켜야 할 덕의 기준에 맞는 삶을 살지 않는다. |
| 어떤 사람이 거짓 형제임을 나타내는 오류 | 진정한 신자들의 공동체 안에서 발생하는 오류 |
| 정론의 오류를 고집하는 것은 구원받지 못했음을 분명히 보여준다. | 정행의 오류를 고집하는 것은 구원받지 못했을 가능성을 시사한다. |
| 감사하게도 진리를 전하는 교회에서는 거의 발생하지 않는다. | 불행히도 진리를 전파하는 교회에서도 흔히 발생하는 문제다. |
| 교회의 건강을 파괴하며, 진정한 교회로서의 생명에 치명적일 수 있다. | 그리스도인의 증언, 교회의 유효성, 신자의 성장에 해롭다. |
| **올바른 대응**: 그리스도와 복음의 핵심 진리에 대한 구원의 믿음으로 귀의한다. | **올바른 대응**: 성령의 권능으로 죄에서 돌이키고 바른 삶에 헌신한다. |

바울은 지금까지 고린도 교인에게 보낸 첫 번째 편지에서 주로 교회가 빠질 수 있는 정행의 오류를 다루었다. 그들은 그리스도인의 덕목인 사랑, 화합, 평화, 도덕, 겸손을 실천하는 삶을 살지 못했다. 계속 성장하는 성령 충만한 신자라면 이런 특징을 지녔어야 했다. 때로는 일부 신자가 저지른 가증스러운 도덕적 비행으로 바울은 그들의 회심이 진실한지를 의심했을 수도 있다(5:11-13, 6:9-10). 그러나 전체적으로 볼 때 바울은 고린도 교회의 사람들을 미성숙과 육욕을 붙잡고 씨름하고 있는 진정한 그리스도인으로 생각했다(1:4-9, 6:11).

고린도에서 벌어졌던 정행에 대한 도전에 비추어볼 때, 고린도전서 13장은 이 논문의 '최고의 실천론'이라고 보아도 무방하다. 그러나 고린도전서 15장에서 바울은 정행의 진지한 쟁점에서 정론의 심각한 쟁점으로 갑자기 전환하면서 이 장은 바울의 위대한 서신서 중 신학적 정점을 이룬다. 바울은 '가장 중요한 것', 즉 예수 그리스도의 인격과 사역에 대한 복음의 메시지를 반복하면서 시작한다(15:1–11). 바울은 이 기독교 신앙의 고갱이와 근원–예수 그리스도의 속죄 죽음과 생명을 주는 부활–을 토대로 장차 그리스도의 재림 때 있을 우리의 부활에 관한 교리를 조목조목 설명한다(15:12–58).

## 핵심 용어

ἀνάστασις [*anastasis*, 아나스타시스]*(386)* '부활', '일어나다'

고대 세계의 대다수 사람은 사후–천국이든 지옥이든 다른 알 수 없는 곳이든–에도 어떤 식으로든 의식이 존재한다고 믿었다. 유대인과 그리스도인은 최후의 심판 때 물리적, 신체적 부활을 기대한다는 점이 독특했다. 그때 의인은 다시 살아나 영화롭게 된 몸으로 상을 받고 악인은 부활한 몸으로 벌을 받을 것이다. 성경에서 말하는 궁극적인 구원이란 '사후의 삶' 이상을 의미한다. 거기에는 '사후의 삶' 이후에 있을 부활한 물리적 생명인 *anastasis*도 포함된다.

εὐαγγέλιον [*euangelion*, 유앙겔리온]*(2098)* '좋은 소식', '복음'

영어 단어 'gospel'(복음)은 중세 영어의 합성어인 'good–spell'에서 파생했으며, 'spell'은 이야기라는 뜻이다. 따라서 gospel은 '좋은 이야기'다. 헬라어 *euangelion*은 전장에서 온 전령이 전하는 승전보나 왕의 후계자가 탄생했다는 공식 성명을 뜻한다. 바울이 선포한 기쁜 소식은 예수 그리스도의 속죄 죽음과 부활뿐 아니라 오직 그리스도만을 통해, 오직 믿음으로, 오직 은혜로 받는 구원에 관한 것이다. 고린도전서 15장 1–5절에서 바울이 복음의 필수 요소를 간략히 '복습한 것'을 학자들은 복음을 위한 *sedes doctrinae*, 또는 '교리의 자리'로 여긴다. 여기서 바울은 독자에게 복음을 정의해주려 한다. 고린도전서 15장 3–4절은 분명하고 단순한 말로 '복음은 무엇인가'라는 질문에 답한다.

## 가장 중요한 것(고린도전서 15:1–11)

1형제들아 내가 너희에게 전한 복음을 너희에게 알게 하노니 이는 너희가 받은 것이요 또 그 가운데
선 것이라 2너희가 만일 내가 전한 그 말을 굳게 지키고 헛되이 믿지 아니하였으면 그로 말미암아 구
원을 받으리라
3내가 받은 것을 먼저 너희에게 전하였노니 이는 성경대로 그리스도께서 우리 죄를 위하여 죽으
시고 4장사 지낸 바 되셨다가 성경대로 사흘 만에 다시 살아나사 5게바에게 보이시고 후에 열두 제자

에게와 [6]그 후에 오백여 형제에게 일시에 보이셨나니 그 중에 지금까지 대다수는 살아 있고 어떤 사
람은 잠들었으며 [7]그 후에 야고보에게 보이셨으며 그 후에 모든 사도에게와 [8]맨 나중에 만삭되지 못
하여 난 자 같은 내게도 보이셨느니라 [9]나는 사도 중에 가장 작은 자라 나는 하나님의 교회를 박해하
였으므로 사도라 칭함 받기를 감당하지 못할 자니라 [10]그러나 내가 나 된 것은 하나님의 은혜로 된 것
이니 내게 주신 그의 은혜가 헛되지 아니하여 내가 모든 사도보다 더 많이 수고하였으나 내가 한 것
이 아니요 오직 나와 함께 하신 하나님의 은혜로라 [11]그러므로 나나 그들이나 이같이 전파하매 너희
도 이같이 믿었느니라

---

처음 그리스를 여행하는 사람이 대부분 제일 가고 싶어 하는 곳은 유명한 도시 아테네다(성경에서는 아덴으로 표기-역주). 현재까지 '아테네'라는 이름은 '철학', '문화', '문명'과 동의어로 쓰인다. 아덴은 수세기 동안 고대 세계에서 가히 지식인들의 교차로라고 할 수 있었다. 세계를 재패한 것은 로마였지만, 로마 제국 대다수 지식인의 철학적 사유는 아레오파고스(Areopagus), 또는 '마스 힐'(Mars Hill)이라고 불리는 아테네의 언덕에서 나왔다. 그곳에서 헬라의 위대한 사상가들이 수천 년 동안 이어질 정치, 종교, 문화, 철학의 사상을 발전시키고 대중에게 보급했다. 실제로, 지금 아테네에 가면 세상에서 가장 위대한 사상가들이 앉았던 고색창연한 돌과 의자들이 세월의 풍상 속에 남아 있는 것을 볼 수 있다.

거기서 바울은 헬라어권의 지식인들에게 그리스도를 전하는 특권과 함께 도전도 받았다. 그의 설교는 확고한 진리와 재치 있는 임기응변이 특징이었다. 바울은 헬라의 땅에서 헬라인들을 만나고, 때로 헬라 시인들을 인용하면서 그들의 마음과 생각을 사로잡아 헬라의 지식인들을 끌어들일 수 있었다. 하지만 기독교 진리의 특정 부분에 이르면 그들은 등을 돌렸다. "그들이 죽은 자의 부활을 듣고 어떤 사람은 조롱도 [했다]"(행 17:32). 많은 사람에게 죽은 자의 부활은 믿음과 불신을 가르는 커다란 분수령이다(123쪽 "몸과 영혼" 참조).

아테네 인근에 위치한 고린도는 이러한 헬라의 사고방식에 지대한 영향을 받았다. 배움보다 쾌락을 중시했던 고린도는 자신들의 생각은 아테네의 이웃들에게 맡기고 몸의 부활에 대한 그들의 태도를 무조건 받아들였다. 세상이 지혜의 표준으로 삼는 사람들에게 '현인'으로 보이고 싶은 열망은 고린도인들의 변치 않는 목표였다(고전 1:18-25). 고린도전서 15장 1-11절을 보면 어떤 이들은 기독교 신앙의 절대 교리 중 하나인 예수 그리스도의 육신의 부활[*anastasis*(386)]을 거부함으로써 철학을 존중하는 세태의 압력에 굴복하고 싶은

마음이 있었다. 아마도 그런 사람들이 죽은 자의 부활은 '육체적'이 아니라 '영적'인 것이라고 우기면서 신자의 몸이 부활한다는 약속을 재해석하기 시작했을 것이다. 그러나 이런 교리적 오류는 그리스도의 부활을 부정하는 쪽으로 위태로운 발걸음을 내디뎠다. 고린도전서 15장에 나오는 그리스도의 부활에 대한 바울의 면밀하고 열정적인 논술을 읽어보면 고린도 교인 중 소수가 이미 기독교 신앙 가운데 철학적으로 껄그러운 부분–셋째 날에 예수님이 기적적으로 물리적으로 부활하셨다–을 완화하고 있었음을 쉽게 짐작할 수 있다. 분명 정통 신앙의 요체가 위험에 처해 있었다. 그리고 지금도 그렇다.

우리는 이 문제를 분명히 짚어야 한다. 그리스도가 초자연적으로 몸이 부활하신 것은 아무나 가능한 일이 아니다. 그것은 전무후무한 사건이다. 그리스도가 죽은 자 가운데서 살아나셨다는 것은 고린도에서 논란거리가 아니었다. 물론, 고린도의 그리스도인과 어울리는 사람 중에는 아직 믿음이 없어서 의심하는 사람들도 있었다. 그들은 그리스도의 부활이 선포되었을 때 아테네의 궤변 학자들처럼 눈살을 찌푸렸을 것이다. 바울은 그런 불신자들이 간간이 고린도 교회를 찾아오리라는 걸 알고 있었다(14:23–24). 그러나 전반적으로 고린도 교회는 예수님의 죽음과 부활을 받아들이는 데 아무 문제가 없었다.

그러나 고린도의 일부 신자는 물질적인 몸을 경멸했을 헬라 철학자들에게 굴복해서 자기들의 육신의 부활까지 부인하는 단계에 이르렀다. 그들은 예수님의 부활은 분명히 믿었지만, 자기 몸의 운명에 대해서는 혼란스러워했다. 오늘날에도 많은 그리스도인이 우리의 구속과 부활의 순서 그리고 우리 육신이 하나님의 궁극적인 구원 계획에 어떤 식으로 관련되어 있는지 매우 혼란스러워한다. 일부 신자는 하나님의 백성이 죽었을 때 어떤 경험을 하는지, 어디로 가는지 그리고 그다음에 무슨 일이 일어나는지 제대로 알지 못한다. 그들은 대개 이렇게 말한다. "죽어서 천국에 가서야 비로소 온전해질 거야." 그렇지 않다. 이런 주장도 한다. "우리가 이 세상에서 입고 있던 육신에서 벗어나면 비로소 천국의 완전한 행복을 영원히 누리게 될 거야." 사실이 아니다. 두 생각 모두 이야기의 반쪽만 담고 있어서 영혼과 육신, 비물질적인 것과 물질적인 것, 영적인 것과 물리적인 것을 완전히 구속하시기 위한 하나님의 계획에서 나머지 반쪽이 빠져 있다.

바울은 신자들이 이해하고 있는 구속에 대한 불완전한 지식을 반박하기 위해 기독교의 핵심인 예수 그리스도의 기적적인 부활에서부터 시작한다. 기독교의 심장은 그리스도의 속죄 죽음과 영광스러운 부활의 기쁜 소식이다. 예수 그리스도의 인격과 사역에 대한 기본적인 복음의 진리를 이해해야 교리와 실제를 모두 규정하게 된다. 그래서 바울은 부활한 몸의 본질에 대한 지극히 우려스러운 시각을 바로잡기 위해서 이 정론의 핵심으로 향한다.

## —15:1–5—

복음의 메시지[*euangelion*(2098)]는 단순하면서 깊다. 복음은 네 마디–'예수님이 죽으셨다가 다시 살아나셨다'–로 표현할 수도 있고, 16장에 걸쳐 구구절절 설명할 수도 있다(롬 1–16장). '예수님'(그리스도의 인격)이 의미하는 바를 설명할 수도 있고, 그리스도의 죽음에 담긴 구원의 의미(대속)를 조목조목 설명할 수도 있으며, 예수님의 육체의 부활이 뜻하는 역사성을 변론(변증론)할 수도 있다. 그러나 어린아이들도 복음의 기본 메시지–'예수님이 죽으셨다가 다시 살아나셨다'–를 배울 수 있다.

바울 사도는 고린도 교인에게 있는 특별한 문제들 때문에 그리스도의 부활에 초점을 맞추어 복음을 복습한다. 그러나 그는 독자에게 복음을 설명하면서 다른 중요한 쟁점들도 빠트리지 않는다. 바울은 복음을 전하는 절차(고전 15:1), 복음의 목적(15:2), 복음의 내용(15:3–5)을 간단명료하게 설명한다.

바울은 고린도 교인이 처음에 복음의 메시지를 받았던 과정을 상기시킨다(15:1). 그가 아덴에서 고린도에 도착하자마자 예수 그리스도를 전하며 그들과 함께했던 때를 돌아보게 한다(행 18:1–4). 고린도의 그리스도인은 이 복음을 "받았다." 여기서 "받았다"는 말은 "믿다"와 "받아들이다"와 동의어다(요 1:12, 살전 2:13). 그들은 믿음으로 복음을 받았을 뿐 아니라 그 가운데 계속 "서 있었다." 바울은 이 말로 고린도 교인이 복음 안에 "튼튼히 서 있[다는]"(새번역, 참조. 고후 1:24) 확신을 표현한다. 더불어, 고린도에 복음의 핵심을 거부한 사람들이 있다면 그들은 대다수 순종 식물 틈에 섞여 있는 소량의 잡초라는 것을 상기시킨다.

복음의 목적은 이 말씀에 분명히 들어 있다. "여러분의 삶은 구원을 받았습니다"(고전 15:2, 메시지 성경). 바울이 "너희는 그 은혜에 의하여 믿음으로 말미암아 구원을 받았으니"(엡 2:8)라고 말하는 것에서 보듯이 그가 고린도 교인의 구원을 과거의 사건으로 언급하지 않는 것에 유의하라. 또 "그 사람은 구원을 받을 것이지만"(고전 3:15, 새번역)이라고 말한 것처럼 최후의 심판 후에 영원한 보상에 들어가는 미래의 구원으로 그리지도 않는다. 그 대신 바울은 현재 시제–"여러분의 삶은 구원을 받았습니다"(15:2)–를 사용해서 구원의 현재적 측면을 강조한다. 바울은 이른바 '성화 구원'을 언급한다. 성화 구원이란 신자가 육신의 행실을 죽이고 영의 행실을 살리면서 그리스도의 형상을 점점 더 닮아가는 과정이다(롬 8:12-13, 갈 5:16). 이 맥락에서 바울이 고린도 교인에게 전한 '말씀'은 매일 자기를 부인하고, 십자가를 지며, 주님을 따르는 것(눅 9:23)을 말한다. 바울은 우리의 실제 삶에서 우리가 받은 복음의 진리가 나타나지 않는다면 우리 믿음은 헛된 것이라고, 말하자면 아무 실효가 없는 것이라고 말하고 있다. 달리 말해서 바울은 고린도 교인이 정행에 이르기 위해서 그들의 정론을 적용할 것–바른 믿음에 준하는 바른 생활–을 권고하고 있다.

바울은 고린도전서 15장 3-4절부터 고린도 교인에게 복음의 내용을 상기시킨다. 여기에서 가장 간결한 언어로 응축된 복음의 진수를 볼 수 있다. 여기에는 두 가지 사실과 각각의 사실에 대한 반박할 수 없는 두 가지 증거가 들어 있다.

| 사실 | 그리스도가 우리 죄를 위해 죽으셨다. | | 그리스도가 죽었다가 살아나셨다. | |
|---|---|---|---|---|
| 증거 | 성경 | 무덤 | 성경 | 증인들 |

그리스도가 죽으셨다는 사실은 한 번도 부정된 적이 없었다. 기독교에 회의적인 비평가들도 나사렛 예수가 죽었다는 것은 인정할 것이다. 논란의 여지가 없는 이 역사적 사실을 믿는 데는 믿음이 필요 없다. 그러나 그리스도가 우리 죄를 위해 죽으셨다는 것은 그리스도가 죽어서 매장된 사건에서 분명하게 드러나지 않기 때문에 믿음이 필요한 문제다. 따라서 메시아의 죽음에 담긴 깊은 의미에 대한 하나님의 특별한 계시로 역사적 사실의 의미를 해석해야 한다. 우리는 예수님이 오시기 700여 년 전에 쓰인 오실 메시아에 관한 구약의 예언에서 이 증거를 발견한다(사 53:5-9).

그가 찔림은 우리의 허물 때문이요 그가 상함은 우리의 죄악 때문이라 그가 징계를

> 받으므로 우리는 평화를 누리고 그가 채찍에 맞으므로 우리는 나음을 받았도다 우리는 다 양 같아서 그릇 행하여 각기 제 길로 갔거늘 여호와께서는 우리 모두의 죄악을 그에게 담당시키셨도다 그가 곤욕을 당하여 괴로울 때에도 그의 입을 열지 아니하였음이여 마치 도수장으로 끌려 가는 어린 양과 털 깎는 자 앞에서 잠잠한 양 같이 그의 입을 열지 아니하였도다 그는 곤욕과 심문을 당하고 끌려 갔으나 그 세대 중에 누가 생각하기를 그가 살아 있는 자들의 땅에서 끊어짐은 마땅히 형벌 받을 내 백성의 허물 때문이라 하였으리요 그는 강포를 행하지 아니하였고 그의 입에 거짓이 없었으나 그의 무덤이 악인들과 함께 있었으며 그가 죽은 후에 부자와 함께 있었도다.

예수님이 매장되신 것은 그분의 죽음이 역사적 사실임을 입증한다. 성경은 우리 죄를 대속하는 그분의 죽음에 담긴 구원의 의미를 증명했다. 그분은 우리가 죽음의 형벌에서 영원히 벗어날 수 있도록 우리를 대신해서 죽으셨다.

바울은 고린도전서 15장 4-5절에서 복음의 두 번째 핵심 교리인 그리스도가 죽었다가 살아나셨다는 교리를 재검토한다. 그는 거듭 이 교리를 자신을 포함해서 길게 나열한 목격자들에 의해 입증된 사실로 제시한다. 대부분 목격자가 바울이 고린도에 보내는 서신서를 쓸 당시에 생존해 있었다(15:6). 그뿐만 아니라 그리스도의 부활도 구약성경에 이미 예언되어 있었다.

> 여호와께서 그에게 상함을 받게 하시기를 원하사 질고를 당하게 하셨은즉 그의 영혼을 속건제물로 드리기에 이르면 그가 씨를 보게 되며 그의 날은 길 것이요 또 그의 손으로 여호와께서 기뻐하시는 뜻을 성취하리로다 그가 자기 영혼의 수고한 것을 보고 만족하게 여길 것이라 나의 의로운 종이 자기 지식으로 많은 사람을 의롭게 하며 또 그들의 죄악을 친히 담당하리로다 그러므로 내가 그에게 존귀한 자와 함께 몫을 받게 하며 강한 자와 함께 탈취한 것을 나누게 하리니 이는 그가 자기 영혼을 버려 사망에 이르게 하며 범죄자 중 하나로 헤아림을 받았음이니라 그러나 그가 많은 사람의 죄를 담당하며 범죄자를 위하여 기도하였느니라(사 53:10-12).

그 누구도 아닌 나사렛 예수가 이 부활의 예언을 성취했다는 사실이 바울과 수백 명의 목격자에게 다양한 형태로 확인되었다.

## —15:5-8—

예수님의 죽음을 믿는 데는 믿음이 필요 없지만, 초자연적인 몸의 부활을 믿는 데는 큰 믿음이 필요하다. 사람들은 죽은 뒤 36시간 후에 다시 살아나지 않는다! 부활은 21세기에 믿기 힘든 일인 것만큼 1세기에도 믿기 힘든 일이었다. 그래서 예수님이 가장 가까운 제자들뿐 아니라 의심하는 자들에게도 여러 번 나타나신 것이다.

누가는 사도행전에서 부활하신 그리스도와 숱하게 조우한 일을 이렇게 묘사한다. "그가 고난 받으신 후에 또한 그들에게 확실한 많은 증거로 친히 살아 계심을 나타내사 사십 일 동안 그들에게 보이시며 하나님 나라의 일을 말씀하시니라"(행 1:3). 누가는 갈수록 늘어나는 소문과 전설들을 뒤지는 5세대 역사가가 아니었다. 그는 바울의 동반자였고 예수님의 삶과 죽음, 부활을 직접 목격한 증인이었다(눅 1:1-2). 누가는 예수님의 출현이 사실이었다는 점을 강조한다. 그들은 부활하신 예수님을 곁눈으로 언뜻 본 게 아니었다. 그들의 주님은 그들 곁에 오래 머무르셨다. 주관적인 환상이나 꿈이 아니라 부활하신 구세주와 실제로 함께한 집단 경험이었다. 그들은 그분과 함께 걷고 먹고 만지고 대화를 나누었다.

바울은 고린도전서에서 그리스도의 출현에 관한 여러 에피소드를 최소 여섯 가지 언급하는데(15:5-8), 이것이 전부가 아니다.

- 게바(베드로)
- 열두 제자
- 오백여 형제
- 야고보
- 모든 사도
- 바울

성경의 예언과 부활하신 주님을 목격한 수많은 증인이 십자가에 달리신 메시아의 부활을 가리키고 있기에 수백 명의 원래 제자는 나사렛 예수가 기적적으로 죽었다가 살아나셨다는 사실을 의심할 수 없었다. 물리적으로—십자가에 못 박히시고 묻히셨던 바로 그 몸으로—예수님은 회복되고 영화롭게 되셨다. 예수님의 몸은 더는 고통과 죽음이 침노할 수 없는 완벽한 불멸의 상태로 변화되었다. 영광을 받아 마땅하신 예수 그리스도는 자신뿐 아니라 영생을 얻으려고 그분을 믿는 모든 사람을 위해 죽음을 이기셨다.

## —15:8-11—

바울은 고린도전서 15장 8-11절에서 자기 이야기를 들려준다. 그의 인생에서 부활이 어떤 의미인지 말하고, 자신이 직접 체험해서 의심의 여지가 없는 증언으로 부활의 신빙성을 뒷받침한다. 그러나 "만삭되지 못하여 난 자"로서 부활하신 주님에 대한 그의 증언은 독특했다. 이 표현은 너무 일찍 태어난 아이, 즉 '조산아'를 가리킨다.[1]

바울은 자신을 이런 이미지로 묘사하면서 자신의 배경을 다른 사도들의 배경과 비교한다. 다른 사도들은 선택받고, 선별되고, 훈련받고, 예수님의 발치에서 성장한 아이들이었다. 그들이 사도의 신분을 받았을 때 그들은 그리스도가 양성하시고자 하는 사도의 이상적인 전형이었다. 그다음으로 '조산아 바울'이 나타났다. 그는 극악하고 혐오스러운 교회 핍박자였다(15:9). 예수님을 구세주로 영접할 생각은 눈곱만큼도 없었고 준비도 되어 있지 않았다. 그런데 그가 반역 활동에 열심일 때 주님이 나타나 그를 구원하셨다. 그 순간부터 반기독교 핍박자였던 사울이 복음에 모든 것을 건 사도 바울로 변했다. 이 급작스럽고 극적이며, 다른 경우라면 설명이 불가능했을 변화는 오늘날에도 역사가들을 당혹스럽게 만드는 예수님 부활의 진실성을 입증하는 증언이 될 것이다. 예수 그리스도의 부활이라는 사실 외에 바울이 그리스도께 귀의한 것에 대한 합리적인 설명을 찾을 수 없기 때문이다.

부활의 실제는 바울의 인생 행로를 근본적으로 그리고 영구히 바꾸었다. 그는 한때 교회를 악랄하게 핍박했기 때문에 자기가 구원받을 자격이 없다는 것을 알았고, 사도로서의 사역은 더더욱 꿈도 꾸지 않았다(15:9). 그리스도에 대한 반감이 컸던 만큼, 바울은 기적 같은 하나님의 은혜를 누구보다도 깊이 이해했다(15:10). 그리스도인에 대한 이전의 극심한 적대감을 생각해보면 바울은 그의 소명과 사역을 분에 넘치는 하나님의 은혜 덕분이라고 감사하지 않을 수 없었다(15:10). 바울은 이 부르심에 감사해서 하나님의 은혜를 선용하기로 했다. 자기의 구원을 얻거나 확보하려는 게 아니라 자기를 구원해주신 분에 대한 사랑을 보여주고 싶었다.

하나님의 기적 같은 은혜로 힘을 얻은 바울은 남은 생을 주님을 섬기며 살기로 결단하고 그 일에 박차를 가했다. 그는 이때쯤에는 모든 사람이 분명히 알고 있던 사실을 언급한다. "내가 모든 사도보다 더 많이 수고하였으나"(15:10). 그러면서 이내 그가 성취한 선교 사역이 자신의 노력 때문이 아니라 그를 통해 역사하시는 하나님의 은혜로 말미암은 것임을 인정한다. 그 때문에 바울은 한 발짝 물러서서 독자에게 그와 다른 사도들이 모두 같은 팀의 일원임을 상기시킬 수 있었다(15:11). 아름다운 합창을 하듯, 사도들은 그리스도의 속죄 죽음과 생명을 주시는 부활을 전파하며 한목소리로 그분을 찬미했다. 그리스도의 인격과 사역-그 메시지를 전하는 설교자들이 아니라-만이 구원받을 자격이 없는 죄인을 구원할 수 있다.

## 적용: 고린도전서 15:1-11

### 부활 생명의 표적

다메섹 도상에서 부활하신 구세주와 조우한 사건(행 9:1-8)은 바울의 인생에서 돌이킬 수 없는 전환점이 되었다. 그 자리에서 그리스도의 교회를 파괴하는 일에 열을 올리고 있던 영적으로 죽은 타락하고 정죄받은 죄인이 영적으로 부활했고, 죄를 용서받았으며, 왕의 종으로 발탁되었다. 이보다 큰 은혜가 어디 있겠는가!

바울처럼 그리스도를 믿은 우리 모두는 반항하며 제 고집대로 가던 길에서 끌려 나왔다. 바울이 했던 것처럼 그리스도의 대의를 핍박하지는 않았을지 모르지만, 우리는 모두 나름의 방식으로 그분의 죽음에 담긴 구원의 능력과 그분의 승리하신 부활의 실제성을 부인했다(사 53:6). 예수님은 바울에게 하셨던 것처럼 우리에게도 구원을 가져다주셨다! 하나님은 그분의 분에 넘치는 은혜로 말미암아 우리에게 그분의 아들의 죽음과 부활에 대한 믿음을 통해 영생을 주셨을 뿐 아니라 성령-주님이시고 생명을 주시는 분-이 우리에게 임하게 하셔서 죄에 물든 우리의 생활 방식을 죽이고 새로운 삶으로 부활하게 하셨다.

바울이 하나님의 부활 생명과 기적적으로 조우한 사건을 회상하는 장면을 보면서(고전 15:9-11) 우리가 헛되이 믿지 않았고, 날마다 우리의 악한 자아에 대해 죽고 있으며, 그리스도를 순종하는 삶으로 부활하고 있다는 것을 증명해주는 표를 적어도 네 가지 찾아볼 수 있다(롬 6:1-11).

첫째, 바울은 교만하지 않았다(고전 15:9). 그는 자기의 부덕을 스스럼없이 인정했고, 동료들과 경쟁하기를 거부했으며, 자기의 약점을 인정했다. 당신은 어떤가? 당신은 자신의 중요성을 부풀려서 생각하는가? 교회에서 주목받고, 칭찬받고, 보상받고, 인정받는 것이 당신에게 얼마나 중요한가? 하나님이 당신을 구원하시기 전에 당신이 빠져 있던 악한 생활 방식이나 반항하던 모습을 돌이켜보고 교만과 모든 권리 의식을 머릿속에서 몰아내라.

둘째, 바울은 은혜를 진심으로 감사했다(15:10). 바울은 "내가 나 된 것은 하나님의 은혜로 된 것"이라며 인생에서 소중한 것은 전부 하나님의 은혜로 돌렸다. 당신의 삶은 이 말을 잘 대변하고 있는가? 당신은 하나님 없이 아무것도 할 수 없다는 것을 인정하는가? 당신의 성공이 하나님의 은혜 덕분이라고 생각하는가? 그 외에도, 당신은 관대함, 긍정, 인내, 용서로 다른 사람들에게 이 은혜를 보여주는가?

셋째, 바울은 자신이 성취한 것을 겸손하게 시인했다(15:10). 바울은 자기가 주님을 위해 많은 것을 이루었다는 사실을 부인하지 않았다. 모두가 그의 이력을 알았다. 그러나 그는 참으로 겸손하게 이 사실을 언급하면서 그를 칭송하는 사람이 있으면 곧바로 그 성취의 근원을 가리켰다. 당신은 짐짓 겸손한 척하며 당신의 업적을 숨기는가? 아니면 그것을 나누면서 막상 당신의 모본이신 그리스도와 당신에게 능력을 주시는 성령은 무시하는가?

넷째, 바울은 다른 사람들에 대한 정직한 감사를 강조했다(15:11). 바울은 자기가 "모든 사도보다 더 많이 수고"(15:10)했다는 것을 인정했지만, 누가 공로를 차지하는지에 대해서는 조금도 관심이 없었다. 당신에게 아직도 경쟁심이 남아 있다면, 늘 일등이 되고 싶다면, 하나님께 지금 당장 당신을 변화시켜주시고, 그런 습성을 깨주시며, 다른 사람들에게 진심으로 고마워하는 마음을 달라고 간구하라. 그때에야 비로소 다른 사람에 대한 비판적이고 편협한 마음에서 벗어나 부활하신 주님과 맺은 사랑의 관계 속에서 변화될 것이다.

## 부활의 빛 속에서 살기(고린도전서 15:12-34)

12그리스도께서 죽은 자 가운데서 다시 살아나셨다 전파되었거늘 너희 중에서 어떤 사람들은 어찌하
여 죽은 자 가운데서 부활이 없다 하느냐 13만일 죽은 자의 부활이 없으면 그리스도도 다시 살아나지
못하셨으리라 14그리스도께서 만일 다시 살아나지 못하셨으면 우리가 전파하는 것도 헛것이요 또 너
희 믿음도 헛것이며 15또 우리가 하나님의 거짓 증인으로 발견되리니 우리가 하나님이 그리스도를 다
시 살리셨다고 증언하였음이라 만일 죽은 자가 다시 살아나는 일이 없으면 하나님이 그리스도를 다
시 살리지 아니하셨으리라 16만일 죽은 자가 다시 살아나는 일이 없으면 그리스도도 다시 살아나신
일이 없었을 터이요 17그리스도께서 다시 살아나신 일이 없으면 너희의 믿음도 헛되고 너희가 여전히
죄 가운데 있을 것이요 18또한 그리스도 안에서 잠자는 자도 망하였으리니 19만일 그리스도 안에서 우
리가 바라는 것이 다만 이 세상의 삶뿐이면 모든 사람 가운데 우리가 더욱 불쌍한 자이리라

20그러나 이제 그리스도께서 죽은 자 가운데서 다시 살아나사 잠자는 자들의 첫 열매가 되셨도다
21사망이 한 사람으로 말미암았으니 죽은 자의 부활도 한 사람으로 말미암는도다 22아담 안에서 모든
사람이 죽은 것 같이 그리스도 안에서 모든 사람이 삶을 얻으리라 23그러나 각각 자기 차례대로 되리
니 먼저는 첫 열매인 그리스도요 다음에는 그가 강림하실 때에 그리스도에게 속한 자요 24그 후에는
마지막이니 그가 모든 통치와 모든 권세와 능력을 멸하시고 나라를 아버지 하나님께 바칠 때라 25그
가 모든 원수를 그 발 아래에 둘 때까지 반드시 왕 노릇 하시리니 26맨 나중에 멸망 받을 원수는 사망
이니라 27만물을 그의 발 아래에 두셨다 하셨으니 만물을 아래에 둔다 말씀하실 때에 만물을 그의 아
래에 두신 이가 그 중에 들지 아니한 것이 분명하도다 28만물을 그에게 복종하게 하실 때에는 아들
자신도 그 때에 만물을 자기에게 복종하게 하신 이에게 복종하게 되리니 이는 하나님이 만유의 주로
서 만유 안에 계시려 하심이라

29만일 죽은 자들이 도무지 다시 살아나지 못하면 죽은 자들을 위하여 세례를 받는 자들이 무엇
을 하겠느냐 어찌하여 그들을 위하여 세례를 받느냐 30또 어찌하여 우리가 언제나 위험을 무릅쓰리요
31형제들아 내가 그리스도 예수 우리 주 안에서 가진 바 너희에 대한 나의 자랑을 두고 단언하노니 나
는 날마다 죽노라 32내가 사람의 방법으로 에베소에서 맹수와 더불어 싸웠다면 내게 무슨 유익이 있
으리요 죽은 자가 다시 살아나지 못한다면 내일 죽을 터이니 먹고 마시자 하리라 33속지 말라 악한
동무들은 선한 행실을 더럽히나니 34깨어 의를 행하고 죄를 짓지 말라 하나님을 알지 못하는 자가 있
기로 내가 너희를 부끄럽게 하기 위하여 말하노라

시계의 알람을 끄고 꾸벅꾸벅 졸고 있을 때 전화기가 울린다. 당신은 하릴없이 동트기 전의 어슴푸레한 빛 속에서 비척대며 침대에서 몸을 일으킨다. 전화가 다시 울리자 더듬더듬

전화기를 찾아 들고 '통화' 버튼을 누른다. 전화를 건 사람이 슬픔에 떨리는 목소리로 떠듬떠듬 말을 꺼낸다. 그 소식은 충격적이다.

불시에 죽음의 신이 또 들이닥쳤다.

이번에는 부모님이나 조부모님, 형제나 자매, 또는 친구일 수 있다. 그게 누구든 사랑하는 사람의 부고를 받으면 우리는 망연자실한다. 불신, 혼란, 슬픔은 오랜 회한으로 이어진다. 방금 들은 비보를 받아들이기 위해 용을 쓰는 사이 숨 막히는 슬픔이 물밀듯이 북받친다.

죽음. 우리는 누구나 그것이 찌르는 아픔을 겪어보았다. 그러나 그리스도를 믿는 우리에게는, 그렇지 않았다면 견디기 힘든 극심한 고통이었을 상황 속에서도 마음을 달래주는 위안이 있다. 그것이 부활이다.

죽음이 우리 품에서 사랑하는 사람을 빼앗아갈 때 우리가 매달릴 수 있는 건 부활밖에 없다. 그리스도의 부활은 궁극적인 완성의 약속, 영광의 소망, 믿음의 보상, 영생의 근거다. 우리의 부활은 새벽이 밝아와 아들의 빛이 우리와 우리의 어두운 세상을 변화시키면 영광스러운 새날이 오리라는 기대다. 잠시 멈추고 생각해보라. 부활이 없다면 우리 삶에는 희망도, 의미도 없다. 어둠의 세계가 득세할 것이며, 죽음은 영원히 왕좌를 차지할 것이다.

그러나 사도 바울은 그리스도의 기적적인 부활이 맡은 주요 역할에 대해 말하면서 우리의 현재 삶에 장차 있을 부활의 영광스러운 빛을 비춘다. 그리스도의 부활은 실로 우리의 영생과 장차 있을 몸의 부활에 대한 보증이다. 바울은 이 기본적인 기독교 진리를 인간의 몸의 구속이라는 개념에 냉담한 문화적 환경 속에서 주장했다. 일부 고린도 교인은 말 그대로 몸의 부활이라는 개념을 비웃었다. 많은 사람이 몸은 모든 인류가 겪는 문제의 근원–몸을 장악한 죄뿐만 아니라 물리적인 몸 자체(123쪽 "몸과 영혼" 참조)–이며 오염되고 썩어져 쓰고 버리는 것이라는 헬라 철학에 물들어 있었다. 따라서 고린도전서 15장 12-34절에서 바울은 고린도 교인의 죽음과 부활에 관한 그릇된 견해를 바로잡아 그들이 영광스럽게 변모한 불멸의 몸으로 부활해 영생을 얻을 것이라는 새로운 희망을 심어준다.

# 묵상의 서재

## 아버지를 기다리며(고린도전서 15:16-20)

나는 아버지의 이마에 흘러내린 머리카락을 쓰다듬고 입을 맞추며 마지막 인사를 하던 그 밤을 절대 잊지 못할 것이다. 그 순간 숱한 어린 시절의 기억이 내 머릿속을 맴돌았다.

- 내가 자전거 타는 법을 배울 때 아버지가 거기 계셨다.
- 내가 구구단을 외우지 못해 골머리를 앓을 때 아버지가 알려주신 요령으로 금방 익힐 수 있었다.
- 운전이라는 모험에 첫발을 들여놓았을 때 아버지가 곁에서 응원해주셨다.
- 처음 일(신문 배달)을 시작했을 때 아버지는 구독률을 높여 상 받을 수 있는 방법을 가르쳐주셨다. 정말 효과가 있었다!
- 내가 사랑에 빠진 여자에 대해 말했을 때 아버지는 나를 따로 불러내 책임 있는 남편이 되는 것에 대해서…그 여인을 사랑하고 돌보는 것에 대해서 진솔하게 말해주셨다.
- 해병대에 복무할 때 아버지에게서 받았던 훈육 덕분에 군 생활을 한결 수월하게 할 수 있었다.

지금도 어떤 냄새나 소리에 아버지를 떠올리곤 한다. 굴 스튜. 바닷바람. 고급 시가의 연기. 향수에 젖게 만드는 하모니카의 애잔한 소리. 캠핑 랜턴. 자동차 광택제. 30-40년대의 재미있는 노래들. 갓 깎은 잔디. 저녁 식사 때가 되어 아이들을 부르는 휙 하는 휘파람 소리. 그리고 올드 스파이스 애프터 셰이브 로션.

이 모든 것이 한때 내 인생에 존재했던 아버지의 물리적 실재를 상징한다. 이제는 그런 것들이 여운처럼 아버지의 부재를 일깨운다. 아버지는 삶을 대하던 방식대로 세상과 작별하셨다. 조용히, 은혜롭게, 존엄하게, 어떤 요구나 거친 말 한 마디 없이, 얼굴 한 번 찡그리지 않고 죽음을 맞이하셨다. 아버지는 삶의 저주스러운 적에게 자신을 내어주셨다. 이기적이고, 탐욕스러우며, 사악한 죽음이라는 적에게. 그러나 죽음의 정복은 일시적이다.

나는 아버지의 주님이자 구세주이신 분이 두 팔 벌려 아버지를 품에 안으셨다는 것을 추호도 의심하지 않았다. 몸은 없을지라도 아버지는 주님과 함께 계시다. 그리고 또 이 세상에서 사는 동안 나는 영광스러운 상봉-우리 아버지뿐만 아니라 어머니 그리고 나보다 먼저 세상을 떠난 동료 신자 모두와-에 하루하루 더 가까워지고 있다는 것도 안다. 이제 나는 천국 문이 열리고 주 예수님이 걸어 나와 잠들어 있는 모든 사람의 영혼을 친히 데려오시는 순간을 부푼 가슴을 안고 기다린다.

나는 그 부활의 순간, 해후의 순간을 기다리고 있다.

그렇다. 나는 죽은 자를 깨우는 쩌렁쩌렁한 나팔 소리를, 살아 있는 사람들이 영광을 입은 불멸의 몸으로 변화되는 순간을 기다리고 있다. 나는 신비로운 천상의 예배를 드릴 때 거문고와 수금(그리고 바라건대, 대형 파이프 오르간!)에서 울려 나올 찬미가를 기다리고 있다. 그렇지만 내가 또 기다리고 있는 것은 오래전 이 세상을 떠나면서 나에게 너무나 많은 것을 남겨주고 간 한 사람이 그 영화롭게 변모한 손에 들고 있는, 아련한 추억을 불러일으키는 하모니카 소리를 기다리고 있다.

나는 아버지를 기다리고 있다.

## —15:12-19—

바울은 그리스도의 초자연적인 몸의 부활을 복음의 핵심 메시지로 확증한 후(15:1-11) 당혹스러운 질문을 던진다. "그리스도께서 죽은 자 가운데서 다시 살아나셨다 전파되었거늘 너희 중에서 어떤 사람들은 어찌하여 죽은 자 가운데서 부활이 없다 하느냐"(15:12). 모든 사람이 이쪽으로 기울고 있던 게 아니었다는 점에 유의하라. 고린도 교인 중에 "어떤 사람들"이 장차 있을 부활을 부인하고 있었다.

바울은 이런 잘못된 견해가 논리적으로 불러올 결과를 가지고 고린도 회중 안에 있는 소수의 의견을 능숙하게 논박한다. 바울은 차례로 요점을 짚어가면서 죽은 자의 부활의 의미와 중요성에 대한 고린도인들의 의심에 더 밝은 빛을 던져준다.

첫째, 부활이 거짓이라면, 그리스도 자신도 부활하지 않았을 것이다(15:12-13, 16). 우리 몸의 부활을 부인하려면 주님의 부활도 부인해야 한다. 왜냐하면 이 둘은 긴밀하게 맞물려 있기 때문이다(6:14). 그리스도가 다시 오시면 "우리도 그와 같이 될 것"이다(요일 3:2, 새번역). 왜냐하면 하나님이 "우리의 낮은 몸을 자기 영광의 몸의 형체와 같이 변하게"(빌 3:21) 하실 것이기 때문이다. 사실 그리스도는 "죽은 자들 가운데서 먼저 나신 이"(골 1:18)시며,

이는 우리의 부활이 예수님의 부활과 불가분의 관계에 있다는 것을 나타낸다. 따라서 논리적으로 볼 때 장차 있을 우리의 부활을 비유나 영적인 것으로만 이해한다면, 그리스도의 부활도 똑같은 방식으로 이해해야 한다.

둘째, 부활이 거짓이라면, 우리가 전하는 메시지도 헛것이다(고전 15:14). 도미노처럼, 바울의 첫 번째 논점은 두 번째 논점에 힘을 보태어 고린도인들의 흠 있는 신학적 추론을 무너뜨린다. 부활 자체가 거짓이면, 그리스도의 부활도 거짓이고, 그리스도의 부활이 거짓이면 복음의 메시지도 "헛것"이다(15:14). '헛되다'는 말은 '빈', '속이 빈', '내용물이 없는'이라는 뜻의 헬라어 *kenos*(2756)에서 나왔다. 부활이 없으면 그리스도의 복음을 전할 하등의 이유가 없다. 존 스토트(John Stott)가 이 점에 대해 잘 설명한다. "기독교는 그리스도의 인격과 사역이라는 반석 위에 세워졌다. 그리스도가 자기가 말했던 사람이 아니시고, 자기가 하기 위해 왔다고 한 그 일을 하지 않으셨다면, 그 기반이 흔들리면서 그 위에 쌓아올린 구조물은 무너질 것이다."[2]

셋째, 부활이 거짓이면, 우리의 믿음도 헛되다(15:14). 부활의 객관적 사실이 붕괴되면 복음의 메시지 자체에 대한 충심도 잃게 된다. 결과적으로 복음에 대한 우리의 믿음 역시 헛되고 무의미해진다(15:14, 17). 그리스도의 부활이 없으면 우리의 믿음은 절대 삶을 변화시키지 못할 것이다. 우리가 부활할 것이라는 약속에 비추어, 우리의 믿음은 소망으로 강해지고, 소망은 약속에서 힘을 얻으며, 약속은 그리스도의 부활로 인침받는다.

넷째, 부활이 거짓이면, 우리는 모두 거짓말쟁이다(15:15-16). 실제로 죽은 자의 부활 같은 것이 없다면, 부활하신 주님을 보았다고 주장한 모든 사람-바울, 베드로, 사도들, 야고보, 오백 명의 증인-은 명백한 거짓말쟁이다. 부활하신 주님을 직접 보았다고 주장하지는 않더라도 부활 신앙을 옹호한 모든 기독교 사상가와 지도자들-아우구스티누스, 아퀴나스, 마르틴 루터, 장 칼뱅, 존 웨슬리, 찰스 스펄전, C. S. 루이스, 빌리 그레이엄-도 거짓말을 한 것이다. 그리스도도 직접 자신의 부활과 우리 모두의 부활을 예언하셨으니(요 2:18-22, 5:25-29), 우리에게 거짓말을 하신 것이다. 그리스도의 부활을 믿고 자신의 부활을 기대하며 죽은 모든 순교자도 거짓말 때문에 죽은 것이다.

다섯째, 부활이 거짓이면, 우리는 여전히 죄 안에서 잃어버린 자들이다(고전 15:17). 그리스도가 무덤에 죽은 채로 계셨다면, 우리는 여전히 우리 죄 가운데서 죽을 것이다. 그리스도의 죽음과 부활이 우리가 하나님께 진 무한한 빚을 갚고, 영생의 권능을 주었다. 기쁜 소식은 우리가 구원을 얻기 위해 아무것도 안 해도 된다는 것이다! 하나에서 열까지 그리스도의 죽음과 부활이 우리의 구원과 영생에 필요한 모든 것을 제공해주었다.

여섯째, 부활이 거짓이면, 죽은 자들은 멸망한다(15:18). 부활이 없다면 우리보다 먼저 죽은 신자들은 멸망한 것이다. '그리스도가 그랬듯이, 그의 몸된 교회도 그렇게'라는 바울의 가장 중요한 원칙에 따라 만약 그리스도가 부활하지 않았고, 부활한 몸이 없이 영원히 유령 같은 존재로 지내야 할 운명이었다면, "그리스도 안에 있는" 모든 사람도 같은 방식으로 사라질 것이다. 새하늘과 새 땅의 축복도 누리지 못하고, 사랑하는 사람들을 안지도 못하며, 그들을 위해 만들어질 새 창조 세계를 누리지도 못하고, 형체 없는 한 줄기 연기처럼 너울너울 떠다닐 것이다. 그러나 그리스도가 부활하셨기에 "그분 안에 있는" 모든 사람도 다시 살아날 것이다.

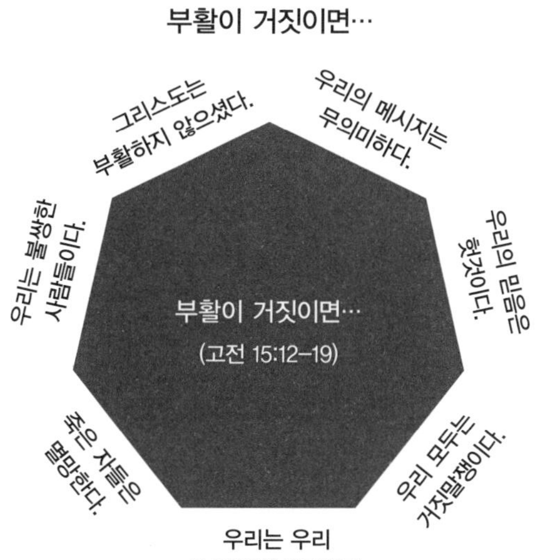


일곱째, 부활이 거짓이면, 우리는 불쌍한 사람들이다(15:19). 바울은 거침없이 말한다. "만일 그리스도 안에서 우리가 바라는 것이 다만 이 세상의 삶뿐이면 모든 사람 가운데 우리가 더욱 불쌍한 자이리라." 왜냐하면 그들은 복음을 위해 많은 것을 희생하고, 고통을 겪었으며, 부활하신 구세주에게 모든 소망을 두었기 때문이다. 데이비드 프라이어는 바울의 추론을 잘 짚어낸다.

바울은 예수님의 부활을 믿지 않는 사람들을 가련하고 측은하게 생각한다. 만약 부활이 없다면 예수님의 가르침 중 많은 부분이 땅에 떨어지고 그는 거짓말쟁이로 밝혀질 것이다. 그러나 고린도의 그리스도인은 삶과 죽음과 영원의 주님이신 그리스도께 그들의 소망을 두었다. 그리스도가 죽었다가 부활하지 않으셨다면 그는 이것 중 어떤 것의 주인도 아니시다. 이 땅의 삶이 전부라면, 영원에 관해 헛된 주장을 한 사람의 근거 없는 약속에 우리의 희망을 건다는 건 어불성설이다.[3]

## —15:20-28—

바울은 고린도전서 15장 12-19절에서 '부활이 없다면 어떻게 되는가?'라는 물음에 불행한 답을 제시한다. 그러고 나서 태도를 180도 바꾼다. "그러나 이제"(15:20)라는 두 마디로 그는 가설에서 사실로, '만약'에서 '~이다'로 전환한다. 그는 이렇게 썼다. "그러나 이제 그리스도께서 죽은 자 가운데서 다시 살아나사 잠자는 자들의 첫 열매가 되셨도다"(15:20).

"잠자는 자들"은 죽은 신자들을 일컬을 때 바울이 즐겨 쓰는 완곡한 표현이다. 자고 있는 것은 우리의 영혼이 아니다. 우리가 죽으면 우리의 비물질적인 부분은 몸과 지상 세계에서 빠져나가 곧바로 평화로운 낙원에 계시는 주님 앞으로 간다(눅 23:43, 빌 1:21, 23, 고후 5:6, 8, 12:4). 우리의 의식은 명료하고 기분 좋게 만족스러운 상태지만, 불완전할 것이다. 왜 그럴까? 우리 몸은 부활을 기다리며 무덤에서 "자고" 있을 것이기 때문이다. 비물질적인 부분과 물질적인 부분이 재결합할 때, 즉 오랫동안 기다리던 우리 몸이 구속될 때(롬 8:23) 우리의 구원은 비로소 완성될 것이다.

우리 부활의 "첫 열매"는 예수 그리스도의 부활이다. 윌리엄 바클레이는 레위기 23장 10-11절에 나오는 구약의 율법에서 이 비유의 배경을 설명한다.

> 보리를 자르면 그것을 성전에 가져왔다. 거기서 보리에 상처가 나지 않게 말캉말캉한 지팡이로 타작을 했다. 그런 다음 구멍이 뚫린 냄비에 넣고 불 위에 올려 알곡이 골고루 불에 익게 했다. 그러고 나서 바람에 겨를 날린 후 맷돌에 갈아 그 가루를 하나님께 바쳤다. 그것이 첫 열매였다. 첫 열매를 드리기 전에는 햇보리를 상점에서 매매하거나 햇가루로 빵을 만들 수 없었다. 첫 열매는 앞으로 있을 추수의 상징이었다. 그리고 예수님의 부활은 장차 모든 신자가 부활한다는 징표였다.[4]

예수님이 부활하신 결과는 고린도전서 15장 21-22절에 설명되어 있다. 아담의 죄를 통해 세상에 들어온 죽음은 그리스도가 죽음에서 부활하시면서 역전되었다. "아담 안에서"(15:22) 태어난 모든 사람, 즉 물리적인 인류 전체는 필멸의 운명을 가지고 태어난다. 그러나 "그리스도 안에서" 거듭난 모든 사람, 즉 성령 세례로 그리스도와 연합한 신자들로 이루어진 영적 가족(12:13)은 마찬가지로 그리스도가 부활하신 전례를 따를 것이다. 자기의 첫 열매를 성전에 가져온 히브리인 예배자처럼 예수님의 부활은 다가올 풍성한 수확, 곧 성도들의 부활을 가리킨다.

이제 초점이 과거에서 미래로, 그리스도의 부활에서 우리의 부활로 이동한다(15:23). 바울은 우리의 부활을 다가올 종말 사건과 연결해 설명한다. 그는 몇 가지 세부사항을 알려주고 신자들의 궁극적인 운명에 초점을 맞춘다. 바울은 부활 과정의 3단계를 명확한 사건 순서와 함께 간추려 제시하는데, 그것이 성취될 시기는 구체적으로 말하지 않는다.

**첫 번째 단계: 첫 열매가 되신 그리스도(15:23).** 예수 그리스도가 죽음에서 부활하셨을 때 이 일은 이미 일어났다(마 28:1-20). 예수님은 죽은 자 가운데서 제일 먼저 나신 자가 되셨다(골 1:18, 계 1:5). 이는 그분이 "많은 형제 중에서 맏아들"(롬 8:29)이심을 나타낸다. 그리스도가 부활하신 이후로 그분을 믿어 성령으로 그분과 영적으로 하나가 된 우리는 우리 부활의 보증이 되는 그분의 부활과 엮여 있다(엡 1:13-14).

**두 번째 단계: 그리스도에게 속한 자들(15:23).** 이 부활은 "그분이 오실 때"인 구체적으로 밝혀지지 않은 기간 이후에 일어날 것이다. 그리스도를 믿고 죽은 사람들은 첫 열매 후에 있는 추수 때 부활할 것이다. 바울은 이 기적적인 사건을 묘사하면서 데살로니가전서 4장 16-17절에 이렇게 썼다. "주께서 호령과 천사장의 소리와 하나님의 나팔 소리로 친히 하늘로부터 강림하시리니 그리스도 안에서 죽은 자들이 먼저 일어나고 그 후에 우리 살아 남은 자들도 그들과 함께 구름 속으로 끌어 올려 공중에서 주를 영접하게 하시리니 그리하여 우리가 항상 주와 함께 있으리라."

**세 번째 단계: 구원받지 못하고 죽은 자들(15:24-27).** 죽음을 위시해서 하나님을 대적한 모든 것은 신자들의 부활 이후 완전히 파멸될 것이다. 우리는 부활 과정에서 첫 번째와 두 번째 단계 사이의 시간 간격이 이미 2천 년 가까이 지속되었다는 것을 안다. 바울은 두 번째와 세 번째 단계 사이의 시간이 얼마큼일지 여기서 분명하게 예측하지 않지만, 요한계시록 20장 4-5절은 그사이에 천 년 동안 그리스도와 부활한 성도들이 통치할 것이라고 말한다. 이 지상 통치 기간에 그리스도가 하나님을 경외하지 않는 통치권, 권세, 권력을 모조리 멸하실 것이다. 그때 그분은 모든 원수를 그분의 발 아래 두실 것이다(고전 15:24-25). 이 천년 왕국이 끝날 때, 모든 믿지 않는 영혼이 하나님의 심판을 받기 위해 일어나면서 죽음은 멸

망할 것이고, "불못"에 던져질 것이다. 이 일은 "둘째 사망"으로도 알려져 있다(계 20:7–15). 이때에는 우주 만물이 그리스도의 주권에 머리를 숙이고 하나님 아버지께 순복하며 제 역할을 하게 될 것이다(고전 15:27–28). 왕국이 하나님 아버지께로 넘어가면(15:27–28) 천년 동안 통치했던 그리스도의 지상 왕국이 끝나고, 모든 구속받은 자는 아버지와 아들의 직접적인 왕권 아래 있는 영원한 나라에서 계속 살게 될 것이다. 이 일은 성경이 새 하늘과 새 땅이라고 묘사하고 있는 곳에서 이루어질 것이다(계 21:1–22:5). 그때서야 비로소 우주 만물이 삼위일체의 하나님을 "만유 안에 계시[는]" 분(고전 15:28)으로 고백하고 찬양하며 경배할 것이다. 다시 말해 만물이 주님을 우주에서 최고의 권능을 가진 주권자로 인정할 것이다.

**3단계 부활 과정**

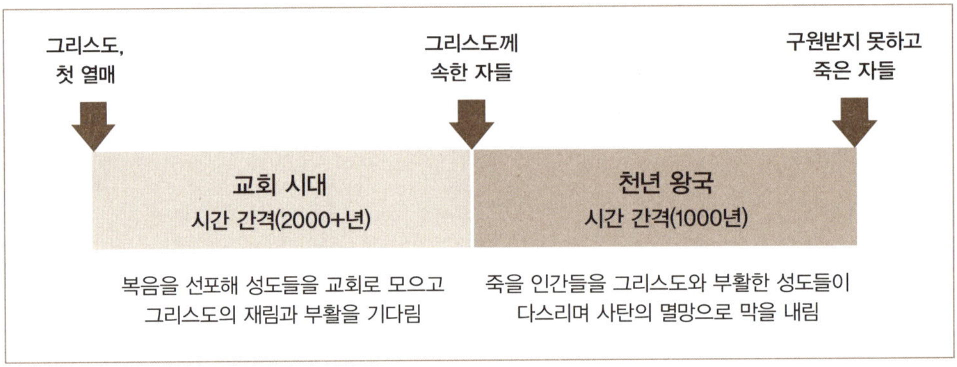


## —15:29–34—

바울은 지금까지 과거(그리스도의 부활)와 미래(다가올 우리의 부활)에 대해 말했다. 그는 다음 몇 구절에서 이런 중요한 신학적 진리에 대해 우리가 어떻게 이해할 것인지를 논하기 위해 독자를 현재로 데려온다.

그는 고린도 교인이 "죽은 자들을 위하여" 세례받는 관행을 거론하면서 시작한다(15:29). 죽은 자들이 부활하지 않는다면, 왜 사람들이 그들을 위해서 세례를 받는가라고 그는 묻는다. 이 구절에서 바울이 죽은 자를 위한 세례라고 한 것이 무엇을 의미하는지에 대해서는 의견이 분분하다.[5] 일부를 소개하면 다음과 같다.

- 사망한 사랑하는 사람이나 조상을 위해서 살아 있는 신자에게 세례를 줌.
- 망자를 위해 세례를 베푸는 이교 의식을 받아들인 고린도 교인이 행했던 변질된 세례.
- 부활할 육신에 대한 경의의 표현으로 장례를 준비하며 시신을 닦는 행위.
- 세례받기 전에 죽은 신자를 위한 사후의 명예 세례.
- 부활 후 모든 시대의 모든 신자가 다시 만날 것을 기대하며 앞서 간 사람들을 대신해서 살아 있는 회심자가 세례를 받음.
- 신자에게 특별한 영향을 미친 순교자를 기리는 세례.

세례받지 않고 죽은 사랑하는 사람이나 조상을 위해서 살아 있는 신자에게 세례를 베푸는 관행(위의 첫 번째)은 배제해도 된다. 1세기 이래로 정통 신앙을 가진 그리스도인이 이런 믿음이나 관행을 가졌던 적은 한 번도 없다. 나머지 설명 중에서 앞뒤 상황에 비추어 가장 그럴듯한 것을 결정하기가 쉽지 않다. 키너는 이렇게 말한다. "바울이 이 구절에서 신학적으로 축약한 내용은 우리보다는 고린도 교인이 더 잘 이해했을 것이다."[6] 이 구절의 정확한 해석이 무엇이든 간에 바울의 요지는 분명하다. 부활이 없으면 그런 예식은 헛된 예배 의식에 불과하다는 것이다. 우리가 죽은 후에 부활이 없다고 하면서 그리스도의 죽음과 부활에 참여하는 세례를 받는 것은 앞뒤가 맞지 않는 일이다.

그러나 부활을 전심으로 믿는 것에는 더 깊고 실제적인 함의가 있다. 바울은 부활에 대한 믿음이 현재의 삶을 대하는 우리의 태도에 영향을 미칠 수밖에 없음을 지적한다(15:30-31). 부활해서 영화롭게 변하는 불멸의 보상이 동기가 되는 신자들은 "언제나 위험을 무릅[쓴다]"(15:30). 실제로 그들은 "날마다 죽[으며]"(15:31), 자기의 권리, 위안, 특권, 세속적인 목표를 포기한다. 이러한 삶에 대한 기독교 철학은 그리스도를 위해 우리 목숨을 내놓을 수 있는 우리의 의지에도 영향을 미친다(15:32). 귀중한 영생의 선물과 비교하면, 현세의 기쁨과 보물은 아무 가치없는 썩어질 장신구에 불과하다. 순교한 선교사 짐 엘리엇(Jim Elliot)이 일기에 쓴 글은 유명하다. "놓쳐서는 안 될 것을 얻기 위해 언젠가는 놓아야 할 것을 포기하는 자는 바보가 아니다."[7]

부활은 현세의 삶이 어떤 의미인지를 다시 헤아려보게 할 뿐 아니라 우리의 도덕적 행위에도 영향을 미친다. 내세가 없다면 방종을 합리화하는 쾌락주의 철학도 말이 된다. "내일 죽을 터이니 먹고 마시자"(15:32). 영원한 보상이 없다면 흥청망청 산들 어떠랴? 온갖 육욕을 다 채운들 어떠랴? 안전부절하며 반항적인 군중과 어울리고, 날이 새도록 파티를 하며, 재미만 찾아다니는 방탕한 삶을 살면서, 미덕과 도덕 따위는 몽땅 변기에 처넣어버린들 어떠랴(15:33)? 부활과 영생과 미래의 보상을 믿지 않아서 부도덕과 죄에 빠진다면, 부활에 대한 믿음은 냉철한 판단과 경건이 특징인 삶으로 이어질 것이다(15:34).

## 적용: 고린도전서 15:12–34

### 새 삶으로 부활하다

바울은 '만약에 부활이 없다면' 어떤 결론에 이르게 되는지를 논한 후(15:12–32) 전제를 바꾸어 부활 진리에 비추어 순종해야 할 세 가지를 말한다. 우리는 이 세 가지 권고를 현재 우리 삶에 그대로 적용할 수 있다.

### 에베소의 맹수?(고린도전서 15:32)

바울은 고린도전서 15장 32절에서 "맹수와 더불어 싸웠다"고 말한다. 신학자들과 역사가들은 이 구절을 해석하는 데 애를 먹었다. 바울의 말이 실제로 원형 경기장에서 짐승에게 먹힐 뻔한 일이나 선교 여행 중에 마주쳤던 위험한 일을 말하는 것인지 명확하지 않기 때문이다.

이것이 고린도 교인이 아는, 맹수와 관련한 바울의 실제 경험을 언급한 것일 수도 있지만, 그것이 문자적인 의미가 아니라 은유적인 의미임을 뒷받침해주는 몇 가지 요소가 있다(참조. 16:8–9).

첫째, 바울은 로마 시민이었기 때문에 맹수와 싸우기 위해 경기장에 던져지지는 않았을 것이다. 주로 이방인, 야만인, 노예들이 이런 일을 당했다. 로마법에 따라 예수님이나 베드로 같은 비시민들은 구경거리로, 심지어 '재미'를 위해서 공개 처형될 수 있었다. 그러나 로마 시민은 비공개로 도시 외곽에서 참수당하는 좀 더 존엄한 처형을 당했고, 바울도 그랬다.

둘째, 고린도후서 11장 22–33절에 나오는 긴 자전적 기록에도 맹수에 대한 언급은 없다. 오히려 바울은 "시내의 위험"과 "동족의 위험"이라는 말로 자기 동족에게서 겪은 위험에 대해 말한다(고후 11:26). 만약 바울이 실제로 야생 동물과 마주쳤다면 그가 지난날 겪은 고난을 이렇게 길게 늘어놓을 때 분명 언급했을 것이다.

셋째, 바울의 대담무쌍한 선교 위업을 꼼꼼한 연대기로 기록한 누가는 에베소나 다른 곳에 있는 맹수를 언급하지 않았다. 누가는 돌에 맞은 일, 시련, 부당한 대우, 고난에 대해 이야기했지만, 맹수에 대해서는 기록한 바가 없다.

넷째, 안디옥의 이그나티우스 같은 다른 초기 기독교 작가들도 거짓 형제와 기독교 신앙의 반대자들을 동물 이미지에 비유했다.[8] 이로 보건대 바울의 원청중은 그런 식의 표현과 이미지를 은유로 이해했을 것이다.

첫째, 바울은 헬라 문헌에 나오는 속담-"악한 동무들은 선한 행실을 더럽히나니"(15:33)-을 인용하면서 지혜로운 말에 귀를 기울이라고 권고한다. 다시 말해 대중의 그릇된 생각과 우리를 둘러싼 타락한 문화로부터 올바른 교리와 관행을 분별하라는 뜻이다. 우리가 하나님을 경외하지 않는 사람들과 얽히게 되면 그들의 철학에 동화될 수 있다. 이 시대의 문화, 신조, 관행의 '세례'를 받다 보면 그리스도의 죽음과 부활과 연합하는 세례의 흔적이 우리 성품에서 점차 흐릿해질 것이다. 당신은 세상의 거짓된 철학의 위험성을 알고 있는가? 당신은 주변에 본받을 만한 경건한 사람들을 두고 있는가? 미혹하는 메시지를 퍼부어대는 세상의 이런저런 영향을 생각해보라. 텔레비전, 라디오, 인터넷, 학교, 직장 동료, 광고 등등. 그다음 당신 삶에 기독교가 끼치는 긍정적인 영향이 몇 가지나 되는지 생각해보라. 어떻게 이것들이 균형을 이루도록 할 수 있는가? 어떻게 세상 철학을 죽이고 기독교 세계관에 새 생명을 불어넣을 수 있는가?

둘째, 우리는 정신을 바짝 차려야 한다. 바울은 경종을 울린다. "깨어 의를 행[하라]"(15:34). 우리가 무지한 잠에 빠지거나 수동적인 무감각 상태에 빠지기가 얼마나 쉬운지 알아야 한다. 우리를 취하게 하는 세상의 유혹이라는 독이 든 술잔을 들이킬 때마다 우리는 어느새 "먹고 마시고 결혼하라. 내일 죽을 것이니"라는 곡조에 점점 빠져들게 된다. 우리 사회는 개인의 정체성을 집어삼키고, 기계론적 삶과 집단 사고 철학을 부추긴다. 그래서 우리는 마음을 새롭게 해야 한다(롬 12:2). 우리는 그리스도에게 복종하는 것에 생각을 집중해야 한다(고후 10:5). 참되고, 경건하고, 바르고, 순결하고, 사랑스럽고, 덕이 되고, 탁월하며, 칭찬받을 만한 일에 마음을 쏟아야 한다(빌 4:8). 그렇게 살다 보면 육신의 일을 죽이고 새 생명 안에서 살아가게 된다(롬 6:4).

셋째, 우리는 모름지기 "죄를 짓지 말[아야]" 한다(고전 15:34). 하나님을 친밀하게 알고 예수 그리스도를 통해 그분과 개인적인 관계를 가져야 한다는 말씀에 따라, 우리 안에 거하시면서 우리 죄를 지적하시는 성령의 목소리에 귀를 기울여야 한다. 우리는 우리 죄를 고백하고 모든 불의에서 깨끗해지라는 단순한 명령을 따라야 한다(요일 1:8-10, 벧전 1:14-16). 성령의 능력을 힘입어 육신의 행위를 버리는 것만큼 신나고 만족스럽고 보람 있는 일은 없다(롬 8:13).

그리스도가 재림하실 때 필멸한 우리 육신이 부활하고 변화할 것을 기다리면서 육신의 행태를 죽이도록 하자. 또 성령의 능력으로 힘입는 부활 생명을 본받아 우리 마음을 새롭게 하자.

## 우리 미래의 몸(고린도전서 15:35–49)

35누가 묻기를 죽은 자들이 어떻게 다시 살아나며 어떠한 몸으로 오느냐 하리니 36어리석은 자여 네
가 뿌리는 씨가 죽지 않으면 살아나지 못하겠고 37또 네가 뿌리는 것은 장래의 형체를 뿌리는 것이
아니요 다만 밀이나 다른 것의 알맹이 뿐이로되 38하나님이 그 뜻대로 그에게 형체를 주시되 각 종자
에게 그 형체를 주시느니라 39육체는 다 같은 육체가 아니니 하나는 사람의 육체요 하나는 짐승의 육
체요 하나는 새의 육체요 하나는 물고기의 육체라 40하늘에 속한 형체도 있고 땅에 속한 형체도 있으
나 하늘에 속한 것의 영광이 따로 있고 땅에 속한 것의 영광이 따로 있으니 41해의 영광이 다르고 달
의 영광이 다르며 별의 영광도 다른데 별과 별의 영광이 다르도다

42죽은 자의 부활도 그와 같으니 썩을 것으로 심고 썩지 아니할 것으로 다시 살아나며 43욕된 것
으로 심고 영광스러운 것으로 다시 살아나며 약한 것으로 심고 강한 것으로 다시 살아나며 44육의 몸
으로 심고 신령한 몸으로 다시 살아나나니 육의 몸이 있은즉 또 영의 몸도 있느니라 45기록된 바 첫
사람 아담은 생령이 되었다 함과 같이 마지막 아담은 살려 주는 영이 되었나니 46그러나 먼저는 신령
한 사람이 아니요 육의 사람이요 그 다음에 신령한 사람이니라 47첫 사람은 땅에서 났으니 흙에 속한
자이거니와 둘째 사람은 하늘에서 나셨느니라 48무릇 흙에 속한 자들은 저 흙에 속한 자와 같고 무릇
하늘에 속한 자들은 저 하늘에 속한 이와 같으니 49우리가 흙에 속한 자의 형상을 입은 것 같이 또한
하늘에 속한 이의 형상을 입으리라

우리는 어떤 것에 대해서는 아는 것보다 모르는 게 더 많다. 그리고 알게 된 것이 또 새로운 의문점들을 낳기도 한다. 우리 몸의 부활에 관한 성경의 가르침은 마침표보다 생략 부호, 느낌표보다는 물음표가 더 많은 쟁점 중 하나다. 예를 들어, 갓난아기들은 어떻게 되는가? 아기로 부활할까? 어른으로 부활할까? 화장했거나, 폭발로 사라졌거나, 바다에서 실종된 사람의 몸은 어떻게 되는가? 이런 생각은 더 기이하지만 있을 법한 일로 이어진다. 장기를 이식받은 사람은? 부활할 때 새로 받은 장기는 어떻게 되는가? 천년 전에 죽은 사람들은? 육체의 흔적이 티끌만큼도 남아 있지 않을 텐데? 생각은 점점 황당한 쪽으로 흐른다. 부활이 일어날 때 내가 누군가의 무덤 위에 서 있으면 어떻게 되는가? 관을 열어놓은 장례식에 참석하고 있을 때 부활이 일어나면?

그냥 내버려두면 질문은 끝도 없이 꼬리에 꼬리를 물 것이다.

이런 질문은 대부분 성경적인 부활 교리를 제대로 모르기 때문에 제기된다. 성경은 삶과 죽음, 부활에 대한 가장 중요한 질문들에 대해 단순하지만 깊이 있는 답을 준다. 성경은 우리가 "그렇군요, 그런데"라며 던지는 질문, 억지로 갖다붙인 가설, 호기심이 많은 사람들이 추측으로 생각하는 것들에 일일이 응대하지 않는다. 성경은 야비하게 비웃는 회의적인 비평가들을 굳이 만족시키려고 하지 않는다. 그들이 바라는 것은 이해가 아니라 조롱일 뿐이다.

성경은 부활에 관한 완벽한 논문을 제공하지는 않지만, 고린도전서 15장 35-49절에 나오는 긴 강론은 부활한 몸의 본질을 더 잘 이해할 수 있게 해준다. 바울의 대답이 세세한 것까지 다 알려주지는 않지만, 미래의 우리 몸에 대한 일반적인 원칙과 현재 몸의 가치를 더 깊이 이해하게 한다.

## —15:35-41—

고린도의 일부 교인은 예수 그리스도의 죽음과 부활의 복음은 받아들였지만, 자신의 부활에 대해서는 긴가민가했다. 어쨌든, 예수님은 유일한 신인(神人)이시다. 우리는 한낱 인간이다. 어쩌면 고린도 교인은 예수님은 우리와 완전히 다른 범주에 속한 분이라고 생각했을지도 모른다. 아니면 그리스도의 부활을, 그분의 물리적 몸이 실제로 구속되고 완전해진 것으로 보지 않고, 그분의 영이 지상에서 천국으로 '올라가신 것'으로 보았을지도 모른다. 또는 그리스도의 부활하신 몸의 본질을 육체적인 것보다 훨씬 영적인 것으로 다시 정의했을 수도 있다. 그들이 어떤 논리로 신자의 부활을 부인하고 경시하게 되었는지는 모르지만, 신봉자가 상당수 있었기 때문에 바울은 그들이 성가시게 하는 두 가지 질문에 답해서 혼란을 일소하려고 했다. "죽은 자들이 어떻게 다시 살아나는가?" "어떤 몸으로 오는가" (15:35)?

바울은 첫 번째 질문을 "어리석은 자여"(15:36)라는 신랄한 비난으로 일축한다. 죽은 자의 부활이라는 기적에 대해서 하나님이 무엇을 어떻게 하실 수 있는지 묻는 것은 하나님의 전능하심에 대한 이해 부족 또는 믿음의 부재를 보여준다. 하나님은 원하시는 것은 무엇이든 하실 수 있다! 예수님은 "하나님으로서는 다 하실 수 있느니라"(마 19:26)고 분명히 가르치셨다.

두 번째 질문은 우리의 부활한 몸의 본질에 대해 당연히 가질 수 있는 호기심이어서 좀 더 합리적이다. 바울은 유추와 대조로 독자들이 그들의 부활한 몸에 대한 믿음과 소망을 가지고 앞을 내다보기를 권한다. 그는 부활을 포괄적으로 설명하지는 않지만, 고린도 교인의 의문이 풀릴 수 있을 정도로 상세히 답한다. 바울은 먼저 우리 미래의 몸이 어떤 모습일지를 보여주는 세 개의 언어 그림을 그린다. 그가 사용하는 비유는 씨앗, 육체, 천체다.

**씨앗**(15:36–38). 첫 번째 비유는 이미 땅에 묻힌 시신과 부활할 몸 사이의 질적인 불연속성과 개인적인 연속성을 모두 보여준다. 바울은 이 둘 사이의 관계를 부정하지 않지만, 이 관계는 단지 분해된 몸의 죽은 부분이 복원되는 것이 아니다. 부활은 단순히 필멸의 생명이 소생하는 것이 아니며, 최신 좀비 영화의 장면처럼 이상하지 않다. 그러나 땅에서 싹을 내는 씨앗과 식물의 연속성이 실제이듯 필멸의 몸과 부활한 몸 사이의 연속성도 실제다. 그러나 씨앗 자체는 사라지고 씨앗과는 전혀 다른 모습의 새로운 실체 속으로 흡수된다.

**씨앗에서 식물로**

그러나 씨앗과 식물 사이에는 엄연히 종의 연속성이 있다. 밀을 심으면 밀이 나지 수박이 나지 않는다. 오렌지 나무를 심으면 망고가 아닌 오렌지가 열린다. 그 종자 고유의 종이 식물의 종을 결정한다. 마찬가지로, 우리는 죽어서 묻히는 몸과 무덤에서 부활하는 몸 사이에서 인격의 연속성을 보게 될 것이다. 우리는 분명한 우리 고유의 모습으로 죽음에서 부활할 것이다. 또한 하나님이 기뻐하시는 다양성은 부활한 인류에게서도 계속 나타날 것이다. 얼마나 근사한가! 당신은 여전히 당신일 것이고, 나는 여전히 나일 것이다. 하지만 부활한 당신은 더 멋진 당신일 것이고, 나는 더 멋진 나일 것이다. 이 연속성을 이해하려면 그리스도를 보아야 한다. 그렇다. 금요일에 묻힌 시신이 일요일 아침에 무덤에서 걸어 나왔다. 그러나 그 몸은 "생명에 삼킨 바" 되었다(고후 5:4). 부활한 예수님의 몸은 묻힌 몸과 같았을까? 그렇기도 하고 아니기도 하다. 개인의 정체성은 완전히 같았지만, 물리적인 질은 완전히 달랐다. 다시 말해서, 예수님은 다른 사람의 몸이 아닌 자신의 몸으로 부활하셨다. 땅에 묻혔던 몸이 부활한 몸으로 변한 것이지 파괴되거나 대체된 게 아니었다.

**육체**(15:39). 바울의 두 번째 비유는 우리가 장차 갖게 될 몸의 독특성을 강조한다. 하나님은 창조 과정에서 동물의 각 종에게 그 자체의 특성을 부여해서 꼼꼼하게 구분하셨다. 우리 역시 정체성과 다양성을 위해 현재 몸의 고유한 특징을 계속 지니게 될 것이다. 예수님의 제자들은 부활하신 주님을 알아볼 수 있었다(요 20:19-20). 그것으로 보아 분명 다른 사람들도 우리를 알아볼 수 있고, 우리도 사랑하는 사람들을 알아볼 수 있을 것이다. 우리가 아무 형체 없이 빛을 내는 존재가 될 거라는 생각은 성경에 근거가 없다. 인간이 각자 고유하고 독특한 몸으로 살도록 에덴동산에서 지음받았듯이, 인류는 회복된 에덴동산에서 다양한 모습으로 완전한 공동체를 이룰 것이다.

**천체**(15:40-41). 마지막 비유에서, 바울은 하늘에 있는 해와 달과 여러 별의 영광이 다르듯 우리가 장차 가질 몸의 영광이 다르며 부활한 몸과 지상의 몸의 영광이 다른 것을 생생하게 표현한다. 이를 유추해보면 우리 미래의 몸은 현재 지상에서 가지고 있는 몸과 다를 것이며, 모든 별의 밝기가 다 다르듯이 우리도 제각기 독특한 '영광'을 얻을 것이다. 언젠가 '천상의' 몸으로 영화롭게 될 우리 모두는 그 질과 상태가 이 땅의 몸으로 경험했던 것과는 비교가 불가할 만큼 영광스러운 삶을 살 것이다.

## —15:42-49—

일상의 친근한 비유로 부활한 우리 몸의 윤곽을 그린 바울은 이제 일련의 대조로 그 그림에 색을 입힌다. 바울은 죽은 몸과 부활할 몸 사이의 개인적인 연속성을 부인하지 않으면서 그 둘 사이의 질적인 불연속성을 강조한다(15:42-49).

| 현재의 몸 | 부활한 몸 |
|---|---|
| 썩는다 | 썩지 않는다 |
| 비천하다 | 영광스럽다 |
| 약하다 | 강하다 |
| 자연적이다 | 신령하다 |
| 흙에서 났다 | 하늘에서 난다 |

**썩을 몸 대 썩지 않는 몸**(15:42). 나이는 누구에게나 예외 없이 흔적을 남긴다. 눈이 침침해지고, 귀가 어두워지며, 입술이 떨리고, 모험 정신이 두려움으로 바뀐다(전 12:1-7). 서서히 그러나 어김 없이 우리의 육신은 닳고 쇠약해지고 죽는다. 모든 인간의 '삶의 시효'는 늘 우리가 바라는 것보다 짧다. 그렇지만 우리가 새 몸을 입고 부활하면 우리는 썩지 않을 것이다. 쇠잔하지 않고 생동할 것이다. 쇠하지 않고 번성할 것이다. 죽어가지 않고 하나님과 다른 사람들과 영속적인 관계를 누리며 영원히 성장할 것이다.

**비천한 것과 영광스러운 것**(15:43). 현재 우리 육신은 죄에 물들고 썩어질 필멸의 상태이기 때문에 부활한 몸의 영광스러운 상태와 비교하면 "비천하게" 여겨질 수 있다. '비천하다'에 해당하는 헬라어 *atimia*(819)는 수치심이나 치욕을 나타내며, 인간의 타락한 상태와 관련된 가증한 행위를 암시할 수 있다. 그러나 바울은 그것 외에도 사후의 몸 상태를 염두에 두고 있는 것 같다. 즉, 죽은 몸은 단 며칠만 지나도 부패해서 참을 수 없는 죽음의 악취가 나기 때문에 땅 속이나 무덤에 비천하게 "심겨져"(즉, 매장된) 있는 상태를 표현한 것이다. 어째 됐든, 부활한 몸에서는 도덕적으로나 육체적으로나 비천함은 찾아볼 수 없을 것이며, 오직 영광과 명예만 두드러질 것이다.

**약한 것 대 강한 것**(15:43). 이생에서는 다른 사람들보다 육제적으로, 정신적으로, 감정적으로 훨씬 강한 사람들이 더러 있지만, 그래도 약점이 없는 사람은 없다. 우리는 모두 질병, 부상, 이성의 오류, 도덕적 실패에 쉽게 빠진다. 결함 많고, 허약하며, 힘이 쇠한다. 이것이 인간의 현상태다. 그러나 이러한 약점들은 강력한 조건을 가진 부활한 몸에서는 완전히 사라질 것이다. 윌리엄 바클레이의 글이 바울의 생각을 잘 담아냈다.

> 요즈 사람들은 인간의 능력에 대해 많이 말하지만, 정작 놀라운 것은 인간의 연약함이다. 한 모금의 공기나 한 방울의 물로도 사람을 죽일 수 있다. 우리는 부득이한 몸의 한계 때문에 이생에서 너무나 많은 제약을 받는다. 우리의 육체 구조는 우리가 비전과 계획을 향해 나아갈 때마다 매번 "여기까지, 더는 안 돼"라고 말한다. 우리는 우리가 우리인 것에 대해 종종 좌절한다. 그러나 장차 도래할 삶에서는 한계가 사라질 것이다. 현재의 우리는 약점에 갇혀 있다. 그때가 오면 우리는 능력을 입을 것이다.[9]

**자연적인 몸 대 신령한 몸**(15:44-46). "자연적"(새번역)으로 번역된 헬라어 *psychikos*(5591)는 '물질 또는 물리적인 것과 관련된'이라는 뜻이다.[10] 보통 성령의 말에 귀 기울이지 않고 육적인 욕구에 지배되는 사람을 일컫는다(2:14, 약 3:15). 이런 "자연적" 삶에서는 끊임없이 육체의 욕망을 억제해야 한다(롬 7:14-25). 그러나 장차 갖게 될 부활한 몸은 유혹을 받지 않고, 흠 없이 성결하며, 아버지께 온전히 순복하게 될 것이다. 성령이 권능으로 우리를 지배하실 것이므로 우리는 그리스도와 같은 삶을 살 것이다. 바울이 부활한 몸을 "영적"이라고 했다고 해서 '유령'이나 '비물질적'인 것이라는 뜻이 아니다. 사실 우리는 물리적으로 그리스도와 같아질 것이다(요일 3:2). 다시 말해서 그리스도가 부활한 몸으로 하신 일을 우리도 똑같이 할 수 있게 된다(요 20:19-29, 눅 24:33-43). 게다가 세속의 무게, 죄의 중력, 타락한 우리를 더 아래로 끌어내리는 것에서 완전히 해방될 것이다(계 21:4).

자연적인 몸과 영적인 몸의 차이를 더 명확히 하기 위해서 바울은 첫 번째 사람 아담과 완전한 사람 그리스도를 대조한다(고전 15:44-49). 아담과 그리스도는 적어도 두 가지 공통점이 있다. 그들의 시작은 독특하고 죄가 없었다. 그러나 그들이 이룬 것은 판이하게 달랐다. 땅에서 취한 흙으로 빚은 첫 번째 사람 아담은 하나님이 하늘에서 내려와 "생기"를 불어넣으시자 "생령"이 되었다(15:45, 창 2:7). "생령"으로 번역된 말[*psychē*(5590)]은 바울이 고린도전서 15장 44절에서 우리 현세의 몸을 표현하는 데 사용한 "자연적", 곧 *psychikos*와 어원이 같다. 이 말은 존재의 지고한 본질인 "영"[*pneuma*(4151)]과 무관하며, 오히려 물질 세계에 활기를 불어넣는 원칙과 관련이 있다. 바울은 이렇게 땅에서 난 아담을 "생령"으로,

하늘에서 난 그리스도를 "영"으로 대조한다(고전 15:45, 47).

하늘에서 오신 그리스도는 아버지와 똑같은 권능과 영광 속에 영원부터 존재하셨다(요 1:1-3, 17:5, 빌 2:6). 성육하셔서 인성을 취하셨을 때도 그리스도는 하늘의 지위를 잃지 않으셨고, 그분의 온전한 신성에 완전한 인성을 더하셨다(요 1:14, 빌 2:7). 따라서 하나님의 영원한 아들은 자기의 신성을 축소하지 않으시면서 인간의 육신과 영혼을 취하시고 우리의 타락한 악한 본성을 제외한 모든 면에서 우리와 똑같이 되셨다(히 4:15). 인성을 취하신 그리스도는 죄의 대가를 치르기 위해 고난받고 죽으시고 새 생명으로 부활하셨다. 이때 그리스도가 취하신 아담의 본성도 영화롭게 변했다. 바울은 이것을 짧게 "살려 주는 영"(고전 15:45)이 되었다고 말한다. 지상에서 높이 들려 올려진 그리스도는 자신의 부활한 인성을 천상 세계로 가져가 모든 믿는 자에게 영적인 삶의 근원이 되셨다(요일 4:9, 5:11, 롬 8:2, 10).

**흙에 속한 자 대 하늘에 속한 자**(15:47-49). 고린도전서 15장 44-46절에 담긴 신학적으로 농밀한 바울의 강론은 우리가 장차 부활했을 때 입게 될 몸의 본질에서 가장 중요한 부분을 설파한다. 본래 인간으로 태어난 우리는 아담과 똑같은 육체적, 세속적 본성과 죄로 기우는 성향을 지니고 있다(15:48-49). 그러나 부활했을 때는 그리스도와 똑같은 천상의 영적 본성을 갖게 될 것이다. 다시 말해, 죄의 영지에서 벗어나 천상과 지상에서 그리스도와 영원히 거할 수 있다(15:48-49). 아래 표는 바울이 '아담에게 속한' 우리의 현재 상태와 '그리스도에게 속한' 우리 미래의 운명을 대조한 것이다. 우리 몸은 흙에서 나서 사라질 운명이지만, 이 상태는 잠시 거쳐 가는 것이다. 언젠가 우리 영혼은 천국에 적합하게 기적적으로 부활하고, 변화되며, 영화롭게 된 이 땅의 우리 육신과 재결합할 것이다. 그러면 우리 몸도 그리스도의 부활한 몸이 가신 천상으로 갈 것이다.

**아담과 그리스도**

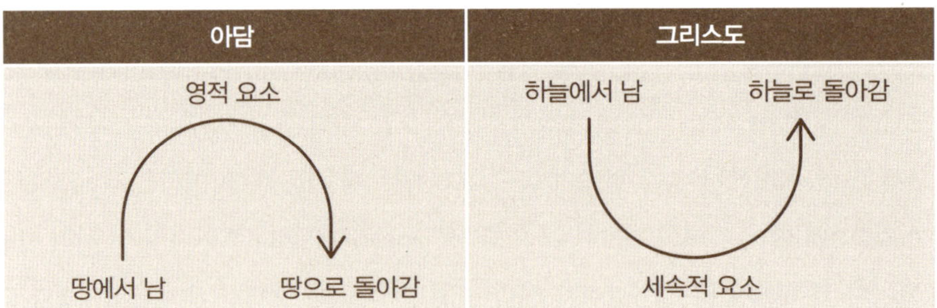

## 적용: 고린도전서 15:35-49

### 몸도 중요하다

부활의 약속은 하나님이 자기가 지으신 물질세계를 위해 영광스러운 미래를 계획하셨음을 알려준다. 하나님은 우리가 이 세상에서 짓는 죄에 대해서가 아니라 물질세계 자체에 만족한다는 날인을 하셨다. 하나님이 애초에 창조하신 만물은 인간을 포함해서 "좋았[다]"(창 1:31). 그리스도는 진정한 인간이 되심으로써 물질세계나 육신에 본질적으로 아무런 결함이 없다는 것을 보여주셨다. 왜냐하면 그분은 자신의 신성을 훼손하지 않고 완전한 하나님이자 완전한 인간-영적이고 육체적-이 되실 수 있었기 때문이다(요 6:69). 하나님은 무덤에서 그리스도의 몸을 부활하게 하셔서 우리의 영적 측면뿐 아니라 물리적인 구성 요소도 구속 계획에 있음을 입증하셨다(롬 8:23).

하나님은 자신이 창조하신 물질 세계와 특히 우리 육신에 마음을 쏟으신다. 우리는 우리의 육신을 폄하하거나 등한시해서는 안 되고, 사랑하며 존중하고 돌보면서 우리 몸으로 하나님께 영광을 돌려야 한다(롬 12:1, 고전 6:15, 20, 엡 5:28).

그러므로 바울의 논고에 비추어 우리 현재 몸의 가치를 생각해보자. 인간의 몸매에 심취하거나 아니면 정신을 어지럽히는 무가치한 것으로 폄하하는 세태 속에서 우리 모두는 육신의 중요성을 상기할 필요가 있다. 이 양극단 사이에서 건강하고 영적인 균형을 유지하는 것이 쉽지는 않지만, 몇 가지 핵심 원칙에 초점을 맞추면 방조와 무관심 사이에서 바르고 건전한 길로 갈 수 있다.

첫째, 하나님이 당신을 위해 당신의 몸을 설계하셨으므로 있는 그대로 받아들여야 한다는 점을 기억하라. 하나님이 당신에게 주신 몸을 받아들여야 당신 삶에 관여하시는 그분의 주권과 은혜를 받아들일 수 있다. 당신이 당신을 위한 그분의 계획에 대해 "예"라고 할 때 그분이 소중히 여기시는 것을 소중히 여기게 된다(마 6:25-32, 시 139:13-15, 눅 12:6-7). 작디작은 씨앗 하나에도 그것에 꼭 맞는 형체를 주시는 하나님이라면(고전 15:38), 우리 각 사람의 몸을 만드실 때에는 솜씨를 얼마나 더 많이 발휘하셨겠는가. 물론, 완벽한 사람은 없다. 누구에게나 결점, 약점, 기형, 또는 어떤 종류의 돌이킬 수 없는 손상이 있다. 그러나 하나님은 우리 한 사람 한 사람을 독특하게 창조하셨다. 따라서 신체의 제약이 있어도 우리 몸을 그분의 영광을 위해 사용해야 한다.

둘째, 하나님은 당신과 다른 사람을 다르게 설계하셨다는 사실을 기억하라. 그러니 다른 사람과 비교하지 말라. 우리가 부활한 상태에서도 하나님은 인간의 다양성을 유지하는 것이 좋다고 생각하실 것이다. 직업, 성적, 외모, 재능을 비교하면 질투, 시기심, 투쟁, 갈등이 발생하기 마련이다. 그 대신 우리의 독특함을 받아들여야 한다. 마음을 편히 가지라. 그분이 당신을 그렇게 지으신 것에 만족하라. 직장 동료, 배우자, 목사, 교사, 아이들, 형제자매, 친구들과는 다른 은혜를 베풀면서 다른 사람들과 다른 점을 즐기라. 이 원칙을 따르라. 당신 모습 그대로를 받아들이고 즐기라. 하나님이 당신을 다르게 만드신 것은 당신이 그분을 위해서 변화를 만들어내게 하시려는 것임을 기억하라.

셋째, 당신 몸에 어떤 한계가 있어야겠다고 결정하신 것은 하나님이심을 명심하고 스스로 비난하지 말라. 우리 모두는 세속적인 형상을 지니고 있기 때문에 완벽을 기대하는 것은 비현실적이다. 부활하기 전까지 우리는 모두 첫 사람 아담이 타락한 상태의 형상을 가지고 있어서 유한하고, 약하며, 불완전하고, 흠이 있다. 따라서 당신이 다른 사람들보다 먼저 부활한 몸을 가지지 않는 한 완전한 삶을 살 수는 없다. 그러나 안절부절하지 말라! 거머리처럼 들러붙어 당신을 괴롭히는 죄 때문에 스스로 정죄하지 말라. 죄를 고백하고, 하나님의 은혜로운 용서를 선포하며, 앞으로 나아가라(요일 1:9). 도움의 손길이 오고 있다는 것을 알고 계속 그것과 맞서 싸우라. 언젠가 우리는 죄의 영지에서 벗어나 죄를 이기신 순결한 그리스도의 형상으로 다시 벼리어질 것이다. 그때가 이르면 다시는 죄를 짓거나, 고통당하거나, 죽지 않을 것이다. 그때까지 "푯대를 향하여 그리스도 예수 안에서 하나님이 위에서 부르신 부름의 상을 위하여 달려가[라]"(빌 3:14).

## 역사상 가장 위대한 비밀(고린도전서 15:50-58)

50형제들아 내가 이것을 말하노니 혈과 육은 하나님 나라를 이어 받을 수 없고 또한 썩는 것은 썩지
아니하는 것을 유업으로 받지 못하느니라 51보라 내가 너희에게 비밀을 말하노니 우리가 다 잠 잘 것
이 아니요 마지막 나팔에 순식간에 홀연히 다 변화되리니 52나팔 소리가 나매 죽은 자들이 썩지 아니
할 것으로 다시 살아나고 우리도 변화되리라 53이 썩을 것이 반드시 썩지 아니할 것을 입겠고 이 죽
을 것이 죽지 아니함을 입으리로다 54이 썩을 것이 썩지 아니함을 입고 이 죽을 것이 죽지 아니함을

입을 때에는 사망을 삼키고 이기리라고 기록된 말씀이 이루어지리라 55사망아 너의 승리가 어디 있느
냐 사망아 네가 쏘는 것이 어디 있느냐 56사망이 쏘는 것은 죄요 죄의 권능은 율법이라 57우리 주 예
수 그리스도로 말미암아 우리에게 승리를 주시는 하나님께 감사하노니
58그러므로 내 사랑하는 형제들아 견실하며 흔들리지 말고 항상 주의 일에 더욱 힘쓰는 자들이
되라 이는 너희 수고가 주 안에서 헛되지 않은 줄 앎이라

---

기독교 신앙은 삶에 관한 수그러들지 않는 숱한 물음에 답을 준다. 하나님은 어떤 분인가? 우리는 어디에서 왔는가? 우리의 문제는 무엇인가? 언젠가는 그것이 고쳐질 것인가? 죽은 후에는 어떻게 되는가? 구원받기 위해서 나는 무엇을 해야 하는가? 기독교 신앙을 받아들이면 더 깊은 의문이 생긴다. 내가 구원받았다는 것을 어떻게 확신할 수 있는가? 모든 것을 아시며 모든 것을 주관하시는 하나님께 기도는 무슨 소용이 있는가? 하나님은 어떻게 우리를 죽은 자들 사이에서 일으키시는가? 하나님은 왜 그렇게 하시는가?

앞 구절에서, 바울은 장차 있을 신자가 육체로 부활한다는 교리에 대한 고린도 교인의 질문에 답하기 시작했다(15:35-49). 그는 부활한 몸의 속성을 설명하지만, 또 다른 성가신 질문이 남아 있다. 그리스도 안에서 죽은 사람들이 그분의 재림 때 모두 살아난다면 아직 죽지 않은 신자들은 어떻게 되는가? 그들은 변화되지도 않고 영광을 받지도 못하는가? 죽을 몸 안에 갇혀 있는 그들이 영생의 영광을 맛보려면 먼저 죽어야 하는가? 이 마지막 질문에 바울은 "그렇지 않다"고 크게 외친다. 바울은 고린도전서 15장 50-58절에서 그리스도가 하늘에서 내려오실 때 아직 살아 있는 신자들의 운명에 대해 말한다.

## —15:50—

바울은 "혈과 육은 하나님 나라를 이어 받을 수 없고 또한 썩는 것은 썩지 아니하는 것을 유업으로 받지 못[한다]"는 원칙에 입각해 그리스도의 재림 때 살아 있는 신자의 부활 문제를 다룬다. 바울은 15장 앞부분에서 우리가 새 몸으로 천국을 상속받게 될 것이라고 가르쳤는데, 혈과 육에 관한 이 진술은 이 가르침과 배치된다. 그러나 바울이 "육은 하나님 나라를 이어받을 수 없다"고 말하지 않았다는 점에 유의하라. 우리는 몸이 하나님 나라를 물

려받을 수 있다는 것을 안다. 왜냐하면 예수님이 친히 몸의 형체로 부활하셔서 몸을 가지고 승천하셨기 때문이다(행 1:9). 예수님이 부활하셨을 때 실제로 "살과 뼈"(눅 24:39), 다시 말해, 진짜 물리적 몸을 가지고 계셨다는 사실을 잊으면 안 된다. 다른 점이 있다면 그 몸은 불멸의 완전한 몸으로 바뀌었다는 것이다. 따라서 우리가 비물질적인 영혼만 천국에 적합하다고 결론을 내린다면 바울의 말을 제대로 이해하지 못한 것이다. 그렇다면 이 수수께끼에 대한 해답은 무엇인가? 바울은 그 답을 다음과 같이 정리한다.

| | | |
|---|---|---|
| 혈과 육은 | 하나님 나라를 | 이어받을 수 없다. |
| 썩는 것은 | 썩지 아니하는 것을 | 유업으로 받지 못한다. |

바울은 "하나님 나라"와 "썩지 아니하는 것"이 서로 상응한다고 생각한다. 도래할 하나님 나라는 현재의 지상 왕국과는 반대로 "썩지 않을" 것이다. 마찬가지로 하나님 나라에 거하는 신자의 몸도 거기에 맞게 썩지 않는 불멸의 속성을 갖게 될 것이다. 바울은 죽은 자가 부활할 때 죽은 몸은 "썩었지만", "썩지 않는" 몸으로 부활할 것이라고 말한다(고전 15:42). 따라서 바울이 말한 하나님 나라를 상속받지 못하는 "살과 뼈"는 물리적 몸 그 자체를 뜻하는 게 아니라 물리적으로 부패할 수 있고 타락한 속성을 공유하는 아담의 몸을 일컫는 것이다.[11] 더 나아가 이 세상에 속한 죽을 수밖에 없는 인류의 썩어 없어질 타락한 상태를 말하는 것이기도 하다. 바울은 히브리서 2장 14절에서 같은 방식으로 이 관용구를 사용한다. 이 모든 속성은 영적 세계의 실존과 정반대다(엡 6:12).

그래서 바울은 독자에게 우리가 지상에서 가지고 있는, 고통과 고난과 죽음에 취약하고 썩어질 육신은 하나님 나라를 상속받을 수 없다고 딱 잘라 말한다. 하나님 나라의 특성은 불멸과 영생이며 쇠락과 죽음은 그곳에 없다. 그러면 그리스도의 재림 때 "혈과 육"으로 이루어진 필멸의 몸으로 살아 있는 자들은 하나님 나라에 들어가지 못하는가? 먼저 죽은 다음에 부활하는가? 그들은 천국의 무한한 영광을 놓치고 그보다 저급한 나라의 백성이 되는가? 바울은 신학자들이 휴거라고 일컫는 교리로 이 질문에 답한다.

## —15:51–53—

바울은 그리스도가 재림하실 때 살아 있는 성도에게 벌어질 일에 관한 '비밀'을 밝힌다. 우선, 신자가 다 "잠 잘 것"은 아니다. 다시 말해, 육체적 죽음을 거치지 않고 천국에 들어가는 사람도 있을 것이다. 그러나 모든 신자는 "살과 피"로 이루어진 존재에서 영원히 천국에 거할 수 있는 불멸의 존재로 "변화"될 것이다(15:51). 마찬가지로 부활을 통하지 않고 이렇게 새로운 상태로 돌입하는 사람들도 있을 것이다. 그리스도가 교회를 죽음에서 일으키기 위해 다시 오실 때 여전히 지상에 살아 있는 자들은 죽음을 거치지 않고 그냥 변화될 것이며, 살아 있는 성도가 필멸의 존재에서 불멸의 존재로 변화되는 것은 아무도 알아채지 못할 정도로 순식간에 일어날 것이다(15:52).

이 변화는 "마지막 나팔" 소리가 울려 퍼지고 죽은 신자들이 바울이 말한 썩지 않는 새 몸으로 부활한 직후에 포고될 것이다(15:35–49). 성경에서 나팔은 다양한 용도로 사용된다. 나팔이 울리면 이스라엘 백성은 그들의 하나님을 만나기 위해 모였다(출 19:16–19, 사 27:13). 또 나팔 소리는 주님의 날–지상에 격노와 심판이 임하는 때–이 도래하는 것을 예고했다(욜 2:1). 바울은 마지막 때, 대환난의 심판이 임하기 전에 구출될 성도들의 마지막 모임을 기대하며 "마지막 나팔"을 언급한다(계 3:10).

죽은 성도들의 부활과 살아 있는 성도들의 변화에 대한 설명은 데살로니가전서 4장 15–17절에도 똑같이 나온다.

> 우리가 주의 말씀으로 너희에게 이것을 말하노니 주께서 강림하실 때까지 우리 살아 남아 있는 자도 자는 자보다 결코 앞서지 못하리라 주께서 호령과 천사장의 소리와 하나님의 나팔 소리로 친히 하늘로부터 강림하시리니 그리스도 안에서 죽은 자들이 먼저 일어나고 그 후에 우리 살아 남은 자들도 그들과 함께 구름 속으로 끌어 올려 공중에서 주를 영접하게 하시리니 그리하여 우리가 항상 주와 함께 있으리라.

그때에 썩어질 혈과 육의 몸으로 살고 있는 사람들은 썩지 아니할 몸을 입고 부패 대신 불멸의 옷을 입을 것이다(고전 15:53). 그리고 구름 위로 들려 부활한 성도들과 조우할 것이다. 그러므로 부활이 됐든 변모가 됐든 결과는 동일할 것이다. 그리스도를 믿는 신자들은 한 사람도 빠짐없이 변화되고 휴거-주님을 만나기 위해 하늘로 "끌어 올려[지는 것]"(살전 4:17)-될 것이다. 그때에 그리스도가 요한복음 14장 2-3절에 기록된 약속을 성취하실 것이다. "내 아버지 집에 거할 곳이 많도다 그렇지 않으면 너희에게 일렀으리라 내가 너희를 위하여 거처를 예비하러 가노니 가서 너희를 위하여 거처를 예비하면 내가 다시 와서 너희를 내게로 영접하여 나 있는 곳에 너희도 있게 하리라."

## —15:54-58—

바울은 그리스도의 재림 때 살아 있는 신자들에게 일어날 일의 비밀을 밝힌 후 바로 인류의 가장 큰 적, 곧 죄와 죽음에 대한 승전고를 울린다. 이 넌더리 나는 한 쌍의 파괴자는 현재 우리의 "혈과 육"으로 된 필멸의 삶을 지배하고 있다. 그러나 그날 나팔 소리가 울리면, 하나님이 죄와 죽음에 치명적인 타격을 입히실 것이다. 그리고 바로 그 순간 우리 썩어질 필멸의 몸은 죄, 고통, 타락의 손길이 미치지 않는 썩지 않는 불멸의 몸으로 바뀐다(15:54).

아담과 하와가 사탄의 유혹에 굴복해 이 세상에 대한 지배권을 포기한 이후(창 1:28-30, 3:17-19) 죽음은 모든 인류 위에 군림했다. 그러나 죽음이 파기되고 하나님의 우주적 구원 계획이 시작되는 그날(롬 8:18-23), 승리자 같아 보이던 죽음은 몰락할 것이다. 바울은 그날이 오면 죽음은 정복당하고, 사망의 독침은 제거되며, 그 권세는 풍비박산 날 것이라고 말한다(고전 15:55).[12]

신자들이 부활하고 휴거하고 나면 사랑하는 사람을 잃고 슬퍼하는 일은 다시 없을 것이다. 불치병에 걸릴까 봐 노심초사할 일도, 노환에 대처할 필요도, 장례식을 계획하고, 유언장을 작성하며, 우리가 남겨두고 갈 사랑하는 사람들을 걱정할 일도 다시는 없을 것이다. 다시는 원수가 우리에게서 배우자, 자녀, 부모를 빼앗아갈 때 엄습하는 공허함과 슬픔을 달랠 필요가 없을 것이다. 그날, 죽음의 독침은 영원히 사라질 것이다. 얼마나 가슴 벅찬 약속인가!

바울은 죽음이 죄를 통해 인간을 지배할 권세를 얻는다고 설명한다(고전 15:56). 율법에 따르면, 죄는 거룩하고 의로우신 하나님 앞에서 우리를 정죄할 때 더 강해지며, "죄의 삯은 사망"(롬 6:23)이라는 사실을 우리 앞에 들이민다. 우리가 무덤에서 살아나 변화되고 공중으로 들려 올라갈 때 죄를 짓고 싶은 충동이 사라질 것이다. 강도당하거나 폭력에 희생되는 일도 없을 것이다. 구제불능의 중독이 가정을 파괴하지도 않을 것이다. 결혼이 파탄나고, 어린아이가 학대당하며, 가정이 버려지는 일도 없을 것이다. 다시는 우리가 소속된 사회가 퇴행하는 것을 무력하게 지켜보지도 않을 것이다. 대신, 생명과 불멸과 영원한 의가 죄를 정복할 것이다. 죄와 죽음을 이기는 것은 오직 "주 예수 그리스도로 말미암아" 가능하다(고전 15:57).

이 뜻깊은 약속은 평생 우리 소망에 불을 지피기에 충분하다. 제대로 된 세상을 향한 오랜 갈망은 언젠가 부활이 일어나고 새 세상이 도래할 때 해소될 것이다. 그러나 바울은 우리 미래의 소망에 대한 논의를 마무리하면서 한 번 더 앞날을 바라보기보다는 날카로운 시선으로 내면과 외면을 성찰한다. 우리는 그리스도의 부활로 보장된 부활의 소망을 바라보고 우리의 수고에 대한 보상을 확신하면서 "견실하며 흔들리지 말고" 하나님의 일에 힘써야 한다(15:58). 모든 성경은 하나님이 "사람으로…모든 선한 일을 행할 능력을 갖추게 하려[고]"(딤후 3:17) 주신 것이므로, 이 예언된 진리가 정말로 실현되는 것은 놀랄 일이 아니다. 하나님은 우리가 완벽한 예언 도표를 만들 수 있을 만큼 마지막 때에 대해 낱낱이 밝히지 않으셨다. 하나님은 우리가 바르게 살 수 있을 만큼만 정보를 주셨다.

## 바울이 말한 "마지막 나팔"이 요한계시록의 일곱 번째 나팔인가?(고린도전서 15:53)

이 시점에서 바울이 고린도전서 15장 51-52절에서 묘사한 "마지막 나팔"에 대한 흔한 오해를 규명할 필요가 있다. 바울은 이렇게 적었다. "보라 내가 너희에게 비밀을 말하노니 우리가 다 잠 잘 것이 아니요 마지막 나팔에 순식간에 홀연히 다 변화되리니 나팔 소리가 나매 죽은 자들이 썩지 아니할 것으로 다시 살아나고 우리도 변화되리라." 같은 사건을 데살로니가전서 4장 16-17절에는 이렇게 썼다. "주께서 호령과 천사장의 소리와 하나님의 나팔 소리로 친히 하늘로부터 강림하시리니 그리스도 안에서 죽은 자들이 먼저 일어나고 그 후에 우리 살아 남은 자들도 그들과 함께 구름 속으로 끌어 올려 공중에서 주를 영접하게 하시리니 그리하여 우리가 항상 주와 함께 있으리라." 일부 학자는 요한계시록 11장 15절에서 교회의 휴거를 언급할 때 나오는 일곱 번째 나팔과 고린도전서 15장 51절의 "마지막 나팔"과 데살로니가전서 4장 16절의 "하나님의 나팔"을 같은 것으로 본다. 요한계시록의 일곱 번째 나팔이 일련의 나팔 중 마지막 나팔로 보인다는 점에서 일견 합리적인 추론이라고 생각할 수 있다. 하지만 자세히 살펴보면 이 두 개의 나팔은 별개의 예언 사건을 가리킨다는 것을 알 수 있다.

요한계시록 11장 15절에 나오는 일곱 번째 나팔은 장차 있을 대환난 때 하나님의 진노 중 마지막 단계, 그리스도의 통치의 시작 그리고 이러한 권력의 획기적 교체를 기리는 천상의 합창단이 부르는 찬양을 알린다. 반대로 바울이 말한 마지막 때의 나팔은 몸의 부활과 신도들이 공중으로 "들리는 것"을 가리킨다. 이 기사를 나란히 놓고 보면 이 구절들의 유일한 공통점은 나팔을 언급한다는 점이다. 그렇다면 바울의 "마지막 나팔"과 요한의 일곱 번째 나팔을 같은 것으로 볼 수 있을까?

이 질문에 답하려면 바울이 AD 50년경에 데살로니가전서를, AD 55년경에 고린도전서를 썼다는 점에 주목해야 한다. 요한이 비전을 보고 계시록을 쓴 것이 AD 96년경이었으니 바울이 계시록에 기록된 일곱 개의 나팔 심판을 알았을 리가 없다. 따라서 바울이 언급한 "마지막 나팔"은 요한계시록의 일곱 번째 나팔이 아니라는 것을 확신할 수 있다. 그렇다면 거꾸로 요한이 계시록 11장 15절에서 언급한 천사의 일곱 번째 나팔 소리가 바울의 마지막 나팔을 가리킨 게 아닐까? 요한이 바울이 말한 나팔과 연결하려는 의도가 있었다면, 의심의 여지를 없애기 위해 "마지막 나팔"이라는 용어를 사용했을 것이다. 아니면 적어도 바울의 "마지막 나팔"로 선포된 사건인 성도의 부활과 휴거, 또는 그리스도의 강림에 대한 구체적인 언급이 있었을 것이다.

이로 미루어볼 때, 이 두 개의 나팔소리는 별개의 예언 사건을 언급하는 것으로 보인다. 바울의 "마지막 나팔"은 부활, 휴거 그리고 7년 동안의 환난이 시작되기 전 지상 교회의 구출을 선포한다. 요한계시록 11장의 일곱 번째 나팔 소리는 일련의 나팔 심판을 종결하고 그리스도의 진노와 통치의 서막을 알리면서 진노의 일곱 대접의 환상으로 이어진다(계 12-16장).

| 고린도전서 15:51-52 | 데살로니가전서 4:14-17 | 요한계시록 11:15-18 |
|---|---|---|
| 마지막 나팔 소리 | 그리스도의 강림 | 일곱째 천사의 음성 |
| | 천사장의 소리 | |
| | 하나님의 나팔 소리 | |
| 죽은 성도들의 부활 | 죽은 자들의 부활 | |
| 살아 있는 성도들의 변화 | | |
| | 산 자들의 휴거 | |
| | 부활하고 휴거된 성도들이 공중에서 그리스도를 만남 | |
| | | 세상 나라가 그리스도의 나라가 됨 |
| | | 하나님이 권능을 잡고 다스리기 시작하심 |
| | | 하나님의 진노가 임함 |
| | | 죽은 자들의 심판 |
| | | 선지자와 성도들이 보상받음 |

## 적용: 고린도전서 15:50-58
### 비밀을 대하는 우리의 자세

부활과 휴거에 관한 바울의 가르침과 그 안에 함축된 죄와 죽음에 대한 그리스도인의 승리는 삶의 변화로 연결되어야 한다. 이것은 조용한 시간이 날 때마다 '틈틈이' 삶의 덧없음을 반추하게 하는 진리가 아니다. 이것은 우리가 월요일부터 일요일까지 내리는 결정을 좌우하는 삶을 변화시키는 진리다.

바울은 신자들에게 휴거의 날짜를 지목하고, 직장을 떠나며, 재산을 팔아 마지막 나팔 소리가 크게 울리기를 기다리라고 하지 않는다. 예수님은 아버지 외에는 재림의 때와 일시를 알지 못한다고 말씀하셨다(마 24:36, 42, 행 1:6-7). 인간의 관점에서 보면 그리스도는 언제라도 다시 오실 수 있다. 그렇기 때문에 바울은 주님의 임박한 재림에 비추어, "견실하며 흔들리지 말고 항상 주의 일에 더욱 힘쓰는 자들이 되라 이는 너희 수고가 주 안에서 헛되지 않은 줄 앎이라"(고전 15:58)며 신자들을 다독인다.

우리는 부활과 변화, 그리스도 곁으로 가는 휴거는 언제라도 일어날 수 있다는 교리를 바탕으로 믿음 위에 굳게 서서 흔들리지 않는 신념을 가지고 그리스도인의 풍성한 삶을 누려야 한다. 우리는 주님이 주실 상을 마음에 품고 살면서 하나님이 주신 고유한 소명을 성취해야 한다.

우리는 나팔 소리가 영적인 삶에 우리의 주의를 환기시킬 때까지 기다리면 안 된다. 그때가 되면 너무 늦을 것이다. 그때는 주님이 우리를 위해 하신 일뿐 아니라 장차 하실 일이 감사해서 이생에서 주님께 충성할 무수한 기회를 탕진한 뒤일 것이다. 우리는 오늘이 인생에서 가장 중요한 일에 투자할 수 있는 마지막 기회인 것처럼 살고 있는가? 오늘 밤 11시에 그리스도가 다시 오신다는 것을 안다면 오늘의 일과표는 어떻게 채워질까? 비밀은 드러났다. 그분은 다시 오신다! 우리는 그분이 어디에 계시든 그분과 영원을 함께할 불멸의 몸으로 변화될 것이다. 그분이 오셨을 때 우리가 그분의 일에 수고를 아끼지 않는 모습을 보게 되실까? 우리는 굳게 서 있을까? 흔들리지 않을까? 요컨대, 우리는 그분의 재림이라는 렌즈로 만사를 바라보며 오늘을 살고 있는가?

## 주

1. Louw and Nida, *Greek-English Lexicon*, 23.55.
2. John R. W. Stott, *Basic Christianity*, 2nd ed.(Downers Grove, IL: InterVarsity, 1971), 21.
3. Prior, *The Message of 1 Corinthians*, 265.
4. William Barclay, *The Letters to the Corinthians*, 2nd ed., The Daily Study Bible Series(Philadelphia: Westminster, 1956), 167-68.
5. Mare, "1 Corinthians," 287-88 참조.
6. Keener, *1–2 Corinthians*, 128; Lowery, "1 Corinthians," 544.
7. Jim Elliot, *The Journals of Jim Elliot*, ed. Elisabeth Elliot(Old Tappan, NJ: Fleming H. Revell, 1978), 174.
8. Ignatius, *Ephesians* 7.1, *Romans* 5.1, *Smyrnaeans* 4.1.
9. Barclay, *Letters to the Corinthians*, 2nd ed., 158.
10. Louw and Nida, *Greek-English Lexicon*, 79.2.
11. Keener, *1–2 Corinthians*, 133.
12. 바울은 죽음에 대한 하나님의 승리를 말씀하는 구약의 완전한 실현을 암시한다(예. 사 25:8, 호 13:14).

# 마무리 지침과 경고

고린도전서 16:1–24

깊은 숲길을 걸어본 적이 있는가? 수목원이나 공원 산책을 말하는 것이 아니다. '숲'이 '밀림'으로 바뀌고, 나침반으로 삼았던 태양이 지붕처럼 머리 위를 덮은 나무들 사이로 언뜻언뜻 비치는 그런 곳 말이다. 지도상으로는 분명히 기점이 가까워지고 있는데도 구불구불한 길을 걷다 보면 영락없이 같은 곳을 맴돌고 있는 것처럼 느껴진다. 귀뚜라미, 개구리, 부엉이들이 당신의 여행을 위해 즉흥 연주를 한다. 이제는 더 이상 등산이 아니다. 모험이다. 그러다가 울퉁불퉁한 길이 포장된 큰길과 만나고 동료 모험가들이 차를 주차하고 등산 장비를 착용하는 기점이 가까워지면 밀림은 서서히 숲으로 변한다. 덤불이 사라지고 깎은 잔디가 나온다. 곧 다시 하늘이 보일 것이다. 새들이 연주하는 강렬한 교향악은 부드러운 자장가로 변한다.

바울이 고린도 교인에게 보낸 편지가 이런 느낌을 줄 때가 있다. 편지의 원독자는 영적 진리와 실제적인 원칙의 쾌적한 골짜기를 관통하는 곧게 뻗은 길을 기대했는데, 어느새 논란과 강한 질책에 휩싸여 있었다. 다행히 사도 바울은 충실한 안내자였다. 그는 독자를 깊은 논쟁의 밀림 속으로 데려가 혼란 가운데 버려두지 않았다. 그는 고린도 교인을 미망에서 구출해 평화롭고 밝은 빛이 비치는 곳으로 복귀시키려고 애썼다.

고린도전서 첫 15장의 얽히고설킨 논란의 숲에서 벗어나 이제 우리는 평화로운 공터로 들어왔다. 끝으로 몇 가지 가벼운 사안을 다루며 엄하게 나무라던 바울의 어조도 실제적인 권고와 직설적인 경고로 바뀌면서 누그러진다. 그 중 대표적인 것이 성도를 위한 구호 헌금에 관한 것이다(16:1-4). 바울은 몇 가지 사적인 소식과 함께 디모데가 고린도 교회에 간다는 것을 알리며 자기의 권위 있는 편지도 좋지만, 직접 대면해서 대화하기를 바라는 마음을 강조한다(16:5-12). 강한 질책을 담은 이 위대한 편지는 주님을 향한 사랑과 그분의 재림에 대한 소망을 품고 믿음 안에 굳게 서라는 권고로 끝난다(16:13-24).

## 핵심 용어

λογεία *[logeia*, 로게이아*](3048)* '헌금', '자발적 기부'

헬라 문학에서 *logeia*는 정기적으로 내는 체계적인 세금보다는 특별한 경우에 지정하는 기부금을 말한다. 이런 기부는 때때로 위기 상황에서 발생하는 필요나 종교 집단을 지원하기 위해 지정되었을 수 있다. 바울은 고린도전서 16장 1-2절에서 이 단어를 두 번 사용하면서 그 '헌금'이 예루살렘 교회의 도움이 절실한 신자들을 위해 자발적으로 낸 것이었다는 문화적 함의를 전달한다. 이것은 교회의 필요를 위해 정기적으로 드리는 헌금과는 구별되었다.

μαράνα θά [*marana tha*, 마라나타]*(3134)* '주여, 오시옵소서!'

바울은 주님을 사랑하지 않은 사람들[*anathema*(331)]을 저주하고 나서 *marana tha*(고전 16:22), "우리 주여 오시옵소서!"라고 외치며 구주를 부른다. 이 아람어 어구는 아마 예루살렘에 있는 유대인 교회에 그 뿌리가 있을 것이다. 바울은 편지 말미에 주 예수님이 곧 오셔서 재판관과 왕으로 다스리시기를 기원하며 주 예수님을 부른다.

## 파벌주의의 해독제(고린도전서 16:1-12)

1성도를 위하는 연보에 관하여는 내가 갈라디아 교회들에게 명한 것 같이 너희도 그렇게 하라 2매주
첫날에 너희 각 사람이 수입에 따라 모아 두어서 내가 갈 때에 연보를 하지 않게 하라 3내가 이를 때
에 너희가 인정한 사람에게 편지를 주어 너희의 은혜를 예루살렘으로 가지고 가게 하리니 4만일 나도
가는 것이 합당하면 그들이 나와 함께 가리라

5내가 마게도냐를 지날 터이니 마게도냐를 지난 후에 너희에게 가서 6혹 너희와 함께 머물며 겨
울을 지낼 듯도 하니 이는 너희가 나를 내가 갈 곳으로 보내어 주게 하려 함이라 7이제는 지나는 길
에 너희 보기를 원하지 아니하노니 이는 만일 주께서 허락하시면 얼마 동안 너희와 함께 머물기를 바
람이라 8내가 오순절까지 에베소에 머물려 함은 9내게 광대하고 유효한 문이 열렸으나 대적하는 자가
많음이라

10디모데가 이르거든 너희는 조심하여 그로 두려움이 없이 너희 가운데 있게 하라 이는 그도 나
와 같이 주의 일을 힘쓰는 자임이라 11그러므로 누구든지 그를 멸시하지 말고 평안히 보내어 내게로
오게 하라 나는 그가 형제들과 함께 오기를 기다리노라

12형제 아볼로에 대하여는 그에게 형제들과 함께 너희에게 가라고 내가 많이 권하였으되 지금은
갈 뜻이 전혀 없으나 기회가 있으면 가리라

고린도 교회가 극심한 이기주의와 종파주의에 시달리고 있다는 것을 알아차리는 데는 그리 오랜 시간이 걸리지 않는다. 그들은 자기를 희생하면서까지 사랑하기는커녕 자기의 이익에만 혈안이 되어 있었다(10:24, 33, 13:5). 영적 전쟁터에서 전우들과 힘을 합해도 모자랄 판에 자기들끼리 올망졸망 무리를 지어 집적거리며 싸웠다(1:12, 3:4, 11:18).

나는 평생 사역하면서 수많은 교회가 이와 똑같은 상황으로 골머리를 앓는 것을 보아왔다. 회중이 교회 내부에만 집중하면 바깥 세상에 대한 사명을 망각하게 된다. 그러다 보면 사역의 반경이 줄어든다. 개교회의 문제와 이해관계가 주 관심사가 된다. 모든 사람이 모든 일에 의견이 같을 수는 없기 때문에 특별한 이해관계가 형성되고 그에 따른 갈등이 발생한다. 당신이 미처 알아채기도 전에 공공연한 싸움이 그 자그마한 회중의 섬을 파괴하면서 적대감이 화합의 자리를 꿰찬다. 상상을 초월할 정도로 터무니없는 것들을 놓고 신자들끼리 티격태격한다.

그러나 파벌주의의 독은 간단한 해독제 몇 개로 해결할 수 있다. 교인들이 국지적 문제에서 눈을 들어 주변 세상의 큰 필요를 보기 시작하면 자기들의 쪼잔함을 보게 된다. 자기들의 이기적인 관심사에서 눈을 들어 교회 담 너머에 있는 사람들의 절박하고 긴급한 필요에 관심을 갖게 되면, 교회는 자기네 회중보다 더 크며 교회의 사명은 지금 눈앞에 있는 사람들만 돌보는 것이 아님을 깨닫게 될 것이다.

바울은 고린도 교인의 종파주의를 호되게 나무란 뒤 그들이 처한 문제에서 국경 너머의 교회로 그들의 주의를 돌린다. 그는 모든 교회의 대모 격인 예루살렘의 형제자매가 겪고 있는 큰 경제적 어려움을 상기시킨다(16:1-4). 그리고 고린도 교회는 그 교회를 설립한 사도들이 사역하고 있는 기라성 같은 교회 중에서 작은 점 하나에 불과하다는 사실을 일깨운다. 그들의 편협한 당파주의에만 집착하지 말고 시야를 넓히면 다른 사람들이 고난과 역경을 극복하도록 돕는 데 일익을 담당할 수 있을 것이다. 요컨대, 고린도 교인은 지역 문제에 대한 집착을 치료하기 위해 범세계적 관점이라는 약 한 첩이 필요했다.

## —16:1-4—

고린도전서 16장의 서두를 보기 전에 잠깐 15장의 끝말로 돌아갈 필요가 있다. 성경의 원저자가 쓴 헬라어 본문은 장으로 나뉘어 있지 않지만, 훗날 편집자들이 이 지점을 나눈 데는 그럴 만한 이유가 있었다. 바울은 온건한 대조를 나타내는 헬라어 *peri de*(4012+1161), "~에 관하여는"으로 문장을 시작한다. 바울은 앞에서도 완전히 다른 주제로 전환하거나(7:1, 8:1, 12:1), 아니면 큰 주제 안에서 다른 쟁점으로 옮겨갈 때 이 어구를 몇 차례 사용했다(7:25).

바울은 여기서 분명히 다른 주제인 "성도를 위하는 연보"(16:1)로 넘어갔지만, 앞의 권고와 일맥상통하는 면이 있다. "그러므로 내 사랑하는 형제들아 견실하며 흔들리지 말고 항상 주의 일에 더욱 힘쓰는 자들이 되라 이는 너희 수고가 주 안에서 헛되지 않은 줄 앎이라"(15:58). 고린도 교인은 그들이 정한 마음과 생각을 지키며 주님의 사역에 전심전력해야 했다. 그러면 의롭고 전지하신 하나님이 그들의 수고를 그냥 지나치지 않으시고 언젠가 반드시 그 충성에 보답하실 것이다. 따라서 "연보"(16:1)를 내는 그들의 자세와 행동도 마찬가지로 견실하고 흔들리지 않으며 항상 주의 일에 열심을 다해야 했다.

바울이 말한 "성도를 위하는 연보"(16:1)란 정기적으로 내는 교회의 통상적 사역 기금이 아니라 특별한 목적을 위해 설정된 특별한 모금[*logeia*(3048)]이다. "갈라디아 교회들"(16:1)을 위시해서 수많은 교회가 이 모금에 참여했다. 이 기금은 재정적인 어려움을 겪고 있는 예루살렘의 성도를 돕기 위해 전달될 것이었다(16:3). 이것은 그들이 정기적으로 내는 정규 연보 외에 '가외의 기부'였기 때문에 바울은 그들이 "각 사람의 수입에 따라"(16:2), 즉 능력에 따라 특별 헌금을 해야 한다고 말한다. 당연히 어떤 사람은 더 많이, 어떤 사람은 더 적게 낼 수 있었다. 마지막으로 바울은 도움이 필요한 사람에게 이 헌금을 전달하기 위한 특별 조치를 지시하면서(16:3-4) 이것이 다른 사람에게 은혜를 베풀 수 있는 특별한 기회임을 넌지시 비친다.

이 짤막한 구절에서 바울은 베풂에 대한 몇 가지 중요한 원칙을 다룬다. 이 원칙들은 고린도후서 8-9장에서 더 면밀하고 구체적으로 다루어질 것이다. 우선 몇 가지만 강조해 보겠다. 첫째, 체계적으로 베풀어야 한다. 바울은 고린도 교인에게 매주 이 헌금을 따로 모아놓으라고 권한다(고전 16:2). 이것은 주일 예배 때 매주 걷는 헌금을 가리킬 수도 있지만(행 20:7), 일주일의 첫 날에 수입의 '첫 열매'를 따로 떼어놓는 용의주도한 계획을 뜻하기도 한다.[1] 이것은 바울이 도착했을 때 그냥 내놓는 '푼돈'이어서는 안 되었다. 그는 신중하고 주도면밀하게 베풀라고 권면한다. 그런 이유에서 바울은 그들에게 체계적으로 "모아 두[라고]"(고전 16:2) 말한다.

둘째, 베푸는 것은 각자의 능력에 따라 개인적으로 해야 한다. 바울은 특별히 부유한 사람이나 지나치게 희생적인 사람 또는 예루살렘에 있는 형제자매들과 개인적인 친분이 있는 사람뿐만 아니라 "매주…각 사람"(16:2, 밑줄 나의 강조)이 예루살렘 성도를 위한 구호기금을 내야 한다고 말한다. 모두가 먼 곳에 있는 도움이 필요한 사람들에게 각자의 몫을 나누는 일에 참여해야 했다. 그러나 고린도 교인이 모두 같은 금액을 내야 한다는 뜻은 아니었다. 그 대신 바울은 각 사람이 "수입에 따라" 내야 한다고 말한다(16:2). 그들이 일주일 동안 얻는 소득은 격차가 크겠지만, 베풂에 대한 자세는 같아야 한다. 그것은 많든 적든 주님이 베풀어주시는 은혜에 대한 감사의 표현이어야 한다.

셋째, 베풂은 개인적인 행위며 공개적인 행사가 되어서는 안 된다. 바울은 마케팅 전략, 기금 모금을 위한 저속한 선동, 강압적인 방법을 원하지 않았다. 그는 베풂에 대해 신자가 개인적으로 내리는 결정에 영향을 미치는 일은 일절 하지 않았다. 실제로 바울은 자기가 고린도에 도착했을 때는 "연보를 하지 않게 하[겠다는]"(16:2) 점을 분명히 했다. 말하자면, 신자들의 헌금을 넣는 봉투는 봉인되어 있어야 한다는 것이었다. 바울은 고린도 교회의 공동 헌금을 다루는 데 특히 신중했다. 그는 헌금을 모으거나 계수하거나 전달하는 데 개인적으로 관여하기를 원하지 않았다. 그러나 그들이 배달책을 정하면 그들을 승인해주고 기부액이 클 경우 그들과 동행할 참이었다(16:3-4).

바울은 이 편지에서 수박 겉핥기식으로 이 문제를 다루었다. 돈을 다루는 문제에 대해서는 고린도후서에서 상세히 말할 것이다. 남의 말을 잘 듣지도 않고 순종도 더디 하는 교회가 으레 그렇듯 고린도 교인은 약속한 헌금을 이행하라는 바울의 온유하고 완곡한 권고를 아랑곳하지 않았다(고후 8-9장). 그런데도 바울은 예루살렘 교회의 절실한 필요에 고린도 교인의 주의를 환기시키고 더 큰 그리스도의 몸을 이루는 다른 교회들과 공조하는 데 참여하라고 호소하면서 그들의 오랜 이기적인 습성을 고치려 애쓴다.

## —16:5-12—

바울은 자기가 도착하기 전에 특별 재정을 준비해놓으라고 지시한 후(고전 16:2-3), 예정된 여행 일정을 잠깐 의논한다. 고린도전서 16장 5-12절을 보면 바울이 일대일 제자훈련을 중요시한다는 것을 알 수 있다. 바울은 자기도 방문할 예정이고, 디모데도 그들 가운데 머물면서 일할 것이며, 아볼로도 오기를 바라면서 진정한 제자 훈련을 위해서 같이 지내는 것이 더 좋다고 강조한다.

첫째, 바울은 여정을 공유한다. 그는 먼저 마게도냐를 방문하고(16:5), 그다음에 고린도로 가서 그들을 직접 만날 계획이었다. 앞에서 바울은 고린도에 있는 그의 반대자들이 그가 다시 고린도에 모습을 드러낼지 의심했던 것을 지적했다(4:18). 이제 그의 여정에 고린도를 포함하고 방문할 의사를 밝힌다(4:19). 그러나 바울에게 고린도 교회는 여정 중에 잠시 들르는 곳이 아니었다. 그는 "만일 주께서 허락하시면"(16:6-7) 그들과 함께 오래 살면서 함께 일할 수 있기를 바랐다. 바울은 하나님의 뜻에 따라 하루하루 살면서도 계속 고린도의 영적 자녀들과 얼굴을 마주하고 사역하겠다는 결연한 의지를 보였다. 그러나 당분간 바울은 에베소에서 "오순절까지"(16:8) 사역을 완수해야 했다. 그는 에베소에서 사역하며 만만치 않은 저항에 시달렸지만, 그 와중에도 큰 기회의 문이 열렸기 때문이다(16:9).

바울은 에베소에서 사역하면서 그의 절친한 동역자인 디모데를 고린도에 보냈다(16:10). 그는 복음의 동역자인 디모데에게 합당한 존경과 친절을 보여주고 자신을 대하듯 영접해달라고 고린도 교회에 부탁한다. 바울은 고린도에서 자기의 사도적 권위에 대한 갈등이 있었기 때문에 디모데를 껄끄럽게 대하거나 아예 거부할까 봐 걱정했다(16:10-11). 그래서 바울은 "평안히 보내어 내게로 오게 하[기 위해]", 다시 말해 교회의 영적, 재정적 축복을 모두 가지고 올 수 있게 해줄 것을 특별히 당부한다. 바울은 그들이 디모데가 고린도에 머무는 동안 필요한 것들을 제공해주고 에베소로 가는 것도 도와주기를 바랐다.

마지막으로 바울은 고린도 교회의 창립 초기부터 고린도 교인이 좋아하는 교사 중 하나인 아볼로를 다시 한 번 언급한다(1:12). 바울이 고린도에 가라고 아볼로에게 "많이" 권하였지만, 아볼로는 더 적절한 때가 오기를 기다리며 거절했다(16:12). 바울은 사역 전략에 대해 "형제" 아볼로와 대화한 것을 언급하면서 바울과 아볼로가 본질적으로 하나임을 보여준다. 두 사람은 서로를 경쟁자가 아닌 동역자로 보았기 때문에 그들의 제자들도 그들을 같은 시각에서 보아야 했다(3:4-6).

고린도 교인은 사역 범위가 그들이 사는 도시 너머까지 뻗어나가는 것임을 인식하게 되면 종파주의를 극복하고 그들 자신을 더 큰 범세계적 그리스도의 몸을 이루는 작은 지체로 보게 될 것이다. 그들은 바울이 에베소에서 큰 결실을 거둔 사역을 볼 것이다. 형제들에 대한 아볼로의 사랑은 고린도에 있는 그의 지지자들을 넘어서 뻗어나갔다. 그리고 상대적으로 고린도 교인에게 덜 알려진 디모데는 복음을 널리 전파한 수고로 인해 바울만큼 존경받을 자격이 있었다. 고린도 교인이 보다 큰 세계 교회라는 시각에서 그들이 차지하는 위치를 볼 수 있게 되면 다른 사람의 사역에 기생하지 않고 사역의 동역자가 될 수 있을 것이다.

## 적용: 고린도전서 16:1-2
### 사역을 위해 돈을 쓰는 지혜

돈으로 행복 외의 모든 것을 살 수 있고 천국 외의 모든 곳에 갈 수 있다는 말이 있다. 열정적으로 돈을 추구하는 사람에게 돈은 악의 근원이며, 불법으로 돈을 버는 사람에게 돈은 악한 영향이다. 악인의 금고 안에 있는 돈은 큰 파멸을 낳을 수 있지만, 의인의 손에 있는 돈은 많은 사람을 크게 이롭게 할 수 있다. 사람들이 운동 경기라도 보는 양 붙어 앉아 주식 시장 보고서를 들여다보는 돈에 미친 이 세상에서, 돈의 중요성은 크게 부풀려질 수 있다. 사실 돈으로 절대 살 수 없는 것이 이 세상에는 많다.

- 돈으로 교육은 살 수 있지만 지성은 살 수 없다.
- 돈으로 경험은 살 수 있지만 지혜는 살 수 없다.
- 돈으로 약은 살 수 있지만 건강은 살 수 없다.
- 돈으로 집은 살 수 있지만 가족은 살 수 없다.
- 돈으로 친구는 살 수 있지만 우정은 살 수 없다.
- 돈으로 쾌락은 살 수 있지만 사랑은 살 수 없다.

인생에서 돈이 아무 소용이 없다는 말이 아니다. 공기 없이 살 수 없듯이 현대 사회는 돈 없이 살 수 없다. 바울이 고린도전서 16장 1-4절에 지적하듯이, 든든한 재정적 지원이 없으면 기독교 사역은 유지되지 못할 것이다. 교회는 문을 닫을 것이고, 선교지는 계속 늘어날 것이다. 성경은 인쇄되지 않을 것이다. 기독교 단체는 자포자기할 것이다. 돈으로 하나님의 축복을 살 수 없지만, 돈 자체는 주는 자와 받는 자 모두에게 축복이 될 수 있다.

바울은 고린도전서 말미에서 재정적 기부의 중요성을 살짝 다룬다. 베풂은 우리 자신과 가족이 직접 혜택을 보는 지역 교회에만 필요한 것이 아니다. 오히려 바울이 고린도전서 16장 1-4절에서 설명한 베풂은 사역에 대한 인식의 폭을 더 넓혀 전 세계 그리스도 공동체의 변방을 뛰어넘는 사역에 참여하는 것이다. 고린도 교회는 그들이 한 번도 본 적 없는 뭇 사람의 필요를 채워주고, 그들이 거의 알지도 못하는 사역자들을 환대하라는 지시를 받았다(16:10-11). 이런 일들은 고린도 교회 자체나 교인에게 눈에 보이는 유익을 주지는 않을 것이다. 그러나 바울은 우리가 자기 교회를 초월해 전 세계 신자들의 삶에까지 도움의 손길을 내밀어야 한다고 분명히 말한다.

그렇다면 당신은 어떤가? 의도적이지는 않더라도 당신 자신, 당신 가족, 당신 교회에 혜택이 미치는 사역에만 도움을 베풀지는 않았는가? 바울은 당신이 베푸는 방식을 좋아할까? 아니면 당신 교회와 당신의 직접적인 관심사를 넘어서서 더 폭넓은 사역에 참여하라고 권할까?

당신의 자선 기부금을 살펴보면 당신이 베푸는 방식을 자세히 검토할 수 있다. 당신의 입출금 내역과 은행 계좌를 검토해보라. 예수님은 "네 보물 있는 그 곳에는 네 마음도 있느니라"(마 6:21)고 말씀하셨다. 그러니 당신의 보물이 실제로 어디로 가고 있는지 시간을 내어 살펴보라. 돈을 어디에 투자하고 있는가? 월급의 몇 퍼센트를 생활비로 쓰고 있는가? 값비싼 기호품에는 몇 퍼센트를 쓰는가? 쓸데없는 낭비는 없는가? 교회의 사역에 정기적으로 헌금하는가? 아니면 그것조차도 안 하는가? 교회 외의 다른 경건한 사역에 기부하고 있는가? 이 질문들을 곰곰이 생각해보고, 바꾸어야 할 부분이 있다면 바꾸라.

당신의 지평 너머에 있는 신자들과 사역을 위해 베푼다고 해서 당신이 그 혜택을 직접 보거나 듣거나 느끼지 못할 것이다. 그러나 주 예수님의 말을 잊으면 안 된다. "주는 것이 받는 것보다 복이 있다"(행 20:35).

## 마지막까지 굳게 서기(고린도전서 16:13-24)

13깨어 믿음에 굳게 서서 남자답게 강건하라 14너희 모든 일을 사랑으로 행하라
15형제들아 스데바나의 집은 곧 아가야의 첫 열매요 또 성도 섬기기로 작정한 줄을 너희가 아는지
라 내가 너희를 권하노니 16이같은 사람들과 또 함께 일하며 수고하는 모든 사람에게 순종하라 17내가
스데바나와 브드나도와 아가이고가 온 것을 기뻐하노니 그들이 너희의 부족한 것을 채웠음이라 18그
들이 나와 너희 마음을 시원하게 하였으니 그러므로 너희는 이런 사람들을 알아 주라
19아시아의 교회들이 너희에게 문안하고 아굴라와 브리스가와 그 집에 있는 교회가 주 안에서 너희
에게 간절히 문안하고 20모든 형제도 너희에게 문안하니 너희는 거룩하게 입맞춤으로 서로 문안하라
21나 바울은 친필로 너희에게 문안하노니 22만일 누구든지 주를 사랑하지 아니하면 저주를 받을
지어다 우리 주여 오시옵소서 23주 예수 그리스도의 은혜가 너희와 함께 하고 24나의 사랑이 그리스
도 예수 안에서 너희 무리와 함께 할지어다

다음은 내가 공항에서 목격한 장면들이다.

- 이제 막 싹트고 있는 사랑이 장거리라는 물리적 어려움을 이겨낼 수 있을지 불안해하며 작별하고 있는 젊은 연인.
- 복무 기간 동안 무슨 일이 일어날지 모른다는 불안감에 비행기에 오르기 전 아내와 아이들을 꼭 껴안고 있는 군인.
- 너무 멀리 살아서 자주 볼 수 없는 손주들과 아쉬운 시간을 보내고 집으로 돌아가는 조부모들.

당신도 이런 장면들을 본 적이 있을 것이다. 감동적이고, 가슴이 아리며, 때로는 괴롭기까지 한. 우리 대부분은 이런 순간을 경험해본 적이 있다.

작별을 고할 때 어떤 사람들은 쓸데없는 말은 마지막 포옹을 싸구려로 만들 뿐 말로 슬픔의 깊이를 표현할 수 없다는 걸 알기에 무거운 침묵의 장막으로 이별의 아쉬움을 감싼다. 그러나 어떤 이들은 끝까지 가능한 한 많은 말을 하려고 한다. 마지막까지 기를 쓰고 짧고 간결한 인사말을 한다. 축복, 약속, 잊지 말라는 말. 사랑하는 사람들이 시야에서 사라지기 전까지 계속 충고한다. "조심해!" "도착하면 문자 줘!" "꼭 전화해라!" "이모에게 사

랑한다고 말해줘!" "너희를 위해 기도할게!" "우리를 잊지 마라!"

사도 바울은 이 '껄끄러운 사랑'의 편지 말미에서 감정에 복받쳐 이런 류의 작별 인사를 늘어놓기 시작한다. 바울은 이것이 고린도 교인에게 하는 그의 마지막 말일 수도 있다고 생각했다. 바울은 고린도를 방문할 계획이었지만(16:2-7), 그의 계획이 하나님의 비밀스런 여정과 맞아떨어질지는 미지수였다. 바울은 충고의 말을 속사포처럼 줄줄이 쏟아놓은 후(16:13-20), 저주와 축복으로 이 어지러운 교회에 보내는 메시지를 마무리한다. 고린도전서처럼 씁쓸한 편지에 딱 어울리는 피날레다.

## —16:13-20—

이 편지의 결말에서 바울이 고린도의 친구들에게 한 일곱 가지 명령은 두 가지 주제를 담고 있다. 첫째, 그리스도인이 세상을 향해 행동할 때 지녀야 할 일반적인 지침이다(16:13-14). 둘째, 교회 안에서 신자가 서로를 대하는 자세다(16:15-20). 고린도 교회처럼 평화와 화합을 해치는 자기중심적인 문제가 고질인 세속적인 교회에 이 마지막 원칙들은 아주 요긴했을 것이다.

불신자들에게 대응하라는 명령(16:13-14)은 단순히 암기하거나 받아 적어야 할 것이 아니라 당장 실천하고 그렇게 살아야 하는 명령이었다. 고린도 교인에게 전하는 바울의 말을 읽으면서 마치 그가 오늘날 우리에게 직접 편지를 쓰고 있는 것처럼 귀 귀울여보자.

첫째, "**깨어 [있으라]**"(16:13). 이 어구는 '정신 차리라' 또는 '조심하라'는 뜻이며, 분별하라는 뜻도 내포되어 있다. 바울은 에베소의 장로들에게도 비슷한 권고를 했다. "그러므로 여러분이 일깨어"(행 20:31). 예수님도 이 명령을 몇 차례 하셨고(마 24:42-43, 25:13), 베드로는 같은 말로 독자에게 악마의 책략을 경고했다. "근신하라 깨어라"(벧전 5:8). 성경은 우리 주변에서 벌어지고 있는 일을 지속적으로 인식하도록 도와준다.

세상에는 세 가지 범주의 사람이 있다고 한다.

- 일을 벌이는 극소수의 사람.
- 일이 벌어지고 있는 것을 지켜보는 다수의 사람.

• 무슨 일이 벌어지고 있는지 전혀 모르는 대다수의 사람.

바울은 구름이나 모래 속에 머리를 처박고 있는 무지한 대중이 되지 말라고 경고한다. 우리는 늘 의식이 깨어 있어야 한다. 당신은 주변 세상의 현실을 얼마나 알고 있는가? 당신은 미묘하지만 세상에 분명히 존재하는 위험, 혼란, 절실한 필요를 예리하게 주시하고 있는가? 아니면 무슨 일이 일어나고 있는지 전혀 알지 못하는 대다수처럼 그리스도가 지정해주신 망루에서 잠에 빠져 있는가? 깨어 있으라!

둘째, **"믿음에 굳게 서[라]"**(16:13). 복음의 진리를 듣는 것과 그것을 받아들이는 것은 별개의 이야기다. 고린도 교인은 그리스도가 자기들의 죄를 위해 죽으셨다가 부활하셨다는 진리를 믿었다(15:1-4). 그러나 바울은 개인적으로 받아들인 그 신앙을 더 깊은 차원으로 끌고 간다. 바로 믿음 안에 굳게 서는 것이다. 신자는 사탄의 사주로 우리 손아귀에서 믿음을 잡아채고 악마의 유해한 교리로 우리 생각을 흐리는, 뒤틀리고 격동하는 세상에 살고 있다. 이런 환경에서 굳게 선다는 것은 도전이다. 우리는 믿음으로 사탄의 강력한 도전에 맞서고, 조롱 섞인 비판을 꾸짖으며, 부추기는 의심을 물리치고, 마음을 사로잡는 유혹을 참아내야 한다.

공격은 반드시 있을 것이다. 갑자기, 예기치 못한 순간에. 적은 우리의 영적 갑옷에서 가장 약한 틈새를 겨냥할 것이다(엡 6:11-17). 그때, 당신은 믿음을 흔드는 사탄의 공격을 물리칠 수 있는가? 아니면 첫 번째 불화살 공격을 받자마자 흔들리고 물러설 것인가? 이것을 알아야 한다. 굳게 서기로 마음을 다잡을 수 있는 때는 대전투가 시작되기 전이다.

셋째, **"남자답게 강건하라"**(16:13). 바울은 온유한 남자들에게 남자답게 행동하고 남성적인 면을 과시하라고 다그치거나, 여자들은 마귀에 대항하기에 너무 약하다는 생각을 넌지시 비치는 성차별주의자가 아니다. 이 문장을 헬라어 원어로 보면 '남자답게 또는 용맹하게 처신하다'는 뜻이다.[2] 기본적으로는 성장하다, 어린아이 같지 않고 어른처럼 행동하게 되다, 어린아이처럼 "내가, 내가, 내가"를 외치지 않고 영적 성숙으로 나아간다는 뜻이다. 영적 미성숙이 고린도 교회의 고질적인 문제였음을 떠올리면(3:1-3), 이 권고는 그들을 둘러싼 불신자들의 세계와 관련지어 생각해야 제대로 이해할 수 있다. 그들은 안달복달하거나, 징징대거나, 투덜대던 습관을 버리고 그리스도 안에서 자라가야 했지만, 자기들이 아기 그리스도인이었던 때 젖병이나 담요 같은 것에 의존해 마음을 달래던 습관을 버리지 못했다. 위안을 주는 이런 '소품들'은 그들을 에워싸고 있는 세상과 밀접한 관련이 있었다. 그러니 그들이 하나님의 은혜와 성령의 능력을 힘입어 두 발로 걷는 법을 배우지 않고 유아기 때 머물던 속세의 요람으로 슬그머니 돌아가기가 얼마나 쉬웠겠는가!

당신은 어떤가? 당신은 하나님의 가족과 있는 것보다 주변 세상과 어울릴 때 더 '편안한가?' 당신은 쉽게 상처받는가? 당신 개인의 권리와 사생활에 집착하는가? 이제 성장할 때가 된 것 같다. 세상의 유치원을 떠나 더 높은 수준의 영적 교육을 하는 학교에 입학하라.

넷째, **"강건하라"**(16:13). 고린도의 그리스도인들이 얼마나 힘이 센지는 바울의 관심사가 아니다. 그는 고린도인들이 이스트미아 제전에서 어떤 성적을 거두든, 얼마나 무거운 짐을 나를 수 있든, 주먹다짐을 얼마나 잘하든 개의치 않았다. 그보다는 에베소 사람들에게 말했듯이 그들이 "그의 성령으로 말미암아…속사람을 능력으로 강건하게"(엡 3:16) 하기를 바랐다.

주님께 순종할 수 있는 힘은 올림픽 선수 같은 체격에서 나오는 게 아니라 속사람에게 있는 하나님의 능력에서 나온다. 우리로 하여금 선을 향하여 나아가게 하고 악한 것에서 멀어지게 하는 눈에 보이지 않는 성품, 태도, 애정, 열정이 우리 안에 있는 하나님의 능력이다. 바울은 빌립보서 2장 13절에서 우리 외면의 생활 방식을 변화시키는 내적인 힘에 대한 비밀을 알려준다. "너희 안에서 행하시는 이는 하나님이시니 자기의 기쁘신 뜻을 위하여 너희에게 소원을 두고 행하게 하시나니." 힘으로 세상의 도전에 맞서는 것은 우리 소관이지만, 그 힘은 우리 자신이 아니라 주님에게서 나온다는 것을 알아야 한다.

다섯째, **"너희 모든 일을 사랑으로 행하라"**(16:14). 처음 네 개의 명령(16:13)은 전쟁터에서 소대장이 갑자기 내지른 것처럼 들린다. 정신 차리라! 굳게 서라! 남자답게 굴어라! 강건하라! 거기까지만 읽으면 바울은 이를 악물고, 턱을 치들고, 가슴을 내밀고, 전투적이고 호전적인 태도로 세상과 맞서라고 다그치고 있다고 생각할 수도 있다. 그러나 다음의 명령은 모든 것의 균형을 잡아준다. 모든 일을 사랑으로 행하라는 것이다.

그 찬란한 '사랑 장'(고전 13장) 역시 이 준엄한 권고 중 일부이며 고린도전서 전반에 걸친 문제 해결과 얽혀 있다는 것을 잊으면 안 된다. 사랑은 원래 모든 주장을 아우른다. 사랑이 없으면 주의 깊은 통찰력이 결여된 편협하고 의심 많은 사람이 된다. 사랑 없이 굳게 선다면 고립된 광신자, 잃어버린 자들에 대해 고약하고 편협한 사람이 될 것이다. 성숙한 균형을 유지해줄 사랑이 없으면 당신은 비판적이고 독선적이며 냉혹해질 것이다. 당신이 강하지만 사랑이 없다면, 사람들을 당신의 절제된 강인함으로 끌어당기는 유연함이 부족할 것이다. 예수님은 자기 제자들을 식별할 수 있는 단 하나의 특징을 말씀하셨다. "너희가 서로 사랑하면 이로써 모든 사람이 너희가 내 제자인 줄 알리라"(요 13:35).

여섯째, **"순종하라…이런 사람들을 알아 주라"**(16:15-18). 바울은 이제 초점을 비그리스도인을 대하는 자세에서 동료 신자들을 대우하는 자세로 옮긴다(16:15). 관점이 바뀌면서 그의 어조 역시 간단명료한 명령에서 간곡한 부탁으로 변한다.

바울은 고린도의 그리스도인들이 잘 아는 한 남자와 그의 가족을 소개한다. 스데바나는 바울이 처음 고린도에 왔을 때 최초로 개종한 사람 중 하나였다(1:16, 16:15). 그는 고린도의 다른 두 대표 브드나도와 아가이고와 함께 에베소에 있는 바울을 방문했었다(16:17).[3] 바울은 독자에게 스데바나를 언급하며 "이같은…사람에게 순종"할 뿐 아니라 "이같은 사람들과 또 함께 일하[라]"(16:16)고 권면한다. 이렇게 해서 그들은 이 사람들을 "알아 주[게 된다]"(16:18). '알아주다'[*epiginōskō*(1921)]라는 헬라어는 '존경하다'는 뜻인데, 이 존경은 순종으로 이어진다. 따라서 바울은 고린도 교인에게 스데바나, 브드나도, 아가이고를 교회의 지도자로서 그들의 직분을 존중하고, 사역에서 보여준 신실함으로 인해 그들의 지도력에 순종하라고 권고한다.

바울의 말은 우리 각자가 교회 지도자를 선정하는 방법을 재평가하게 만든다. 데이비드 프라이어는 이렇게 썼다. "우리는 흔히 특정한 교육을 받은 사람, 언변이 좋고, 스스로 생각하고 말할 수 있는 보편적인 능력을 가진 사람, 세상 기준에 부합하는 리더십을 가진 사람에게 지도자 자리를 부여한다…(그러나 바울이 말한 바에 따르면) 교회의 확실하고 견고한 리더십은 성도를 위해 헌신하는 사람들에게서 나온다."[4]

교회의 리더십이 세워지면 교인들은 그 리더십을 존중하고 순종해야 한다. 임명된 교회 지도자들에게 순종해야 한다는 개념은 반항, 독립, 도를 넘은 개인주의가 판을 치는 세상 사람들의 귀에는 좋게 들리지 않을 수 있다. 그러나 정당하게 임명된 교회 지도자들에게 순종하라는 권고는 바울만 한 것이 아니다. 히브리서 기자는 이렇게 썼다. "너희를 인도하는 자들에게 순종하고 복종하라 그들은 너희 영혼을 위하여 경성하기를 자신들이 청산

할 자인 것 같이 하느니라 그들로 하여금 즐거움으로 이것을 하게 하고 근심으로 하게 하지 말라 그렇지 않으면 너희에게 유익이 없느니라”(히 13:17).

일곱째, **거룩하게 입맞춤으로 서로 문안하라**(16:19-20). 이 두 구절에서 바울은 ‘환영’ 또는 ‘인사’[*aspazomai*(782)]라는 헬라어를 네 번 사용한다. 이 인사말은 고린도라는 지역 교회를 넘어 더 큰 그리스도의 공동체라는 개념을 강조한다. 하지만 자아에 도취된 미성숙한 고린도 교인은 이 사실을 망각했을 것이다. 그들은 산이나 강, 바다에 가로막혀 있는 회중 간의 공식적인 교제보다 교회 안에서 맺는 친밀한 교제가 더 절실했다. 사실 바울은 고린도 교인끼리 “서로 문안하라”고 권면해야 했다! 분열로 얼룩진 그들의 교회는 용납과 용서의 분위기가 필히 조성되어야 했다.

진실한 인간관계와 평생 지속되는 친밀감이 온라인 사회 관계망으로 인해 얄팍해진 탓에 관계는 형식적이고 피차 간섭을 꺼리는 요즘 사회에서도 많은 사람이 말 그대로 손을 내밀어 누군가를 껴안기를 주저하고 두려워한다. 우리는 차라리 문자나 이메일을 보내거나 음성 메시지를 남긴다. 그러나 우리는 손을 꼭 잡거나 다정한 포옹을 하거나 진심 어린 지지의 표현 등 구체적인 애정 표현을 스스럼 없이 나누어야 한다. 우리의 사랑을 다른 사람에게 진실하게 전달할 수 있는 최선의 방법은 곁에 있으면서 물리적으로 접촉하는 것이다.

## —16:21-24—

당신이 고린도 교회에 보낸 편지의 원본을 읽고 있었다면 20절과 21절 사이에 일어난 갑작스러운 변화를 눈치챘을 것이다. 이 지점에서 원고의 서체가 깔끔하고 멋진 비서의 것에서 바울이 직접 굵게 휘갈겨 쓴 글씨로 바뀐다(참조. 갈 6:11). 바울은 독특한 필체로 처음에는 햇살처럼 따사롭다가 천둥처럼 호통을 친 다음, 마지막에는 시원한 비처럼 새로운 활력을 주는 말로 이 장황한 편지를 마무리한다. 큰 칭찬과 깊은 실망, 위로의 말과 꾸짖음이 다 담겨 있는 편지에 잘 어울리는 결말이다.

바울이 직접 쓴 첫 말은 따뜻한 인사다(고전 16:21). 바울은 고린도 교인의 악행을 엄하게 꾸짖기는 했지만, 이제 그들이 그의 진정한 가족임을 다시 한번 확인해준다. 바울은 친필로 고린도 교회에 “인사”한다. 그러나 그는 고린도의 선동가들과 이단에게 마지막 경고도 잊지 않는다. 그는 헬라어 문법에서 '제1조건문'이라고 부르는 문장으로 냉엄하게 단죄한다. "만일 누구든지 주를 사랑하지 아니하면 저주를 받을지어다"(16:22). 이것은 문법적으로 바울이 어떤 특정한 고린도의 독자에게 이런 죄를 의심한다는 뜻이 아니다. 오히려 그리스도를 사랑하지 않은 결과에 귀 기울일 수 있는 모든 사람에게 주는 일반적인 경고다. 여기서 말하는 "사랑"은 *agapaō*(25)로 표현되는 무조건적이고 초자연적인 사랑이 아니라 *phileō*(5368), 곧 우정, 헌신, 애정을 나타내는 사랑이다. 따라서 바울이 기대한 것은 그리스도에 대한 놀라운 헌신이 아니라 그분을 진심으로 사랑하는 것이었다. 이것조차 거부한 사람들은 어떻게 될까?

헬라어 *anathema*는 구약성경의 고대 헬라어 번역본에서 히브리어 *herem*(H2764)을 번역할 때 사용되었다(참조. 레 27:28-29, 수 6:17-18). 여기서는 주님을 사랑하지 않는 사람은 심판, 즉 영원한 하나님의 진노 아래 있는 것으로 간주된다는 뜻으로 쓰였다. 속된 저주의 말을 하지 않으면서 "천벌을 받을지어다"라고 말하는 것과 대충 비슷하다. 이 말이 고린도 교인에게 전하는 의미는 최소한 그런 사람들은 불신자로서 교회가 맺는 사랑의 교제에서 배제하고 거부해야 한다는 말이다. 그렇다. 바울은 고린도 교인이 서로 사랑하고, 서로 애정 어린 인사를 나누며, 형제를 향해 무조건적인 애정을 보여주기를 바랐다. 그러나 경건한 사랑은 한계가 있다. 그리스도인의 사랑은 예수 그리스도의 진정한 인격과 사역에 대한 전적인 반역을 용인할 수 없다. 예수님의 명령을 잊지 말라. "거룩한 것을 개에게 주지 말며 너희 진주를 돼지 앞에 던지지 말라 그들이 그것을 발로 밟고 돌이켜 너희를 찢어 상하게 할까 염려하라"(마 7:6). 사실 그리스도인의 관심과 애정을 원한다고 누구나 주님 안에 있는 참된 형제자매는 아니다.

구세주를 경멸하는 자들에게 하나님의 심판이 임한다는 저주를 하고 나서 바울은 아람어 어구인 마라나타[*marana tha*(3134)], 곧 "주여 오시옵소서!"라고 외치며 구주를 부른다(고전 16:22). 이 말은 아마 아람어를 사용하는 유대 지방의 초기 기독교 공동체에서 유래한 노래와 찬양에 사용되었을 것이다. 그래서 헬라어권 독자도 그 의미를 알았기 때문에 바울은 이 어구를 번역하지 않았다.[5] 히브리어 할렐루야 [*hallelujah*(H1984/H3050)]가 보편적인 찬양의 말로 통용되는 것도 이와 유사한 예다. 주님을 사랑하는 사람들에게 그리스도의 재림은 축복과 보상을 의미하지만, 그분을 멸시하는 사람들에게는 심판과 저주를 의미한다.

지금까지 바울은 권고하고, 반박하고, 바로잡고, 격려하고, 일깨우고, 조언하고, 나무랐다. 그는 이제 작별을 고하면서 그의 믿음의 자녀인 고린도 교인을 두 팔 벌려 안으며 은혜와 사랑이라는 두 가지 선물을 전한다(16:23–24). 바울의 사랑이 그들과 함께한다는 말은 결점투성이인 그들에게 무엇보다도 큰 힘이 되었을 것이다(16:24). 이 마지막 말이 그들의 쓰라린 양심에 얼마나 위로가 되었겠는가! 그들이 저지른 모든 잘못에도 불구하고 그들의 구세주와 스승은 그들을 내치지 않았다.

## 적용: 고린도전서 16:13–24

### 사랑을 표현하는 구체적인 방법

우리 대부분은 신체 접촉을 꺼리고 일정 거리를 유지하는 사회에 살고 있다. 누군가와 스치게 되면 사과를 하고, 남자가 여자에게 손을 얹기라도 하면 그 여인과 결혼해야 할 판이다! 가족 간에도 마찬가지다. 아버지가 아들을 껴안으면 아들은 "아, 아빠, 하지 마세요"라며 당혹스러워한다. 우리 문화에서 애정 표현은 조심스레 등을 두드리거나, 굳게 악수하거나, 한 팔로 어정쩡하게 포옹하는 정도로 바뀌었다.

그러나 초대 교회는 그렇지 않았다. 신약성경에 나오는 다섯 개의 서신서는 그리스도 안에 있는 형제자매에 대한 적절한 사랑의 표현으로 "거룩한 입맞춤"을 말한다(롬 16:16, 고전 16:20, 고후 13:12, 살전 5:26, 벧전 5:14). 1세기에 이것은 가족이 서로 애정을 표현하는 흔한 인사법이었다.[6] 그러므로 영적 가족에게도 같은 식으로 인사하는 것이 사리에 맞았다. 어쨌든, 그리스도인은 서로를 형제와 자매로 그리고 같은 하늘 아버지의 자녀로 표현했으니 말이다.[7]

성만찬과 "애찬", "거룩한 입맞춤"은 형제의 화합을 돈독히 해주는 확실한 방법이었다. 4세기의 위대한 설교자 요한 크리소스톰(John Chrysostom)은 이렇게 말했다. "바울은 훈계로 그들을 엮고, 또 다른 연합의 방법으로 거룩한 입맞춤을 지시한다. 이로써 그들은 하나가 되고 한 몸을 이룬다. 기만과 위선에서 벗어날 때 거룩한 입맞춤은 거룩해진다."[8]

일부 중동과 유럽 문화에서는 지금도 입술이나 뺨에 가볍게 입을 맞추며 사랑하는 사람을 맞이한다. 현대 서구 문화에서는 '거룩한 악수'나 '거룩한 포옹'으로 바뀌었다. 어느 쪽이든 메시지는 동일하다. "나의 형제자매처럼 당신을 사랑합니다."

그리스도 안에 있는 형제자매에게 진실한 사랑을 보여줄 수 있는 다른 표현을 생각해 보라. 어떤 행동이 형제의 입맞춤이나 따뜻한 포옹처럼 분명하게 사랑을 전달할 수 있을까? 불우한 가족에게 식사를 대접하거나 차량을 잃어버린 사람을 태워주는 건 어떤가? 교회 지도자들에 대한 불평과 비방을 멈추고 카드와 선물로 힘을 북돋워주는 건 어떤가? 직계 가족이 아닌 사랑하는 사람들과 시간을 보내는 건 어떤가?

정신없이 돌아가는 세상에 살면서 아는 교우가 지나갈 때 고개를 끄덕이거나 손을 흔들면서 지나치기는 쉽다. 그러나 우리는 더 큰 애정과 더 깊은 사랑의 헌신을 위해 부름받았다. 우리는 그리스도 안에 있는 형제자매와 친밀하게 지내라는 명령을 받았다. 무엇이 되었든 교회 안에서 이런 관계를 돈독히 하는 일을 실천한다면 우리도 1세기 사람들이 누렸던 깊은 사랑과 친교를 누릴 수 있을 것이다.

---

주

1. Keener, *1–2 Corinthians*, 136.
2. Fritz Rienecker, A *Linguistic Key to the Greek New Testament*, ed. Cleon L. Rogers Jr.(Grand Rapids: Zondervan, 1980), 448.
3. 바울은 이 사람들에게서 고린도 교회의 영적, 도덕적 상태에 대해 들었을 것이다.
4. Prior, *The Message of 1 Corinthians*, 283.
5. 초기 기독교 문헌인 *The Didache*(최근의 역사가들은 AD 50–70년에 기록된 것으로 본다)에 이것이 나오는 것으로 보아 상당히 일찍 유대인 공동체에서 헬라 기독교 저작물로 흘러 들어갔음을 알 수 있다.
6. Keener, *1–2 Corinthians*, 141.
7. Larry W. Hurtado, *At the Origins of Christian Worship: The Context and Character of Earliest Christian Devotion*(Grand Rapids: Eerdmans, 2000), 44.
8. John Chrysostom, *Homilies on the Epistles of Paul to the Corinthians* 44.4. Nicene and Post-Nicene Fathers, Series 1, vol. 12, ed. Philip Schaff(Grand Rapids: Eerdmans, 2009), 265.

# 고린도후서 인사이트

바울의 편지는 비루하고, 냉혹한 인간의 실존 속에서 일궈낸 진정한 사역에 관한 논문이라고 할 수 있다. 실제 사역을 가감없이 생생하게 그려낸 바울의 글은 거짓 사역자들의 불순한 동기와 방법, 메시지를 백일하에 드러낸다. 오늘날 사역의 중심에 있는 사람들에게 이 편지는 주목할 가치가 충분하다.

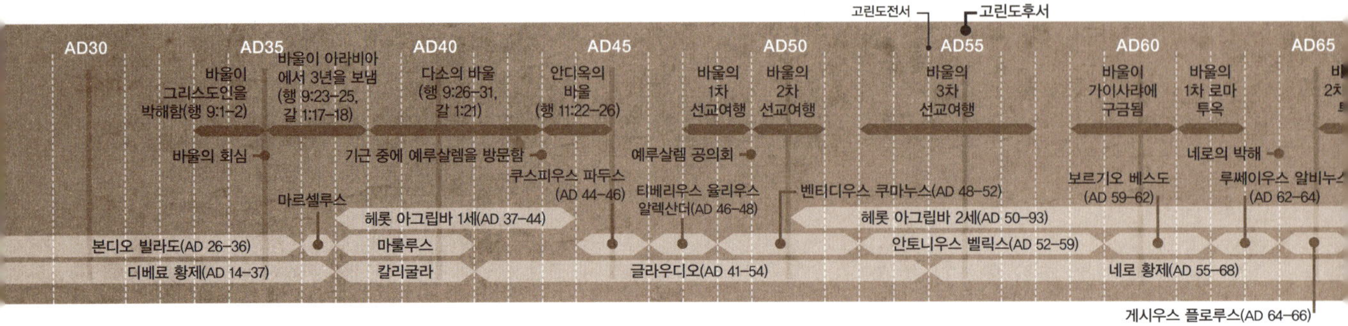


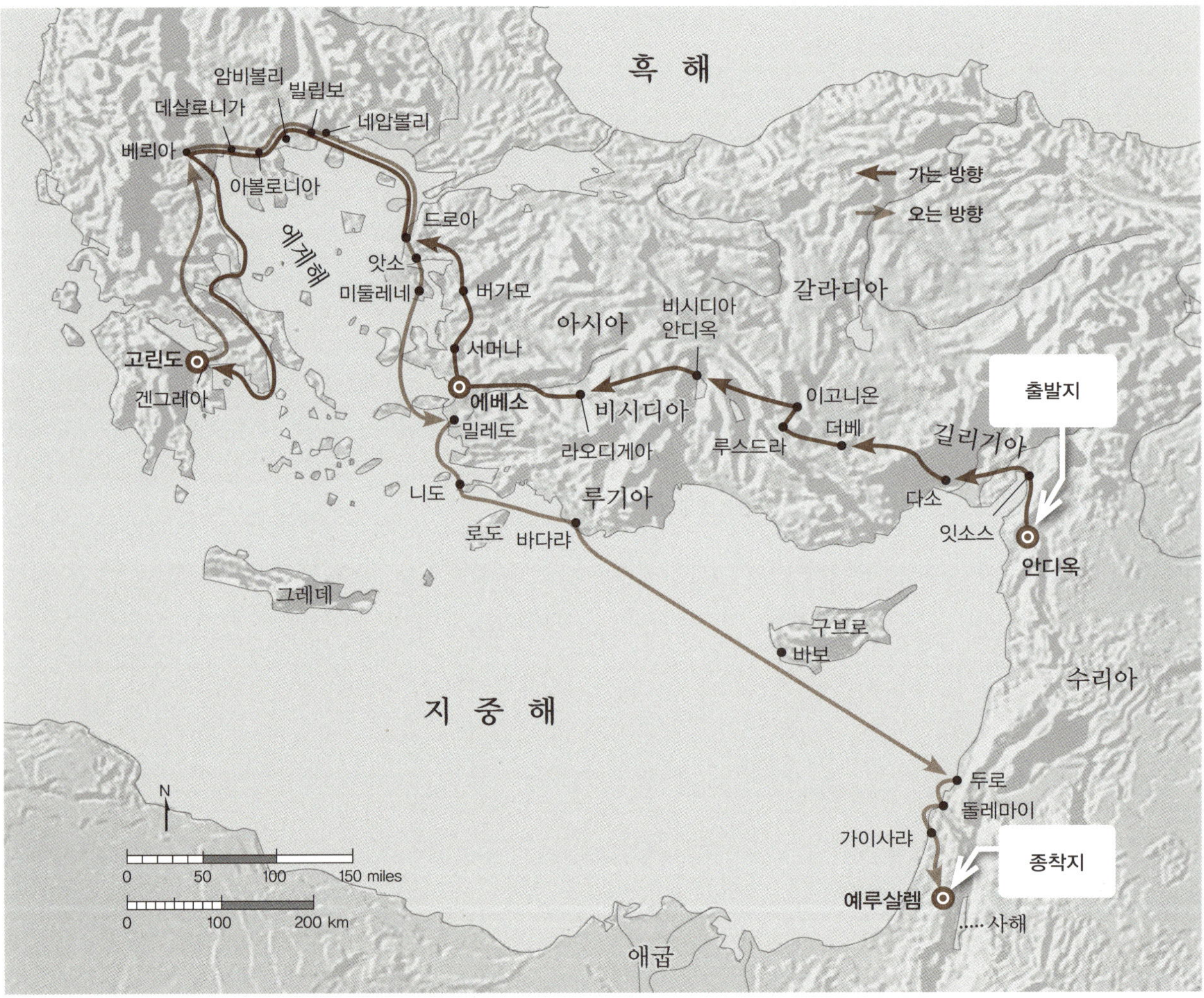


**바울의 3차 선교여행.** 바울과 동료들은 안디옥에서 다시 출발해 아시아와 헬라를 거쳐 고린도로 갔다. 사도행전 18장 23절-20장 2절에 나오는 이 여행에 대한 누가의 기술을 보면, 바울은 에베소에서 주로 시간을 보냈지만, 고린도에도 다녀온 것으로 보인다(고후 12:14, 13:1).

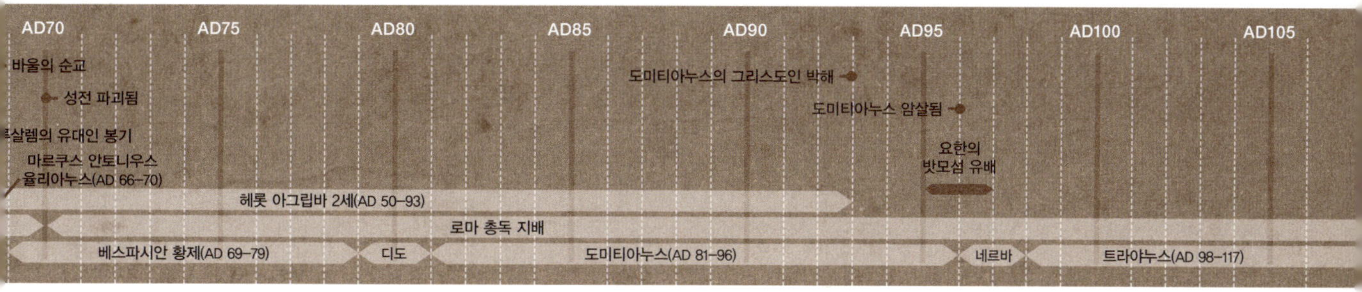


# 고린도후서

## 서론

누구나 한 번도 만난 적은 없지만, 무척 존경하고 흠모하며 심지어 숭배하는 유명인이 몇 명은 있을 것이다. 때로 위대한 인물을 칭송하다 못해 숭배하기까지 한다. 특히 우리가 인간에 관한 기본 교리를 망각했을 때 그렇게 된다. 단 한 사람의 특별한 예외만 있을 뿐, 역사상 존재했던 모든 인간은 타락한 본성에서 나오는 결점과 실패에 시달렸다. 심지어 그리스도에 대해 단호한 입장을 표명하거나 그분의 교회를 세우는 데 크게 기여한 순교자들도 마찬가지다.

우리 기독교 역사에서 넓은 평원과 크고 작은 언덕 사이에 우뚝 솟아 있는 산봉우리 같은 몇 사람을 떠올리면서 나와 함께 과거로 돌아가보자. 빌리 그레이엄…조나단 에드워즈…존 웨슬리…장 칼뱅…마르틴 루터…토마스 아퀴나스…안셀무스…아우구스티누스…아타나시우스. 그러나 저 멀리 하늘에 닿아 있는 거대한 보석처럼 보이는 눈 덮인 산과 같이, 과거의 영적인 거인들에게 가까이 갈수록 그들도 우리처럼 흙으로 빚어졌다는 사실을 깨닫게 된다.

한눈에 보는 고린도후서

| 단락 | 사역의 본령 | 화해의 사역 |
| --- | --- | --- |
| 주제 | 고난의 비밀<br>진정한 용서<br>새 언약의 사역 | 질그릇에 담긴 보화<br>그리스도의 대사<br>효과적인 사역 |
| 핵심 용어 | 사역 | 자랑 |
| | 위로<br>고통 | 영광<br>화해 |
| 본문 | 1:1–3:18 | 4:1–5:21 |

| 사역의 민낯 | 자기를 희생하는 사역 | 진정한 사도의 사역 |
|---|---|---|
| 좋은 관계와 나쁜 관계<br>좋은 소식의 기쁨<br>실생활 속의 사역 | 관대함의 예<br>즐거운 기부<br>기부 사역 | 가짜를 폭로함<br>약함을 자랑함<br>족한 은혜 |
| 어리석은 | | |
| 격려<br>구원 | 은혜<br>감사 | 속임수<br>약점 |
| 6:1–7:16 | 8:1–9:15 | 10:1–13:13 |

## 질그릇에 담긴 천국 보화

사실 타락은 전 우주에 퍼져 있다. 위대한 사람들도 모두 불완전한 인간의 속성을 지니고 있다. 어떤 이들은 이런 속성이 다른 사람보다 더 두드러진다. 경건한 성도들에 대한 과대평가는 실상을 알고 나면 영락없이 깎인다.

나는 종종 사도 바울의 위대함에 대해 생각한다. 그의 이력은 참으로 놀랍다.

- 동서를 가로질러 수많은 교회를 개척했다.
- 십여 편의 신약성경을 집필했다.
- 신앙의 기본 교리를 공식화했다.
- 구주이신 주님을 위해 자기의 모든 것을 쏟아부었다.
- 로마인들에게 순교당했다.

그리스도를 제외하고 비할 데 없는 복음에 대한 비전, 선교에 대한 열정 그리고 거룩함에 대한 열정적 추구에 있어서 이 전설적인 인물만큼 기독교 신앙에 영향을 미친 사람은 없을 것이다. 그러나 고린도 교인에게 보낸 두 번째 편지 덕분에 우리는 바울을 신격화하려는 유혹을 물리칠 수 있다.

그렇다. 바울은 기독교 교회에 소중한 보물이었다. 하지만 모든 시대의 모든 신자와 마찬가지로, 바울도 100퍼센트 인간이었다. 그는 인간이 겪는 어려움으로 부대꼈다. 그는 인간이 겪는 패배의 고통을 겪었다. 그는 인간이 받는 유혹을 받았다. 그는 자신의 인간적 약점과 싸웠다. 감사하게도, 그 역시 자신을 "사도 중에 가장 작은 자"(고전 15:9), "모든 성도 중에 지극히 작은 자보다 더 작은 [자]"(엡 3:8), "죄인 중에 괴수"(딤전 1:15)로 인정하면서 자신을 지극히 평범한 인간으로 보았다.

사도 바울은 참으로 위대한 사람이었지만, 그 역시 인간이었다.

복음을 전하는 인간 사역자로서 바울은 모든 선교사나 목사들이 여태껏 겪고 있는 온갖 투쟁과 좌절에 직면했다. 바울은 그의 편지 중에서 가장 솔직한 감정을 드러낸 고린도후서에서 자신과 자신의 사역에 대한 감정을 스스럼없이 표현하고 사생활을 공개한다. 고

## 고린도후서의 핵심 용어

ἄφρων [*aphrōn*, 아프론]*(878)* '어리석은', '무분별한', '터무니없는'

영어의 'moron'(바보)은 부정적인 뜻으로만 사용되는 '바보'라는 뜻의 헬라어 *mōros*(3474)에서 파생했다. *Aphrōn*은 '터무니없는'이나 '얼빠진'이라는 뜻이 내포된 '어리석음'을 완곡하게 표현한 것이며, 영어로 치면 'fool'(바보)이라는 말에 제일 가깝다. 바울은 고린도후서에서 바보처럼 자기의 반대자들과 똑같이 어리석은 자랑으로 싸우는 자신을 일컬을 때 이 단어를 사용한다(11:16). 그러나 바울의 자랑은 그의 반대자들과는 달리 실제로 맞는 주장이었기 때문에 완전히 '터무니없는' 것은 아니었다(12:6).

διακονία [*diakonia*, 디아코니아]*(1248)* '섬김', '사역'

διάκονος [*diakonos*, 디아코노스]*(1249)* '종', '사역자'

'종'(servant)과 '섬김'(service)이라는 말은 둘 다 헬라어에 어원을 두고 있는데, 가장 문자적인 의미로는 식사 시중을 드는 사람을 뜻한다. 광의로는 겸손한 마음에서 우러나오는 공손하고 순종적인 섬김의 개념을 전달한다. 신약성경에서 *diakonos*는 특정한 임무를 수행하는 하인(롬 15:8), 즉 개인 비서(마 22:13)나 교회에서 '사역자'의 직분을 맡은 사람(빌 1:1)을 뜻하기도 한다. 사도행전 6장 1–6절에는 교회의 첫 집사(deacon)를 임명한 이야기가 나온다. 바울은 그리스도의 왕국에서 자기를 희생하는 종이라는 일반적인 의미로 '사역자'와 '사역'에 이 용어를 사용한다.

καύχησις [*kauchēsis*, 카우케시스]*(2746)* '자랑'

καυχάομαι [*kauchaomai*, 카우카오마이]*(2744)* '자랑하다', '허풍'

'자랑하다'는 동사는 문맥에 따라 긍정적, 부정적 의미를 다 가진다. 가장 긍정적으로는, 하나님께 속한 것을 "기뻐하다"(로마서 15장 17절처럼)는 뜻을 가진다. 자연세계에서는 다른 사람의 덕을 "자랑스러워"하는 사람을 가리킬 수도 있다(고후 7:4). 가장 부정적인 의미로는 자기중심적인 교만이 과장된 자랑으로 이어지는 "육신을 따라" 하는 자랑이다(롬 3:27, 고후 11:18). 바울은 고린도후서에서 허풍을 떠는 반대자들의 콧대를 꺾을 요량으로 자신이 거둔 사역의 성과를 억지로 "자랑한다." 여기서는 이 단어가 부정적인 용법으로 사용되었지만, 원래는 긍정적인 수사적 효과를 의도했다(11:18, 12:5).

린도후서의 첫 번째 장은 이 투명성의 견본을 제공한다. "형제들아 우리가 아시아에서 당한 환난을 너희가 모르기를 원하지 아니하노니 힘에 겹도록 심한 고난을 당하여 살 소망까지 끊어지고"(1:8). 생각해보라. 약하고 깨지기 쉬운 인간이었던 바울은 불안, 고통, 억압감 같은 실생활에서 느끼는 감정부터 절망의 나락까지 경험했다.

그러나 바울은 하나님의 은혜로 인생의 당혹스러운 사건들 앞에서 방황하지 않았다. 그는 한 번도 희망이 없다거나 우리를 지탱해주시는 하나님의 자비에서 벗어났다고 생각하는 지경까지 가지 않았다. 그는 고달픈 싸움 가운데서도 그리스도의 임재에서 힘을 얻었다.

> 우리가 이 보배를 질그릇에 가졌으니 이는 심히 큰 능력은 하나님께 있고 우리에게 있지 아니함을 알게 하려 함이라 우리가 사방으로 우겨쌈을 당하여도 싸이지 아니하며 답답한 일을 당하여도 낙심하지 아니하며 박해를 받아도 버린 바 되지 아니하며 거꾸러뜨림을 당하여도 망하지 아니하고 우리가 항상 예수의 죽음을 몸에 짊어짐은 예수의 생명이 또한 우리 몸에 나타나게 하려 함이라 우리 살아 있는 자가 항상 예수를 위하여 죽음에 넘겨짐은 예수의 생명이 또한 우리 죽을 육체에 나타나게 하려 함이라(4:7–11).

바울은 역경 속에서도 그 너머를 보면서 그의 구세주에게 변함 없는 소망을 두었다. 바울이 가장 약할 때 그리스도의 강하심은 더 밝게 빛났다(12:10).

## 질박한 편지에 담긴 천국 보화

고린도 교인에게 보낸 바울의 두 번째 편지는 그의 편지를 통틀어 가장 짜임새가 허술하다. 이 편지는 고린도에 보낸 첫 편지보다 두서가 없다. 건전한 교회 생활을 다룬 고린도전서를 받아서 읽은 많은 사람은 마치 뺨을 한 대 맞은 듯한 느낌이었다. 실제로 너무 많은 사람이 고린도전서의 질책을 싫어했고, 그러다 보니 일부 사람이 구시대적인 수사학적 전략인 인신공격을 시작했다. 말하자면 저자와 직접 맞서기 싫어서 그의 진실성, 동기, 성품을 걸고 넘어지는 것이다. 이로 인해 바울의 명성을 훼손하고 자기들의 명성을 높이려는 흑색선전이 벌어졌다.

사도행전과 고린도후서에 나오는 단서들을 맞추어보면 고린도전서 이후에 발생한 사건들을 재구성할 수 있다. 바울은 고린도에서 사역을 마친 후 에베소로 갔고, 그곳에 브리스길라와 아굴라를 남겨둔 채 그를 파송한 안디옥 교회로 돌아갔다(행 18:21-22). 바울은 안디옥에서 잠시 시간을 보낸 후 중도에 여러 교회를 다독이며 천천히 에베소로 돌아갔다. 이것이 그의 세 번째 전도 여행의 시작이었다. 바울은 에베소에 다시 돌아온 얼마 후(AD 53-55) 고린도전서를 썼다. 그는 에베소에 머무는 동안 사도행전 19장 1-20절에 나오는 대로 "두란노 서원"(행 19:9)에서 매일 가르쳤다. 에베소에서의 체류가 끝나갈 무렵 바울은 마게도냐를 거쳐 북쪽으로 가서 고린도 지역의 아가야로 갔다가 마지막으로 예루살렘으로 항해하기로 결정했다(행 19:21). 그는 예루살렘 교회를 방문할 계획을 나누었다(고전 4:19). 그리고 다시 "내가 마게도냐를 지날 터이니 마게도냐를 지난 후에 너희에게 가[겠다]"는 뜻을 밝혔다(고전 16:5). 바울은 이렇게 순회하며 여러 교회를 방문해서 예루살렘 교회를 위한 약속된 지원금을 모을 생각이었다(고전 16:1-4). 그러나 그는 이 여정을 시작하기 전에 먼저 디모데와 에라스도를 마게도냐를 경유해 고린도로 보냈다(행 19:22). 이것이 바울이 고린도전서 4장 17절과 16장 10-11절에서 언급한 디모데의 파송이었을 것이다.

바울은 에베소를 출발하기 전에 그의 첫 번째 편지에 대해 고린도 교인이 냉담하게 반응하고 있다는 풍문을 들은 것 같다. 아마도 디모데가 돌아와서 바울의 탄원에도 불구하고 고린도의 난맥상이 파국으로 치닫고 있다고 보고했을 것이다. 바울은 아가야로 출발하는 것을 연기하고 고린도후서 2장 3절에 언급된 중간 편지를 썼다. 이 편지는 지극히 냉정했고 구체적으로 딱 한 가지 쟁점-음행에 대한 관용-을 다룬 것으로 보인다.[1] 바울의 동역자 디도가 사도를 대신해 이 중간 편지를 고린도에 전달했을 것이다. 흔히 '눈물의 편지'로 불리는 이 편지가 결국은 고린도 교회의 반발을 촉발했던 것 같다.[2]

바울은 논란이 된 그의 가르침으로 인해 소동이 벌어질 때까지 에베소에 머물렀다(행 19:23-41). 그 후에 바울은 이전 계획대로 드로아라는 항구 도시를 경유해 마게도냐로 갔다. 바울은 드로아에서 디도를 찾아 고린도 교회의 상황을 듣고 싶어 했지만 만나지 못했다. "내가 내 형제 디도를 만나지 못하므로 내 심령이 편하지 못하여 그들을 작별하고 마게도냐로 갔노라"(고후 2:13). 바울은 마게도냐에서 다툼과 환난 중에도(7:5) 교회들을 격려하며(행 20:1-2) 열심히 일했다. 그러는 동안 고린도에 갔던 디도가 마침내 바울을 찾아왔는데, 그때는 바울이 고린도후서를 쓴 후였다(AD 55-56). 바울은 이렇게 썼다. "그러나 낙심한 자들을 위로하시는 하나님이 디도가 옴으로 우리를 위로하셨으니 그가 온 것뿐 아니요 오직 그가 너희에게서 받은 그 위로로 위로하고 너희의 사모함과 애통함과 나를 위하여 열심 있는 것을 우리에게 보고함으로 나를 더욱 기쁘게 하였느니라"(고후 7:6–7).

디도는 도착하자마자 고린도 교인이 빠져 있는 진창에 새로운 파문이 일었다는 소식을 전했다. 사도를 자처하며 바울의 사도적 권위에 도전하는 바울의 반대자들에게 현혹된 소수의 반역자가 자리를 잡고 떠나기를 거부한다는 것이었다. 그들은 고린도 교인의 바울에 대한 충성심을 약화시키고 그와의 관계를 단절시키려고 했다. 바울은 자신이 난처한 입장에 처한 것을 깨닫고 고린도 교회의 드라마에 등장한 새로운 상황에 대처하면서 전에 없이 감정을 쏟아냈다. 바울이 계속 자신의 사역을 잠식하고 자기네 유익을 위해 고린도의 기독교 공동체를 강탈하려고 하는 유력한 유대주의자 파벌에 대항하려면 진정한 사도의 권위를 적극적으로 지켜야 했다. 진행 중인 이 반란에 대처하기 위해 바울은 고린도후서를 쓰기 시작했다. 바울의 편지는 비루하고, 냉혹한 인간의 실존 속에서 일구어낸 진정한 사역에 관한 논문이라고 할 수 있다. 실제 사역을 가감 없이 생생하게 그려낸 바울의 글은 거짓 사역자들의 불순한 동기와 방법, 메시지를 백일하에 드러낸다. 오늘날 사역의 중심에 있는 사람들에게 이 편지는 주목할 가치가 충분하다.

## 고린도후서 개요

나는 고린도후서를 진정한 기독교 사역의 다양한 측면과 관련된 다섯 가지 기본 단락으로 나누었다.

**사역의 본령**(1:1–3:18). 바울은 큰 환난 가운데서도 하나님의 위로를 씩씩하게 확인해주며 편지를 시작한다(1:1–11). 그러나 바울은 이내 방어 태세로 돌입해 자기 사역의 진실성을 변호하고, 그가 사역하면서 전략적으로 내린 결정들을 이유를 제시하며 설명한다(1:12–2:4). 그런 다음 고린도 교인이 당면하고 있는 세 가지 긴급한 사안을 다룬다. 그리스도 안에서 회개한 형제를 용서해야 함(2:5–11), 청중의 반응에 관계없이 진지하게 말씀을 전해야 함(2:12–17), 예수 그리스도의 복음에서 발견된 영광의 사역을 위해 굳게 서야 함(3:1–18).

**화해의 사역**(4:1–5:21). 귀한 보물을 담는 데 사용된 질그릇처럼(4:7–12) 연약한 인간들이 영광스러운 화해의 사역을 수행하기 위해 영원한 하나님의 영으로 채워질 수 있다(4:13-18). 우리는 천국의 사역을 수행했기 때문에 우리가 기대하는 보상도 잠깐 있다 사라지는 것이 아니라 영원한 것이다. 우리는 영원한 집에 거하게 될 날을 바라보며 이 필멸의 몸으로 열심히 일한다(5:1-10). 그러므로 진정한 하나님의 사역자는 어떤 대가를 치르더라도 사람들을 하나님과 화해시키기 위해 최선을 다한다(5:11-21).

**사역의 민낯**(6:1-7:16). 바울은 기독교 사역의 어려움을 있는 그대로 설명하면서(6:1-10), 고린도의 개인과 공동체 모두 거룩한 삶을 살라고 당부한다(6:12-7:1). 그러면서 그가 이전에 보낸 편지를 고린도 교인이 잘 받아들이지 못했다는 소식에 그들을 대신해 그가 느꼈던 고뇌와 그들이 회개했다는 것을 알았을 때 그 고뇌가 위로로 바뀐 이야기를 들려준다(7:2-13). 악행과 비행에서 돌이키겠다는 그들의 결연한 태도에 바울은 그들이 바른길에서 떠나지 않을 거라는 확신을 계속 갖는다(7:13-16).

**자기를 희생하는 사역**(8:1-9:15). 바울이 고린도 교인에게 기대한 의로운 길 중 하나가 예루살렘의 고통받는 형제자매에게 물질적 도움을 주겠다는 약속의 이행이었다(8:1-15). 이것은 베풂의 원칙에 대한 의미 있는 논의로 이어지는데, 여기서 바울은 다른 사람을 보살피는 일에 돈과 그 외의 것들을 희생적으로 베푸는 "즐겨 내는 자"(9:7)가 되라고 역설한다(9:1-15).

**진정한 사도의 사역**(10:1-13:14). 마지막으로 바울은 하나님이 그에게 부여하신 권위를 의심하고 조롱했던 일부 고린도 교인에게 사도로서 자기 사역의 진정성을 변호한다(10:1-18). 바울은 그들이 거짓 교사들에게 미혹된 것을 염려하며(11:1-6) 그의 반대자들이 전파한 가르침과 동기를 반박한다(11:7-15). 그는 하나님의 사도인 자기의 우월한 자격을 내세워 그의 적들이 하는 것처럼 "자랑"하면서(11:16-12:21) 자기의 권위는 그가 경험한 놀라운 계시와 기적 못지않게 그의 연약함으로 인한 고통에서 비롯된다고 결론짓는다. 그는 그들을 곧 찾아갈 것을 알리면서 복음의 진정한 사역자들에게 충성하며 순결하고 바른길로 돌아오라는 부름을 끝으로 펜을 놓는다(13:1-13).

## 주

1. 일부 주석가는 사도행전 19장에 언급되지 않은 에베소에서 고린도로 짧게 방문했다는 견해를 제안하지만, 이것은 논란을 잠재우지 못했다(David K. Lowery, "1 Corinthians," in ***The Bible Knowledge Commentary, New Testament Edition***, ed. John F. Walvoord and Roy B. Zuck [Wheaton: Victor Books, 1983], 551-552). 이것은 원래 바울이 "근심 [가운데] 방문"(고후 2:1)한 것이었을 것이다. 하나의 가능성으로 이 이론을 거부할 이유가 없다. 그러나 마게도냐에 가기 전에 고린도에 가지 못한 것으로 보아 고린도전서와 후서 사이에 고린도에 가지 못했다고 받아들이는 게 더 좋을 것 같다(고후 1:15–23 참조). 또 다른 '고통스러운 방문'에 대한 언급은 실제로 그가 고린도를 처음 방문했을 때 겪었던 어려움을 나타낼 수도 있고, 아니면 그들이 자신들을 슬퍼하게 만든 그의 편지를 읽을 때 "영으로" 그들 가운데 함께 있는 것을 의미할 수도 있다(고후 7:8, 고전 5:3 참조).
2. Craig S. Keener, *1–2 Corinthians*, The New Cambridge Bible Commentary, ed. Ben Witherington III(Cambridge: Cambridge University Press, 2005), 162.

# 사역의 본령

고린도후서 1:1–3:18

**'우리는 여기서 무엇을 하고 있는가?'** 사역에 열정을 품은 사람이라면 끊임없이 물어야 할 질문이다. 그러나 활동을 중요시하고, '하면 된다'는 생각이 만연한 문화에 물든 많은 기독교 사역자는 목적에 대한 이 근본적인 물음을 묻지도 대답하지도 않는다. 무수한 선택과 기회가 널려 있는 세상에서 사역의 본령이 무엇인지 분명히 알면 우리가 가진 자원으로 누가 무엇을 해야 하고, 어디에 집중해야 하는지를 결정하는 데 도움이 될 것이다.

**'어떤 사람이 사역에 참여해야 하는가?'** 선교에 적합한 경험, 자격, 성품은 어떤 것인가? 복음 사역자가 되려면 어떤 자질을 갖추어야 하는가? 육체적, 감정적 갈등이 있다면 사역에 적합하지 않은 것인가? 아니면 그런 것들이 사역에 더 적합한 자질을 갖게 해주는가?

**'어떻게 해야 하는가?'** 사역을 어떻게 해나가야 하는가? 다른 것을 해야 하는가, 아니면 지금까지 계속 해오던 대로 해야 하는가? 우리 사역은 원래의 복음 선포(전도)에 집중해야 하는가, 지속적인 가르침(제자훈련)에 집중해야 하는가?

**'어디서 사역해야 하는가?'** 성령이 우리를 다른 곳으로 옮기고 계시는 것을 어떻게 알 수 있는가? 다른 사역 기회가 열렸다고 해서 그곳이 반드시 우리가 가야 할 자리라고 생각할 수 있는가? 우리가 계속 나아가야 할지 그대로 있어야 할지 결정할 때 닫힌 문은 무엇을 말해주는가?

목회자, 전도자, 선교사, 설교자, 교사, 자원봉사자들은 계속 이런 질문으로 점검해야 한다. 우리가 사역의 여러 중요한 사안을 다루어야 하는 첫 세대가 아니다. 사도 바울과 그의 동역자들도 끊임없이 이 질문을 던졌다. "우리는 여기서 무엇을 하고 있는가?"

바울 시대의 거짓 교사들—대개 기독교와 유대교를 혼합하려고 하는—이 그의 권위와 인품, 가르침과 방법에 문제를 제기하고 있었다. 그들은 바울이 무엇을 하고 있는지, 그와 동료들의 정체가 무엇인지, 언제 어디서 사역자가 되기로 결정했는지를 캐물었다. 특히 바울이 하나님의 사역 방향을 확실하게 알지 못하는 것은 그의 변덕을 보여주는 거라고 꼬집었다.

바울은 많은 고린도인의 생각과 마음에 독을 집어넣은 위험한 거짓 교사들의 비판과 도전에 대한 응답으로 고린도후서 전반에 걸쳐 그의 사역에 대해 누가, 언제, 어디서, 어떻게, 무엇을 왜 했는지를 설명한다. 그 설명 과정에서 그는 "우리가 여기서 무엇을 하고 있는가?"라는 질문을 고린도 교인에게 다시 던진다. "여러분은 거기서 무엇을 하고 있습니까?" 그 과정에서 바울은 누구나 신뢰할 수 있는 진정한 사역의 청사진을 완성하게 된다.

고린도후서 1장 1절–3장 18절에서 바울은 사역의 본령을 다룬다. 그는 먼저 큰 환난 가운데서도 임하시는 하나님의 위로를 확증한 후 사람이 고난을 당하면 무력해지는 것이 아니라 오히려 더 큰 영향을 미치는 사역을 할 수 있는 역량이 생긴다고 말한다(1:1–11). 그런 다음 그가 고린도를 방문하려던 계획을 사역 전략상 취소하게 된 경위를 바탕으로 자기 사역의 진실성을 변호하면서 노골적으로 방어적인 태도를 취한다(1:12–2:4).

이어서 바울은 고린도 교인이 당면한 다음과 같은 몇 가지 긴급한 사안을 다룬다. 그리스도 안에서 회개한 형제를 용서해야 함(2:5–11), 청중의 반응에 관계없이 진지하게 말씀을 전해야 함(2:12–17), 예수 그리스도의 복음에서 발견된 영광의 사역을 위해 그리스도 한 분만 의지하며 담대히 서야 함(3:1–18).

우리는 여기서 무엇을 하고 있는가? 바울의 대답은 간단하다. 우리는 우리 자신의 공로를 내세우기 위해서가 아니라 예수 그리스도를 주님으로 전파하기 위해 여기에 있다(4:5).

## 핵심 용어

θλῖψις [*thlipsis*, 들립시스]*(2347)* '고난', '환난'

'환난'이라는 헬라어 단어 *thlipsis*는 그리스도의 물리적 재림 전에 있을 종말의 대환난을 가리키기도 하지만(마 24:21, 29), 보다 일반적으로는 모든 시대의 그리스도인이 겪는 보편적인 고난과 시련을 가리킨다(마 13:21, 24:9, 요 16:33, 롬 5:3). 바울은 사역하면서 감내해야 했던 온갖 고난이나 '시련'을 설명한다(고후 1:8). 그중에는 외적인 환난에서 비롯된 것도 있고, 교회에 대한 근심에서 비롯된 것도 있었다(2:4). 원인이 무엇이건 우리는 "모든 위로의 하나님"이 "우리의 모든 환난 중에서" 우리를 위로하실 것을 확신할 수 있다(1:3–4).

παράκλησις [*paraklēsis*, 파라클레시스]*(3874)* '위로', '격려'

고린도후서에서 '위로'(*paraklēsis*)는 하나님이 고통을 허락하신 비밀에 대한 통찰을 제공한다. 바울은 1장 3–7절에서 열 차례나 이 헬라어 어원에서 파생한 단어를 사용한다! 문자적으로 표현하면 도움이 필요한 사람을 거들기 위해 '함께 온다'는 뜻이다. 진정한 *paraklēsis*는 우리가 사심 없이 직접 손을 내밀어 도와줄 때 전달된다. 모든 *paraklēsis*의 하나님(1:3)은 자기 자녀에게 고난을 허용해서 그들이 고통받고 있는 사람들에게 *paraklēsis*를 줄 수 있게 준비시키신다(1:4).

## 고난의 비밀을 풀다(고린도후서 1:1–11)

1하나님의 뜻으로 말미암아 그리스도 예수의 사도 된 바울과 형제 디모데는
고린도에 있는 하나님의 교회와 또 온 아가야에 있는 모든 성도에게
2하나님 우리 아버지와 주 예수 그리스도로부터 은혜와 평강이 있기를 원하노라
3찬송하리로다 그는 우리 주 예수 그리스도의 하나님이시요 자비의 아버지시요 모든 위로의 하
나님이시며 4우리의 모든 환난 중에서 우리를 위로하사 우리로 하여금 하나님께 받는 위로로써 모든
환난 중에 있는 자들을 능히 위로하게 하시는 이시로다 5그리스도의 고난이 우리에게 넘친 것 같이
우리가 받는 위로도 그리스도로 말미암아 넘치는도다 6우리가 환난 당하는 것도 너희가 위로와 구원
을 받게 하려는 것이요 우리가 위로를 받는 것도 너희가 위로를 받게 하려는 것이니 이 위로가 너희
속에 역사하여 우리가 받는 것 같은 고난을 너희도 견디게 하느니라 7너희를 위한 우리의 소망이 견
고함은 너희가 고난에 참여하는 자가 된 것 같이 위로에도 그러할 줄을 앎이라
8형제들아 우리가 아시아에서 당한 환난을 너희가 모르기를 원하지 아니하노니 힘에 겹도록 심
한 고난을 당하여 살 소망까지 끊어지고 9우리는 우리 자신이 사형 선고를 받은 줄 알았으니 이는 우
리로 자기를 의지하지 말고 오직 죽은 자를 다시 살리시는 하나님만 의지하게 하심이라 10그가 이같
이 큰 사망에서 우리를 건지셨고 또 건지실 것이며 이 후에도 건지시기를 그에게 바라노라 11너희도
우리를 위하여 간구함으로 도우라 이는 우리가 많은 사람의 기도로 얻은 은사로 말미암아 많은 사람
이 우리를 위하여 감사하게 하려 함이라

---

시인과 찬송가 작가는 멋진 방법으로 절망의 어둠을 희망의 찬란한 빛으로 뚫는다. 그러나 우리가 이해할 수 없는 고통이나 슬픔을 당할 때는 격려나 위로의 말이 좌절감과 분노만 자극할 때도 있다.

> 불같은 시련을 통과할 때
> 네 갈 길을 보이리라
> 내 은혜가 풍성히 네게 임하리니
> 불꽃이 너를 해치 못하리
> 찌꺼기는 태우고
> 정금같이 나오리라.[1]

아름다운 말이다. 진실한 말이다. 위로의 말이다. 그러나 불타는 시련이 우리 삶을 재로 만들어버릴 듯이 위협할 때 우리 마음과 입술에서 이런 말이 나올 수 있을지는 미지수다. 우리가 주일 아침 예배 때 부르는 이 위대한 찬양이 교회 밖으로 나와 우리 삶의 역경 속으로 꼭 들어오는 것은 아니다.

나는 그것을 인정하는 첫 번째 사람이 되겠다. 암으로 어머니를 잃거나 음주 운전자에게 아이를 잃거나, 약물 과다로 아들을 잃거나, 성범죄자에게 딸의 순결을 잃은 가족을 돌볼 때 나는 정금처럼 된다느니 불순물을 태운다느니 이런 말을 할 생각이 없다. 그 가엾은 가족은 상실의 고통 속에 익사하고 있다. 그들의 고통은 너무 심해서 몸까지 아프다. "굳건한 반석이시니"라는 찬송가의 가사가 그리스도인의 삶에서 그 일이 일어나기 전에 마음속 깊이 스며 있지 않다면, 내가 제아무리 있는 힘을 다해 다급히 반석을 손본들 그들이 고난의 비밀을 푸는 데 별안간 도움이 되지는 않는다.

질병, 부부 간의 갈등, 자녀에 대한 걱정, 재정에 대한 스트레스, 미래에 대한 불안. 삶이 대답할 수 없는 물음으로 우리를 심문하는 것처럼 느껴질 때 이런 것들이 우리 마음과 생각을 혼란스럽게 만든다. 왜죠 하나님? 왜 저인가요? 왜 지금이죠? 왜 이런 일을 허락하시는 거죠? 고난의 시끄러운 불협화음은 무의미해 보이는 것의 의미를 이해하도록 도와주는 하나님의 위로하시는 노래를 들을 수 없게 만든다.

고린도후서는 마음의 고통이 낯설지 않은 사람이 쓴 글이다. 그의 몸에는 난파, 돌팔매, 떠나지 않는 육체의 가시가 남긴 흔적이 있다. 그의 영혼은 거짓 소문, 오해, 상실의 고통을 알았다. 그는 주기적으로 고난에 정면으로 맞서면서 고난과 함께 살았다. 이 서두는 인생의 고통, 상심, 고난에 대해 최선을 다해 그의 생각을 간결하게 진술한다.

## —1:1–3—

자신의 권위가 교회 안팎에서 그를 비방하는 자들에게 계속 두들겨 맞았다는 것을 알게 된 바울은 고린도에 보내는 이 편지의 서문에서 자신의 이력을 독자에게 상기시킨다. 그는 스스로 택해서 "예수 그리스도의 사도"가 된 게 아니라 "하나님의 뜻으로 말미암[아]" 부름받았다(1:1). 그가 표적과 기사와 기적으로 확증된 사역으로 교회를 세운 지(12:12) 불과 몇 년

만에 변덕스러운 고린도 교인이 그의 사역의 진정성을 의심하다니 얼마나 슬픈 일인가. 바울이 예수 그리스도의 권위 있는 대변인으로서 자신의 자격을 변호하는 것은 이 편지 전반에 깔린 하위 주제가 될 것이다.

그는 디모데를 자기 "형제"(1:1)라고 말한다. 디모데는 최근에 고린도를 방문한 후 바울에게 돌아와 결코 바람직하지 않은 그들의 상태를 추가로 전달했다. 디모데는 공식적인 의미의 사도는 아니었지만, 종종 바울의 대리인 역할을 하는 사도의 사절이자 전도자이며 목사였다. 그는 바울이 직접 가거나 머무를 수 없는 여러 지역에서 바울의 손과 발과 눈과 귀 역할을 했다.

흥미롭게도 바울은 이 편지를 고린도 교회에뿐만 아니라 그 너머에 있는 "온 아가야에 있는 모든 성도에게"(1:1) 전한다. 그가 범위를 확대한 것은 긍정적인 권면과 부정적인 교정이 그 지역 전체의 이슈와 문제에 광범위하게 적용되었기 때문일 수 있다. 또는 고린도에 슬며시 들어와 사도를 사칭하는 일당이 그 지역 전역에 그들의 암덩이를 퍼트릴 것을 염려해서 그랬을 수도 있다. 아마도 몇몇은 이미 그랬을 것이다. 거짓 가르침에 대한 최고의 치료는 예방이다.

바울은 형식은 제쳐두고 그가 편지에서 사용하는 고유의 인사말로 믿음 안에 있는 사랑하는 자녀들에게 따뜻한 인사를 전한다. "하나님 우리 아버지와 주 예수 그리스도로부터 은혜와 평강이 있기를 원하노라"(1:2). 바울은 편지의 본문을 "찬송하리로다"라는 말로 시작하지만, 아버지와 예수 그리스도에 대한 그의 찬양은 이내 고통, 고난, 상심에 대한 논의로 넘어간다. 그는 하나님의 자비와 위로로 인해 하나님을 찬양한다(1:3). 하나님은 사람이 의당 받아야 할 심판이나 분노를 참으시며 자비를 베푸신다. 바울은 자비를 강조하려고 하나님이 우리가 사는 동안 절대 피할 수 없는 고통과 고난의 예봉에서 우리를 보호하신다는 것을 일깨운다. 우리는 선한 것이라곤 찾아볼 수 없는 완전히 타락한 죄인이기 때문에(롬 3:10-18), 정의를 추구하시는(우리가 의당 받아야 할 것을 주시는) 하나님은 우리 삶의 매 순간마다 분노를 쏟아내시는 것이 당연하다(롬 1:18). 그런데 아무도 그런 지옥 같은 공포를 경험하지 않는다. 오히려 하나님은 신자에게만 아니라 불신자에게도 "자비의 아버지"시다. 심지어 많은 불신자가 신자들보다 고난을 덜 겪는다.

하나님은 또한 "모든 위로"의 원천이시다. 위로는 우리에게 은혜와 평강을 주시는 하나님의 사역이 끼치는 긍정적인 측면이다. 하나님은 모든 "환난"[*thlipsis*(2347)] 속에서 우리를 위로하신다(고후 1:3-4). "위로"라는 단어가 고난의 신비에 대한 바울의 설명을 풀 수 있는 열쇠다. 이 구절들과 이어지는 세 구절(1:3-7)에서 동사 *parakaleō*(3870)와 관련된 동일한 헬라어 어원이 10회나 사용되었다. 기본적인 뜻은 도움, 위로, 편안함을 가져오는 존재를 일컫는다. 환자의 병상을 지키는 간호사나 연약할 때 힘을 실어주기 위해 친구를 안아주는 벗처럼, *paraklēsis*(3874) 곧 "위로"는 도움이 필요할 때 팔을 내밀어 도와줄 만큼 관심을 쏟는 사람에게서 나온다. 이것은 예수님이 성령에 대해 말씀하실 때 사용하시는 말 중 하나다. "내가 아버지께 구하겠으니 그가 또 다른 보혜사를 너희에게 주사 영원토록 너희와 함께 있게 하리니"(요 14:16).

성령은 어떻게 고난을 위로하시는가? 많은 사람이 성령의 위로는 신비스럽고 즉각적이며 직접적일 것이라고 생각한다. 가끔 그렇기도 하다. 간혹 비극, 위기, 재앙의 한가운데에서 갑자기 형언할 수 없는 평화가 밀려온다. 그 순간부터, 우리는 하나님의 손안에 있으며 무슨 일이 닥치든 그분 안에서 안식할 수 있음을 알고 믿으며 심지어 느낀다(빌 4:7). 그러나 성령은 성령이 내주하시는 신자와 성령 충만한 공동체를 통해서 고난 가운데 있는 사람을 돌보실 때가 더 많다. 격려의 말, 진심 어린 포옹, 따뜻한 메모, 사랑의 마음으로 함께 있어주는 것, 죽음의 골짜기를 나란히 걷는 것. 이렇게 성령은 자기 백성을 통해 삶의 고통과 혼란에 짓밟힌 자들을 위로하신다.

이제 하나님이 우리를 위로하신다는 것과 성령이 우리 삶 속에서 어떻게 위로를 주시는지 알았으니 하나님이 애초에 고난을 허락하신 이유를 더 자세히 들여다볼 수 있다. 바울은 이 단락의 다음 몇 구절에서 몇 가지 이유를 다루지만, 성경은 고난의 문제를 풀 수 있는 빠르고 쉬운 해결책을 주지 않는다. 내가 하나님이 우리의 유익과 그분의 영광을 위해 이 세상에서 고통을 사용하시는 세 가지 방법을 제시한다고 해서 이 세 가지가 '왜?'라는 궁극적 질문에 답할 것이라는 잘못된 인상을 갖지 않기를 바란다.

또한 우리가 이 생에서 경험하는 고난, 고통, 죽음이 그 자체로 선하기 때문에 바울이 고난을 견뎌내야 하는 이유를 제시하는 게 아니다. 우리는 의식적으로 죽음이 친구라는 생각에 저항해야 한다. 죽음은 원수, 주님이 친히 멸하실 마지막 최대의 적이다(고전 15:26). 그렇다. 때로는 죽음이 고통과 고난을 종식해주지만, 그렇다고 친구가 되지는 않는다. 이런 경우 죽음은 고통과 고난이 초래하는 무시무시한 결과며, 이것은 언젠가 치유될 것이다(계 21:4). 사실, 하나님은 하나님이 하시지 않았으면 절대 존재할 수 없었을 선을 가져오심으로써 우리에게 고통을 준 악인들의 사악한 의도를 좌절시키신다(창 50:20). 그러나 그렇다고 해서 악, 고통, 고난이 그 자체로 선하다는 뜻은 아니다. 이 경우에 하나님이 나쁜 상황의 선한 구속자시다. 고통, 고난, 죽음의 악한 본질을 부정하는 것은 하나님 말씀의 분명한 가르침을 부정하는 것이다.

이러한 사실을 바탕으로 다음에 나오는 고난의 세 가지 이유(고후 1:4, 9, 11)는 최악의 상황에서도 은혜와 자비로 선한 결과를 주시는 선하시고 지혜로우시며 전능하신 하나님의 구속 사역(롬 8:28)으로 이해되어야 한다. 이 세 가지 이유는 악한 것을 '선한 것'으로 생각해야 하는 이유가 아니다.

## —1:4-7—

고난은 우리가 다른 사람을 위로할 수 있게 준비시켜준다(1:4-7). 우리는 하나님의 은혜와 능력에 힘입어 여러 가지 방법으로 고난을 견딜 수 있다. 하나님의 위로가 우리 삶에 임하면, 다음에는 우리가 비슷한 상황을 견뎌야 하는 다른 사람들을 위한 성령의 위로자가 된다.

우리 시대에 이것을 보여주는 훌륭한 예가 조니 에릭슨 타다(Joni Eareckson Tada)이다. 조니가 1967년 다이빙 사고로 한순간에 혈기 왕성한 소녀에서 평생을 휠체어에 묶인 신세가 되었을 때, 그녀의 생산적인 삶은 끝났다고 생각한 사람도 분명히 있었다. 물론 그녀 주위의 수많은 사람은 '왜?'라는 질문을 떨치지 못했다.[2] 그러나 주님은 그녀의 비극적인 경험을 사용하셔서 뭇 사람의 삶에 희망으로 가득한 치유의 메시지를 주셨다.[3]

불행한 일을 당할 때 경험하는 하나님의 위로는 수많은 사람에게 위로의 연쇄 반응을 일으킬 수 있다. 아이를 잃은 부모는 비탄에 잠긴 다른 부모를 가장 잘 위로할 수 있다. 파산한 사업가는 극심한 재정난에 시달리는 사람을 위로할 수 있다. 만성 질환의 고통에 시달리는 사람은 같은 고통을 당하고 있는 사람을 가장 잘 도울 수 있다. 우울증이 유발한 심신 쇠약을 극복해낸 사람은 영혼을 야금야금 집어삼키는 블랙홀에 빠져 무기력해진 사람에게 위안을 줄 수 있다. 바울은 우리가 가장 중요하게 생각해야 할 중요한 신학적 진리를 알려준다. 고난은 형벌이 아니라 "그리스도의 고난"(1:5)에 동참하는 것이다. 우리 주 예수님이 이 세상에서 고난받으셨듯이 그분의 발자취를 따르기로 결심한 우리도 주님이 받으셨던 것과 같은 고통을 피하려고 해서는 안 된다(마 10:24). 그리스도가 고난과 죽음을 부활로 정복하셨듯이 우리도 같은 성령으로 말미암아 부활하고 승리할 것이다. 이것은 위대한 희망과 위로다(롬 8:11). 그렇다. 우리는 고난이 많은 삶으로 부름받았다. 그러나 하나님의 위로가 그 아픔을 달래줄 것이다.

바울은 자신과 자신 같은 사도를 돕는 디모데와 디도 같은 동역자들이 그리스도처럼 다른 이들의 유익을 위해 고난받는 소명을 받은 사람들의 본보기라고 말한다. 그들은 고린도의 그리스도인을 위해서 시련과 박해, 투옥과 고난을 겪었다(고후 1:6). 고린도 교인이 거짓 교사들에게서 불편한 압력을 받을 때 바울과 다른 참 교사들은 고난을 이겨내라고 다독일 수 있는 위치에 있었다(1:7).

## —1:8–9—

고난은 우리가 우리 자신을 의지하지 않게 한다(1:8–9). 바울은 이론적으로 고난을 경험한 것이 아니었다. 그와 그의 동료들이 아시아에서 겪은 극심한 핍박은 그들의 한계를 넘어서 삶 자체를 포기할 지경으로까지 몰고갔다(1:8). 바울이 아시아에서 어떤 "환난"을 당했는지 구체적으로 알지는 못하지만, 그것이 극심했던 것만은 분명하다. "소망이 끊어지다"라는 헬라어는 *exaporeō*(1820)로 '빠져나갈 길이 전혀 없다'는 뜻을 가지고 있다.[4] 생각해보라! 위대한 사도 바울이 궁지에 몰려 세상 어디에도 도와줄 곳이나 도와줄 사람이 없어 빠져나오지 못하고 있는 모습을. 그의 짧은 소견으로 죽음의 문턱까지 다다른 상황에서 그는 고난의 두 번째 목적을 발견했다. "이는 우리로 자기를 의지하지 말고 오직 죽은 자를 다시 살리시는 하나님만 의지하게 하심이라"(1:9).

극심한 고통은 우리가 얼마나 무력한 존재인지를 일깨워준다. 만사가 잘 돌아갈 때는 대부분 잊고 있는 사실이다. 잠언 3장 5–6절은 이 진리를 멋지게 표현한다. "너는 마음을 다하여 여호와를 신뢰하고 네 명철을 의지하지 말라 너는 범사에 그를 인정하라 그리하면 네 길을 지도하시리라."

세상의 지혜는 이 성경의 진리를 반박한다. 세상의 심리학자, 자기계발 전문가, 행복 전도사들은 우리에게 마음을 따라가고, 자신을 신뢰하며, 내면의 힘을 찾으라고 한다. 비참한 상황에서 삶이 우리를 벼랑 끝으로 내몰 때, 우리는 지식도, 힘도, 더 나아가고 싶은 욕망도 없다는 것을 깨닫게 된다. 세상의 지혜가 우리를 속이고, 우리가 가진 자원도 다 고갈되었을 때 하나님의 힘과 지혜가 고통 중에 위로가 되는 모든 것을 우리에게 주신다.

감사하게도, 고통은 하나님의 자녀를 향한 그분의 마지막 계획이 아니다. 극심한 박해, 거절, 고난, 고통을 당했던 탓에 '눈물의 선지자'라고 불리는 예레미야의 붓 끝에서 성경에서 가장 위대한 약속 중 하나가 나왔다. "여호와의 말씀이니라 너희를 향한 나의 생각을 내가 아나니 평안이요 재앙이 아니니라 너희에게 미래와 희망을 주는 것이니라"(렘 29:11).

## —1:10-11—

고난은 모든 것을 감사하도록 가르친다(1:10-11). 하나님이 성도들이 드린 신실한 기도의 결과로 우리를 역경에서 구해주실 때 이 기도의 동역자들은 하나님께 찬양과 감사를 돌린다. 그리고 그 위에 우리를 구원하신 하나님에 대한 희망과 신뢰가 쌓인다. 그래서 우리에게 고난이 닥쳤을 때 기도의 응답으로 그것을 극복하게 되면 우리는 감사로 하나님께 화답한다.

고난의 신비를 묵상하는 과정에서 바울의 병적 절망(1:8)은 그의 구원자이신 하나님에 대한 믿음과 소망의 고백으로 바뀐다(1:10-11). 하나님이 우리와 우리보다 먼저 세상을 떠난 성도들을 향한 신실하심의 본을 반복적으로 보여주셨기 때문에 우리는 고난 중에도 감사의 마음을 가질 수 있다.

나는 역경과 시련, 고난 가운데서 하나님께 감사와 찬양을 드리는 것을 힘들어하는 사람을 많이 알고 있다. 그것을 거부하는 사람들이 종종 통한, 하나님께 대한 실망, 심지어 하나님의 선하심에 대한 의심으로 힘들어하는 것을 보았다. 그들이 지금 당하는 고난이 하나님의 계획에 어떻게 들어맞는지를 알면 하나님께 감사의 표시를 할 수 있을 거라고 생각할지도 모르겠지만, 하나님은 고난의 목적을 설명해주겠다고 약속하신 적이 없다. 다만 하나님은 인내는 그만한 가치가 있음이 마침내 드러날 것이며, 하나님은 언제나 옳은 일을 행하시는 분임을 신뢰해도 된다는 것을 약속하신다.

## 적용: 고린도후서 1:1–11
### 고난의 비밀을 밝히다

세 가지 간단한 원칙이 고난의 비밀을 밝혀준다.

- 고난은 우리가 다른 사람을 위로할 수 있게 준비시켜준다.
- 고난은 우리 자신을 의지하지 않게 해준다.
- 고난은 모든 것을 감사하도록 가르친다.

이해하기 쉽고, 기억하기 쉬우며, 가르치기 간편하다.

그러나 시련의 한가운데에서도 그것을 받아들이기 쉬울까? 그렇지 않을 것이다! 가장 단순한 진리라도 현실 생활에서 기억하고 적용하는 게 거의 불가능한 것들이 있다. 마찬가지로, 성경에서 가장 단순한 계명 중 어떤 것들은 가장 지키기가 어렵다. "네 이웃을 네 몸과 같이 사랑하라." "너희의 모든 것으로 주 너의 하나님을 사랑하라." 그렇다면 우리는 어떻게 고린도후서 1장 1–11절에 나오는 원칙대로 살 수 있는가? 바울의 말은 이해되지만, 이것을 어떻게 행동으로 옮길 수 있는가? 몇 가지 생각을 나누고자 한다.

첫째, 고난이 당신을 덮치고 풀어줄 생각을 안 한다면, 당신의 감정을 상하게 할 수도 있는 다소 부자연스러운 제안을 하나 하겠다. 당신의 현재 상황에 초점을 맞추지 말고 나중에 당신이 어떻게 다른 사람을 도울 수 있을지 생각하라. 그러면 희망의 가락이 들릴 것이다. 당신과 같은 종류의 시련에 부딪힐 사람들에게 당신이 얻을 긍휼과 당신이 줄 수 있는 위로를 생각해보라. 동병상련이다. 당신이 지금 겪은 고통으로 앞으로 다른 사람을 어떻게 섬길 수 있을지 곰곰이 생각해보면 현재를 보는 시각과 미래에 대한 희망을 동시에 얻게 될 것이다. 이 소망을 품고 하나님 나라에서 적합하다고 생각하시는 곳에 쓰시도록 당신이 겪을 고난의 경험을 하나님께 드리라.

둘째, 싸우지 말고 항복하라. 저항하지 말고 풀어주라. 그러면 당신의 믿음은 성장할 것이다. 기억하라. 인생은 당신이 감당하기에는 너무 크다. 당신의 인생을 하나님께 드리라. 육체적 또는 정서적 고통을 혼자서 극복하려고 하지 말라. 주님의 위로하시는 손길에 당신을 맡기면 그분은 시원하고 마르지 않는 신선한 생명의 물을 바싹 말라 풀 한 포기 없는 갈라진 틈에 흘려보내실 것이다. 스스로 문제를 해결하려는 태도를 버리고 믿음으로 하나님께 의탁하면 그분의 초자연적인 위로와 돌보심을 경험할 것이다.

셋째, 당연히 비통하고 우울해지겠지만 그래도 감사하라. 감사는 평화의 가락을 불러온다. 화가 나는 게 당연할지라도 감사의 마음을 키우면 영혼이 치유된다. 당신이 견뎌야 하는 시련보다 받은 축복에 집중하면 감사의 태도는 전염되어 당신이 누리는 것과 같은 하나님의 평화를 경험하고 싶은 사람에게 놀라운 간증이 될 것이다.

소망, 믿음, 평화. 이 세 개의 음이 어우러져 다른 경우라면 불협화음이 되었을 고난의 연주를 아름다운 화음으로 바꾼다. 이것들이 모든 문제에 답을 주거나 고통의 비밀을 속속들이 밝혀주지는 않겠지만, 고난의 수수께끼를 풀 수 있는 새로운 관점을 제공해준다.

## 진실성에 대한 변호(고린도후서 1:12-2:4)

12우리가 세상에서 특별히 너희에 대하여 하나님의 거룩함과 진실함으로 행하되 육체의 지혜로 하지
아니하고 하나님의 은혜로 행함은 우리 양심이 증언하는 바니 이것이 우리의 자랑이라 13오직 너희가
읽고 아는 것 외에 우리가 다른 것을 쓰지 아니하노니 너희가 완전히 알기를 내가 바라는 것은 14너희
가 우리를 부분적으로 알았으나 우리 주 예수의 날에는 너희가 우리의 자랑이 되고 우리가 너희의 자
랑이 되는 그것이라

15내가 이 확신을 가지고 너희로 두 번 은혜를 얻게 하기 위하여 먼저 너희에게 이르렀다가 16너
희를 지나 마게도냐로 갔다가 다시 마게도냐에서 너희에게 가서 너희의 도움으로 유대로 가기를 계
획하였으니 17이렇게 계획할 때에 어찌 경솔히 하였으리요 혹 계획하기를 육체를 따라 계획하여 예
예 하면서 아니라 아니라 하는 일이 내게 있겠느냐 18하나님은 미쁘시니라 우리가 너희에게 한 말은
예 하고 아니라 함이 없노라 19우리 곧 나와 실루아노와 디모데로 말미암아 너희 가운데 전파된 하나
님의 아들 예수 그리스도는 예 하고 아니라 함이 되지 아니하셨으니 그에게는 예만 되었느니라 20하
나님의 약속은 얼마든지 그리스도 안에서 예가 되니 그런즉 그로 말미암아 우리가 아멘 하여 하나님
께 영광을 돌리게 되느니라 21우리를 너희와 함께 그리스도 안에서 굳건하게 하시고 우리에게 기름을
부으신 이는 하나님이시니 22그가 또한 우리에게 인치시고 보증으로 우리 마음에 성령을 주셨느니라

23내가 내 목숨을 걸고 하나님을 불러 증언하시게 하노니 내가 다시 고린도에 가지 아니한 것은

> 너희를 아끼려 함이라 24우리가 너희 믿음을 주관하려는 것이 아니요 오직 너희 기쁨을 돕는 자가 되
> 려 함이니 이는 너희가 믿음에 섰음이라
>
> 2:1내가 다시는 너희에게 근심 중에 나아가지 아니하기로 스스로 결심하였노니 2내가 너희를 근심하
> 게 한다면 내가 근심하게 한 자밖에 나를 기쁘게 할 자가 누구냐 3내가 이같이 쓴 것은 내가 갈 때에
> 마땅히 나를 기쁘게 할 자로부터 도리어 근심을 얻을까 염려함이요 또 너희 모두에 대한 나의 기쁨이
> 너희 모두의 기쁨인 줄 확신함이로라 4내가 마음에 큰 눌림과 걱정이 있어 많은 눈물로 너희에게 썼
> 노니 이는 너희로 근심하게 하려 한 것이 아니요 오직 내가 너희를 향하여 넘치는 사랑이 있음을 너
> 희로 알게 하려 함이라

---

우리는 제각기 치명적인 무기를 가지고 있다. 그것은 평판을 망치고, 자존감을 말살시키며, 한 사람의 존엄성을 파괴한다. 그것의 독은 당혹감과 수치심을 일으킨다. 숨겨져 있을 때도 있지만, 막상 이 무기를 휘두르면 시야에 있는 모든 사람뿐아니라 무기의 주인까지도 다치게 할 수 있다. 하지만 이것은 대개 은밀히, 몰래 숨어서, 희생자를 뒤에서 찔러 치명적인 상처를 입힌다. 이 위험한 무기는 무엇일까? 바로 혀다.

워싱턴 어빙(Washington Irving)은 이런 글을 쓴 적이 있다. "날카로운 혀는 유일하게, 사용하면 할수록 더 예리해지는 날 선 도구다."[5] 한 사람의 명성과 인품을 암살하는 것은 분명한 고통이 따르는데도 불구하고 언어의 폭력 행위는 모든 사람이 보는 앞에서 버젓이 벌어진다! 어찌된 영문인지 우리 문화는 우리가 무의미한 중상모략으로 서로를 무참하게 갈기갈기 찢는 행위에 너그럽다.

슬프게도, 똑같은 혀가 가장 감미로운 한 마디 말을 눈 깜짝할 사이에 가장 독한 언어의 독으로 바꿀 수 있다. 예수님의 형제 야고보는 이 양날의 검에 대해 이렇게 말했다. "혀는 능히 길들일 사람이 없나니 쉬지 아니하는 악이요 죽이는 독이 가득한 것이라 이것으로 우리가 주 아버지를 찬송하고 또 이것으로 하나님의 형상대로 지음을 받은 사람을 저주하나니 한 입에서 찬송과 저주가 나오는도다 내 형제들아 이것이 마땅하지 아니하니라"(약 3:8-10).

나는 목회를 하는 내내 혀가 성도 사이에 갈등을 일으키는 주된 요인이라고 강조했다. 나에게 분열된 교회 하나를 보여달라. 그 교회의 불화를 자세히 살펴보면 반드시 그 파멸

의 불꽃에 기름을 부은 것은 교리 차이, 성격 차이, 사역 비전의 차이가 아니라 혀라는 사실을 발견하게 될 것이다. 교회의 갈등이 걷잡을 수 없는 화산처럼 폭발하는 경우는 대부분 통제되지 않은 혀가 발단이다. 야고보가 말했듯이, "혀는 곧 불이요 불의의 세계라 혀는 우리 지체 중에서 온 몸을 더럽히고 삶의 수레바퀴를 불사르나니 그 사르는 것이 지옥 불에서 나느니라"(약 3:6).

정치인들은 어떻게 해서든 선거운동의 모략에서 살아남는다. 기업은 언론의 비난을 용케 피한다. 할리우드의 블록버스터와 브로드웨이 흥행작들은 혹평을 받아도 수백만 불을 벌어들일 수 있다. 그러나 교회와 사역은 고의로 퍼트린 소문 하나로 무너질 수 있다. 왜일까? 기독교 사역은 메신저의 진실성에 모든 것이 좌우되기 때문이다. 당신은 내게서 사업도, 돈도, 재산도 빼앗을 수 있다. 그러나 나의 인품에 낸 흠집은 내 인생에 치명적인 타격을 입힌다.

우리는 조롱당할 때 어린아이처럼 "멋대로 지껄여라. 그래도 나는 끄떡없어"라며 스스로 다잡는 말을 되뇌지만, 하릴없는 넋두리일 뿐이다! 말은 우리를 다치게 한다. 말의 해악은 물리적인 타격보다 오래간다. 그리스도인의 삶과 사역에서 우리가 맞닥뜨리는 많은 시련 가운데 근거 없이 우리를 비난하는 말보다 더 파괴적인 것은 없다. 특히 뒤에서만 수군거려 오해를 풀거나 우리 자신을 변호할 기회가 없을 때는 더하다. 그런 거짓 주장은 우리의 행동, 즉 우리가 하지 않은 일들이나 우리가 하지 않은 말, 또는 우리가 의도하지 않은 동기를 꾸며낸다.

고린도후서 1장을 보면 바울도 고린도 회중의 그늘 속에 숨어서 긴가민가하는 교인들에게 거짓 정보를 주는 가짜 교사들에게서 이 세 가지 공격을 모두 받았다. 그들은 무엇을 노렸을까? 고린도 교인과 그 교회를 창립한 사도와의 사이를 이간해서 사악한 그들에게 동조하게 하려는 것이었다. 고린도후서 1장 12절-2장 4절에서 우리는 진실성을 위협하는 이들의 전략을 폭로하고 바울의 반론을 살펴볼 것이다.

## —1:12-14—

우왕좌왕하던 고린도 교회는 그들의 회심과 영적 성장에 혼신의 힘을 다했던 바울에게 그들이 얼마나 큰 상처를 주었는지 미처 다 깨닫지 못했을 것이다. 바울은 그 교회에 여러 차례 편지를 쓰고, 대리인을 미리 보내며, 교사들을 남겨두고, 직접 그들을 권면하며 힘을 북돋워주기 위해 찾아갔다. 그런데도 신약성경에 나오는 교회 중에서 바울이 쏟아부은 시간과 노력에 비례해 그렇게 큰 슬픔을 준 교회도 없었다. 실제로 바울은 고난의 이유에 관한 단락(1:3-11)에 잇대어 에게해 너머에서 날아든 그에 대한 거짓 고발에 대응해 자신의 진실성을 항변한다.

우리는 여기서 바울과 교회 사이에 갈등을 야기하는 고린도 교회의 상황을 처음으로 보게 된다. 바울의 행동과 진실성의 문제가 도마 위에 올랐던 것 같다. 바울은 솔직 담백하게 그 비난을 반박한다. "우리가 세상에서 특별히 너희에 대하여 하나님의 거룩함과 진실함으로 행하되 육체의 지혜로 하지 아니하고 하나님의 은혜로 행함은 우리 양심이 증언하는 바니 이것이 우리의 자랑이라"(1:12). 바울이 자신의 일관된 거룩함과 진실함과 그와 함께 일하는 사람들을 변론의 근거로 거론했다는 것은 고린도의 어느 누구도 그를 반박할 수 없을 거라고 확신했다는 뜻이다. 실제로 바울은 그들의 행동에 흠잡을 데가 없다며 '자랑스러운 자신감'을 드러냈다. 그는 고린도 교인에게 그들의 흠잡을 데 없는 생활 방식을 상기시키기만 하면 되었다. 굳이 설득할 필요가 없었다.

시종일관 자신이 거룩하고 진실하며 지혜와 은혜가 충만하다고 주장할 수 있는 사람이 몇이나 될까? 자진해서 자신의 사생활을 들여다보라고 할 사람은 거의 없을 것이다. 그러나 바울은 권했다. "자, 어서 둘러보시오. 나는 감출 게 없으니." 그는 자신이 흠잡을 데 없이 처신했음을 편지에 그대로 적었노라고 말한다(1:13-14). 한 주석가는 그의 편지에 대해 이렇게 지적한다. "단순하고 진실하며, 인간의 지혜가 아니라 하나님의 은혜로 쓰였다. 바울이 고린도 교인에게 보낸 편지에는 다른 저의나 속셈이 없다. 그는 공명정대한 사람이었다. 그리고 그의 편지도 그랬다."[6]

바울은 그가 최근에 쓴 이 편지로 고린도 교인이 그들의 생각을 미혹시킨 오해나 속임수를 알아채고 상황을 제대로 파악하기를 바랐다(1:13). 그는 그의 말이 반대자들이 뿌려놓은 불신의 씨를 걷어내고 언젠가는 그가 고린도 교인과 그들의 회심을 자랑스러워했던 것만큼이나 그들이 그와 그의 사역을 자랑스러워하게 되기를 바랐다(1:14).

## —1:15-22—

육욕적이고 부적절한 행위를 했다는 빤한 거짓말로 모략하는 것은 바울이 대처하기에 그다지 어렵지 않은 문제였다. 바울은 자신이 쓴 글대로 그가 그들과 함께 있을 때 보여주었던 떳떳한 행동과 원칙을 상기시키기만 하면 되었다. 그러나 더 악한 말들이 암처럼 퍼지고 있었고, 이번에는 그것을 뒷받침하는 명백한(사실은 아니지만) 증거도 있었다. 일단의 사람들이 바울이 지키지 못할 약속을 했고, 일구이언하며, 변덕이 심해서 신뢰할 수 없다고 말하고 있었다.

바울은 오랫동안 고린도를 방문하려 했다가 가지 못했기 때문에 그 주장은 설득력이 있었다. 바울은 고린도전서 16장 5-7절에서 마게도냐를 들른 후 그들을 보러 가고 싶다는 말을 할 때도 "혹 너희와 함께 머물며"(고전 16:6)라든지 "얼마 동안 너희와 함께 머물기를 바[란다]"(고전 16:7)라고 하면서 "만일 주께서 허락하시면"(고전 16:7)이라는 단서를 붙여 불확실하고 망설이듯이 말한다. 그는 구체적인 시일을 정해놓고 오겠다고 약속한 적도 없었고, 하나님의 뜻도 그의 바람과 달랐다.

고린도후서 1장 15-16절에서 바울은 마게도냐를 왕복하면서 두 번이나 고린도를 방문할 계획을 세웠었다는 것을 인정한다. 고린도 교인은 바울의 순수한 의도를 확약으로 오해했던 게 분명하다. 그래서 바라던 대로 그가 나타나지 않자 이렇게 결론을 내렸다. "이렇게 간단한 약속에 대해서도 바울을 신뢰하지 못한다면 어떻게 그가 하나님의 약속을 전한다는 걸 믿을 수 있는가?" 여심의 여지 없이 이런 터무니없는 비난을 날조한 바울의 비판자들은 그의 신망을 떨어트리고 자기들이 그 자리에 들어설 기회를 호시탐탐 노렸다. 바울은 원래 헬라어 어법상 부정적인 답을 전제로 하는 잇따른 질문으로 맞선다(1:17).

- 그는 계획을 바꾸지 않았다.
- 그는 육신의 생각으로 계획을 세우지 않았다.
- 그는 간다고 했다가 안 간다고 하는 말을 동시에 하지 않았다.

그리스도인으로서 우리는 일구이언하면 안 된다. 무언가를 하겠다고 말했으면 반드시

해야 한다. 굳이 서명을 한 계약서, 악수, '새끼손가락 약속'을 요구할 필요가 없다. 우리가 그렇다고 말했다면 정말 그런 것이어야 한다. 만약 부득이한 사정으로 약속을 지킬 수 없다면 설명하고, 사과하며, 다른 방법으로라도 약속을 이행해야 한다. 나는 이 말을 특히 자녀를 양육하고 있는 부모에게 하고 싶다. 나는 부모가 사과해야 할 일을 했다고 부모를 존경하지 않게 된 아이들을 한 번도 본 적이 없다. 하지만 부모가 약속을 이행하지 않고, 너무 권위적이어서 용서도 구하지 않으며, 아이와 그 일을 바로잡지 않아서 존경을 잃는 것은 보았다.

사도 바울은 지혜롭게 고린도 방문을 약속하지 않았다. 그는 소망했다. 간절히 바랐다. 고린도 교회를 방문할 작정이었다. 그리고 하나님의 뜻에 순종하면서 하나님 앞에서 계획을 세웠다. 그러나 확실히 간다고 못 박지는 않았다. 여기서 우리는 또 다른 간접 교훈을 얻을 수 있다. 분명히 지킬 수 있다는 확신이 없는 약속을 섣불리 하지 말라. 약속했다가 나중에 실망시키는 것보다는 결정하지 않고 두는 게 낫다.

하지만 바울은 혼란을 없애기 위해 자기가 세운 미래에 대한 불확실한 계획과 사도들을 통해서 전달되는, 언제나 신뢰할 수 있고 변치 않는 하나님의 말씀을 구분한다(1:18-22). 즉, 바울, 실루아노, 디모데가 전한 예수 그리스도를 통한 구원의 약속은 전적으로 믿을 수 있다. 바울이 하나님의 뜻에 따라 세운 잠정적인 계획이 항상 생각대로 되지는 않았지만(1:15-16), 하나님의 계획은 반드시 뜻하신 바를 이룬다. 실제로 하나님은 신자에게 약속의 징표로 성령을 주시고, 그것을 보증 삼아 성도를 영원히 인치셨다.

"인치다"라는 헬라어는 *sphragizō*(4972)이다. 여기서는 동사의 중간태로 사용되었기 때문에 성령이 스스로 우리를 인치셨다는 뜻이다. 해설자 C. K. 배릿(Barrett)은 고대 세계에서 '봉인'의 의미에 대한 배경을 설명해준다. "손대지 않고 그대로 보존된 '봉인'은 어떤 서류가 위조되지 않았다거나 운송된 물품이 변조되지 않았다는 증표였다. 또한 봉인은 소유권을 표시했다. 따라서 성령으로…인치심을 받은 그리스도인은 하나님의 소유로 확실하게 구별되었고, 최후의 심판 때 검사받을 준비가 되어 있었다."[7]

**인장**은 고대 세계에서 수 세기에 걸쳐 신뢰성과 소유권을 '표시하는 데' 사용되었다. 이 인장은 BC 9세기 때 것으로 북이스라엘 왕 여로보암 2세의 것으로 추정된다(왕하 14:23-29).

고린도 교인은 하나님의 약속은 고정불변이어서 돌이킬 수 없지만, 바울의 개인적 바람은 전적으로 하나님의 뜻에 달린 잠정적인 계획으로 받아들였어야 했다. 그런데 그들은 바울의 의도를 약속으로 오해했다. 그 오해가 바울이 변덕스럽다는 근거 없는 비난의 빌미가 되었다.

## —1:23–2:4—

바울은 자기의 의도와 계획이 하나님의 목적과 약속과 달랐다는 것을 분명히 밝힌 후(1:15–22) 그가 원래 바라던 대로 고린도에 가지 않은 이유를 간략히 설명한다. 여기서 바울의 말은 독자를 조금 불편하게 만든다. 그는 자기가 잘못한 것이 아니라 그들이 잘못했다고 말한다. 그는 그들에게 껄끄러웠을 만남을 면하게 해주려고 방문을 연기했다. 그가 그때 갔다면 기쁨의 재회가 되어야 할 만남에 어두운 그림자가 드리웠을 것이기 때문이다(1:23, 2:1–2).

바울은 분열과 불순종 그리고 부도덕한 행위에 대한 관용이 고린도 교회를 혼란에 빠트리는 것을 보고 고린도전서를 썼다. 그들은 그 편지를 보고 옳다고 인정한 부분도 있었지만, 다 받아들이지는 않았다. 약간의 저항이 아직 남아 있었다. 고린도 교회가 아직도 그들의 무질서와 불순종을 완전히 회개하지 않았다는 소식을 들은 바울은 편지를 한 통 더 썼다(2:4). 이 편지는 바울이 고린도전서 5장 1–8절에서 비난한 근친상간의 후속 조치로 쓴 것이어서 혹독한 질책을 담고 있었을 것이다. 어찌 되었든, 바울은 자기가 내린 지시를 강조하려고 직접 '벌을 주는' 인정사정없는 작업반장처럼 달려오기보다 편지에 대한 그들의 반응을 기다리고 싶었다. 그는 그 문제가 해결되고 교회가 사랑과 기쁨과 평화를 회복할 때까지 기다리고 싶었다. 그의 말은 자기중심적이고 성난 폭군의 말이 아니라 사랑이 가득한 목자의 말이었다.

고린도후서 1장 24절부터 우리는 일부 고린도 교인이 그들의 믿음 위에 군림하는 횡포한 독재자처럼 바울이 영적 영향력을 휘두르려고 한다며 비난하고 있음을 추론할 수 있다. 바울은 고린도 교인에게 자신이 아무리 사도라 해도 그의 역할은 동료 일꾼(1:24)이자 종(4:5)일 뿐임을 상기시켜야 했다.

참된 섬김의 정신은 오늘날 좀처럼 보기 힘든 자질이다. 문제는 본보기가 거의 없다는 것이다. 간단하지만 슬픈 문제다. 교회 지도자들은 종종 신도 위에 군림한다. 흔히 고용주는 조급하고 까다롭게 굴면서 고용인을 닦달하고, 부부는 서로를 들볶고, 자녀를 강압한다. 그러나 그리스도의 자기희생적인 리더십(막 10:45)을 따르는 바울은 두려움과 경배의 대상인 폭군이 아니라 사랑과 존경의 대상인 목자로 사도의 역할을 받아들였다.

바울에 대한 비난은 원래 어떻게 시작되었는지 알 수 없을 정도로 과장된 새빨간 거짓말이거나 단순한 오해였다. 그러나 그의 적들은 이런 비난을 소문의 맷돌에 넣고 갈아서 그의 명성을 묵사발로 만들려고 했다. 그들은 육신의 행위로 바울을 비난했다(고후 1:12-14). 바울은 사실로 대응했다. 그들은 변덕쟁이라고 그를 비난했다(1:15-22). 바울은 명쾌하게 해명했다. 그들은 그의 전횡을 비난했다. 바울은 냉철하게 자신의 직분에 선을 그었다. 바울을 비난하는 자들은 그의 행동, 말, 동기를 겨냥했다. 바울은 사실과 해명, 제한으로 응수했다. 그는 놀랍도록 지혜와 자제력을 발휘했다!

## 적용: 고린도후서 1:12-2:4

### 맞서야 할 때

대부분 사람은 두 가지 방법 중 하나로 거짓 비난에 대응한다. 그 문제가 사그라들길 바라며 입술을 깨물고 꾹 참거나, 화가 나서 펄쩍 뛰면서 우리도 과장된 비난으로 응수한다. 둘 다 이해할 수 있지만 도움이 되지는 않는다. 전자는 해명되지 않은 거짓말을 남기며, 파괴적인 추문의 연기를 내뿜는 굴뚝의 불길은 빨리 잡히지 않는다. 그것들은 언제라도 확 타올라 공개적인 싸움으로 폭발할 수 있다. 그 거짓의 불길은 진리의 홍수로 꺼야 한다. 후자는 중상의 불길을 부채질하고 거짓의 불길을 널리 퍼트리면서 문제를 더 복잡하게 만든다. 사도 바울은 반대자들의 악의에 찬 무고에 대처하는 더 좋은 방법을 보여준다. 단호하고 침착하게 진리로 무장하는 것이다.

물론, 바울이 거짓 비난을 당한 처음이자 마지막 사람이 아니었다. 우리는 모두 언젠가는 독설의 예봉을 마주할 것이다. 그때, 깊이 베이지 않도록 스스로 보호하는 데 유용한 몇 가지 원칙이 있다.

첫째, 한 사람의 진정성을 변호하기 위해 강력한 행동이 필요할 때가 있다. 어떻게 해야 하는가? 1번: 비난하는 사람을 직접 만나라(마 18:15). '조언을 구하거나' '중보기도가 필요해서' 만나기 전이나 후에 다른 사람에게 가지 말라. 그렇게 전달된 말들은 대개 '험담'이나 '중상'을 뜻하는 암호가 된다. 대신 바울이 처음에는 편지로, 그다음에는 직접 고린도 교인에게 갔던 것처럼 비난하는 사람에게 직접 가라. 2번: 사실로만 승부하라. 감정에 사로잡히거나 빈정되거나 그대로 갚아주겠다는 유혹을 물리치라. '누가, 언제, 어디서, 무엇을, 어떻게, 왜'에만 충실하라. 3번: 터놓고 단호하게 그리고 사랑으로 말하라. 당신을 비난하는 사람에게 당신의 진정성을 변호해야 할 때도 있지만, 그렇다고 그것을 빌미로 기독교의 증인으로서 갖추어야 할 인격을 저버려서는 안 된다.

둘째, 침묵이 최선의 대응일 때가 있다. 어떤 경우에는 절대적이고 지속적인 침묵이 최선의 방어일 수 있다. 예를 들어, 누가 당신을 비난하고 있는지 모른다면 아무 말 없이 기다리는 것이 상책일 수도 있다. 또는 비난하는 사람에게 접근할 수 없거나 만날 수 없다면, 물러서서 가만히 있으라. 어떨 때는 자신을 변호할수록 더 유죄로 보인다. 잠자코 있으라. 그렇다면 중요한 질문이 생긴다. 말할 때와 침묵할 때를 어떻게 알 수 있는가? 답은 지혜다. 잠언 26장 4-5절은 두 가지 시나리오를 나란히 놓고 지혜로운 삶의 복잡한 특성을 보여준다.

| 잠언 26:4 | 잠언 26:5 |
|---|---|
| 미련한 자의 어리석은 것을 따라 대답하지 말라 두렵건대 너도 그와 같을까 하노라. | 미련한 자에게는 그의 어리석음을 따라 대답하라 두렵건대 그가 스스로 지혜롭게 여길까 하노라. |

어리석은 자를 상대하는 가장 지혜로운 방법은 경우에 따라 다르다. 답을 하는 것이 현명할 때도 있고, 잠자코 있는 것이 현명할 때도 있다. 어떤 경우든 이 상황을 헤쳐나가는 데 필요한 지혜를 하나님께 구해야 한다(약 1:5). 하늘의 옹호자께 변호를 간청하라. 그리고 비켜서서 그분이 당신 대신 싸우시게 하라(시 26편).

마지막으로, 단호한 태도를 취하든 침묵을 지키든 복수하지 말라. 어떤 태도를 취하든 앙갚음하지 말라. 바울이 로마인들에게 한 설득력 있는 말이 크고 또렷한 울림을 준다.

내 사랑하는 자들아 너희가 친히 원수를 갚지 말고 하나님의 진노하심에 맡기라 기록되었으되 원수 갚는 것이 내게 있으니 내가 갚으리라고 주께서 말씀하시니라 네 원수가 주리거든 먹이고 목마르거든 마시게 하라 그리함으로 네가 숯불을 그 머리에 쌓아 놓으리라 악에게 지지 말고 선으로 악을 이기라(롬 12:19-21).

정의가 실현되어야 한다면, 하나님이 우리를 위해 그것을 완벽하게 해결해주실 수 있으며 기꺼이 그러실 것이다. 어쩌면 거짓 고발자들과 적들로 인해 겪는 고민스럽고 고통스러운 문제들에 하나님이 개입하셔서 해결해주시는 것을 보지 못하는 이유 중 하나가 우리가 그분에게 기회를 드리지 않았기 때문일지도 모른다. 길을 비켜 하나님이 당신을 위해 싸우시게 하라.

## 유예된 용서(고린도후서 2:5-11)

5심하게 한 자가 있었을지라도 나를 근심하게 한 것이 아니요 어느 정도 너희 모두를 근심하게 한 것
이니 어느 정도라 함은 내가 너무 지나치게 말하지 아니하려 함이라 6이러한 사람은 많은 사람에게
서 벌 받는 것이 마땅하도다 7그런즉 너희는 차라리 그를 용서하고 위로할 것이니 그가 너무 많은 근
심에 잠길까 두려워하노라 8그러므로 너희를 권하노니 사랑을 그들에게 나타내라 9너희가 범사에 순
종하는지 그 증거를 알고자 하여 내가 이것을 너희에게 썼노라 10너희가 무슨 일에든지 누구를 용서
하면 나도 그리하고 내가 만일 용서한 일이 있으면 용서한 그것은 너희를 위하여 그리스도 앞에서 한
것이니 11이는 우리로 사탄에게 속지 않게 하려 함이라 우리는 그 계책을 알지 못하는 바가 아니로라

몇 년 전 나는 〈로스앤젤레스 타임스〉(*Los Angeles Times*)의 두툼한 구인광고란을 들춰보고 있었다. 당시에는 구글도 크레이그리스트(Craigslist: 미국의 지역 생활정보 사이트에서 시작돼 전 세계로 확산된 온라인 벼룩시장-역주)도 없을 때였다. 당시에 인터넷 검색과 가장 유사한 것은 무언가가 눈에 들어오기를 바라며 텔레비전 채널을 여기저기 돌리거나 신문을 뒤적이는 거였다. 나는 흥미롭거나 유익하거나 호기심을 자극하는 것을 찾아서 구인광고란을 훑어보았다. 거기에는 온갖 자질구레한 광고가 있었다. 일반 공지, 개인적인 메시지, 절박한 탄원. 오늘날 우리는 전자 사회 관계망에서 모르는 사람들의 홈페이지를 스크롤한다.

나는 우연히 페이지 맨 아래에서 감정이 뚝뚝 떨어지는 몇 줄의 광고를 보게 되었다. 그 말은 흑백의 바다에 묻혀 있었지만, 어찌된 영문인지 그 페이지에서 떠올라 내 시선을

끌었다. 작은 직사각형 안에 쓰인 이 일곱 마디가 보였다. "대니, 제발 집에 오렴. 엄마 아빠가 용서해줄게."

나는 이 말을 여러 번 읽었다. 대니의 인생 배경을 상상해보았다. 그 광대한 대도시 어딘가 먼 지역에서 "너를 용서하마"라는 부모의 말을 보게 된 대니의 심정이 어떨지 그의 입장에서 상상해보았다. 그 고뇌에 찬 부모가 느끼고 있을 가슴 찢어지는 고통을 생각했다. 나도 부모이기 때문에 그들의 고통을 짐작하는 것이 어렵지 않았다. 무엇이 그들로 하여금 자존심, 판단하는 마음, 분노와 쓰라림을 삼키고 "너를 용서한다"라고 말하게 했을까?

우리는 모두 "너를 용서한다"라는 두 마디 말을 듣는 기쁨을 알고 있다. 당신이 불효를 저지른 부모, 당신이 배신한 배우자, 당신이 실망시킨 친구…당신이 불순종한 구세주에게서 완전한 용서를 받는 것만큼 해방감을 주는 것은 없다. "나는 당신을 용서한다"라는 말을 듣는 순간 시원한 안도의 물결이 우리의 고통스럽고 더위에 지친 영혼을 씻어준다.

그러니까 그 용서의 말이 진심이면 그렇다는 말이다. 간혹 "당신을 용서합니다"라고 말하지만, 사실은 "이러저러한 조건을 달고 당신을 다시 내 삶에 받아들이겠다"라는 뜻일 경우도 있다. 달리 말하면, 그들에게 '용서'란 사실은 '가석방'을 의미한다. 그것은 당신에게 해방감을 주는 대신 불안하고, 감시당하며, 불신받는 느낌을 준다.

안타깝게도, 진심으로 회개한 사람을 용서하지 못하면 깊은 상처를 받게 되어 지워지지 않는 상흔을 남기고 두 사람 사이의 관계는 돌이킬 수 없이 훼손될 수 있다. 교우 사이의 관계를 포함해서 모든 인간관계가 다 그렇다. 실제로 고린도의 그리스도인도 바로 이 문제로 애를 먹었다. 해결되지 않은 갈등이 곪아 터지면서 그리스도의 몸 안에 골치 아픈 분열이 일어났던 것이다.

## —2:5-6—

고린도후서 2장 5-11절에 나오는 바울의 권고 뒤에 숨어 있는 고질적인 문제의 배경은 고린도전서 5장에 나온다. 여기에서 바울은 고린도의 그리스도인이 '은혜'의 깃발 아래서 눈감아주고 있는 아주 특별한 성적인 범죄를 지적했다. 교인 중 한 사람이 계모와 근친상간을 계속하고 있었던 것이다(고전 5:1). 이 죄는 주변 이교도들도 용납하지 않았을 것이다! 고린도인들이 이 부도덕한 전염병을 징계하려 하지 않았기 때문에 바울은 집을 깨끗이 치우고(고전 5:6–7), 그 악한 사람들을 내쫓아 징계하라고 지시했다(고전 5:11–13).

그러나 고린도전서와 고린도후서 사이에 아마도 바울이 두 번째로 쓴 '눈물의 편지'(고후 2:4)를 읽고 일부 교인이 바울의 단호한 지시를 오해했던 것 같다. 고린도 교인은 그 범죄자에 대한 즉각적이고 단호한 조치를 취하라는 바울의 지시를 가혹하고 굴욕적으로 그를 대해도 된다는 허락으로 받아들인 듯하다. 고린도 교인은 처음에는 전혀 뉘우치지도 않는 죄를 버젓이 용서하는 극단적인 실수를 저질렀다. 이제는 정반대로 그 죄인이 진실로 회개하고 화해를 청했는데도 오만하게 그를 정죄하는 잘못을 범했다!

바울이 염두에 두고 있는 문제를 일으킨 죄인은 고린도전서 5장 1–3절에 언급된 사람이 아니었지만, 바울이 다루고 있는 상황의 요지는 분명하다. 범죄한 사람은 교회가 내린 충분히 엄중한 징계를 받고 회개했다. 그러나 그들은 그를 용서하지 않고 여전히 그를 멀리했다. 그에게 자비로운 용서를 베풀지 않고 무자비한 집행유예 상태로 둔 것이다. 바울은 그 죄인이 바울뿐만 아니라 전 회중을 슬프게 했다는 것을 인정한다(고후 2:5). 그러나 바울은 그가 교회의 대다수 사람에게서 받은 벌이 "충분하다"고 말한다(2:6).

## —2:7–9—

어떤 신자들은 자기에게 해를 끼친 사람이 그 일로 인해 징계받고 영적 건강과 교제를 회복했어도 그 사람의 회개를 받아들이지 못한다. 그 죄에 대한 기억이 부당한 불신, 불합리한 두려움, 사라지지 않는 적개심을 계속 일으킬 수 있다. 그러나 사랑과 은혜에 반하는 이런 태도는 진정한 용서와는 거리가 멀다.

분명 중대한 범죄와 중독에 빠졌던 신자는 그가 회개했어도 그리스도의 몸 된 사역과 예배에 다 참여하는 것을 보류시켜야 할 필요가 있다. 실제로 형사 범죄는 교회의 통제를 훨씬 넘어서는 더 심각한 결과를 초래할 수 있다. 그럼에도 불구하고, 교회가 매번 용서와 화해를 목표로 다가간다면 가장 암울한 상황에서도 회복의 희망을 찾을 수 있다. 어떤 경우든, 지혜와 신중함–사랑과 은혜와 더불어–이 필요하다.

그러나 문제를 일으켰던 고린도의 그 사람에게 이제 필요한 것은 징계가 아닌 용서였다. 바울이 이 편지를 쓰기 전에 이미 실행된 절차를 잘 보라.

- 그 사람은 회중의 명성을 훼손하는 명백한 죄를 범했다(2:5).
- 교회는 그 죄인을 다그쳐서 징계하고 엄중한 벌을 내렸다. 그는 교회에서 내쳐져 영적, 물질적 보호를 받지 못하게 되었을 것이다(2:6).
- 이로 인해 그 죄인은 진심으로 회개하고 "지나친 슬픔"에 빠지게 되었다(2:5-7, 새번역).

그렇게 진정으로 후회하고 뉘우치는 모습은 교회에 용서와 위로, 사랑을 불러일으켰다(2:7-8). 그런데 이 중요한 단계에서 화해가 결렬되었다.

바울은 이전 편지에서 사실상 죄인을 저지하라고 강권해야 했는데, 이번 편지에서는 죄인의 옹호자 역할을 하는 얄궂은 입장에 처하게 되었다. 고린도 교회가 얼마나 헷갈렸겠는가! 이 무질서한 교회는 죄인을 고발하는 것부터 변호하는 것까지 다 바울에게 떠넘겼다. 그리스도 안에서 회개한 형제가 "너무 많은 근심에 잠길까 두려워"(2:7) 바울은 고린도 교인에게 "그를 용서하고 위로[하며]"(2:7) "사랑을 그들에게 나타내라"(2:8)고 권면한다.

바울은 이 새로운 훈계를 받은 그들이 깜짝 놀랄 것을 알고 있었다고 나는 확신한다. 한 편지에서 그는 그 죄인을 속히 추방하도록 명령했다. 지금은 즉시 그 사람을 무조건 다시 받아주라고 요구하는 것이다. 상황이 분명히 바뀌었으므로 그에 따라 고린도 교인의 태도도 바뀌어야 했지만, 그들은 내키지 않는 것 같았다. 고린도에서 엄격한 법봉을 휘두르던 사람들은 바울이 사도의 권위로 새롭게 내린 명령을 이해할 수 없었을 것이다. 사실, 그것은 당혹스럽기까지 했을 것이다. 고린도 교회 사람들이 이렇게 말하는 게 상상이 된다. "좋아, 우리는 그에게 충분한 벌을 주었어. 그 사람은 진심으로 미안해하고 다시 돌아오고 싶어하지. 바울은 화해를 원했을 거라고 생각해." 한편, 교회의 순결에 자부심이 강한 사람들은 이런 반응을 보였을 것이다. "아니야! 바울은 누룩을 청소하라고 말했어. 그러니 그렇게 해야지! 결정을 번복할 수는 없어! 그 죄인에게는 충분히 기회를 주었어. 바울이 여기 있었다면 그도 우리와 생각이 같았을 거야!"

그때 고린도후서가 도착한다. 바울은 교회의 징치는 정죄가 아닌 화해의 수단이어야 한다는 그의 원칙과 완전히 합치하는 지시를 했는데도 불구하고, 고린도 교회의 일부 사람은 그가 변덕을 부렸다고 볼 수 있었다. 따라서 바울의 새로운 가르침은 그 자체가 고린도 교인이 "범사에 순종하는지"(2:9)–교회 입장에서는 말이 안 되는 것 같아 보이거나 얼핏 보기에는 바울이 이전에 제시한 징계의 원칙에 배치되는 것 같은 명령까지도–를 알 수 있는 시금석이 된다.

## —2:10–11—

그런 다음 바울은 자기가 보여준 용서하는 마음과 행동을 본받으라고 말한다(2:10). 믿음의 아버지인 바울은 그가 몸소 보여준 진심으로 회개한 사람을 용서하는 원칙이 그들이 똑같은 마음으로 은혜와 자비를 베풀면 그들 역시 은혜와 자비를 얻게 된다는 확신을 그들에게 줄 거라고 확언한다. 징계와 마찬가지로, 용서는 자기의 유익을 구하는 것이 아니다. 사실 용서는 정말 어렵다. 그런데도 바울은 고린도 교인에게 자신이 용서한 원칙이 "너희를 위하여 그리스도 앞에서 한 것"이지 그의 개인적인 이득을 위한 것이 아니라고 말한다.

꾸물대지 않고 완전히 용서하는 것이 왜 그렇게 중요할까? 그 죄로 인해 다른 사람들이 얼마나 고통받았는지 보여주기 위해 회개한 죄인을 조금 무안하게 만든들 어떤가? 회개한 사람이 같은 잘못을 다시는 저지르지 못하도록 반신반의하며 조금 더 시간을 끌고, 혼자 떨어져서 괴로움을 겪게 한들 어떤가? 하지만 용서를 미루면 사탄에게 우리를 이용할 기회를 주게 된다(2:11).

이것은 바울의 모든 편지 중에서 가장 강력한 경고다. "사탄에게"라는 말은 개인이나 교회가 진심으로 뉘우친 죄인을 완전히 용서하지 않으면 마귀가 그 상황을 틈탄다는 것을 암시한다. 화해가 결렬되면, 교활한 악마가 그 기관을 더 파괴할 수 있는 방법을 찾아낸다. 그러나 화해의 과정이 은혜와 자비로 순조롭게 진행되면 악마나 마귀가 분개, 고뇌, 슬픔, 적개심, 반역, 분열을 불러일으킬 기회를 찾지 못할 것이다.

사탄의 사악한 "계책"과 모략에는 속임수와 파괴가 들어 있다. 고린도 교회의 경우도 악마가 교회의 징계는 자비 없는 심판이며, 은혜 없는 형벌이라고 생각하도록 그들을 속였다. 하나님의 목표는 교회에서 죄인을 제거하는 게 아니라 죄인과 교회가 화해하는 것이다. 그것을 잊으면 더는 하나님 뜻을 찾지 않고 도리어 악마의 계략을 좇게 된다.

## 적용: 고린도후서 2:5-11

### 유예가 아닌 온전한 용서

바울은 양극단을 왔다갔다하는 고린도인들을 우리가 외우면 좋을 단 한 문장으로 요약해서 바로잡아 준다. "우리의 용서는 징계가 강했던 만큼 빨라야 한다." 이 용서는 우정, 결혼과 가족 관계, 교인에게 다 적용된다. 바울이 고린도 교회에 한 권고를 돌이켜보면 우리 모두가 마음에 새기고 절대 잊지 말아야 할 세 가지 원칙을 볼 수 있다.

첫째, **진실로 회개했다면 즉각적으로 완전하게 용서해야 한다**. 성의 없이 "이봐, 미안해!"라고 하거나 억지로 고백하는 값싼 회개를 성급히 용서하는 것을 말하는 게 아니다. 내가 말하는 것은 진정한 회개다. 그들의 눈빛에서 볼 수 있고, 어조에서 들을 수 있으며, 상심한 마음을 느낄 수 있는 그런 뉘우침 말이다. 사람이 진심으로 죄를 깨달아 마음에 사무치면 부끄러움과 자신이 무가치하다는 생각에 짓눌릴 수 있다. 정말 그렇다. 방탕한 아들은 아들이 아니라 종으로 집에 돌아가기 원했다(눅 15:18-19). 죄인이 저지른 행위로 상처를 입었거나 감정이 상한 사람들은 회개하는 사람의 그런 제안을 받아들이고 싶은 유혹을 느낄 수 있으나 우리는 이 유혹을 물리쳐야 한다. 그리스도의 몸은 진실로 회개한 죄인들에게 유예 기간을 주지 않는다. 진정한 회개-깊이 없는 흉내가 아니라 진심 어린-는 회복과 축하를 받아 마땅하다.

둘째, **완전한 용서는 이론이 아니라 표현하는 것이다**. 용서는 우리가 생각하고 느끼는 것이 아니라 행하는 것이다. 고린도후서 2장 7-8절의 명령을 기억하는가? 그들은 '용서하고' '위로하고' '재확인'해야 했다. 용서는 죄를 지은 당사자를 자유롭게 해주는 말을 할 때 일어난다. "당신을 용서합니다. 우리는 이 일을 뒤로하고 계속 나아갈 겁니다." 위로는 우리에게 상처를 준 사람들 곁에 있으면서 그들의 잘못을 용서할 뿐 아니라 그들의 연약한 부분을 재건하고 강화하는 것을 도울 때 전달된다. 재확인은 그들을 이전의 관계로 회복시키고, 우리 삶에 그들을 초대하여 참여시키며, 전에 가졌던 권리와 특권을 다시 맡길 때 완료된다. 물론 이렇게 용서할 때마다 우리는 위험을 무릅쓴다. 그들은 우리를 또 실망시킬지도 모른다. 어쩌면 신뢰할 수 없는 사람을 믿는 것일 수도 있다. 그러나 그게 은혜다. 은혜는 위험하다.

셋째, 용서를 망설이면 적에게서 화를 당할 수 있다. 진심으로 뉘우친 죄인을 용서하지 않으면 그 사람은 악순환에 빠질 수 있다. 견디기 힘든 슬픔은 혼란, 무위, 하나님 앞에서 자신의 존재에 대한 의구심을 낳는다. 그러다 보면 그리스도인의 삶을 비성경적인 태도로 접근하게 된다. "이 상황에서 나 자신을 구하려면 어떻게 해야 하는가? 어떻게 해야 다른 사람들과 주님이 인정할 만한 더 좋은 사람이 될 수 있을까?" 결국, 좌절과 반감이 비집고 들어온다. 그게 원수가 깔아놓은 길이 아니면 무엇이겠는가?

당신은 원한을 품고 있는가? 과거에 당신에게 해를 끼쳤지만 진심으로 회개한 누군가에게 무언가를 품고 있는가? 그렇다면 즉시 그 빚을 청산하고, 무조건적인 용서를 표현하며, 관계를 회복해야 한다.

오늘 당신의 용서와 위로와 확인을 듣고 느껴야 할 사람이 있는가? 그에게 자비와 은혜라는 치유의 손길을 내밀지 못하도록 당신을 가로막는 것은 무엇인가?

당신이 누군가를 계속 용서하지 않아서 그 사람이 분노나 절망에 빠져 있지는 않은가? 그들은 당신에게 인정받는 데 집착하고 있는가? 그 사람이 당신의 아이나 배우자, 심지어 부모일 수도 있다. 그들이 사탄의 뒤틀린 유혹의 대상이 되지 않도록 그들을 풀어주어야 한다.

## 그리스도의 향기(고린도후서 2:12–17)

[12]내가 그리스도의 복음을 위하여 드로아에 이르매 주 안에서 문이 내게 열렸으되 [13]내가 내 형제 디
도를 만나지 못하므로 내 심령이 편하지 못하여 그들을 작별하고 마게도냐로 갔노라
[14]항상 우리를 그리스도 안에서 이기게 하시고 우리로 말미암아 각처에서 그리스도를 아는 냄새
를 나타내시는 하나님께 감사하노라 [15]우리는 구원 받는 자들에게나 망하는 자들에게나 하나님 앞에
서 그리스도의 향기니 [16]이 사람에게는 사망으로부터 사망에 이르는 냄새요 저 사람에게는 생명으로
부터 생명에 이르는 냄새라 누가 이 일을 감당하리요 [17]우리는 수많은 사람들처럼 하나님의 말씀을
혼잡하게 하지 아니하고 곧 순전함으로 하나님께 받은 것 같이 하나님 앞에서와 그리스도 안에서 말
하노라

바울의 글은 심오하고 실용적인 신학으로 가득 차 있다. 깊고 풍부하고 매혹적이며 변화를 일으킨다. 그의 글에 담긴 교리의 넓이와 길이와 높이와 깊이는 헌신적인 성경학자들의 관심을 수십 년 동안 사로잡을 수 있다. 그러나 바울의 글을 읽을 때 나는 심오한 신학 이상

을 본다. 나는 진정한 인간성을 본다.

나는 바울의 말을 읽을 때 하나님의 계시와 장엄한 진리를 전달하는 매개체만이 아니라 갈등과 시련과 고난 가운데서 쓰인 말을 본다. 나는 눈물로 얼룩진 책갈피, 핏자국, 땀방울을 본다. 그게 내가 고린도후서에 이토록 깊이 빠져 있는 이유인 것 같다. 이 편지는 펼쳐진 책처럼 바울을 드러낸다. 이 편지의 갈피마다 바울의 진정성이 뚝뚝 떨어진다. 강철같이 견고한 신학의 틀을 기반으로 하고 있지만, 여전히 그에게서 종이 반죽처럼 말랑말랑한 부분을 본다. 그의 거칠고 날카로운 면모 속에 숨어 있는, 뜨거운 열정만큼이나 긍휼도 넘치는 한 사람의 비단결 같은 마음을 느낀다.

바울은 이런 감수성으로 근래에 드로아에서 사역하며 겪었던 어려움을 나눈다. 그는 그 일을 되돌아보며 그리스도의 영원한 승리에서 위안을 얻었다. 그는 그리스도 안에 있는 자들이 승리의 향기를 풍기며 그리스도의 개선 행렬에 참여하는 모습을 마음에 그렸다.

## —2:12-13—

드로아는 바울이 사역하고 있던 에베소에서 멀리 떨어진 소아시아 북서쪽 끝(오늘날 터키, 306쪽 "바울의 3차 선교여행" 지도 참조)에 위치했다. 바울은 길고 고단한 여정 끝에 도착한 그곳에서 그의 메시지를 갈망하는 사람들을 만났다. 복음의 문이 활짝 열렸다(2:12). 신도수를 늘리는 데 혈안이 된 야심찬 설교자가 영적으로 갈급해 있는 그들을 보았다면 군침을 흘렸을 것이다. 그러나 막상 바울은 심리적 동요로 마음이 불안해져서 사역에 집중하지 못했다. 그는 심령이 "편하지 못[했다]"(2:13).

"편안함"[*anesis*(425)]으로 번역된 단어는 '느긋함'이나 '쉼'으로 번역될 수도 있다. 같은 단어가 사도행전 24장 23절에서는 "자유"로, 고린도후서 8장 13절에서는 "평안"으로 쓰였다. 잘 익어 건드리기만 해도 떨어질 것은 영적 열매가 주렁주렁한 동산으로 들어가는 문이 그 앞에 활짝 열려 있었지만, 그는 마음이 불편하고 불안하고 낭패감이 들었던 것 같다. 그는 알지 못할 불안감에 사로잡혀 사역에 집중하지 못했다. 분명 편하고 쉽게 할 수 있었을 사역이 고역이 되었다.

바울에게 일어날 성싶지 않은 일 아닌가? 도대체 설교자가 얼마나 메말랐기에 영적인 진리를 스펀지처럼 빨아들일 태세인 큰 무리를 앞에 두고 입도 뻥긋 안 하고 가버린단 말인가? 그런데도 사도 바울은 "이방인의 사도"(갈 2:8)로 자처했고, 드로아를 떠나 마게도냐로 갔다. 도대체 무엇이 바울같이 인내와 결단력을 가진 사람이 이런 사역의 기회를 포기하게 했을까?

그는 주님 안에서 친애하는 친구이자 형제인 디도를 만나지 못했다. 디도는 드로아에서 바울을 만나 고린도의 상황을 보고하고 바울의 사역을 도울 참이었다. 그런데 막상 드로아에 도착해서 디도를 만나지 못하자 바울은 맥이 풀렸고 최악의 상황만 떠올렸다. 체포됐을까? 유대인이나 이방인 반대자들에게 배신당한 것일까? 처형됐을까? 암살당한 것인가? 사고나 병으로 지체되는 것인가? 생각은 꼬리에 꼬리를 물었다.

우리는 누구나 미지에 대한 큰 걱정과 두려움에 휩싸여 목전에 있는 일을 하지 못하는 상황에 놓여본 적이 있다. 하나님의 말씀을 전파하고 가르치는 사람들은 모두 공감할 수 있는 일이다. 나는 빨리 집으로 돌아가 아내와의 갈등을 해결하거나 아이들과의 관계에 남아 있는 앙금을 풀고 싶은 간절한 마음을 달래며 안간힘을 다해 강단에서 설교한 적이 한두 번이 아니다. 몸은 여기 있는데 마음은 다른 데 있다. 대중 사역에서 너무나 흔한 이 현실은 복음 사역자라면 누구나 다 겪는 일이다. 그리고 이것은 마치 발꿈치를 물려고 따라오는 미친개처럼 드로아에 잠시 머물고 있는 바울을 쫓아왔다.

데이비드 라워리(David Lowery)는 바울이 무엇을 걱정하고 있었는지 더 구체적으로 알려준다.

> 드로아에서 아주 잘 될 것 같은 사역에 집중하지 못하는 자신에게 낙담한(고후 7:5-6) 바울은 그곳 교회에 작별을 고하고 마게도냐로 갔다. 그 문은 바울이 다시 돌아올 때까지도 열려 있어서(참조. 행 20:5-11) 하나님이 그를 크게 사용하셨지만, 바울이 처음 그곳을 떠날 때는 그 상황에 잘 대처하지 못한, 영락없는 패배자 같았다.[8]

## —2:14-17—

바울은 패배감에 빠져 있지 않고 앞으로 나아갔다. 그는 사역에서 자신의 약한 부분을 뒤로하고 모든 상황을 이기시는 그리스도께 나아갔다. 고린도후서 2장 14절에서 시작해 고린도후서 6장 10절에 이르기까지 바울은 신약성경 어디에도 없는 진정한 사역의 실상을 꾸밈없이 심도 있게 논한다. 그는 이 부분을 따로 떼어서(2:14-17) 현미경으로 자세히 들여다보면서 사역의 세 가지 필수 요소인 효과적이고, 그리스도 중심이며, 복음의 능력에 힘입는 사역을 집중해서 살펴보는 것으로 시작한다.

- 진정한 사역자는 주도하기보다는 지도자이신 그리스도를 따른다(2:14).
- 진정한 사역자는 인간의 반응에 관계없이 하나님의 은혜를 나타낸다(2:14-16).
- 진정한 사역자는 자기가 부족해도 말씀을 전파한다(2:16-17).

바울은 드로아를 일찍 떠나 마게도냐로 간 경위를 설명한 뒤 바로 이렇게 덧붙였다. "하나님께 감사하노라"(2:14). 얼마나 놀라운 태도인가! 바울은 불확실과 절망과 체념의 나락 속에서도 하나님의 영광스러운 구원을 바라보며 하나님을 찬양할 수 있었다. 바울은 사역에 대해 길게 논의한 후 나중에 디도에게 무슨 일이 일어났는지 걱정했던 일을 돌이켜보며 그가 하나님을 찬양하는 숨은 이유를 독자에게 알려준다. "그러나 낙심한 자들을 위로하시는 하나님이 디도가 옴으로 우리를 위로하셨으니 그가 온 것뿐 아니요 오직 그가 너희에게서 받은 그 위로로 위로하고 너희의 사모함과 애통함과 나를 위하여 열심 있는 것을 우리에게 보고함으로 나를 더욱 기쁘게 하였느니라"(7:6-7).

하지만 바울은 넘치는 감사(2:14) 뒤에 그 찬양의 이유를 즉시 밝히지 않는다. 이는 마치 바울이 우리가 눈앞에 펼쳐진 승리를 바로 볼 수 없을지라도 모든 상황 속에서 전능하시고 신뢰할 수 있는 승리자이신 하나님의 성품을 기뻐해야 한다고 말하려는 것 같다. 그래서 바울은 디도에 관한 소식을 나누는 대신 사역에 관한 중요한 원칙을 당시 사람들에게 친숙한 이미지를 이용해서 전달한다.

윌리엄 바클레이는 바울이 예수 그리스도 안에서 얻는 지속적인 승리를 "개선"(새번역)이라는 말로 표현했을 때 그와 그의 독자들이 마음속에 떠올렸을 장면을 우리에게 보여준다(2:14).

승리한 장군의 개선 행렬은 다음과 같은 순서로 로마의 거리를 지나 카피톨리누스 언덕(고대 로마 시대에 주피터 신전이 있던 곳–역주)으로 향했다. 맨 앞에는 주 행정관과 원로원이 섰다. 그다음에는 나팔수들이 섰고, 그 뒤로는 점령지에서 가져온 전리품을 든 사람들이 따라갔다…그다음에는 사로잡힌 군주들, 지도자들, 장군들이 사슬에 묶여 걸어갔다…그 뒤에는 행정관들, 곤봉을 든 릭토르들(곤봉으로 죄인을 다스리던 하급 관리–역주)이 있었고, 수금을 든 악사들이 그 뒤를 따랐다. 그다음에 제사장들이 향기로운 향이 타고 있는 향로를 흔들면서 갔다. 그다음에 사두마차 위에 서 있는 개선 장군이 나타났다…그의 뒤에는 가족이 타고 있었고, 마지막으로 온갖 장식을 한 군대가 '이오 트리움페'(Io triumphe)라는 승리의 구호를 외치며 따라갔다.[9]

로마에서 벌어진 개선행진의 세부사항에 너무 빠지지 말고 진정한 사역의 첫 번째 필수 요소를 잘 보아야 한다. 진정한 사역자는 주도하기보다는 지도자이신 그리스도를 따른다(2:14). 우리의 정복왕이신 그리스도는 우리를 전투로 이끄신다. 바울은 "항상 우리를 그리스도 안에서 이기게 하시고…하나님께 감사하노라"(2:14)고 말한다. 열매 맺는 사역은 우

jebulon/WikiMediaCommons

이탈리아 로마에 있는 티투스 개선문에 새겨져 있는 로마 군대의 개선 행렬 부조. AD 70년 티투스의 예루살렘 포위를 표현했다.

리가 우리 힘으로 싸워 이기려고 하지 않고 그리스도가 성취하신 승리의 기차에 탑승했을 때 이루어진다. 그리스도가 싸울 전투를 선택하신다. 그분이 승리를 주장하신다. 십자가 위에서 그리스도는 우리가 취할 수 없는 승리를 나누시기 위해 싸울 필요가 없는 싸움을 떠맡으셨다.

우리가 이 원칙을 중심에 둔다면 사역, 프로젝트, 건축물, 교회에서 볼 수 있는 명단이 줄어들 것이다. 사람들은 익명으로 베풀고, 직분 없이 이끌며, 그리스도인들 사이에서 지금 인정받기보다 장차 그리스도가 주실 상을 바라볼 것이다. 오해하지 말라. 마땅히 해야 할 감사를 표현하는 것은 아무 문제가 없다. 그러나 때때로 우리는 그분이 이루신 승리 안에서 그리스도를 따라가기보다 '우리의' 승리에 대한 찬양과 영광과 칭송을 구하며, 세상의 방식과 우리 문화의 규범을 취한다.

바울이 사용한 로마식 행렬의 이미지는 그리스도를 중심으로 하는 효과적인 사역의 두 번째 필수사항을 가리킨다. 진정한 사역자는 사람의 반응에 관계없이 하나님의 은혜를 나타낸다(2:14-16). 이 고대 행렬에서 특히 두드러지는 게 향기였는데, 제사장들이 연기를 내는 향을 담은 커다란 향로를 들고 갔다. 이 향기는 승리에 취해 기뻐 날뛰는 사람들과 고개를 떨구고 있는 패잔병들에게 고루 퍼졌을 것이다. 후자의 경우, 그 연기는 패배와 임박한 죽음을 끊임없이 상기시키며 그들의 코를 자극했다.

그리스도인으로서 우리는 향기를 풍긴다는 것을 아는가? 우리가 악취를 발산한다는 말이 아니다. 우리가 전하는 메시지, 도덕, 생활 방식이 사람들로 하여금 믿음을 갖고 우리처럼 살고 싶게 만들든지 아니면 사람들의 노여움을 사서 우리의 믿음을 거부하고 우리의 생활 방식을 경멸하게 만든다는 말이다. 이 메시지에 대한 상이한 반응은 장례식에서 제일 뚜렷이 보인다. 사랑하는 사람의 관 앞에서 부활에 대해 말할 때 나는 늘 거기 모인 사람들에게서 아주 다른 두 가지 반응을 본다. 모두가 그들의 친구, 사랑하는 사람, 가족의 상실을 슬퍼하지만, 그중 일부만 부활해서 갖게 될 영원한 생명과 재회의 소망 안에서 기뻐한다(살전 4:13-18). 그리스도 안에서 영생을 가진 자들은 부활의 메시지를 생명의 감미로운 향기로 받아들인다. 그러나 다른 사람들은 부활의 메시지를 미신적인 예언-고약하고 팍팍한 삶의 현실을 헤쳐나가는 데 아무 쓸데 없는 목발 같은-으로 치부하며 거부한다. 그들에게 그리스도 안에 있는 구원의 메시지는 희망이 아닌 죽음의 메시지다. 그리스도 안에 구원이 있다는 동일한 메시지를 믿음으로 대하면 생명의 향기로, 불신으로 대하면 죽음의 향기로 받아들여진다.

마지막으로, 바울은 진정한 사역자는 자기가 부족해도 말씀을 전파한다(고후 2:16-17). 그는 "하나님의 말씀을 팔아서 먹고 살아가는"(새번역) 자들을 불성실하고, 자만하며, 자기를 승격시키는 사역자들이라고 말한다. 그들이 사역하는 목적은 명성, 명예, 금전적 이익이다. 그런 자들의 이미지는 판매와 매출 증대에만 마음이 팔려 극성맞게 상품을 파는 노점상의 모습이다. 성전 뜰에 다른 사람들의 신앙심을 이용해 한몫 잡으려고 하는 환전상이 있었듯이, 교회 안에는 예언의 알약, 만병통치약, 긍정적 사고, 건강과 부, 율법주의, 냉소주의를 팔고 있는 노점상들이 있게 마련이다. 한마디로, 그들은 팔 수 있는 것은 무엇이든, 대중이 속아서 살 만한 것은 무엇이든 팔 것이다.

그러나 사실 바울과 그의 동료 사도들과 사역자들이 하고 있는 일에 자격을 갖춘 사람은 아무도 없다. "이 사람에게는 사망으로부터 사망에 이르는 냄새요 저 사람에게는 생명으로부터 생명에 이르는 냄새라 누가 이 일을 감당하리요"(2:16)라는 질문은 부정적인 대답을 내포한다. 아무도 없다! 아무도 자급자족할 수 없다. 아무도 혼자 힘으로 할 수 없다. 바울 자신도 드로아에서 사역할 때 디도를 만나 소식 듣기를 간절히 바라면서 보여주었던 약한 모습을 숨기지 않고 진솔하게 드러냈다. 사기꾼들은 가면을 벗지 않고 그 뒤에 숨겨진 흠 있는 진짜 모습을 사람들에게 드러내지 않는다.

바울은 고린도 교인에게 자기는 장사치가 아니라고 분명히 밝힌다. 그는 자기가 아니라 주님을 나타냈다. 그가 자격이 되는 것은 그의 말이 설득력이 있어서가 아니라 그를 보내신 자의 권위와 그가 전하는 메시지의 내용—예수 그리스도—때문이었다. 진실하게 사심 없이 희생적으로 섬길 때 비로소 그 사람의 사역이 "하나님 앞에서"(2:17) 행해지고 있다는 것을 확신할 수 있다.

## 적용: 고린도후서 2:12-17

### 사역에 대한 정직한 평가

바울의 인생이라는 책—그가 사역 과정에서 겪은 고투, 두려움, 걱정, 염려, 실패를 포함해서–을 열고 들여다보았으니, 이제는 우리 삶의 갈피를 한두 장 정도 읽어보아야 할 때다. 네 가지 대표적인 범주와 질문에 초점을 맞추어 우리 자신을 진단해보기로 하자. 이것은 책을 펴놓고 보는 시험이다. 당신은 가고자 하는 만큼 깊이 당신 마음의 장과 페이지 속으로 파고들 수 있다. 그때 성령님이 당신을 인도해달라고 간구하라.

**하나님을 의지함.** 당신은 정말로 하나님께 의지하고 있는가? 당신은 하나님을 기다리고 있는가, 재촉하고 있는가? 그분의 모습이 보이지 않는 것 같을 때 당신은 스스로 문제를 해결하고 그분보다 앞서 가는가? 때때로 하나님은 우리 삶에서 그 덕목을 더 키우고 성숙하게 하시려고 그분에 대한 우리의 의존성을 시험하신다. 이는 당신이 전부를 걸고 순종하는지 시험하기 위해 그분의 뜻을 당신 마음에 새겨주신다는 뜻일 수도 있다. 아니면 오랜 시간이 걸릴 수도 있는 것에 대해 하나님의 인도를 기다리게 하는 것일 수도 있다. 하나님의 음성과 침묵은 모두 우리가 그분을 의지하도록 가르친다.

**그리스도 안에서의 승리.** 당신이 당신 삶을 폭로하는 기사를 본다면, 거기에는 의심, 두려움, 위선, 자만심, 죄를 극복하고 승리한 사람의 이야기가 있을까? 아니면 활동성과 수동성 사이에서 흔들리고 있는 낙담하고, 패배하고, 열매 맺지 못하는 그리스도인의 모습이 그려져 있을까? 그리스도의 능력이 "항상 우리를 그리스도 안에서 이기게"(2:14) 하신다면, 과연 다른 사람의 행진을 따라갔을까, 아니면 당신 스스로 이끌어가려고 했을까? 당신은 지금까지 자진해서 당신의 몸과 마음과 생각과 뜻을 산 제사로 하나님께 드린 적이 있는가(롬 12:1–2)? 그렇지 않다면 지금 당장 그렇게 하지 못하는 것은 무엇 때문인가?

**세상을 향한 증언.** 당신은 주변 사람에게 어떤 향기를 풍기는가? 향수를 말하는 게 아니다. 당신은 죄의 냄새와 구세주의 향기 중 어떤 것을 풍기고 있는가? 그리스도를 닮은 인품은 뚜렷한 향내가 있다. 그 향내는 하나님이 복음을 받아들일 준비를 해놓으신 사람들을 끌어들일 것이지만, 마음이 강퍅해진 사람들은 멀어지게 할 것이다. 그들의 반응은 신경쓸 것 없다. 그것은 주님께 달려 있다. 그러나 신자라면 누구도 이런 말을 하고 이런 것을 믿는다고 하면서 실제로는 다른 것에서 나오는 악취를 풍기는 위선적인 간증 때문에 불신자들을 그리스도에게서 멀어지게 하는 책임을 지고 싶어하지 않는다. 리처드 백스터(Richard Baxter)는 이렇게 말했다. "스스로 주의하라…당신의 혀로 말하고 있는 삶을 살고 있다는 말을 취소하지 않도록."[10]

**진정한 사역.** 사람들은 사기꾼과 가짜를 꽤 잘 짚어낸다. 사람들은 새빨간 거짓말을 하면서 웃고 있는 정치인에게 익숙하다. 사람들은 텔레비전 설교자가 매춘부를 불러들여 체포되기 직전까지 부정한 행실을 버젓이 비난하는 것을 보았다. 사람들은 그들의 돈을 가져가려고 작정한 판매원의 집요하고 강압적인 권유를 물리치는 방법을 터득했다. 그리스도인은 진정성의 본을 보여줄 수 있어야만 사기꾼과 사기꾼이 되고 싶어 하는 사람들이 판을 치는 문화에 맞설 수 있다. 진실한 사람이 되는 것이 당신의 우선순위 중 하나인가? 당신은 당신의 강점뿐 아니라 약점까지도 사람들이 볼 수 있게 하는가? 당신의 취약점을 드러내는가, 아니면 허울 뒤에 숨기고 있는가? 진정성이란 당신이 누구인지 이해하고 매끈한 외양 뒤에 숨은 당신의 삶이 어떤 모습인지 투명하게 보여주는 것을 의미한다. 진실해지는 것은 고통스럽지만, 그것이 우리가 다른 사람에게 가장 깊은 영향을 미칠 수 있는 방법이다(살전 2:8).

위의 질문을 생각하고 대답하면서 당신과 주님과의 관계가 피상적인 단계에서 침체되어 있는 건 아닌지 자문해보라. 감사하게도 하나님은 언제나 승리로 이끄시기에 자기 자녀들을 늘 더 깊은 관계로 이끄신다. 더 깊고 의미 있는 영적 생활을 원한다면 시간을 내어 그것을 위해 기도하라. 주님은 그분의 나라를 미래로 나아가게 할 진지하고 진실한 종을 찾고 계신다. 그 부르심에 응답하겠는가?

## 새 언약의 사역(고린도후서 3:1-18)

1우리가 다시 자천하기를 시작하겠느냐 우리가 어찌 어떤 사람처럼 추천서를 너희에게 부치거나 혹
은 너희에게 받거나 할 필요가 있느냐 2너희는 우리의 편지라 우리 마음에 썼고 뭇 사람이 알고 읽는
바라 3너희는 우리로 말미암아 나타난 그리스도의 편지니 이는 먹으로 쓴 것이 아니요 오직 살아 계
신 하나님의 영으로 쓴 것이며 또 돌판에 쓴 것이 아니요 오직 육의 마음판에 쓴 것이라

4우리가 그리스도로 말미암아 하나님을 향하여 이같은 확신이 있으니 5우리가 무슨 일이든지 우
리에게서 난 것 같이 스스로 만족할 것이 아니니 우리의 만족은 오직 하나님으로부터 나느니라 6그가
또한 우리를 새 언약의 일꾼 되기에 만족하게 하셨으니 율법 조문으로 하지 아니하고 오직 영으로 함
이니 율법 조문은 죽이는 것이요 영은 살리는 것이니라

7돌에 써서 새긴 죽게 하는 율법 조문의 직분도 영광이 있어 이스라엘 자손들은 모세의 얼굴의
없어질 영광 때문에도 그 얼굴을 주목하지 못하였거든 8하물며 영의 직분은 더욱 영광이 있지 아니

하겠느냐 9정죄의 직분도 영광이 있은즉 의의 직분은 영광이 더욱 넘치리라 10영광되었던 것이 더 큰
영광으로 말미암아 이에 영광될 것이 없으나 11없어질 것도 영광으로 말미암았은즉 길이 있을 것은
더욱 영광 가운데 있느니라

12우리가 이같은 소망이 있으므로 담대히 말하노니 13우리는 모세가 이스라엘 자손들에게 장차 없
어질 것의 결국을 주목하지 못하게 하려고 수건을 그 얼굴에 쓴 것 같이 아니하노라 14그러나 그들의
마음이 완고하여 오늘까지도 구약을 읽을 때에 그 수건이 벗겨지지 아니하고 있으니 그 수건은 그리
스도 안에서 없어질 것이라 15오늘까지 모세의 글을 읽을 때에 수건이 그 마음을 덮었도다 16그러나
언제든지 주께로 돌아가면 그 수건이 벗겨지리라 17주는 영이시니 주의 영이 계신 곳에는 자유가 있
느니라 18우리가 다 수건을 벗은 얼굴로 거울을 보는 것 같이 주의 영광을 보매 그와 같은 형상으로
변화하여 영광에서 영광에 이르니 곧 주의 영으로 말미암음이니라

---

성공. 현대 세계에서는 이 말을 듣기만 해도 힘이 불끈 난다. 우리는 성공이라는 말을 들으면 돈, 권력, 특권의 이미지를 떠올린다. 목표가 달성되고, 꿈이 실현되며, 장애물이 극복되고, 적이 무릎을 꿇는다. 어느 정도의 성공을 좋아하지 않는 사람은 없다. 그리고 우리는 성공의 비결을 안다. 그렇지 않은가? 성공한 사람들은 좋은 교육을 받고, 최신 유행의 옷을 입으며, 머리부터 발끝까지 말끔하고 사교적이다. 딱 보아도 잘나가는 사람이다. 그들은 자신감이라는 배를 타고 단호한 결단력을 원동력으로 도전의 폭풍 속을 헤쳐나간다. 그 무엇도 그들이 가는 길을 막지 못한다. 이런 모습은 군중과 카메라를 끌어모으고, 당신이 미처 알기도 전에 그들의 이름과 사진이 미디어를 도배한다. 그러면 그들을 성공으로 이끈 요인 자체가 그들과 그들의 사업체나 기관의 마케팅 기법이 되어 더 많은 관심과 기회와 수익, 곧 더 큰 성공을 창출하게 된다.

받아들이기 어렵겠지만, 하나님은 그런 것들을 성공으로 보지 않으신다. 사람의 외양이나 사회적 자신감은? 하나님은 이런 것들에 눈도 깜짝하지 않으신다. 성경은 이렇게 말한다. "내가 보는 것은 사람과 같지 아니하니 사람은 외모를 보거니와 나 여호와는 중심을 보느니라"(삼상 16:7). 온갖 장애물을 뚫고 목표와 계획을 향해 나아가는 자신감? 그것은 주님의 뜻일 경우에만 인정하신다. 야고보는 이렇게 썼다. "주의 뜻이면 우리가 살기도 하고 이것이나 저것을 하리라"(약 4:15). 준비된 소비자 문화에 번드르르한 '공공 이미지'를 파는 낯 두꺼운 자기 홍보는? 주님은 끌리지 않으신다. 바울은 "옳다 인정함을 받는 자는 자기

를 칭찬하는 자가 아니요 오직 주께서 칭찬하시는 자니라"(고후 10:18)고 썼다. 세상은 매력과 담력과 영광에 열광하지만, 하나님이 인정하시는 성공의 기준은 완전히 다르다.

안타깝게도 이런 세속적인 성공 요소는 교회와 사역에까지 침투했다. 오늘날 성공적인 사역이란 얼마나 많은 사람이 예배에 참석하는지 또는 시청하는지, 설교자가 얼마나 명성이 높고 영향력이 큰지, 예배당에 최신 설비가 갖추어져 있는지로 평가된다. 나는 평생 동안 사역하면서 작은 교회에서부터 대형 교회까지, 지역사회에서 소외된 회중 또는 세계적으로 영향력을 끼치는 교회들을 두루 섭렵했다. 사역 범위와 규모에 따라 각각 나름의 어려움과 축복을 개인적으로 경험했다. 당신에게 말해주고 싶은 게 있다. 하나님의 눈에는 세상 기준으로는 실패한 것 같아 보이는 작은 교회들이 마음만 먹으면 무엇이나 할 수 있는 대형 교회보다 훨씬 더 성공한 교회로 보일 수 있다. 세계적인 명사들이 이끄는 영향력 있는 사역이 복음을 전파하고 그리스도의 몸을 세우기보다 교인들을 사취하고 삶을 망가뜨릴 수 있다.

우리는 자칫하면 능력과 영향력과 재정적 자원이 더 커질수록 하나님이 우리를 더 많이 사용하실 수 있다는 세속적인 사고방식에 물든다. 그러나 바울은 그리스도와 상관없는 그의 모든 인간적 성취를 예수 그리스도를 아는 것에 비하면 "쓰레기"라고 생각했다(빌 3:4-9). 이제 바울은 고린도후서 3장에서 하나님의 기준에서 볼 때 성공인 진정한 새 언약 사역에 대한 그림을 완성한다. 우리는 여기서 무엇이 섬기는 자의 자격 요건인지 알게 된다. 바울의 가르침이 세계적으로 크게 성공한 사람이나 세속적인 기독교 사업가들을 놀라게 할지도 모르지만, 우리가 가진 자격의 출처는 우리 자신이 아니라 오직 하나님뿐이라는 것은 엄연한 사실이다.

## —3:1-5—

바울은 고린도후서 2장 14-17절에서 자기가 그리스도의 개선 행렬과 그리스도의 승리를 축하하는 향기와 진실한 마음의 은혜를 누리고 있다고 말한다. 그의 사역을 비난하는 사람은 이 말을 듣고 바울이 관심을 받기 위해 자기의 업적을 자랑하고 있다고 생각할 수 있었다. 실제로 우리는 주님이 바울의 손을 빌어 행하신 기적에 대해 자랑할 수도 있었다는 것을 앞에서 보았다. 그러나 바울은 여기서(3:1) 자화자찬한다는 비난을 받을 수도 있다는 것을 예상하고 그것에 대해 말한다.

바울 시대에는 순회 전도자들이 대개 그들을 지지하고 추천한다는 편지를 가지고 다녔는데, 그것이 인증서 역할을 했다. 예수님과 제자들 시대 이전에도 도사 지망생들이 이 도시 저 도시를 떠돌며 흉을 돋구어 순진한 군중의 돈과 헌신을 거둬들였다. 복음이 예루살렘에서 유대와 사마리아를 거쳐 이방 국가들로 번지고 있을 때에도(행 1:8), 이 사이비 집단은 여전히 세력을 유지했다. 실제로, 사탄은 교회의 확산을 틈타 자기의 사기꾼 군대를 동원했다. 이들은 사도들의 명백한 결함을 지적하고 자기들의 기량을 과시하면서 그리스도의 새 언약을 위임받은 진짜 대사들과 자기네를 차별화하기 위해 안간힘을 썼다.

이 경쟁자들과 비교해 바울은 자신이 가진 추천 "편지"-고린도의 그리스도인-를 다시 강조했다(고후 3:2-3). 바울은 인증서가 필요 없었다. 그가 자격 있는 복음 사역자인지 알려면 바울이 고린도 교회를 포함해서 소아시아와 아가야 전역에 개척한 교회의 교인만 보아도 충분했다. 그에게는 "살아 계신 하나님의 영"의 영향을 받아 변화된 심령 외에 더는 추천장이 필요 없었다. 그들이 진실하게 전향했다는 사실이 바울이 진정한 사도로서 사역한 것임을 입증했다.

그러나 바울은 자신이 성공적으로 사역한 것은 그리스도가 자기를 통해 이루셨기 때문임을 인정했다(3:4). 사실, 그는 "우리가 무슨 일이든지 우리에게서 난 것 같이 스스로 만족할 것이 아니니 우리의 만족은 오직 하나님으로부터 나느니라"(3:5)는 말로 자기의 부족함을 고백했다. 이와 똑같은 고백을 하는 사역자들이 얼마나 있는가? 이렇게 자기를 부인하는 그리스도인이 몇이나 될까? 바울의 이 말은 자기 이야기를 '돋보이려고' 극적인 수단을 쓰거나 자화자찬에 많은 시간과 돈과 에너지를 쓰는 자수성가한 사람들의 이야기를 찬양하는 세계관과는 정반대다. 바울의 관점에서는 누가 우리를 보는 게 중요한 것이 아니라 그들이 그분을 보는 것이 중요했다. 우리가 우리 자신을 드러낼수록 그리스도의 인격과 사역을 더 가리게 된다.

## —3:6-11—

바울은 고린도후서 3장 5절에서부터 사도들에게 맡겨진 새 언약 사역의 독특성을 설명한다. 이 복음 사역은 너무 획기적이어서 세상이 예상하는 성공한 기업의 모습과 정반대일뿐 아니라 옛 언약의 사역과도 근본적으로 다르다. 옛 언약인 모세의 율법 아래서는 하나님의 진리가 돌에 새겨지고 종이에 쓰여 있었다. 계명은 객관적으로 한 사람이 죄인인지의 여부를 판단하는 외적인 기준으로 사용되었다. 이와 같이 율법의 "편지"는 그것 자체로 선하고 거룩하지만(롬 7:12), "죽이는" 역할, 곧 우리에게 유죄 선고를 내려 선하고 거룩하신 하나님의 심판대에 세우는 역할을 담당한다(고후 3:6-7). 아무도 그 엄격한 기준에 따라 살 수 없었기 때문에 그것은 생명을 줄 수 없었다(롬 3:10).

그런데 나사렛 예수가 등장하셨다. 그분은 우리의 대표로, 우리를 대신해 율법을 완벽하게 수행하기 위해 이 세상에 발을 들여놓으셨다. 그리고 그분은 세상의 죄에 대해 우리가 받아야 할 형벌을 친히 받으시고, 율법의 정죄하는 권세를 폐지하시며, 우리를 대신해 십자가에서 죽으셨다(엡 2:14-15). 그리고 죽은 자 가운데서 다시 살아나 승천하셔서 신자들의 마음속에 생명을 주는 하나님의 영을 보내셨다. 그 이후로 하나님의 의의 기준이 신자의 마음에 새겨졌기 때문에(렘 31:33) 하나님이 주신 계시의 말씀을 읽을 때 죄를 지적받아도 수치심과 죄책감으로 반응하지 않는다. 대신 그들은 그리스도의 구원 사역에 믿음으로 응답하고, 구원에 감사드리며, 내주하시는 성령의 능력으로 선하고 거룩한 삶을 산다. 율법은 우리가 하나님의 기준에 부합할 수 없다는 것을 보여주는 역할을 했지만, 우리 안에 계시는 하나님의 영은 우리가 모든 요건을 충족하게 해주신다.

바울은 "영광"의 이미지를 사용해 이 대조를 더 이어간다(고후 3:9-11). 영광을 빛이라고 생각하라. 당신이 상대적으로 광공해(네온사인이나 야간 조명 등의 불빛 때문에 공중의 먼지층이 희뿌옇게 되어 기상 관측에 방해가 되는 공해-편주)가 없는 지역에 살고 있다면 반짝반짝 빛나는 별의 광휘와 부드러운 달빛에 매혹될 것이다. 어두운 밤 인간의 빛과 멀리 떨어진 곳에서는 보름달이 당신이 가는 길을 훤히 밝힐 수 있다. 그러나 태양이 떠오르면 별들은 이내 사라지고, 달빛은 하얗게 바래며, 눈부신 노란 태양빛에 환히 빛나는 푸른 하늘만 보인다. 별들은 어디로 갔을까? 별들은 여전히 하늘에 있지만, 지금은 찬란한 햇살이 하늘의 다른 어떤 것보다 훨씬 더 밝게 빛나고 있다.

마찬가지로 그리스도의 새벽이 밝으면서 옛 언약의 영광은 빛이 바랬다. 그렇다. 구약의 율법은 선하고 의롭고 거룩했다. 그것은 하나님이 일련의 기적적인 사건을 통해 주신 것이다. 그러나 율법의 "유죄를 선고하는 직분"(3:9, 새번역)의 영광은 복음의 "의를 베푸는 직분"(3:9, 새번역)의 빛이 비치면 희미해진다. 사실, 옛 언약의 영광과 새 언약의 영광의 차이가 너무 커서 옛 언약은 "이제 훨씬 더 빛나는 영광이 나타났기 때문에, 그 빛을 잃게 [된]"(3:10, 새번역) 것처럼 보인다. 옛 언약도 영광이 충만했지만, 새 언약의 영광은 훨씬 더 크다(3:11).

## —3:12-16—

새 언약의 시대는 밝게 빛나는 새 확신도 가져왔다. 바울은 이렇게 썼다. "우리가 이같은 소망이 있으므로 담대히 말하노니"(3:12). 바울의 담대함은 자기의 생각, 능력, 재능에 대한 자신감에서 나온 게 아니라 그가 위임받은 새 언약의 사역이 선하고, 거룩하며, 의로운 모세의 옛 언약보다 훨씬 찬란히 빛난다는 사실에서 비롯된다.

모세가 시내산에서 십계명을 받을 때 하나님 앞에 서 있었던 영향으로 모세의 얼굴이 눈에 띄게 훤히 빛났다. 상상해보라. 모세는 산에서 내려오면서 그를 바라보는 사람들의 눈이 멀지 않도록 베일로 얼굴을 가려야 했다(출 34:29-35). 그런데 고린도후서 3장 13절은 모세가 그 광채가 희미해지는 것을 감추려고 얼굴을 계속 가리고 있었다고 말한다. 이로 보건대 유한하고 죄로 가득 차서 하나님의 영광을 담기에 부족한 우리는 하나님의 임재 밖에서는 그분의 영광을 유지할 수 없다. 어쨌든, 그것은 하나님의 광휘였고, 하나님이 그것을 모세와 나누신 것이지 모세가 스스로 광휘를 발한 게 아니었다.

바울의 수건은 자기 명성을 보호하고 보존하려는 노력을 상징한다. 누구나 그럴 때가 있다. 그러나 우리가 그리스도 안에 있을 때에만 자격을 갖출 수 있다는 사실을 기억한다면 이런 식으로 '감출' 필요가 없다. 그리스도 안에 있는 우리는 자기의 부족함과 약점을 숨기기 위해 쓰고 있는 가면을 벗어 찢어버릴 수 있다. 영원히. 사실, 가면과 베일은 그리스도를 또렷이 보지 못하게 시야를 가릴 뿐이므로 더 빨리 그렇게 할수록 좋다. 또 가면과 베일은 다른 사람이 우리 안에 계신 그리스도를 보지 못하게 한다.

바울은 영적으로 눈먼 상태를 상징하는 베일이 대다수 유대인의 마음과 생각을 가리고 있다고 가르쳤다. 그들의 마음이 "완고하여"(3:14) 옛 언약에 예시된 그리스도를 알아보지 못했다(3:14-16). 그러나 고맙게도 성령이 그들의 삶에 침투해 그들의 마음을 깨우치시면 베일은 벗겨지고, 모든 영광 속에 계신 그리스도를 드러내며, 다른 사람들에게 그리스도를 내비칠 수 있게 된다(3:16).

## —3:17-18—

우리가 예수님께 나아가면 성령의 권능이 우리 삶을 변화시킨다. 우리는 십자가 앞에 나아가 우리의 부족함을 고백하고 주님의 충만한 능력을 선포한다. 그러나 우리 믿는 자들은 제자도의 삶이란 자기를 부인하는 삶이라는 사실을 참 빨리도 잊어버린다! 그것은 날마다 십자가를 지고 주님을 따르는 삶이다(마 16:24). 그런데 우리는 십자가 그늘에서 벗어나기만 하면 우리의 능력은 오직 그리스도에게서 나온다는 사실을 망각한다. 찬송가의 가사가 이런 우리의 모습을 잘 표현했다. "내 손에 가진 것 없어 오직 당신의 십자가만 붙잡습니다."[11]

바울은 고린도후서 3장 17-18절에서 자신감의 비결을 제시한다. 자신감은 우리 자신, 우리의 재물, 재능, 직책, 권력, 특권, 성취 같은 것에서 나오는 게 아니다. 우리에게 아낌없이 능력을 주시는 분은 주님의 영이다(3:17). 우리는 더는 두려움, 수치심, 죄책감, 또는 누군가—특히 하나님—에게 감동을 주어야 한다는 욕망의 노예로 살 필요가 없다. 더는 자력으로 자신을 변화시키려고 애쓸 필요가 없다. 대신, 우리 마음에서 자기기만의 베일과 인정과 성취에 대한 욕망을 걷어내고 그리스도가 우리를 통해 빛을 발하시게 하면 된다. "우리가 다 수건을 벗은 얼굴로 거울을 보는 것 같이 주의 영광을 보매 그와 같은 형상으로 변화하여 영광에서 영광에 이르니 곧 주의 영으로 말미암음이니라"(3:18).

## 적용: 고린도후서 3:1-18

### 변화에 반드시 필요한 두 가지 요소

어떤 요리법은 꽤 까다롭다. 반죽에 한 가지 재료를 너무 많이 넣으면 너무 퍽퍽하거나, 너무 질척하거나, 너무 달거나, 너무 계란빵 같은 케이크가 나온다. 재료를 한두 가지 빠트리면 초콜릿 브라우니에서 종이상자를 씹는 것 같은 맛이 나거나 톱밥처럼 부스러질 수 있다.

변화된 삶에도 같은 원리가 적용된다. 하나님은 "그의 신기한 능력으로 생명과 경건에 속한 모든 것을 우리에게 주셨[다]"(벧후 1:3). 여기에서 말하는 모든 것에는 아버지의 사랑, 아들의 희생적 죽음과 권능을 주는 부활, 교회뿐 아니라 각 신자 안에 임재하시는 성령이 포함된다. 하나님은 우리에게 그분의 영감으로 쓰인 무오한 말씀을 완벽한 안내자로 주셔서 삶의 미로를 헤쳐나올 수 있게 하셨다. 그런데도 우리는 종종 변화된 삶에 꼭 필요한 두 가지 요소, 곧 하나님과 시간을 간과한다.

첫째, **하나님**. 성취 주도적이고, 보상 지향적인 문화 속에서 우리는 자칫 하나님의 은혜로 구원받았지만 변화는 우리의 노력으로 이루는 것이라고 생각하기 쉽다. 하지만 진정한 영성은 우리 자신이 아니라 하나님에게서 온다는 것을 기억해야 한다. 우리가 할 수 있는 것은 우리를 내어드리는 것이다. 우리는 거짓 경건의 베일을 벗을 수 있다. 우리는 육신에 우리를 넘겨주는 대신 성령의 뜻과 권능에 우리를 내어드릴 수 있다. 그러나 결국에는, 하나님만 우리 여정에 힘을 주시고 우리 삶을 진정으로 변화시킬 수 있는 능력을 가지고 계신다. 당신이 거룩한 삶을 추구할 때 그것을 가능하게 해주시는 하나님의 능력을 중심에 두는 데 도움이 될 중요한 두 개의 구절을 암송할 것을 권한다.

> 너희 안에서 행하시는 이는 하나님이시니 자기의 기쁘신 뜻을 위하여 너희에게 소원을 두고 행하게 하시나니(빌 2:13).

> 내가 그리스도와 함께 십자가에 못 박혔나니 그런즉 이제는 내가 사는 것이 아니요 오직 내 안에 그리스도께서 사시는 것이라 이제 내가 육체 가운데 사는 것은 나를 사랑하사 나를 위하여 자기 자신을 버리신 하나님의 아들을 믿는 믿음 안에서 사는 것이라(갈 2:20).

둘째, **시간**. 패스트푸드 식당에서부터 10분 오일 교환, 30초짜리 뉴스 헤드라인에 이르기까지 21세기의 문화는 속전속결에 점점 익숙해져왔다. 우리 세대는 '전자레인지 세대'로 불렸다. 지금 사람들은 예전에는 끓이는 데 10분이 걸렸던 음료를 전자레인지로 데우면서 발을 구르며 조바심을 낸다.

이렇게 속전속결식의 세상에서 우리는 걸핏하면 하나님이 우리가 단축시킨 시간표대로 움직여주시길 바란다. 특히 영적 성장이 그렇다. 유혹과 죄에 대해서도 우리는 하나님이 그것들을 한 방에 '해치우시기를' 바란다. 고통과 고난을 하나님이 '치워주시기' 원한다. 미덕을 함양하는 데 있어서는 하나님이 단번에 새로운 성품을 우리 안에 넣어주시기를 바란다. 성경에 기록된 모든 엄청난 기적을 행하신 하나님이 기적적인 방법으로 우리를 성숙한 제자로 만들어주신다면 처신하기가 얼마나 쉬울까. 그러나 하나님은 요술 지팡이를 휘두르는 마술사가 아니시다. 우리 관점에서 보면 하나님은 천천히 움직이시지만, 거기에는 그럴 만한 이유가 있다. 하나님은 우리를 성장시키려고 계획하신 경험으로 우리 삶을 인도하신다. 외우고 묵상하면 좋은 구절 두 개를 더 알려주고 싶다. 두 가지 다 우리가 하나님 아들의 형상으로 변화되기 위해 평생에 걸쳐 체득하고 실천해야 하는 것이다.

> 단단한 음식은 장성한 자의 것이니 그들은 지각을 사용함으로 연단을 받아 선악을 분별하는 자들이니라(히 5:14).

> 그러므로 너희가 더욱 힘써 너희 믿음에 덕을, 덕에 지식을, 지식에 절제를, 절제에 인내를, 인내에 경건을, 경건에 형제 우애를, 형제 우애에 사랑을 더하라(벧후 1:5-7).

하나님과 시간, 삶의 변화에 필요한 이 두 가지 요소를 절대 간과하면 안 된다. 이것이 없다면 우리는 자기 힘으로 할 수 없는 일을 하려고 할 것이고, 그때마다 좌절할 것이다. 그리스도인으로 산다는 것이 가능해 보이지 않기 때문이다. 이 두 가지로 우리는 서서히 그러나 분명히 "영광에서 영광에"(고후 3:18) 이르도록 변화될 것이다.

# 주

1. John Keith, "How Firm a Foundation," in *The Hymnal for Worship and Celebration*(Waco, TX: Word Music, 1986), no. 275.
2. Joni Eareckson Tada, *Joni: An Unforgettable Story*, 25th anniversary ed.(Grand Rapids: Zondervan, 2001) 참조.
3. Joni Eareckson Tada, *A Place of Healing: Wrestling with the Mysteries of Suffering, Pain, and God's Sovereignty*(Colorado Springs: David C. Cook, 2010) 참조.
4. Murray J. Harris, "2 Corinthians," in *The Expositor's Bible Commentary*, vol. 10, ed. Frank E. Gaebelein(Grand Rapids: Zondervan, 1976), 321.
5. Washington Irving, *Rip Van Winkle*(New York: Doubleday, 1905), 13.
6. David K. Lowery, "2 Corinthians," in *The Bible Knowledge Commentary*, vol. 2, ed. John Walvoord and Roy B. Zuck(Wheaton: Victor Books, 1983) 556.
7. C. K. Barrett, *The Second Epistle to the Corinthians*, Black's New Testament Commentaries (New York: Harper and Row, 1973), 79.
8. Lowery, "2 Corinthians," 559.
9. William Barclay, *The Letters to the Corinthians*, The New Daily Study Bible, 3rd rev. ed.(Louisville: Westminster John Knox, 2002), 218.
10. Richard Baxter, *The Reformed Pastor*(London: James Nisbet, 1860), 77.
11. Augustus M. Toplady, "Rock of Ages, Cleft for Me," in *Hymnal for Worship and Celebration* (Waco, TX: Word Music, 1986), no. 204.

# 화해의 사역

고린도후서 4:1-5:21

먼 숲에서 20년을 잔 립 밴 윙클[Rip Van Winkle, 워싱턴 어빙의 소설 『스케치북』(*The Sketch Book*)에 나오는 주인공으로, 그는 20년을 자고 깨어나 변한 세상에 놀란다–역주]이 어느 주일날 현대의 교회에서 깨어난다면 어떤 일이 벌어질지 상상할 수 있겠는가? 당신이 19세기에서 21세기로 옮겨졌다면 어떤 충격을 받을지 상상해보라! 어느새 신도석은 접는 의자로 바뀌었고, 성전과 강단은 정면 무대로, 찬양 가사는 예배당 정면의 스크린에 뜬다. 현대의 어떤 모습은 익숙해지는 데 시간이 걸릴 것이다.

이제 사도 바울이 1세기의 그리스 로마 시대에서 21세기의 현대 문화 속으로 이동했다고 상상해보라. 그는 건축, 예술, 교통, 통신, 인구, 의학의 놀라운 변화를 믿지 못해 눈을 비비고 깜짝 놀라 몸을 가누지 못할 것이다. 만약 그가 현대 도시를 돌아다닐 수 있다면 교회를 교회로 인식할 수 있을지 궁금하다. 그리고 주일 아침에 전형적인 복음주의 교회를 방문한다면 그는 예배에 동참할까, 아니면 믿을 수 없다는 듯이 머리를 긁적일까?

현재의 교회 상태는 교회를 창립한 사도에게 충격일 것이다. 최초의 '교부' 중 하나인 사도 바울은 교회가 갓난아기였을 때 젖을 먹여 걸음마를 뗄 정도로 성장시키고 나서 그와 다른 사도들이 엄선한 다음 세대의 신자들에게 그 사역을 넘겨주었다. 그들의 사역은 죄로 가득 찬 사람들을 메시아 예수 안에서 거룩하신 하나님과 화해시키는 것–그리스도 안에서 새롭게 태어나는 것이 특징인 사역–이었다(5:17). 대대로 전달된 기독교 신앙의 직계 상속자인 오늘날의 복음 사역자들에 대해 바울이 어떤 느낌을 받을 거라고 생각하는가? 당혹감? 혼란? 승인? 노여움?

어쩐지 우리 시대가 창출한 교회 문화의 여러 측면이 바울의 이상적인 화해 사역에 함량 미달일 것 같다는 생각이 든다. 우리는 도덕적 순결이 부족하다. 바울은 그것을 강조했다. 우리는 성경의 깊은 가르침에 충실하지 않다. 바울은 그것을 권면했다. 우리는 감정적인 설득에 지나치게 치우친다. 바울은 성령의 역사에 의지했다. 많은 교회가 자기들이 누구인지, 무엇을 해야 하는지 전혀 모른다. 바울은 그리스도인으로서 강한 신념과 그리스도의 대사로서 분명한 사역 모델을 가지고 그리스도를 대신해서 "하나님과 화목하라"(5:20)고 호소했다. 우리가 가장 중요한 이 소명을 망각하면 그 이상에서 점점 멀어져 신약성경의 사역과 전혀 달라 보이는 사역 모델과 방법을 취하게 된다.

21세기를 사는 우리는 진정한 기독교를 받아들이고 진정한 사역을 장려하기를 원한다.

그러려면 우리가 무엇을 위해 부름받고 무엇을 할 준비가 되어 있는지 정확히 알아야 한다. 나는 고린도후서 4장 1절–5장 21절에 '화해의 사역'이라고 제목을 붙였다. 진흙으로 빚어졌지만, 귀중한 보물을 담는 데 쓰이는 질그릇처럼(4:7–12) 연약하고 실수투성이인 우리 인간 사역자들은 하나님과 인간을 화해시키는 영광스러운 사역을 위해 성령으로 충만해진다(4:13–18). 그리스도를 믿지 않는 사람들에게 다가가 제자로 삼으라는 하늘의 명령 때문에 우리는 영원한 보상을 기대한다. 우리는 주변 문화가 우리를 어떤 존재로 만들더라도 신경 쓰지 말아야 한다. 대신 우리는 불멸의 몸을 소망하고 동경하며 이 필멸의 몸으로 열심히 일해야 한다(5:1–10). 그러므로 하나님의 진정한 사역자는 어떤 대가를 치르더라도 다른 사람을 하나님과 화해시키기 위해 최선을 다해 설득한다(5:11–21).

이 화해의 사역은 오늘날 교회에 널리 퍼져 있는 현대의 사역 모델들과 방향이 다를지 모르겠지만, 우리가 열매 맺는 사역에 대한 바울의 비전에 충실하다면 바로 이러한 화해 사역에 힘써야 한다.

## 핵심 용어

δόξα [*doxa*, 독사]*(1391)* '영광', '명예'

구약성경의 고대 헬라어 번역본(칠십인역이라고 부름)에서 하나님의 *doxa*는 대개 그분의 거룩하시고 의로우시며 초월적인 본질의 물리적 현시다(출 16:7). 이사야 선지자는 하나님의 영광이 온 세상을 가득 채우는 환상 같은 광경을 묘사했다(사 6:3). 즉, 하나님의 위대한 속성이 그분의 위대한 창조물에 그대로 드러났다. 바울에게는 하나님의 영광이 만물의 궁극적 목표이자 존재 이유다(엡 3:21). 고린도후서 4장 1–7절에서 바울은 하나님의 위대하심과 영광을 예수 그리스도의 복음을 선포함으로써 세상에 그 영광을 알릴 임무를 위임받은 연약한 인간 질그릇과 대조한다.

καταλλαγή [*katallagē*, 카탈라게]*(2643)* '화해'

'화해'라는 말은 문자적으로 '교환'이나 '무역'을 뜻하는 회계나 재정 용어였다. 바울은 로마서 5장 10–11절과 고린도후서 5장 18–20절에서 이 용어[그리고 이것의 동사형 *katallassō*(2644)]를 써서 예수 그리스도가 십자가에서 이루신 대속 사역으로 말미암은 관계의 변화를 나타낸다. 그분의 생명과 의는 우리에게 옮겨졌고, 우리의 죄와 죽음은 그분이 셈을 치르셨다. 그로 인해 하나님과 신자의 관계가 회복되었다.

## 초라한 그릇 속에 담긴 강력한 설교(고린도후서 4:1-12)

1그러므로 우리가 이 직분을 받아 긍휼하심을 입은 대로 낙심하지 아니하고 2이에 숨은 부끄러움의
일을 버리고 속임으로 행하지 아니하며 하나님의 말씀을 혼잡하게 하지 아니하고 오직 진리를 나타
냄으로 하나님 앞에서 각 사람의 양심에 대하여 스스로 추천하노라 3만일 우리의 복음이 가리었으면
망하는 자들에게 가리어진 것이라 4그 중에 이 세상의 신이 믿지 아니하는 자들의 마음을 혼미하게
하여 그리스도의 영광의 복음의 광채가 비치지 못하게 함이니 그리스도는 하나님의 형상이니라 5우
리는 우리를 전파하는 것이 아니라 오직 그리스도 예수의 주 되신 것과 또 예수를 위하여 우리가 너
희의 종 된 것을 전파함이라 6어두운 데에 빛이 비치라 말씀하셨던 그 하나님께서 예수 그리스도의
얼굴에 있는 하나님의 영광을 아는 빛을 우리 마음에 비추셨느니라

7우리가 이 보배를 질그릇에 가졌으니 이는 심히 큰 능력은 하나님께 있고 우리에게 있지 아니함
을 알게 하려 함이라 8우리가 사방으로 우겨쌈을 당하여도 싸이지 아니하며 답답한 일을 당하여도 낙
심하지 아니하며 9박해를 받아도 버린 바 되지 아니하며 거꾸러뜨림을 당하여도 망하지 아니하고 10우
리가 항상 예수의 죽음을 몸에 짊어짐은 예수의 생명이 또한 우리 몸에 나타나게 하려 함이라 11우리
살아 있는 자가 항상 예수를 위하여 죽음에 넘겨짐은 예수의 생명이 또한 우리 죽을 육체에 나타나게
하려 함이라 12그런즉 사망은 우리 안에서 역사하고 생명은 너희 안에서 역사하느니라

---

권력에 미친 사람들은 그리스도와 십자가를 대할 때 어찌할 바를 모른다. 전능하신 우주의 하나님이 십자가에서 죽도록 자신을 내어주셨다는 개념은 세상 어디에서도 찾아볼 수 없기 때문이다. 권력을 생각하면 힘이 떠오른다. 국가가 힘을 과시하고 싶으면 군사들이 절도 있는 걸음걸이로 시내 중심가를 행진하게 하고, 최신식 탱크와 무엇이든 구멍을 낼 수 있는 거대한 미사일이 그 뒤를 따르게 한다. 또는 그 미사일을 공중에 발사해서 거대한 폭탄의 위력을 시험하고, 군도를 덜컥거리며 군사력을 과시하면 주변 모든 사람이 그들을 무시할 수 없는 세력으로 생각할 것이다. 정치 세계에서는 그게 권력이다.

개인으로 말할 것 같으면, 우리는 이두박근을 키우고 몸매를 가꾼다. 우리는 아무도 우리를 건드리지 못하게 '민소매 셔츠'를 입고 우람한 몸을 과시한다. 한편 자기를 헐크처럼 보이게 할 수 없는 사람들은 직분에서 권력을 찾으려고 한다. 돈을 많이 벌거나 큰 권력을 가진 사람들을 상대할 수 있는 직업을 찾는다. 우리는 상황을 조작하고, 대장 노릇을 하며, 사소한 결정들로 사람들의 삶에 영향을 미치면서 가상의 근육을 키운다.

그런 권력은 예수 그리스도를 통해 나타난 하나님의 권세와 조금도 닮지 않았다. 역사

상 가장 중요한 역설은 2천 년 전 성육하신 하나님이 죽으셨을 때 일어났다. 전능이 무능에게 항복했다. 하늘에서 천사들을 불러 지상의 행악자들을 모조리 쓸어버리실 수 있는 권세를 가지신 주님이 그렇게 하지 않으셨다. 대신 그분은 생명이 없는 시체가 되어 십자가에서 끌어내려져 빌린 무덤에 묻히셨다.

강한 것이 약한 것 안에서 완전해지고 세상의 어리석음이 하나님의 지혜가 되는 이 '힘의 역설'로 인해 하나님과 세상을 화해시키는 사역 역시 역설을 특징으로 한다는 것이 전혀 놀랍지 않다. 실제로 바울은 고린도후서 4장 1-12절에서 하나님이 택하신 전령들의 위대한 역설을 강조한다. 이 약하고 깨지기 쉬운 질그릇이 자기에게 사람들을 적게 끌어들일수록 하나님의 영광은 더 크게 드러난다.

## —4:1-6—

바울은 성령의 새 언약 사역에 관해 고린도후서 3장의 논지를 계속 전개하면서 효과적이고 진정한 사역을 묘사하는 그림의 틀을 만든다. "그러므로 우리가 이 직분을 받아 긍휼하심을 입은 대로 낙심하지 아니하고"(4:1). 우리가 그리스도께 자비를 받았으니 우리도 다른 사람들에게 자비를 보여준다. 우리가 어쩔 줄 몰라 허둥대고 절망이 목까지 차올랐을 때 하나님은 그리스도를 통해 몸을 굽혀 옴짝달싹할 수 없는 곤경에서 우리를 구해주셨다. 진흙투성이에다가 더럽고 초라한 우리를 주님은 큰 자비로 깨끗이 씻기시고 치유해주셨다.

우리에게 베푸신 자비를 통해 표현된 놀라운 하나님의 사랑을 받아들이면 우리는 흔들리지 않고 계속 나아갈 수 있다. 바울은 "우리가…낙심하지 아니하고"(4:1)라고 말한다. 우리는 하나님의 자비에서 멀어진 옛 삶의 진창으로 돌아가지 않고 하나님의 영이 주시는 힘으로 두 발로 굳게 서서 힘차고 당당하게 걸을 수 있게 된다. 하나님의 자비는 우리의 영혼을 일으키고, 다른 사람들에게로 관심을 돌리게 하며, 이 자비를 널리 나누고 싶은 마음이 들게 한다.

자비와 견인불발에 대한 올바른 생각이 우리를 바른 길에 세워주었어도 발걸음을 내딛는 것은 우리 몫이다. 바울은 쓸모없고 무익했던 우리 삶을 하나님이 어떻게 위대한 일을 성취하는 데 사용하시는지 설명한다(4:2-4). 그는 주님을 섬기기 위해 깨끗하게 준비된 질그릇은 그 목적대로 쓰일 수 있다는 것을 자신의 예로 설명한다.

바울은 우리에게 '드러내지 못할 일들'-은밀하고 비열한 속임수-을 버리고 간교한 행동을 하지 않는 모범을 보여주었다. 이것은 바울이 사역할 때 변덕스럽고 사람들을 오도했다고 주장한 고린도의 고발자들이 퍼부은 비난과 배치된다. 바울은 "속임으로 행하[고]" "하나님의 말씀을 혼잡하게 [한 것]"(4:2)은 그와 그의 동료들이 아니라 그를 고발하는 사람들임을 넌지시 내비치며 그들을 역으로 공격한다. 바울은 혼자 있을 때나 사람들과 있을 때나 똑같았다. 그는 자기 삶에서나 복음 사역자가 되려고 하는 사람들의 삶에서나 이중성을 용납하지 않았다.

오늘날 많은 인기 있는 설교자들이나 교사들과 달리 바울은 총명함, 재치, 매력에 의지해 사람들을 하나님 나라로 끌어들이려 하지 않았다. 성과를 내기 위한 속임수와 술책이 들어설 자리가 그에게는 없었다. 그는 사람들의 감정을 이용하지 않았다. 그는 감정에 호소해서 사람들을 끌어모으면 그들을 붙잡기 위해 계속 그래야 한다는 것을 알고 있었다. 대신 바울은 온전한 하나님 말씀에 의지해 그 일을 수행했다(4:2). 바울의 전략은 오늘날 우리가 아는 현란하고 매혹적인 설교자들의 전략과 비교했을 때 별나게 보일 수 있다. 그는 하나님 말씀을 통해 하나님의 일을 하시는 성령을 의지해 꾸밈없이, 있는 그대로 복음의 진리를 제시하기만 했다.

사실, 단순하게 진리만 전하는 바울의 설교에 청중이 늘 대거 개종하거나 감동받는 것은 아니었다. 대개 듣지 못하고 보지 못하고 믿지 못하는 사람들에게 진리를 전달할 때 그런 방식으로 접근하게 된다(4:3). 실제로 복음은 멸망하는 자들, 이러지도 저러지도 못하는 자들, 진리로부터 도망치는 자들에게는 "가려져 있다."

불신자들의 마음과 생각이 사탄에 의해 어두워져 있어도(4:4) 진정한 복음 사역자는 실질적이고 영구적인 결과를 낳지 않는 조작되고 죄책감을 유발하는 책략을 피하면서 계속해서 진리를 보여주어야 한다. 하나님의 말씀으로 성령이 주신 확신만 마음을 변화시킬 수 있다.

> 하나님의 말씀은 살아 있고 활력이 있어 좌우에 날선 어떤 검보다도 예리하여 혼과 영과 및 관절과 골수를 찔러 쪼개기까지 하며 또 마음의 생각과 뜻을 판단하나니 지

으신 것이 하나도 그 앞에 나타나지 않음이 없고 우리의 결산을 받으실 이의 눈 앞에 만물이 벌거벗은 것 같이 드러나느니라(히 4:12-13).

영적인 심장 수술은 우리 소관이 아니다. 오직 하나님만 하실 수 있다. 따라서 우리는 사람을 조종하려 하는 방법과 전략을 사역 방법으로 사용해서는 안 된다. 그보다는 성령이 말씀을 통해 그분의 역사를 이루시게 해야 한다. 그리고 베일을 벗기고(고후 3:14-4:6) 불신자들의 마음을 덮고 있는 기만의 어두운 구름을 뚫을 수 있는, 절대 실패하지 않는 단 하나의 방법만 남겨야 한다. 우리가 아무리 약점이 많아도 우리는 말씀을 전해야 한다. 우리의 재능, 은사, 자원, 능력에 이목을 집중시켜 우리 자신을 전하면 안 된다. 우리는 하나님의 자비를 받은 종으로서 "예수 그리스도를 주님으로" 선포해야 한다(4:5, 새번역).

영적 지도자든 아니든 지도자는 누구나 따르는 사람들 관점에서는 유명인이 되기 쉽다. 목회자가 듣는 모든 칭송의 말이 자만으로 쌓일 때, 그들이 명성에 수반되는 여러 상황을 경험할 때 또는 지나치게 자기를 과시하기 시작할 때, 그것은 문제의 싹을 키우고 있는 것이다. 당신 교회의 웹사이트에 예수님의 이름보다 목사의 이름이 더 많이 나온다면 그것은 문제다. 교회 여기저기에 인기 있는 설교자의 이름과 사진이 붙어 있다면 교만과 우선순위에 심각한 문제가 있는 것이다. 바울은 끊임없이 예수 그리스도를 주님으로 지목하면서 그가 가르친 사람들이 그를 값진 보물을 담고 있는 질그릇 이상으로 보는 것을 허용하지 않았다.

교만이 당신의 사역 속으로 슬그머니 발을 들여놓는 것을 당신이 눈감아줄 때 당신은 그것을 인식하는가? 당신이 자기자신과 당신이 이룬 것에 대해 자주 이야기할 때, 특별한 대우를 기대하고 당신이 가진 특권을 과시할 때, 승진, 더 높은 직책, 더 많은 임금을 추구할 때, 여기저기를 다니려면 전용 제트기가 있어야 한다고 스스로 설득할 때, 아무도 당신에게 책임을 묻지 못하게 하면서 사람들이 당신이 하는 모든 말에 복종하기를 바랄 때, 이런 태도와 행동이 당신 삶에서 불쑥 나타날 때 당신은 위태하다. 주님이 확고한 권위를 되찾으실 때까지 당신은 물러나야 한다. 또한 다른 지도자에게서 이런 태도를 보면 그와 거리를 두어야 한다. 이런 태도는 개인숭배의 특성이지 그리스도를 높이는 교회에 있어야 할 것이 아니다.

## —4:7-12—

고린도후서 4장 7절에서 바울은 이전 구절에서 가볍게 다루었던 사안의 요지를 소개한다. 모든 신자는 복음의 메시지라는 귀중한 보물을 받은 사람이다(4:7). 이 구원의 메시지는 우리의 어두워진 마음에 지식의 빛을 가져오며 우리가 성령의 능력으로 그리스도만 전할 때 우리의 교만을 극복할 수 있는 힘을 준다. 우리 안에 거하시는 성령으로 말미암아 우리는 순수하게 복음을 전할 권세를 가졌다. 그러나 이 강력한 설교는 초라한 질그릇에 담겨 있다. 바울이 말한 이 질그릇의 의미는 구원받고, 인치심을 받고, 중생한 인간 신자들이며, 그 자신도 포함된다. 우리는 "하나님의 형상이신 그리스도의 영광[*doxa*(1391)]을 선포하는 복음의 빛"을 가진 자들이다(4:4, 새번역).

우리의 육신(창 2:7)을 가리키는 이 "질그릇"에 "어두운 데에 빛이 비치라"(고후 4:6)고 말씀하신 창조주 하나님이 임재하신다. 그러나 바울이 강조하는 것은 내주하시는 성령을 통한 하나님의 임재만이 아니다. 하나님의 임재는 사역을 수행하는 데 있어서도 마찬가지로 반드시 필요하다. 오히려 바울이 여기서 가장 염두에 두고 있는 것은 복음의 메시지 자체다. 그는 이 강력한 메시지를 볼품없고 깨어지기 쉬운 질그릇을 통해 선포된 보물에 비유한다.

하나님은 천사 같은 존재, 직접적인 환상과 꿈, 또는 각 개인에게 신성한 계시를 주어서 그분의 빛을 나타내실 수 있었다. 하나님 자신의 계획과 약속 외에 하나님을 제약하는 것은 없으므로 그분은 그렇게 하실 수 있었다. 그러나 하나님은 자신의 목적을 위해 우리를 통해 그 보물을 드러내기로 결정하셨다. 우리를 통해! 나는 이따금 잠에서 깨어나 궁금해한다. "왜죠 하나님? 왜 우리죠? 왜 저인가요?" 우리의 약점, 타락 그리고 대책 없는 어리석음을 생각해보면 이것은 당연한 질문이다. 인정할 건 인정하자. 바울이 우리를 "질그릇"에 비유한 것은 어떤 면에서는 낙관적이다! 어떤 날에는 우리는 고작 모양이 만들어지지 않은 별 볼 일 없는 진흙 덩어리이거나(롬 9:21), 아니면 희미한 먼지 구름이거나(창 3:19), 아니면 마음이 완악한 자이거나(잠 28:14), 아니면 마르는 풀이다(벧전 1:24).

우리는 하나님의 귀한 메시지를 보존하고 선포하기 위한 하나님의 계획에 우리가 포함된 것을 큰 영광으로 여기고 지극히 겸손해야 한다. 그러나 어찌된 영문인지 그 과정에서 우리가 "질그릇"이라는 현실을 자주 망각한다. 교회에서도 우리는 서로에게, 특히 방문객들에게 깊은 인상을 심어주려고 기를 쓴다. 우리는 성경을 편하고 능수능란하게 다루려고 애쓴다. 공연을 완벽하게 다듬고, 결점을 대수롭지 않게 생각하면서 겉만 번드르르하게 흠집을 메운다. 가장 귀한 그릇을 모든 사람이 보게끔 진열해놓고는 막상 그 안에 있는 가장 귀중한 보물은 보여주지 못한다. 우리는 사역을 뛰어나게 잘하고 전심으로 하나님을 섬기겠다는 적극적인 자세를 가져야 한다. 하나님은 '그냥 되는 대로' 식의 태도나 불행한 일을 당해 즉흥적으로 사역에 접근하는 것을 좋아하지 않으신다. 이런 태도는 그 보물을 소중히 여기는 게 아니다. 하나님은 철저하게, 열심히, 탁월하게 하는 것을 기뻐하신다(골 3:23). 그러나 하나님께 드리는 귀한 제물이 자칫 뻔뻔한 쇼맨십으로 변질될 수 있다. 우리는 당연히 최선을 다해 구주를 섬기면서도 우리에게 이목을 집중시켜서는 안 된다. 고린도후서 4장 7절의 결론처럼 주님의 빛이 우리를 통해 비치게 해야 한다. "이는 심히 큰 능력은 하나님께 있고 우리에게 있지 아니함을 알게 하려 함이라."

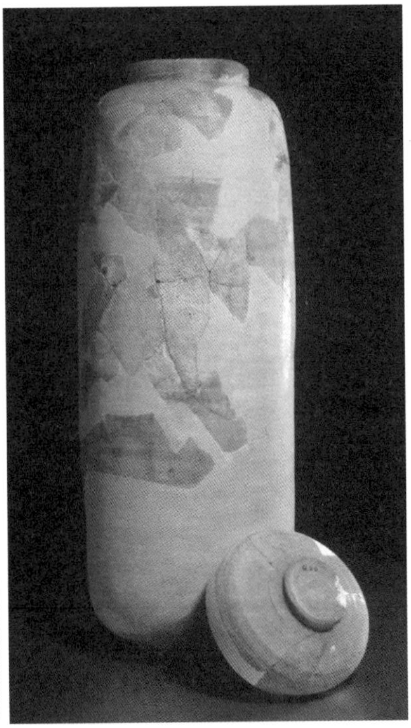
©Walters Art Museum

바울은 참된 복음 사역자를 약하지만 귀중한 복음이라는 보물을 담고 있는 평범한 질그릇에 비유한다.

다음 두 구절은 바울이 느꼈을 뿐 아니라 깨지기 쉬운 질그릇인 우리가 자주 느끼는 것–우겨쌈, 답답함, 박해, 거꾸러뜨림–을 표현한다(4:8-9). 이 구절에 쓰인 형용사는 강력한 이미지를 전달한다. "우겨쌈"은 포도를 착즙기에 넣어 꽉 짜는 것 같은 압력을 뜻한다. 영어에서 극심하고 대개 오래 지속되는 시련을 뜻하는 'tribulation'(환난)이 이 말에서 파생했다. 그러나 아무리 우리를 쥐어짜도 우리는 부서지지 않을 것이다(4:8). "답답함"은 '어찌할 바를 모른다'는 뜻이다. 문제, 사고, 비극, 도전의 잇단 공격에 갈팡질팡하며 갈피를 잡지 못한다는 뜻이다. 윌리엄 바클레이가 말했듯이 "지혜는 한계가 있지만, 희망에는 한계가 없다."[1] 이 답답함은 아무 희망이 없어 보이는 절대적인 절망으로 이어지지 않는다(4:8). 이렇게 외부에서 오는 환난과 내부에서 느끼는 혼란은 물리적, 정신적, 감정적으로 핍박받고 얻어맞아서 생긴다. 그러나 우리는 이런 공격에 방치되어 있지도 않고 무너지지도 않는다. 하나님이 우리를 위해 싸우실 것이다(4:9). 말하자면, "우리를 쓰러트릴 수는 있어도 이길 수는 없다."[2]

우리가 시련을 당할 때에도 희망을 잃지 않고 참아낼 수 있는 것은 우리 안에 계신 그리스도가 우리에게 힘을 주시고 지탱하게 해주시기 때문이라는 것 외에 다른 설명을 찾을 수 없을 때 우리 안에 계신 그리스도가 가장 잘 드러난다. 질그릇이 낡고, 이가 빠지고, 금이 갈수록 귀한 보물은 더 빛이 나는 법이다. 복음 사역자들이 자기의 고민, 어려움, 약점을 드러낼수록 하나님이 자기의 기쁘신 뜻을 위하여 우리의 의지와 행동을 통해 일하신다는 진리가 더 돋보인다(빌 2:13).

보잘것없는 질그릇 속에 담긴 강력한 설교, 이것은 일반적으로는 그리스도인의 삶의 역설이면서 특히 기독교 사역의 역설이다. 잠시 있다 사라질 이 질그릇 속에 우리가 "항상 예수의 죽음을 몸에 짊어짐은 예수의 생명이 또한 우리 몸에 나타나게 하려 함이[다]"(고후 4:10). 우리가 이 세상의 고통, 고난, 심지어 죽음에서 구원받을 때 세상은 우리를 통해 우리 안에 살아계신 예수님의 능력에서만 나올 수 있는 믿음, 소망, 사랑의 삶을 볼 수 있다(4:1). 바울과 다른 동지들은 그리스도를 위해 받은 고난의 물리적 흔적을 지녔다. 언제나 볼 수 있는 이 상흔은 바울의 말과 사역의 권위를 계속 상기시켜주는 표지였다.

바울이 "죽음에 넘겨[졌다]"(4:11)고 한 말뜻은, 물론 그는 결국 순교할 것이지만, 그것은 실제 죽음을 말하는 게 아니다. 그가 의미한 것은 질그릇에 난 균열, 참다운 사역에 내재된 고난과 박해다(4:8-9). 우리의 자아가 죽을 때 우리 안에 예수님이 사신다. 우리가 질 때 그분이 이기신다. 우리가 약할 때 그분은 강하시다. 우리가 마지막일 때 그분이 처음이 되신다. 우리가 의존할 때 그분은 신뢰의 대상이 되신다. 우리의 약함이 보여질 때 사람들은 중요한 것은 그릇이 아니라 그 안에 담긴 하나님의 권능임을 알게 된다. 사람들이 이 "죽음"을 우리 안에서 볼 때 그것이 그들을 변화시킨다.

바울이 고린도 교인에게 그와 그의 동역자들이 지닌 고난과 자기를 부인한 삶의 흔적을 상기시켰을 때 그들 또한 분명히 도전받고 변화되었어야 했다. 또는 바울이 말했듯이 "사망은 우리 안에서 역사하고 생명은 너희 안에서 역사"한다(4:12). 진정한 화해의 사역자로서 바울은 고린도 교인을 위해 기꺼이 "재물을 사용하고 또 내 자신까지도 내어 주[려고]"

했다(12:15).

## 적용: 고린도후서 4:1–12
### 독 안의 빛을 비추라!

최근까지도 주일학교에서 아이들이 "이 작은 나의 빛"을 율동과 함께 부르는 것을 보았다. 복음의 빛이 우리 삶을 통해 세상에 비치기를 바라는 마음을 어린아이들의 마음과 생각에 불어넣는 참 좋은 방법인 것 같다. "독 안에 안 두고 비치게 할 거야!"…"사탄이 못 끄게 비치게 할 테야!"…"빛내리, 빛내리!"

바울이 고린도후서 4장 1–12절에서 말한, 성령의 능력에 힘입어 그리스도를 중심으로 하는 사역의 원칙이 바로 이 찬양 가사와 똑같다. 구원의 메시지라는 빛은 우리의 죽을 수밖에 없는 초라한 질그릇 같은 삶에서 비쳐 나온다. 우리는 이 단지를 숨기지 않는다. 우리는 거기에서 빛이 비쳐 나오게 한다. 우리는 사탄이 단지를 빼앗아 세속적인 그림을 그려 넣어 사람들이 그 영광스러운 내용물을 놓치지 못하게 한다. 우리는 시련과 환난이 우리를 절망으로 몰아넣어 이 싸움에서 백기를 들게 놔두지 않는다.

초라한 질그릇의 비유에 담긴 강력한 설교의 원칙을 더 잘 이해하고 적용하려면 시간을 내어 사역에 관한 다음의 질문에 답해보라. 두 가지 주의할 점이 있다. 첫째, 성급히 답하지 말라. 충분한 시간을 들여 생각하다보면 성령이 그것을 기회로 당신을 변화시키실 것이다. 그러니 신중히 생각하라. 둘째, 이 원칙을 가지고 당신 교회의 목사, 교사, 교수, 친구 등 다른 사람의 사역을 판단하지 말라. 그보다는 그리스도인으로서 당신의 행보와 사역에 먼저 적용하라.

첫 번째 질문: 당신은 바울이 보여준 신실하고 열매 맺는 복음 사역의 본보기에 어떻게 부응하고 있는가? 당신은 자비를 충분히 베풀고 있는가? 흔들리지 않고 일관된 자세를 견지하는가? 속이지 않는가? 교묘하게 조종하는 책략을 거부하는가? 성경을 왜곡하지 않으려고 하는가? 그리스도의 주권에 절대적으로 순종하는가? 당신 자신이 아니라 그리스도의 인격과 사역에 초지일관 집중하는가? 당신의 지도자와 멘토들도 이런 자질을 보여주는가? 아니면 자기 그릇만 요란하게 치장해서 메시지를 흐리고 있는가?

두 번째 질문: 다른 사람들 앞에서 당신의 빛은 얼마나 밝게 빛나는가? 당신이 자격이 없다는 생각에 영적인 주제를 회피하는가? 개인적인 믿음과 신념에 대한 이야기가 나오면 주제를 바꾸는가? 당신의 생활 방식이 복음의 순결함을 반영하는가, 세상의 불결함을 반영하는가? 요컨대, 당신이 받아서 질그릇에 담고 있는 그 빛은 얼마나 밝게 빛나는가?

세 번째 질문: 당신의 질그릇이 금이 가거나, 이가 빠지거나, 흠집이 난 것에 정신이 팔려 메시지에 집중하지 못한 적이 있는가? 완전한 사람은 없다. 사실, 우리가 불완전할 때 그리스도가 제일 잘 보인다. 당신만의 불완전한 부분, 상처, 도전들을 생각해보라. 그런 것들이 어떻게 그리스도의 은혜와 자비와 권능을 가리키는 데 사용되는가? 당신 인생에서 가장 피폐했던 시기를 생각해보라. 하나님은 이런 것들을 어떻게 사용하셔서 다른 사람들에게 영향을 미치셨는가?

당신은 다른 사람들 앞에서 당신의 빛을 비추고 싶은가? 직장에 영향을 미치고 싶은가? 학교에도 비추기 원하는가? 이웃에게도 보여주고 싶은가? 가족을 치유하고 싶은가? 그렇다면 당신의 단지 뚜껑을 열고 그리스도의 복음이라는 영광의 빛이 당신의 깨어진 삶 틈바구니로 비치게 하라.

## 올바른 초점(고린도후서 4:13–18)

13기록된 바 내가 믿었으므로 말하였다 한 것 같이 우리가 같은 믿음의 마음을 가졌으니 우리도 믿었
으므로 또한 말하노라 14주 예수를 다시 살리신 이가 예수와 함께 우리도 다시 살리사 너희와 함께 그
앞에 서게 하실 줄을 아노라 15이는 모든 것이 너희를 위함이니 많은 사람의 감사로 말미암아 은혜가
더하여 넘쳐서 하나님께 영광을 돌리게 하려 함이라
16그러므로 우리가 낙심하지 아니하노니 우리의 겉사람은 낡아지나 우리의 속사람은 날로 새로워
지도다 17우리가 잠시 받는 환난의 경한 것이 지극히 크고 영원한 영광의 중한 것을 우리에게 이루게
함이니 18우리가 주목하는 것은 보이는 것이 아니요 보이지 않는 것이니 보이는 것은 잠깐이요 보이
지 않는 것은 영원함이라

"죽는 날이 출생하는 날보다 나으며"(전 7:1). 이 세상의 가장 좋은 글들을 닥치는 대로 탐독한 왕년의 냉소적인 현인 솔로몬 왕은 인간의 지혜와 경험의 황야를 방랑하던 중에 이런 놀라운 결론에 도달했다. 전후 맥락을 보지 않고 읽으면 그의 비관적인 말은 인생을 완전

히 포기한 사람이 사색 끝에 한 말처럼 들릴 수 있다. 하지만 다음 줄을 보면 새로운 시각이 열린다. "초상집에 가는 것이 잔칫집에 가는 것보다 나으니 모든 사람의 끝이 이와 같이 됨이라 산 자는 이것을 그의 마음에 둘지어다"(전 7:2).

달리 말해서, 형편없는 사람도 '꽤 좋은 친구'로 통할 수 있는 생일잔치의 경박함과 달리, 한 사람의 인생의 진면목은 장례식장에서 드러난다. 우리는 장례식장에서 사람들이 실제로 고인을 어떻게 생각하는지 듣고, 그 사람이 남긴 것을 보며, 이룬 것과 실패한 것을 평가하고, 승리와 패배를 갈무리한다. 인생의 끝에 섰을 때에야 비로소 우리는 그 사람이 정말로 "선한 싸움을 싸우고…달려갈 길을 마치고 믿음을 지켰[는지]"(딤후 4:7), 그렇지 않은지 알 수 있다.

나는 우리 모두가 포기하지 않은 사람, 임무에 충실한 사람으로 기억되었으면 한다. 내가 내 무덤의 비문을 골라야 한다면, 그것은 잘 살다 갔다는 내용이 아니라 일관성과 충성됨과 신실함에 관한 내용일 것이다. 내 장례식에 온 사람들이 그는 유혹을 받을 때에도 의의 좁은 길을 택했노라고 말해주었으면 좋겠다. 극심한 반대에 부딪혀도 그는 굴하지 않았노라고. 무수한 장애물이 있어도 그는 한 곳만 바라보았노라고.

이것은 사도 바울의 사역이 남긴 유산이다. 다메섹으로 향하던 길 위에서 눈이 멀면서 시작해 로마의 지하 감옥에서 족쇄에 묶이는 마지막까지 바울은 충성을 다했다. 사역을 하면서 두들겨 맞고, 감옥에 갇히고, 배가 난파당하고, 죽임당할 때까지 그는 다시 일어나 계속 나아갔다. 그는 진실로 선한 싸움을 싸웠다. 그는 달려야 할 길을 완주했다. 그는 한순간도 믿음을 잃지 않았다.

당신도 이런 칭찬을 듣고 싶지 않은가? 그런 결의는 어쩌다 한번 하는 새해 결심에서 나올 수 있는 게 아니다. 삶의 마지막을 시점으로 매 순간 결정해야만 올바른 중심을 유지하며 살 수 있다.

경주를 마치는 것은 쉽지 않다. 레인은 좁고 여기저기서 장애물이 불쑥불쑥 튀어나온다. 우리 옆에서 달리는 고통, 실망, 상심, 상실이 다가와 딴죽을 걸어 우리를 넘어트린다. 경주에서 탈락하지 않으려면 엄청난 자기희생과 훈련이 필요하다. 경주를 무사히 마치려면 중심을 잘 잡아야 한다. 자기최면이나 긍정적인 자아상은 도움이 되지 않는다. 필요한 것은 바울이 고린도후서 4장 13-18절에서 지적한 단호한 결단과 확실한 비전이다.

## —4:13-15—

우리 앞에 놓인 사역의 임무는 아무리 강조해도 지나치지 않다. 생각해보라. 그리스도는 "모든 민족을 제자로 삼[는]"(마 28:19) 책임을 쩔쩔매는 투박한 부랑자 같은 제자 무리에게 위임하셨다. 그들 대부분은 사회적 낙오자, 육체 노동자, 언변이 신통치 않은 사람들이었다. 이런 자들이 불가능한 일, 즉 세상의 개조를 위해 선택되었다. 그러나 바울은 단호한 결단의 정신을 이렇게 써서 보여주었다. "기록된 바 내가 믿었으므로 말하였다 한 것 같이 우리가 같은 믿음의 마음을 가졌으니 우리도 믿었으므로 또한 말하노라"(고후 4:13).

"기록된 바"라는 말은 바울이 자기 논지의 권위를 뒷받침하는 구약성경 구절을 인용하고 있음을 나타낸다. 바울은 칠십인역(히브리 성경의 헬라어 번역본)의 시편 116편 10절에 나오는 구절을 짧게 발췌해 여기에 섞어 썼다. 바울은 이 시편 전체를 가리키기 위해서 이 구절을 인용한다. 이 시편에는 죽음의 문턱까지 갔던 저자의 극심한 고통과 고난의 경험이 묘사되어 있기 때문이다. 크레이그 키너는 바울이 이 본문을 그의 상황에 어떻게 적용하고 있는지 알려준다. "유대인과 그리스도인이 시편을 부르거나 낭송했기 때문에 바울과 그의 청중 모두 이 구절이 고난에 처한 의인의 고통에 관한 시며, 그 고난에서 구해주신 하나님께 드리는 찬양이라는 것을 알아챘을 것이다."[3]

그 시편 기자처럼 바울은 고난의 때에도 하나님의 신실하심을 경험했다. 그리고 또 그 시편 기자처럼 바울은 그것을 널리 찬양했다. 그는 열성을 다해 결연히 그 길을 계속 갔다. 우리는 어떻게 바울의 본을 따를 수 있을까? 시련과 고난과 혼란 가운데서 그리스도를 섬기는 이런 엄청난 사명을 받아들이는 단호한 결단에 대한 세 가지 구체적인 생각이 있다.

첫째, 단호한 결단은 주님께 받은 구원에서 나온다(고후 4:13). 인생의 막다른 골목에서 무거운 짐에 눌리고 난관에 빠져 옴짝달싹 못하는 것 같이 느낄 때, 과거에 하나님이 이런 일에서 우리를 어떻게 구출해주셨는지를 생각해야 한다. 불행히도, 우리는 다시 안전한 곳에 서면 주님의 구원을 금방 잊어버린다. 또는 그것을 단 한 번의 사건으로 여긴다. 폭풍우 한가운데 있을 때에는 주님이 우리를 다시 구원하실 것이라고 믿기 어려울 때가 종종 있다. 그렇기 때문에 우리는 구약과 신약성경에서 하나님이 기적적으로 자기 백성을 구원하신 방법을 읽고 우리가 바로 그 하나님을 섬기고 있다는 사실을 기억해야 한다. 우리의 구세주가 보여주신 간략한 예-하나님의 영광스러운 구원의 행위-를 생각해보라.

- 롯이 소돔에서 구출되었다(창 19:1-29).
- 요셉이 감옥에서 구출되었다(창 40-41장).
- 이스라엘 백성이 애굽에서 구출되었다(출 1-15장).
- 다니엘이 사자 굴에서 구출되었다(단 6:1-28).
- 요나가 바다에서 구출되었다(욘 1:7-2:10).
- 예수님이 무덤에서 구출되었다(마 27:32-28:10).
- 베드로가 감옥에서 구출되었다(행 12:1-11).

단호한 결단을 유지하기 위해, 당신이 섬기는 하나님이 당신을 곤경에서 구해주실 수 있다는 것을 기억하라. 당신 삶에 임했던 하나님의 구원 역사에 대해 자주 말하고 다른 사람이 경험한 구원 이야기를 마음에 간직하라(고후 4:13). 나는 그리스도인들이 곤경에서 구출되었을 때 동기와 열정이 새로운 단계로 올라가는 것을 종종 보았다. 하나님이 가장 힘든 시기를 견딜 수 있게 도와주셨기 때문이다. 이것이 우리가 받은 처음 구원뿐 아니라 곤경에서 구해달라는 기도에 하나님이 응답하신 일을 간증해야 하는 중요한 이유다. 혼자 간직하고 있지 말라! 널리 알리라. 하나님이 살아계시며 지금도 이 세상에서 일하고 계신다는 것을 믿지 않는 세상에 그것을 알리라. 그리스도인 친구들에게 하나님의 기도 응답에 대해 말하라. 이러한 간증은 그들이 단호하게 결단할 수 있도록 용기를 북돋워준다.

둘째, 우리가 맞이할 미래의 부활에 초점을 맞출 때 단호한 결단은 자라난다(고후 4:14). 성경을 믿는 그리스도인으로서 우리는 눈 깜짝할 사이에 완전히 변화될 그날을 기대한다(고전 15:52). 그때 우리는 그리스도의 부활한 몸과 동일한 죽지 않는 영광스러운 새 몸을 받게 될 것이다. 그 새 몸은 늙지도 않고, 아픔, 질병, 고난, 고통도 받지 않을 것이다. 죽음도 하나님의 일을 멈추게 할 수 없다.

바울은 우리 육신의 부활에 초점을 맞추고 변호사들이 '대안적 탄원'이라고 부르는 것을 한다. 그는 방금 하나님이 자기 백성을 죽음에서 구원하시는 패턴을 단호한 결심을 내린 동기로 언급했다(고후 4:13). 그러나 하나님의 계획에 따라 우리가 죽을지라도 죽음은 일시적인 승자일 뿐이다. 죽음은 이번 싸움에서 우리를 이길 수 있지만, 그리스도가 다시 오시면 죽음 자체가 섬멸될 것이다. 바울은 고린도전서 15장 54절에 이렇게 썼다. "이 썩을 것[몸]이 썩지 아니함[몸]을 입고 이 죽을 것이 죽지 아니함을 입을 때에는 사망을 삼키고 이기리라고 기록된 말씀이 이루어지리라."

셋째, 우리가 다른 사람의 삶에 투자할 때 단호한 결단은 자라난다(고후 4:15). 잠시 있다 사라지는 현세의 삶의 본질과 미래의 부활한 삶의 영광을 진지하게 생각하면 우리는 자신에 대해서는 '죽고' 다른 사람에 대해서는 '살아야'겠다는 마음을 먹게 된다. 그렇게 되면 교사는 자기 학생의 삶 속에서, 부모는 자녀의 삶 속에서, 목사는 회중의 삶 속에서 부활한다. 바울이 말한 대로 "이는 모든 것이 너희를 위함이[다]"(4:15). 바울과 그의 동역자들은 복음이 그들을 통해 퍼져나갔을 때 감사와 영광의 열매를 풍성히 거두어들이기 위해 고린도인에게 자기들의 삶을 투자했다.

사역에 대한 단호한 결단을 잃어버렸다면 당신의 삶을 살펴보라. 당신은 외부로 다른 사람들에게, 위로 그리스도께 초점을 맞추기보다 내면에 초점을 맞추고 살고 있는가? 다른 사람들에게서 스스로 고립시키기 시작했는가? 그리스도의 삶을 반영하는 삶은 우리 자신이 아닌 다른 사람들을 섬기기 위해 존재한다(빌 2:3-11). 그러니 희생적으로 자신을 내려놓고 섬기라! 하나님은 다른 사람에게 투자하는 삶이 헛되지 않을 것을 약속하신다. 축구 경기는 그만한 가치가 있다. 용돈은 그만한 가치가 있다. 아무도 당신의 노고를 알아주지 않는 것 같은 시간은 가치가 있다. 계속 진리를 확증하라. 계속 사랑하라. 계속 헌신하라. 단호한 결단을 파괴하기 위해 당신이 할 수 있는 최악의 행위는 오로지 당신 자신을 위해 사는 것이다. 그러면 장담하건대, 당신은 침울하고, 짜증 많은, 부정적인 늙은이로 고통받다가 죽을 것이다. 다른 사람들에게 자기가 가진 것을 주는 사람들은 낙심하지 않기 때문에 전염성 있는 열정을 유지하는 놀라운 능력이 있다.

## —4:16-18—

그것은 진행중이다. 그것의 분명한 효과를 최소화할 수는 있을지언정 멈출 수는 없다. 어떤 사람들에게는 다른 사람들보다 더 심하게 나타난다. 더 많은 주름. 더 많은 백발. 더 굽은 어깨. 속도도, 활력도, 정력도 줄어든다. 아직 젊어서 티가 안 날지도 모르지만, 그래도 그것은 엄연한 사실이다. 당신의 '겉사람'은 쇠락하고 있다.

우리는 매일 늙는다. 우리는 매일 삶의 끝에 다가서고 있다. 세상 사람의 관점에서 보면, 이것은 좌절감을 주고 맥 빠지게 만들 뿐 아니라 참으로 비극적이고 우울하다. 그러나 "부활이요 생명"(요 11:25)이신 부활하신 신인(神人), 예수 그리스도를 믿는 사람에게는 그렇지 않다. 그리스도가 없으면, 겉사람과 필멸하는 현세의 삶이 우리가 가진 전부다. 이것을 잃는 것은 모든 것을 잃는 것이다. 그러나 그리스도와 함께하면 우리의 속사람은 날마다 성령에 의해 새로워지고, 회복되며, 원기를 회복하고, 깨우침을 받으며, 힘을 얻는다(고후 4:16).

우리가 이 땅의 몸을 가지고 여기서 부여받은 사역에 대한 새로운 비전을 경험하게 되면 우리가 겪는 "일시적인 가벼운" 고난을 더 큰 관점에서 보게 될 것이다(4:17, 새번역). 이러한 어려움을 견뎌내며 인격의 성숙이라는 열매를 거둘 때(약 1:2-4, 벧전 1:6-7), 우리는 하나님이 우리의 수고와 어려움을 잊지 않고 보상해주시리라는 것을 안다(고전 3:8, 히 6:10). 우리가 현재의 삶을 고통스럽게 만드는 경험을 차곡차곡 쌓아서 이 더미를 우리가 부활했을 때 우리를 기다리고 있는 무한한 영광의 무게와 비교한다면 이 세상의 '큰일'은 아무것도 아니게 될 것이다.

이것은 참된 사역에 대한 비전을 갖도록 그리스도인에게 동기를 부여하는 비결이다. 우리는 현재의 상황 때문에 낙심하지 않는다. 솔직히 말해보자. 이 세상에서 "보이는 것"은 우리를 방해한다. 그것들은 우리를 끌어내리고, 마음을 어지럽히며, 그리스도에게서 다른 곳으로 초점을 돌리게 하고, 하나님 나라의 일 대신 하찮은 일에 시간을 쓰게 만들며, 명백한 사역 비전을 보지 못하게 한다. 그러나 우리의 초점이 보이지 않는 것-그리스도의 영원한 통치 아래서 세상을 회복시키는 영광스러운 미래-으로 옮겨가면, 그때에야 비로소 다른 모든 것을 올바른 시각에서 보게 된다.

## 적용: 고린도후서 4:13-18
### 사람 구함: 직조공, 투자가, 공상가

요즘에는 직조공, 투자가, 공상가들이 푸대접을 받는다. '바구니 짜기'라는 용어는 종종 학

# 묵상의 서재

## 매 순간을 최고의 순간으로

그때 나는 수줍은 많은 여섯 살이었지만, 부모님이 라디오 앞에 조용히 앉아 바다 저편에서 마술처럼 날아오는 방송에 귀 기울이시던 기억이 난다. 중간중간 지직거리는 소리를 내던 그 해묵은 라디오에서 나는 유명 정치인의 목소리는 마치 깡통에 대고 말하는 것처럼 들렸고, 그가 하는 말의 중요성을 이해하기에 나는 너무 어렸다. 그러나 부모님이 라디오에 귀를 바싹 대고 한마디도 놓치지 않으려고 열심히 들으시던 모습이 떠오른다.

나는 많은 세월이 흐른 뒤에야 그 이유를 알게 되었다.

1940년 6월 18일. 그때 나는 여섯 살이었다. 그는 65세였다. 그날 영국의 윈스턴 처칠 총리는 우리 집 거실과 비슷한 조용한 거실에 서서 전 세계 청중의 관심을 한 몸에 받으며 현대 세계가 한 번도 본 적이 없는 악한 독재자와 맞섰다. 인류의 적과 좁은 수로를 사이에 두고 있는 작은 섬나라에서, 위대한 정치가이자 역사가이며 연설가인 그는 담대하게 이 어마어마한 과제를 마주했다. 당시 나는 그의 감동적인 연설을 이해하기에 너무 어렸지만, 그 뒤로 그의 역사적인 연설을 수도 없이 들었다.

> 프랑스의 싸움은 끝났습니다. 이제 영국의 싸움이 시작될 것입니다. 이 투쟁에 기독교 문명의 생존이 달려 있습니다. 우리 영국인의 삶 그리고 우리 제도와 제국의 존망이 달려 있습니다. 적의 분노와 힘이 곧 우리에게로 향할 것입니다.
>
> 히틀러는 이 섬을 무찌르지 않으면 전쟁에 질 것을 알고 있습니다. 우리가 그에게 맞설 수 있다면 유럽은 자유를 얻을 것이고, 전 세계 사람은 밝은 빛이 충만한 삶으로 한 단계 올라설 수 있을 것입니다. 그러나 우리가 실패하면, 그때에는 미국과 우리가 알고 돌보아온 모든 것을 아우르는 전 세계가 뒤틀린 과학의 지식에 의해 더 악하고, 아마도 더 오래 지속될 새로운 암흑 시대의 심연 속으로 침몰할 것입니다.
>
> 그러므로 우리의 의무를 다합시다. 그리하여 대영제국과 영연방이 천년을 더 지속해서 사람들이 "그때가 그들의 전성기였다"라고 말하게 합시다.

한 개인, 가족, 교회, 국가가 초점을 잃기 시작하면 너무 쉽게 기가 꺾인다. 이 세대에 우리 앞에 놓인 막중한 사역의 과제를 생각하면 압도당하기 쉽다. 점점 치열해지는 잃어버린 영혼을 향한 투쟁, 점점 더 커지는 구세주와 그분의 백성을 향한 적대감, 다원주의와 이교의 불길한 구름, 이런 것들이 기독교 교회와 세상을 향한 진리의 목소리를 위협한다. 그러나 윈스턴 처칠의 말은 위험 앞에서 더 두려워하거나 적의 군대에 굴복하는 대신 불가능한 과제 앞에서도 물러서지 않을 수 있는 힘을 준다. 이보다 더 이 어마어마한 사명을 직시하겠다는 나의 결심을 다져주는 것은 고린도후서 4장 1절과 16절에 반복해서 나오는 사도 바울의 고백이다.

> 그러므로 우리가 이 직분을 받아 긍휼하심을 입은 대로 낙심하지 아니하고(4:1, 밑줄 나의 강조).

> 그러므로 우리가 낙심하지 아니하노니 우리의 겉사람은 낡아지나 우리의 속사람은 날로 새로워지도다(4:16, 밑줄 나의 강조).

문적으로 아주 쉬운 과목을 암시하는 데 쓰인다. 그래서 직조공은 책임 회피와 동의어다. 요즘 투자자들은 시장에서 나오는 마지막 배당금을 짜내기 위해 때로는 재정 규칙을 깨거나 편법을 써서 돈을 긁어모으는 무지막지한 사람들로 묘사된다. '공상가'는 혁신가를 뜻하는 긍정적인 의미도 있지만, 머리가 구름 속에 있는 사람-현실 세계의 실용성과 너무 동떨어져서 다른 사람은 물론이고 자신에게도 아무 유익이 없는-이라는 경멸의 의미로 쓰이기도 한다. 그러나 고린도후서 4장 13-18절은 우리 삶에 이렇게 적용할 수 있다. 계속 짜고 투자하고 꿈꾸라.

첫째, **계속 짜라.** 오늘 우리가 하는 일 하나하나가 내일의 태피스트리를 수놓는 실이라는 사실을 기억할 때 우리의 사역 목표에 계속 제대로 집중할 수 있다. 이것을 계속 기억하기는 쉽지 않다. 모든 친절, 사려 깊은 행동, 격려의 말, 함께 나눈 간증, 용서의 행동, 미소, 이 모든 것 하나하나를 생각할 때는 그다지 중요해 보이지 않는다. 하지만 그 실들이 모여 하나님의 계획이라는 태피스트리 전체에 어떤 무늬를 만드는지 잠깐 볼 수 있다면 더 열심히 이 실을 짜야겠다는 생각을 갖게 될 것이다.

둘째, **계속 투자하라.** 필멸의 사람들이 불멸의 존재로 만들어지고 있는 중임을 깨달을 때 올바른 사역에 계속 집중하게 된다. 우리 주변 사람들이 영광을 얻은 성도-곧 하나님의 아들딸로 입양될-가 될 수도 있다고 생각하면 사역을 흐지부지 할 수 없을 것이다. 이것은 내게서 나온 생각이 아니다. C. S. 루이스가 이렇게 썼다.

> 당신이 대화하고 있는 가장 지루하고 관심이 가지 않는 사람이 언젠가 당신이 열렬히 경배하고 싶어지는 존재가 될 수도 있다는 사실을 기억하며, 신과 여신이 될 수 있는 사람들과 사는 것은 가볍게 생각할 일이 아니다…모든 사람은 특별하다. 하찮은 인간과 대화하는 일은 없다. 국가, 문화, 예술, 문명, 이런 것들은 언젠가 다 사라질 것이고, 이것들의 생명은 우리처럼 하루살이다. 그러나 우리가 함께 농담을 주고받고, 함께 일하며, 결혼하고, 냉대하며, 이용하는 사람들은 영원한 존재다.[4]

우리가 주변 사람을 어떤 존재로 인식하는지에 대한 참으로 흥미로운 풍자다. 이 글을 읽고도 사역에 대한 열정에 불이 붙지 않는다면 당신의 장작은 물에 젖은 것이다! 우리가 만나는 모든 사람은 불멸의 존재며 우리를 에워싸고 있는 만물은 연기처럼 있다가 사라질 것이라는 사실을 기억한다면 우리는 지속될 것에 투자하고 싶은 마음을 갖게 될 것이다. 당신은 어떻게 투자하는가? 입을 열어 복음을 전하라. 마음을 열어 당신의 이야기를 나누라. 손을 펴서 상처 입은 사람들을 도우라. 계속 투자하라.

셋째, **계속 꿈꾸라**. 우리가 생각하고 상상하는 것이 이 세상의 일시성을 넘어서 내세의 영원성에 닿는다면 삶과 사역에서 올바른 초점을 유지할 수 있다. 보이는 것보다 보이지 않는 것을 생각하라. 세상을 떠나 현실에서 벗어나거나 당신이 살고 있는 세상이 실제가 아닌 양 행동하라는 뜻이 아니다. 그리스도의 초림과 재림 사이에 살고 있는 그리스도인으로서 우리는 두 가지를 모두 유지해야 한다. 내세와 현세 모두에 책임감 있는 삶을 살아야 한다. 이번 주부터 그렇게 할 것을 권한다. 장차 올 세상을 꿈꾸라. 요한계시록 21-22장에서 그것에 대해 읽으라. 미래의 현실에 대해 묵상하라. 무엇을 발견하게 될지 아는가? 기쁨, 평화, 용기, 인내, 우선순위에 대한 새로운 인식, 성취, 만족이다. 물질적 이득, 돈을 많이 버는 것, 세상적인 성취 같은 인간이 꿈꾸는 뻔한 것들은 장차 올 세상에서 덧없이 사라질 것이다. 계속 꿈꾸라.

계속 짜고, 계속 투자하고, 계속 꿈꾸라. 그러면 상황이 아무리 암울하더라도 사역을 수행하겠다는 단호한 결단을 유지하는 데 필요한 초점과 계속 나아갈 수 있게 해주는 진정한 비전을 갖게 될 것이다.

## 죽음을 초월하는 소망(고린도후서 5:1-10)

1만일 땅에 있는 우리의 장막 집이 무너지면 하나님께서 지으신 집 곧 손으로 지은 것이 아니요 하늘
에 있는 영원한 집이 우리에게 있는 줄 아느니라 2참으로 우리가 여기 있어 탄식하며 하늘로부터 오
는 우리 처소로 덧입기를 간절히 사모하노라 3이렇게 입음은 우리가 벗은 자들로 발견되지 않으려 함
이라 4참으로 이 장막에 있는 우리가 짐진 것 같이 탄식하는 것은 벗고자 함이 아니요 오히려 덧입고
자 함이니 죽을 것이 생명에 삼킨 바 되게 하려 함이라 5곧 이것을 우리에게 이루게 하시고 보증으로
성령을 우리에게 주신 이는 하나님이시니라

6그러므로 우리가 항상 담대하여 몸으로 있을 때에는 주와 따로 있는 줄을 아노니 7이는 우리가
믿음으로 행하고 보는 것으로 행하지 아니함이로라 8우리가 담대하여 원하는 바는 차라리 몸을 떠나
주와 함께 있는 그것이라 9그런즉 우리는 몸으로 있든지 떠나든지 주를 기쁘시게 하는 자가 되기를

힘쓰노라 [10]이는 우리가 다 반드시 그리스도의 심판대 앞에 나타나게 되어 각각 선악간에 그 몸으로 행한 것을 따라 받으려 함이라

---

여기서 거기까지 가는 동안 어떤 경로를 택하든 그것을 피할 수는 없다. 뒷길로 가든 우회로로 가든 대체 도로로 가든 그 길을 피할 수 없다. 감사하게도, 그것이 매일 내 길에 끼어들지는 않지만, 어느 누구도 절대 잊어서는 안 될 엄혹한 현실을 일깨워줄 만큼은 자주 일어난다.

나는 집에서 교회로, 교회에서 신학교로, 오찬 모임에서 병원으로 차를 몰고 갈 참이었다. 갑자기 경찰차 한 대가 내 앞의 교차로로 들어오더니 천천히 멈추어 선다. 경광등은 깜박이는데 사이렌 소리는 나지 않는다. 또 한 대가 그 차 뒤로 들어와 차량 흐름을 차단한다. 그런 다음 또 다른 차가 교차로를 통과한다. 나는 목을 길게 빼고 어떤 가엾은 친구가 접촉 사고를 냈는지 보려다가 무슨 일인지 알게 된다.

다른 경찰차의 호위를 받는 검은색의 길다란 영구차가 교차로를 지나간다. 그 뒤로 슬픔에 잠긴 가족이 탄 리무진이 따라간다. 그 뒤에는 대낮에 헤드라이트를 밝힌 긴 차량 행렬이 따른다. 그 애도의 행렬 속 사람들은 사랑하는 자매, 형제, 부모, 남편, 동료, 친구의 마지막 휴식처를 향해 가고 있다. 그들이 교차로를 통과할 때 아무도 경적을 울리지 않는다. 교통 체증이 점점 심해져도 전례 없는 인내심이 발휘된다. 우리는 웃지 않는다. 신음을 토하지도 않는다. 언젠가는 우리도 모두 이 침울한 행렬의 맨 앞차에 타게 될 것을 알기에 묵묵히 지켜본다.

사람들은 인생에서 확실한 것은 딱 두 개밖에 없다고 말한다. 죽음과 세금. 글쎄다. 어찌어찌해서 후자를 모면한 사람들도 있기는 하다. 그러나 전자를 속일 수 있는 사람은 없었다. 죽음은 확실한 것이다. 죽느냐 아니냐의 문제가 아니라 언제냐의 문제다. 사실, 철학적 관점에서 보면 죽음은 출생보다 더 확실하다. 태어날 수 있었던 무수한 인간이 태어나지 못했다. 인간은 임신과 출산을 예방할 수 있는 여러 방법을 고안했지만, 노화와 죽음은 예방할 수 없었다. 세상에 태어난 사람 중에 하나님의 기적적인 간섭 없이 죽음을 피한 사람은 단 한 명도 없었다.[5] 한 명철한 작가가 이 현실을 이렇게 표현했다.

> 특히 획기적인 과학의 발전과 폭발적으로 지식이 증가하는 시대에, 지구의 환경에서 벗어날 수 있어야 하는데도 여전히 풀리지 않는 죽음의 신비에 막혀 멈출 수밖에 없다는 사실이 우리를 좌절시킨다. 뇌전도가 호흡을 확인하기 위해 입에 대보는 거울을 대체하고, 부검이 더 정교해지며, 방부 처리용 화장품이 눈꺼풀에 놓는 동전이나 수의를 대신할 수 있을지는 몰라도, 죽음의 텅 빈 벽은 계속 우리 앞을 막아선다.[6]

솔로몬이 전도서에서 말했듯이 죽음은 위대한 평형 장치다(전 2:14, 7:2, 9:2-3). 성도든 죄인이든, 부자든 가난하든, 남자든 여자든 어린아이든, 건강하든 병들었든, 행복하든 불행하든, 죽음은 아랑곳하지 않는다. "모든 사람에게 임하는 그 모든 것이 일반이라"(전 9:2). 그렇다면 신자와 불신자의 차이는 무엇인가? 그리스도인이든 아니든 모두 죽음이 끝이라면 그리스도인에게 무슨 유익이 더 있는가? 영구차 너머에는 희망이 없는가?

## —5:1-5—

우리가 죽었을 때 일어날 일에 대해 그릇된 생각을 가지고 있으면, 거짓을 팔아 먹고사는 사람은 우리의 무지, 불확실, 두려움, 불신을 이용한다. 하나님이 성경에 분명히 계시하신 지식을 외면하면 온갖 잘못된 생각에 빠지기 쉽다. 그래서 바울은 우리의 관심을 즉각 사로잡는 주장-"아느니라"(5:1)-으로 시작한다. 존재의 중요한 질문에 대해서라면 우리는 추측하고, 궁금해하고, 숙고하고, 해석하고, 이론화할 필요가 없다. 중요한 것들은 성경에 명시되어 있어서 보고 믿을 눈이 있는 자들은 그것을 믿는다. "우리에게…아느니라." 위로가 되지 않는가? 피할 수 없는 죽음을 맞이하거나 사랑하는 사람을 잃었을 때 우리는 미래에 어떤 일이 벌어질지 확실하게 알 수 있다. 놀랍지 않은가?

바울은 자신과 독자에게 친숙한 이미지를 끌어와 지상의 몸에 관해 말한다. 장막. 바울이 천막 만드는 사람이었다는 것을 잊지 말라. 그는 고린도에서 아굴라와 브리스길라와 함께 잠시 천막을 만들어 파는 일을 했다(행 18:1-3). 이제 이 비유를 잠시 살펴보겠다. 왜냐하면 바울이 우리가 현재 이 세상에서 가지고 있는 필멸의 몸(현재의 "장막")과 장차 천국에서 갖게 될 불멸의 몸(하나님이 주신 미래의 영원한 장막)을 비교할 때 이것을 염두에 두었을 것이라는 생각이 들기 때문이다.

나는 텐트에서 많이 지내보아서 그게 영구적인 거처로는 적합하지 않다는 것을 안다(베두인 독자의 양해를 바란다)! 사실 캠핑하면서 추위와 비를 만난 적이 있다면 단단한 터에 세워진 튼실한 벽돌집과는 비교가 안 된다는 생각에 동의할 것이다. 텐트는 임시 거처다. 숲속이나 호숫가에서 아이들과 함께 자기에는 재미있지만, 겨울에는 춥고 여름에는 덥다는 것을 누구나 안다. 텐트는 내려앉고 새기 시작한다. 고정 쐐기는 느슨해지고, 구멍이 나며, 동물이 들어오고, 강풍이 불면 날아간다. 오래지 않아 당신은 더 영구적인 것이 필요하다고 불평하게 된다.

'건물' 이미지를 입력해보라. 바울은 "만일 땅에 있는 우리의 장막 집이 무너지면 하나님께서 지으신 집 곧 손으로 지은 것이 아니요 하늘에 있는 영원한 집이 우리에게 있는 줄 아느니라"(고후 5:1)고 말한다. 여기서 바울은 현재 우리의 약하고 타락한 몸이 장차 부활한 영광스러운 몸으로 놀랍게 변한다고 말한다. 바울이 이런 기적적인 변화를 언급한 것은 이번만이 아니다. 데살로니가전서 4장 14-17절에는 이렇게 썼다.

> 우리가 예수께서 죽으셨다가 다시 살아나심을 믿을진대 이와 같이 예수 안에서 자는 자들도 하나님이 그와 함께 데리고 오시리라 우리가 주의 말씀으로 너희에게 이것을 말하노니 주께서 강림하실 때까지 우리 살아 남아 있는 자도 자는 자보다 결코 앞서지 못하리라 주께서 호령과 천사장의 소리와 하나님의 나팔 소리로 친히 하늘로부터 강림하시리니 그리스도 안에서 죽은 자들이 먼저 일어나고 그 후에 우리 살아 남은 자들도 그들과 함께 구름 속으로 끌어 올려 공중에서 주를 영접하게 하시리니 그리하여 우리가 항상 주와 함께 있으리라.

주님이 다시 오시면 이 세상에서 죽은 신자들은 영광스러운 몸으로 회복되어 기적적으로 살아날 것이다. 아직 죽을 수밖에 없는 몸으로 살아 있는 신자들은 주님과 모든 세대의 부활한 신자들을 만나기 위해 공중으로 들어올려질 때 그들의 몸이 순식간에 변화되는 것을 경험할 것이다. 바울은 필멸의 몸에서 불멸의 몸으로 바뀌는 이 변화를 고린도전서 15장 52-53절에서 언급한다. "나팔 소리가 나매 죽은 자들이 썩지 아니할 것으로 다시 살아나고 우리도 변화되리라 이 썩을 것이 반드시 썩지 아니할 것을 입겠고 이 죽을 것이 죽지 아니함을 입으리로다."

바울은 이것을 기대하며 현재의 썩어질 몸을 우리가 거하는 일시적인 "장막"에 비유한다. 그러나 장차 우리가 갖게 될 썩지 않는 부활한 몸은 이 세상의 썩기 쉬운 재료로 만든 것이 아니라 천국의 건축 법규에 따라 지은 영원한 영구 건축물–티 없는 완전성, 영적 불멸, 천국의 영광–과 같을 것이다.

이 사실은 흥미로운 질문을 제기한다. 바울이 온 교회가 영화롭게 된 새 몸으로 부활하고 변화될 그리스도의 재림을 기다리고 있었다면 어째서 고린도후서 5장 1절에서 우리가 하늘에 있는 몸을 "가지고 있다"(현재 시제)고 말할까? 데살로니가전서 4장이나 고린도전서 15장을 쓴 이후로 마음이 바뀐 것일까? 그렇지 않다. 오히려 현재 시제를 사용한 것은 바울이 몸의 부활이라는 진리를 확신하고 있다는 뜻으로 해석하는 게 가장 좋아 보인다.

사도 요한은 장차 더 많은 것을 가질 텐데도 구원을 현실로 묘사한다. "아들이 있는 자에게는 생명이 있고 하나님의 아들이 없는 자에게는 생명이 없느니라 내가 하나님의 아들의 이름을 믿는 너희에게 이것을 쓰는 것은 너희로 하여금 너희에게 영생이 있음을 알게 하려 함이라"(요일 5:12-13). 바울도 디모데후서 4장 8절에서 비슷한 생각을 표현한다. "이제 후로는 나를 위하여 의의 면류관이 예비되었으므로 주 곧 의로우신 재판장이 그 날에 내게 주실 것이며 내게만 아니라 주의 나타나심을 사모하는 모든 자에게도니라."

요한은 미래의 현실을 보장한 약속이라는 관점에서 영생을 우리가 지금 가지고 있는 어떤 것으로 묘사한다. 그리고 바울은 신자가 그리스도의 재림 때 받게 될 보상을 현재 그분이 오실 것을 고대하는 모든 사람 앞에 놓여 있는 어떤 것으로 설명한다. 그러면 바울도 천국에 있는 부활한 영화로운 몸을 지금 가지고 있는 어떤 것으로 말할 수 있다. 따라서 바울의 말을 이렇게 풀어쓸 수 있다. "현재 우리의 집인 세상 장막이 쓰러져도 우리는 하나님이 주시는 영구적인 구조물, 즉 천국에서 영원히 거할 수 있는 인간이 짓지 않은 튼튼한 건물을 받는다는 약속을 보장받았다."

바울은 현세의 필멸의 몸에서 천국의 불멸의 몸으로 변화되기를 바라는 갈망을 이렇게 표현한다. "참으로 우리가 여기 있어 탄식하며 하늘로부터 오는 우리 처소로 덧입기를 간절히 사모하노라"(고후 5:2). 비슷하게 로마서 8장 23절에는 이렇게 썼다. "우리까지도 속으

## '민속 신학'에 나타난 죽음 이론(고린도후서 5:5-6)

우리는 점쟁이들에게 휘둘리는 세상에 살고 있다. 그들은 당신이 듣고 싶어하기 때문에(그리고 그들은 당신의 돈을 좋아하기 때문에) 당신이 듣고 싶어하는 것을 흔쾌히 말해준다. 사도 바울은 그것을 이렇게 말했다. "때가 이르리니 사람이 바른 교훈을 받지 아니하며 귀가 가려워서 자기의 사욕을 따를 스승을 많이 두고"(딤후 4:3).

사람들과 죽음을 어떻게 생각하는지 이야기해보면 특히 그렇다는 것을 알게 될 것이다. 오늘날 대부분 사람은 죽음에 대한 성경의 가르침을 '그대로' 받아들이려 하지 않는다. 그들은 그것을 입맛에 맞게 비틀거나 조작하거나 왜곡하려고 한다. 죽음에 대한 성경의 분명한 가르침을 따르자면 우리는 현세에서 우리의 영원에 영향을 미칠 결정을 해야 하기 때문이다. 성경은 죽음이 죄의 궁극적 결과며(창 2:17, 3:19, 롬 6:23) 모든 사람이 죄인이기 때문에(롬 3:23) 아무도 그 손아귀에서 벗어날 수 없다(전 7:2)고 분명히 가르친다. 사람은 한번은 죽게 되어 있다. 그다음에 우리의 영원한 운명이 봉인된다(히 9:27). 우리와 하나님을 갈라놓은 죄의 깊은 골이 우리의 구세주이신 예수 그리스도와의 관계로 메꿔지지 않으면 우리는 영원히 잃어버린 자가 될 것이다(눅 16:19-31).

현대인들은 자격 없이 받아들여진다는 교리가 지나치게 편협하고, 독단적이며, 구식이라고 생각한다. 그래서 우리가 '민속 신학'이라고 부를 만한 죽음에 대한 다른 이론을 펼친다. 이것은 죽음의 가혹한 현실을 완화시키고 성경적인 심판의 개념을 피하기 위해 만들어진 비성경적인 신화다. 나는 이것을 세 가지 범주로 분류한다. 일시적 이행, 반복되는 윤회, 궁극적 종말.

**일시적 이행.** 오늘날 많은 사람은 죽음이란 모든 사람이 여러 형태로 변형시킨 '천국', '열반', '낙원'에 도달하기 전에 반드시 거쳐야 할 통로에 불과하다고 생각한다. 어떤 이들은 좀더 오래 걸릴 수 있지만, 결국에는 모든 사람이 거기에 갈 것이다. 일각에서는 이 사상을 로마 가톨릭의 연옥 교리와 연결한다. 연옥(purgatory)이라는 말은 '정화'(purge)라는 어원에서 파생했는데, 이생의 삶에서 하나님과 사이가 좋지 않았지만, 천국에 들어가기 전에 죄와 불완전한 면을 어떻게든 속죄할 기회를 얻은 사람들을 위한 영적 정화의 장소를 가리킨다. 연옥은 "지상의 미완된 사업이 완결되는 천국과 지옥 중간에 있는 장소다."[7] 민속 신학에서는 모든 사람이 그런 중간 경유지를 거쳐 궁극적으로 하나님께 나아갈 나름의 길을 찾는다.

**반복되는 윤회.** 이 동양철학은 사람이 죽으면 그들의 영혼은 몸을 떠나 다른 지상의 몸으로 다시 태어난다는 사상을 가진 힌두교, 불교, 뉴에이지와 연결되어 있다. 인간 영혼의 재순환이 무한 반복되면서 우리가 선하게 살면 더 높은 단계의 행복을 누리고, 그러지 못하면 더 낮은 단계의 불행한 삶을 얻게 된다. 이생에서 행한 선이나 악이 다음 생에서 갖게 될 삶의 질을 결정한다는 '카르마' 개념이 이 사상과 궤를 같이한다.

**궁극적 종말.** 점점 더 많은 사람이 죽음이란 삶의 형벌에 종지부를 찍는 것이라는 허무주의적이고 유물론적 관점을 받아들이고 있다. 그들에게 죽음은 궁극적인 종말이다. 무덤 너머에는 아무것도 없다. 천국도, 지옥도, 열반도, 낙원도, 윤회도, 의식도, 존재도 없다. 이런 신념은 대개 "먹고 마시고 즐기라. 내일이면 죽으리니"라는 철학을 낳는다. 이런 사상은 천벌에 대한 두려움도 없고 영원한 보상에 대한 기대도 없이 사람들이 자기가 원하는 것을, 자기가 원할 때, 자기가 원하는 사람과 해야 한다고 제안한다. 인생 자체가 공허하고 무의미해진다.

사람들이 성경에 계시된 신학을 거부하면 진리에 귀를 막고 신화에 솔깃해지면서 '민속 신학'을 받아들인다(딤후 4:4).

로 탄식하여 양자 될 것 곧 우리 몸의 속량을 기다리느니라." 두 구절 모두에서 바울은 신자들이 몸의 부활을 기다리며 속으로 탄식하고 있다고 말한다.

의사들은 이 탄식하는 장막의 소리를 들으며 생계를 유지한다. 정형외과 의사는 장막의 쐐기가 느슨해지는 것을 막으려고 애쓴다. 피부과 의사는 캔버스를 좋은 상태로 유지하려고 한다. 외과 의사들은 우리가 몸이라고 부르는 이 얇고 늘어진 장막에서 조금이라도 더 살 수 있도록 잘라내고 꿰매고 성형한다. 우리는 영원한 집을 간절히 원하는 지치고 비에 젖은 야영자들이기 때문에 탄식한다(고후 5:2). 그러나 우리는 이 피난처에서 벗어나 하늘에 둥둥 떠다니는 영혼 같은, 몸이 없는 유령처럼 되고 싶지는 않다(5:3-4). 그리스도인의 소망은 몸을 벗는 것이 아니라(5:4) 새로운 불멸의 몸을 입는 것이다(5:4).

많은 그리스도인이 이것을 잘못 알고 있다. 그들은 그리스도인의 희망은 죽어서 영혼이 육신에서 자유로워지는 것이라고 믿고 있다. 궁극적 구원이 이루지는 과정에서 영혼이 육신과 분리되는 단계가 있을 수 있다고 성경이 가르치는 것은 사실이다. 그 단계에서 우리는 몸 없이 주님과 함께 있는다(5:8). 그러나 바울이 빌립보서 3장 20-21절에서 말했듯이 구원의 완전한 실현은 몸을 벗는 것이 아니라 부활 때에 새로운 불멸의 몸을 입는 것이다. "그러나 우리의 시민권은 하늘에 있는지라 거기로부터 구원하는 자 곧 주 예수 그리스도를 기다리노니 그는 만물을 자기에게 복종하게 하실 수 있는 자의 역사로 우리의 낮은 몸을 자기 영광의 몸의 형체와 같이 변하게 하시리라."

우리는 언젠가 그것이 이루어질 것을 확신하기에 이 약속의 성취를 기다린다. 하나님이 약속의 이행을 보장하는 "보증"으로 귀중한 성령을 우리에게 주셨기 때문에(고후 5:5) 우리는 기다릴 수 있는 것이다. 현재 지상에서 가지고 있는 우리 몸은 쇠락하고 있지만, 언젠가 영광스러운 새 몸으로 대체될 것이다.

## —5:6-10—

대부분의 1세기 그리스도인과 같이 바울이 그의 생전에 예수님이 다시 오실 수 있다고 기대한 것은 당연했다. 내가 '당연하다'고 말하는 이유는 아무도 주님이 언제 다시 오실지 몰랐기 때문이다(마 24:36). 그분은 말 그대로 언제라도 오실 수 있다. 어쩌면 오늘일 수도 있다. 그리스도의 재림이 임박했다는 이런 믿음은 21세기에도 1세기에도 진실이다. 그리스도는 아버지가 "지금!"이라고 말씀하시자마자 심판관과 왕으로 하늘에서 내려올 태세를 갖추고 계신다.

바울은 그 가능성 때문에 현재 지상의 몸은 "생명에 삼킨 바" 될 것(고후 5:4)이라는 기대에 찬 말을 한다. 마치 자기가 주님이 다시 오실 때 계속 살아 있는 자들 가운데 있어서 죽음과 부활을 겪지 않고 즉시 변화되어 휴거될 것(살전 4:17, 고전 15:50-53) 같은 어투다. 그러나 바울은 오순절에 교회가 세워진 이후로 이미 많은 그리스도인이 죽었고(행 2장), 주님이 다시 오시기 전에 그들도 육신의 죽음을 맞을 수 있다는 것 또한 알고 있었다. 그러므로 바울은 고린도후서 5장 6-10절에서 두 가지 질문을 제기한다. 첫째, 미래의 구속을 기다리며 이 죽을 몸 안에 있는 동안 우리는 무엇을 해야 하는가? 둘째, 그리스도가 재림하시기 전에 우리 지상의 몸이 죽으면 우리에게 무슨 일이 일어나는가?

첫 번째 질문은 비교적 대답하기 쉽다. 우리가 이 세상에 거하는 동안 우리는 "담대[해야]" 한다(5:6, 8). 우리는 미래의 상급을 바라보며 "믿음으로 행하고 보는 것으로 행하지" 말아야 한다(5:7). 바꾸어 말하면, 우리가 지금 화해의 사역에 투자하는 것은 무엇이 되었든 그리스도가 재림하실 때 영원한 이익을 거둘 것임을 알기에 이 세상에서 우리에게 남은 시간을 최대한 활용해야 한다. 그러므로 이생에서 우리가 가장 바라는 것은 무슨 일을 하든 "주를 기쁘시게 하는" 것이다(5:9).

두 번째 질문에 대한 답은 5장 6절과 8절에 나와 있다. 바울은 "몸으로 있을 때"-현세의 몸을 일컫는다-는 "주와 따로 있는" 것이라고 말한다(5:6). 마찬가지로, 그 반대도 사실이다. "몸을 떠나" 있는 것은 "주와 함께 있는" 것이다(5:8). 바울은 동일한 개념을 빌립보서 1장 23-24절에서 표현한다. 그는 큰 시련과 고난 가운데서 이렇게 썼다. "내가 그 둘 사이에 끼었으니 차라리 세상을 떠나서 그리스도와 함께 있는 것이 훨씬 더 좋은 일이라 그렇게 하고 싶으나 내가 육신으로 있는 것이 너희를 위하여 더 유익하리라."

그렇다. 예수님이 십자가에 달린 강도에게 약속하신 것처럼 이 필멸의 몸에서 떠나 있는 것은 주님과 함께 있는 것이다. "내가 진실로 네게 이르노니 오늘 네가 나와 함께 낙원에 있으리라"(눅 23:43). 부활 전에 무의식적인 공백 상태가 되어 그리스도가 재림하실 때까지 쉬는, 즉 '영혼의 잠'에 대한 암시는 없다. 또한 어떤 중간 상태에서 연옥의 정화를 거치는 개념도 이 구절에 맞지 않는다. 육신의 죽음으로 현세의 삶을 떠나는 것- 몸을 떠나 있는 것-은 주님과 함께 있다는 뜻이다. 그러나 바울은 이것이 우리 부활의 마지막 경험이라고 말하지 않는다. 그리스도가 재림하시기 전에 죽은 사람들은 몸이 부활하고 교회가 휴거되는 그분의 재림의 때, 우리 모두가 영광스러운 그분의 왕국에서 우리의 충성된 섬김에 대해 보상받을 그때를 기다리며 그분과 함께 있을 것이다(마 19:28-29, 계 3:21).

"예수 안에서 자는 자들도 하나님이 그[예수]와 함께 데리고 오시리라"(살전 4:14)는 바울의 말은 그리스도가 그분의 재림 전에 죽은 성도들의 영혼과 함께 하늘에서 내려오시는 것을 가리킨다. 이 영혼들은 그때 부활한 영광의 몸과 재결합할 것이고(살전 4:16), 변화된 살아 있는 성도들과 함께 공중으로 들려 올라갈 것이다(살전 4:17).

신자가 죽었을 때 일어날 일을 설명하던 바울은 이 지점에서 우리의 부활과 휴거 직후에 일어날 일을 기술한다. "이는 우리가 다 반드시 그리스도의 심판대 앞에 나타나게 되어"(고후 5:10). 고린도의 신자는 '심판대' 또는 헬라어로 *bēma*(968)의 개념을 잘 이해했다. 바울도 몇 년 전에 고린도의 적대적인 유대인들이 자기네 종교법을 위반했다고 그를 고발하는 바람에 로마 총독 갈리오의 심판대 앞에 섰던 적이 있었다(행 18:12-17).

그러나 그리스도의 심판대는 다를 것이다. 그리스도는 신자가 무죄인지 유죄인지를 심판하지 않으실 것이다. 우리가 회심했을 때 하나님은 그리스도가 이루신 대속의 죽음으로 인해 우리를 의롭다고 선포하셨다. 그때 이미 "무죄" 판결이 났다(고후 5:21). 그리스도를 믿음으로써 우리의 것이 된 그리스도의 완성된 사역으로 말미암아 우리의 부활은 보장되었고 천국에 우리의 자리는 영원히 확보되었다(엡 1:13-14, 고후 1:22, 5:5). 그러나 우리 행위의 진가와 그 뒤에 숨은 동기에 따라 하나님 나라에서 장차 받을 상급은 그리스도의 심판대에서 결정될 것이다(참조. 고전 3:10-15, 4:4-5).

바울이 현재 화해의 사역에 헌신한 것에 대한 하나님의 상급을 말하지 않는 것이 흥미롭다. 그는 행위의 "선악간에"(고후 5:10) 비례해 상이 주어진다고만 말한다(고후 5:10). 어쩌면 고린도의 일부 거짓 교사가 영혼을 중요시하고 성적인 죄와 같은 육신의 죄는 대수롭지 않게 생각하는 헬라의 유명 철학을 가르쳤을 수 있다(123쪽 "몸과 영혼" 참조). 우리는 은혜로 구원받고 영혼만 중요하기 때문에 몸으로 어떤 음행을 저지르든 상관없다는 것이 그들의 결론이었다. 그러나 바울은 이 추론을 말도 안 되는 소리라고 반박한다. 우리는 주님을 섬졌던 바로 그 몸으로 그리스도의 보좌 앞에서 상급을 받을 것이다. 그러므로 우리가 죄를 지은 바로 그 몸으로 상을 잃을 것이다. 폴 배넷(Paul Barnett)은 바울의 메시지를 다음과 같이 설명한다.

**사후에 어떤 일이 일어날까?**

"한번 죽는 것은 사람에게 정해진 것이요 그 후에는 심판이 있으리니"(히 9:27).

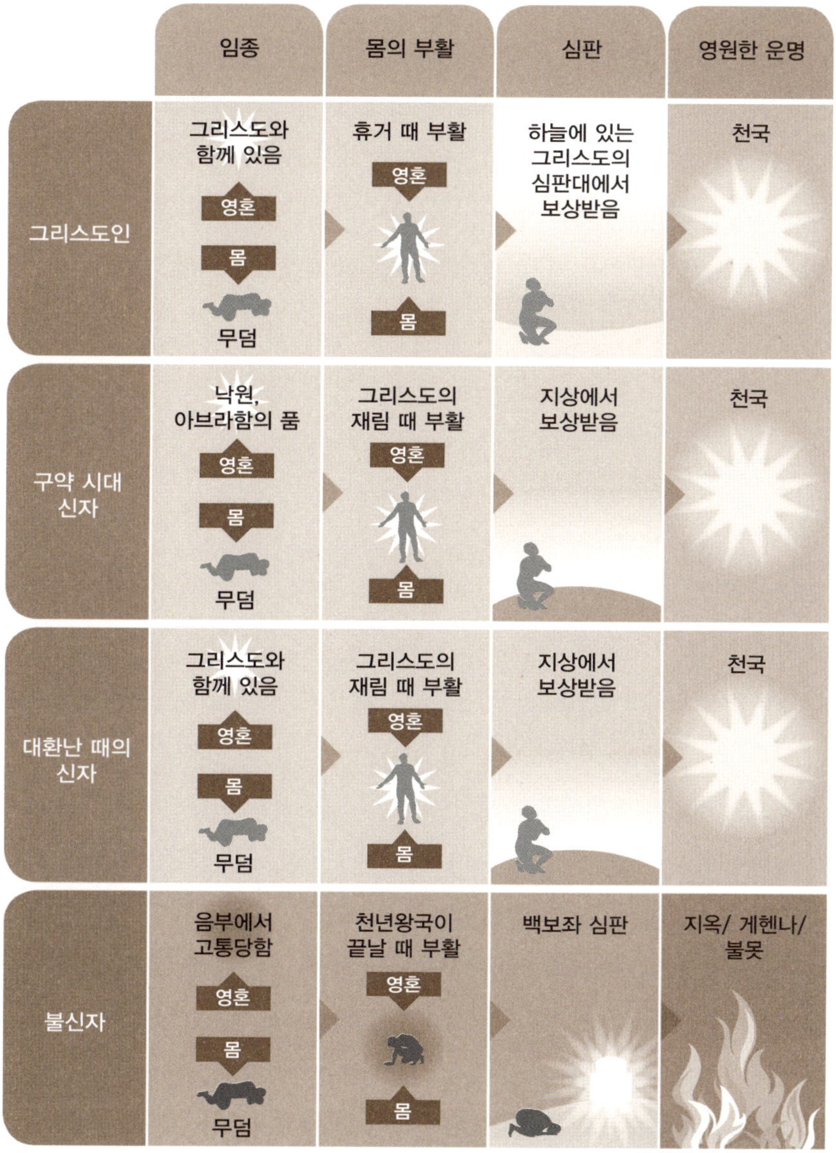

> 분명히 심판이 있을 거라는 예상은 고린도 교인-그리고 모든 신자-에게 그들이 오직 믿음으로 그리스도 안에서 의롭게 되었지만, 그 의롭게 하는 믿음은 사랑과 순종(갈 5:6, 롬 1:5) 그리고 주님을 기쁘시게 하는 것(고후 5:9)으로 표현되어야 함을 일깨운다. 우리는 "주와 함께"(8절) 있을 거라는 '확신'을 "주님이 두려운 분이심"(11절, 새번역)을 알고 늘 깨어서 그분을 섬기는 삶으로 지켜내야 한다.[8]

우리는 모두 그리스도의 심판대 앞에 서야 한다. 거기서 그분은 우리의 행위만 평가하지 않고 더 깊은 곳을 들여다보실 것이다. 그 뒤에 있는 동기를 보실 것이다. 행위의 양보다 질을 더 살펴보실 것이다. 그리고 그분의 온전한 지식에 근거해서 상을 주시거나 보류하실 것이다. 이 진리에 우리는 어떻게 반응해야 할까? 우리가 육신을 입고 있든 떠나 있든 우리는 "주를 기쁘시게 하는 자"(고후 5:9)가 되기를 간절히 바라야 한다.

## 적용: 고린도후서 5:1-10
### 당신의 영혼은 평안한가?

> 내 평생에 가는 길 순탄하여
> 늘 잔잔한 강 같든지
> 큰 풍파로 무섭고 어렵든지
> 나의 영혼은 늘 편하다

1873년 시카고의 사업가 호레이쇼 스패포드(Horatio Spafford)는 난파선에서 네 딸을 잃는 비극을 겪은 뒤 이 가사를 썼다. 세상의 풍파 속에서 큰 상실을 겪고도 그가 하나님의 평화를 체험할 수 있었던 것은 그의 영혼이 평안했기 때문이다.

오늘날 의롭고 거룩하신 하나님 앞에서 자기 영혼의 상태에 대해 이렇게 뿌리 깊은 자신감을 가지고 있는 사람은 흔치 않다. 주님이 심판관과 왕으로 내려오실 때 당신의 영혼은 편할까? 하나님이 당신의 생각, 삶의 태도, 동기, 행동을 살피실 때 당신의 영혼은 평안할까? 하나님이 당신에게서 발견하신 것에 실망하실까?

나는 당신에 대해 아무것도 모르기 때문에 뭐라 말할 수 없다. 그러나 "이는 우리가 다 반드시 그리스도의 심판대 앞에 나타나게 되어 각각 선악간에 그 몸으로 행한 것을 따라" (5:10) 받는다는 것은 안다. 그때 심판대 앞에서 발견한 것은 실망스러울까? 아니면 그때도 당신의 영혼은 평안할까? 성경은 이런 질문을 진지하게 생각해보라고 여러 차례 권면한다.

먼저 생각해보기를 바라는 질문이 있다. 당신은 죽으면 어디서 다시 살게 될까? 주님과 함께 있을까, 아니면 그분에게서 영원히 멀어질까? 당신의 영혼은 영원히 평안할까? 당신은 하나님 앞에서 당신이 죄인임을 받아들이고, 용서를 간절히 원한다고 고백하며, 스스로 '충분히 선하다'고 믿지 않고, 그리스도만을 당신의 구세주로 받아들였는가? 오직 은혜, 오직 믿음만으로 당신은 화해와 영생의 선물을 거저 받을 수 있다. 그때 비로소 '당신의 영혼은 평안할' 것이다. 선택은 천국 아니면 지옥이다. 중간은 없다. 열반도, 연옥도, 두 번째 기회도, 윤회도, 당신이 결정할 동안 있을 '임시 보관소'도, 무(無)도 없다. 그것은 하나님의 백성을 기다리는 기쁨과 구원과 보상으로 가득 찬 영원한 지복(至福)일까? 아니면 하나님과 당신에게 소중한 모든 것을 떠나는 영원한 심판일까? 오직 당신만 그것을 결정할 수 있다.

둘째, 당신이 이미 신자고 영원한 죽음의 위협에서 돌이킬 수 없는 영생의 약속으로 넘어갔다면, 그것으로 인해 지금 당신의 영혼은 평안한가? 즉, 당신은 이 일시적인 삶에서 최선을 이루고 있는가? 그래서 그리스도의 심판대 앞에서 당신에게 주어진 날들을 구세주를 섬기는 데 어떻게 사용했는지 설명할 때 당신은 부끄러움당하지 않고 영광을 얻으리라 확신하는가? 인생은 짧지만 영원한 의미를 지닌다. 세상이 끈질기게 방해하고 압박하면서 당신을 가장 중요한 것들에서 멀어지게 했는가? 당신의 영혼이 이미 평안을 얻었다면 얼마만큼 평안한가?[9]

## 그리스도께 미친 사람들(고린도후서 5:11-21)

---

11우리는 주의 두려우심을 알므로 사람들을 권면하거니와 우리가 하나님 앞에 알리어졌으니 또 너희의
양심에도 알리어지기를 바라노라 12우리가 다시 너희에게 자천하는 것이 아니요 오직 우리로 말미암아
자랑할 기회를 너희에게 주어 마음으로 하지 않고 외모로 자랑하는 자들에게 대답하게 하려 하는 것이
라 13우리가 만일 미쳤어도 하나님을 위한 것이요 정신이 온전하여도 너희를 위한 것이니 14그리스도의
사랑이 우리를 강권하시는도다 우리가 생각하건대 한 사람이 모든 사람을 대신하여 죽었은즉 모든 사

람이 죽은 것이라 [15]그가 모든 사람을 대신하여 죽으심은 살아 있는 자들로 하여금 다시는 그들 자신을
위하여 살지 않고 오직 그들을 대신하여 죽었다가 다시 살아나신 이를 위하여 살게 하려 함이라
[16]그러므로 우리가 이제부터는 어떤 사람도 육신을 따라 알지 아니하노라 비록 우리가 그리스도
도 육신을 따라 알았으나 이제부터는 그같이 알지 아니하노라 [17]그런즉 누구든지 그리스도 안에 있으
면 새로운 피조물이라 이전 것은 지나갔으니 보라 새 것이 되었도다 [18]모든 것이 하나님께로서 났으
며 그가 그리스도로 말미암아 우리를 자기와 화목하게 하시고 또 우리에게 화목하게 하는 직분을 주
셨으니 [19]곧 하나님께서 그리스도 안에 계시사 세상을 자기와 화목하게 하시며 그들의 죄를 그들에게
돌리지 아니하시고 화목하게 하는 말씀을 우리에게 부탁하셨느니라
[20]그러므로 우리가 그리스도를 대신하여 사신이 되어 하나님이 우리를 통하여 너희를 권면하시는
것 같이 그리스도를 대신하여 간청하노니 너희는 하나님과 화목하라 [21]하나님이 죄를 알지도 못하신
이를 우리를 대신하여 죄로 삼으신 것은 우리로 하여금 그 안에서 하나님의 의가 되게 하려 하심이라

---

인정한다. 때때로 우리 그리스도인은 살짝 맛이 간다. 적어도 외부인이 볼 때는 그렇다. 솔직히 내가 신앙이 없다면 나 역시 그리스도인이 제정신이 아니라고 생각할 것이다. 당신이 '기독교 신앙이 독실한 지역'에 살고 있다면 다른 사람들에게 우리가 어떻게 보이는지 잊었을 수도 있다. 그러나 아침 뉴스에서 정치 관련 뉴스만 들어보아도 단박에 알 수 있다. 세상 기준에서 보면 우리는 합리적이지 않다. 우리는 지나치게 보수적이고 독단적이며 편협하다. 우리는 이상한 것들을 믿고, 낯선 용어를 사용하며, 이상한 관행을 가지고 있다. 서구 사회에서는 기독교의 믿음과 관행이 주류로 존중받았지만, 이제는 변방에서 간신히 명맥을 유지하고 있다고 여겨진다.

위대한 그리스도인 A. W. 토저(Tozer)는 다음과 같이 썼다.

> 참된 그리스도인은 아무튼 괴짜다. 그는 자기가 한 번도 본 적이 없는 단 한 사람에게 지고의 사랑을 느끼고, 볼 수 없는 누군가에게 매일 다정하게 이야기하며, 다른 사람 덕으로 천국에 갈 것을 기대하고, 채움받기 위해 비우며, 옳다는 선언을 받기 위해 자기가 틀렸음을 인정하고, 올라가기 위해 내려가며, 약할 때 가장 강하고, 가난할 때 부요하며, 가장 불행할 때 가장 행복하다. 그는 살기 위해 죽고, 갖기 위해 버리며, 지키려고 포기하고, 보이지 않는 것을 보며, 들리지 않는 것을 듣고, 어느 쪽

이 지식으로 이어진 길인지 안다.[10]

다시 말하지만 우리는 좀 이상해 보일 수 있다. 그러나 그것은 좋은 그리스도인만의 특징이 아니다. 그것은 독실한 그리스도인의 특징이다. 내 경험에 따르면 당신이 그리스도를 섬기는 데 전심으로 헌신하고 성숙해갈수록 그리스도의 일과 무관심한 사람에게는 더 이상해 보인다. 사실 우리 '예수쟁이들'만 그런 게 아니다. 기독교를 창시하신 그분도 주변 사람들에게 미친 사람 취급을 받으셨다. 군중은 예수님이 "미쳤[고]" "귀신의 왕을 힘입[었다]"(막 3:21-22)고 말했다. 많은 사람이 그분이 "귀신"이 들려 "미쳤다"고 했다(요 10:20). 그러니 그분을 따르는 우리가 똑같은 경멸을 받는다고 해서 놀랄 것이 없다. 예를 들어 아그립바 왕은 바울이 그리스도께 귀의한 경위와 그리스도의 대사로서 그가 지닌 기독교 신념에 관한 간증을 듣고 사도에게 "네가 미쳤도다"(행 26:24)고 말했다. 히브리서 11장은 하나님의 다른 과격한 종들이 받은 반응을 전해준다.

> 또 어떤 이들은 조롱과 채찍질뿐 아니라 결박과 옥에 갇히는 시련도 받았으며 돌로 치는 것과 톱으로 켜는 것과 시험과 칼로 죽임을 당하고 양과 염소의 가죽을 입고 유리하여 궁핍과 환난과 학대를 받았으니 (이런 사람은 세상이 감당하지 못하느니라) 그들이 광야와 산과 동굴과 토굴에 유리하였느니라(히 11:36-38).

세상은 우리를 미쳤다고 생각한다. 상관없다! 사실 당신의 기독교 신앙 때문에 당신이 이 문화와 살짝 어긋나 있다고 생각하는 사람이 아무도 없다면 오히려 문제가 있는 것이다. 당신의 신앙은 때때로 사람들의 눈살을 찌푸리게 해야 한다. 당신의 학생들은 깜짝 놀라 당신을 다시 쳐다보아야 한다. 당신의 교수들은 눈살을 찌푸려야 한다. 동료들은 당신에게 "지금 뭐라고 했어?"라고 물어야 한다. 그리고 동네 사람들이 당신의 말이 진담인지 물어보는 게 당연하다. 믿지 않는 사람들이 자기네가 믿는 것과 당신이 믿는 것이 확연히 다른 것을 보게 될 때, 그것을 기회 삼아 간증할 수 있다.

바울이 고린도후서 5장 11-21절에서 바로 이렇게 했다. 바울은 신자들이 받을 심판을 설명하는 앞 구절(고후 5:10)에서 자기의 행동을 설명하면서 우리가 신자로서 어떻게 살아야 하는지 설명한다. 그런데 그의 설명은 우리가 세상에서 그렇게 별나 보이는 이유를 분명히 밝혀준다. 이 구절에서 그리스도인이 세상 사람들에게 그렇게 오해받는 네 가지 이유를 찾아볼 수 있다.

- 우리의 사명이 독특하다(5:11–13).
- 우리의 접근 방식이 다르다(5:14–16).
- 우리의 삶이 변화되었다(5:17–19).
- 우리의 역할이 특별하다(5:20–21).

## —5:11–13—

우리는 개인의 선택이 모든 것을 압도하는 시대에 살고 있다. 대다수 사람은 각 사람이 저마다 원하는 삶의 방식–결혼 또는 이혼, 동성애 또는 이성애, 종교적 또는 세속적–을 선택할 권리가 있다고 생각한다. 그들이 물리적으로 직접 누군가를 해치지 않는 한 우리는 하나님이 그들을 만드신 대로 받아들이고, 그들의 결정을 용인하며, 그들에게 죄책감을 심어주거나 마음을 바꾸려고 하지 말아야 한다는 말을 듣는다.

그러나 바울은 신자들이 맡은 책임에 대해 생각이 달랐다. 세상의 다른 모든 사람은 사람들의 방식이 잘못되었더라도 내버려둘 특권이 있지만, 우리의 사명은 독특하다. 우리는 다른 사람들과 진리를 나눌 책임이 있다. 그리스도의 심판대라는 무시무시한 실제가 '좋은 게 좋은 것'이라며 다른 사람들의 신념과 행동을 암묵적으로 받아들이기보다 그리스도를 영접하도록 '사람들을 권면'하는 동기가 된다(고후 5:11).

이 본문에 "권면"이라는 단어가 사용된 것에 유의하라. 헬라어로 *peithō*(3982)는 '확신시키다', '설득하다', '자기 편으로 끌어들이다'는 뜻이다. 바울의 설득 방법은 강압, 수치심, 속임수, 과장된 말이 아닌 성경에 근거한 지적 추론이었다(행 18:4, 28:23). 다시 말해서, 예수님이 유일한 길이요 진리요 생명(요 14:6)이라는 확고한 믿음이 우리가 설득의 사역– 사람들과 토론하고, 예수님이 그리스도시며 영생의 유일한 소망이라는 성경의 계시로 그들을 설득하는–을 하는 원동력이다. 그렇다고 공격적인 태도를 취하라는 말이 아니다. 그러

# 묵상의 서재

## 당신들은 이상해!(고린도후서 5:13)

나는 스톤브라이어 교회, 달라스 신학교 그리고 인사이트 포 리빙(Insight for Living)에서 사역하면서 거의 매일 다른 신자들과 교류한다. 물론 여행하거나 쇼핑하거나 잡무를 처리할 때는 나가서 불신자들을 만난다. 하지만 내가 특별히 부름받은 사역은 대부분 시간을 기독교 공동체 안에서 보내야 한다. 하지만 항상 그런 것만은 아니다. 내 생애의 다른 시기에는 나도 불신자들과 다양하게 교류했고, 나는 아직도 그들이 그리스도인을 얼마나 이상하게 여기는지 기억한다.

내가 해병대에 있었을 때 겪은 일이 생각난다. 해병대에는 독실한 그리스도인이나 지나치게 튀는 사람이 많지 않았다. 오키나와에 있을 때 에디라는 내무반 동료가 있었다. 에디는 세일러백을 바닥에 내려놓기가 무섭게 자기한테 종교를 갖게 할 생각일랑 하지 말라고 딱 잘라 말했다. 그는 기독교와 그의 삶이 우연히라도 스칠 일은 절대 없을 거라고 못을 박았다. 순간적으로 기가 죽은 나는 마지못해 그러겠다고 했다.

그 후로 내가 그리스도에 대해 말하지 않기로 동의했다는 사실이 나를 계속 괴롭혔다. 그래서 말보다는 행동으로 그리스도의 은혜와 사랑을 전하며 그리스도를 위한 삶을 살기로 했다. 얼마간 시간이 흐른 뒤 문득 내가 신앙에 대해 그에게 아무 말도 안 하고 있다는 걸 깨달았다. 그래서 곰곰이 생각한 끝에 방법을 찾아냈다.

당시에 네비게이터에서 하는 강도 높은 성경 암송 프로그램에 참여하고 있었던 나는 어느 날 에디에게 물었다. "이 구절을 외우는 걸 좀 도와줄 수 있어?"

잠시 방심한 그가 말했다. "그럼!"

그래서 에디는 아래쪽 자기 침대에 눕고 나는 위의 내 침대에 누워서 성경 구절을 줄줄이 읊었다. 그러면 에디가 틀린 부분을 고쳐주었다. "아니야, 그 단어가 아니야. 이 단어를 빠트렸어."

나는 가끔 강조하기 위해 한두 마디를 일부러 빼먹었다.

"하나님이…이처럼…"

"사랑하사…사랑하사."

"맞다. 하나님이…이처럼 사랑하사."

"세상을."

"맞아. 하나님이 세상을 이처럼 사랑하사…"

나는 이렇게 긍정적인 깨달음을 주는 구절들을 한 번에 하나씩 차근차근 암송했고, 에디도 계속 나를 도와주었다.

내가 베드로전서 2장 9절을 읽었을 때 그가 한 말을 나는 절대 잊지 못할 것이다. 나는 킹제임스 성경으로 그 장 전체를 외우던 중이었다. 나는 9절에 이르러서 이 부분을 읊었다. "그러나 너희는 택하신 족속이요 왕 같은 제사장들이요 거룩한 나라요 그의 소유가 된 백성이니"(킹제임스 성경에는 이 대목이 "독특한 백성이니"로 번역되어 있다-역주).

내가 제대로 암송했는데 에디가 나를 가로막았다. 내가 "독특한 백성"이라는 대목에 이르렀을 때 그가 말했다. "그 베드로라는 사람이 맞아. 너희는 이상해."

나 우리는 바울처럼, 온갖 계층의 사람들이 그들의 귀를 솔깃하게 만들기 위해 모든 수단과 방법을 동원해야 한다(고전 9:19-22).

바울은 자신의 급진적인 복음주의 생활 방식으로 고린도 교인을 감동시키려 하지 않았음을 분명히 밝힌다(고후 5:12). 그보다 고린도의 적들이 그와 동료 사도들을 비방할 때 그의 옹호자들이 그를 변호할 수 있는 사실을 제시하기를 원했다. 그의 적들은 진실한 마음보다는 "외모(겉으로 드러나는 것)"를 자랑했다. 반면에 바울은 대중의 인정을 구하지 않았다. 그는 "우리가 만일 미쳤어도 하나님을 위한 것"(5:13)이라고 말한다. "미쳤다"는 말은 마가복음 3장 21절에서 예수님의 가족이 그분이 미쳤다고 걱정하는 장면에서 쓰인 것과 같은 단어다. 그런데도 고린도 교인은 바울이 미치지 않았고, 오히려 '건전한 정신'의 소유자임을 알았을 것이다. 바울은 이성과 신념으로 복음의 온당성을 납득시켰다. 미쳤다는 비난은 동료 신자들이 아니라 외부인과 거짓 교사들이 한 것이었다.

## —5:14-16—

그리스도인이 세상에서 오해받는 두 번째 이유는 우리의 접근 방식이 다르기 때문이다(5:14-16). 우리 안에는 우리를 '움직이는' 강력한 힘-그리스도의 사랑-이 있다(5:14). 대부분 사람은 인생에서 이런 류의 힘이나 추진력 또는 선택을 하거나 우선순위를 세울 때 필요한 포괄적인 목표나 계획을 가지고 있지 않다. 그들은 그때그때 자기 위주의 흥미를 추구하면서 재미있거나 편해 보이는 것을 한다.

하지만 이제 우리 삶은 우리를 향한 그리스도의 사랑과 그분을 향한 우리 사랑의 지배를 받는다. 이 사랑에 사로잡히면 세상을 보는 눈이 달라진다. 우리의 선택과 진로를 결정하는 세 가지 명제가 있다. 첫째, 예수 그리스도는 모든 사람을 위해 죽으셨다(5:14). 둘째, 모든 사람이 영적으로 죽었으므로 새 생명을 주실 분, 곧 예수님이 필요하다. 셋째, 우리가 그분께 우리 자신을 드린 후에는 더는 자기를 위해 살지 않고 그리스도를 위해 살기를 원하게 된다(5:15). 우리가 이 세 개의 이정표에 궤도를 맞출 때 우리가 삶을 대하는 자세는 세상과 완전히 달라질 것이다. '우리는 모두 좋은 사람'이라는 세상의 긍정적인 시각과 달리 우리는 우리 자신을 포함해서 모든 사람을 하나님의 은혜가 없으면 본질적으로 악하지만, 동시에 하나님의 은혜로 '구원받을 수 있는' 존재로 본다.

바울이 "우리가…어떤 사람도 육신을 따라 알지 아니하노라"(5:16)고 한 말의 의미가 이것이다. 우리가 한때 예수님을 "육신에 따라" 여느 사람과 똑같이 여겼듯이, 그분이 우리를 대신해 "죽었다가 다시 살아나신" 신인(神人)이심을 받아들이면(5:15) 관점이 송두리째 바뀌고 사람들을 예수님의 복음으로 구원받을 수 있는 죄인으로 보게 된다. 이로 인해 우리의 관점은 근본적으로 바뀐다. 이제는 하나님의 은혜에 부응하는 그리스도 중심의 삶이 우리가 사는 목적이 된다.

## —5:17-19—

세상이 우리를 살짝 돌았다고 보는 세 번째 이유는 우리 삶이 변화되었기 때문이다(5:17-19). 그리스도를 믿는 사람들은 그냥 마음을 고쳐먹은 게 아니다. 새해 결심을 2월을 넘겨서까지 지키고 있는 것도 아니고, 일종의 사이비 종교에 세뇌당해 일거수일투족을 도통한 도사 같은 자에게 조종당하며 사는 것도 아니다. 도리어 그들의 변화는 진정한 내면, 즉 변화된 내면에서 비롯된다!

"그런즉 누구든지 그리스도 안에 있으면 새로운 피조물이라 이전 것은 지나갔으니 보라 새 것이 되었도다"(5:17). 사람들은 바울이 구약에서 아주 중요한 구절인 이사야 65장 17절을 암시하고 있다는 걸 대부분 알아채지 못한다. "보라 내가 새 하늘과 새 땅을 창조하나니 이전 것은 기억되거나 마음에 생각나지 아니할 것이라." 이사야서 본문은 구체적으로 그리스도가 재림하셔서 세상을 온전케 하신 후에 만물이 재건될 것을 말하고 있다. 그때 그리스도는 피조물을 모든 불의에서 정결케 하시고, 창조의 원래 목적을 온전히 회복하시며, 그보다 더 좋게 만드실 것이다. 바울은 이렇게 적었다. "우리는 그의 약속[구약성경]대로 의가 있는 곳인 새 하늘과 새 땅을 바라보도다"(벧후 3:13). 요한계시록 21-22장에서 이 새로운 세상의 놀라운 모습을 엿볼 수 있다.

바울은 고린도후서 5장 17절에서 이 이미지를 구속받은 신자에게 적용해 우리가 예수 그리스도께 "믿습니다"라고 말할 때 일어나도록 하나님이 계획해놓으신 근본적이고 극적인 놀라운 변화를 암시한다. 그리스도가 삶을 침범하실 때 기적적으로 재창조하시는데, 이것은 그분이 재림하실 때 우주를 전면적으로 재건하시는 것과 유사하다. 그분은 새로운 것을 만들어내신다. 인간의 행위 때문이 아니라(갈 6:15) 성령의 역사로 우리 안에 이 새 생명이 태어나면 우리는 안에서부터 변화되어 우선순위, 관계, 행동이 바뀐다. 우리 안에 이 일을 하실 수 있는 분은 하나님뿐이며, 일단 하나님이 그렇게 하시면 하나님이 우리 안에서 행하시는 일에 우리도 참여하게 된다(빌 2:12-13).

변화된 삶의 첫 번째 분명한 징표는 화해의 사역을 수행하는 것이다[*katallagē*(2643), 고후 5:18-19]. 하나님은 우리 각자에게 예수님의 십자가 죽음이 우리 죄를 대속하고, 하나님의 분노를 달래며, 용서를 이루셨다는 것을 사람들에게 가르쳐줄 임무를 주셨다. 예수님이 죽음에서 부활하심으로써 우리 안에 거하시는 부활의 성령에 힘입어 그분과 새로운 관계를 맺는 새 삶이 우리에게 열렸다(롬 8:11). 그리고 그리스도는 하나님과의 이러한 화해를 개인적으로 경험한 우리에게 화해의 메시지, 즉 예수 그리스도의 인격과 사역에 관한 복음을 위임하셨다(고후 5:19).

## —5:20-21—

불신자들이 그리스도인이 제정신이 아니라고 생각하는 네 번째 이유는 우리의 역할이 독특하기 때문이다(5:20-21). 우리는 그리스도의 의로운 통치를 대리하는 자로서 다른 언어, 다른 관습, 다른 생활 방식으로 살기 때문에 마치 외국 땅에 사는 외국인처럼 보인다. 우리는 국경 없는 국가, 통화(通貨) 없는 보이지 않는 왕국, 하늘 보좌에서 자기 백성의 마음 가운데 영적으로 통치하시는 왕의 대사다. 물론 언젠가 그분이 지상에 그분의 왕국을 세우실 것이며, 눈에 보이지 않던 것들이 보이게 될 것이다. 그러나 그날이 올 때까지 우리는 보이지 않는 제국의 대사로 활동하는 독특한 역할을 맡았다(5:20).

대사는 그의 고국과 고국의 메시지를 대표하며 그가 파견된 나라 사람들에게 고국의 정책을 홍보한다. 사람들은 대개 대사의 행동과 말을 지켜보고 면밀히 검토하면서 그것으로 대사가 대표하는 나라를 판단한다. 우리도 마찬가지다. 우리의 본향은 천국이며, 우리의 진정한 주권자는 주 예수 그리스도시다. 그분의 대사인 우리는 주변 사람들에게, 그들이 주님을 자기들의 주권자로 인식하지 못해도 왕이신 예수를 나타낸다. R. V. G. 테스커(Tasker)는 그리스도의 대사인 우리가 맡은 특별한 역할을 간략하게 설명한다.

> 인간의 일을 하는 대사를 선택할 때는 주로 재치, 위엄, 예절 그리고 사람들을 설득하는 능력을 본다. 그리스도의 대사 역시 이런 자질을 갖추어야 한다. 그들은 사람들을 억지로 하나님 나라에 끌고 가려고 해서는 안 되며, 사랑 안에서…그리스도의 온유와 겸손으로 진리를 말해야 한다.[11]

대사로서 우리 임무는 단순하다. 그리스도를 대신해 사람들에게 "하나님과 화목하[도록] 간청하[는 것]"이다(5:20). 이 단순한 화해의 메시지는 간결하게 서술되어 있다. "하나님이 죄를 알지도 못하신 이를 우리를 대신하여 죄로 삼으신 것은 우리로 하여금 그 안에서 하나님의 의가 되게 하려 하심이라"(5:21). 이 구절이야말로 복음에 담긴 구원의 능력의 정수다. 이사야가 수세기 전에 예언한 대로 완전한 신인(神人), 흠 없는 하나님의 어린양이신 예수님이 우리를 대신해 화목제물이 되셨다. "여호와께서 그에게 상함을 받게 하시기를 원하사 질고를 당하게 하셨은즉 그의 영혼을 속건제물로 드리기에 이르면…"(사 53:10).

예수 그리스도의 인격과 사역에 대한 믿음을 통해서만 우리는 하나님 앞에서 의인이 된다. 십자가에서 진짜 변화가 일어난다. 우리는 그분의 무죄와 우리의 죄를 맞바꾼다. 의롭다 함을 받은(칭의) 우리는 죄책감과 수치심에서 완전히 벗어나 영광스러운 약속의 완전한 상속자가 되었다.

헛소리로 들리는가? 그럴 수도 있다. 그러나 나라면 사라질 세상에서 똑똑한 사람이 되느니 차라리 도래할 그리스도의 왕국에서 바보가 되겠다.

## 적용: 고린도후서 5:11–21
### 우리 같은 '미친 사람들'이 어떻게 영향을 미칠 수 있을까?

지난 수십 년간 광야에 은둔하지 않은 한 당신은 세상이 제대로 미쳤음을 알아챘을 것이다. 텔레비전을 켜거나 인터넷을 보면 다수의 정치인과 언론계 인사들이 그리스도인을 정신 나간 사람들로 보이게 만들었음을 알 수 있다. 그리스도인이 선을 악으로, 악을 선으로 칭하기를 거부하기 때문이다. 이런 현상은 중요한 질문을 제기한다. 길을 잃은 세상에서 우리 같은 '정신 나간' 사람들이 말과 행동으로 그리스도를 제대로 나타낼 수 있을까? 우리가 영향력을 계속 발휘하기 위해 할 수 있는 세 가지를 살펴보기로 하자.

첫째, **사명을 계속 수행한다.** 고린도후서 5장 11절에서 말하듯이, 우리는 주님이 두려우신 분임을 알기에 이 정신 나간 세상에 계속 간청해야 한다. 그리스도가 자신을 구세주이자 주님이라고 하신 주장을 생각해보라고 사람들을 설득해야 한다. 그들이 차단하거나 피해버린 창조주 하나님과 화해하라고 호소해야 한다. 우리의 사명을 잊어서는 안 된다.

둘째, **관점을 유지한다.** 요즘에는 이것이 쉽지 않다. 그리스도의 죽음과 부활에 관한 우리의 메시지를 보고 오늘의 세상과 아무 관련이 없다고 생각하기가 쉽다. 엔터테인먼트, 정치, 비즈니스의 불협화음 속에서 '고릿적 이야기'를 하는 우리의 작은 목소리가 들리지 않을 거라고 생각할 수 있다. 천만의 말씀이다! 하나님은 그리스도의 대사로서 우리의 지극히 소심한 속삭임을 통해서도 우렁찬 음성으로 말씀하신다는 것을 기억해야 한다. 하나님의 말씀이 일하시는 것이다. 고린도후서 5장 16절에서 말하듯이, 우리는 더는 외모로 사람을 판단해서는 안 된다. 잊지 말라. 가장 화려한 록스타, 썩을 대로 썩은 정치인, 가장 속된 거물이 언젠가는 십자가에 못 박히셨다가 부활하신 주님 앞에 머리를 조아릴 것이다. 우리의 메시지는, 너무 늦기 전에, 오늘 그들의 무릎을 꿇릴 만큼 강력하다.

**셋째, 대사로서의 역할을 수행한다.** 우리는 우리 자신을 위해서가 아니라 그리스도를 대신해서 말한다. 우리의 메시지가 아닌 그분의 복음을 전달한다. 우리는 사람들을 우리 교회가 아니라 그분의 몸으로 초대한다. 우리의 작은 왕국이 아닌 그분의 왕국을 세운다. 세상 권력자들을 대표하는 대사들은 그들의 권위를 가지고 말한다. 대사들이 자기의 권세에 의지하면 망한다. 마찬가지로, 하나님은 그리스도의 대사인 우리를 통해 세상에 호소하신다(고후 5:20). 그러므로 우리는 입을 열어 그분의 기쁜 소식을 나누고 이 세상에 역행하는 삶을 당차고 자신 있게 살 수 있다.

사람들이 하나님, 그리스도, 거룩한 삶에 대해 '이상하고' 심지어 '정신 나간' 생각을 가지고 있는 당신을 우습게 볼 때 안절부절하지 말라. 당신의 임무를 계속 수행하라. 관점을 유지하라. 그리스도의 대사로서 맡은 바 임무를 수행하라.

---

**주**

1. Barclay, *Letters to the Corinthians*, 236.
2. 같은 책, 234.
3. Keener, *1–2 Corinthians*, 175.
4. C. S. 루이스, *The Weight of Glory*(Grand Rapids: Eerdmans, 1965), 14–15 (『영광의 무게』 홍성사 역간).
5. 에녹의 죽음은 성경에 기록되어 있지 않고 "에녹이 하나님과 동행하더니 하나님이 그를 데려가시므로 세상에 있지 아니하였더라"(창 5:24)고 쓰여 있다. 히브리서 11장 5절이 이 수수께끼 같은 구절을 설명한다. "믿음으로 에녹은 죽음을 보지 않고 옮겨졌으니." 선지자 시대에 엘리야는 죽지 않고 하늘에서 나타난 "불수레"를 타고 "회오리 바람으로 하늘로 올라"갔다(왕하 2:11). 두 경우 모두 성경이 뒷받침하는 일반 규칙, 곧 "한번 죽는 것은 사람에게 정해진 것이요 그 후에는 심판이 있으리니"(히 9:27)를 벗어난 명백한 예외다.
6. Joseph Bayly, *The Last Thing We Talk About*, rev. ed.(Elgin, IL: David C. Cook, 1973), 11.
7. David Steinmetz, "Purgatory," in *The New International Dictionary of the Christian Church*, rev. ed., ed. J. D. Douglas(Grand Rapids: Zondervan, 1978), 814.
8. Paul Barnett, *The Second Epistle to the Corinthians*, The New International Commentary on the New Testament(Grand Rapids: Eerdmans, 1997), 275.
9. Charles R. Swindoll, *Great Days with the Great Lives*(Nashville: W Publishing Group, 2005)를 저자의 허락을 받고 재구성함. Copyright © 2005 by Charles R. Swindoll, Inc. All rights reserved.
10. A. W. Tozer, *The Root of the Righteous*(Camp Hill, PA: Christian Publications,1986), 156.

11. R. V. G. Tasker, *The Second Epistle of Paul to the Corinthians*(Grand Rapids: Eerdmans, 1958), 89–90.

# 사역의 민낯

고린도후서 6:1–7:16

나는 동료 목사가 이런 우스갯소리를 하는 것을 들었다. "사역이 모든 사람을 대상으로 하는 게 아니라면 좋을 텐데." 낙심한 목사가 화가 나서 별 의미 없이 가벼운 농담으로 내뱉은 말이다. 하지만 성격 충돌, 목회자들의 권력 다툼, 회중의 자중지란으로 사직을 결심한 사역자가 지칠 대로 지쳐 이런 말을 내뱉은 것이다. 사역의 압박감이 낙관적인 이상주의자를 비관적인 냉소주의자로 만들기는 얼마나 쉬운가!

이 실망과 환멸의 상당 부분은 사역의 부정확한 묘사에서 비롯된다. 잘못된 기대는 대개 신학교를 갓 졸업하고 정서적, 영적으로 준비되지 못한 채 사역으로 내몰린 신참 목사에게서 나온다. 다른 경우는 자기들의 목사가 무한한 에너지를 가졌고 결함이라곤 찾을 수 없다고 믿으며 "여러 사람에게 여러 모습이"(고전 9:22) 되기를 기대하는 회중의 비현실적인 기대에서 나온다. 이런 선입견은 기대가 깨지고 실패가 부풀려지면서 사역에 심각한 문제를 야기한다.

바울은 목회 초보자와 비현실적인 회중 모두에게 면역력을 키워주기 위해 이제 사역에 수반되는 모든 것을 가감 없이 있는 그대로 묘사한다(고후 6:1–7:16). 지금까지 바울은 이 서신에서 사역의 본령에 대한 질문에 답하고(1:1–3:18), 화해 사역의 목적을 설명했다(4:1–5:21). 여기서 그는 기독교 사역의 엄혹함을 있는 그대로 설명하기 시작한다(6:1–10). 그런 다음 하나님의 거룩한 성전과 성령의 거처인 교회는 세상의 더러움에서 분리되어야 하므로 개인과 공동체 모두 거룩한 삶을 살아야 한다고 당부한다(6:11–18). 이어서 개인적이고 정서적인 측면에서 사역의 어려움에 대해 논하고(7:1–7), 고린도 교인이 그가 앞서 보낸 편지를 받아들이기 힘들어했다는 소식을 듣고 느낀 고뇌에 대해 자세히 이야기한다. 이 책망으로 그들은 결국 회개했다(7:8–16). 바울은 사역의 부침을 겪으면서도 고린도 교인이 의의 길로 계속 갈 것을 믿으며 여전히 비관론보다는 낙관론을 취한다.

고린도후서 6장 1절–7장 16절은 기독교 사역을 전임으로 하는 모든 사람이 '반드시 읽어야 할' 구절이다.

## 핵심 용어

παρακαλέω [*parakaleō*, 파라칼레오]*(3870)* '위로하다', '권고하다', '간청하다'

이 동사는 종종 위로의 행동, 격려의 표현, 또는 권고의 말을 나타낸다. 또한 어떤 사람이 상대방에게 최선의 이익을 얻기 위해 행하라고 권면할 때도 사용될 수 있다(6:1). 바울은 고린도후서 6–7장에서 하나님이 어떻게 구체적인 방법으로 자기 자녀들을 위로하시는지에 대한 통찰력을 준다. 예를 들어, 디도가 와서 우울해하던 바울을 "위로했다"(7:6). 그뿐 아니라 바울은 교회에서 들려오는 좋은 소식으로 위로받았다(7:7). 성경적 의미에서 '위로하다'는 말은 그저 행복을 빌어주는 것이 아니라 개인적으로 함께하며 구체적으로 행동을 취하는 것이다.

σωτηρία [*sōtēria*, 소테리아]*(4991)* '구원', '구출', '보호', '보존'

*Sōtēria*를 흔히 '구원'으로 표현하는데, 이로 인해 현대 독자는 *sōtēria*가 천벌에 반대되는 뜻–영적, 천상적 의미에서 구원받은–이라고 생각한다. 그러나 신약성경에서 *sōtēria*는 위험에서의 구조, 해로움에서의 보호, 임박한 위협에서의 구출 같은 더 넓은 의미로 쓰였다. 고린도후서 7장 10절을 예로 들면, 바울은 *sōtēria*를 사람의 영혼을 저주에서 구원하는 의미가 아닌 파괴적인 악행에서 회개와 회복을 통해 구원한다는 뜻으로 사용한다.

## 사역의 엄혹한 현실(고린도후서 6:1–10)

1우리가 하나님과 함께 일하는 자로서 너희를 권하노니 하나님의 은혜를 헛되이 받지 말라 2이르시되

> 내가 은혜 베풀 때에 너에게 듣고
> 구원의 날에 너를 도왔다 하셨으니

보라 지금은 은혜 받을 만한 때요 보라 지금은 구원의 날이로다 3우리가 이 직분이 비방을 받지 않게
하려고 무엇에든지 아무에게도 거리끼지 않게 하고 4오직 모든 일에 하나님의 일꾼으로 자천하여 많
이 견디는 것과 환난과 궁핍과 고난과 5매 맞음과 갇힘과 난동과 수고로움과 자지 못함과 먹지 못함
가운데서도 6깨끗함과 지식과 오래 참음과 자비함과 성령의 감화와 거짓이 없는 사랑과 7진리의 말씀
과 하나님의 능력으로 의의 무기를 좌우에 가지고 8영광과 욕됨으로 그러했으며 악한 이름과 아름다
운 이름으로 그러했느니라 우리는 속이는 자 같으나 참되고 9무명한 자 같으나 유명한 자요 죽은 자
같으나 보라 우리가 살아 있고 징계를 받는 자 같으나 죽임을 당하지 아니하고 10근심하는 자 같으나

항상 기뻐하고 가난한 자 같으나 많은 사람을 부요하게 하고 아무 것도 없는 자 같으나 모든 것을 가진 자로다

---

대부분 사람은 사역과 사역자의 삶에 대해 이상한 견해를 가지고 있다. 나는 이렇게 말한 성도의 심정을 이해한다. "내 문제는 하나님이 우리 목사님과 아주 비슷하다는 거예요. 나는 일주일 내내 그분을 보지 못하고 주일에는 그분을 이해하지 못하거든요." 사람들은 주중에 담임 목사에 대해 궁금해한다. 수요일 저녁에 목사를 보지 못하거나 슈퍼마켓에서 장을 볼 때나 스포츠 행사에서 목사를 마주치지 못하면, 사람들은 사역자의 삶에 대해 제 나름대로 온갖 별난 생각을 할지도 모른다. "목사님은 일주일 내내 뭘 하시는 거지?"

어떤 이들은 사역을 현실과 동떨어진 일로 생각한다. 그런 사람들은 목사가 셀 수 없이 많은 책으로 빙 둘러 있고 스테인드글라스가 있는 고적한 서재에서 성경을 탐독하는 모습을 상상한다. 그들은 주일 아침 몇 시간만 제외하고 나머지는 홀로 공부하며 지내는 실질적인 수도 생활을 사역인 것으로 생각한다. 또 어떤 이들은 사역은 초(超)영적인 완벽한 모델, 즉 균형 잡힌 삶을 살며 회중 가운데 누구도 할 수 없는 방법으로 생계를 꾸리는 성숙한 성도들을 위한 것이라고 생각한다. 사역에 부정적인 사람들은 사역자란 사람들의 감정을 쥐락펴락하면서 교활하게 착취하는 데 능한 번드르르한 사기꾼이라고 생각할 수도 있다. 특히 일부 가혹한 냉소주의자는 목사를 경건한 수도자가 아닌 유력 인사—사람들에게 무엇을 해야 하는지 알려주기를 좋아하는 이교의 구루—로 본다.

이 중 어떤 것도 사실이 아니다. 적어도 내가 평생 동안 사역하면서 알고 지낸 목사들을 놓고 볼 때 그렇다. 사역에 헌신한 사람들은 완전하지도, 악마 같지도 않다. 누구나 약점, 문제, 결함, 흠이 있다는 것은 인정한다. 우리는 늘 사랑하거나 인내하거나 이타적이거나 용서하지는 못한다. 우리는 유혹에 굴복하고 다른 사람들과 마찬가지로 시련을 겪는다. 사역자는 불완전한 세상에 살면서 감당할 수 없을 것 같은 사명에 부름받은 불완전한 사람이다.

그럼에도 불구하고, 하나님은 모든 세대를 위해 수많은 사역자—목사, 교수, 전도자, 선교사, 주일학교 교사, 어린이 목회자, 청소년 자원 봉사자, 멘토링하는 어머니, 소그룹 인도자, 상담자, 음악가, 예배 인도자—를 계속 부르시고 구별하신다. 이들은 모두 거룩한 소명을 받은 불완전한 사람들이다. 바울은 고린도후서 5장에서 우리가 하나님과 화해했다

면 화해의 사역을 받았다고 말한다(5:18). 따라서 하나님은 선택한 엘리트에게만이 아니라 (5:19) 우리 각 사람에게 저마다의 사역을 위임하셨다. 모든 신자는 그분의 대사로 부름받았다(5:20).

그러므로 우리 각자는 사역에서 어떤 역할을 맡았든지 상관없이 바울이 고린도후서 6장 1-10절에서 지적한 이 가혹한 현실을 감당할 준비가 되어 있어야 한다.

## —6:1-3—

바울은 우리가 피할 수 없는 시련, 유혹, 어려움 그리고 사역의 좌절에 직면했을 때 흔들리지 않고 스스로 추스르는 데 도움이 될 두 가지 권고와 함께 사역의 실상을 보여주기 시작한다. 하나님의 은혜를 헛되이 받지 말라(6:1-2). 그리고 사역에서 신뢰를 쌓으라(6:3-4).

바울은 그리스도의 대사로서 화해 사역을 진지하게 받아들이라는 명령에 잇대어 진지하고 절박하게 하나님의 은혜를 받아들이라고 고린도 교인에게 당부한다. "하나님의 은혜"(6:1)는 예수 그리스도의 구원의 역사-우리를 위해 구세주가 이루신 대속의 죽음을 통한 화해-를 가리킬 수 있다(5:21). 또는 사도들뿐 아니라 그리스도를 믿는 모든 신자에게 부여된 화해 사역을 뜻할 수도 있다(5:18-21). 이 해석을 꼭 양자택일해야 하는 것은 아니다. 바울은 둘 다 언급했다.

> 모든 것이 하나님께로서 났으며[일반적인 은혜] 그가 그리스도로 말미암아 우리를 자기와 화목하게 하시고 또 우리에게 화목하게 하는 직분[사역의 은혜]을 주셨으니(5:18).

이 맥락에서 하나님의 은혜를 "헛되이"(6:1) 받을 위험은 열매 없는 사역의 비극을 의미한다. "헛된"이라는 말은 헬라어로 *kenos*(756)이며, '텅 빈', '내용이 없는', '결과가 없는', '쓸모없는'이라는 뜻이다.[1] 열매 맺지 못하는 사역 방식이 적어도 두 가지 있다. 첫째, 성령보다 자기에게 의지하는 은혜 없는 기독교 생활 방식을 받아들여 기독교 신앙을 오직 은혜로 받는 의가 아닌 행위와 관련된 의의 종교로 축소시킬 수 있다. 은혜로 살지 못하면 사역은 은혜보다 율법을 지향하게 된다. 요컨대, 그런 사역은 하나님과의 화해 사역이 아니라 하나님과 떼어 놓는 사역이 될 것이다(엡 2:13-19). 유대인은 이런 식의 행위를 바탕으로 한 '사역'에 능통했다. 그리스도가 주시는 속죄 사역의 메시지는 철판에 맞은 화살처럼 그들의 마음에서 튕겨나갔다.

둘째, 현재 주어진 사역 기회를 활용하지 못하면 사역의 열매는 없다. 바울은 자기 주장을 뒷받침하기 위해 이사야 49장 8절을 언급한다. "여호와께서 이같이 이르시되 은혜의 때에 내가 네게 응답하였고 구원의 날에 내가 너를 도왔도다 내가 장차 너를 보호하여 너를 백성의 언약으로 삼으며 나라를 일으켜 그들에게 그 황무하였던 땅을 기업으로 상속하게 하리라." 영어 성경은 이 구절의 "너"가 이스라엘 백성에게 언약된 메시아를 예언적으로 언급한 것으로 생각해서 "You"를 대문자로 표기했는데 바르게 이해한 것이다. 메시아를 노래한 이 '종의 노래'의 맥락을 살펴보면 바울이 고린도후서 6장에서 논한 것과 비슷한 주제들이 추가되어 있어서 바울이 인용하기 알맞은 구절임을 알게 된다.

이사야 49장의 노래는 주님의 말씀을 들으라고 "먼 곳 백성들"(이방인)을 부르면서 시작한다(사 49:1). 그리고 메시아적 인물이 주님이 그분을 태에서 부르셨고(사 49:1), 그분의 입을 칼같이 만드셨으며(사 49:2, 참조. 계 1:16, 2:16, 19:15, 21), 때가 찼을 때(갈 4:4) 발사될 준비가 되어 있는 비밀 병기처럼 메시아를 화살통에 감추셨다고 말한다(고전 2:6-8). 이어서 예언하시는 메시아의 음성은 아버지의 말씀을 들려준다. "너는 나의 종이요 내 영광을 네 속에 나타낼 이스라엘이라"(49:3). 그들의 족장 야곱(이스라엘)의 이름을 딴 이스라엘이 열국에 하나님의 영광을 전혀 나타내지 못했던 반면에 예수 그리스도는 이스라엘의 전형이자 본보기로서 그리고 언약의 상속인으로서 이 사명을 성공하실 것이다.

이사야 49장 4절에 나오는 메시아의 음성은 마치 그가 "헛되이 수고하였으며 무익하게 공연히" 힘을 쓴 것처럼 소리친다. 말하자면, 메시아는 온 힘을 다해 아버지의 뜻을 이루시고 이스라엘의 구속을 위한 속전을 지불했건만, 도리어 그들은 그분을 내치고 그분의 주권을 거부했다. 그러나 메시아의 사명이 '실패'함으로 말미암아 하나님의 화살통에 있던 '화살'이 당겨져 구원의 역사를 향해 날아가 더 큰 구속 계획을 성취했다(롬 11:12, 15). 그분은 이사야 49장 5-6절에서 이 확장된 사명을 묘사한다.

이제 여호와께서 말씀하시나니 그는 태에서부터 나를 그의 종으로 지으신 이시요 야

> 곱을 그에게로 돌아오게 하시는 이시니 이스라엘이 그에게로 모이는도다 그러므로 내가 여호와 보시기에 영화롭게 되었으며 나의 하나님은 나의 힘이 되셨도다 그가 이르시되 네가 나의 종이 되어 야곱의 지파들을 일으키며 이스라엘 중에 보전된 자를 돌아오게 할 것은 매우 쉬운 일이라 내가 또 너를 이방의 빛으로 삼아 나의 구원을 베풀어서 땅 끝까지 이르게 하리라.

바울은 이사야 49장 8절을 언급하면서 메시아의 새로운 언약 사역을 교회로 확장했다. 그래서 교회의 역할은 그리스도가 구원하신다는 선포를 이스라엘뿐 아니라 모든 민족에게 전하는 것이다. 그것은 지금이 "은혜 받을 만한 때"이고 "구원의 날"인 까닭이다(고후 6:2). 그리스도가 오셨다. 이스라엘은 그분을 거부했다. 그런데 그들이 거부함으로 온누리에 화해의 복음이 전파되었다. "그들을 버리는 것이 세상의 화목이 되[었다]"(롬 11:15). 이는 우리가 호흡이 남아 있는 한 모든 민족을 제자로 삼기 위해(마 28:19) "하나님과 함께 일하는"(고후 6:1) 그리스도의 언약을 맡은 대사로 활동해야 한다는 뜻이다.

고린도 교인에게 하나님의 은혜를 헛되이 받지 말라고 경고한(고후 6:1-2) 바울은 신자들이 사역의 가혹한 현실을 마주하는 데 도움이 될 권고를 덧붙인다. 사역이 신뢰받을 수 있도록 행동하라(6:3-4). 그렇다면 불완전한 복음 사역자인 우리가 어떻게 새 언약 사역이 불신을 받지 않게 할 수 있을까? 그리스도가 탁월하고 신실한 종이셨던 것처럼(6:4, 참조. 사 49:3-7) 비난받을 빌미를 만들지 말고(6:3) 신실한 종이 되면 된다.

"거리끼다"에 해당하는 헬라어 *mōmaomai*(3469)는 이 구절과 고린도후서 8장 20절 딱 두 군데에서만 쓰였다. 이 말은 '잘못이나 비난거리를 찾다'는 뜻이다. 같은 뜻의 히브리어 *qalown*(H7036)은 잠언 9장 7절에서 "능욕을 받다"로 번역되었다. 사역이 책잡힐 수 있는 모든 것을 잠시 생각해보라.

- 약속을 어긴다.
- 제자들을 이용한다.
- 위선적으로 산다.
- 신뢰를 저버린다.

- 편법을 쓴다.
- 정직하지 않다.
- 탐욕스럽다.
- 호화롭게 산다.
- 처신이 방탕하다.
- 이기적이다.

슬프게도 우리는 마음을 뜨끔하게 만드는 이 목록을 더 늘릴 수 있다. 이 중 하나만으로도 사역을 무너뜨리고 복음에 불신을 초래할 수 있다.

## —6:4-10—

바울은 진정한 기독교 사역의 참모습을 잔인하리만치 적나라하게 그리면서 사람들을 쉽게 사역으로 끌어들일 수 있는 파스텔 팔레트를 제쳐놓는다. 대신 사람을 움찔하게 만드는 어두운 색조로 하나님의 종을 자처하는 자들의 삶을 사실적으로 그린다.

여기서 "일꾼"이라는 단어는 '노예' 또는 '종'(롬 1:1, 딛 1:1)을 뜻하는 *doulos*(1401)가 아니다. 바울은 *diakonos*(1249)를 사용했다. 이 헬라어는 그 뜻이 '일반적인 종', '식사 시중을 드는 사람', '특별한 임무를 받은 요원', '교회의 임직 사역자' 등으로 상당히 광범위하다. 신약성경에서 *diakonos*는 어떤 사명이나 임무를 맡은 종(롬 15:8, 고전 3:5, 엡 3:7), 특정 인물의 조수(마 22:13, 고후 6:4, 골 1:7), 교회의 임직자나 "사역자"(빌 1:1, 딤전 3:8-12)라는 뜻으로 쓰였다. 고린도후서 6장 4절에서는 주로 처음 두 의미와 제일 가깝게 쓰였다. 복음 사역에 사로잡힌 바울과 그의 동료들은 자기들을 하나님이 말씀을 널리 선포하는 임무를 맡기려고 직접 선발하신 종으로 보았다.

그러나 이 사역에는 남부럽지 않은 보상, 큰 혜택, 편안한 은퇴 계획이 없었다. 바울의 묘사는 기독교 사역의 그릇된 이미지를 모조리 깨버린다. 상아탑의 이미지는 무너지고, 완벽한 성도의 초상은 빛이 바래며, 돈 때문이라는 생각도 신빙성이 없어진다. 바울이 기독교 사역의 잔인한 실상을 어떻게 묘사하는지 보라. 그는 "오직 모든 일에 하나님의 일꾼으로 자천하여 많이 견디는 것과 환난과 궁핍과 고난과 매 맞음과 갇힘과 난동과 수고로움과 자지 못함과 먹지 못함 가운데서"(6:4–5) 주님을 섬겼다.

이런 모습은 신학교 안내책자에서, 사역에 봉사할 사람을 찾는 사람들에게서, 선교사의 분기별 보고서에서 읽고 들을 수 있는 내용과는 차이가 있다. 물론 사역자가 죄다 바울이 말한 것처럼 극심한 고난을 겪는 것은 아니다. 그러나 사역자는 좋을 때와 나쁠 때를 다 대비해야 한다. 요컨대, 사역자는 "견뎌야" 한다(6:4). '인내'라는 뜻의 헬라어는 *hypomonē* (5281)다. 윌리엄 바클레이는 그 의미를 이렇게 설명한다.

> 이 표현의 풍부함이나 깊이를 영어 단어 하나로 드러내기는 쉽지 않다. 이것은 팔짱을 끼고 고개를 숙이고 앉아서 고난의 파도가 휩쓸고 지나가기를 기다리는 수동적인 상태를 뜻하지 않는다. 이것은 고난을 변모시킬 만큼 위풍당당한 자세로 그것을 견딜 수 있는 능력을 뜻한다.[2]

사역을 위해 고난을 감내한 사람을 꼽으라면 바울에 필적할 자가 없을 것이다. 그러나 그는 자신의 삶을 다른 사람을 위한 본으로 삼았기 때문에 그가 견뎌낸 여러 시련뿐만 아니라(6:4–5) 그 가운데서 그가 보여준 단호한 태도에서도 배울 점이 있다(6:6–7).

**여러 가지 시련을 감내함(6:4–5).** 첫째, 바울은 내면의 갈등–환난, 궁핍, 고난–과 싸웠다. 바울이 말한 "환난"이나 "고난"을 뜻하는 헬라어 *thlipsis*(2347)에는 그를 짓누르는 염려도 포함되어 있다. 그는 "궁핍"했기 때문에 삶을 안락하고 안전하게 해주는 것 없이 지내야 했다. "고난"은 궁지에 몰려 덫에 걸린 것처럼 옴짝달싹할 수 없는 처지가 된 것을 뜻한다. 우리는 정신적으로나 감정적으로 고갈되어 지친 사역자의 모습을 본다.

둘째, 바울은 외적인 어려움–매 맞음, 갇힘, 난동–을 겪었다. 매를 맞는 것은 고문에 가까울 정도로 고통스러웠다. 그는 여러 차례 투옥되었고, 난동으로 인한 폭력, 대중의 질타, 공격의 소용돌이에 휘말렸다. 한마디로, 바울은 극심한 박해에 시달렸고, 적들에게서 육체적인 학대를 받았다.

셋째, 바울은 큰 뜻에 헌신하기 위해 사사로운 훈련–수고로움, 자지 못함, 먹지 못함–을 감내했다. 그는 복음의 대의를 추진하기 위해서라면 어떤 어려움도 피하지 않았고, 자신의 안녕을 돌보지 않았다. 그는 전 세계에 복음을 전파하기 위해 쉬지 않고 열심히 일했고, 십자가의 기쁨을 위해 이 모든 것을 마다하지 않았다(11:23-28).

**당당한 자세를 견지함(6:6-7).** 바울은 이제 그림의 어두운 색조를 아홉 가지 빛으로 채우면서 어둠 속에서도 하나님이 우리와 함께하시며 견딜 수 있게 도우신다는 것을 상기시킨다. 바울은 복음 사역을 "깨끗함과 지식과 오래 참음과 자비함과 성령의 감화와 거짓이 없는 사랑과 진리의 말씀과 하나님의 능력으로 의의 무기를 좌우에 가지고"(6:6-7) 섬겼다. 이중 네 가지는 다른 사람들이 볼 수 있는 겉으로 드러나는 태도-깨끗함, 지식, 오래 참음, 자비-이다. 나머지 다섯 가지-성령의 감화, 거짓 없는 사랑, 진리의 말씀, 하나님의 능력, 의의 무기-는 마음속에 숨어서 힘을 발휘한다.

이와 같은 당당한 태도를 열거한 바울의 요지는 무엇일까? 신자는 내우외환 속에서도 성령의 열매(갈 5:22-23), 성령의 은사(고전 12:4-7), 영적인 전신갑주(엡 6:10-17)로 보호받고 힘을 얻을 수 있다. 우리에게 힘을 주시는 하나님의 임재와 섭리의 도움으로 '온갖 종류의' 혹독한 사역을 견디고 경험한 결과는 무엇인가? 짐작하듯이, 우리의 사역은 시종일관 극한 영욕과 심지어 헷갈리는 모순으로 점철될 것이다.

| 욕됨 | 영광 |
|---|---|
| 욕됨과 | 영광으로 |
| 악한 이름과 | 아름다운 이름으로 |
| 속이는 자 같으나 | 참되고 |
| 무명한 자 같으나 | 유명한 자요 |
| 죽은 자 같으나 | 보라 우리가 살아 있고 |
| 징계를 받는 자 같으나 | 죽임을 당하지 아니하고 |
| 근심하는 자 같으나 | 항상 기뻐하고 |
| 가난한 자 같으나 | 많은 사람을 부요하게 하고 |
| 아무 것도 없는 자 같으나 | 모든 것을 가진 자 |

사역의 밝은 면과 어두운 면을 생각해볼 때 우리가 그리스도인으로서 다른 사람들에게 어떤 이미지를 전달하는지 알기 어려울 때가 있다. 특히 사역을 직업으로 선택했거나 사역으로 부름받은 우리 같은 사람들은 더욱 그렇다. 사역의 가혹한 현실을 고려하면 고린도후서 6장 6-7절에 묘사된 당당한 태도를 유지하는 것이 더욱 중요해진다. 그래야 더 심한 부침을 겪더라도 머리를 물 위에 두고 성령이 주시는 은혜의 신선한 공기를 지속적으로 마실 수 있기 때문이다.

## 적용: 고린도후서 6:1-10

### 생각하고 모험하고 유산을 남기라

95세 이상의 사람들에게 "인생을 다시 살 수 있다면 어떻게 살고 싶은가?"라고 물어보았다.[3] 대답은 세 가지 일반적인 범주로 나뉘었다. 1) 더 깊이 생각하고, 2) 더 많이 모험하며, 3) 죽은 후에도 남을 일을 더 많이 하는 것.

이 답은 시사하는 바가 있다. 그들은 열매 맺는 풍성한 삶의 기본원리를 깨달은 것이다. 곧 그것은 바로 무엇이 더 중요한지 생각해보고, 미지의 세계를 피하기보다는 위험을 감수하며, 미래를 위한 유산을 남기는 것이다. 하지만 이 대답에는 일말의 후회도 들어 있다.

솔직히 말하면 나는 주님이 나에게 맡겨주신 일에 전율을 느낀다. 날마다 나는 그분이 나에게 허락하신 사역에 감사드리며, 갈등의 폭풍, 곤난의 어두운 구름, 격렬한 논쟁의 바람 속에서도 밀고 나아갈 수 있는 능력을 주신 것에도 감사한다. 그렇다. 나는 사역의 혹독한 현실을 인정하지만, 하나님의 은혜로 내 삶에 역경이 물밀듯이 밀어닥칠 때 물 위를 걸을 수 있었다. 그것은 내 지혜와 힘으로가 아니라 그분의 성령이 주신 순결, 지식, 인내, 온유, 사랑, 진리, 권세, 의로 인해 가능했다(고후 6:6-7). 나는 주저 없이 간증할 수 있다. 나는 전심으로 내 사역을 사랑한다.

그렇다 해도 나는 모든 사람이 기독교 사역을 천직으로 받지는 않는다는 것을 안다. 하지만 신자라면 누구나 사역을 하도록 부름받는다(엡 4:12). 한 사람도 예외는 없다. 나는 누구보다도 유능한 많은 신자가 은퇴 후에 후회할 방식으로 살까 봐 안타깝다. 이렇게 말이다. "내가 더 많이 생각하고, 더 많이 모험하고, 의미 있는 유산을 더 많이 남겼으면 좋았을 텐데."

당신은 그러지 말기를!

당신이 현재 참여하고 있는 사역과 실제로 할 수 있는 사역에 대해 깊이 생각해본 적이 있는가? 교회에서 당신이 참여해야 할지 생각조차 해보지 않고 지나친 사역 기회가 있는가? 시간을 내어 도움이 필요한 당신 교회의 사역이나 주변 사람을 생각해보고 구체적으로 도울 방법을 결정해보라. 내년, 다음 학기, 다음 달로 미루지 말라. 오늘 하라!

둘째, 당신은 위험을 감수하지 않고 인생을 안전하게 살고 있는가? 예를 들어, 별로 일어날 것 같지도 않은 만일을 대비해서 전략적인 사역 기회에 사용할 수 있는 돈을 깔고 앉아 있는가? 혹은 당신의 자부심, 평판, 일정, 안락함을 침해당할 위험 때문에 봉사할 수 있는 기회를 피하고 있는가? 내년에 계획한 당신의 여행, 사역, 일 그리고 여가 계획을 자세히 살펴보고 너무 안주하는 삶을 살고 있지는 않은지 자문해보라.

셋째, 당신이 지금 하고 있는 일 중에 죽은 후에도 남을 것이 있는가? 당신은 가족과 교회를 소홀히 하면서 일에 매진하고 있는가? 인생의 종점에 다다랐을 때 뒤에 남겨놓을 영원한 의미를 가진 유산이 있는가? 당신 자녀나 손주들이 영원한 의미는 별로 없지만 더 많은 돈을 벌 수 있는 일을 하려는 것을 말리고 있는가? 다른 사람들을 돌보는 일은 고귀한 소명이다. 그것만 그런 것은 아니지만 고귀한 일이다. 꼭 직업으로 삼거나 보수를 받는 사역이 아니어도 좋다. 다른 신자들이나 불신자들에게 긍정적인 영향을 미칠 수 있다면 그 여운은 영원히 남을 것이다.

물론, 사역은 어렵다. 정신은 고갈되고, 마음은 괴로우며, 육신은 고달플 수 있다. 우리가 어려움에 가라앉지 않고 계속 떠있게 해주는 당당한 태도와 지속적이고 능력 있는 기도가 어우러져 균형을 이루지 못하면 우리는 중압감에 짓눌려 가라앉고 사역의 끊임없는 요구와 마감 시한에 쫓겨 두 손을 들 수도 있다. 그러나 어려운 시기를 견디면 사역은 우리가 누릴 수 있는 가장 보람되고 만족스러운 삶이 될 것이다.

## 좋은 관계와 나쁜 동반 관계(고린도후서 6:11-18)

11고린도인들이여 너희를 향하여 우리의 입이 열리고 우리의 마음이 넓어졌으니 12너희가 우리 안에서
좁아진 것이 아니라 오직 너희 심정에서 좁아진 것이니라 13내가 자녀에게 말하듯 하노니 보답하는
것으로 너희도 마음을 넓히라

14너희는 믿지 않는 자와 멍에를 함께 메지 말라 의와 불법이 어찌 함께 하며 빛과 어둠이 어찌 사
귀며 15그리스도와 벨리알이 어찌 조화되며 믿는 자와 믿지 않는 자가 어찌 상관하며 16하나님의 성전
과 우상이 어찌 일치가 되리요 우리는 살아 계신 하나님의 성전이라 이와 같이 하나님께서 이르시되
내가 그들 가운데 거하며 두루 행하여
나는 그들의 하나님이 되고 그들은 나의 백성이 되리라
17그러므로 너희는 그들 중에서 나와서 따로 있고
부정한 것을 만지지 말라
내가 너희를 영접하여
18너희에게 아버지가 되고
너희는 내게 자녀가 되리라
전능하신 주의 말씀이니라 하셨느니라

---

이 세상이 인간관계로 움직인다는 사실을 사람들이 깨닫는 데는 그리 오래 걸리지 않는다. 각 사람은 부모의 관계로 인해 존재하게 되었다. 자라면서 우리는 부모와 가족과 좋든 나쁘든 관계를 형성한다. 유년기와 성년기를 거치면서 우리는 관계를 맺고, 관계를 키우며, 관계를 망치고, 관계를 시작하며, 관계를 끝낸다. 인간은 관계적 존재다.

하나님이 삼위일체로 존재하신다는 진리 때문에 그리스도인은 이 사실이 놀랍지 않다. 세상의 모든 종교 중 기독교만 유일하게 성부, 성자, 성령이 영원한 관계 속에서 존재하시는 하나님이 있다. 하나님의 형상대로 독특하게 창조된(창 1:26-27) 우리는 당연히 삼위일체 하나님의 단일성과 차별성을 투영한다. 우리는 하나님과 그리고 서로 간에 관계를 맺으며 살도록 창조되었다.

하나님의 말씀인 성경 역시 사람 사이의 관계에 대한 이야기로 가득 차 있다. 사랑하는 사람들, 싸우는 사람들, 계획하는 사람들, 기도하는 사람들, 웃고 노래하는 사람들, 애도하고 슬퍼하는 사람들, 좋든 나쁘든 관계를 맺는 사람들. 구약의 율법은 이스라엘 백성과 하나님과의 관계와 다른 사람과의 관계를 주관했다. 실제로 예수님은 율법 전체를 관계의 관점에서 요약하셨다. "네 마음을 다하고 목숨을 다하고 뜻을 다하여 주 너의 하나님을 사랑하라…네 이웃을 네 자신 같이 사랑하라"(마 22:37, 39).

우리 삶은 여러 관계를 통해 형성되고 변형된다. 나쁜 친구는 우리를 타락시키지만(고

전 15:33), 좋은 친구는 우리를 강하게 할 수 있다(잠 18:24). 교회 전체가 성장하려면 다른 성도와의 긴밀한 관계가 개선되고 강화되어야 한다. 동시에 우리와 전혀 다른 세계관과 정반대의 우선순위를 가진 불신자와의 친밀한 관계는 조심스럽게 유지되어야 한다. 바울은 고린도후서 6장 11-18절에서 이 두 가지 이슈, 곧 좋은 관계와 나쁜 동반 관계를 모두 다룬다.

## —6:11-13—

고린도후서 같은 편지를 읽다 보면 자칫 큰 흐름을 놓치고 곁길로 빠지기 쉽다. 그래서 가끔 가던 길을 멈추고 물러서서 큰 그림을 볼 필요가 있다. 이 편지의 서두에서 바울은 고린도 그리스도인에 대한 그의 헌신을 반복해서 말한 후 그와 그의 사도권에 대한 고린도 교인의 오해를 해소한다. 어떤 사람들은 바울이 그들을 방문하기를 바라면서도 행동으로 옮기지 않았다는 생각에 화가 나 있었다. 그들은 바울이 계획한 여정을 철통 같은 약속으로 받아들였기 때문에 사정상 원래 계획을 지키지 못하게 되자 그가 변덕을 부린 것으로 오해했다.

하지만 바울을 반대하던 고린도의 유대주의 그리스도인이 고린도 교인을 바울의 가르침에서 멀어지게 하려고 이런 비난을 부풀려도 소용이 없었다. 유대주의자는 한 발은 신약 한 발은 구약, 다시 말해 교회와 회당, 기독교와 유대교에 양다리를 걸치고 살려는 사람들이었다. 이런 식의 혼합주의는 기독교 교리와 실천을 손상시켰고, 믿음을 통해 은혜로 받는 구원의 복음이라는 본질을 훼손했다.

고린도후서 2장 14절과 6장 10절 사이에 바울은 원래 이야기하고 있던 그와 고린도 교인과의 관계에 대한 주제를 벗어나, 관련은 있지만 부차적인 문제-열매 맺는 사역-에 관해 썼다. 결국, 사역은 사람에 관한 것이다. 전도와 제자훈련은 사람과 함께하는 일이다. 정의하자면, 사역은 돕고 섬기며 격려하고 권고하며 대면하고 사람을 상대하는 것이다. 진정한 사역의 부침에 관한 바울의 말에서 그가 자신이 창립한 교회 사람들과의 관계를 왜 그렇게 소중히 여기는지 그 배후 사정을 알 수 있다. 이제 고린도후서 6장 11절에서 바울은 원래 하려던 말과 이 편지의 목적-그가 계속 고린도 교인을 효과적으로 양육할 수 있도록 그들과의 관계를 회복하는 것-으로 다시 돌아온다.

바울은 6장 11절에서 그가 그들에게 얼마나 헌신했고 얼마나 진솔하게 그들을 대했는지를 상기시킨다. 이 구절은 말 그대로 "우리의 마음이 넓어졌으니"[*platynō*(4115)]라는 말로 끝난다. 바울과 그의 동역자들은 말로도 사랑을 표현했지만, 마음속 깊이 그들을 사랑하고 아꼈다. 바울은 문장 중간에 "고린도인들이여"라고 부르면서 깊은 애정을 드러낸다. 신약학자 데이비드 라워리는 이렇게 설명한다.

> 바울이 편지 중간에 독자를 지명하는 경우는 지극히 드물었다. 예를 들어 갈라디아 교회의 탈선을 심히 염려할 때 바울은 그들의 이름을 부르면서 크게 꾸짖었다(갈 3:1). 또 사역을 처음 시작했을 때와 감옥에 있었을 때 빌립보 교회가 그를 성실히 지원해주었던 일을 떠올리며 그들의 이름을 불렀다(빌 4:15). 이와 비슷하게 바울은 좌절감과 애정을 담아 고린도인들을 부르면서 아낌없는 사랑으로 화답해주기를 청했다.[4]

그러나 고린도인들은 그렇게 반응하지 않았다. 바울처럼 속 깊은 사랑으로 화답하지도 않았고 겉으로 표현하지도 않았다. 도리어 그들은 애정 표현에 인색했다(고후 6:12). "심정"이라는 용어는 헬라어로 발음이 거의 불가능한 *splanchnon*(4698)인데 문자적으로 '장부'(臟腑)라는 뜻이다. 즉, 심장, 간, 폐 같은 내부 장기를 뜻한다. 고대에는 사람이 행복하거나 슬프거나 두렵거나 용기를 낼 때, 인체의 이런 부분이 울렁거리기 때문에 인간의 감정이 이런 장기에서 나온다고 믿었다. 따라서 "장부"라는 용어는 은유적으로 깊고 진실하며 진심 어린 감정을 나타낼 때 쓰였다. 바울은 이 말로 그와 고린도인들과의 관계가 일방적이었음을 암시한다. 바울의 은유를 살려서 말하자면 그는 "간도 쓸개도 다 빼주었지만" 그들은 마음을 열지 않았다. 그래서 바울은 자녀들과 다정한 관계를 갈망하는 자애로운 아버지처럼 그들에게 이렇게 호소한다. "보답하는 것으로 너희도 마음을 넓히라"(6:13).

포옹을 해도 뻗대는 아이를 안아본 적이 있는가? 아니면 퉁명스럽게 단답형으로 대답하는 뚱한 십대와 대화해본 적이 있는가? 그런 식으로 건강한 관계를 맺는 것은 불가능하다. 그렇지 않은가? 관계는 서로 거리낌 없이 감정을 나누고 대화가 오갈 때 형성된다. 그러나 고린도인들은 사도와 감정을 나누려고 하지 않았다.

## —6:14-18—

아이러니하게도 고린도 교인은 신앙의 영적 아버지인 바울은 쌀쌀맞게 대하면서 불신자와는 사적으로나 직업적으로 친밀한 관계를 맺었다. 얼마나 무모한가! 그들은 자기들을 위해서 희생과 고난을 마다하지 않으며 그들을 누구보다도 아끼는 사람들은 내치고, 그리스도와 동행하는 데 해가 될 사람들과는 팔짱을 낀 것이다.

바울은 에두르지 않고 솔직하게 그들의 잘못을 지적한다. "너희는 믿지 않는 자와 멍에를 함께 메지 말라"(6:14). "멍에를 함께 메다"라는 말은 밭을 갈 때 두 마리를 한 멍에에 맨다는 뜻이다. 바울은 신명기 22장 10절의 "너는 소와 나귀를 겨리하여 갈지 말[라]"는 구약의 가르침을 인용했을 것이다. 소와 나귀는 끄는 방식이 달라서 한 멍에에 매면 똑바로 쟁기를 끌 수 없다. 바울은 이 실제적인 명령에서 영적 원리를 끌어내 신자와 불신자가 결혼, 사업, 또는 다른 공식적이고 장기적인 계약 관계를 맺어 한 방향으로 함께 끌고 가야 하는 친밀한 관계로 엮이는 것은 실수라고 주장한다. 왜 그랬을까? 신자와 불신자는 목표, 세계관, 방법, 규칙이 다 다르기 때문이다.

많은 그리스도인이 이 구절의 의미를 바울의 의도보다 더 크게 받아들여서 세속적인 학교를 기피하고, 기독교 사업체만 이용하며, 그리스도인만 고용하고, 그리스도인이 소유하고 운영하는 식당에만 가며, 그리스도인 친구들하고만 교류하는 등 항상 신자들하고만 관계를 맺으려고 한다. 그러나 고린도전서 5장 9-10절을 보면 바울의 의도는 이런 극단적인 적용이 아님을 분명히 알 수 있다. "내가 너희에게 쓴 편지에 음행하는 자들을 사귀지 말라 하였거니와 이 말은 이 세상의 음행하는 자들이나 탐하는 자들이나 속여 빼앗는 자들이나 우상숭배하는 자들을 도무지 사귀지 말라 하는 것이 아니니 만일 그리하려면 너희가 세상 밖으로 나가야 할 것이라." 우리가 잃어버린 사람들과 어울리려 하지 않는다면 그들이 어떻게 그리스도를 알게 되겠는가? 고린도후서 6장에 담긴 바울의 생각은 격의 없는 우정이나 사회적 교류가 아닌 매일 접하는 영구적이고 공식적인 관계에 관한 것이다. 바울이 생각한 "멍에를 함께 매는" 관계를 '동반 관계'라는 용어로 표현하면 될 것 같다.

그렇다면 이런 '동반 관계'란 어떤 것일까? 얼마나 가까워야 너무 가까운 것인가? 어디에 선을 그어야 할까? 이 질문들에 대한 답을 찾을 수 있도록 바울은 그리스도인과 비그리스도인의 정반대 되는 속성과 조건(6:14-16)을 흑백의 예로 대조한다.

| | | |
|---|---|---|
| 의 | 대 | 불법 |
| 빛 | | 어둠 |
| 그리스도 | | 벨리알 |
| 믿는 자 | | 믿지 않는 자 |
| 하나님의 성전 | | 우상 |

짝, 사귐, 화합, 더불어, 일치(새번역)라는 단어에 밑줄을 그으라. 이 단어들은 모두 발전하는 데 시간이 걸리고 쉽게 끝나지 않는 가깝고, 친밀하며, 상호의존적이고, 공유하며, 한결같은 관계를 나타낸다. 신자와 불신자는 이런 관계를 맺으면 안 된다. 절대로. 왜 그럴까? 어떤 것들은 본질적으로 다르고 근본적으로 양립할 수 없기 때문이다. 구원받은 사람들은 잃어버린 자들과 영적으로 친밀한 관계를 맺을 수 없다. 불신자들과 관계를 맺으면 기독교의 기준을 양보하게 되거나 기독교의 증인으로서 일관성이 위협받을 수 있다.

어쩌면 당신은 이미 이렇게 생각하고 있을 수 있다. 이미 불신자와 결혼했는데 어떻게 하나? 결혼할 당시에는 당신도 비그리스도인이었거나 최근에야 신앙을 진지하게 받아들이기 시작했을 수도 있다. 혹은 신자라고 생각하고 결혼했는데 결혼 후에 그 사람이 불신자이거나 성장할 마음이 전혀 없는 미성숙한 그리스도인이라는 걸 알게 되었을 수도 있다. 또는 신자와 불신자는 그렇게 함께 멍에를 매고 동행해서는 안 된다는 것을 모른 채 관계에 돌입했을 수도 있다. 그러면 그 멍에를 풀어야 한다는 뜻일까? 다시 말해서 이혼해야 하는가? 그렇지 않다. 고린도후서 6장 14절에서 바울이 한 권고는 그런 관계에 돌입해서는 안 된다는 경고며, 일단 결혼을 했다면 고린도전서 7장 13절의 원칙이 적용된다. 이 구절에서 바울은 구원받지 못한 배우자가 당신과 계속 살기를 원하면 당신은 결혼관계를 유지하고 그리스도의 산 증인이 되어야 한다고 말한다. 쉬운 소명은 아니다. 소와 나귀를 함께 묶어 쟁기질을 시킬 때처럼 충돌은 피할 수 없을 것이고, 당신이 그리스도를 위해 곧은 길로 쟁기를 끌려고 할수록 긴장은 점점 더 커질 것이다. 쉽지는 않을 것이다. 하지만 불가능하지도 않다.

당신은 이렇게 생각할지 모른다. 불신자와 계약을 했거나 동업을 약속한 경우는 어떻게 해야 하는가? 내가 빠져나와야 하는가? 아니다. 바울은 사람과의 약속이나 계약도 함부로 취소하거나 물러서는 안 된다고 분명히 밝혔다(갈 3:15). 그리스도인은 "예"라고 할 것은 "예"라고 하고, "아니요"라고 할 것은 "아니요"라고 해야 한다(마 5:37). 합법적이고 윤리적으로 계약에서 놓여날 수 있다면 상황이 다르다. 그러나 아무리 사소한 것일지라도 의무의 이행은 외면해서는 안 될 그리스도인의 덕목이다.

불신자와 멍에를 같이 매면 안 되는 근본적인 이유가 고린도후서 6장 16-18절에 나와 있다. 여기서 바울은 단일 통합체로서 교회를 "살아 계신 하나님의 성전"이라고 부른다.[5] 그는 구약성경 구절을 엮어서 하나님과 그분의 백성 사이에 맺어진 친밀한 관계를 강조한다. "내가 그들 가운데 거하며 두루 행하여 나는 그들의 하나님이 되고 그들은 나의 백성이 되리라…내가 너희를 영접하여 너희에게 아버지가 되고 너희는 내게 자녀가 되리라"(6:16-18).[6] 거룩하신 하나님과의 친밀한 관계 때문에 우리는 거룩하지 않은 관계에 얽혀서는 안 된다. 하나님이 우리 가운데 계시기 때문에 우리는 "그들 중에서 나와[야]" 한다(6:17). 거룩하신 하나님이 우리 가운데 거하시며 우리를 정결케 하셨기 때문에 우리는 "부정한 것을 만지지 말[아야]" 한다(6:17).

우리와 하나님과의 관계로 말미암아 우리는 다른 신자들과 친밀하고 융화된 관계를 맺을 수 있다. 이 관계에는 영적 조화(6:16), 개인의 순결(6:17), 가족적인 친밀감(6:18)이 포함된다. 우리는 하나님의 성전이므로 하나님을 욕되게 하거나 우리가 그리스도의 몸된 교회에서 경험해야 할 조화, 순결, 친밀감을 훼손하는 그 어떤 것이나 어떤 관계도 하나님의 성전에 들여서는 안 된다.

## 적용: 고린도후서 6:11-18

### 관계에 대한 안전 지침

인간관계에서 어떻게 곧고 좁은 길을 계속 유지할 수 있을까? 살면서 사람들과 얼마나 가까워질지를 결정하는 데 도움이 될 두 가지 법칙을 나누고 싶다. 나는 이것을 경험에서 배웠다. 첫 번째는 긍정적인 법칙이다. 교회에서 다른 신자들과의 관계를 돈독히 하라는 고린도후서 6장 11-13절에 의거한 권고다. 두 번째는 부정적인 법칙이다. 불신자들과 부적절하게 어울리는 것에 대한 경고다(6:14-16).

첫째, 정서적 유대가 없다면 진실한 관계를 경험할 수 없다. 우리 모두는 동료 신자들과 더 가깝고 친밀하며 상호의존적 관계를 맺으라는 부름을 받았다. 그러나 우리가 경험해야 할 그런 친밀한 관계는 진심으로 꾸밈없이 자신을 내보여야만 가능하다. 즉, 정직해야 한다는 말이다. 허심탄회한 소통을 해야 한다는 뜻이다. 마음을 나누고 행동으로 서로를 보살피는 것을 뜻한다.

그런데 이와 반대로 바울과 고린도 교인과의 관계는 일방적이었다. 바울은 고린도 교인에게 넘치는 애정을 쏟았지만 그들은 냉담했다(6:11-13). 그가 퍼부으면 그들은 흘려보냈다. 그가 조건 없는 사랑으로 그들을 감싸면 그들은 의례적인 악수를 하며 쌀쌀맞게 대했다. 당신에게도 이런 관계가 있는가? 당신은 어느 쪽인가? 교회건, 가정이건, 결혼생활에서건 당신이 냉담한 쪽이라면 그런 식의 관계는 머지않아 심각한 문제를 일으킬 수밖에 없다. 마찬가지로, 당신이 쏟아붓는 쪽이고 상대방이 당신의 애정에 화답하지 않는다면, 그 관계가 서로에 대한 사랑과 신뢰에 기초한 것인지 아니면 천박한 대용품인지 자문해보아야 한다. 어떤 경우든, 이 불평등을 고치고 건강하고 안정된 관계로 발전시킬 수 있는 지혜를 달라고 주님께 기도하라.

둘째, 영적으로 대등하지 않으면 동반 관계로 묶이지 말라. 결혼이든 사업이든 다른 무엇이든 영적 가치관과 목표가 다른데 깊고 영구적인 관계를 맺으면 나귀를 소와 함께 묶는 것과 같은 일이 벌어질 것이다. 늘 보조가 안 맞을 것이다. 한쪽이 다른 쪽을 버겁게 질질 끌고 가게 될 것이다. 그리고 절대 똑바로 길을 갈 수 없을 것이다. 우정, 이성교제, 동업 관계에서 불신자와 너무 가까워져 있다면 몇 가지를 자문하라. 내가 왜 이 사람에게 끌리는가? 이 관계 때문에 성경적 원칙을 타협한 적이 있는가? 어떻게 타협했는가? 이 관계가 현재 다른 신자와의 관계에 영향을 미치고 있는가? 하나님 앞에서 그리고 하나님의 도우심으로 이 관계가 더 친밀해지거나 영구적으로 되기 전에 브레이크를 걸어야 하는가?

하나님은 우리가 친밀한 관계를 맺도록 설계하셨고, 그 관계가 건강하고 건전하며 순수하고 보완적이며 균형이 있기를 바라신다. 관계가 건강하지 않고, 파괴적이며, 한쪽으로 치우치게 되면 그 문제를 해결해야 한다. 우리가 맺는 관계는 궁극적으로 하나님의 영광을 위한 것이다. 즉, 어두운 세상에 빛을 발하거나 교회에서 더 깊이 있는 교제를 나누기 위한 것이다. 어둠이 당신의 빛을 흐리게 하거나 다른 신자들과의 피상적인 관계가 그리스도의 몸을 약화시키지 않게 하라.

## 하나님을 경외하고, 사람들을 존중하며, 재난에서 구조하라(고린도후서 7:1-7)

[1]그런즉 사랑하는 자들아 이 약속을 가진 우리는 하나님을 두려워하는 가운데서 거룩함을 온전히 이
루어 육과 영의 온갖 더러운 것에서 자신을 깨끗하게 하자

[2]마음으로 우리를 영접하라 우리는 아무에게도 불의를 행하지 않고 아무에게도 해롭게 하지 않고
아무에게서도 속여 빼앗은 일이 없노라 [3]내가 이 말을 하는 것은 너희를 정죄하려고 하는 것이 아니
라 내가 이전에 말하였거니와 너희가 우리 마음에 있어 함께 죽고 함께 살게 하고자 함이라 [4]나는 너
희를 향하여 담대한 것도 많고 너희를 위하여 자랑하는 것도 많으니 내가 우리의 모든 환난 가운데서
도 위로가 가득하고 기쁨이 넘치는도다

[5]우리가 마게도냐에 이르렀을 때에도 우리 육체가 편하지 못하였고 사방으로 환난을 당하여 밖으
로는 다툼이요 안으로는 두려움이었노라 [6]그러나 낙심한 자들을 위로하시는 하나님이 디도가 옴으로
우리를 위로하셨으니 [7]그가 온 것뿐 아니요 오직 그가 너희에게서 받은 그 위로로 위로하고 너희의 사
모함과 애통함과 나를 위하여 열심 있는 것을 우리에게 보고함으로 나를 더욱 기쁘게 하였느니라

미국에서 황금시간대의 텔레비전 프로그램에서 전성기를 구가했던 유명한 인터뷰 진행자인 바바라 월터스(Barbara Walters)가 있다. 그녀는 언론인으로서의 경력이 절정에 달했을 때 『모든 사람과 대화할 수 있는 실제적인 방법』이라는 책을 저술했다. 기독교적 관점에서 쓴 것은 아니지만, 이 책에는 전 세계 많은 매력적인 사람과 인터뷰한 경험에서 나온 주옥같은 통찰이 담겨 있다. 그녀는 이 책에서 거의 모든 사람이 크게 매력을 느끼는 특성을 묘사했다.

> 가장 꾸준히 사랑받는 인간의 특성은 따뜻함이다. 누구나 잔잔한 마음에서 호의가 우러나오는 사람에게 반응한다. 그런 사람 주변에는 항상 사람이 따른다. 그것은 그들이 사람을 거부하거나 무시하지 않으며, 무엇보다도 만나는 사람에게서 가장 멋지고 너그러운 자질을 끌어내기 때문이다.[7]

정말 그렇지 않은가? 이처럼 크고 분주한 세상을 지배하는 건 냉정함인 것 같다. 거리의 사람들은 정중한 인사에 응답하지 않는다. 커피숍의 바리스타는 손님들과 거의 눈을 마주치지 않는다. 가족과 친구도 속 깊은 대화를 나누려고 하면 "문자로 해"라고 답하곤 한다. 바깥이 아무리 화창해 보여도 이 세상은 사뭇 춥게 느껴진다. 따뜻한 피가 흐르는 우리는 누구나 차가운 눈 속에서 하루를 보낸 후 불의 온기를 갈망하듯 관계에서 오는 따뜻함을 계속 갈망한다. 우리는 가족, 친구, 동료 신자에게서 이런 따뜻함과 인정을 얻지 못하면 다른 데서 그것을 찾을 것이다.

일부 젊은이는 다른 사람에게서 인정받고 존중받고 싶은 마음에 혼전성교에 빠진다. 십대가 또래집단이나 패거리와 한통속임을 나타내는 옷과 행동을 취하는 것도 그런 이유에서다. 같은 이유로 남자들은 정신없이 바쁜 가정에서 벗어나 책임에서 자유로운 불륜관계에 빠진다. 오해하지 말라. 인정받고 존중받기 위해 이런 행동을 해도 된다는 말이 아니다. 하지만 그런 행동을 이해하는 데는 도움이 된다. 사람은 자기를 바라봐주고, 하던 일을 중단하고 관심을 보이며, 아껴주고 사랑해주는 사람을 원한다. 사람은 지상의 어떤 것보다도 진정한 관계를 원한다. 아무도 예외가 없다.

그러나 1980년대 유행가 가사처럼 너무나 많은 사람이 "잘못된 곳에서 사랑을 찾고 있다."[8] 그 결과 그들은 헤어나올 수 없는 절망과 고통의 구렁텅이에 빠졌다. 하나님이 우리를 그분과의 경건한 관계 속에서 품어주신 것을 깨달을 때 우리는 비로소 다른 사람을 진심으로 존중하게 되고 따뜻하고 계속 성장하는 건강한 관계로 나아갈 수 있게 된다. 그렇게 되면 우리는 수직적으로나 수평적으로 안정적인 관계를 맺게 되어 고난 가운데서도 위안을 얻을 수 있다.

## —7:1—

앞 장에서 바울은 신자 사이의 깊고 허심탄회한 관계를 장려하고(6:11-13) 불신자와 긴밀한 동반 관계를 맺지 말라고 충고하면서(6:14-18) 우리가 관계를 선택할 때 필요한 몇 가지 지침을 주었다.

이 지점에서 장이 나뉜 것은 잘못되었다. 장과 절을 나눈 것은 바울이 아니라는 사실을 기억하라. 그것은 우리가 특정 구절을 인용할 때 쉽게 찾을 수 있도록 나중에 추가된 것이다. 고린도후서 7장 1절은 바로 이전의 논지로 돌아가는 말로 시작한다. "그런즉 사랑하는 자들아 이 약속을 가진 우리는…."

무슨 약속인가? 바울이 고린도후서 6장 16–18절에서 말한 약속이다.

- 하나님이 우리 가운데 거하시며 우리 가운데서 행하실 것이다.
- 하나님은 우리의 하나님이 되시고 우리는 그분의 백성이 될 것이다.
- 하나님은 우리를 친구로 영접하실 것이다.
- 하나님은 우리에게 아버지가 되시고 우리는 그분의 자녀가 될 것이다.

7장 1절은 우주의 영원하신 하나님과의 지속적이고 친밀한 관계에 대한 약속을 생각해 볼 때 우리가 하나님께 보여야 할 반응을 강조하는데, 이 절에 6장 17절에 언급된 회개와 거룩함에 대한 생각이 그대로 묻어난다. 하나님은 세상과 분리되라고 명하시면서 그분의 임재로 우리를 위로하실 것을 약속하신다. 우리가 하나님께 마음을 열면 그분은 진실하고 친밀하며 영구적인 수용에 대한 우리의 갈급함을 채워주실 것이다.

그러나 이러한 하나님의 수용을 경험하려면 하나님을 우러르는 경외심이 있어야 한다(7:1). 우리는 하나님을 제일 앞에 모셔야 한다. 이는 청년으로서 당신의 주된 목표가 인생의 반려자를 찾는 게 아니라 하나님을 경외하는 것이라는 뜻이다. 사업가로서 당신의 목표는 당신의 이름을 떨치는 게 아니라 그분의 거룩하신 이름을 높이는 것이다. 목사나 사역자로서 당신의 목표는 교회를 성장시켜 아무도 무시할 수 없는 힘을 키우는 것이 아니라 회중이 전능하신 주 하나님을 경외하고 그분의 거룩하심을 마음에 품도록 돕는 것이다.

하나님을 두려워하고 경외하는 마음을 어떻게 보여줄 수 있는가? 더러움과 완전히 결별하면 된다. 주님이 싫어하시는 어떤 것–활동, 태도, 관계, 사고방식–과도 얽히지 않으면 된다(7:1). 실제로 바울은 우리가 "하나님을 두려워하는 가운데서 거룩함을 온전히 이루어[야]" 한다고 말한다. "온전하다"는 말은 우리를 겁나게 할 수 있다. 그러나 하나님은 우리가 하나님과 연결되기 전에 완전해지라고 요구하시지 않는다는 사실을 알아야 한다. 이 문맥에서 "온전하다"[*epiteleō*(2005)]는 말은 '성숙을 향하여 나아가는 것'을 뜻한다. 바울은 빌립보서 1장 6절에서도 이 단어를 사용한다. "선한 일을 여러분 가운데서 시작하신 분께서 그리스도 예수의 날까지 그 일을 완성하시리라"(새번역). 이 말은 그리스도가 다시 오실 때까지 죄 없는 완전한 상태에 있어야 한다는 게 아니라 하나님이 우리가 사는 동안 영적 성숙을 향해 나아가도록 우리 안에서 역사하신다는 뜻이다. 우리를 향한 하나님의 큰 약속을 바라보며 그분을 경외할 때 우리의 거룩함은 계속 성장하며 여물어갈 것이다.

## —7:2-4—

살아계신 하나님과 영속적인 관계를 확고하게 유지하고, 그분의 약속을 받아들이며, 경외하는 마음으로 수직적인 관계에 응답하면서 계속 정화되면 그때 비로소 우리는 수평적인 관계를 다루도록 부름받는다. 이렇게 바울은 우리와 하나님과의 관계에서 다른 사람들과의 관계로 넘어간다(7:2-4). 그는 고린도 교인과 자신의 관계를 예로 들면서 고린도후서 6장 11-13절에서 소개한 개념으로 돌아간다. 거기서 그는 고린도인들에게 손을 내밀었지만, 그들은 잡아주지 않았다. 그들은 마음을 열기는커녕 마음의 빗장을 닫아걸었다. 이제 바울은 그 문제로 돌아가서 서로를 존중하며 관계 맺는 방법 세 가지를 기술한다.

첫째, **누군가를 존중할 때 우리 마음에 그들이 들어설 자리가 생긴다**(7:2). 진정한 존중은 "함께 죽고 함께 살[겠다는]"(7:3) 동류의식의 토대를 쌓는 데 필요하다. 간혹 두 마음이 하나가 되는 이런 관계가 사뭇 자연스럽게 맺어질 수도 있다. 세상은 이것을 '첫눈에 반한 사랑'이라고 부른다. 그러나 우리 마음속에 다른 사람을 위한 자리를 마련하는 것은 상당히 수고로운 일이다. 우리는 그들을 위한 공간을 만들기 위해 마음속 가구를 재배치해야 한다. 이런 식으로 타인을 존중하는 것이 불편할 수 있지만, 다른 사람들과 함께하는 사역이 번성하려면 '자리를 마련해야' 한다.

둘째, **누군가를 존중할 때 우리는 그들을 정죄하지 않는다**(7:3). 일부 고린도 교인은 상당히 끔직한 일을 저질렀다. 다수의 사람이 그들을 너그럽게 봐주었고, 더러는 그들을 축하하고 격려하기도 했다. 게다가 많은 사람이 바울에 대해 부정적인 생각을 품고 있었고, 유대주의자들의 분파-바울의 가장 큰 적-는 여전히 일부 회중을 쥐락펴락하고 있었다. 바울은 고린도 교인이 회개할 때까지 그냥 무시하고 피해서 시간, 노력, 값비싼 종이를 아낄 수도 있었다. 이런 상황에서 '묵살'은 이해할 수 있는 반응이었을 것이다. 그러나 바울은 고린도 교인을 존중했기 때문에 그들과의 관계를 단절시킬 수 있는 비난의 언행을 삼갈 수 있었다. 바울은 그들의 죄는 대면했지만, 사랑과 존경을 담아 비판하려고 애썼다.

셋째, **누군가를 존중하면 그들을 신뢰하게 된다**(7:4). 고린도 교인은 그리스도인의 행보에서 몇 가지 실책을 범했다. 그들은 비틀거리고, 넘어지고, 일어나서 다시 비틀거렸다. 바울이 이 상황을 비관적으로 진단하고 절망적인 예후를 제시하기가 얼마나 쉬웠겠는가. '영적으로 불치임. 소생 치료하지 말 것!'

그러나 바울은 그의 영적 자녀들이 저지른 일 때문이 아니라 할 수 있는 일 때문에, 현재 그들이 보여주는 모습 때문이 아니라 앞으로 그들이 될 수 있는 모습 때문에 그들을 존중했다. 마음이 어질었던 바울은 그들이 실패했을 때에도 그들을 믿었다. 그들 곁에 있으면서 격려하고 큰 뜻을 향해 나아가도록 자극했다. 그는 투자에 대한 수익이 보이지 않을 때에도 자기 삶을 쏟아부었다. 그가 그들에게 쏟은 모든 시간과 에너지의 가치가 그들에게 있다는 것을 알았기 때문이다. 감사하게도 바울이 고린도후서를 썼을 즈음에 갱신과 회개의 조짐이 싹트기 시작했다. 그의 신뢰는 결실을 맺기 시작했고, 심지어 그들을 자랑할 수도 있었다(7:4).

## —7:5–7—

고린도후서 7장 4절의 마지막 말은 관계에 대한 바울의 처방에서 나오는 두 가지 유익을 언급한다. 우리 마음속에 다른 사람들을 위한 자리를 마련하고, 그들을 비난하지 않으며, 그들의 성장과 성숙을 확신하고 기대하며 그들을 존중할 때 고난 가운데서도 큰 위로와 기쁨을 경험할 수 있다. 바울은 우리가 처한 상황 속에서 경험할 수 있는 고통 중의 위로를 설명하면서(7:5–7), 하나님을 향한 수직적 경외(7:1)와 다른 사람들을 향한 수평적 존중(7:2–4)의 영향을 자세히 설명한다.

바울은 사역하면서 구타, 투옥, 불면, 굶주림 등 수많은 시련을 겪었다(6:5). 그는 고린도후서 7장 5–7절에서 이런 외부적인 요소에 복음 사역자로서 그가 감내한 내적 투쟁을 더한다. 마게도냐에 도착한 바울은 극심한 피로로 기진맥진했다. 그는 밖으로는 다툼에,

# 묵상의 서재

## 신뢰가 나에게 준 것(고린도후서 7:4)

고등학교에 갓 입학했을 때 나는 말을 심하게 더듬어서 문장을 거의 끝내지 못했다. 그 언어 장애 때문에 나는 자존감이 매우 낮았다. 나는 입을 닫고 눈에 띄지 않게 행동하는 방법을 터득했다. 나는 사람들 앞에 서는 것을 가장 싫어했다! 나는 자신감이 부족했고, 그러다 보니 자괴감에 빠져 타인과의 관계도 잘 맺지 못했다.

나는 그 열등감을 마음속 금고에 꽁꽁 숨겨놓았다. 그러던 어느날 딕 니엠(Dick Nieme)이라는 고등학교 선생님이 내 마음속 금고의 비밀번호를 알아내 나를 자유롭게 해주었다. "척, 내 토론반에 들어오렴."

"누누누누구요? 저-저-저요?" 나는 니엠 선생님이 내 뒤에 있는 사람에게 말하는 줄 알고 뒤를 돌아보았다. "저-저-저 애한테 마-말하시는 거죠. 내-내-내가 아니라."

"아니, 내가 원하는 건 너야. 너는 소질이 있어, 척. 그걸 쓸 줄만 알면 돼." 바로 다음 주부터 선생님은 매일 아침, 수업을 시작하기 전인 7시 15분부터 7시 45분까지 내게 언어치료-지금은 꽤 흔하지만 당시에는 거의 들어본 적이 없는-를 시작하셨다. 선생님은 내가 입 안에서 단어를 적절히 형성하는 능력보다 내 생각이 앞서가고 있다는 걸 이해시켜주었다. (나는 지금은 정반대의 문제를 겪고 있다!) 선생님은 내가 속도를 늦추고, 생각을 조절하며, 하고 싶은 말을 시작하는 데 집중하는 법을 가르치셨다. 그리고 또박또박 발음하면서 각 음절에 따라 리듬을 주는 연습을 시켰다.

나는 토론반에 합류했고, 토론을 좋아하게 되었다! 그러면서 고등학교 연극반에도 참여하게 되었다. 우리 학교 연극반은 텍사스주에서 열린 단막극 경연에서 결승에 진출했다. 딕 니엠 선생님이 늘 함께해주었다. 선생님은 내가 실패하면 지도하고 격려해주었고, 잘해내면 누구보다도 큰 박수를 보내주었다. 선생님은 내 의욕을 북돋우고 영감을 불어넣었으며, 우리는 한계를 넘어서는 목표를 계속 세웠다. 마침내, 나는 졸업반 연극에서 주인공 역 오디션을 보았고 합격했다!

그날 밤 막이 올랐을 때 딕 니엠 선생님은 앞줄 중앙 발코니에 앉아 있었다. 내가 인사를 하러 나오자 선생님이 제일 먼저 자리에서 일어나 휘파람을 불고 큰 소리로 환호해주셨다. 창피하기도 했지만 좋았다!

55년이 지난 지금, 그때를 돌이켜보면서 내가 그분에게 얼마나 큰 빚을 지고 있는지 깨닫는다. 그분은 나를 믿어주었다. 그분 마음속에 나를 위한 자리를 내주었다. 그분은 나를 비난하지 않았고, 나에 대해 확신하셨다. 심지어 나를 존중하셨다. 그분이 인도해주신 덕분에 나는 하나님이 애초에 내게 의도하셨던 사람- 설교자-이 될 수 있었다. 선생님이 돌아가시기 전에 나의 깊은 감사를 표할 수 있어서 기쁘다. 선생님이 적어도 한 사람의 인생에 미친 영향을 알게 되어서 기쁘다.[9]

"안으로는 두려움"에 시달렸다(7:5). "두려움"을 뜻하는 헬라어는 *phobos*(5401)인데, 여기서 영어 단어 '*phobia*'(공포증)가 파생했다. 이 단어는 두려움, 공포, 숨을 곳을 찾아 도망가고 싶은 움츠러든 마음을 표현한다. 바울과 그의 동역자들은 극도의 공포와 맞서 싸웠다.

하나님은 이 감정의 소용돌이 속에서 그들을 위로하셨다. 어떻게 하셨을까? 관계를 통해서 위로하셨다. "그러나 낙심한 자들을 위로하시는 하나님이 디도가 옴으로 우리를 위로하셨으니"(7:6). 한 번 더 강조하겠다. 우리가 고난 중에 얻는 위로의 궁극적인 출처는 하나님이다. "하나님이…위로하셨으니." 그러나 하나님은 보통 이 세상의 자연적인 수단을 사용하셔서 목적을 성취하시기 때문에 사람들을 통해 우리를 돌보신다. 바울의 경우는 디도를 통해서 그렇게 하셨다. 바울이 두려움과 우울증의 수렁에 깊이 빠져 있을 때 하나님은 고통의 홍수를 쓸어버리시고 위로해주셨다.

바울은 사역의 동역자를 다시 만난 것뿐 아니라 디도가 전해준 고린도 교회에 관한 큰 기쁜 소식에 위로를 받았다. 디도는 고린도 교인이 바울을 보고 싶어 한다는 것과 그들의 죄를 슬퍼하고 있으며, 그들의 믿음의 아버지와 관계를 새롭게 맺고 싶어 한다는 소식을 전했다(7:7). 이런 이유로 바울은 "나를 더욱 기쁘게 하였느니라"고 말했다. 그의 격려는 한이 없었다.

## 적용: 고린도후서 7:1-7

### 빗속에서 부르는 노래

미국의 오래전 팝 그룹인 '카펜터스'가 부른 노래 가사를 기억하는가? "비오는 날과 월요일엔 언제나 우울해지네"(Rainy days and Mondays always get me down). 우리 인생에는 화창한 날이나 토요일보다 비오는 날이나 월요일이 더 많은 것 같다. 그렇지 않은가? 더 옛날 노래도 있다. 1952년에 나온 "사랑을 비를 타고"(Singin' in The Rain)라는 고전 뮤지컬에서 진 켈리가 부른 같은 제목의 노래다. 우리는 어떻게 우울한 '비오는 날과 월요일'에서 벗어나 '빗 속에서 노래'할 수 있는 날을 맞을 수 있을까? 가능하기는 할까? 물론 가능하다!

고린도후서 7장 1-7절에서 우리는 비오는 날의 우울함(7:5-6)에서 벗어나 빗속에서 노래하게 된(7:4, 7) 바울의 이야기를 읽어보자. 어떻게 된 걸까? 우리는 바울이 이미 고통에서 위안을 찾는데 필요한 요소를 갖추고 있는 것을 보았다. 그는 하나님을 경외하는 관계를 키웠고(7:1), 다른 사람을 존중하는 관계를 유지했다(7:2-4). 이런 관계를 통해 자기 백성과 함께하겠다고 약속하신(6:11-18) 우주의 하나님이 바울과 디도, 바울과 고린도 교인과의 관계를 통해 위로를 베푸셨다(7:5-7). 얼마나 간단하면서 뜻 깊은 위로의 처방인가!

그러나 이 구절의 행간을 보면 낙심했을 때 바울이 그랬듯 우리도 비오는 날을 만났을 때 노래할 수 있게 해주는 원칙이 두 가지 더 있다.

첫째, **어려움을 부인하면 삶이 복잡해진다.** 나는 우리의 잘못과 약점을 솔직하게 인정하는 것이 마치 죄인 양 그리스도인들이 부정하는 것을 많이 보고 들었다. 그러나 인정은 건강한 것이며 부인은 일을 어렵게 만든다. 비가 오면 비가 오는 거다. 추우면 추운 거다. 슬프면 슬픈 거다. 당신이 우울한데 우울증을 부정하는 것은 전혀 영적이지 않다. 성경은 우리가 슬퍼해서는 안 된다고 말하지 않는다. 다만 아무 소망이 없는 자들처럼 슬퍼하지 말라고 한다(살전 4:13). 물론 죽음은 큰 슬픔을 주지만, 우리가 흘리는 눈물은 절망적인 눈물이 아니다. 어려움을 부인하면 문제가 복잡해진다. 부인은 문제를 해결하고, 그것을 주님께 가져가며, 주변 사람들에게서 위로받는 것을 방해한다.

당신은 홀로 마음속에 슬픔을 품고 있는가? 뿌리 깊은 두려움이나 염려, 감추인 우울이 있는가? 꺼내 놓으라! 당신의 목사, 배우자, 상담자, 선생, 친구, 의사에게 가져가라. 비를 부인하면, 하나님이 다른 사람들을 통해 우리에게 주고 싶어 하시는 온정과 위로도 부인하게 된다.

둘째, **비를 원망하면 성장할 수 없다.** 야고보는 이렇게 말했다. "내 형제들아 너희가 여러 가지 시험을 당하거든 온전히 기쁘게 여기라"(약 1:2). 인생의 폭풍우는 우리에게 교훈을 주고, 인내를 훈련시키며, 힘을 주시는 하나님의 은혜에 의지하게 만들고, 잘못된 죄의 길에서 우리를 구해줄 수 있다. 삶이 억수 같은 비를 퍼부울 때 우리는 멈추고, 보고, 귀를 기울여야 한다. 자기연민에 빠지거나 다른 사람을 탓하지 말아야 한다. 아무도 탓하지 않았던 사도 바울의 태도를 눈여겨보아야 한다. 우리는 비난을 잠재우고 분노를 가라앉혀야 한다.

빗속에서 얻을 수 있는 교훈을 찾으라. 쉽지 않을 것이다. 해가 다시 뜰 때까지 교훈을 얻지 못할 때도 있을 것이다. 하나님이 왜 이런 고난을 허락하셨는지 잘 모를 때도 있을 것이다. 그러나 우리는 하나님을 바라보며 그분의 선하고 완전하신 뜻이 이 고난을 통해 이루어질 것을 믿을 수 있다. 비가 내릴 때 교훈을 찾으면 비에만 집중하지 않을 수 있다.

그리고 우리는 귀를 기울여야 한다. 빗소리 속에서 하나님의 영은 뚜렷한 리듬을 가진 침묵의 노래를 부르시는데 이 노래는 믿음의 귀를 통해서만 우리 영혼에 들린다. 얼마나 많은 멋진 노래가 고통과 슬픔의 땅에 심겼는지, 얼마나 많은 위대한 사상이 비오는 날 자라났는지 우리는 모른다. 많은 위대한 찬송가가 고뇌의 자궁에서 탄생했다. 빗속에서 주님이 당신 자신에 대해서, 삶에 대해서, 다른 사람들에 대해서 그리고 그분에 대해서 가르치시는 것에 귀를 기울이라.

다음에 비를 만나면 시편 40편 1-3절에 나오는 다윗의 위대한 시를 생각해보라. 이것을 묵상하고 암송하라.

> 내가 여호와를 기다리고 기다렸더니 귀를 기울이사 나의 부르짖음을 들으셨도다 나를 기가 막힐 웅덩이와 수렁에서 끌어올리시고 내 발을 반석 위에 두사 내 걸음을 견고하게 하셨도다 새 노래 곧 우리 하나님께 올릴 찬송을 내 입에 두셨으니 많은 사람이 보고 두려워하여 여호와를 의지하리로다.

## 회개로 이끄는 책망(고린도후서 7:8-16)

8그러므로 내가 편지로 너희를 근심하게 한 것을 후회하였으나 지금은 후회하지 아니함은 그 편지가
너희로 잠시만 근심하게 한 줄을 앎이라 9내가 지금 기뻐함은 너희로 근심하게 한 까닭이 아니요 도
리어 너희가 근심함으로 회개함에 이른 까닭이라 너희가 하나님의 뜻대로 근심하게 된 것은 우리에
게서 아무 해도 받지 않게 하려 함이라 10하나님의 뜻대로 하는 근심은 후회할 것이 없는 구원에 이르
게 하는 회개를 이루는 것이요 세상 근심은 사망을 이루는 것이니라 11보라 하나님의 뜻대로 하게 된
이 근심이 너희로 얼마나 간절하게 하며 얼마나 변증하게 하며 얼마나 분하게 하며 얼마나 두렵게 하
며 얼마나 사모하게 하며 얼마나 열심 있게 하며 얼마나 벌하게 하였는가 너희가 그 일에 대하여 일
체 너희 자신의 깨끗함을 나타내었느니라 12그런즉 내가 너희에게 쓴 것은 그 불의를 행한 자를 위한
것도 아니요 그 불의를 당한 자를 위한 것도 아니요 오직 우리를 위한 너희의 간절함이 하나님 앞에
서 너희에게 나타나게 하려 함이로라 13이로 말미암아 우리가 위로를 받았고

우리가 받은 위로 위에 디도의 기쁨으로 우리가 더욱 많이 기뻐함은 그의 마음이 너희 무리로 말
미암아 안심함을 얻었음이라 14내가 그에게 너희를 위하여 자랑한 것이 있더라도 부끄럽지 아니하니

우리가 너희에게 이른 말이 다 참된 것 같이 디도 앞에서 우리가 자랑한 것도 참되게 되었도다 [15]그가 너희 모든 사람들이 두려움과 떪으로 자기를 영접하여 순종한 것을 생각하고 너희를 향하여 그의 심정이 더욱 깊었으니 [16]내가 범사에 너희를 신뢰하게 된 것을 기뻐하노라

---

**지혜.** 나는 전문적인 언어학자는 아니지만 경험상 '지혜'는 자라면서 가장 파악하기 힘든 개념 중 하나인 것 같다. 지성, 총명, 지식, 상식, 경험, 심지어 일반적인 정보와 자주 혼동된다. 많은 사람에게 '지혜'란 구체적인 실체보다는 추상적인 개념이다. 진짜 지혜로운 사람의 예가 너무 적은 것도 우리가 이 용어를 정의하기 힘들어하는 이유 중 하나라고 생각된다. 또 본래 지혜는 성격이 다른 지식을 끌어다 쓰면서도 그것과는 구별되어야 하는 것도 또 다른 이유다.

지혜는 지성이나 '책으로 배운 지식' 또는 학문적 교육과 다르다. 나는 우주 비행사부터 철학자, 세계적인 학자부터 큰 존경을 받는 선생에 이르기까지 오랜 세월 동안 아주 똑똑한 사람들을 만났다. 하지만 그들 모두를 '지혜롭다'고 표현할 수는 없을 것 같다. 지혜는 연륜에서 묻어나는 경험, 지식, 상식과 다르다. 한 사람이 인생에서 똑같은 실수를 반복하면서 결국 배우는 것은 자기가 키우는 훈련된 강아지보다 어리석다는 것이다. 보통 하얗게 센 머리는 지혜의 상징이지만 꼭 그렇지는 않다.

내가 생각하는 참된 지혜란 신적 통찰력, 즉 하나님의 지혜, 분별력, 통찰력, 진단, 예후에 의지해 하나님의 관점에서 삶을 볼 수 있는 능력이다. 그런 지혜는 타고나지 않는다. 그것은 인간이 아니라 하나님에게서 온다. 야고보도 이렇게 확증했다. "너희 중에 누구든지 지혜가 부족하거든 모든 사람에게 후히 주시고 꾸짖지 아니하시는 하나님께 구하라 그리하면 주시리라"(약 1:5).

누구에게 이 지혜가 필요할까? 잠언 1장 20-22절에서 의인화된 지혜가 세 종류의 사람을 언급한다. 어리석은 자(또는 단순한 사람), 거만한 자(반항적인 냉소자), 미련한 자(의도적으로 무시하는 자). 이런 사람들은 지혜가 그들의 어깨를 두드리면 어깨를 으쓱하면서 지혜의 말을 들으려 하지 않는다. 그들은 하나님의 관점에서 사물을 보지 않고 자기들의 편협하고 이기적이며 세속적인 관점으로 본다. 잠언은 지혜를 찾는 자들에게 계속 말한다. "나의 책망을 듣고 돌이키라 보라 내가 나의 영을 너희에게 부어 주며 내 말을 너희에게 보이

리라"(잠 1:23).

**책망**. 지혜와 책망을 결부시키는 사람은 거의 없다. 보통은 책망과 수치심, 책망과 당황, 책망과 처벌, 책망과 분노를 짝짓는다. 그런데 책망과 지혜라니! 책망, 다른 말로 '꾸짖음'은 잘못이나 결함을 지적하는 것이다. 편하지는 않다. 아주 괴로울 때도 있다. 그러나 귀를 기울이면 그것은 지혜로 가는 길이 된다.

고린도후서 7장 8-16절에서 바울은 이전 편지에서 고린도 교인을 책망했던 것을 언급한다. 세속적인 지혜에 현혹된 고린도 교인은 하나님의 지혜를 따라 올바른 길로 나아가야 했다. 바울은 바로 그것을 위해 그들을 책망했다.

## —7:8-12—

바울은 고린도전서와 후서 사이에 잃어버린 편지를 언급한다. 이 사라진 편지는 '준엄한 편지' 또는 '눈물의 편지'라고도 불리는데(고후 2:1-5), 그것은 바울이 이 짤막한 편지에서 고린도 회중 가운데 죄를 지은 사람을 그들이 용납한 것을 꾸짖었기 때문이다. 내 생각에는 이 사람이 패역한 성적인 죄를 계속 짓고 있었던 것으로 보아 고린도전서 5장 1-13절에 언급된 사람과 동일인물인 것 같다(고후 2:5-6 해설 참조). 바울은 그 편지를 보낸 후, 마치 어떤 사람이 엄중한 내용의 이메일을 보내놓고는 그것이 건설적으로 의사를 전달하기보다는 역효과를 일으킬까 봐 '취소' 버튼이 있다면 누르고 싶다는 생각을 하는 것처럼, 그 편지가 줄 고통에 대해 다시 한번 생각했다. 그러나 감사하게도 그 심각한 편지를 배달한 디도에게서 고린도 교인이 뉘우치고 있다는 소식을 들은 바울은 크게 안도했다. 바울이 쓰는 것 자체도 고통스러웠던 혹독한 질책의 글이 고린도 교인의 마음을 변화시켰다.

하나님이 주시는 근심과 세상이 주는 근심의 차이는 하나는 목적이 있고 다른 하나는 무의미하다는 것이다. 하나님의 뜻대로 하는 근심은 "하나님의 뜻대로" 회개를 낳지만, 세속적인 근심은 사망을 낳는다(7:9-10). 영적인 관점에서 엄한 질책에 수반되는 죄책감, 수치심, 슬픔은 벌하기 위해서가 아니라 회개를 촉구하기 위한 것이다. 책망을 받으면 영혼의 내면에 이르는 문이 열려 지혜를 받아들인다. 반대로 분해서 화를 내면 그 경험에서 배울 수 있는 기회에 빗장이 걸린다.

하나님이 주시는 슬픔은 "구원"에 이르는 "회개"를 낳는다(7:10)는 바울의 말에 비추어 우리는 자문해보아야 한다. "어떤 구원을 말하는 것인가?" "구원"[*sōtēria*(4991)]이라는 말이 꼭 우리가 죽었을 때 우리 영혼의 운명이나 몸이 부활한 후 영원히 거할 곳만 가리키는 것은 아니다. 고린도후서 7장에서 바울이 언급한 "구원"은 죄의 결과에서 구제되는 것과 관련이 있다. 어떤 사람이 반항의 길을 가면서 교정을 거부하면 하나님의 백성, 하나님의 원칙, 하나님의 능력에서 소외되기 시작한다. 그러면 어떻게 될까? 그 사람은 교회가 제공하는 안전과 하나님 말씀의 지혜, 영적 자양분, 내적인 힘의 혜택을 누리지 못하게 된다. 종국에는 실제로 육체의 죽음까지 초래할 수 있다(요일 5:16).

그러면 어떤 사람이 징계받을 때 하나님이 주신 지혜로 응답했다는 것을 어떻게 알 수 있을까? 바울은 진정한 회개를 구별할 수 있는 일종의 '점검표'를 제공한다(고후 7:11). 그는 고린도 교인의 삶에서 그것을 보았다.

- 간절함-진실한 마음
- 하나님이 주신 근심-감정적 반응
- 변증-내적 실제에 대한 외적 확인
- 분개함-죄를 혐오하는 마음
- 두려움-회복된 하나님에 대한 경외심
- 사모함-의에 대한 갈망
- 열심-옳은 일을 행하겠다는 열의
- 벌-훼손이나 손실에 대한 응보

바울은 자기가 보낸 냉정한 편지에 고린도 교인이 보인 반응이 진심인 것을 의심하지 않았다. 그들의 언행에서 "깨끗함을 나타내[는]" 것이 보였기 때문이다(7:11). 바울은 고린도 교인의 잘못이 성적으로 부정한 행실에서 비롯된 해만 입힌 것이 아님을 상기시킨다. 그것은 바울과 그들 사이를 갈라놓았다. 그러나 그들의 회개는 애초에 계모와 성적 관계를 맺은 그 남자의 문제뿐 아니라(고전 5:1-13), 그들과 하나님 그리고 바울과의 관계도 회복시켰다(고후 7:12-13).

## —7:13–16—

바울은 고린도 교인이 죄를 이긴 것을 기뻐하며 사사로운 감정을 드러낸다. 그 승리로 인해 회중과 하나님 그리고 다른 사람들과의 상처 입은 관계가 치유되었을 뿐 아니라 그들의 명성도 널리 회복되었다. 바울은 그전에 분명 고린도 교인이 옳은 일을 하리라는 확신–자칫 큰 실망으로 변할 수 있었을–을 디도와 나누었을 것이다. 디도가 심한 질책이 담긴 '심각한 편지'를 고린도에 전달하고 돌아왔을 때 바울이 고린도 교인을 칭찬한 것은 잘한 일이었음이 판명되었다. 한 해설자는 이 상황을 이렇게 설명한다.

> 고린도 교인에 대한 바울의 확신에도 불구하고 디도는 이 임무를 맡는 것을 당연히 주저했을 수 있다…그러나 그가 전전긍긍할 필요가 없었다는 게 판명되었다. 실제로 고린도 교인은 두려움과 떨림으로 그를 맞이하며 먼저 머리를 숙였다. 그들은 열심히 바울의 지시를 따르려고 했다(고후 7:7, 11).[10]

앞의 두 장에서 우리가 바울과 함께 오르내렸던 감정의 출렁임을 생각해보라. 사역의 기복을 겪다 보면 넌더리가 날 때도 있다. 그러나 이 모든 것의 끝에서 바울은 위로와 기쁨과 새 힘을 얻었다(7:13). 이전에 이 일에 드리웠던 무거운 긴장감을 생각해볼 때 얼마나 큰 변화인가! 죄와 분노와 불신이 모든 것에 어두운 그림자를 드리웠다. 강한 질책과 그것에 대한 지혜로운 반응이 없었다면, 이 모든 일은 가능하지 않았을 것이다.

우리가 어디서 시작했는지 기억하는가? 지혜로운 자가 되려면 하나님의 꾸짖음에 귀를 기울여야 한다. 특히 그 질책이 당신을 염려하고 사랑하는 친구에게서 왔을 때에는 더 그래야 한다. 그들이 당신을 염려해서 당신에게는 가혹해 보일 정도로 질책한다면 더 그렇다. 다른 관점에서 볼 때 우리 사역이 열매를 많이 맺으려면 회개하지 않는 죄인에게 악의가 아닌 사랑으로 회개를 권면할 수 있어야 한다(엡 4:15).

## 적용: 고린도후서 7:8-16

### 서로 책임지기

고린도 교인에게 진리가 그들의 마음을 상하게 할 것을 두려워하지 않고 잘못을 지적할 만큼 그들을 사랑하는 바울 같은 친구가 있다는 것은 분명 축복이었다. 잠언 27장 6절은 이렇게 말한다. “친구의 아픈 책망은 충직으로 말미암는 것이나 원수의 잦은 입맞춤은 거짓에서 난 것이니라.” 우리는 대부분 영적인 문제를 의논할 수 있는 친구가 있다. 그러나 그중에서 사적인 영역까지 건드릴 수 있는 친구가 몇이나 되는가? 자문해보라. 친한 친구가 타락의 길로 들어설 때 스스럼없이 그 길을 가로막고 죄를 대면할 수 있는가? 아니면 그것을 친구와 하나님 사이의 ‘사적인 문제’로 치부할 것인가? 반대로, 당신이 파멸로 향하고 있을 때 당신 앞을 막아서거나 다리에 매달리기라도 할 사람이 당신에게는 있는가? 아니면 당신이 듣고 싶은 말만 해주는 친구들하고만 어울리는가?

한 개인의 영적 유익을 위해서만이 아니라 교회 전체를 위해서도 우리의 진정성을 함께 점검할 수 있는 이런 관계는 반드시 필요하다. 우리의 죄가 다른 사람에게 해가 되지 않는다고 생각할 수 있지만 잘못된 생각이다. 죄는 2차 피해를 일으킨다. 우리는 우리를 사랑하고 아끼는 사람들이 입은 감정의 상처를 쉽게 잊을 수 있다. 또 사역이 입은 피해를 간과할 수 있다. 하지만 몸의 한 지체가 고통받으면 몸 전체가 몸살을 앓는다(고전 12:26). 우리는 심지어 사랑하는 자녀가 파멸로 치닫는 것을 가만히 지켜보기만 하지 않으실 하나님이 입으신 상처에 대해서도 잊어버린다(히 12:5-11). 하나님이 자녀를 징계하실 때는 그것이 엄하고 가혹하며 고통스러워 보일 수 있다. 그러나 종국에는 “의와 평강의 열매를 맺[는다]”(히 12:11).

고린도후서 7장에서 바울은 고린도 교인에게 그들의 실수가 성적으로 부정한 행위에서 비롯된 해만 끼친 게 아니라는 점을 상기시킨다. 그것은 그들과 바울 사이에도 균열을 일으켰다. 그러나 바울은 그들을 포기하지 않고 끝까지 잘못을 지적했고, 그들이 회개함으로 하나님 그리고 바울과의 관계가 회복되었다(7:12-13). 신실한 목사는 바울과 같이 다른 사람들을 책임 있게 견책하고, 필요하다면 성경적인 질책을 게을리하지 말아야 한다.

솔직히 말해서, 나는 그런 대면, 책망, 징계가 사역의 일부가 아니었으면 좋겠다. 하지만 그것은 사역의 일부다. 실제로 바울은 목사 훈련생인 디모데에게 이렇게 말했다. "모든 성경은 하나님의 감동으로 된 것으로 교훈과 책망과 바르게 함과 의로 교육하기에 유익하니 이는 하나님의 사람으로 온전하게 하며 모든 선한 일을 행할 능력을 갖추게 하려 함이라"(딤후 3:16-17, 밑줄 나의 강조). 에베소에서 펼친 디모데의 목회 사역은 권고와 가르침뿐만 아니라 이처럼 책망하고 꾸짖으며 말씀을 선포하는 것이 주된 부분이었다.

회중 사이의 갈등은 불안으로 이어진다(고후 2:4). 목회자의 사기를 꺾고 사역을 파괴할 수 있다. 그러나 회개하라는 다그침은 갈등을 해소하고 평화를 가져올 수 있다. 그러면 관계를 새롭게 하고 사역에 활력을 불어넣는 축복의 홍수가 밀려올 것이다. 진실하고 신실한 목자는 반드시 해야 할 훈계나 필요한 책망을 주저하지 않는다. 삯꾼 목자는 아무것도 안 한다.

---

주

1. Lowery, "2 Corinthians," 568.
2. Barclay, *Letters to the Corinthians*, 252.
3. Tony Campolo, *Who Switched the Price Tags?*(Dallas: Word, 1986), 7-8에서 인용.
4. Lowery, "2 Corinthians," 570.
5. 바울은 개인의 육체를 "성령의 전"(고전 6:19)이라고 부르지만, 통합체인 교회에도 성전의 이미지를 사용한다(고전 3:16-17, 엡 2:21-22). 고린도후서 6장 16절의 전후상황과 문법은 바울이 이 집합적인 개념을 염두에 두었음을 보여준다.
6. 이 용어와 이미지를 모두 포함하는 구절이 구약성경에는 없다. 바울은 출애굽기 29:45, 레위기 26:11-12, 이사야 22:21, 43:6, 예레미야 31:33 같은 여러 구절에서 인용하는 것 같다.
7. Barbara Walters, *How to Talk with Practically Anybody about Practically Anything*(New York: Dell, 1970), 142.
8. Johnny Lee, "Lookin' for Love," by Wanda Mallette, Bob Morrison, and Patti Ryan, *Urban Cowboy Soundtrack*, Full Moon, 1980, LP.
9. 다음 책에서 인용했다. Charles R. Swindoll, "The Value of a Mentor, Part 1," *Encoura-ging Words for Pastors from Chuck Swindoll*(blog), June 2009, http://insightforliving. typepad. com/insight_for_living_blog/2009/06/the-value-of-a-mentor-part-1. html.
10. Lowery, "2 Corinthians," 570.

# 자기를 희생하는 사역

고린도후서 8:1–9:15

25년 동안 결혼생활을 한 어느 남자가 이혼을 결심한 옛 이야기가 있다. 슬프게도 아내도 이혼에 동의한 터라 남편은 재산 분할을 위해 나눌 수 있는 재산을 정리하기 시작했다. 그러던 중 남편은 상자에서 지난 수십 년 동안 사용한 낡은 수표 상자를 발견했다. 그 자리에 앉아서 지불된 수표를 하나하나 살펴보다가 그와 아내가 신혼여행 때 묵었던 호텔에 지불했던 빛바랜 노란 수표를 발견했다. 희망에 부풀었던 인생의 그 순간을 회상하면서 남편은 수표를 옆으로 치우고 다시 상자 안을 뒤적이기 시작했다.

곧 다른 무언가가 손에 잡혔다. 그는 그들의 첫 번째 자동차 할부금을 냈던 낡은 수표를 집어들었다. 수표를 하나하나 볼 때마다 오랜 세월 잊고 있던 추억들이 떠올라 감정이 북받쳤고 그의 행동은 점점 느려졌다. 딸이 태어났을 때의 병원비, 자그마한 첫 집의 첫 번째 불입금.

눈앞이 흐려진 남자는 수표 상자를 옆으로 밀어놓고 전화기를 집어들었다. 그는 아내에게 전화했다. 그는 아내에게 지금 힘든 시기를 버티지 못하고 던져버리기에는 지난 25년 동안 자기들이 투자한 게 너무 많다고 말했다. 그는 아내에게 처음부터 다시 시작할 생각이 있는지 물었다. 아내는 그러겠다고 했고 그들은 다시 시작했다.

한 가족의 수표책이나 은행 계좌 내역서에는 그들 삶의 이야기가 쓰여 있다. 그 가족이 귀중히 여긴 게 무엇인지, 그들이 무엇을 위해 살고 있는지 알 수 있다. 나는 우리가 성경책에 그은 밑줄보다 우리의 회계 장부가 우리와 하나님과의 관계를 더 많이 보여준다고 믿는다. 그것을 보면 우리 삶의 실제 우선순위, 즉 우리가 제일 소중하게 여기는 보물을 알 수 있다. 한 가족이 오락과 여가생활에 수입의 20퍼센트를 쓰고 교회와 선교 활동을 지원하는 데 5퍼센트만 쓰고 있다면 그들에게 가장 가치 있는 것이 무엇인지 짐작할 수 있다. 골프장 사용료는 매주 지불되는데 교회에는 월 1회만 헌금하고 있다면 이 가족이 나머지 세 번의 주일에는 무엇을 하고 있었는지 궁금할 것이다.

이 글이 당신을 다소 불편하게 할 수도 있다. 많은 사람에게 돈 문제는 세속적으로 보인다. 어쨌든, 성경은 돈을 '맘몬'이나 '더러운 것'으로 부른다. 탐욕은 너무 많은 것을 집어삼키기 때문에 돈이 주제가 될 때는 항상 나쁜 동기가 내포되어 있다고 생각하기 쉽다. 오늘날 종교 시장과 텔레비전 전도자들의 프로그램에서 범람하는, 돈을 벌기 위한 번드르르한 술책과 사람의 마음을 교묘히 조종하는 행태를 참기만 해서는 안 된다. 우리가 이런 '무엇이든 원하는 대로 구하라' 식의 기복 신앙을 전파하는 설교자들을 텔레비전이나 라디오에서 만나면, 재정에 대한 성경적으로 온당한 논의까지도 더럽고 의뭉스러운 느낌이 들 수 있다.

사실, 돈은 비성경적이지도 비(非) 영적이지도 않다. 돈이 영적이지 않은 방법으로 오용될 수는 있지만, 물질적인 소유 자체는 중립적이다. 그러나 하나님의 말씀대로 올바르게 사용하면 돈은 주 예수 그리스도에 대한 사랑과 그분의 영원한 사업에 대한 우리의 헌신을 표현하는 가장 중요한 수단이 될 수 있다. 우리가 그리스도께 어느 정도 헌신하는지를 볼 수 있는 객관적인 척도가 될 수 있는 것이다. 재정과 기부에 대한 올바른 이해는 무척 중요하다. 그래서 바울은 이 서신서에서 두 장 전체를 돈과 사역과의 관계에 할애했다.

돈은 우리가 희생적으로 베풀 수 있는 가장 확실한 방법 중 하나며, 자기희생적인 사역은 바울이 고린도후서 8장 1절-9장 15절에서, 아마도 바로 앞에서 말했던 사역의 어려움(6:1-7:16)을 되돌아보며 논의한 주제다. 이 편지의 내력을 보면 고린도 교인은 이미 예루살렘에서 어려움을 겪고 있는 형제자매에게 물질적인 원조를 약속했다. 바울은 그들에게 이 약속을 상기시키고 마음먹은 바를 실행하라고 다그친다(8:1-15). 이 구체적인 사례는 오늘날 우리가 적용할 수 있는 포괄적인 원칙에 대한 의미 있는 논의로 이어진다. 바울은 돈을 성경적이고 지혜롭게 다루는 것에 대해 설명하면서 "즐겨 내는 자"(9:7)가 되어야 한다고 강조한다. 다시 말해서, 다른 사람을 위한 사역에 물질이든 다른 것이든 자기의 자원을 아낌없이 희생적으로 바치는 사람이 되라는 뜻이다(9:1-15).

## 핵심 용어

εὐχαριστίαe [*ucharistia*, 유카리스티아]*(2169)* '감사', '감사하다'

*Eucharistia*는 '감사'라는 뜻이다. 교회의 정규 예배에는 기도와 찬송으로 물질적, 영적 축복을 주신 하나님께 감사드리는 순서가 있다. 이런 기도는 종종 교회가 그리스도의 성육신과 십자가의 대속 죽음에 대한 감사를 표현하기 위해 떡과 포도주로 하는 성만찬 때 함께 드려졌다. 교회는 또한 지속적인 축복에 대한 응답으로 '감사'를 표현했다. 하나님이 자기 백성에게 후히 베푸시는 궁극적 목적은 "하나님께 감사"(9:11)함으로써 영광을 돌리는 것이다.

χάρις [*charis*, 카리스]*(5485)* '은혜', '과분한 또는 공 없이 얻은 호의', '기쁨의 원천'

*Charis*는 대체로 쾌락이나 즐거움을 가져다주는 것을 가리키지만, 바울은 이 단어를 하나님이 자기 백성에게 주시는 과분하고 차고 넘치는 축복, 특히 구원의 축복을 가리키는 특별한 용어로 자주 사용했다. 바울은 고린도후서 8-9장에서 예루살렘의 고통받는 성도를 위한 자발적 헌금에 대해 말할 때도 이 용어를 사용한다(8:1). 예수 그리스도를 통해 신자가 받는 수직적 은혜는 신자가 서로에게 가시적으로 표현하는 수평적 은혜 속에 그대로 묻어난다(8:9).

## 가치 있게 돈 쓰는 방법(고린도후서 8:1-9)

---

1형제들아 하나님께서 마게도냐 교회들에게 주신 은혜를 우리가 너희에게 알리노니 2환난의 많은 시련
가운데서 그들의 넘치는 기쁨과 극심한 가난이 그들의 풍성한 연보를 넘치도록 하게 하였느니라 3내
가 증언하노니 그들이 힘대로 할 뿐 아니라 힘에 지나도록 자원하여 4이 은혜와 성도 섬기는 일에 참
여함에 대하여 우리에게 간절히 구하니 5우리가 바라던 것뿐 아니라 그들이 먼저 자신을 주께 드리고
또 하나님의 뜻을 따라 우리에게 주었도다 6그러므로 우리가 디도를 권하여 그가 이미 너희 가운데서
시작하였은즉 이 은혜를 그대로 성취하게 하라 하였노라

7오직 너희는 믿음과 말과 지식과 모든 간절함과 우리를 사랑하는 이 모든 일에 풍성한 것 같이
이 은혜에도 풍성하게 할지니라 8내가 명령으로 하는 말이 아니요 오직 다른 이들의 간절함을 가지고
너희의 사랑의 진실함을 증명하고자 함이로라 9우리 주 예수 그리스도의 은혜를 너희가 알거니와 부
요하신 이로서 너희를 위하여 가난하게 되심은 그의 가난함으로 말미암아 너희를 부요하게 하려 하
심이라

---

예루살렘 교회는 극심한 곤경에 처해 있었고 생존 자체가 불확실했다. 바울이 고린도후서

를 쓸 무렵에 예루살렘의 유대인 교회는 이미 스무번 째 생일을 맞은 후였다. 이 20년 동안 예수님을 믿는 유대인은 점점 더 심하게 배척당하고, 박해받으며, 체포되고, 괴롭힘당하며, 외면당했다. 일부는 심지어 불매운동을 당하고, 추방되었으며, 처형당했다. 고향 사람, 가족, 친구까지 그들에게 등을 돌렸다. 예수님이 죽었다가 부활하시기 전에 하셨던 예언이 그들 눈앞에서 벌어지고 있었다.

> 내가 세상에 화평을 주러 온 줄로 생각하지 말라 화평이 아니요 검을 주러 왔노라 내가 온 것은 사람이 그 아버지와, 딸이 어머니와, 며느리가 시어머니와 불화하게 하려 함이니 사람의 원수가 자기 집안 식구리라(마 10:34-36).

예루살렘과 유대 지역에서 나사렛 예수를 십자가로 보낸 유대인 당국자들과 기관이 대부분 그대로 권력을 쥐고 있었다. 그 정권 아래서 예수님의 추종자가 된다는 것이 예전에는 불편한 일이었다면 이제는 견디기 힘든 고통이 되었다. 박해의 결과로 많은 유대인 그리스도인이 일자리를 잃었다. 누가 '이단자' 그리스도인을 고용하거나 그들의 물건을 사겠는가? 일이 없으니 돈이 없었다. 돈이 없으니 식량도 없었다. 예루살렘 교회가 초기에 상당히 빠르게 성장했던 것을 감안할 때(행 2:41, 4:4), 그들은 이미 재정적 파탄의 위기에 처해 있었다. 한 주석가의 설명이다. "그들은 개종의 결과로 사회적, 경제적으로 추방당했을 것이다…사업은 대부분 파산했을 것이고, 가족 간의 유대 관계는 애절하게 끊어졌을 것이다."[1]

예루살렘 교회는 상처를 입었고, 모든 것이 시작된 교회가 사라질 수도 있다는 생각에 바울의 가슴은 미어졌다. 바로 그때 하나님이 그에게 생각의 씨앗을 심어주셨다. "네가 이 지역들을 두루 다니면서 예루살렘 교회를 위한 지원금을 모금해라." 바울은 이 예루살렘 '성도를 위한 연보'를 고린도전서 16장 1절에서 언급하면서 모금을 관리하는 방법에 대해 보편적인 지침을 주었다.

이제 고린도에 갈 때가 가까워지자 바울은 고린도후서 8장에서 그 문제로 다시 돌아간다. 지난 수개월 동안 고린도 교회와의 관계가 껄끄러웠던 점을 감안하면 고린도 교인이 주님 앞에서 재정적인 약속을 이행할 의사가 있는지 우려했던 것이 이해가 된다. 바울은 모금에 대한 그들의 열정이 식기 시작한 것을 감지했다. 교회의 내분과 유대주의자인 거짓 교사들의 영향으로 사도들과도 끊어지고 잠시나마 다른 교회들과도 단절된 고린도 교인의 관심은 내부 문제에 쏠려 있었다. 그 결과 그들은 외부 세계에 대한 관심을 잃어버렸다. 그들의 신실함을 되살리고 외부 세계를 향한 비전을 북돋우기 위해 바울은 두 가지 자기희생적인 베풂의 예를 그들 마음속에 심어준다. 그것은 마게도냐인들(8:1-5)과 예수 그리스도(8:9)시다. 바울은 이 둘 사이에 고린도 교인에게 주는 권고를 끼워넣는다(8:6-8).

## —8:1-5—

바울은 "형제들", 즉 동료 그리스도인에게 말을 걸면서 시작한다. 그다지 중요해 보이지 않을지 모르지만, 베풂의 사역은 신자들의 사역임을 명심해야 한다. 하나님은 이교도들에게 그분의 사역을 지원하라고 요구하지 않으신다. 그것은 하나님의 가족이 져야 할 책임이다. 그렇기 때문에 바울은 처음부터 지역 교회를 넘어서 이어진 대가족의 일원으로 살아야 하는 "형제"로서 그들의 지위를 상기시킨다.

그런 다음 바울은 고린도 교인의 풍족한 환경에서 빌립보, 데살로니가, 베뢰아 같은 마게도냐 지역의 재정이 궁핍한 교회로 관심을 돌린다(행 16:11-17:13). 그러나 그의 의도는 구호금을 낸 교회 목록에 더 많은 가난한 교회를 추가하는 것이 아니라 그들이 "극심한 가난" 속에서도 넘치는 기쁨으로 "풍성한" 헌금을 했음을 보여주는 것이었다(고후 8:1-2).

일반적으로 자선 헌금은 후하게 베풀 수 있는 부유한 교회에서 나올 거라고 추측할 것이다. 그러나 바울은 히브리어로 *qal wahomer*, 라틴어로 *minore ad maius*라고 하는 유대인(그리스 로마인들도)이 즐겨 쓰는 논증법을 사용한다. 우리는 그것을 '작은 것으로 큰 것을 증명'한다고 말한다. 그의 요지는 아주 분명하고 설득력 있다. 마게도냐 지역에 있는 곤궁한 교회들이 서약한 기부금을 분에 넘칠 정도로 낼 수 있다면(더 적은 것), 고린도의 부유한 교회는 얼마나 더 많이 내야 하는가(더 큰 것).

마게도냐인들이 얼마나 곤궁했는지 자세히는 모르지만, "빈곤은 마게도냐에서 보편적인 삶의 방식이었다"라는 고대의 역사 기록이 있다.[2] 이런 전반적인 경기 침체 외에도 "마게도냐 그리스도인은 최근에 그들의 믿음을 시험하는 큰 박해를 받았다."[3] 그렇게 빈곤과 고난에 시달리면서도 그들은 "넘치는 기쁨"으로 헌금했다(고후 8:2).

고린도후서 8장 1–5절에서 바울은 이 지도에 나오는 마게도냐 지역의 교회들을 언급했을 것이다. 바울은 지극히 제한된 자원에도 불구하고 구호금을 낸 이 교회들처럼 고린도 교회도 모금할 것을 독려했다.

바울은 그들의 기부에 또 다른 차원을 더한다. 그들은 "자원하여"(8:3) 주었다. "자원"이라는 헬라어[*authairetos*(830)]는 신약성경을 통틀어 이 구절과 고린도후서 8장 17절에만 쓰였다. 이 단어는 '자기'와 '선택'을 지칭하는 두 개의 헬라어에서 비롯된 것으로 특정한 행동을 하겠다는 순전히 자발적이고 자의적인 결정을 나타낸다. 마게도냐인들은 설득이나 압력 없이 자발적으로 베풀었다. 강요도 없었고, 죄책감으로 압박하지도 않았다. 바울과 디도에게 자기들의 돈을 가져가라고 간청할 정도였다(8:4).

그들은 어떻게 자기를 희생하면서까지 만난 적도 없는 사람들을 돕고 싶어 하는 열정을 품게 되었을까? 간단한다. 그들은 이것을 사역의 기회, 즉 "참여하는 특전"(8:4, 공동번역)으로 보았다. "특전"으로 번역된 헬라어는 *charis*(5485)로 실제로는 '은혜'를 뜻한다. 마게도냐인들은 도움이 궁핍한 신자를 돕는 게 고생스럽고 어려운 일이 아니라 은혜받은 자들의 특권으로 보았다. 그들이 분에 넘치는 하나님의 은총을 받았기 때문에(8:1), 이 은혜가 다른 사람들에게까지 넘쳐흘러 넉넉지 않은 상황에서도 자비를 베풀겠다는 헌신으로 나타난 것이다. 이것이 은혜를 베푸는 가장 바람직한 자세다. 그들은 주님께 받은 구원의 은총에 화답하여 주님께 헌신했기 때문에 예루살렘의 고통받는 신자를 돕는 일에 자기들의 소유를 바치겠다는 결정을 내리는 것이 어렵지 않았다(8:5).

우리가 주저하지 않고 주님께 기꺼이 자신을 바치면 당연히 우리의 시간, 재능, 보물을 드릴 수 있게 된다. 굳이 우리를 설득하거나 조종하거나 강압할 필요가 없다. 우리는 열린 마음과 열린 손으로 아낌없이 베푼다. 반면 우리가 베푸는 데 인색하다면 그것은 우리가 얼마나 저축했거나 얼마나 가지고 있는가 하는 돈의 문제가 아니다. 이기심은 재정적인 문제가 아니라 영적인 문제다.

### 경건한 베풂

바울은 고린도후서 8-9장에서 '돈'이라는 말을 한 번도 사용하지 않는다. 대신, 기부금이나 기부 행위를 다른 용어로 표현한다.

- 하나님의 은혜(8:1)
- 풍성한 연보(8:2)
- 참여함(8:4)
- 섬기는 일(8:4)
- 은혜의 일(8:6, 7, 19)
- 거액의 연보(8:20)
- 섬김(9:1, 12-13)
- 기쁜 마음으로 마련한 것(9:5, 새번역)
- 도움(9:13, 새번역)

## —8:6-8—

마게도냐인들의 놀라운 후의를 본 바울은 고린도 교인에게로 눈을 돌린다. 핍박과 경제적 어려움에 짓눌려 있던 마게도냐인들과 달리 고린도 교인은 재정적인 자유를 만끽하며 전성기를 구가하고 있었다. 그들에게는 일 년 전에 시작한 일을 끝낼 역량이 있었다. 당면한 문제는 능력이 아니라 의지였다. 그들은 마게도냐인들처럼 "이 은혜를 그대로 성취"(8:6)하겠다고 한 약속을 이행할까?

고린도 교인은 이미 참여하기로 서약했기 때문에(고전 16:1-2) 바울은 약속의 이행을 거리낌 없이 요구했다. 그들은 책임을 져야 했다. 바울은 마게도냐인들의 궁핍과 대조적으로 그들이 얼마나 잘사는지 상기시켰다. 실제로, 고린도 교인은 물질적인 풍요 외에도 믿음,

말, 지식, 간절함, 사랑을 포함한 "모든 일에 풍성"했다(고후 8:7). 그들은 부족한 게 없었다! 앞서 보낸 편지에서 바울은 그들이 "모든 은사에 부족함이 없[다]"고 말했다(고전 1:7). 분명 고린도 교인은 그들 앞에 놓인 임무를 완수할 수 있는 수단과 영적인 동기를 모두 가지고 있었다. 관건은 내분을 겪고 있는 상황에서 자기들이 한 약속을 이행할 만큼 훈련되고 성숙했는가였다.

바울이 마게도냐인들을 상기시킨 행동이 자기 뜻을 관철하기 위해 그들을 교묘히 조종하는 것으로 오해받을 수 있었다. 그래서 그는 이것이 "명령"이 아니라 마게도냐인들의 예를 들어서 구호 헌금에 대한 약속의 이행을 독려하려는 것이라고 말한다(고후 8:8). 바울은 고린도 교회를 윽박지르면서 야단치지 않았다. 수치스럽게 만들지도 않았다. 대신 그는 꺼져가는 사랑의 불씨에 다시 불을 붙이라고 호소한다. 그는 그들의 관심을 내부 문제에서 외부의 필요로, 자기중심의 트집잡기에서 타인 중심의 사역으로 자애롭게 이끌었다.

## —8:9—

자비로운 베풂의 최고 본보기는 예수 그리스도시다. 바울은 이 대목에서 "은혜"라는 말을 무려 다섯 차례나 사용하면서 이것을 "하나님께서…주신 은혜"라고 부른다(8:1, 4, 6-7). 베풂에 대한 바울의 모든 논거는 신약성경에 기록된 확고한 은혜의 신학을 바탕으로 한다. 여기에는 모든 베풂은 죄책감이 아닌 은혜, 억지가 아닌 사랑에서 비롯해야 한다는 의미가 내포되어 있다.

마게도냐인들과 그리스도를 대조한 것을 눈여겨보라. 마게도냐인들은 가난했지만, 부요한 자처럼 베풀었다. 예수님은 부요하셨지만, 가난한 자처럼 사셨다(8:9). 두 경우 모두 남을 위해 자신을 희생하는 은혜로운 행동이었다. 바울은 마게도냐인들이 이미 한 일을 인정하면서 고린도 교인에게 빌립보서 2장 5-8절에 아름답게 묘사된 예수 그리스도의 모범을 따르라고 권고한다.

> 너희 안에 이 마음을 품으라 곧 그리스도 예수의 마음이니 그는 근본 하나님의 본체시나 하나님과 동등됨을 취할 것으로 여기지 아니하시고 오히려 자기를 비워 종의

형체를 가지사 사람들과 같이 되셨고 사람의 모양으로 나타나사 자기를 낮추시고 죽기까지 복종하셨으니 곧 십자가에 죽으심이라(빌 2:5-8).

## 적용: 고린도후서 8:1-9
### 하나님이 모든 것의 주인이시다

나이가 지긋한 한 농부의 소가 쌍둥이 송아지를 낳았다. 그날 오후 점심을 먹으며 신이 난 농부가 아내에게 말했다. "우리 베시가 오늘 쌍둥이를 낳았어. 쌍둥이를! 여보, 송아지 한 마리를 기대했는데 주님이 두 마리의 축복을 주셨네. 그러니까 송아지 한 마리는 주님께 바치고 한 마리는 우리가 키워야겠어. 당연히 그래야지."

그래서 농부는 아내에게 그가 받은 축복의 반으로 가난한 사람을 먹이거나, 아니면 팔아서 교회에 헌금하겠다고 약속했다. 가진 것이 넉넉해서 다른 사람에게 베풀 수 있게 된 부부의 마음은 얼마나 벅찼겠는가!

그런데 며칠 후 농부는 더는 기뻐하지 않고 우울해졌다. 점심 식사 때 농부는 음식 접시를 옆으로 밀어놓고 한숨을 쉬면서 깊은 생각에 잠겼다. 잠시 침묵이 흐른 뒤 농부의 아내가 이유를 물었다.

"음, 안 좋은 소식이 있어. 아침에 외양간에 갔더니 주님의 송아지가 죽어 있더라구."

나는 그 가련한 농부의 의도는 선했을 거라고 확신한다. 그러나 그의 선택은 근시안적이었다. 나는 할 수만 있다면 그 가상의 농장에 걸어 들어가 그 부부와 함께 앉아서 인간 본성에 관한 이 유머러스한 일화를 그리스도와 같은 베풂을 가르쳐주는 감동적인 예화로 바꿀 수 있는 간단한 네 마디를 나누고 싶다. 이 네 마디는 내가 생각해낸 게 아니며,[4] 솔직히 그다지 심오하게 들리지도 않는다. 하지만 나는 여태껏 우리의 소유에 대해 이보다 더 나은 시각으로 볼 수 있는 말을 찾아내지 못했다. 바로 이거다. **하나님이 모든 것의 주인이시다.**

다음 구절을 주의 깊게 읽은 다음 묵상하고 암송하라.

- "세계가 다 내게 속하였나니 너희가 내 말을 잘 듣고 내 언약을 지키면 너희는 모든 민족 중에서 내 소유가 되겠고"(출 19:5).

- "하늘과 모든 하늘의 하늘과 땅과 그 위의 만물은 본래 네 하나님 여호와께 속한 것이로되"(신 10:14).
- "누가 먼저 내게 주고 나로 하여금 갚게 하겠느냐 온 천하에 있는 것이 다 내 것이니라"(욥 41:11).
- "땅과 거기에 충만한 것과 세계와 그 가운데에 사는 자들은 다 여호와의 것이로다"(시 24:1).
- "이는 삼림의 짐승들과 뭇 산의 가축이 다 내 것이며"(시 50:10).

한마디로, 우리가 가진 것은 죄다 하나님께 빌린 것이다. 하나님이 모든 것의 주인이시다.

존 웨슬리(John Wesley)는 이렇게 말했다. "하늘과 땅의 주인이 당신을 지으시고 주인이 아닌 청지기로 이 땅에 두셨다."[5] 청지기 직분은 하나님의 보물을 하나님의 방식으로 하나님의 목적을 위해 그리고 항상 하나님의 영광을 위해 관리하는 것을 뜻한다. 그래서 우리가 후히 베푸는 삶을 살 때 하나님은 기뻐하신다. 우리는 주님이 우리에게 맡기신 것을 주인이 아니라 청지기로서 받아들여야 한다.

바울은 디모데에게 이렇게 가르쳤다. "우리가 세상에 아무 것도 가지고 온 것이 없으매 또한 아무 것도 가지고 가지 못하리니"(딤전 6:7). 우리는 태어나서 죽을 때까지의 짧은 시간 동안 우리에게 맡겨진 것을 움켜쥐려고 해서는 안 된다. 다만 그분이 맡기신 보물을 관리하고 지혜롭게 투자하면서 주권자이신 그분이 언제라도 우리에게 맡기신 것을 가져가실 수 있음을 잊어서는 안 된다. 그때는 우리가 가장 전성기라고 느끼는 삶의 한복판에 찾아올 수도 있다. 많이 벌고 많이 쓸 수 있는 자격을 얻었다고 생각하는 인생 초년에 찾아올 수도 있다. 노후 자금이 고갈되고 빈 둥지 외에 기대할 거라곤 없는 생의 말년에 찾아올 수도 있다.

**하나님이 모든 것의 주인이시다.** 이 한 문장을 잊지 않는다면 당신은 재정적인 어려움을 겪지 않을 것이다. 재정에 대한 당신의 사고에 혁명이 일어날 것이다. 모든 수표책, 지갑, 소득세 신고서, 주식 거래, 신용카드, 주택담보대출, 자동차 등록증, 부동산 계약, 사업 거래에 이 한 문장이 표시되어 있으면 참 좋겠다. 집을 포함해 그 안에 있는 모든 물건에 굵은 글씨로 이 문장이 찍혀 있어서 그 사실을 계속 상기시켜주면 좋겠다.

당신에게 이 사실을 계속 상기시켜줄 무언가를 시도해보면 어떨까? 당신이 청구서를 지불하거나 정기적으로 재정 계획을 세우는 장소에서 눈에 잘 띄는 곳을 찾으라. 책상일 수도 있고, 컴퓨터 앞이나 사무실일 수도 있다. 이 문장을 쓰라. '하나님이 모든 것의 주인이시다.' 그리고 당신에게 이 진리를 계속 일깨워 수 있는 장소에 붙이라. 그리고 남은 날들을 이 진리를 따라 살겠다고 결심하라.

## 베풂의 불꽃을 다시 살리다(고린도후서 8:10-24)

10이 일에 관하여 나의 뜻을 알리노니 이 일은 너희에게 유익함이라 너희가 일 년 전에 행하기를 먼저
시작할 뿐 아니라 원하기도 하였은즉 11이제는 하던 일을 성취할지니 마음에 원하던 것과 같이 완성
하되 있는 대로 하라 12할 마음만 있으면 있는 대로 받으실 터이요 없는 것은 받지 아니하시리라 13이
는 다른 사람들은 평안하게 하고 너희는 곤고하게 하려는 것이 아니요 균등하게 하려 함이니 14이제
너희의 넉넉한 것으로 그들의 부족한 것을 보충함은 후에 그들의 넉넉한 것으로 너희의 부족한 것을
보충하여 균등하게 하려 함이라 15기록된 것 같이 많이 거둔 자도 남지 아니하였고 적게 거둔 자도 모
자라지 아니하였느니라

16너희를 위하여 같은 간절함을 디도의 마음에도 주시는 하나님께 감사하노니 17그가 권함을 받고
더욱 간절함으로 자원하여 너희에게 나아갔고 18또 그와 함께 그 형제를 보내었으니 이 사람은 복음
으로써 모든 교회에서 칭찬을 받는 자요 19이뿐 아니라 그는 동일한 주의 영광과 우리의 원을 나타내
기 위하여 여러 교회의 택함을 받아 우리가 맡은 은혜의 일로 우리와 동행하는 자라 20이것을 조심함
은 우리가 맡은 이 거액의 연보에 대하여 아무도 우리를 비방하지 못하게 하려 함이니 21이는 우리가
주 앞에서뿐 아니라 사람 앞에서도 선한 일에 조심하려 함이라 22또 그들과 함께 우리의 한 형제를
보내었노니 우리는 그가 여러 가지 일에 간절한 것을 여러 번 확인하였거니와 이제 그가 너희를 크게
믿으므로 더욱 간절하니라 23디도로 말하면 나의 동료요 너희를 위한 나의 동역자요 우리 형제들로
말하면 여러 교회의 사자들이요 그리스도의 영광이니라 24그러므로 너희는 여러 교회 앞에서 너희의
사랑과 너희에 대한 우리 자랑의 증거를 그들에게 보이라

돈에 대한 이야기를 듣지 않고 하루를 지내기란 사실상 불가능하다. 감히 추측하건대 이 행성에서 가장 많이 회자되는 소재가 돈일 것이다. 아일랜드의 극작가이자 작가인 오스카 와일드(Oscar Wilde)는 『도리언 그레이의 초상』(*The Picture of Dorian Gray*)에서 이렇게 썼다. "요즘 젊은이들은 돈이 전부라고 생각한다…그리고 나이가 들수록 그게 사실이라는 걸 안다!"[6]

돈도 중요하지만, 돈으로 살 수 없는 것들이 있다는 것을 우리는 안다. 다음의 예를 보라.

- 돈으로 약은 살 수 있지만 건강은 살 수 없다.
- 돈으로 집은 살 수 있지만 가정은 살 수 없다.
- 돈으로 동반자는 살 수 있지만 친구는 살 수 없다.
- 돈으로 여흥은 살 수 있지만 행복은 살 수 없다.
- 돈으로 식량은 살 수 있지만 식욕은 살 수 없다.
- 돈으로 침대는 살 수 있지만 잠은 살 수 없다.
- 돈으로 십자가는 살 수 있지만 구세주는 살 수 없다.
- 돈으로 멋진 삶은 살 수 있지만 영생은 살 수 없다.

심지어 그리스도인도 돈에 휘둘리지 않고 돈에서 자유롭기가 왜 그렇게 어려울까? 리처드 포스터(Richard Foster)가 단서를 준다. "예수님은 맘몬(*mammon*)이라는 아람어로 재물을 일컬으시면서 그것에 개인적이고 영적인 성격을 부여하신다. 예수님은 '너희가 하나님과 재물을 겸하여 섬기지 못하느니라'(마 6:24)고 선포하실 때 맘몬을 라이벌 신으로 의인화하신다…맘몬은 우리를 지배하려고 하는 세력이다."[7]

자칫 방심하면 순수하게 돈을 필요로 하다가 돈에 대한 욕심이 생길 수 있다. 돈에 욕심이 생기면 더 많은 돈을 갈망하게 된다. 그렇게 되면 바울이 디모데에게 한 경고는 쇠 귀에 경 읽기가 되기 십상이다. "돈을 사랑함이 일만 악의 뿌리가 되나니 이것을 탐내는 자들은 미혹을 받아 믿음에서 떠나 많은 근심으로써 자기를 찔렀도다"(딤전 6:10).

바울은 아직은 돈에 집착하는 지경에까지 이르지는 않았지만, 고린도의 그리스도인이 그쪽으로 한 발짝 다가갔을까 봐 걱정했다. 그들의 넉넉함으로 예루살렘 교회의 재정적 어려움을 덜어주겠다고 합의한 지 일 년을 훌쩍 넘기면서 고린도 교인의 헌신이 약해졌다. 방치된 모닥불처럼 애초에 품었던 열정의 불꽃은 연기 자욱한 잿구덩이 속에서 거의 눈에 띄지 않는 불씨로 사위었다. 바울은 고린도후서 8장 10-24절에서 하나님을 영화롭게 하는 베풂을 방해하는 세 가지 장애물(8:10-15)과 하나님을 영화롭게 하는 두 가지 모금의 원칙(8:16-24)을 제시하면서 재정적 헌신에 대한 마음에 다시 불을 지피려고 한다.

## —8:10-15—

고린도 교인은 "모든 일"에 풍성했다(8:7). 그들에게는 믿음, 좋은 가르침, 지식, 진정성, 사랑이 있었다. 재정적으로도 꽤 풍족했던 것 같다. 그러나 그 넉넉함 속에서 그들은 중심을 잡는 데 애를 먹었다. 그들은 당파, 거짓 교사, 영적 은사, 회개하지 않은 죄 같은 내부 문제에 정신이 팔려 밖으로 시선을 돌릴 여력이 없었다. 그들은 외부 사역은 도외시하고 내부의 논쟁에만 관심을 가졌다. 바울은 그들의 마음을 돌이켜 하나님이 주신 본래 사명에 다시 집중하게 하려고 자기희생적인 베풂의 두 가지 모본을 제시했다. 고난과 궁핍에 시달리면서도 풍성히 베푼 마게도냐의 그리스도인(8:8)과 천국의 부요함을 버리고 우리를 구원하기 위해 가난한 자가 되신 예수 그리스도(8:9)시다. 이제 바울은 베풂을 방해하는 세 가지 일반적인 장애를 극복하려고 노력한다. 미루기(8:10-11), 망설임(8:11-12), 제외(8:13-15). 그가 이 세 가지를 어떻게 다루는지 보자.

첫째, '미루기'는 고린도 교인의 골칫거리였다. 그들은 예루살렘 교회에 재정을 지원하기로 약속한 첫 번째 교회였지만, 일 년이 지난 후에도 약속을 이행하지 않고 있었다(8:10-11). 미루는 것은 의도적이고 습관적으로 해야 할 일을 안 하는 것이다. 그냥 잊어버리는 게 아니다. 저버리는 것이다. 실수로 지연되는 게 아니라 의도적으로 무시하는 것이다. 미루는 사람이 제일 좋아하는 말은 '내일'이다. 고린도 교인도 이 함정에 빠졌다. 내일은 다음 주가 되고, 다음 주는 다음 달이 되었다. 그리고 일 년이 지난 지금도 그들은 여전히 약속을 지키지 않았다. 미루는 전염병에 대한 확실한 치료법은 11절 첫 마디에 나온다. "이제."

둘째, '망설임'은 고린도 교인을 마비시켰다. 때때로 망설임은 불확실성에서 비롯되기도 한다. "내 돈을 이 사람에게 주어야 하는가, 아니면 다른 사람에게 주어야 하는가?" "교회에 얼마큼을 내야 할까?" 준비 부족이 망설임의 원인이 될 때도 있다(8:11). "조금 더 있으면 더 많이 줄 수 있을 텐데." "재정 상태가 기부금을 낼 만하기는 하지만 아직 일러." 바울은 이런 핑계에 답한다(8:11-12). 고린도 교인은 예루살렘 교회를 지원한다는 대의에 이미 헌신했다. 예루살렘 교회의 형편은 그들이 지체하는 동안에도 나아지지 않았다. 아마 더 나빠졌을 것이다. 바울이 8장 12절에서 말한 요지는 옛 격언과 맥이 같아 보인다. "수풀에 있는 두 마리 새보다 손안에 있는 한 마리가 낫다." 바울은 본질적으로 이렇게 말하고 있는 것이다. "너희가 준비되었으면 할 수 있다. 자원이 없다고 생각해도 그 일을 완수할 수 있다. 망설이지 말고 지금 할 수 있는 것을 해라. 할 수 없는 것에 신경 쓰지 말라."

고린도 교인의 기부를 방해하는 세 번째 요소는 '제외'다. 이것을 핑계 삼는 사람은 이렇게 말한다. "나보다 경제적으로 더 여유 있는 사람이 있으니 나는 책임이 없습니다. 나는 제외해주세요." 우리보다 잘사는 사람은 언제나 있다. 누군가 늘 더 좋은 차, 더 큰 집, 더 많은 연봉, 더 많은 자유 시간을 누린다. 우리가 뜨거운 감자를 계속 옆 사람에게 넘기면 아무도 아무에게 아무것도 주지 않게 될 것이다. 주님의 사역은 불시에 멈출 것이다. 아마도 고린도 교인은 이번에는 다른 사람들이 비용을 부담할 수 있을 거라고, 자기들은 다음 기회에 하면 될 거라고 생각했을 것이다.

바울은 그들의 생각을 되받아친다. 그들은 비교하면 초라해지기만 하는 다른 사람들의 부요함에 신경 쓸 필요가 없다. 대신 자기들이 누리는 풍요와 정반대에 있는 다른 사람들의 필요에 초점을 맞추어야 한다(8:14). 만사가 '공정하고 평등하게' 유지되는지 신경 쓰지 말고 그들의 주권자이신 하나님이 섭리 가운데 보살피심을 신뢰하며 드려야 한다. 하나님은 그분의 왕국에 관한 일을 하실 때 공평하게 공급의 균형을 맞추는 데 능하신 분이다. 바울이 이 글을 썼을 때 예루살렘 교회는 고린도 교인의 도움이 필요했다. 그러나 언젠가 그 짐은 옮겨질 수 있고, 고린도 교인이 도움을 받아야 할 때도 올 것이다. 하나님만이 미래를 아시므로 도움이 필요할 때 그분이 도움의 손길을 내미실 것을 믿을 수 있다. 미래에 우리가 궁핍해질 수 있다는 핑계로 지금 베풀기를 거절할 필요가 없는 것이다.

미루기, 망설임, 제외. 이것은 베푸는 자가 극복해야 할 장애물이다. 바울은 이 장을 마무리하면서 구호금의 전달자에게 주의를 돌려 사역자가 기부금을 다룰 때 지켜야 할 두 가지 원칙을 나눈다(8:16-24).

## —8:16-24—

바울은 이 장 전반부에서 고린도 교인에게 그들이 기부하기로 약속한 바를 이행할 것을 촉구했다. 후반부는 바울과 그의 동료들이 기부금을 처리하는 방법과 관련된 세부사항을 다룬다. 이 마지막 단락에서 바울이 오늘날 우리에게 가르쳐준 원칙은 주로 재정 지원을 받는 쪽, 이를테면 기독교 기관, 사역 단체, 선교사, 기독교 학교, 지역 교회에 적용된다.

첫째, 자격을 갖춘 사람이 재정을 책임져야 한다. 이 구절에서 바울은 구호금을 관리할 세 사람-디도와 이름을 밝히지 않은 "형제들"-을 언급한다. 그들의 자질을 눈여겨보라. 간절함(8:16), 자원(8:17), 교회의 택함을 받음(8:19), 행정적인 재능(8:19), 열심(8:22), 협동심(8:23), 그리스도를 영화롭게 함(8:19, 23). 그러나 '알뜰한', '우수한', '사업가적 기질', '수익에 집중하는', '투자 수익에 대한 열의'를 강조하지 않는 것에 유의하라. 이들은 사업가나 기금 모금인, 회계사가 아니었다. 그들은 바울과 교회가 익히 아는 흠잡을 데 없는 인품을 가진 경건한 사람들로서 이 임무를 성실히 수행할 팀으로 임명되었다.

이것은 두 번째 원칙으로 이어진다. 돈 문제는 공개적으로 정직하게 관리되어야 한다. 바울은 그들이 "이것을 조심함은 우리가 맡은 이 거액의 연보에 대하여 아무도 우리를 비방하지 못하게 하려 함이"라고 말한다(8:20). 왜 그렇게 조심해야 할까? 첫째, 그 돈은 하나님께 속한 것이기 때문이다. 그 돈은 디도나 그의 두 친구에게 기부한 게 아니라 예루살렘의 고난받는 모든 성도를 위해서 하나님께 드린 것이다. 그들은 그 돈의 관리에 대해 하나님 앞에서 책임을 졌다. 둘째, 그들은 다른 사람들 앞에서 책임을 졌다. 사람들이 교회, 선교사, 사역, 자선단체에 돈을 줄 때에는 자기들의 돈이 지혜롭고 신중하게 그리고 그 사역의 목적과 목표에 부합하는 방식으로 쓰일 것이라고 믿는다. 그 신성한 신뢰가 지켜져야 한다.

미루기, 망설임, 제외의 걸림돌을 다 치우고 고린도 교인이 힘들게 거둔 자원이 하나님을 경외하는 방식으로 쓰일 것을 거듭 확인한 바울은 마지막 권고를 한다. 그는 이 권고로 고린도 교인의 잠들어 있는 헌신의 불씨를 다시 일으켜 모든 사람이 볼 수 있는 베풂의 간증이라는 불꽃이 훨훨 타오르기를 바랐다. "그러므로 너희는 여러 교회 앞에서 너희의 사랑과 너희에 대한 우리 자랑의 증거를 그들에게 보이라"(8:24). 달리 표현하자면 이렇다. "일을 잘 끝내서 우리의 자랑이 되어주기를!"

## 적용: 고린도후서 8:10-24

### 신나게 베풀기

베풂에 대한 고린도 교인의 열정을 사그라들게 한 세 가지 요소에 대해 생각해보자. 미루기, 망설임, 제외. 우리는 만물의 주인이신 하나님께 대한 역동적인 믿음을 보여주어야 할 때 이러한 안일한 태도로 일을 그르칠 때가 얼마나 많은가. 성경에 나오는 성령의 인도하심으로 하나님을 영화롭게 하는 베풂의 사례들은 차분하고, 계산적이며, 냉정한 태도가 아니라, 기쁘고, 충만하며, 신나게 베푸는 멋진 모습을 보여준다.

이스라엘 백성이 광야에서 성막을 짓는 일에 헌신하고 소유를 드릴 때 그들의 의욕이 너무 넘친 나머지 더는 가져오지 말라고 말려야 했다(출 36:6-7). 언젠가 강단에서 이런 광고를 들을 수 있다면 얼마나 멋지겠는가?

예루살렘 주민이 느헤미야를 중심으로 뭉쳐서 성전을 재건했을 때 그들의 열심은 불가능해 보였던 일을 빠르게 실현하는 원동력이 되었다(느 2:17-18, 4:6, 6:15-16). 아마 그들 자신도 놀랐을 것이다!

예수님은 추종자들에게 이기심을 버리라고 도전하시면서 영원한 것에 재정을 투자하는 것과 기쁨을 연결해 "주는 것이 받는 것보다 복이 있다"고 가르치셨다(행 20:35).

베풂에 대한 열정을 되찾고 싶은가? 다른 사람들과 나눔으로써 받는 축복을 누리고 싶은가? 우리 부부에게 유용했던 세 가지 간단한 제안을 고려해보라.

첫째, 하나님이 당신에게 베푸신 것을 돌이켜보라. 당신이 살면서 받은 축복을 생각해보라. 당신이 갖지 못한 것(목록을 나열하면 그 길이가 몇 킬로미터는 될 것 같은)을 생각하지 말라. 대신 하나님이 당신에게 주신 것을 생각하라. 그분은 당신에게 잘해주시지 않았는가? 언제나 우리를 과분하게 대접해주셨다. 충분한 음식, 의복, 안전한 피난처, 건강, 행복한 가정, 잘 자라는 자녀, 친구…. 그 밖에도 많다. 이런 것은 있을 때도 있고 없을 때도 있다. 어쩌면 과거보다 많은 것을 잃고 힘들어하고 있을 수도 있다. 그러나 당신의 삶 전체를 돌이켜보라. 그리고 그분께 감사드리라.

둘째, 후히 베푸는 자에 대한 주님의 약속을 기억하라. 많이 뿌린 자가 많이 받는다는 성경의 원리를 기억하라. 히브리서 6장 10절은 이렇게 말한다 "하나님은 불의하지 아니하사 너희 행위와 그의 이름을 위하여 나타낸 사랑으로 이미 성도를 섬긴 것과 이제도 섬기고 있는 것을 잊어버리지 아니하시느니라." 우리가 받을 보상이 물질적인 축복이 아닐지라도 주님이 우리를 잊지 않으시겠다는 약속을 의지할 수 있다. 실제로, 주님은 "그리스도 예수 안에서 영광 가운데 그 풍성한 대로 너희 모든 쓸 것을 채우[실]" 것이다(빌 4:19). 그러니 염려하지 말라. 필요를 채우신다는 그분의 약속을 기억하라.

셋째, 당신 마음을 점검하라. 이 일은 당신만 할 수 있다. 마음속에 감추어둔 상자를 열고 냉정하게 자문해보라.

- 나는 수입에 비례해서 베풀고 있는가? 아니면 수입은 증가했는데 기부액은 예전과 똑같은가?
- 내가 기부하는 이유는 책임을 다해야 한다는 건조한 의무감 때문인가, 아니면 다른 사람을 섬기는 기쁨 때문인가? 나에게 기부란 숫자의 전달인가, 사랑의 표현인가?
- 내가 하나님의 사업에 어느 정도 기부하고 있는지 알려진다면 다른 사람에게 본이 될까, 아니면 당혹스러울까?
- 베푸는 것에 대해 기도한 적이 있는가? 아니면 충동적으로 하는가? 계획을 세워서 하는가? 누군가 내게 어떤 식으로 베푸는지 묻는다면 대답해줄 말이 있는가?

베푸는 기쁨을 잃었는가? 다시 찾으라! 미루고 망설이고 제외되려고 하지 말라. 하나님의 선물을 생각하고 그분의 약속을 떠올리며 마음을 살피라. 그리고 신나게 베풀라!

## 풍성한 베풂으로의 여행(고린도후서 9:1-6)

---

1성도를 섬기는 일에 대하여는 내가 너희에게 쓸 필요가 없나니 2이는 내가 너희의 원함을 앎이라 내
가 너희를 위하여 마게도냐인들에게 아가야에서는 일 년 전부터 준비하였다는 것을 자랑하였는데 과
연 너희의 열심이 퍽 많은 사람들을 분발하게 하였느니라 3그런데 이 형제들을 보낸 것은 이 일에 너
희를 위한 우리의 자랑이 헛되지 않고 내가 말한 것 같이 준비하게 하려 함이라 4혹 마게도냐인들이
나와 함께 가서 너희가 준비하지 아니한 것을 보면 너희는 고사하고 우리가 이 믿던 것에 부끄러움을
당할까 두려워하노라 5그러므로 내가 이 형제들로 먼저 너희에게 가서 너희가 전에 약속한 연보를 미
리 준비하게 하도록 권면하는 것이 필요한 줄 생각하였노니 이렇게 준비하여야 참 연보답고 억지가
아니니라

6이것이 곧 적게 심는 자는 적게 거두고 많이 심는 자는 많이 거둔다 하는 말이로다

---

불가능해 보이는데 반드시 완수해야 하는 임무를 붙잡고 씨름해본 적이 있다면 그게 어떤

지 알 것이다. 두려움에 옴짝달싹 못 하고, 실패로 의기소침해지며, 의사결정을 놓고 머리를 싸매게 된다. 그러는 동안에도 시계는 어김없이 마감 시간을 향해 똑딱인다.

경험에 따르면 이런 종류의 도전을 이겨내 실제로 목표를 달성하는 데 반드시 필요한 네 가지 요소가 있다. 첫째, 적극적인 참여자가 있어야 한다. 힘든 과업을 만났을 때는 혼자서 북 치고 장구 친다고 되지 않는다. 팀워크가 필요하다. 둘째, 명확한 목표가 있어야 한다. 어디에서 시작하는지, 정확히 어디를 향하고 있는지, 어떤 단계를 밟아야 하는지 알아야 한다. 셋째, 뜨거운 열정이 있어야 한다. 훌륭한 지도자는 사람들에게서 최선을 끌어낸다. 이것은 다른 어떤 방법으로도 다다를 수 없는 수준의 팀워크와 에너지를 창출한다. 넷째, 보상에 대한 약속이 있어야 한다. 보상이 반드시 물질적인 것일 필요는 없지만, 목표에 도달했을 때 느끼는 성취감 외에도 일종의 '보답'이 있어야 한다.

다시 1세기로 돌아가서, 당시에 반드시 해야 할 일이 있었다. 사람들의 목숨이 달려 있는 일이었다. 고군분투하고 있는 예루살렘 교회는 생면부지의 사람들이 베푸는 호의에 의지할 수밖에 없었다. 구호금을 모금하는 일에는 그 일을 완수하겠다는 열정과 필요한 지침을 가진 적격자들이 올바른 목표를 향해 나아가도록 동기를 부여해줄 지도자가 필요했다. 그런 지도자였던 사도 바울이 평생 예루살렘에 가본 적도 없었을 사람들에게서 예루살렘 교회를 위한 구호금을 모으는 임무를 맡은 것이다.

이런 상황에서 목표를 성공적으로 성취하는 데 필요한 네 가지 요소는 하나같이 어려운 과제였다. 적극적인 참여는 망설임으로, 분명한 목표는 교란으로, 열정은 무관심으로, 보상의 약속은 '다 가졌다'는 생각으로 어려움을 겪을 수 있었다. 고린도후서 9장을 여는 구절에서 바울이 과업 성취를 위해 적용한 전략은 고린도 교인이 그 고귀한 목표를 추구하는 데 동기를 부여할 뿐 아니라 우리가 다른 사람들을 베풂의 사역으로 이끄는 데도 도움이 된다.

## —9:1-5—

사도 바울은 베푸는 것에 대해서는 그들을 상기시킬 "필요가 없다"고 말한다(9:1). 그는 "성도를 섬기는 일에 대하여"(9:1), 즉 예루살렘 교회를 돕기 위한 기부금에 대해 언급한 고린도후서 8장 전체를 가리키는 것 같다. 왜 "다시 일깨울 필요가 없었을까?" 바울은 그들이 즉시 약속을 성취할 준비가 되어 있다고 확신했기 때문이다(9:2).

바울은 그 해 초에 고린도 교인에게 베푸는 문제에 대해 이미 이야기했었다(고전 16:1-3). 그 후에 그는 고린도를 방문했던 사자들에게서 일의 진전에 대한 소식도 들었다(고후 7:6-7). 하지만 바울은 고린도 교인이 교회 내부 문제로 의무에 소홀해질 수 있다고 생각했던 것 같다. 바울은 그들의 의지를 확신했지만, 그래도 그들이 그 일을 최우선으로 생각하도록 하면서 그들의 의지를 의심하는 것처럼 들리지 않도록 전략적인 표현을 썼다.[8]

바울은 베푸는 사역에 대해서 고린도 교인의 역할과 책임 그리고 그의 역할과 책임을 번갈아 이야기한다(9:2-5). 그는 고린도 교인이 예루살렘을 구호하는 임무에 기여할 준비가 되어 있다고 자랑했었다. "아가야[고린도가 속한 지역]에서는 일 년 전부터 준비하였다"(9:2). 다시 말해 바울은 자발적으로 기부를 결정한 첫 번째 교회로 고린도를 언급했다(8:10). 그때부터 바울은 그들의 열심으로 다른 사람들의 열정을 자극했다(9:2).

그 대화를 한번 상상해보라.

**바울:** "예루살렘 교회가 고통받고 있습니다. 복음의 빛이 이방인들에게까지 비췄지만, 복음의 근원지는 박해를 받으면서 점점 쇠락하고 있습니다. 그들을 도와야 합니다. 급해요."

**마게도냐인들:** "그렇지만 너무 멀리 떨어져 있어서요. 어떻게 도울 수 있죠?"

**바울:** "음, 고린도 교인들이 소식을 듣고는 즉시 자원했습니다. 일 년 동안 일정 금액을 따로 떼어놓았다가 예루살렘으로 직접 보내겠다고 했지요. 상당히 많은 금액을 약속했답니다. 물론, 순전히 자발적이었습니다."

**마게도냐인들:** "우리도 돕고 싶어요! 가진 건 별로 없지만, 그래도 예루살렘의 불꽃이 꺼지지 않게 도울 수 있어요!"

바울이 고린도 교인의 참여를 '자랑한' 후 마게도냐 출신 대표들과 함께 고린도에 와보니 그렇게 열정적이었던 교회가 실제로는 책임을 회피했음을 알게 되었다고 상상해보라(9:4). 얼마나 창피한가! 바울은 이런 일을 방지하기 위해서 그보다 앞서 작은 대표단을 고린도에 보냈다(9:3, 5). 사실, 바울은 이렇게 말한 것이었다. "이보게 친구들, 나는 마게도냐인들에게 당신들이 어떤 사람인지 말했다네. 관대하고 열정적이며 베풀기를 즐겨 하는 사람들이라고 말일세. 우리가 손발이 맞지 않으면 그들이 어떻게 생각하겠는가? 그러니 우

# 묵상의 서재

**무모한 관용**(고린도후서 9:5)

지금은 경험 많고 존경받는 선교사인 우리 형 오빌은 부유하지 않았지만 자기가 가진 것을 아낌없이 나누었다. 형은 한번도 주님이 하시고자 하는 일을 가로막지 않았다. 그리고 지금도 여전하다! 형이 아르헨티나의 부에노스아이레스에서 30여 년 동안 주님을 섬길 수 있었던 것도 이런 과한 믿음이 원동력이었다. 형은 아르헨티나에 가기 전 멕시코에서 단기 선교를 마치고 먼 남미로 형수와 조카들을 데려가기 위해 북미에 왔다.

남미로 떠나기 전 형 가족은 휴스턴에 있는 부모님께 들렀다. 우리 아버지에 대해 말하자면 사전에서 '책임감 있는'이라는 단어를 찾으면 거기 우리 아버지 사진이 있을 거다! 아버지에게 위험이란 계획을 세우지 못한 사람들에게 해당하는 것이다. 책임감 있는 사람들은 아무것도 운에 맡기지 않는다. 아버지에게 믿음이란 세 가지 대안이 실패하고 다른 선택의 여지가 없을 때 사용하는 것이다. 아버지는 신자였지만 믿음의 삶을 절대, 도저히 이해하지 못하셨다.

반면 형을 움직이게 하는 건 믿음이었다. 형은 성인이 된 이후로 평생을 믿음의 벼랑 끝에서 살았다. 형에게는 하나님이 그리고 하나님만이 뚫고 나가게 해주실 수 있는 난관 없는 삶이란 지루할 뿐이었다. 그리고 장담하건대, 그게 우리 아버지를 돌게 했다!

형은 내가 그때까지 보았던 중에 가장 반질반질한 네 개의 타이어가 장착된 낡은 시보레 세단을 집 앞에 세웠다. 우리가 부모님 집에 오면 아버지는 늘 타이어를 점검하셨다. 나는 아버지가 입을 여시기까지 시간이 얼마나 걸릴지 궁금했다. 형도 분명 그랬을 거다. 정답은? 그리 오래 걸리지 않았다.

콜라드 샐러드와 옥수수빵, 팥, 양파, 저민 토마토로 근사한 식사를 한 후 어머니와 누이는 부엌으로 갔고, 식탁 한쪽 끝에는 아버지, 다른 쪽 끝에는 오빌 형, 중간에 나(십대였던)만 덩그러니 남았다. 그리고 드디어 아버지가 입을 여셨다.

"얘야, 그렇게 멀리 가는데 돈은 얼마나 있니?"

"아, 아버지, 걱정 마세요. 문제없어요."

형이 화제를 바꾸기 전에 아버지는 계속 추궁하셨다.

"말해보아라. 수중에 돈이 얼마나 있니?"

형은 미소 지으며 어깨를 으쓱하고는 말했다. "돈 없어요."

나는 잠자코 이 말씨름을 지켜보았다.

“돈이 전혀 없다고? 얼마가 있는데? 너는 지금 남미로 갈 거잖니! 여행 경비가 얼마나 있는데?”

그 말에 형은 미소 지으며 주머니에 손을 넣어 25센트짜리 동전 한 닢을 꺼내더니 식탁 가장자리에 세우고는 조심스럽게 엄지로 튕겼다. 동전은 천천히 굴러서 나를 지나 아버지 쪽 식탁 가장자리까지 가서 아버지의 손으로 떨어졌다. 아버지는 말했다. “25센트? 이게 다냐?”

형은 더 큰 미소를 지으며 말했다. “예, 정말 흥미진진하지 않나요!”

그건 아버지가 하고 싶은 말이 아니었다. 깊은 한숨과 함께 잠시 가만히 있던 아버지는 머리를 흔들며 말했다. “오빌, 너를 정말 이해할 수 없구나.”

형은 사뭇 진지해졌다. 아버지의 눈을 뚫어져라 쳐다보며 나직이 대답했다. “네, 아버지는 저를 한 번도 이해하지 못하셨죠.”

나는 형이 실제로 어떻게 목적지까지 갔는지, 어떻게 형수가 어린 자녀들을 돌봤는지 모른다. 하지만 그들은 해냈고, 배를 곯지도 않았다. 그들은 부에노스아이레스에서 30여 년 동안 신실하게 사역하면서 세계 각처를 다녔다. 아버지는 대공황기를 거친 분이어서 평생 가난을 두려워하며 살았고, 웬만해서는 모험하지 않았다. 그리고 아버지는 하나님을 신뢰하는 기쁨, 그날 형을 그렇게 미소 짓게 만들었던 그 기쁨을 한 번도 경험하지 못했다는 것도 덧붙여야겠다.

예수님은 좋은 것을 갖는 것이 잘못되었다고 말하지 않으셨다. 예수님은 주권적 선택으로 어떤 사람들은 예수님과 제자들처럼 가난하게 살게 하셨다. 그렇지만 또 다른 사람들은 돈과 물질을 풍성히 소유하기를 원하실 수도 있다. 왜 그러냐고? 그래야 그들이 풍성히 베풀 수 있을 테니까. 그분의 가장 큰 관심사는 부가 아니다. 그분은 우리에 대해 그리고 우리가 어디에서 안전을 찾는지를 염려하신다. 우리가 좋은 것을 소유했건 안 했건 그것이 우리의 주인이 아니라는 걸 확인하고 싶어 하신다![9]

리가 도착하기 전에 모든 일이 제대로 되고 있는지 확인해주길 바라네."

바울은 인간의 본성 중에 자기 소유의 최소한을 나누고 할 일을 다 했노라고 말하는 습성이 있음을 알았다. 그런 모습은 도처에서 볼 수 있다! 그러나 일 년 동안 내부 갈등과 문제에 시달렸던 고린도 교인의 상황은 더 심각했다. 예루살렘 교회에 "약속한 연보"를 모금하는 것이 "탐심"(9:5, 현대인의 성경)에 흔들렸을 수 있었다. 이 구절은 고린도 교인이 기부금 모금을 마지막 순간까지 미루어서는 안 된다는 것을 완곡하면서도 단호하게 상기시킨다.

## —9:6—

바울은 고린도 교인을 향한 특정한 메시지에서 모두에게 해당하는 보편적인 메시지로 전환하여 베풂에 대한 중요한 영적 진리를 제시한다. "적게 심는 자는 적게 거두고 많이 심는 자는 많이 거둔다"(9:6).

농부와 정원사는 뿌린 만큼 거둔다는 것을 안다. 달랑 씨앗 두 개를 뿌리고 밭 한가득 수확을 얻을 수는 없다. 마찬가지로, 우리가 주님의 사역에 바친 시간, 정력, 물질과 우리가 그 대가로 거두는 영적 축복은 정비례한다.

지난 수십 년 간 이 주제에 대한 많은 거짓 광고가 있었다. 이른바 번영신학은 뿌린 대로 거둔다는 지극히 건전한 교리를 망쳐놓았다. "구하면 얻으리라"고 전파하는 이 설교자들은 우리가 다른 사람을 축복하게 하기 위해서 우리를 축복하시겠다는 하나님의 약속을 사실상 다단계 사기로 변질시켰다. 분명히 알라. 하나님은 당신이 내는 만큼 돌려주시거나, 텔레비전이나 라디오 설교자에게 보낸 기부금에 대해 30배, 60배, 100배의 수익금을 돌려주시거나, 당신이 낸 '종잣돈'에 대해 물질적인 축복의 수문을 열어 건강과 어마어마한 부를 흘려보내 보상하겠다고 약속하시지 않았다. 하나님은 우리에게 필요한 것을 모두 공급하겠다고 약속하셨지 우리가 욕심내는 것을 모두 주겠다고 약속하지 않으셨다(빌 4:19). 그리고 하나님은 우리가 '영적' 축복이라고 부를 수 있는 것, 다시 말해서, 순종의 기쁨, 내적 평화의 즐거움, 형제를 향한 차고 넘치는 사랑의 축복으로 보상하겠다고 약속하신다.

그렇다. 하나님은 신실한 베풂에 풍성한 수확을 약속하시지만, 이 구절의 성경적 맥락에서 벗어나면 안 된다. 하나님은 다른 사람을 축복하는 통로로 사용하시기 위해 재물로 사람을 축복하실 수 있다. 그게 당신이라면, 하나님의 일을 위해 아낌없이 그것을 사용하거나 아니면 세상에 그것을 잃어버릴 위험을 감수하라. 당신이 다른 면에서 축복을 받았다면 그것-시간, 음악적 재능, 에너지, 기술, 지성, 약소하지만 똑같이 고귀한 재정적 기부-을 베푸는 사역에 충실하라.

## 적용: 고린도후서 9:1-6

### 사역의 기회를 최대한 활용하라

바울은 고린도 교인이 예루살렘 교회를 구호하는 기금에 열정적으로 자원해서 아낌없이 기부한 것을 칭찬했다. 바울은 그들의 뜨거운 열의로 인해 그 귀한 대의에 기여하고자 지역 교회를 대상으로 일 년 동안 광범위한 캠페인을 벌였다.

우리 역시 귀한 사역에 참여할 수 있는 기회가 많다. 어떤 것은 우리의 시간과 에너지-주일학교에서 가르치는 것, 성가대에서 찬양하는 것, 지도자로 섬기는 것, 여름성경학교의 자원 봉사자로 보이지 않는 곳에서 일하는 것, 큰 행사 후에 교회를 청소하는 것-를 필요로 한다. 재정적인 지원-해외 선교사 파송, 건축 헌금, 고통받고 있는 전 세계 여러 지역에 교회 차원에서 구제책을 제공하는 것, 형편이 어려운 신자들을 위해 성경이나 사역 자료를 구입하는 것-도 필요하다. 눈과 귀를 열 마음이 있는 사람들을 위한 수많은 사역의 기회가 매일 열릴 것이다. 어떻게 그것을 최대한 활용할 수 있을까? 고린도후서 9장 1-6절에 우리를 권면하려고 실어놓은 사례에서 네 가지 방법을 배운다.

첫째, **적극적인 참여자가 되라**. 고린도 교인은 예루살렘 교회에 구호품이 필요하다는 소식을 들었을 때 맨 먼저 나섰고, 아마 그 후로 다른 많은 자매 교회가 동참했을 것이다. 당신은 현재 특정한 사역에 참여하고 있는가? 스스로 점수를 매긴다면 어떤 수준으로 참여하고 있는가? 약함? 중간? 강함? 당신과 함께 일하는 사람들이 그 사역에 대한 당신의 헌신을 어떻게 묘사할까? 당신은 종종 변명하면서 뒷걸음질 치는가? 모임에 늦게 나타나는가? 최소한의 시간과 돈을 할애하는가? 당신이 적극적인 참여자가 아니라면 수동적인 이론의 영역에서 벗어나 역동적인 행동의 영역으로 들어갈 것을 촉구한다. 베풂에 대한 공부를 멈추고 베푸는 삶을 시작하라!

둘째, **명시된 목표를 이해하라.** 많은 경우-직접, 서면으로, 사자를 통해-바울은 고린도 교인에게 그가 예루살렘 교회를 위한 구호금 사역의 세부사항과 명시된 목표를 구체적으로 어떻게 수행할 것인지를 분명히 밝혔다. 특정 사역에 당신의 시간이나 물질을 헌납할 때 그 사역이 이루고자 하는 목표와 방법을 숙지하라. 지속적인 필요와 특별한 필요를 이해하고 이를 충족시킬 준비를 하라. 다시 말해서, 사역과 사역의 리더십을 알아야 한다. 재정적으로 기부하는 이상으로 참여하고 있다면 당신의 참여가 사역 목표와 어긋나지 않는지 확인하라. 그리고 사역이 목표와 목적에 어긋나는 방향으로 틀어진다면 계속 참여할 것인지 다른 사역에 집중할 것인지 생각해보라.

셋째, **뜨거운 열정을 보이라.** 마게도냐 교회는 열정이 넘쳐서 무리하게 베풀겠다고 나선 반면, 고린도 교인은 열정이 식은 것처럼 보였다. 사실 열정이 없는 것이 참여하지 않는 것보다 사역에는 더 치명적일 수 있다. 왜냐하면 잃어버린 열정은 실제로는 아무 진전이 없는데도 무언가가 이루어지고 있다는 환상을 주기 때문이다. 나는 교회에서 의당 관심을 가져야 할 사안에 대해서 "그 일을 담당하고 있는 위원회가 있어요"라는 무성의한 대답을 들은 한참 후에 그 위원회가 몇 달 동안 모이지 않았다는 사실을 알게 된 적이 있다. 열정을 느끼지 못하는 사역에는 참여하지 않는 게 좋다. 당신이 맡은 직책을 유기하는 것처럼 느낄지 모르겠지만, 사실은 당신의 어정쩡한 헌신 때문에 더 큰 열정을 가진 사람이 참여하지 못하고 있을 수도 있다. 당신은 관여하고 있는 사역에 강한 열정을 보이고 있는가? 아니면 마지못해 시간과 물질을 할애하고 있는가?

넷째, **약속된 보상을 기억하라.** 사역이 힘들어질 때(사역은 다 힘들다) 당신이 열정을 다해 적극적으로 성심껏 사역에 참여한 것을 하나님이 높이 사신다는 것을 기억하라. 하나님은 절대 당신을 이용하시고 일회용 도구처럼 던져버리지 않으신다. 오히려 그 반대다! 작은 일에 충성한 사람은 큰 보상을 받을 것이다. 사역에 참여할 수 있는 더 큰 기회도 그 보상 중 하나다(눅 16:10, 19:17). 그렇다. 사역에 참여하다 보면 당신이 신경 써서 지킨 소중한 휴식시간을 침해당할 수 있다. 그러나 당신은 하나님의 백성을 위한 "안식할 때"(히 4:9)로 보상받을 것이다. 사역은 당신의 에너지를 고갈시킬 수 있다. 그러나 언젠가 당신은 "강한 것으로 다시 살아[날]"(고전 15:43) 것이다. 사역은 투자에 대한 가시적인 수익 없이 비용만 더 들 수도 있다. 그러나 물질적인 빈곤 속에서도 당신은 영적으로 "부요한 자"(계 2:9)며, "영광 가운데 그 풍성한 대로”(빌 4:19) 보상받을 날이 올 것이다.

그리스도가 자신의 사역에서 이 네 가지 원리를 어떻게 예시하셨는지 생각해보라. 그분은 하나님의 위대한 구속 계획에 자진해서 적극 참여하셨다(히 10:7). 그분은 목표에서 눈을 떼지 않으셨고(마 20:18-19), 강한 열정을 보여주셨다(요 4:34). 그리고 받으실 상을 잊지 않으셨다(히 12:2). 사역에 참여하라는 부르심을 받은 그리스도인으로서(엡 4:12) 이 모든 원리는 우리에게 적용된다. 당신은 상급을 바라보며 명확한 목표를 향해 열정적으로 참여하고 있는가?

## 베풂을 통한 사역(고린도후서 9:7-15)

---

7각각 그 마음에 정한 대로 할 것이요 인색함으로나 억지로 하지 말지니 하나님은 즐겨 내는 자를 사
랑하시느니라 8하나님이 능히 모든 은혜를 너희에게 넘치게 하시나니 이는 너희로 모든 일에 항상 모
든 것이 넉넉하여 모든 착한 일을 넘치게 하게 하려 하심이라 9기록된 바

그가 흩어 가난한 자들에게 주었으니
그의 의가 영원토록 있느니라 함과 같으니라

10심는 자에게 씨와 먹을 양식을 주시는 이가 너희 심을 것을 주사 풍성하게 하시고 너희 의의 열매를
더하게 하시리니 11너희가 모든 일에 넉넉하여 너그럽게 연보를 함은 그들이 우리로 말미암아 하나님
께 감사하게 하는 것이라 12이 봉사의 직무가 성도들의 부족한 것을 보충할 뿐 아니라 사람들이 하나
님께 드리는 많은 감사로 말미암아 넘쳤느니라 13이 직무로 증거를 삼아 너희가 그리스도의 복음을
진실히 믿고 복종하는 것과 그들과 모든 사람을 섬기는 너희의 후한 연보로 말미암아 하나님께 영광
을 돌리고 14또 그들이 너희를 위하여 간구하며 하나님이 너희에게 주신 지극한 은혜로 말미암아 너
희를 사모하느니라 15말할 수 없는 그의 은사로 말미암아 하나님께 감사하노라

---

예수님이 창녀로 알려진 한 여인이 흐느끼면서 그분의 발에 값비싼 향유를 붓고 입을 맞춘 행위가 온당하다고 하신 이유를 이해시키기 위해 바리새인 시몬에게 들려주신 예화를 기억할 것이다(눅 7:36-39). 이 비유(눅 7:40-47)에 나오는 상황은 단순하다. 두 사람이 같은 사람에게 빚을 지고 있었는데, 한 사람은 채무액이 많았고 다른 사람은 적었다. 돈을 빌려 준 사람이 두 채무자의 빚을 탕감해준다면 누가 더 고마워하겠는가? 누가 더 그 채권자를 사랑하겠는가? 예수님의 요지는 큰 죄를 용서받을수록 더 큰 사랑이 생긴다는 것이다. 요

컨대, 그 흐느끼던 여인에게 예수님이 보여주신 은혜 때문에 여인이 그렇게 반응했다는 말이다. 용서받은 기쁨은 다른 사람을 향해 충만한 은혜를 흘려보내는 삶으로 이어진다.

하나님의 은혜에 부응해서 사랑을 흘려보내는 이 원칙은 삶의 모든 영역에서 그리스도인의 행동 지침이 된다. 주님이 우리를 위해 행하신 일에 성심으로 화답하면 주변 사람, 특히 동료 신자를 기꺼이 도우려는 자비로운 태도를 갖게 된다. 그러므로 바울이 고린도 교인에게 베풂에 대해 말할 때 그의 생각 저변에는 당연히 하나님의 넘치는 은혜의 원리가 있다.

바울이 베풂의 원리를 적용하고 있는 고린도후서 9장 후반부를 잘 보면 베푸는 자세에 대한 설명이 나온다. 실제로 바울은 다른 사람들의 예에서 특징으로 나타난 원리를 하나님의 풍성한 축복에 부응해서 실천해야 한다고 말한다. 하나님을 믿고 순종하며 산다고 말하는 사람은 이 중요한 베풂의 영역을 무시하지 않는다. 즉, 믿음으로 사는 삶은 은혜로 베푸는 삶이다. 하나님이 우리를 위해 하신 일에 부응해서 기쁜 마음으로 넉넉히 그분께 돌려드려야 한다. 고린도후서 9장 7-15절에서 바울은 구체적인 방법으로 하나님의 은혜를 다른 사람들에게 전하라고 독려한다.

## —9:7—

고린도후서 9장 6절에서 바울은 적게 심으면 적게 거둔다는 영적 진리를 농사에 빗대어 설명한다. 그러나 많이 뿌리면 풍성한 수확을 얻는다. 바울은 이 보편적 원리를 개인에게 적용한다(9:7). 바울이 "각자"(새번역)라는 호칭을 쓴 것에 유의하라. 예외는 없다. 누구나 예외없이 재정의 청지기로서 어떤 식으로든 사역에 공헌해야 한다.

베풀 때에는 무작정 하지 말고 계획을 세워야 한다. 헬라어로 "정한 대로"라는 말은 미리 선택하거나 결정한다는 뜻이다. 신자의 재정 계획은 외부의 압력을 따라 억지로 하지 않고 "마음"에서 우러나와야 한다. 은혜로운 베풂은 진실한 결단에서 나와야 한다. 마음에서 나오지 않으면 "인색함으로나 억지로" 하게 된다. 그러나 기쁜 마음으로 베풀면 베푸는 사람도 보람을 느낄 뿐 아니라 다른 사람에게도 베푸는 기쁨을 불어넣어 준다.

마지막 문장을 잘 보라. "하나님은 즐겨 내는 자를 사랑하시느니라." "즐겨 내는"에 해당하는 헬라어 *hilaros*(2431)에서 영어 단어 '*hilarious*'(유쾌한)가 나왔다. 하나님이 괴상한 기부자, 우스꽝스러운 기부자, 기부를 가볍게 생각하는 사람을 사랑하신다는 말이 아니다. 하나님은 우리가 베풀 때, 기뻐서 축하하거나 마음껏 웃을 때처럼 충만한 기쁨이 샘솟기를 바라신다는 뜻이다. 웃으면서 베풀지 못하면 마음으로 베풀지 않는 것이다.

요즘 교회들이 기부를 독려하는 방식을 보면 그냥 돈을 뜯긴 것 같은 생각이 든다! 너무나 많은 교회가 베푸는 기쁨을 앗아갔다. 그들은 일정 비율을 정해주거나 일정 금액을 강요한다. 그것은 은혜를 나누는 기쁨이 아니라 율법의 고역처럼 들린다. 고린도후서 9장 7절을 보면 베푸는 일은 재미있어야 한다! 당신은 어떤지 모르겠지만, 나는 청구서를 건네받고 수표를 내는 건 재미가 없다. 집요한 설득도 재미없다. 성가시게 강요하는 것도 싫다. 임의로 설정한 목표치를 채우기 위해 내는 것도 재미없다. 정말 재미있는 게 무언지 아는가? 하나님의 은혜에 응답해서 베푸는 것, 사랑과 기쁨으로 베푸는 것, 우리가 믿는 사역의 비전을 위해 베푸는 것이다. 그것이 즐겨 내는 것이다. 인간이 그렇게 베푼다는 게–조건 없이 관대하게, 강요 없이 자발적으로–말이 안 된다는 걸 안다. 하지만 은혜를 베푼다는 건 바로 그런 거다.

## —9:8–11—

바울은 초점을 현실의 기부자에게서 궁극적인 기부자로 옮긴다. 우리가 염려하지 않고 아낌없이 베풀 수 있는 것은 하나님이 우리에게 넉넉하게 은혜를 베푸셔서 언제나 은혜가 풍성할 것이기 때문이다(9:8). 명심하라. 우리는 절대 하나님보다 많이 베풀 수 없다. 하나님은 어느 날 우리에게 나타나 "글쎄 얘야, 네가 내 등골을 다 빼먹었구나. 더는 줄 게 없단다"라고 말씀하시지 않는다. 당신이 가진 자원을 정기적으로 아낌없이 베풀면 하나님은 그것을 다시 채우시고 그분의 은혜로 당신을 새롭게 하실 수 있다. 이렇듯 후히 공급하시는 하나님의 원칙을 경험한 자는 더 담대히 베풀 수 있다.

바울은 이 논지를 뒷받침하기 위해 시편 112편 9절을 인용하고 이사야 55장 10절을 언급한다(고후 9:9–10). 크레이그 키너는 이 구절에서 바울이 사용한 수사적 기법을 설명한다.

> 바울이 9장 9절에서 인용하는 시편 112편 9절은 전후 내용을 볼 때 관대함과 의의 입증을 말하고 있다. 즉, 가난한 자에게 베풀었으니 그들의 의는 영원히 기억된다는 내용이다. 그러나 하나님은 이 관대한 기부자들도 의지해야 하는 최고의 기부자시다. 그래서 바울은 9장 10절에서 하나님을 파종하는 자[즉, 9장 9절에서 흩어 (뿌린) 자들]에게 종자를 주시고 먹는 자에게 양식을 주시는 분으로 고백하는 이사야 55장 10절을 떠올린다. 그들이 계속 베풀 때 하나님은 그들이 더 많이 베풀고 의의 수확을 거둘 수 있도록 그들의 씨앗을 계속 증식시키실 것이다.[10]

모든 좋은 것은 하나님의 보고(寶庫)에 있다(약 1:17). 하나님은 그 무한한 축복의 보고에서 물질적인 것이든 영적인 것이든 우리가 뿌린 씨를 모두 보충해주실 수 있다. 하나님은 씨앗을 공급하실 뿐 아니라 증식시키신다(고후 9:10). 자기 백성의 필요를 넉넉히 채우시는 하나님의 궁극적 목적은 그들이 하나님께 감사[*eucharistia*(2169)]드리는 것이다(9:11). 종국에는 모든 것이 하나님의 영광으로 귀속되고, 하나님은 베푸신 축복에 대한 찬양과 감사를 받으실 것이다(9:11).

당신이 마지막으로 멋지고 놀라운 선물을 받았던 때를 생각해보라. 당신은 큰 도움이 필요했지만, 그것을 누구에게도 알리지 않기로 했다. 당신과 주님만 그것을 알았다. 당신은 하나님을 기다렸고 잠잠히 그분의 공급하심과 그분의 때를 기다렸다. 그러면 하나님은 생각지도 못한 곳에서 놀랍게 공급하셨다. 상상도 하지 못했던 것이 거기 있었다. 당신은 어떻게 반응했는지 기억하는가? 감사했다. "오, 주님 감사합니다!" 이것은 주님이 은혜를 베푸시는 사역에 대한 응답으로 주님이 우리에게서 당연히 받으셔야 할 찬양이다.

다시 바울 시대로 돌아가 그때 일어난 특정한 역사적 상황을 보자. 예루살렘 주민들은 필사적이었다. 그들은 다른 세계와 단절된 채 스스로 구제할 능력도 없었고, 다른 구조의 손길도 기대할 수 없었다. 그들은 기적을 행하실 수 있는 단 한 분이신 하나님만 바라보았다. 그렇게 내부로부터 붕괴할 위기에 처해 있는 예루살렘 신자들에게 어느 날 생면부지의 십여 교회와 수백 명의 이방인 그리스도인을 대표해서 바울이 보낸 소수의 사절단이 도착했다. 그들은 예루살렘 교회 장로들에게 앞으로 몇 달 치 식량을 사고 구호품을 공급할 수 있는 거금을 내놓았다. 하나님의 놀라운 공급을 보여주는 얼마나 멋진 장면인가! 심지어

이 선물이 '부정한' 이방인에게서 왔다니 그리스도인이 주장하는 기적을 일으키는 사랑을 비웃던 바리새인에게 그들이 사랑의 예증이 되었다.

## —9:12-15—

이 풍성한 선물을 받은 사람들은 당연히 기뻐했을 것이다. 바울은 베푸는 것이 서로에게 축복이 된다는 것을 고린도 교회에 보여주면서 베풂을 독려한다. 기쁜 마음으로 자비롭게 베푸는 자들은 자기가 인정받기를 원하지 않고 하나님께 영광을 돌린다(9:13). 결국 이 모든 과정이 찬양의 큰 물결을 이루어 천국에 계시는 주님의 발치에서 넘실거릴 것이다(9:12).

참여한 모든 사람이 축복을 받는다는 사실에 주목하라. 첫째, 베푸는 사람은 베푸는 행위 안에 내재된 기쁨과 하나님이 주시는 보상의 약속으로 축복받는다. 예수님은 이렇게 말씀하셨다. "주는 것이 받는 것보다 복이 있다"(행 20:35). 베푸는 사람이 받는 축복 중 하나는 수혜자들이 그들을 위해서 기도한다는 것이다(고후 9:14). 둘째, 수혜자들도 축복을 받는다. 그들은 문제에 대한 해결책을 얻고 고통에서 구제된다. 셋째, 하나님도 수혜자들이 "하나님께 드리는 많은 감사로" 축복을 받으신다(9:12). 수혜자들은 베푼 자들의 순종으로 인해 하나님께 영광을 돌린다(9:13). 그들은 당연히 그 축복의 궁극적인 출처를 하나님으로 생각한다.

바울은 돌연히 하나님의 은혜에 감사하면서 이 장을 마친다. "말할 수 없는 그의 은사로 말미암아 하나님께 감사하노라"(9:15). 성경 전체를 통틀어 하나님이 베푸신 은혜의 완벽한 모습은 험한 십자가에 달리신 예수 그리스도시다. 당신은 그러한 사랑, 그러한 베풂, 그러한 자기희생적인 은혜의 모습을 외면할 수 있는가? 그런 모습을 보고도 변화되지 않고, 그분이 자신을 당신에게 주셨듯 당신을 그분께 드리지 않을 수 있겠는가?

## 적용: 고린도후서 9:7-15

### 베풂의 새로운 원칙

우리의 시간, 재능, 능력, 돈에 대한 청지기직은 성경의 핵심 원칙이다. 구약성경은 '십일조'와 제물을 바치는 규정을 아주 구체적으로 제정했다(레 27:1-34, 신 14:22-28, 말 3:8-10). 신약성경에서 예수님은 부와 재물과 돈과 청지기직에 대해 여러 차례 말씀하셨다(마 6:24, 13:22, 막 4:19, 눅 15:12, 눅 16:1-13).

신약성경은 교회에 '십일조'나 의무적으로 '10퍼센트'를 내라고 규정하지 않지만, 재정적으로 후하게 기부하는 것과 소유물에 대한 청지기직과 관련한 쟁점을 다룬다. 신약성경에 이 주제에 대해 고려해보아야 할 네 가지 기본 구절이 있는데, 각 구절은 베풂을 설명하는 다른 요소에 초점을 맞춘다.

| 베풂의 정당성 | 고린도전서 9장 |
|---|---|
| 베풂의 지침 | 고린도전서 16장 |
| 베풂의 예시 | 고린도후서 8장 |
| 베풂의 적용 | 고린도후서 9장 |

**고린도전서 9장.** 이 구절은 베풂의 정당성을 알려준다. 설교와 가르침으로 영적인 씨앗을 뿌린 사역자는 그가 섬기는 사람들에게서 물질적 지원을 받을 권리가 있다(고전 9:11). 성경은 공정한 보수를 명시하고 권장한다(딤전 5:17-18). 바울은 자기의 영적 수고에 대해 돈을 받지 않기로 결정했지만, 그것은 그가 자신에 대해서 내린 결정이었지 다른 사람에게도 요구되는 원칙은 아니다(고전 9:12, 15-18, 행 20:33-35).

**고린도전서 16장.** 고린도전서 끝부분에서 바울은 베풂의 지침을 제공한다(고전 16:1-2). 적절한 절차를 궁금해하는 모든 사람에게 이 두 구절은 베풂과 관련해 우리를 인도할 좋은 점검표다. 이 구절에서 알 수 있는 것은 압력이나 공표, 대중의 관심, 교묘한 조종이 있어서는 안 된다는 것이다.

- 체계적으로-"매주 첫날에."
- 개인적으로-"너희 각 사람이."
- 꾸준히-"모아 두어서."
- 균형 있게-"수입에 따라."

• 비공개로–"내가 갈 때에 연보를 하지 않게 하라."

**고린도후서 8장.** 이 구절에는 올바른 베풂에 대한 두 가지 예시가 나온다. 마게도냐 교인(8:1–3). 예수 그리스도(8:9). 여기서 우리는 헌금은 주님에 대한 헌신에서 넘쳐흐르는 관용(8:5)으로 후히 드려야 한다는 것을 알 수 있다(8:1–3). 예수 그리스도가 우리를 위해 모든 것을 포기하셨듯이–우리가 영적으로 부유해지도록 가난해지셨듯이(8:9)–우리도 희생적으로 베풀어야 한다(8:3).

**고린도후서 9장.** 네 번째 구절은 베풂의 적용을 나타낸다. 그리스도인의 삶의 다른 부분과 마찬가지로 베풂이 규율과 규칙에 대한 강압적인 순종, 죄책감에 의한 반응, 또는 동료 집단의 압력 때문에 행해져서는 안 된다. 베풂은 마음에서 우러나야 한다. 정말 원해서 자유롭게 베푸는 것이 이상적이다. 베풀기를 내켜 하지 않거나 후회해서는 안 되며, 오히려 베풀기를 열망하고 또 이런 식으로 청지기직을 수행하는 것을 기뻐해야 한다.

부디 우리 모두가 이 구절이 가르쳐주는 원칙을 이해하고 실천해서 교회를 굳건히 세우고 하나님께 영광을 돌릴 수 있도록 주님이 도와주시기를 간절히 바란다.

## 주

1. Philip Edgcumbe Hughes, *Paul's Second Epistle to the Corinthians*(Grand Rapids: Eerdmans, 1962), 284.
2. Hans Dieter Betz, *2 Corinthians 8 and 9*, ed. G. W. MacRae(Philadelphia: Fortress, 1985), 43.
3. Tasker, *Second Epistle*, 111.
4. Ron Blue, *Master Your Money*(Nashville: Thomas Nelson, 1986), 19-20 참조.
5. John Wesley, "The Use of Money," in *Sermons on Several Occasions*(New York: Lane & Tippett, 1845), 446.
6. Oscar Wilde, *The Picture of Dorian Gray*(New York: Barnes and Noble Classics, 2003), 35.(『도리언 그레이의 초상』 일신서적 출판사 역간).
7. Richard J. Foster, *Money, Sex & Power: The Challenge of the Disciplined Life*(San Francisco: Harper & Row, 1985), 25-26.
8. Keener, *1–2 Corinthians*, 211.
9. 다음 책에서 인용해 다듬었다. Charles R. Swindoll, "Ragged-Edge Faith and Reckless Generosity," *Insights*(May 2007): 1-2.
10. Keener, *1–2 Corinthians*, 213-214.

# 진정한 사도의 사역

## 고린도후서 10:1–13:13

몇 년 전 나는 혹독한 비난에 시달리고 있었고, 그 상황을 잘 아는 사람은 아내밖에 없었다. 그 폭풍의 한가운데서 우리 부부는 늘 양극단 중 하나, 즉 우리가 받은 만큼 신랄하게 대응하거나 낡은 양탄자처럼 엎어져서 모든 비판자가 우리를 밟고 가게 내버려두는 것 중 한쪽을 택하고 싶은 유혹을 받는다.

아내는 내가 그 양극단 사이에서 똑바로 나아갈 수 있도록 돕는 신기한 재주가 있었다. 아내는 나를 고요한 폭풍의 눈 속에 둔 채 시어도어 루스벨트 대통령이 1910년에 쓴 글을 찾아냈다. 아내는 그 글을 오려 내 서재에 걸 수 있는 액자로 만들었고, 그 글은 몇 년 동안 자리를 지키며 모든 목사가 사역에서 일찌감치 배워야 하는 중요한 진리를 나에게 일깨워 주었다.

> 중요한 건 비판하는 사람이 아니다. 강인한 사람이 어떻게 걸려 넘어지는지, 행위자가 어떤 부분을 더 잘할 수 있었는지를 지적하는 사람이 아니다. 공(功)은 실제로 경기장 안에 있는, 먼지와 땀과 피로 얼룩진 얼굴을 하고 있는 사람에게 돌아간다. 실수나 실패 없이 성과를 얻을 수 있는 사람은 없기에 용맹스럽게 싸우고, 실수하며, 자꾸 밀리는 사람. 하지만 실제로 그 일을 하기 위해 애쓰고, 큰 열정과 위대한 헌신을 알며, 가치 있는 대의에 자신을 내던지고, 결국 큰 성취를 이루었을 때의 승리감을 알고, 최악의 경우 실패한다고 해도 최소한 담대한 시도 끝에 실패하는 사람 말이다.[1]

나는 승리와 패배 사이의 중간 어디쯤에서 살고 있는 비관주의자들과 냉소주의자들이 가엾다. 그들의 생각은 의심에 사로잡혀 있고, 그들의 눈은 사역에 관여하고 있는 사람들의 결점을 끊임없이 탐색하며, 그들의 입은 비판과 풍자를 쏟아낸다. 그런 사람들이 사는 세상은 얼마나 끔찍하겠는가! 나뿐만 아니라 다른 누군가가 그들을 그 우울한 감정에서 벗어나게 하고 습관적으로 상처를 주는 말을 즉각 그치게 할 수 있는 주문 같은 말이 있었으면 좋겠다.

나는 그런 자들에게서 불공평하고 부당하게 공격당하는 사람들에게 마음이 더 쏠린다. 이런 부정적인 비판이 아니어도 사역은 충분히 고달프다. 이미 어려운 사역에 날아든 신랄하고 부당하며 비열한 비난의 수류탄은 사역자뿐 아니라 사역까지도 궤멸시킬 수 있다. 나는 그 대학살을 직접 목격하고 경험했다.

주로 기독교 사역과 관련한 쟁점을 다루기 위해서 쓴 고린도후서의 마지막 단락에서 바울은 사역의 진정한 권위에 대한 문제를 다룬다. 그래서 이 중요한 단락의 제목을 '진정한 사도의 사역'(10:1-13:14)으로 정했다. 첫째, 바울은 고린도 교회에서 하나님이 주신 권위를 비난하고 조롱하며 폄훼하면서 문제를 일으키고 있는 사람들에게 맞서 자신이 받은 사도의 소명이 참된 것이라고 방어한다(10:1-18). 악의적인 거짓 교사들이 믿음의 자녀를 미혹할 것을 우려한(11:1-6) 바울은 반대자들의 권위와 가르침을 바로 반격한다(11:7-15). 바울로서는 드물게 발끈해서 맞불을 놓으며 그들의 허풍과 차원이 다른 그리스도의 사도로서 그가 가진 우월한 자격을 "자랑"하기로 마음먹는다(11:16-12:21). 고린도후서는 그가 몇 달 째 별렀던 고린도 교회 방문이 곧 이루어질 거라는 경고와 함께 정통 사도의 사역에 대한 그들의 충성을 재확인함으로써 사도들이 전파한 순수한 신앙을 지키라는 최후통첩을 전한다(13:1-4).

## 핵심 용어

ἀσθενεία [*astheneia*, 아스데네이아]*(769)* '나약함', '약점'

이 용어는 다양한 신체적, 정서적, 지적 장애나 질환을 나타낸다. 병이나 질병(눅 8:2), 인간의 한계에서 비롯된 무능력(롬 8:26), 또는 유혹과 죄로 이어지는 의지박약(롬 6:19)도 포함된다. 바울은 사역하면서 자신의 힘이 아니라 자기 안에서 역사하시는 그리스도의 은혜로 극복한 자신의 약점을 이 단어로 표현한다(고후 12:9). 이런 의미에서 바울은 자신의 약점을 수치스러운 것으로 숨기지 않고 "자랑"할 수 있는 것이다(12:10).

μετασχηματίζω [*metaschēmatizō*, 메타스케마티조]*(3345)* '외모를 바꾸다', '변장하다'

고린도후서 11장 13-15절에 세 차례 나오는 이 단어는 '외모가 변하다', '변모하다'는 뜻이다. 헬라어 *metamorphoō*(3339)와 비슷한 의미지만, *metaschēmatizō*는 내적인 본질이나 실체의 변화보다는 외적인 모습이나 형태의 변화를 강조한다. 바울은 실제 자기 모습이 아닌 거짓된 모습으로 변장한 거짓 교사들에게 이 용어를 적용해서 그 사람의 본질은 변하지 않고 외모만 바뀌었다는 함의를 전달한다. 사탄은 늘 이 전략을 사용해서 자신의 실체가 아닌 그럴듯한 다른 모습으로 나타난다.

## 바울의 사역에 대한 변(고린도후서 10:1–18)

1너희를 대면하면 유순하고 떠나 있으면 너희에 대하여 담대한 나 바울은 이제 그리스도의 온유와 관
용으로 친히 너희를 권하고 2또한 우리를 육신에 따라 행하는 자로 여기는 자들에 대하여 내가 담대
히 대하는 것 같이 너희와 함께 있을 때에 나로 하여금 이 담대한 태도로 대하지 않게 하기를 구하노
라 3우리가 육신으로 행하나 육신에 따라 싸우지 아니하노니 4우리의 싸우는 무기는 육신에 속한 것
이 아니요 오직 어떤 견고한 진도 무너뜨리는 하나님의 능력이라 모든 이론을 무너뜨리며 5하나님 아
는 것을 대적하여 높아진 것을 다 무너뜨리고 모든 생각을 사로잡아 그리스도에게 복종하게 하니 6너
희의 복종이 온전하게 될 때에 모든 복종하지 않는 것을 벌하려고 준비하는 중에 있노라

7너희는 외모만 보는도다 만일 사람이 자기가 그리스도에게 속한 줄을 믿을진대 자기가 그리스
도에게 속한 것 같이 우리도 그러한 줄을 자기 속으로 다시 생각할 것이라 8주께서 주신 권세는 너희
를 무너뜨리려고 하신 것이 아니요 세우려고 하신 것이니 내가 이에 대하여 지나치게 자랑하여도 부
끄럽지 아니하리라 9이는 내가 편지들로 너희를 놀라게 하려는 것 같이 생각하지 않게 함이라 10그들
의 말이 그의 편지들은 무게가 있고 힘이 있으나 그가 몸으로 대할 때는 약하고 그 말도 시원하지 않
다 하니 11이런 사람은 우리가 떠나 있을 때에 편지들로 말하는 것과 함께 있을 때에 행하는 일이 같
은 것임을 알지라

12우리는 자기를 칭찬하는 어떤 자와 더불어 감히 짝하며 비교할 수 없노라 그러나 그들이 자기
로써 자기를 헤아리고 자기로써 자기를 비교하니 지혜가 없도다 13그러나 우리는 분수 이상의 자랑을
하지 않고 오직 하나님이 우리에게 나누어 주신 그 범위의 한계를 따라 하노니 곧 너희에게까지 이른
것이라 14우리가 너희에게 미치지 못할 자로서 스스로 지나쳐 나아간 것이 아니요 그리스도의 복음으
로 너희에게까지 이른 것이라 15우리는 남의 수고를 가지고 분수 이상의 자랑을 하는 것이 아니라 오
직 너희 믿음이 자랄수록 우리의 규범을 따라 너희 가운데서 더욱 풍성하여지기를 바라노라 16이는
남의 규범으로 이루어 놓은 것으로 자랑하지 아니하고 너희 지역을 넘어 복음을 전하려 함이라 17자
랑하는 자는 주 안에서 자랑할지니라 18옳다 인정함을 받는 자는 자기를 칭찬하는 자가 아니요 오직
주께서 칭찬하시는 자니라

비평가들도 항상 사기를 꺾거나 논파하려고만 하지는 않는다. "여보, 그 넥타이 안 어울려"라고 말하는 아내나, 아들에게 "얘야, 너는 이것보다 훨씬 잘할 수 있을 것 같구나"라고 말하는 아버지처럼 진심에서 우러나오는 비판을 하는 사람들도 더러 있다. 때로는 운전을 가르치는 강사가 학생에게 "그런 식으로 운전하면 우리 둘 다 죽어요!"(맞는 말일 수 있지만, 그다지 건설적인 표현 방법은 아니다)라고 말하는 것처럼 좋은 뜻이 다소 가혹하게 전달될 수도

있다. 심지어 좋은 뜻에서 잘 전달된 건설적인 비판도 마음을 상하게 할 수 있다. 그래도 어쩔 수 없을 때도 있다. 그러나 다른 사람의 감정을 상하게 하는 것과 인품과 평판을 폄훼하는 것은 다르다.

실제로 사람을 해치는 비판은 흠을 들춰내서 빈정대듯 비난하는 것이다. 그런 사람들은 단순한 무지에서 나온 말이나 자기 생각을 화살처럼 쏜다. 그들의 목적은 쏘는 대상을 무너뜨리는 것이지 도움을 주거나 세워주려는 게 아니다. 종류를 헤아릴 수 없이 많은 물고 쏘는 벌레처럼 비평가는 여러 종류가 있다. 확신하건데 비판의 날카로운 가시에 찔려보지 않은 사람은 없을 것이다. 특히 사역에 몸담고 있는 사람은 반드시 그런 일을 겪을 수밖에 없다. 그러니 그 일을 예상하는 방법을 배우는 게 좋고, 대비할 수 있으면 더 좋다. 악의로 비열한 비난을 맹렬히 퍼붓는 사람에 맞설 준비가 되어 있지 않으면 백기를 들거나 복수심에 똑같이 주먹을 휘두르고 싶은 마음이 들 것이다.

나는 신학교에서 비난에 대처하는 방법을 배우지 못했다. 내가 알기로 그런 수업을 제공하는 신학교는 없다. 당신의 멘토가 그런 일을 어떻게 처리하는지 지켜보거나 '직접' 감내하면서 배우는 수밖에 없다. 그래서 고린도후서 10장은 사역에 몸담고 있는 사람들에게 매우 중요하다. 이 장을 공부하면서 바울이 사역과 관련한 비판의 문제에 저돌적으로 접근하는 모습을 보게 될 것이다. 그의 말을 찬찬히 보면 바울이 사역하는 방식을 두고 어떤 근거 없는 비난이 있었는지, 바울이 그것을 어떻게 해결했는지 알 수 있다.

## —10:1-6—

불행하게도, 우리는 고린도 교인이 바울을 그토록 쌀쌀맞게 적대시하도록 만든 그들의 불만이나 바울의 반대자들이 가한 비난이 무엇이었는지 구체적인 내용을 모른다. 바울은 신뢰하는 조수인 디모데와 디도에게서 그들이 가한 중상모략, 허위진술, 과장에 대해 들었을 것이다. 바울은 편지에서 자기가 받고 있는 혐의를 자세히 말하지 않고 자신을 간단히 변호한다. 우리는 바울의 반응을 통해 그가 근거 없는 비판을 받았음을 파악할 수 있다(10:1-2).

첫 번째 구절은 두 얼굴의 위선자라는 비난에 대한 것이다. 고린도 교인은 바울이 편지에서는 담대하면서 직접 만나면 용기가 부족하다고 비난했다. 바울의 말은 고린도의 비판자들이 한 말을 인용하고 있어서 비꼬는 투로 읽어야 한다. 그들의 요지는 이랬다. "당신은 우리와 함께 있을 때는 온순하지만 우리와 떨어져 있으면 대담한 편지를 쓰는군요. 당신은 겉과 속이 달라요! 사람을 직접 대면할 때는 좋은 사람이지만, 글로 쓸 때는 거침없이 속내를 드러내지요! 어떤 게 진짜 바울의 모습인가요?"

두 번째 구절은 육신적인 동기에 대한 비난을 논박한다. 그들은 바울이 육신을 따라 행하고, 불순한 동기를 숨기며, 사람을 교활하게 조종한다고 비난했다. 유대주의자인 거짓 교사들은 특히 바울이 율법을 철저히 지키지 않았다는 이유로 그를 '무슨 짓을 하든 상관없는' 자유주의자로 여겼을 것이다. 율법주의자에게 비율법주의자는 지나치게 세속적으로 보이는 법이다. 그들은 또 바울이 권력, 특권, 어쩌면 돈까지도 탐하는 그릇된 동기를 품고 있다고 비난했다. 고린도 교인 중에서 예루살렘 교회의 구호 기금에 대한 서약을 이행하고 싶지 않은 사람들은 그것을 바울이 돈을 벌려고 벌인 사기극으로 치부하려고 했을 것이다. 결국 그들은 바울이 보낸 여러 통의 편지와 사자들을 바울의 이익을 위해 그들을 조종하려는 수단으로 생각했을 것이다.

그를 비난하는 자들이 함부로 헐뜯는 말을 해도 바울은 "그리스도의 온유와 관용으로"(10:1) 고린도 교인에게 다가갔다. 이 어투로 보아 바울이 악의적인 고발자들에게 휘둘렸던 고린도 교인을 침착하고 절제된 태도로 대했음을 알 수 있다. 그러나 온유하다는 것이 약하다는 뜻은 아니다. 온유함은 사람들이 걷어차고 찔러대는데도 납작 엎드려 죽은 체하는 것이 아니다. 그리스도는 마태복음 11장 29절에서 이 단어를 사용해 자신을 "온유하다"고 묘사하셨지만, 유대인 위선자들에 대해서는 신랄한 비난을 서슴지 않으셨다(마 23:13-33). 같은 사람이지만 상황과 맥락에 따라 온유하고 겸손할 수도 있고, 분을 내고 엄격할 수도 있다.

바울은 편지 말미에서 어투가 달라진 이유를 밝힌다. "그러므로 내가 떠나 있을 때에 이렇게 쓰는 것은 대면할 때에 주께서 너희를 넘어뜨리려 하지 않고 세우려 하여 내게 주신 그 권한을 따라 엄하지 않게 하려 함이라"(고후 13:10). 합리적인 설명 아닌가? 그러나 바울의 언행을 선의로 받아들일 생각이 없는 불합리한 비판자들은 아주 작은 변덕도 크게 부풀렸다.

바울은 고린도 교인의 마음에서 안개를 걷어내기 위해 물리적 세상의 장막을 걷어내고 거짓 교사들이 퍼붓는 비난과의 싸움은 영적인 전쟁이라는 점을 납득시킨다(10:3–5). 따라서 논쟁을 해결하려면 육적으로 접근하지 말고 영적 전쟁에 필요한 전술을 써야 한다(10:3). 바울은 자기가 고린도에 가서 혼을 낸다고 될 일이 아니라는 걸 알았다. 사도의 권위를 내세워 호통을 칠 수도 없는 노릇이었다. 그보다는 고린도 회중의 마음과 생각 속에서 전투를 벌여 거짓 선생들과 비판자들의 속임수에서 그들을 끌어내 교회를 창립한 사도들의 가르침으로 다시 돌아오게 해야 했다. 그러려면 "모든 생각을 사로잡아 그리스도에게 복종하게" 만들어 '하나님을 아는 지식'을 가로막는 '교만'을 물리쳐야 했다(10:5).

성경 시대에는 도시마다 적의 침략을 막기 위해 방어 장치를 구축했다. 요새, 높은 곳에 있는 망루, 침입자가 쉽게 접근할 수 없는 높고 튼튼한 성벽이 그런 것이다. 바울은 영적 전투를 견고하게 요새화된 도시를 포위하고 싸우는 것에 빗대었다. '요새'는 우리 마음이다. '교만'은 요새를 둘러싸고 있는 성벽을 가리킨다. 추정, 편견, 선입견은 진리가 침입할 때 생각을 지키기 때문에 생각 자체는 공격을 받아도 끄떡하지 않는다. 주님이 그 두터운 방어막을 뚫지 않으시면 바울은 고린도 교인의 마음과 생각과 겨루어 이기기를 기대할 수 없다. 교활하게 사람들을 조종하고 속이는 거짓 교사들은 그들이 구축해놓은 벽을 바울과 그의 동역자들이 뚫고 들어오지 못하도록 수단과 방법을 가리지 않았고, 고린도 교인은 그 무리의 손아귀 안에서 놀아나고 있었다.

그러면 바울은 거짓 교사들과 벌이는 치열한 전투에서 어떤 영적 전략을 세웠을까? 첫째, 그는 고린도의 참 신자들의 충성이 필요했다. 분명 이미 많은 사람이 그의 편이었다. 그렇지만 아직도 너무나 많은 사람이 정통 그리스도인과 거짓 형제 사이에서 오락가락했다. 바울은 그 집단을 다시 그리스도께 전적으로 헌신하게 만들어야 했다(10:6). 그렇게 되면, 바울은 연합 전선을 형성하고 있는 내부의 반란 세력과 맞서 싸워 고린도 교회를 거짓된 압제자들에게서 해방시킬 수 있었다.

## —10:7–18—

바울은 반대자들이 날조한 비난에 당황하지 않고 그들의 말도 안 되는 공격에 논리적으로 조목조목 답한다. 그들의 관점을 바로잡고(10:7), 동기를 분명히 하며(10:8–9), 진심을 고백하고(10:10–12), 사실을 전했다(10:13–18).

첫째, 바울은 그들의 관점을 바로잡았다(10:7). 간단명료하게 비판자들이 내적인 것보다는 외적인 것에 초점을 맞춘다고 비난했다. 이 비난으로 비판자들의 천박함은 드러났지만, 그것은 바울에게 아주 아픈 상처였다. 2세기부터 전승된 바울에 대한 묘사가 입증하듯이 그들은 바울의 그다지 매력적이지 않은 외모에 대해 불만을 품었다. 바울은 “키가 작고, 대머리에다 안짱다리였으며, 몸이 다부졌고, 양쪽 눈썹이 붙어 있었으며, 코가 좀 길고, 은혜가 충만했다.”[2]

바울의 외모는 시선을 끌지 않았다. 대중은 그의 외모에 끌리지 않았다. 그러나 바울의 외모를 비하한 비판자들은 하나님은 질그릇을 통해 자신의 능력과 영광을 나타내기 좋아하신다는 사실을 까맣게 잊고 있었다(4:7). 실제로, 바울을 트집 잡는 이 속물 유대주의자들이 구약성경에 더 주의를 기울였다면 “내가 보는 것은 사람과 같지 아니하니 사람은 외모를 보거니와 나 여호와는 중심을 보느니라”(삼상 16:7)는 말씀을 기억했을 것이다. 사람들은 때때로 충분히 깊이 보지 못하고 비판한다. 그런 사람들은 피상적인 것만 보며 다른 사람의 입장에서 생각해본 적이 없다. 고린도의 비판자들이 그랬다. 그들이 바울의 삶의 이면을 보았다면, 그들이 자기 안에 계신 그리스도를 보듯이 바울 안에 계시는 그리스도를 보았을 것이다(고후 10:7).

둘째, 바울은 자신이 사역하는 동기를 분명히 했다(10:8–9). 고린도 교인의 관심을 외면에서 내면으로 돌린 바울은 그 적들에게 그의 마음속에 있는 것을 분명히 이해시켰다. 바울이 사도의 사역을 하면서 늘 품고 있는 목표는 무너뜨리는 게 아니라 세우는 것이었다(10:8). 바울은 고린도 교인의 죄를 꾸짖고 바로잡을 수 있는 사도의 권위를 가졌으면서도 겁을 주지 않고 교화시키기를 원했다(10:9). 여기서 바울은 사역의 동기를 숨김없이 밝힌다. 바울은 고린도 교인에 대한 자기들의 권위를 확장하려고 끊임없이 바울을 넘어뜨린 권력에 굶주린 그의 반대자들과는 달리 자기의 사역은 세우는 긍정적인 사역이지 파괴하는 부정적인 사역이 아니라고 못 박는다.

셋째, 바울은 자신의 진정성을 고백했다(10:10–12). 위지위그(WYSIWYG)라는 기술 용어가 있다. “What you see is what you get”(보이는 그대로 나온다)를 뜻하는 약어다. 이것은 컴퓨터 스크린에 보이는 것과 프린터로 출력한 것이 똑같아야 하는 전자출판에서 특히 중요하다. 바울의 사역이야말로 위지위그였다. 바울은, 그들과 함께 있든 편지를 통해서든, 바울이었다(10:11). 물론 바울 특유의 말투는 상황에 따라 달라질 수 있지만, 그것은 예상되는 바다. 바울의 그리스도에 대한 견해, 거룩함과 죄에 대한 태도, 복음을 전하고 신자를 헌신된 그리스도인의 삶으로 부르는 방식은 변하지 않았다.

바울이 그가 쓴 편지에서는 무게감이 있지만 직접 만나면 가볍다는 비난은 근거가 없었다. 바울은 속속들이 자기 자신이었다. 그러나 누구나 그렇게 주장할 수 있는 건 아니다. 자기 자랑과 현실이 다른 경우도 많다. 진정성–위지위그–은 비난의 여지가 없다. 바울은 비교하지 않았고 경쟁하지 않았다. 그는 탐조등을 피해 숨겨야 할 떳떳지 못한 비밀이 없었다. 바울은 "자기를 칭찬"해야 하는, 다시 말해, 자신의 척도로 자기를 판단해 다른 사역자보다 자기들이 우월하다는 것을 나타내려고 하는 특정 집단을 염두에 두고 있었다(10:12).

내가 이제까지 본 중에서 가장 사악하고 야심적인 사역 경쟁이 오늘날 북미 기독교계에서 벌어지고 있다. 숱한 목사들, 특히 젊은 목사들이 더 크고, 더 근사해 보이고, 더 자극적이고, 더 멋진 인상을 주고, 더 적절해 보이기 위해 애쓰고 각광받기 위해 경쟁한다. 결국, 그들은 그 가면놀이를 계속 유지할 수 없을 것이다. 본모습을 숨기고 다른 사람 흉내를 내려면 엄청난 에너지가 필요하다. 사람들은 있는 그대로의 자기가 되어야 한다. 그들은 옆으로 비켜나 스포트라이트를 예수님께로 다시 돌려야 한다. 사역에 종사하는 모든 사람에게 말하고 싶다. 당신의 팬들에게 그분을 가리켜 보이고 진정성의 본을 보여주라고. 사람들이 더는 당신을 거의 신적인 슈퍼스타로 받아들이지 않게 되더라도 그래야 한다. 어쨌든, 당신은 그렇지 않으니 말이다!

넷째, 바울은 사역에 관한 사실을 전했다(10:13-18). 세상의 법률 체계 속에서 변호인은 때로 별로 내키지 않는 고객에게도 법률 상담을 해주어야 한다. 그런 고객을 어떻게 변호할 것인지 물으면 그들은 대개 "사실을 가지고 하지요. 우리는 사실만 주장할 수 있으니까요"라고 대답한다. 요컨대, 거짓을 꾸며낼 수 없다는 말이다. 당신은 있었던 일을 말하고, 사실을 다루며, 정의의 수레바퀴를 굴린다. 당신은 사실만 논할 수 있다.

사역을 하다 보면, 부당한 비난을 받을 때 사실만큼 도움이 되는 것은 없다. 바울은 고린도 교인과 관련하여 자신의 사역 범위에 대한 사실을 신속하게 차근차근 설명한다.

- 하나님은 이방인에게 복음을 전하는 사역을 그에게 주셨다(10:13). 유대주의자는 바울이 하나님 나라보다 자신의 개인적인 왕국과 권위를 전파하려 했다고 비난하면서 이 사역의 구심점을 신랄하게 비판했다.
- 바울은 자신이 받은 복음 전도자라는 소명의 일환으로 고린도 교인에게 갔다(10:14). 마치 기생충처럼 그의 뒤를 따라온 유대주의자들은 바울이 세운 교회에 침입해서 마치 자신들이 고린도 교회를 세운 것처럼 공로를 내세우기 시작했다.
- 바울은 고린도 교인의 믿음이 자라서 사역을 확장하는데 필요한 자원이 되어주기를 바랐다(10:15–16). 유대주의자들은 교회를 장악하기 위해 이미 세워진 교회를 개편하는 전략을 사용했다. 바울은 아직 교회가 세워지지 않은 곳에서 설교하는 접근법을 택했다.

바울은 사실을 근거로 자랑할 이유가 있었지만, 그의 적들은 자랑거리가 없었다. 바울은 그들의 비난을 받으면서도 계속 온유하고 겸손하며 인내했지만, 그들은 교회를 빼앗은 것을 점점 더 뻔뻔하게 자랑했다. 실제로 바울은 자기의 성취나 재물이나 힘을 자랑하지 말고 "자랑하는 자는 주 안에서 자랑[하라]"며 예레미야 9장 24절을 인용한다(고후 10:17). 결국 하나님 한 분만이 심판관이시며 그분의 칭찬만이 유효하다. 스스로 자랑하고 인정해보았자 아무 소용없는 허풍쟁이들의 공허한 말에 불과하다. 하나님의 참된 종은 사실을 있는 그대로 제시하고 판단은 주님께 맡긴다.

## 적용: 고린도후서 10:1–18

### 비판에 대처하는 방법

안수 위원회에서 사역자를 인터뷰할 때나 회사나 사업체에서 간부로 승진을 앞두고 있는 사람에게 내가 즐겨 묻는 질문은 "비판을 어떻게 처리하는가?"이다. 중요한 질문이지만, 생각해보는 사람도 별로 없고, 실제로 묻고 대답하는 경우는 더 드물다.

불의한 사람들이 부당한 비난으로 바울에게 가한 정신적, 정서적, 영적 공격에 대해 그가 보인 태도를 곰곰이 생각해보면 사역하는 동안 비난을 피할 수 없다는 현실을 받아들여야 한다. 부디 내 말을 믿기 바란다. 전임이든, 시간제든, 자원봉사든, 사역에 몸담고 있는 사람이라면 누구나 비판의 대상이 될 수밖에 없다는 사실을 이해하고 지혜롭고 경건한 자세로 대처할 준비가 되어 있어야 한다. 앞으로 닥칠 영적 싸움에서 당신을 지켜줄 비판에 대한 세 가지 사실을 알려주고 싶다.

첫째, **비판에 면역되어 있는 사람은 없다.** 불행히도 비판은 인간 세상에 사는 한 피할 수 없다. 피해망상에 빠지지 않게 조심하라. 비난받을 것을 예상하라. 하지만 그것에 집착하지 말라. 비난이 두려워서 도망가지 말라. 결연히 비난을 대면하라. 피할 수 없으니 그것에 대비하는 게 낫다. 시시콜콜한 트집을 잡는 비판에 일일이 대응하면서 엎어지거나 포기하거나 맞서거나 추한 싸움을 벌이지 않겠다고 미리 다짐하라.

둘째, **비판을 너무 가볍게 또는 너무 심각하게 받아들이지 말라.** 비판을 너무 가볍게 받아들여 부정적인 말을 죄다 자동차 앞유리창에 떨어지는 빗방울처럼 튕겨버리면, 우리에게 유용할 수도 있는 소중한 교훈을 지나칠 수 있다. 부모님이 우리를 바로잡아주지 않았다면 지금 우리는 어떻게 되었겠는가? 잠언 27장 6절에 나오는 우리가 보지 못하는 것을 지적해주는 친구가 없다면 어떻게 되었을까? 비판을 가볍게 받아들이면 개인적인 발전과 성장의 기회를 놓칠 수 있다. 우리는 어리고 미숙하고 가르치기 힘들고 고집스러운 사람으로 남을 것이다.

반대로 비판을 너무 심각하게 받아들이면 낙심할 수 있다. 모든 신랄한 비난, 가혹한 이메일, 싫어서 찌푸리는 얼굴, 익명의 편지에 집착하면 우리가 하는 일에 자신감을 잃고 위축될 수 있다. 결정할 때마다 사람들의 반응에 전전긍긍하고, 사소한 실수를 일일이 후회하며, 모두를 만족시키기 위해 메시지나 강론에 공을 들인다. 이런 식의 과잉 반응은 말 그대로 목사를 의기소침하게 만들고 사역을 마비시킨다. 결국 다시는 꿈을 품지 않겠다고 결심하게 될지도 모른다. 최악의 경우 임무를 완수하기 전에 사역을 떠날 수도 있다.

균형 잡힌 태도는 합당한 비판에는 귀를 기울이고 부당한 비난은 적당히 걸러내는 것이다. 지난 세월 동안 내가 깨우친 몇 가지가 있다.

- 극진한 칭찬도 지나치게 신랄한 비판도 무시하라. 둘 다 도움이 되지 않는다. 사역을 하다 보면 좋은 말은 조금도 못하는 사람들을 만나게 된다. 나쁜 말을 전혀 못 하는 사람들도 있다. 거의 예외 없이, 진실은 그 중간쯤에 있다.
- 나는 익명으로 비판하는 글은 읽지 않는다. 자기 이름을 밝히지 않는 사람들은 당신을 진심으로 걱정하는 사람들이 아니다. 그들의 동기는 대개 건설적이지 않고 파괴적이다.
- 반면, 익명의 칭찬은 신뢰할 수 있다. 정체를 드러내지 않고 생각을 나누는 사람은 무언가를 얻어내려고 아첨하거나 내 비위를 맞추려는 생각이 없기 때문에 진실한 감사의 메시지를 전달할 가능성이 높다.
- 나는 균형을 유지하도록 도와줄 수 있는 가족과 친구를 가까이 두고 비판과 칭찬에 대해 대화를 나눈다. 아내가 이걸 아주 잘한다. 아내는 종종 슈퍼맨이 벽을 투시하는 것처럼 동기를 꿰뚫어보는 능력이 있다. 그리고 '쓰레기통에 던져버릴 것'과 '마음 깊이 새길 것'을 구별할 줄 안다. 우리는 누구나 그런 말의 지뢰밭을 헤쳐나가도록 도와줄 사람이 필요하다..

**셋째, 답을 필요로 하는 비판도 있지만 대부분은 그렇지 않다.** 비판이 오해에서 비롯되었다면 가능한 빨리 해결하라. 그런 비판은 대체로 금방 그치고, 일단 오해가 풀리면 동조자뿐 아니라 후원자까지 얻을 수 있다. 가능하면 직접 만나라. 그럴 상황이 안 되면 더는 오해가 생기지 않도록 대화의 끈을 놓지 말아야 한다.

사소한 견해차라면 합의점을 찾으라. 생각을 나눠서 좋은 결과가 나올 수 있다면 머리를 맞대고 생각을 나누라. 양쪽 다 생각이 변하지 않더라도 서로의 관점을 이해하려는 노력은 훌륭한 자세다. 때로는 동의하지 않기로 동의할 수 있다.

그러나 비판에 대응해서 논쟁만 더 일으키게 된다면 비판에 답하지 않는 게 최선일 수도 있다. 보통은 비판에 포함된 독설의 강도로 판단할 수 있다. 비판이 비열하게 들리면 비열한 의도인 게 맞을 것이다. 또는 비판하는 사람이 만성적으로 투덜대는 사람이라면 경험상 그런 종류의 싸움에 휘말리면 이러지도 저러지도 못하는 상태에 처하게 될 뿐임을 알 것이다. 싸울 기회만 노리고 있는 사람과 굳이 펜팔 친구가 될 필요는 없다. 다시 말하지만, 상관하지 말라.

사역을 하면(그리고 살다 보면) 누구나 비판받게 돼 있다. 비판을 너무 가볍게 넘기거나 너무 심각하게 생각하지 않도록 준비해야 한다. 그리고 그 비판에 대한 대응 여부를 판단해야 한다. 눈을 크게 뜨고 사역에 임할 때 우리는 비판이 다가오는 것을 보고 지혜롭게 대처할 수 있을 것이다.

## 모든 '사역'이 다 사역은 아니다(고린도후서 11:1-15)

1원하건대 너희는 나의 좀 어리석은 것을 용납하라 청하건대 나를 용납하라 2내가 하나님의 열심으
로 너희를 위하여 열심을 내노니 내가 너희를 정결한 처녀로 한 남편인 그리스도께 드리려고 중매함
이로다 그러나 나는 3뱀이 그 간계로 하와를 미혹한 것 같이 너희 마음이 그리스도를 향하는 진실함
과 깨끗함에서 떠나 부패할까 두려워하노라 4만일 누가 가서 우리가 전파하지 아니한 다른 예수를 전
파하거나 혹은 너희가 받지 아니한 다른 영을 받게 하거나 혹은 너희가 받지 아니한 다른 복음을 받
게 할 때에는 너희가 잘 용납하는구나 5나는 지극히 크다는 사도들보다 부족한 것이 조금도 없는 줄
로 생각하노라 6내가 비록 말에는 부족하나 지식에는 그렇지 아니하니 이것을 우리가 모든 사람 가운
데서 모든 일로 너희에게 나타내었노라

7내가 너희를 높이려고 나를 낮추어 하나님의 복음을 값없이 너희에게 전함으로 죄를 지었느냐
8내가 너희를 섬기기 위하여 다른 여러 교회에서 비용을 받은 것은 탈취한 것이라 9또 내가 너희와
함께 있을 때 비용이 부족하였으되 아무에게도 누를 끼치지 아니하였음은 마게도냐에서 온 형제들이
나의 부족한 것을 보충하였음이라 내가 모든 일에 너희에게 폐를 끼치지 않기 위하여 스스로 조심하
였고 또 조심하리라 10그리스도의 진리가 내 속에 있으니 아가야 지방에서 나의 이 자랑이 막히지 아
니하리라 11어떠한 까닭이냐 내가 너희를 사랑하지 아니함이냐 하나님이 아시느니라

12나는 내가 해 온 그대로 앞으로도 하리니 기회를 찾는 자들이 그 자랑하는 일로 우리와 같이 인
정 받으려는 그 기회를 끊으려 함이라 13그런 사람들은 거짓 사도요 속이는 일꾼이니 자기를 그리스
도의 사도로 가장하는 자들이니라 14이것은 이상한 일이 아니니라 사탄도 자기를 광명의 천사로 가장
하나니 15그러므로 사탄의 일꾼들도 자기를 의의 일꾼으로 가장하는 것이 또한 대단한 일이 아니니라
그들의 마지막은 그 행위대로 되리라

몇 분 동안 가벼운 실랑이를 벌인 끝에 판매 가격이 결정된다. 5달러. 몸에 맞지 않는 옷 한 무더기 가격으로는 나쁘지 않다. 어쨌든 야드 세일(개인 주택의 마당에서 사용하던 물건을 파는

것-역주)의 목표는 날이 저물기 전에 가능한 많은 쓰레기를 없애는 것이다. 게다가 약간의 현금도 생길 수 있다.

신사는 옷이 든 종이가방을 낚아채고 5달러 지폐 크기의 노란 색종이를 건넨다. 앞면에는 녹색 크레용으로 에이브러햄 링컨을 그리려던 흔적이 있고, 네 귀퉁이에는 숫자 '5'가 쓰여 있다. 뒷면을 보니 다섯 살배기가 주먹을 쥐고 또박또박 쓴 것 같은 글씨로 'Five dollars'라고 쓰여 있다.

"어, 이게 뭐죠?" 당신이 묻는다.

"5달러요." 그 남자는 가고 싶어 안달하며 대답한다.

이 가상의 대화가 어디로 흐를지는 모르지만, 당신이 "아, 네. 감사합니다. 좋은 하루 보내세요!"라고 대답하지 않으리라는 건 확실하다.

아주 어린 아이가 아닌 다음에야 그런 허접한 가짜 돈에 속을 리가 없다. 전문 위조범들은 진폐의 무게와 질감까지 똑같이 만들려고 애쓴다. 가능한 한 완벽한 색상과 디테일을 얻기 위해 공을 들인다. 크레용으로 그린 노란색 종잇조각은 누가 봐도 진짜 돈으로 보이지 않을 것이다.

진짜가 있으면 가짜도 있게 마련이다. 사탄도 창세기 2장 16-17절에 나오는 하나님의 간단명료한 명령을 창세기 3장 1절에서 비슷하게 들리는 거짓말로 반박했다. 역시 마찬가지로, 정직한 사역 주변에는 늘 인위적이고 기만적이며 위험한 거짓 사역이 모여들었다(심지어 수가 더 많을 때도 있었다). 불행히도, 사람들은 종종 진짜와 가짜를 분별하는 데 어려움을 겪었다. 겉보기에 그것들은 깜짝 놀랄 정도로 닮았다. 그러나 겉면을 긁어보면 곧 위험한 속임수를 발견할 것이다.

사도 바울은 고린도후서를 쓸 때 신뢰할 수 없는 거짓 '사역'을 가차 없이 공격했다. 그의 관찰과 경고는 1세기 기독교 시대와 마찬가지로 오늘날에도 유효하다. 어쩌면 더 절실할 수도 있다.

## —11:1-3—

거짓 교사는 오늘날에도 많다. 그들은 조직화되어 있고, 자금도 풍부하며, 때로는 존경도 받는다. 바울이 맞서야 했던 거짓 교사는 두 종류로 나뉘어 있었다. 첫 번째가 유대주의자로, 이들은 구약의 율법을 지킬 때만 구원받을 수 있다고 믿었다. 그들의 규율에 따르면, 예수님을 메시아로 영접한 이방인도 할례를 받고 예수님뿐 아니라 구약도 받아들여야 했다. 두 번째 이단은 가현설 신봉자들에게서 나왔다. 그들은 헬라 철학의 영향으로 예수님의 완전한 인성을 거부하고, 육체와 물리적 창조를 폄하하며, 몸의 부활을 믿지 않았다. 고린도 교인은 두 이단–육신의 부활을 거부한 가현설 주의자들(고린도전서 15장 참조)과 바울이 전한 오직 그리스도를 믿음으로써 은혜로 받는 구원의 복음을 부정했던 유대주의자들(갈라디아서 1–2장 참조)–을 모두 접했을 가능성이 크다.

이 거짓 교사들은 바울을 이단이라고 비난했다. 그들은 바울이 거짓 그리스도, 거짓 복음, 거짓 희망을 전한다고 주장했다. 그래서 고린도후서 11장에서 바울은 어리숙한 고린도 교인에게 그들 앞에 놓인 함정을 조심하라고 경고한다.

바울은 먼저 그가 어쩔 수 없이 해야 하는 일에 대한 거부감을 드러낸다. "원하건대 너희는 나의 좀 어리석은 것을 용납하라"(11:1). 어리석은 것이란 자신에 대해 말하는 것을 의미하며, 이것은 자칫 사도로서 자신의 역할을 자랑하는 것처럼 보일 수 있었다. 그러나 거짓 사도들과 거짓 선지자들의 콧대를 꺾으려면 부득이 그의 정통성을 증명해서 진짜 사도의 자격을 강조할 수밖에 없었다. 바울은 앞에서도 어리석음에 대해 조금 말했고, 그들도 이미 그것을 용납한 바 있음을 상기시킨다(11:1). 그는 그의 적들이 성과를 과장하는 것과 달리 자기가 진짜로 성취한 것을 "자랑"할 수밖에 없다고 말한다(10:14–18).

바울은 고린도 교인에게 질투심을 드러낸다. 이 질투심은 터무니없는 의심이나 부당한 시기심이 아니라 경건한 질투에서 비롯된 것이다(11:2). 하나님은 구약성경에서 이스라엘 백성이 다른 신을 숭배할 때 "질투하는 하나님"으로 자신을 표현

### 거짓 사역의 일곱 가지 징표

1. 이단–모든 그리스도인이 가지고 있는 전통적인 믿음의 본질을 고수하지도 존중하지도 않음.
2. 권위주의–한 사람이 절대적이고 도전할 수 없는 권세를 가짐.
3. 배타성–자기네 집단만 유일한 진짜 교회라고 주장함.
4. 탐욕–돈을 얻기 위해 사람들을 조종하고 죄책감을 부추김. 재정에 대한 책임과 투명성 결여.
5. 부도덕성– 도덕적 해이. 개인의 구속력 부재.
6. 은폐–운영, 권위 구조 및 의사 결정을 공개하지 않음.
7. 합리화–비리를 지적당했을 때 방어적인 태도를 보임.

하셨다(출 20:5, 34:14, 신 4:23-24, 5:9, 32:16, 21). 고린도 교회를 그리스도의 영적 신부(11:2)로 약혼시킨 바울로서는 일부 고린도 교인이 "그리스도를 향하는 진실함과 깨끗함"(고후 11:3)에서 떠날 위험에 처한 것을 염려하는 당연한 질투였다. 요컨대 바울은 고린도 교회의 많은 사람이 진리와 거짓, 참 그리스도와 대역, 진짜 사도들과 사도가 되고 싶은 사람들 사이에서 양다리를 걸치고 있었음을 알았다.

바울은 자기 딸을 신랑에게 보내기 전에 딸의 순결을 지키려고 애쓰는 아버지처럼 고린도 교인의 영적 순결을 지키려고 했다. 바울은 그리스도께 순수한 충성심과 사랑을 가진 교회를 바치기 원했다. 그러나 최근 고린도 교회에 닥친 위기와 계속되는 시련을 보면서 하와가 뱀의 꼬임에 길을 잃었던 것처럼 그들이 진리에서 벗어날까 봐 염려했다(11:3).

사람들은 거짓 가르침에 넘어가면 단순성과 순수성을 잃는다. 온갖 잡동사니가 스며들어 흙탕물을 만들고, 생각을 흐리며, 믿음을 규정하는 단순한 성경의 진리에 따라 행동하는 것을 힘들게 만든다. 거짓 가르침에 넘어간 사람들은 걸핏하면 따지고 든다. 그들은 불화를 일으킨다. 그들은 일이 실제보다 훨씬 더 복잡하다고 생각한다. 그들은 미묘하게 달라 보이거나, 지적, 사회적으로 존경을 받으려고 한다. 성경은 소외되고 또는 해석이 너무 상충되어서 아무 의미가 없는 것으로 치부된다.

이런 것은 모두 바울이 말한 "그리스도를 향하는 진실함과 깨끗함"(11:3)과 정반대다. 해결책은 기본으로 돌아가 벗어나지 않는 것이다.

## —11:4-12—

바울은 이제 참 교사와 거짓 교사를 대조해서(11:4-12) 그 차이를 알 수 있는 세 가지 방법을 알려준다.

- 거짓 교사는 다른 예수와 다른 복음을 선포한다(11:4).
- 거짓 교사는 사람들을 현혹시키는 카리스마를 보인다(11:5-6).
- 거짓 교사가 목적으로 삼는 것은 돈이다(11:7-12).

첫째, 거짓 교사들은 다른 예수와 다른 복음을 선포했다(11:4). "다른"[*allos*(243)]으로 번역된 단어는 '유사한 종류의 다른 것'이라는 뜻이다. 거짓 교사도 예수님에 대해 말할 수 있고, 성경적인 말을 하는 것 같지만, 실제로는 당신을 속이고 있다. 이단은 역사적으로 기독교 용어를 완전히 다른 의미로 사용하는 데 능했다. 그들은 "예수님"을 언급하지만, "예수님"의 본질과 성격에 대해 물으면 성경에 묘사된 주 예수 그리스도의 모습에 뭔가를 더하거나 뺏다는 사실을 알게 될 것이다. 그들은 "하나님"에 대해 말하지만, 성부, 성자, 성령의 삼위일체 하나님을 의미하지 않는다. "부활"에 관해 말하지만, 성경의 가르침과 이해와 상충되는 믿음을 나타내기 위해 용어의 의미를 재정의한다.

거짓 교사들이 전파한 다른 "예수"는 사도들이 전한 "예수님"이 아니다(11:4). 따라서 이단자들은 "다른" 영과 "다른"[*heteros*(2087)] 복음을 제시한다. 헬라어 ***heteros***는 '종류가 다른 것'을 의미한다. 이단자들의 영은 하나님의 영과 대립한다. 화합 대신 분열을 일으킨다. 평화 대신 혼란을 가져온다. 진리 대신 거짓을 가르친다. 바울이 말하는 영이 적그리스도의 영이 아니고 무엇이겠는가? 그 영은 하나님의 영이 이루시는 진정한 사역을 밀어내려고 하는 사악한 찬탈자다.

또한 거짓 교사들의 복음은 오직 그리스도를 믿음으로써 은혜로 구원받는 복음에 반대한다. 사탄의 영향 아래 있는 거짓 교사들은 값 없이 주시는 복음의 은혜에 다른 조건-선행, 할례, 율법 준수, 리더십에 대한 복종-을 더한다. 안타깝게도, 고린도 회중은 전에 간음한 사람의 음행을 용인했던 것처럼(고전 5:1) 거짓 선생들의 거짓말을 용인했다. 바울은 그들이 아무 문제가 없다는 듯이 이단을 용인한 것에 대해 비꼬는 투로 "잘 용납하는구나"라고 말했다. 그러나 문제가 없지 않았다.

이단들이 전파한 "예수"는 바울과 동료 사도들이 전한 예수가 아니었다(고전 1:23). 그들이 받은 영은 그들이 믿었을 때 받은 하나님의 성령이 아니라 더러운 영이었다(고전 12:13). 그들이 용인한 복음은 바울이 처음에 그들에게 전파해서 받아들이고, 한때 그들이 믿음의 토대로 삼았던 그 복음이 아니었다(고전 15:1-5). 이 거짓 교사들은 어떻게 고린도 회중의 귀를 사로잡고 그들 안에 발판을 마련했을까?

그것은 거짓 교사들의 카리스마가 사람을 현혹했기 때문이다(고후 11:5-6). 고린도 교인이 서서히 그러나 분명히 이단적 가르침을 받아들이거나 적어도 용인하도록 설득당했던 까닭은 그것이 마음을 사로잡는 매력으로 포장되어 있었기 때문이다. 여기서 바울은 거짓 사도들과 직접 맞서 자기의 사도적 권위를 적절히 방어하기 시작한다. 유대주의자 비판가들은 바울의 가르침의 권위를 "지극히 큰" 사도들의 부인할 수 없는 우월한 권위에 견주어 깎아내리려는 시도를 하고 있었다.

"지극히 큰"이라는 용어에 대해 일부 주석가는 바울의 적들이 스스로 바울을 능가하는 위대한 사도로 자처한 것을 말한다고 생각한다.[3] 또 어떤 이들은 이것이 갈라디아서 2장 6-10절에 언급된 예루살렘 교회의 "기둥"을 지칭한다고 해석한다.[4] 이 경우 바울은 다른 진짜 사도들과 겨루고 있는 게 아니라 가당찮게 사도를 사칭한 거짓 교사들과 맞서고 있는 것이다. 데이비드 라워리는 이렇게 썼다. "거짓 사도들은 열두 사도와의 친분을 내세워 권위를 주장하고 싶어 했다. 바울은 열두 사도의 품위를 손상하지 않으면서 자신의 지위를 비슷한 반열의 사도에 견주어 확증했다."[5]

유대주의자들이 예수님의 형제 야고보뿐 아니라 베드로나 요한 같은 예루살렘 사도들의 명성을 부당하게 이용하기는 어렵지 않았을 것이다. 예루살렘에 사는 유대인 그리스도인들은 그들의 문화적 관습에 따라 안식일을 지키고, 율법을 준수하며, 유대 절기를 지키면서 살기로 결정했기 때문이다. 그러나 예루살렘 사도들은 예루살렘 공회에서 그런 생활 방식을 이방인 개종자에게는 강요하면 안 된다고 천명했다(행 15:19-29). 그런데도 여전히 이방인에게 율법을 강요하는 데 관심이 있는 유대주의자들은 "지극히 큰 사도들"의 관습을 호소하면서 바울의 권위를 모욕하고 그의 사역을 모조리 불신했다. 실제 예루살렘 사도들은 그런 파괴적이고 기만적인 책략과는 전혀 무관했을 것이다.

게다가 바울의 이 강력한 적들은 아주 설득에 능했던 것 같다. 하지만 아무리 능변이어도 진리에 대한 정확한 지식이 없으면 무의미하다. 바울은 딱히 연설이 뛰어나지도 않았고 외모가 출중하지도 않았지만, 하나님의 신비에 대한 지식과 계시에 뛰어났다(고후 12:1-7). 결국 중요한 것은 포장이 아니라 내용물이었다. 가짜는 겉으로 보기에 그럴 듯했다. 그러나 바울은 알맹이를 가지고 있었다. 가짜와 진짜 지도자 사이에서 흔히 발견되는 차이다.

바울과 그의 적의 세 번째 차이는 바울은 사역을 위해 고린도에 있었지만, 거짓 교사들은 돈을 위해 거기 있었다는 점이다(11:7-12). 크레이그 키너는 이렇게 설명한다. "바울은 11장 7-9절에서 자기가 '자원봉사자' 신분이었다고 변호한다. 궤변론자들이 내용보다 수사적 표현에 중점을 두었던 것처럼 그들은 학생들에게 수업료를 청구했다. 이런 면에서 바울은 전문인(11:6)이 아니라 진정한 '아마추어'다."[6] 최고의 수사학적 기법으로 훈련받은 웅변가들은 대중에게 특정한 관점을 대변하기 위해 고용되었다. 또 그들은 학생들에게 그들의 발치에서 지식을 습득할 수 있는 특권을 주고 수업료를 청구할 수 있었다.[7] 다시 말해, 수업료를 거둔 사람들은 분명 전문가들이었다. 바울은 고린도 교인에게 그의 귀중한 사역에 대해 동전 한 닢 요구하지 않았다(11:7, 9). 그러니 바울은 그 숙련된 수사학자들과 비교하면 아마추어라는 게 일각의 결론이다.

바울은 이른바 '파송 교회'의 지원으로 선교 활동 자금을 조달했다(11:8). 실제로 바울은 고린도에서 사역하면서 재정적인 도움이 필요할 때도 고린도 교인의 지원을 받지 않고 마게도냐 교회에서 새로 지원이 오기를 기다렸다(11:9). 얼마나 아이러니한가! 바울은 그리스도를 위해 복음을 전파할 때 그의 진정성을 보여주고 거짓 동기로 그런 일을 한다는 비난의 여지를 없애기 위해 고린도 교인의 지원을 거절했다(고전 9:5-17). 그러나 거짓 교사들은 이것을 왜곡해서, 아마도 '싼 게 비지떡'이라는 주장으로, 바울의 '무료' 메시지를 그들의 '유료' 사역보다 열등한 것으로 만들었다.

바울은 의연하게 처신했다. 그는 고린도 교회가 넉넉히 제공할 수 있는 돈을 보고 왔다는 말을 듣고 싶지 않았다. 복음 사역자들은 절대 돈이 동기가 되어서는 안 된다. "주께서도 복음 전하는 자들이 복음으로 말미암아 살리라 명하셨[고]"(고전 9:14), 베드로도 교회에서 일하는 하나님의 목자들은 "더러운 이득을 위하여 하지 말고 기꺼이" 사역해야 한다고 말했다(벧전 5:2).

바울은 왜 자신에 대해 자랑했는지 설명하면서 거짓 교사들과의 비교를 끝낸다(고후 11:10-12). 그의 어조를 보면 그가 굳이 자기의 자격과 업적을 드러내면서 자신을 변호하고 싶어 하지 않았음을 알 수 있다. 그는 그리스도의 형상을 닮고 싶은 마음이 너무나 커서 그보다 우월하다고 주장하는 사람들을 물리치기 위해 자기의 진면목을 들추어야 하는 상황을 당혹스러워했다. 부디 오늘날의 사역자들도 자기들의 업적을 드러내기를 부끄러워하기를! 불행히도 지금은 그 반대인 것 같다. 슈퍼스타는 큰 성과를 거둔 놀라운 경력으로 각광받기를 좋아하고, 정작 경건하고 신실하며 겸손한 목사들은 그런 경력을 갖지 못한 것을 부끄러워한다.

# 묵상의 서재

## 은쟁반 위의 개밥(고린도후서 11:13)

내 친구가 어느 날 저녁 개 사료를 먹었다. 무슨 사교클럽 가입식 같은 데 갔었던 게 아니라 마이애미 인근에 있는 어느 의사 집에서 열린 점잖은 학생 환영회에 참석하고 있었다. 개밥은 작고 섬세한 크래커 위에 수입산 치즈, 베이컨 칩, 올리브, 얇게 저민 피망과 함께 얹혀 전채요리로 나왔다.

안주인(좋은 사람이다)은 타의 추종을 불허하는 괴짜다. 이 이야기를 제대로 이해하려면 그녀를 알아야 한다. 그녀는 고급 요리 강습을 막 수료한 터라 자기의 실력을 제대로 시험해볼 기회가 왔다고 판단했다. 맙소사! 그녀는 작은 조각들을 보기 좋게 꾸며 은쟁반에 놓고 그것들이 사라지는 것을 음흉한 미소를 지으며 바라보았다. 내 친구는 조금밖에 먹지 못해서 계속 음식을 더 가지러 갔다. 그들이 그 사실을 어떻게 폭로했는지는 기억나지 않지만, 내 친구가 진실을 알았을 때는 멍멍 짖으면서 그녀의 다리를 물고 싶은 심정이었으리라! 분명 욕지기가 났을 것이다.

실제 있었던 그 이야기를 듣고 이것이 다른 영역, 즉 가짜 종교와 관련한 영역에서 매일 벌어지는 일을 정말 완벽하게 보여준다는 생각이 들었다. 전문 사기꾼들, 사기, 맛깔나는 설득과 그럴듯해 보이는 상품을 반짝이는 접시 위에 놓고 파는 가짜 그리스도인들. 사기의 달인인 그들은 영적인 말투로 위장한 맛있는 저질 요리를 제공한다.

이 이야기는 고린도후서에 나오는 바울의 설명과 딱 맞는다. "그런 사람들은 거짓 사도요 속이는 일꾼이니 자기를 그리스도의 사도로 가장하는 자들이니라 이것은 이상한 일이 아니니라 사탄도 자기를 광명의 천사로 가장하나니 그러므로 사탄의 일꾼들도 자기를 의의 일꾼으로 가장하는 것이 또한 대단한 일이 아니니라"(고후 11:13-15). 은쟁반 위의 음식은 얼핏 보기에는 먹음직스럽다. 사도, 천사, 일꾼으로 보인다. 하지만 좀 더 자세히 보면 그 실체가 보일 것이다. 절대 받아들여서는 안 될 거짓 선지자, 악의 세력, 영적 노예 감시인들인 것이다.

불행히도 먹음직스럽게 꾸민 개밥을 접시에서 집는 손이 있는 한 보기에 근사하고, 달콤한 냄새가 나는 거짓 가르침은 언제나 있을 것이다. 그러나 언젠가, 어떤 두려운 날이 오면 최후의 심판관이 진리를 가려내어 오류와 구분할 것이다. 많은 사람이 토하고 목이 멜 것이고, 둔한 미각을 만족시켰던 거짓 가르침은 더는 맛있지 않을 것이다.

자기 "자랑"이 힘들었던 만큼 바울은 "기회를 찾는 자들이 그 자랑하는 일로 우리와 같이 인정 받으려는 그 기회를 끊[기]"(11:12) 위해 거짓 교사들의 결함을 계속 지적하겠다고 마음을 다잡았다. 양의 탈을 쓴 늑대에게서 양가죽을 벗겨내려면 바울은 참된 사역의 모습으로 그들의 허풍에 맞서야 했다.

## —11:13–15—

바울은 이 거짓 설교자들의 인기에 놀라지 않았다. 그는 이 모든 배후에 교회를 가로막는 최대의 적인 사탄이 있음을 알아챘다. 그 작자들은 "거짓 사도요 속이는 일꾼이니 자기를 그리스도의 사도로 가장하는 자들"(11:13)이었다. 사탄이 "광명의 천사"(11:14)로 가장해서 세상을 기만하듯이 그의 사악한 종들도 "의의 일꾼"으로 위장한다(11:15). 이 세 구절에서 세 번 쓰인 "가장하다"라는 말은 헬라어 *metaschēmatizō*(3345)로 '외모가 바뀌다'는 뜻이다. 사물의 본질은 그대로면서 외관이 다르게 보이는 것을 말한다.

사탄의 종들은 처음에는 옳고 선해 보일 수 있다. 그러나 그들의 "마지막은 그 행위대로"(11:15) 될 것이다. 그들은 자기들의 거짓말에 희생되어 결국에는 그리스도 없이 멸망할 것이다. 베드로도 몇 년 후에 동일한 경고를 했다. "그러나 백성 가운데 또한 거짓 선지자들이 일어났었나니 이와 같이 너희 중에도 거짓 선생들이 있으리라 그들은 멸망하게 할 이단을 가만히 끌어들여 자기들을 사신 주를 부인하고 임박한 멸망을 스스로 취하는 자들이라"(벧후 2:1).

## 적용: 고린도후서 11:1–15

### 가짜에 속지 말라!

어떤 사람이 사기꾼에게 미혹된 것을 보고 혀를 끌끌 차고 머리를 저어봤자 소용없다. 누구나 사탄이 속이려고 들면 넘어갈 수 있음을 알아야 한다. 사탄은 예수 그리스도도 속이려고 했는데(마 4:1–10), 어떻게 우리가 그의 유혹을 피할 수 있겠는가? 유혹에 면역되어 있는 척하지 말고 오늘 사탄의 하수인들을 통해 우리에게 닥칠 피할 수 없는 속임수–거짓 사역자와 가짜 사역자—에 미리 대비해야 한다. 가짜에 넘어가지 않기 위해 두 가지를 제안하고 싶다.

첫째, 그 단체의 교리 선언문을 철저히 조사하고 개인의 신학을 주의 깊게 들어보라. 그 사역에 교리 선언문이 없으면 거리를 두고 재정을 지원하지 말라. 교리 선언문이 있으면 성경을 펼쳐놓고 자세히 읽고 기독교 신앙의 정통 진리와 일치하는지 확인하라. 그리스도의 참되고 완전한 신성과 죄 없는 인성을 선포하는가? 그리스도를 삼위일체-성부, 성자, 성령-의 두 번째 인격으로 인정하는가? 인류의 타락과 구세주의 필요성을 가르치는가? 구원을 그리스도의 죽음과 기적적인 육신의 부활을 바탕으로 공로 없이, 그리스도의 십자가 대속만으로 얻는 하나님의 값없는 선물로 확증하는가? 사이비 사역이 가장 많이 변조하는 영역이 바로 하나님, 그리스도, 구원 교리다.

둘째, 지도자들의 삶을 살펴보라. 예수님은 열매를 보고 선인과 악인을 알 수 있다고 말씀하신다(마 7:20). 지도자들이 자기 자신 외에 누군가에게 점검과 견책을 받는가? 그들은 종의 마음을 가지고 있는가? 아니면 절대적이고 건드릴 수 없는 권위를 가지고 사역을 이끄는가? 그들은 사람들을 잘 만나고, 질문을 받으며, 건설적인 비판에 귀를 기울이는가? 성적으로, 도덕적으로 부도덕하지 않은가? 탐욕스럽지 않고 재정적으로 건전한가? 지도자들이 완전하기를 바랄 수는 없지만, 그들이 자신의 결점을 기꺼이 인정하는 진실한 사람이기를 기대해야 한다. 그리고 그들이 헌법, 다수의 지도자 그리고 그들이 섬기는 회중이나 교구민에게 책임을 지기를 바라야 한다. 영적인 말투를 가진 보안관들을 조심하라! 베드로는 소아시아의 교회 지도자들에게 교회에 군림하지 말고 "양 무리의 본"이 되라고 경고했다(벧전 5:3). 종의 마음을 가진 겸손한 모델이 진정한 지도자의 기준이 되어야 한다.

잊지 말라. 당신은 예수 그리스도와 하나님의 말씀에 근거한 희망의 메시지를 가지고 있다. 가짜 사역이나 거짓 교사를 만나게 되면 그 메시지를 전하되 계속 공세를 취하라. 성경을 알고, 예수 그리스도와 구원이라는 중심 주제에서 벗어나지 말라. 잠시라도 그들의 교리에 귀 기울이지 말라. 무지개 끝에 있는 황금단지처럼 보이는 것이 사실은 똬리를 틀고 공격을 기다리고 있는 방울뱀일 수도 있다.

## 열매 맺는 사역의 이면(고린도후서 11:16-33)

16내가 다시 말하노니 누구든지 나를 어리석은 자로 여기지 말라 만일 그러하더라도 내가 조금 자랑
할 수 있도록 어리석은 자로 받으라 17내가 말하는 것은 주를 따라 하는 말이 아니요 오직 어리석은
자와 같이 기탄 없이 자랑하노라 18여러 사람이 육신을 따라 자랑하니 나도 자랑하겠노라 19너희는 지
혜로운 자로서 어리석은 자들을 기쁘게 용납하는구나 20누가 너희를 종으로 삼거나 잡아먹거나 빼앗
거나 스스로 높이거나 뺨을 칠지라도 너희가 용납하는도다 21나는 우리가 약한 것 같이 욕되게 말하
노라

그러나 누가 무슨 일에 담대하면 어리석은 말이나마 나도 담대하리라 22그들이 히브리인이냐 나
도 그러하며 그들이 이스라엘인이냐 나도 그러하며 그들이 아브라함의 후손이냐 나도 그러하며 23그
들이 그리스도의 일꾼이냐 정신 없는 말을 하거니와 나는 더욱 그러하도다 내가 수고를 넘치도록 하
고 옥에 갇히기도 더 많이 하고 매도 수없이 맞고 여러 번 죽을 뻔하였으니 24유대인들에게 사십에
서 하나 감한 매를 다섯 번 맞았으며 25세 번 태장으로 맞고 한 번 돌로 맞고 세 번 파선하고 일 주야
를 깊은 바다에서 지냈으며 26여러 번 여행하면서 강의 위험과 강도의 위험과 동족의 위험과 이방인
의 위험과 시내의 위험과 광야의 위험과 바다의 위험과 거짓 형제 중의 위험을 당하고 27또 수고하며
애쓰고 여러 번 자지 못하고 주리며 목마르고 여러 번 굶고 춥고 헐벗었노라 28이 외의 일은 고사하
고 아직도 날마다 내 속에 눌리는 일이 있으니 곧 모든 교회를 위하여 염려하는 것이라 29누가 약하
면 내가 약하지 아니하며 누가 실족하게 되면 내가 애타지 아니하더냐

30내가 부득불 자랑할진대 내가 약한 것을 자랑하리라 31주 예수의 아버지 영원히 찬송할 하나님
이 내가 거짓말 아니하는 것을 아시느니라 32다메섹에서 아레다 왕의 고관이 나를 잡으려고 다메섹
성을 지켰으나 33나는 광주리를 타고 들창문으로 성벽을 내려가 그 손에서 벗어났노라

그가 대답했다. "잘 지내냐고요? 매일 성장하고 배우고 있지요. 몇 년 전만 해도 사람들이 어떻게 지내냐고 물으면 으레 씩씩하게 '아주 좋습니다!'라고 판에 박힌 대답을 하곤 했어요. 그런데 얼마 전부터 좀 더 솔직해지기로 했어요. 오늘 제가 할 수 있는 최선의 대답은 '성장하고 배우고 있지만, 아주 잘 지내지는 않아요!'랍니다."

우리 중에도 그 대학 총장이 솔직히 인정했던 것을 배워야 할 사람이 있다. 우리는 으레 "아주 좋습니다!"라고 대답하면서 고통을 감추고 우리가 꽃길을 걷고 있다는 잘못된 인상을 줄 때가 많다. 물론, 하나님이 베푸신 놀라운 축복 속에서 기쁨을 누릴 때야 솔직하게 미소 지으며 "좋습니다!"라고 말할 수 있다. 하지만 실제로 "성장하고 배우고 있습니다"라

고 대답해야 할 때도 많다.

현실의 삶은 '아주 좋지' 않다. '독실한' 그리스도인이라도 가혹한 현실에 부대낀 상처는 쓰리다. 다른 모든 세상 사람처럼 그리스도인도 재앙과 질병, 죽음의 고통을 자주 당한다. 이런 일을 당하면 삶은 황폐해지고, 가족은 뿔뿔이 흩어진다. 몇 날, 몇 주, 심지어 몇 년을 비틀거리기도 한다. 현실의 삶은 '아주 좋은'의 반대일 경우가 많다.

사역도 마찬가지다. 인생의 다른 부분들처럼 사역도 가끔 아주 좋은 순간이 있지만, 그냥 매일매일 성장하고 배우는, 그 이면의 시간을 대비해야 할 때가 더 많다. 때로는 고통을 통해서. 때로는 시련을 통해서. 그때마다 기도와 믿음으로 일궈낸 인내와 끈기를 통해서. 그게 진짜 사역이다.

1세기 중반의 고린도는 바울, 베드로, 유능한 교사인 아볼로 같은 강력한 사도적 증인의 부재로 건전한 지도자의 공백이 생겼고, 그 공백을 바로 거짓 교사들이 채웠다. 그들은 바울보다 인물이 좋았고, 설교도 더 잘했으며, 바울에게는 없어 보이는 그럴듯한 자격을 내세웠다. 그 때문에 바울은 할 수 없이 "좀 어리석은 것"이라고 하면서 자기의 자격과 업적을 자랑해야 했다(11:1-6). 거짓 교사들이 멋진 모습으로 고린도 교인을 현혹하는 바람에 바울은 부득이 자신의 사도 자격을 옹호해야 하는 거북한 상황으로 몰렸다(11:16-33).

바울이 진정한 사도임을 나타내는 일부 징표는 열매 맺는 사역의 이면에 드러나는 모습이다. 그것은 고난, 핍박, 고통, 교회를 향한 진심 어린 염려에서 오는 압박감 같은 것들로 그려진 그림이다. 거짓 교사들은 밝은 얼굴로 "좋습니다!"라고 외쳤지만, 바울은 인생의 시련을 통과하며 성숙과 깨달음을 일궈내는 실제 재료에 대해 이야기했다.

## —11:16-21—

바울은 거짓 교사들 때문에 내몰린 불편한 상황을 힘들어했다. 그는 예수 그리스도, 그분의 구원 사역, 복음에 대한 우리 믿음의 반응에 대해서는 아무리 써도 거리낌이 없었다. 그는 은혜에 관한 논문, 그리스도인의 삶에 대한 지침, 목회 사역 안내서는 얼마든지 쓸 수 있었다. 그러나 자기의 업적에 관해서는 자랑하기보다 꽁꽁 숨기고 싶어 했다. 바울이 이 시대에 이력서를 써야 한다면 자기소개를 너무 많이 빠트려서 일자리를 얻지 못할 것 같다.

고린도후서 11장 16–19절에서 바울은 어쩔 수 없이 자랑하는 것에 대해 양해를 구한다. "내가 말하는 것은 주를 따라 하는 말이 아니요 오직 어리석은 자와 같이 기탄 없이 자랑하노라"(11:17). 다시 말해서, 이러한 자랑은 그리스도를 닮은 모습이 아니었다. 예수님은 그렇게 하지 않으셨을 것이다. 고린도 교인이 어리석게도 자격을 내세우는 거짓 교사들에게 현혹되는 바람에 바울은 어리석음으로 어리석음에 대항하기로 결심했다. 그는 마지못해 어리석은[*aphrōn*(878)] 자랑꾼이 되어 눈에는 눈, 이에는 이라는 방식으로 그들을 상대했다.

고린도 교인이 거짓 교사들의 학대를 기꺼이 감내하는 것을 지적하는 바울의 말에서는 실망감이 묻어난다(11:20). 그들은 교회에 율법의 멍에를 지웠다. 그들은 자기들이 만든 거짓 교리로 고린도 교인을 사로잡았다. 그들은 고린도 교인의 환대와 재정적 후의를 부당하게 이용했다. 그들은 교회의 진짜 자격 있는 지도자들보다 자기들을 더 높였다. 그리고 비유적으로 표현하자면 고린도 교인의 뺨을 쳤다. 그 중에서도 최악은 그들 중 단 한 명도 그런 일을 할 권세나 권리가 없었다는 것이다! 바울은 그런 자들이 활개 치는 것을 두고 볼 수 없어서 적들과 똑같이 교만한 태도로 자기의 업적을 조목조목 자랑했다[*kauchaomai*(2744)].

바울은 자신을 거짓 교사들에 비해 약한 사람으로 묘사한다(11:21). 그는 거짓 교사들이 소유한 세속적인 카리스마도, 문화적 소양도 없었다. 적어도 바울은 화려한 언변을 구사하거나 자기의 이력을 부각시키지 않았다. 졸업장을 현관에 걸어두지도 않았고, 그가 알거나 그를 가르쳤던 유명인들의 이름을 입 밖에 내지도 않았다. 그래서 겉보기에는 바울과 그의 동료들이 "약해" 보였다. 그러나 갑자기 그의 자격과 업적을 보여주자 형세가 바뀌었다.

## —11:22–33—

거짓 교사들은 훌륭한 자격을 갖추고 있었다. 그런데 바울이 사역에 그다지 중요하지 않은 것에 대해 어리석은 자랑을 조금 하기로 하자(11:22), 그는 그들보다 못하지 않았고 심지어 더 뛰어났다.

바울은 마지막 자격에서 시간을 오래 끈다(11:23). 이게 문제의 핵심이기 때문이다. 유대주의자인 거짓 선생들은 히브리 혈통은 가졌지만, 그리스도에 대한 진실한 헌신과 희생적인 봉사의 마음을 가지고 있는가? 고린도 교인은 이렇게 말만 번드르르한 달변가들의

| 자격 | 거짓 교사들 | 사도 바울 |
|---|---|---|
| 히브리인? | 그렇다 | 그렇다 |
| 이스라엘 사람? | 그렇다 | 그렇다 |
| 아브라함의 자손? | 그렇다 | 그렇다 |
| 그리스도의 일꾼? | 사이비 | 더욱 그렇다 |

노예가 되었다. 그들은 매끈하고 세련된 외면의 반짝임에 감동했다. 그런데 그들은 이 마지막 자격 문제에 대해서 생각해보았을까?

그래서 이 순수 히브리인들 역시 그리스도의 참된 일꾼이었을까? 바울은 자기 자랑을 아무도 예상하지 못했을 새로운 차원으로 끌고 간다. 그는 자기의 업적을 나열하는 대신 실패를 고백한다(11:23-27)! 바울은 고린도 교인에게 그가 전투에서 입은 상처를 하나하나 내보인다. 거짓 교사들의 안락하고 편한 삶과 대조적으로 상처 하나하나마다 그리스도에 대한 진정한 헌신의 이야기가 담겨 있었다. 유대주의자들은 자기들의 사역을 "아주 좋다!"라고 표현할 수 있는 세상에서 살았다. 왜 안 그렇겠는가? 그들은 바울이 수고와 눈물과 고난으로 세운 교회에 나타났다. 자기가 씨를 뿌리지 않은 곳에서 추수하는 도둑처럼 거짓 교사들은 쉬운 사역을 했다. 반면, 바울의 사역은 고통, 상심, 불확실로 점철된, 성장하고 깨우침을 얻는 세계였다. 바울은 그리스도를 따라 십자가에 이르는 구불구불한 오르막길을 갔다. 그는 고난과 슬픔의 삶을 살았다(히 12:2-3, 벧전 2:21). 그것은 또한 그보다 앞서간 수많은 성도의 발자취를 따르는 길이었다(히 11:35-38).

바울이 열거한 모든 위기 상황(고후 11:23-27)이 고린도 교인에게 사역의 진정성을 확인시키기에 충분하지 않다면 한 가지가 더 있다. 바울은 교회 걱정으로 노심초사했다. 그는 이렇게 썼다. "이 외의 일은 고사하고 아직도 날마다 내 속에 눌리는 일이 있으니 곧 모든 교회를 위하여 염려하는 것이라"(11:28). 이러한 압박감이 계속 쌓여 바울이라는 사람을 만들었다. 그들은 바울을 약하고 무력하게 만들었지만, 이해심도 깊어지게 했다. 그래서 그는 약자에게 힘을 주고 죄의 유혹을 받는 사람들에게 진실한 관심을 보여줄 수 있었다(11:29).

바울과 같은 외적, 내적 재앙, 위기, 염려로 고통받을 때 당신의 믿음은 이론의 영역에서 실천의 영역으로 이동한다. 또한 참된 그리스도의 일꾼으로 영적 깨우침을 얻고 성장하며, 진실한 사역을 할 수 있게 된다. 물론 '아주 좋은' 날들은 그 규칙에서 예외다. 그러나 신자는 상상의 세계가 아닌 현실 세계에서 살고 있다. 사역에 부딪힌 시련으로 약해졌을 때 당신은 연약한 사람을 이해하게 된다. 당신도 같은 경험을 해보았기에 비난하지 않고 염려한다. 생각해보라. 당신이 "어떻게 지내십니까?"라는 질문에 "아주 좋습니다"라는 가짜 대답을 하지 않게 될 때 당신은 스스로 허점을 드러내고 쉽게 다가갈 수 있는 사람이 된다. 불행을 당해 약해진 사람들은 늘 모든 것을 소유하고 있는 이른바 '성공한' 사람들에게서 위안과 이해를 얻는 것을 불편해한다. 죄의 문제로 애를 먹고 있는 사람은 유혹에 시달릴 것 같지 않아 보이는 신자에게 조언을 얻고 싶어 하지 않는다.

바울은 자기의 진정한 섬김의 정신을 증명하는 것은 그의 강함이 아니라 약함[*astheneia* (769)]이라고 다시 한번 힘주어 말한다(11:30). 바울은 자기의 사역을 옹호하기 위해 억지로 자랑해야 한다면 자기의 약함을 자랑하기로 선택한다. 자랑이 최고조에 달했을 때 그는 다메섹에서 바구니에 담겨 성벽 창문으로 간신히 도망쳐야 했던 굴욕적인 일화를 들려준다(11:31-33). 그날 밤 바울이 "자네, 요즘 어떻게 지내나? 잘 있나?"라는 질문을 받았다면 뭐라고 대답했을 것 같은가?

바울: "물론, 잘 지내지. '잘 지낸다'는 게 소금 자루같이 낡은 바구니 속에 처박혀서 쓰레기처럼 창문 밖으로 던져지는 걸 의미한다면 말이지. 물어봐줘서 고맙네, 하지만 솔직히 정말 힘든 하루였다네. 사실 상상도 할 수 없을 정도야. 다메섹에서 죽는 줄 알았다니까. 하지만 이 모든 일을 통해 나는 배우고 성장하고 있다네. 늘 배우고 늘 성장하고 있지."

그 사람이 바울의 솔직함에 어떤 반응을 보였을지는 모르지만, "아, 잘됐군" 또는 "나도 아주 잘 지내" 또는 "내일은 해가 뜰 거야"라고 답하지는 않았을 것이다. 바울의 솔직함은 아마도 상대방에게 고난과 상심을 나눌 기회를 주었을 것이다.

## 적용: 고린도후서 11:16–33

### 바울처럼 자랑하기

나는 사역자로서 바울이 갖춘 자격이 목사 청빙위원회나 선교사 파송기관 담당자들을 곤혹스럽게 했을 거라고 확신한다. 바울의 이력서는 고린도에 있는 바울의 반대자들이 과시하는 말끔하고 인상적인 이력서와 딴판이었다. 고린도후서 11장 22–33절에 나오는 바울의 긴 이력서는 피로 쓰였고, 눈물로 얼룩졌으며, 지저분했다. 또한 격렬한 영적 전쟁을 숱하게 치르면서 너덜너덜해졌다. 그 때문에 바울의 등은 굽었고 똑바로 서지 못했다. 이 놀라운 장에 묘사된 바울의 자격, 상황, 성품에서 세 가지가 눈에 띈다.

첫째, **바울은 삶의 고통과 압박을 부정하지 않는다.** 그는 그의 세계가 무너져내리고 있을 때 만사가 '아주 순조로운' 척하지 않는다. 그는 그리스도를 따르는 것은 늘 태평하게 공원을 거니는 것과 같다고 말한 적이 없다. 실제로 바울이 사역하면서 견뎌낸 모든 어려움을 곰곰이 생각해보라. 그것을 당신이 교회 생활, 전도, 제자훈련 또는 당신이 몸담고 있는 다른 종류의 사역에서 경험한 어려움과 비교해보라.

| 수고 | 잦은 여행 | 거짓 형제의 위험 |
|---|---|---|
| 투옥 | 강의 위험 | 고생 |
| 매맞음 | 강도의 위험 | 불면의 밤 |
| 죽음의 위협 | 유대인의 위험 | 주리고 목마름 |
| 태장 | 이방인의 위험 | 굶주림 |
| 매맞음 | 시내의 위험 | 추위 |
| 돌로 맞음 | 광야의 위험 | 헐벗음 |
| 파선 | 바다의 위험 | 교회를 염려함 |

당신이나 당신이 아는 어느 누구도 사역하면서 이런 일들의 반도 경험하지 못했을 것이다. 우리가 겪고 있는 사역의 고뇌, 두려움, 좌절, 도전을 생각하면서 존 뉴턴(John Newton)의 위대한 찬송가 가사를 떠올리면 위안이 될 것이다.

숱한 위험과 수고와 함정을 통과해
이미 여기까지 왔네
이제껏 내가 산 것도 주님의 은혜라
또 나를 장차 본향에 인도해주시리[8]

둘째, **바울은 사역의 고통을 떠벌이지 않는다.** 바울은 꼭 필요할 때만 자기가 겪은 고난을 장황하게 나누었다. 당신은 그가 자기 자신에 대해 이런 말하는 것을 어색해했음을 분명히 느낄 것이다. 그는 자기가 당한 시련과 고투에 대해 말하는 것보다 그리스도의 고난과 승리에 대해 말하고 싶어 한다. 그러나 그는 자기 이야기를 할 때도 동정이나 위로를 구하지 않았다. 그는 대중의 갈채를 받으려고 무용담을 떠벌이지 않았다. '하루 밤낮을 바다에서 떠다닌 사도'라거나 '매와 태형과 돌에 맞는 것을 견뎌낸 사역자'라며 자기의 명성을 높이지 않았다. 확신하건대 바울이 자기의 경험을 내세워 진정한 영웅으로 명성을 날리기는 어렵지 않았을 것이다.

우리는 이 사람에게서 많은 것을 배울 수 있다. 솔직히 우리는 자신에 대해 너무 많이 이야기하지 않도록 주의해야 한다. 고난 속에서 어떻게 하나님이 우리 삶에 역사하셨는지에 대한 간증을 적절히 나누는 것과 자기 이익을 위해 불평꾼이나 허풍쟁이가 되는 것은 종이 한 장 차이이다. 우리가 겪은 고뇌와 환희의 이야기는 다른 사람들에게 위로와 격려가 될 수 있다. 그러나 우리는 항상 자문해야 한다. 이 이야기를 하는 것은 모든 사람이 내가 믿음의 삶에서 겪은 고난을 알기 원해서인가? 이 이야기를 하는 이유는 순수한가, 불순한가? 동기가 무엇인가?

셋째, **바울은 이런 일들이 벌어진 이유를 설명하지 않는다.** 너무나 많은 사람이 부정적인 말을 하면 구세주를 잘못 나타내게 될까 봐 "아주 잘 지냅니다!"라고 주장한다. 그러나 하나님은 순항을 약속하신 적이 없다. 오히려 평탄하지 않은 길을 약속하셨다(요 16:33). 복음을 위해 고난당한 이야기를 할 때 바울은 분석하거나 설교하려고 하지 않는다. 이 경험들을 통해 성장하고 배웠다고 우리에게 말할 수는 있지만, 정확히 그가 어떻게 성장하고 어떤 새로운 것을 배웠는지 설명하면서 하나님을 옹호하려고 하지 않았다. 대부분의 경우, 우리는 그런 교훈을 말로 옮기지 못한다. 우리도 "왜"라는 질문에 집착하지 말고 고난을 견디는 법을 배워야 한다. 그러면 우리는 답이 필요하지 않을 것이다.

## 가시를 다루는 은혜의 장갑(고린도후서 12:1-10)

1무익하나마 내가 부득불 자랑하노니 주의 환상과 계시를 말하리라 2내가 그리스도 안에 있는 한 사
람을 아노니 그는 십사 년 전에 셋째 하늘에 이끌려 간 자라 (그가 몸 안에 있었는지 몸 밖에 있었는
지 나는 모르거니와 하나님은 아시느니라) 3내가 이런 사람을 아노니 (그가 몸 안에 있었는지 몸 밖
에 있었는지 나는 모르거니와 하나님은 아시느니라) 4그가 낙원으로 이끌려 가서 말로 표현할 수 없
는 말을 들었으니 사람이 가히 이르지 못할 말이로다 5내가 이런 사람을 위하여 자랑하겠으나 나를
위하여는 약한 것들 외에 자랑하지 아니하리라 6내가 만일 자랑하고자 하여도 어리석은 자가 되지 아
니할 것은 내가 참말을 함이라 그러나 누가 나를 보는 바와 내게 듣는 바에 지나치게 생각할까 두려
워하여 그만두노라

7여러 계시를 받은 것이 지극히 크므로 너무 자만하지 않게 하시려고 내 육체에 가시 곧 사탄의
사자를 주셨으니 이는 나를 쳐서 너무 자만하지 않게 하려 하심이라 8이것이 내게서 떠나가게 하기
위하여 내가 세 번 주께 간구하였더니 9나에게 이르시기를 내 은혜가 네게 족하도다 이는 내 능력이
약한 데서 온전하여짐이라 하신지라 그러므로 도리어 크게 기뻐함으로 나의 여러 약한 것들에 대하
여 자랑하리니 이는 그리스도의 능력이 내게 머물게 하려 함이라 10그러므로 내가 그리스도를 위하여
약한 것들과 능욕과 궁핍과 박해와 곤고를 기뻐하노니 이는 내가 약한 그 때에 강함이라

지금은 어떤 분야에서 적합한 능력 이상을 발휘하는 자수성가한 사람들의 시대다. 사람들은 자기 삶이 잘나가는 것처럼 보이길 바랄 뿐 아니라 그 삶을 자력으로 일구었음을 보여주고 싶어 한다. '적합한'이라는 말은 원래 '공평하게 하다' 또는 '요구 조건과 같은'이라는 뜻의 라틴어에서 나왔다. 이 말은 흔히 "내가 그 일에 적합해"라고 할 때 잘 쓰인다. 그러나 적합하다는 개념에는 약간 우쭐대는 느낌이 있지 않은가? "나는 그 일을 할 수 있을 뿐 아니라 가장 잘 할 수 있어. 내가 적격이야." 이 말에는 우리가 무슨 일에도 부합할 수 있다는 느낌이 들어 있다. 우리는 어떤 도전은 감당하지 못할 수도 있다거나, 다른 누군가가 우리보다 더 잘 '감당할 수 있다'는 생각을 싫어한다! 이런 식의 사고는 경쟁, 대립, 심지어 갈등으로 치달을 수 있다.

이와 같은 자기 과신의 시대에는 세 종류의 사람이 있는 것으로 보인다. 첫째, 아주 똑똑한 사람들이 모든 사람의 우위에 있는 것 같다. 날카로운 기지와 두세 개의 학위를 가

진 지식인들은 경쟁에서 이기기 위해 멋진 말들을 끊임없이 쏟아내면서 모든 상황에서 우위를 차지하려고 한다. 둘째, 재능이 출중한 사람들은 대중문화를 지배한다. 재능 있는 음악가들은 대박을 터트린다. 스포츠계의 우상들은 터무니없이 많은 돈을 긁어모은다. 잘생긴 연설가는 엄청난 사례금을 요구하거나 정계에 진출해 표를 끌어모을 수 있다. 재능 있는 사람들은 뭐든 쉽게 얻는다. 셋째, 신앙이 독실한 사람들은 적절한 성경말씀과 산을 옮길 수 있고 마음에 기쁨을 불러일으키는 큰 믿음으로 인생을 편히 활보하는 것처럼 보인다. 그런 사람들은 자기들의 기도와 경건한 삶이 풍성하고 보람되다고 말하며 평온하고 고요한 느낌을 풍긴다. 그들은 성령과 온전히 하나가 되어 아무것도 그들을 탈선시킬 수 없는 것처럼 보인다.

그러나 월등히 똑똑하고, 재능이 뛰어나며, 영성이 깊은 사람들이 가지고 사는 부족함의 큰 틈새를 우리는 좀처럼 보지 못한다. 바울은 고린도전서 4장 7절에서 이렇게 썼다. “누가 너를 남달리 구별하였느냐 네게 있는 것 중에 받지 아니한 것이 무엇이냐 네가 받았은즉 어찌하여 받지 아니한 것 같이 자랑하느냐?” 이 구절은 우리 코를 납작하게 만든다. 아무도 지성, 재능, 영적 헌신을 스스로 만들어내지 않았다. 능력이나 기회까지도 우리가 가진 것은 모두 다 하나님이 선물로 주신 것이다. 야고보는 이렇게 말했다. “온갖 좋은 은사와 온전한 선물이 다 위로부터 빛들의 아버지께로부터 내려오나니”(약 1:17).

그렇다면 하나님은 그렇게 놀라운 능력을 우리에게 주시면서 어떻게 그분의 관용을 인정하고 그분의 능력에 의지해야 함을 잊지 않도록 우리를 일깨우시는가? 어떻게 자기가 딱 적격이라고 생각하는 오만과 자기 과신의 죄를 방지하시는가? 하나님은 우리에게 육체의 가시를 주신다. 중요하지만 자주 간과되는 이 현실에 대한 더 깊은 통찰력을 얻기 위해 고린도후서 12장을 자세히 살펴보자.

## —12:1–6—

앞에서 배웠듯이 바울이 이 글을 쓰던 시기에 유대주의자인 거짓 교사들이 고린도에 침입했다. 그들은 이방인을 포함한 모든 사람이 자기들처럼 모세의 율법을 시시콜콜 지키도록 강요하려고 했다. 그들 중에는 그럴듯한 자격, 재능, 기술, 누구보다도 거룩한 생활 방식을 가진 사람들이 많았던지라 그들에게 관심을 보이는 고린도 회중이 꽤 있었다. 외부의 영향을 쉽게 받는 일부 신자는 엄청난 능력을 과시하는 간증에 흔들리기 시작했다. 그래서 자랑을 싫어하는 바울도 고린도 교회에 자기의 자격이 그 누구와 비교해도 뒤지지 않는다는 점을 상기시켜야 할 필요를 느꼈다(고후 11장).

자기의 은사와 경험을 자화자찬한 것이 불편했던 바울은 자랑에 대해 개인적으로 간단한 설명을 덧붙인다. "무익하나마 내가 부득불 자랑하노니"(12:1). 데이비드 라워리는 이렇게 설명한다. "그는 비판자들을 침묵시키고 자유롭게 사역할 수 있게 되기를 바라는 마음에서…그렇게 했다. 그리고 독자의 관심을 이런 무의미한 자격보다 진정한 사도의 징표를 가진 자들에게로 노련하게 돌렸다."[10]

누구나 자기 자신에 대해, 자기의 재능, 교육, 경험, 성취에 관해 이야기해야 하는 상황

## 세 개의 하늘(고린도후서 12:2)

바울이 설교하고 저술하던 고대 세계에는 숱한 우주론이 앞다투어 지지자를 끌어모았다. 영지주의자들은 우주가 수십 또는 수백 가지 차원으로 이루어져 있으며, 각 차원마다 격이 다른 피조물이 존재한다고 보았다. 다른 사람들은 세상은 두 개의 기본 영역–영적 영역과 물리적 영역–으로 이루어져 있어서 선과 악 또는 빛과 어둠이 끊임없이 충돌하고 있다고 생각했다.

성경적 유대교와 기독교의 우주관은 어느 정도 위계적이면서 온건한 이원론적인 세계관이 반영되어 있다. 당시 많은 종교적, 철학적 문헌과 달리 성경은 우주론을 자세히 설명하기보다는 당대에 사용하는 범주와 개념을 이용하면서 많은 부분을 수수께끼와 숙고의 대상으로 남겨놓는다.

우주에 관한 이러한 성경적 견해는 무엇인가? 성경은 우주를 세 가지 '차원', 곧 하늘, 땅, 땅 밑으로 해석한다.[9] '하늘'이라는 용어는 다시 세 가지 차원으로 나눌 수 있다. "첫째 하늘"은 지구를 둘러싼 구(球)를 포함한다. 오늘날 우리는 이것을 새들이 날아다니고 구름이 떠다니는 '대기' 또는 '하늘'이라고 부른다. "둘째 하늘"은 지구 대기권 밖에 있는 전 우주–달, 태양, 행성, 별, 은하계–를 포함한다. 현대의 세계관에서 볼 때 첫째와 둘째 '하늘'은 엄밀히 말해 물리적 우주의 일부다. 하지만 "셋째 하늘"은 다르다. 성경적 의미에서 "셋째 하늘"은 하나님, 천사들 그리고 다른 영적 존재의 거처를 가리켰다. 바울은 그가 "셋째 하늘에 이끌려 간 자라…낙원으로"(고후 12:2, 4)라고 말한다. 오늘날에는 이것을 요한계시록 4장 1절에서 사도 요한이 그랬듯이 하늘이 초대해야만 가볼 수 있는 실재의 한 측면인 '영적 영역'이라고 부를 수 있다.

'땅 아래'에 존재하는 영역에도 물리적 차원과 영적 차원이 있다. 물리적으로는 무덤 혹은 물이 흘러내리거나 용암이 분출할 수 있는 지하 공간을 가리킬 수 있다. 또는 지상을 떠났지만, 하나님 앞으로 가지 못한 영혼들이 가는 장소를 나타낼 수도 있다. 두 경우 모두 구약에서는 *sheol*(H7585), 신약에서는 *hadēs*(86)로 많이 표현했다. 본문에서 가리키는 것이 물리적 영역인지 영적 영역인지는 문맥을 보고 판단한다.

바울이 "셋째 하늘에…낙원으로" 이끌려갔다고 설명한 것은 다른 행성이나 다른 은하계가 아닌 영적인 세계의 어떤 장소를 그가 자기 말로 바꾸어 말한 것이다.

**바울의 우주론**

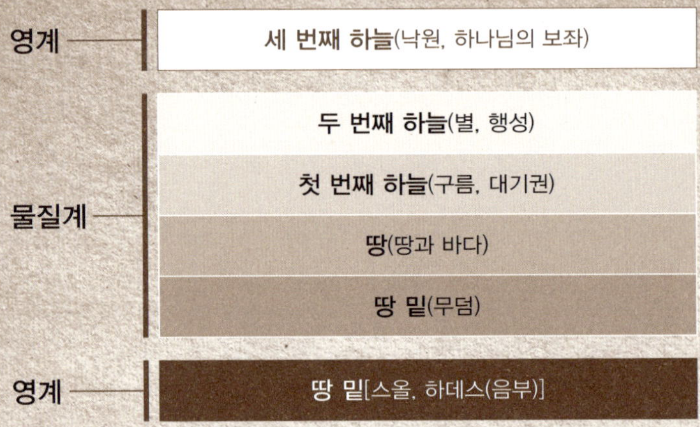


이 있다. 취업 면접, 정치 유세, 홍보용 언론 인터뷰 같은 것은 모두 다 어떤 자격이나 권한을 요구한다. 그럴 때 필요한 자기 홍보가 선을 넘어 이기적인 허풍이 되면 죽도 밥도 안 된다. 사람들은 등을 돌리고 하나님은 눈 하나 깜짝하지 않으신다. 그런 자랑은 다른 사람을 세워주지도 않고 주님을 영화롭게 하지도 않는다.

그런데 고린도에 닥친 위기로 바울은 고린도 교회에서 자신의 권위를 재확립해야 했다. 그래서 바울은 그의 이력서에 추신을 더한다. 그는 한 번도 공개하지 않은 이력으로 그들의 관심을 모은다. 그는 독자에게 14년 전 천국으로 이끌려갔던 경험을 들려준다(12:1-4).

바울은 이 구절을 삼인칭으로 쓰고 있지만, 대다수 주석가는 바울이 자기의 경험을 에둘러 표현하고 있다고 생각한다.[11] 그는 아마도 겸양이나 경외심 때문에 이런 식으로 글을 쓰기로 했을 것이다. 사건이 일어난 시기는 그가 회심한 직후 광야에 있으면서 아무하고도 접촉하지 않던 때였다(갈 1:17-18). 상상해보라! 바울은 실제로 지고한 영계에 "이끌려" 갔다. 사도 요한은 50년 후에 똑같은 체험을 했다(계 4:1). 거기서, 천사 같은 존재들과 주님의 면전에서, 그는 "사람이 가히 이르지 못할 말"(고후 12:4)을 들었다. 그가 몸속에 있었는지 몸 밖에 있었는지 모를 정도로 그 경험은 특이했다(12:2–3). 그 경험을 "말로 표현할 수 없[다는]" 것이 그가 아는 전부다(12:4).

바울이 체험한 가장 놀라운 "주의 환상과 계시"(12:1)에 대한 이 짤막한 설명은 수사적으로 강력한 효과를 발휘한다. 자기들의 영적 체험을 들먹이며 주목받기를 좋아하는 오만한 반대자들에게 맞서 바울은 10여 년 동안 비밀로 간직한 이야기로 그들의 코를 납작하게 만든다. 그가 이 경험을 아무에게도 말하지 않았다는 사실 자체가 그가 구사한 수사적 전략의 일환이었다. 생각해보라. 거짓 교사들은 아주 작은 경험이라도 있으면 그걸 내세워 권위를 높이려고 하는데, 바울은 무려 14년이나 말로 다 표현할 수 없는 그의 경험에 대해 잠자코 있었던 것이다. 그리고 이 글을 쓰면서도 그는 사람들에게 그것을 알리기를 꺼리는 것처럼 보인다.

오늘날 미디어의 주목을 끌려고 애쓰는 사람들과 달리 바울은 자기의 경험을 이용하지 않는다. 강연 초빙이나 출판 계약을 따내려고 경쟁하지도 않는다. 텔레비전용 영화를 만들 계획도 없다. 잡지 기사, 블로그, 웹사이트에 올릴 생각도 없다. 바울의 신비한 '저 세상' 방문은 그것이 있어야 할 곳–바울의 마음과 생각 속–에 그대로 있었다. 그 경험은 사도의 사역을 앞둔 바울에게 전대미문의 지식과 확신을 주었지만, 바울은 그 경험을 이용하지 않고 비밀로 했다. 그는 그것을 밝혀야 할 상황이 될 때까지 기다렸다.

범상치 않은 "주의 환상과 계시"(12:1)를 나누는 것을 불편해하던 바울은 갑자기 독자를 흔들어 흥미진진한 초자연적인 분위기에서 깨어나게 한다. 물론 그런 천상의 만남은 자랑하기 좋아하는 사람들에게는 더할 나위 없는 이야깃거리가 되겠지만, 바울의 관점에서 볼 때는 자기의 약점을 자랑하는 게 훨씬 나았을 것이다(12:5). 바울은 그가 경험한 영광에 대해 조금이라도 공로를 인정받고 싶지 않았기 때문에 자세히 설명하지 않는다. 그는 주님과 어떤 말을 주고 받았는지 한 마디도 하지 않는다. 사실, 그건 허용되지 않았다(12:4). 대신 바울은 그가 사실을 말했다는 것만 독자에게 확인해주고 더는 자랑하려는 유혹을 물리친다. 왜일까? 그래야만 아무도 그를 떠받들거나 성인의 반열에 올려놓지 못할 것이기 때문이다. 그는 차라리 사람들이 그의 생활 방식이나 설교에 주의를 기울이는 게 나았다. 그래야만 사람들이 자신이 아니라 예수 그리스도를 보게 할 수 있기 때문이다(12:6).

## —12:7–10—

바울은 천상에서 맛보는 지고하고 숭고한 기쁨에서 평범한 지상의 고통으로 내려와 그가 겪은 희귀한 영적 체험의 이면에 주목한다. "여러 계시를 받은 것이 지극히 크므로" 바울이 교만에 빠지지 않도록 하나님은 그의 "육체에 가시 곧 사탄의 사자"(12:7)를 주어서 그의 부족함을 계속 상기시키셨다.

바울이 구체적인 내용을 밝히지 않았기 때문에 해설자들은 그 "가시"가 무엇인지 끝없이 추측했다. 일각에서는 그것이 영적 유혹을 뜻한다고 주장했다. 다시 말해서 일이 힘들어질 때 의심하고 믿음이 흔들리는 충동을 말한다. 다른 이들은 그 가시란 고난과 핍박(고린도후서 11장에 묘사된 것과 같은)을 나타낸다고 주장한다. 어떤 이들은 그것을 특정한 한 가지 유혹으로 좁혀서 독신을 고수하겠다는 바울의 결심을 시험하는 성적 유혹으로 보았다(참조. 고전 7:7). 또 다른 사람들은 일종의 신체 장애, 기형, 질병으로 추측한다. 어쩌면 언어 장애, 나쁜 시력, 꼽추, 간질, 말라리아열, 편두통일 수도 있다.[12] 독단할 수는 없지만, 바울이 시력 저하로 힘들어했을 가능성이 있다. 갈라디아서 4장 15절에 나오는 그의 말에 비추어–"너희가 할 수만 있었더라면 너희의 눈이라도 빼어 나에게 주었으리라"–바울이 시력 문제로 고생했다는 것이 많은 사람의 결론이다. 바울이 자필로 편지를 쓸 때 "큰 글자"(갈 6:11)로 썼다고 언급한 이유도 그의 나쁜 시력 때문일 수 있다. 어쨌든 이 가시가 너무 괴로워 바울은 세 차례나 주님께 그것을 제거해달라고 간청했다(고후 12:8). 그러나 그 요청은 매번 거절되었다. 대신 주님은 그를 외면하지 않으시고 위로하셨다.

주님은 바울에게 그 고통을 그대로 두시는 이유를 친히 설명하셨다. "내 은혜가 네게 족하도다 이는 내 능력이 약한 데서 온전하여짐이라"(12:9). "온전해지다"라는 헬라어는 '완성되다' 또는 '성취되다'는 뜻의 헬라어 *teleō*(5055)이다. 이것은 아들이 십자가에서 죽으심으로써 가장 약해지셨을 때 하나님의 권능이 나타나면서 그리스도가 "다 이루었다"라고 외치실 수 있었던 것과 같은 개념으로 보인다. 그래서 바울의 삶 속에서 부족함 없는 하나님의 충만한 은혜가 그의 육신의 가시를 통해 그 권능을 나타냈다. 얼마나 놀라운 역설인가! 바울은 "하나님께서…세상의 약한 것들을 택하사 강한 것들을 부끄럽게 하려"(고전 1:27) 하신다는 사실을 한 순간도 잊지 않았다.

이 진리 때문에 바울은 자기의 강점보다 약점을 자랑하기로 한다. 이러한 약점을 통해 그 안에 "그리스도의 능력이…머물게"(고후 12:9) 되었다. 알다시피, 바울이 모든 문제를 다 가지고 있었고 처음 한두 번 간구했을 때 기적적으로 치유받았다면, 사람들은 바울의 지성과 재능과 헌신을 지목해 그가 사도로서 자격을 갖추었다고 보았을 것이다. 그러나 바울이 헤아릴 수 없이 많은 외적인 시련뿐 아니라 육신의 쇠약함과도 싸웠기 때문에 그가 사역에서 거둔 놀라운 성공은 오직 하나님의 은혜 덕분이라고 할 수 있다. 그렇다면 바울이 "그러므로 내가 그리스도를 위하여 약한 것들과 능욕과 궁핍과 박해와 곤고를 기뻐하노니 이는 내가 약한 그 때에 강함이라"(12:10)고 말할 수 있었던 게 당연하다.

## 적용: 고린도후서 12:1-10

### 육신의 가시가 당신을 할퀼 때

바울을 겸손하게 만들고 하나님의 은혜의 권능을 빛나게 했던 가시는 오늘날에도 여러 형태로 온다. 곧 시련, 질병, 비극, 어려움, 핍박, 유혹, 삶을 억압하는 여러 요인이다. 누구나 크든 작든 마음과 생각과 육신을 긁는 가시가 있게 마련이어서 우리를 자극하고 영향을 미친다. 그러나 우리도 바울처럼 은혜의 장갑이 있으면 이런 가시들을 다듬는 법을 배울 수 있다.

첫째, 내면을 보라. 가시를 없애달라고 기도하지 말고 당신 안을 들여다보며 하나님이 우리를 벌주고 해하시려는 게 아니라 우리를 유익하게 하시려고 이런 것들을 허락하셨음을 기억하라. 가시 자체는 좋은 것이 아니지만, 하나님이 고난으로 말미암아 이루시는 선은 찬양받아 마땅하다. 당신이 겪고 있는 시련에 대해서 함부로 당신 인생의 '가시'라고 부르지 말라. 배우자, 자녀, 부모님은 그들이 종종 당신의 인내심을 시험할지라도 가시가 아니다! 우리는 모름지기 이런 관계 속에서 영적으로 성장한다. 바울이 의미한 '가시'는 육신의 질병, 고통스러운 경험, 정신적 충격 같은 것들로, 부활해서 새 세상에서 살 때는 제거될 것이지만, 현세의 삶에서는 우리를 계속 따라다니며 괴롭힌다.

지금 당신에게는 어떤 가시가 있는가? 우울증? 만성 질환? 사고 후유증? 정서적 상처? 외상후 스트레스 장애? 중독 후유증? 육신의 쇠약? 장애? 만일 그렇다면 당신을 주님의 은혜로 채워달라고 간구하라. 주님이 원하시면 그것이 제거되는 것은 식은 죽 먹기다. 그러나 바울의 예를 통해 우리는 우리의 약함을 통해 주님의 능력이 흘러나갈 수 있다는 것을 배운다. 그러므로 약점을 받아들이라. 나쁜 것을 좋아하라는 말이 아니다. 다만 그것을 통해 주님이 빚으실 수 있는 선에 대한 믿음과 소망을 가지라.

둘째, 그 너머를 보라. 따끔거리는 가시를 바라보지 말고 고통 가운데서도 희망, 힘, 평안, 기쁨을 주시는 은혜에 집중하라. 그러려면 주기적으로 우리를 에워싸고 있는 고통에 눈을 감고 성경이 알려준 미래 세계로 상상의 여행을 할 필요가 있다. 다음 성경구절을 외워서 가장 날카로운 가시에 찔릴 때 생각날 수 있게 하라.

> 내가 들으니 보좌에서 큰 음성이 나서 이르되 보라 하나님의 장막이 사람들과 함께 있으매 하나님이 그들과 함께 계시리니 그들은 하나님의 백성이 되고 하나님은 친히 그들과 함께 계셔서 모든 눈물을 그 눈에서 닦아 주시니 다시는 사망이 없고 애통하는 것이나 곡하는 것이나 아픈 것이 다시 있지 아니하리니 처음 것들이 다 지나갔음이러라 보좌에 앉으신 이가 이르시되 보라 내가 만물을 새롭게 하노라 하시고 또 이르시되 이 말은 신실하고 참되니 기록하라 하시고(계 21:3-5).

바울은 셋째 하늘에 예비된 "낙원"을 직접 보았다(고후 12:2-4). 우리는 그가 본 것을 상상만 할 수 있다. 그러나 언젠가 그리스도가 지상에 그분의 왕국을 건설하기 위해 영광 중에 다시 오시면 이 완전한 처소를 회복시키실 것을 확실한 소망으로 알 수 있다. 그 날에, "가시덤불과 엉겅퀴"의 저주가 풀릴 것이고(창 3:17-18, 계 22:3), 우리는 낙원에 거하며 영원히 고통과 고난에서 해방될 것이다.

## 겸손한 정직(고린도후서 12:11-21)

---

[11]내가 어리석은 자가 되었으나 너희가 억지로 시킨 것이니 나는 너희에게 칭찬을 받아야 마땅하도다 내가 아무 것도 아니나 지극히 크다는 사도들보다 조금도 부족하지 아니하니라 [12]사도의 표가 된 것은 내가 너희 가운데서 모든 참음과 표적과 기사와 능력을 행한 것이라 [13]내 자신이 너희에게 폐를 끼치지 아니한 일밖에 다른 교회보다 부족하게 한 것이 무엇이 있느냐 너희는 나의 이 공평하지 못한 것을 용서하라

14보라 내가 이제 세 번째 너희에게 가기를 준비하였으나 너희에게 폐를 끼치지 아니하리라 내가
구하는 것은 너희의 재물이 아니요 오직 너희니라 어린 아이가 부모를 위하여 재물을 저축하는 것이
아니요 부모가 어린 아이를 위하여 하느니라 15내가 너희 영혼을 위하여 크게 기뻐하므로 재물을 사
용하고 또 내 자신까지도 내어 주리니 너희를 더욱 사랑할수록 나는 사랑을 덜 받겠느냐 16하여간 어
떤 이의 말이 내가 너희에게 짐을 지우지는 아니하였을지라도 교활한 자가 되어 너희를 속임수로 취
하였다 하니 17내가 너희에게 보낸 자 중에 누구로 너희의 이득을 취하더냐 18내가 디도를 권하고 함
께 한 형제를 보내었으니 디도가 너희의 이득을 취하더냐 우리가 동일한 성령으로 행하지 아니하더
냐 동일한 보조로 하지 아니하더냐

19너희는 이 때까지 우리가 자기 변명을 하는 줄로 생각하는구나 우리는 그리스도 안에서 하나님
앞에 말하노라 사랑하는 자들아 이 모든 것은 너희의 덕을 세우기 위함이니라 20내가 갈 때에 너희를
내가 원하는 것과 같이 보지 못하고 또 내가 너희에게 너희가 원하지 않는 것과 같이 보일까 두려워
하며 또 다툼과 시기와 분냄과 당 짓는 것과 비방과 수군거림과 거만함과 혼란이 있을까 두려워하고
21또 내가 다시 갈 때에 내 하나님이 나를 너희 앞에서 낮추실까 두려워하고 또 내가 전에 죄를 지은
여러 사람의 그 행한 바 더러움과 음란함과 호색함을 회개하지 아니함 때문에 슬퍼할까 두려워하노라

---

기만과 오만은 보통 거짓 교사들의 특징이다. 그들은 진리를 거부했기 때문에 거짓 교리를 꾸며내고 미심쩍은 이야기를 엮어내야 한다. 바울이 디모데에게 설명했듯이, 그들은 "항상 배우나 끝내 진리의 지식에 이를 수" 없다(딤후 3:7). 그들은 "진리를 대적하[고]" "믿음에 관하여는 버림 받은"(딤후 3:8) 자들이다. 그런 사기꾼들은 "더욱 악하여져서 속이기도 하고 속기도"(딤후 3:13) 한다.

속임수 말고도 거짓 교사들은 오만함을 악취처럼 풍긴다. 실제로 오만한 사람들은 "진리를 거슬러 거짓말"(약 3:14)을 한다. 베드로는 이렇게 썼다. "그들이 허탄한 자랑의 말을 토하며 그릇되게 행하는 사람들에게서 겨우 피한 자들을 음란으로써 육체의 정욕 중에서 유혹하는도다"(벧후 2:18). 마지막 때에 적그리스도로 알려진 자는 "과장되고 신성 모독을 말하는 입"(계 13:5)이 특징일 것이다. 따라서 적그리스도의 영은 지금도 같은 방식으로 자신을 드러낸다.

이러한 극악무도한 기만과 오만에 우리는 어떻게 대처해야 할까? 정직하고 겸손해야 한다. 바울은 고린도후서 12장 11-21절에서 예수 그리스도의 진정한 사도의 징표로 이 두 가지를 다 제시한다.

## —12:11-14—

이 구절에서 바울은 고린도 교인과의 관계로 주제를 다시 돌린다. 고린도의 거짓 교사들이 바울을 비난하는 말을 했는데도(고후 10-11장) 많은 고린도 교인은 자기들을 위해 헌신한 창립 사도를 전혀 옹호하지 않았고, 일부는 사실상 바울의 반대자들을 편들었다(12:11). 바울은 평소 스타일과 달리 그리고 원치 않으면서도, 그의 적들이 구사하는 주특기인 "어리석은 자랑"으로 자신을 변호하는 글을 다시 썼다(12:11).

바울은 적들의 사기 행각과 대조적으로 복음을 위해 극심한 고난을 마다하지 않는 자세를 자신의 진실성을 보여주는 표징으로 삼았다(11:23-33). 그는 14년 전에 낙원에 가서 다른 사람에게 말할 수 없는 계시를 들었던 영적 여행을 그가 가진 권위를 입증하는 증거로 제시했다(12:1-6). 이제 바울은 자기가 "지극히 크다는 사도들"(12:11)과 동등하다는 구체적인 증거로 방향을 튼다. 여기서 바울이 지칭하는 대상은 유대주의자들의 영웅, 즉 베드로 같은 유대인들을 사역하는 사도들일 것이다. 이 구절을 바울이 베드로에게 맞서는 것으로 해석하면 안 되고 연합된 사도들 사이를 이간하려는 유대주의자들의 수작을 바로잡기 위한 말로 보아야 한다. 바울은 자기도 유대주의자들이 부당하게 자기네 편이라고 주장하는 사도와 하나도 다를 바 없는 사도라고 주장한다.

바울은 자신이 진정한 사도임을 입증하기 위해 고린도에 있을 때 그가 행했던 "표적"을 언급한다(12:12). 이것은 진짜로 하나님이 보내신 자들만 성령의 능력으로 이런 일들을 행할 수 있음을 말하려는 것이다. 사도들이 전한 복음의 메시지를 검증해주는 표적과 기사의 역할은 히브리서 2장 3-4절에서 확인된다. 히브리서 저자는 이렇게 회상한다. "이 구원은 처음에 주로 말씀하신 바요 들은 자들이 우리에게 확증한 바니 하나님도 표적들과 기사들과 여러 가지 능력과 및 자기의 뜻을 따라 성령이 나누어 주신 것으로써 그들과 함께 증언하셨느니라."

바울은 자신이 그들과 함께 있는 동안 그들이 진정한 사도가 행하는 사역을 다 받았음을 상기시킨다. 이 편지를 읽거나 들은 사람들은 예외 없이 그들이 목격한 숱한 기적을 떠올렸을 것이다. 하나님의 진정한 선지자만 할 수 있는 병의 치유, 계시, 위대한 표적들이다. 그의 권위를 입증하는 얼마나 강력하고 설득력 있는 주장인가! 그러면서 바울은 그들에게 부담을 주지 않기로 결정한 것을 조롱하듯 사과한다(고후 12:13). 그것은 무슨 부담을 말하는 것이었을까? 고린도전서 9장에 분명하게 기술되어 있다.

> 나를 비판하는 자들에게 변명할 것이 이것이니 우리가 먹고 마실 권리가 없겠느냐 우리가 다른 사도들과 주의 형제들과 게바와 같이 믿음의 자매 된 아내를 데리고 다닐 권리가 없겠느냐 어찌 나와 바나바만 일하지 아니할 권리가 없겠느냐…우리가 너희에게 신령한 것을 뿌렸은즉 너희의 육적인 것을 거두기로 과하다 하겠느냐 다른 이들도 너희에게 이런 권리를 가졌거든 하물며 우리일까보냐 그러나 우리가 이 권리를 쓰지 아니하고 범사에 참는 것은 그리스도의 복음에 아무 장애가 없게 하려 함이로다(고전 9:3-6, 11-12).

다시 말해서, 그는 복음을 전파하는 데 필요한 생활비를 제공받을 권리가 있었지만, 그들의 지원에 의존하지 않았다. 베드로, 야고보, 요한 같은 다른 진정한 복음 사역자들은 사역하는 교회의 지원을 받았지만, 바울은 그러지 않았다. 이 점이 그의 사역과 고린도 교인이 '좋아하는' 사도들 사이의 유일한 차이점이라고 바울은 말한다. 그는 가시 돋친 어조로 고린도 교인이 사도를 온전히 섬길 기회를 주지 못한 것에 대해 용서를 구한다(고후 12:13)!

바울은 고린도 교인이 자기에게 그렇게 몰인정한 태도를 보였는데도 불구하고 바울은 그들을 방문하고 싶다고 말한다(12:14). 그는 어떻게 그들의 무례와 불충을 눈감아줄 수 있었을까? 왜 화내고 분개하지 않았을까? 바울은 의지적으로 자존심을 내려놓았기 때문이다. 그는 사역하는 동안 학대, 거부, 핍박, 증오를 다루는 법을 배웠다. 그는 고린도 교인의 혼란과 모호한 태도

### 하나님이 자녀를 가르치시는 일곱 가지 방법

1. 우리가 무력할 때 우리의 필요를 채우심으로 신뢰를 가르치신다.
2. 우리에게 필요한 것이나 원하는 것을 기다리게 하심으로 인내를 가르치신다.
3. 우리가 익숙한 영역을 넘어 나아가게 하심으로 비전을 가르치신다.
4. 그릇된 선택의 결과를 겪게 하심으로 가치관을 가르치신다.
5. 우리가 실패하고 간간이 실수하게 하심으로 지혜를 가르치신다.
6. 고통과 고뇌를 허락하심으로 겸손을 가르치신다.
7. 까다로운 사람들의 삶에 우리를 참여시키심으로 이타심을 가르치신다.

를 감내할 수 있었다. 교만은 분노를 낳고, 원한과 보복을 부른다. 바울은 그가 받은 육신의 가시와 성령이 능력을 주신다는 확신으로 교만을 겸손으로, 분노를 용서로 대체했다. 그는 애초에 겉으로 드러내거나 지켜야 할 대중적인 이미지가 없었다. 그는 "아무 것도 아니[었다]"(12:11). 그는 물질에 대한 탐욕이 없었다. 그가 유일하게 바라는 것은 믿음 안에 있는 그의 자녀들과 사랑의 관계를 맺는 것이었다(12:14). 그는 참으로 정직하고 겸손한 사람이었다.

## —12:15–18—

자녀를 사랑하는 여느 부모와 마찬가지로 바울도 자기의 영적 자녀들에게 "재물을 사용하고 또 내 자신까지도 내어[줄]" 정도로 자기가 가진 것을 다 주려고 한다(12:15). 참으로 그리스도를 닮은 겸손이 아닌가! 그리스도는 돌봄을 받기 위해서가 아니라 다른 사람들을 돌보러 오셨다. 그분은 섬김을 받기 위해서가 아니라 섬기러 오셨다(막 10:45). 그분은 받으러 오신 것이 아니라 베풀러 오셨다(마 20:28). 그러나 바울이 고린도 교회에서 전적으로 복음 사역에 전념한 결과는 심한 불균형이었다. 바울은 고린도 교인에게 자신을 다 쏟았지만, 그들은 보답하지 않았다. 여기서 바울은 이 편지 앞부분에서 소개한 주제로 돌아간다. "고린도인들이여 너희를 향하여 우리의 입이 열리고 우리의 마음이 넓어졌으니 너희가 우리 안에서 좁아진 것이 아니라 오직 너희 심정에서 좁아진 것이니라 내가 자녀에게 말하듯 하노니 보답하는 것으로 너희도 마음을 넓히라"(고후 6:11–13).

바울의 정직과 겸손을 보여주는 또 다른 면은 고린도 교인에게서 부당한 이득을 취하지 않았다는 것이다. 그가 행한 일은 모두 공명정대했다. 그의 언행은 허심탄회했다. 바울이 이렇게 말한 것(12:16)은 그가 겉보기에 정직하고 신실해 보이며 고린도 교인을 희생적으로 섬기는 것은 그들을 미혹하려는 정교하고 교활한 음모라고 주장했을 비판가들의 주장에 정면으로 맞서기 위한 방편이었을 수 있다. 거짓 교사들은 늘 단순한 사실을 복잡하게 뒤틀어 자기들은 더 좋아 보이게, 적은 더 나빠 보이게 만든다.

바울은 이 교활한 음모를 가만히 앉아서 당하지 않는다. 그는 그들에게 한번 생각해보라고 한다. 그들이 이른바 바울의 속임수에 '낚인' 한참 후에라도 디도나 디모데 같은 바울의 동반자 중 누가 그들에게서 경제적 이익을 취한 적이 있는가(12:17-18)? 바울과 그의 조수들-교회 개척자들과 계속해서 그 일을 하는 사람들-은 고린도에서 사역하는 내내 정직했고 겸손했으며, 같은 기준에 따라 살고 같은 길을 걸었다. 바울이 나중에 돈을 벌기 위해 교활한 거짓으로 개종자들을 속여서 낚으려고 했다면 분명 지금쯤 낚싯바늘이 그들을 잡아챘거나 그물이 내려왔을 것이다. 그러나 바울과 그의 조수들은 계속 진실하게 살았다.

## —12:19-21—

바울은 자기의 소망과 두려움을 적나라하게 드러내면서 이 장을 마친다. 그가 지금까지 자기의 사도적 권위를 변호한 것은 이기적인 이유 때문이 아니었다. 오로지 고린도 교인을 위해 하나님 앞에서 정직하게 행한 것이었다(12:19). 그러나 그는 자기가 고린도에 갔을 때 그들이 여전히 혼란 가운데 있고, 그들의 잘못에 맞서려는 자신의 노력이 소 귀에 경 읽기가 되며, 그런 상황에 너무나 실망한 나머지 그들 앞에서 대놓고 한탄하게 될까 봐 두려워한다(12:20-21).

그렇게 되면 그들은 예상치 못한, 그리고 그들이 좋아하지 않을 사도 바울의 모습을 보게 될 터였다(12:20). 그들은 자녀들에 대한 자부심으로 빛나는 두 팔 벌린 아버지가 아니라 정의를 실현할 준비가 되어 있는 엄한 얼굴의 스승을 보게 될 것이다. 바울은 편지의 서두부터 그런 슬픈 방문을 미연에 방지하려고 애썼다. 그는 이렇게 썼다. "내가 다시는 너희에게 근심 중에 나아가지 아니하기로 스스로 결심하였노니"(2:1). 무엇이 바울을 슬프게 했는가? 그는 고린도 교인의 전형적인 문제를 간단히 나열한다. "다툼과 시기와 분냄과 당 짓는 것과 비방과 수군거림과 거만함…더러움과 음란함과 호색함"(12:20-21). 여기에 예루살렘 교회에 재정을 지원하기로 한 약속을 이행하지 않을 가능성까지 더해지면(9:3-4) 바울의 방문은 재앙이 될 것이었다!

고린도후서 12장 말미에서 바울은 자신이 기대하는 바를 분명히 밝혔다. 그는 터놓고 자기의 두려움과 소망을 나눈다. 그는 참으로 겸손한 자세로 있는 그대로의 모습을 보여주었다. 이제 공은 고린도 교인에게 넘어갔다. 그들은 그 공을 집어서 바울 편에서 규칙에 따라 경기할 것인가? 아니면 바울의 적수에게 공을 넘기고 그들의 부당한 반대에 동참할 것인가?

## 적용: 고린도후서 12:11-21

### 정직과 겸손으로 대하라

가족과 마찬가지로 교회에서도 우리는 사람들에게 상처받는다. 그것이 정직과 겸손을 바탕으로 한 긴밀하고 의미 있는 관계의 실상이다. 우리에게 주어진 좁은 삶의 현장에서 우리는 쉽게 다른 사람의 감정을 상하게 할 수 있고, 자기 감정도 상할 수 있다. 우리는 서로 상처를 주고, 평판을 손상시키며, 관계를 깨트릴 수 있다. 나는 서로 사랑하는 그리스도 안에 있는 형제자매 사이에서는 이런 일이 예사가 아니라 예외라고 말하고 싶다. 그러나 우리는 가까워질수록 성품의 날카로운 모서리로 서로를 찌르고 할퀸다.

우리를 불쾌하게 하거나 함부로 대하는 사람에게 어떻게 대응해야 하는가? 부당한 대우를 받거나, 무시당하거나, 굴욕당할 때 어떻게 해야 하는가? 자기를 얕보고 배신하고 힐난한 고린도 교인에게 부모의 사랑을 보여준 바울의 모습은 우리에게 훌륭한 귀감이 된다. 바울이 고린도후서 12장 11-21절에서 보여준 정직과 겸손의 모범에서 우리가 자문해야 할 몇 가지 질문이 있다.

첫째, **나는 내 이미지가 중요한가?** 바울은 겸손하게 "내가 아무 것도 아니나"(12:11)라고 말했다. 우리는 조소당하고 홀대받을 때 바울과 같은 자세로 대할 수 있는가? 아니면 반사적으로 자기의 명성을 지키려는 반응이 튀어나오는가? 우리의 이미지를 지키려는 동기가 진실을 밝히기 위함인가?

둘째, **나는 손익을 계산하는 함정에 빠져 있지는 않은가?** 바울은 고린도 교인에게 한 푼도 받지 않겠다고 말했다(12:14). 그는 희생적으로 주었지만, 그 대가로 아무것도 요구하거나 기대하지 않았다. 실제로 그는 그들을 위해서 기꺼이 "재물을 사용하고 또 자신까지도 내어"주었다. 그들은 의당 사랑과 존경을 보였어야 했지만, 바울은 그것을 자신이 그들을 사랑하는 조건으로 내걸지 않았다. 당신이 맺고 있는 관계는 주는 만큼 받는 평등을 지향하는가, 아니면 '투자 수익'의 징후가 보이지 않더라도 기꺼이 계속 베푸는가?

셋째, **나는 내 이익을 위해 사람들에게 아첨하는가?** 바울은 개인적으로나 그의 대리인들을 통해서 단 한 번도 고린도 교인을 이용하지 않았다고 분명히 밝혔다(12:16-18). 그는 거짓 우정으로 그들을 묶어두려고 달콤한 말이나 친절한 행동을 하지 않았고, 오히려 엄청난 요구 사항을 안겨주었다. 그는 고린도 교인을 속셈을 가지고 대하지 않았다. 그런 동기를 가진 사람들은 우정을 쌓는 게 아니라 아첨한다. 우정은 사사로운 이익을 위해 다른 사람을 자기 뜻대로 조종하려고 하지 않는다.

교회 안에서 무장을 해제한 진실한 관계를 맺으려면 정직과 겸손한 마음으로 다가가야 한다. 그리고 그리스도 안에 있는 형제자매가 어쩔 수 없이 우리를 실망시킬 때는 그리스도가 보여주신 사랑의 이런 특징들을 기억해야 한다.

## 믿음의 시험을 통과하기(고린도후서 13:1–13)

1내가 이제 세 번째 너희에게 가리니 두세 증인의 입으로 말마다 확정하리라 2내가 이미 말하였거니
와 지금 떠나 있으나 두 번째 대면하였을 때와 같이 전에 죄 지은 자들과 그 남은 모든 사람에게 미리
말하노니 내가 다시 가면 용서하지 아니하리라 3이는 그리스도께서 내 안에서 말씀하시는 증거를 너
희가 구함이니 그는 너희에게 대하여 약하지 않고 도리어 너희 안에서 강하시니라 4그리스도께서 약
하심으로 십자가에 못 박히셨으나 하나님의 능력으로 살아 계시니 우리도 그 안에서 약하나 너희에
게 대하여 하나님의 능력으로 그와 함께 살리라

5너희는 믿음 안에 있는가 너희 자신을 시험하고 너희 자신을 확증하라 예수 그리스도께서 너희
안에 계신 줄을 너희가 스스로 알지 못하느냐 그렇지 않으면 너희는 버림 받은 자니라 6우리가 버림
받은 자 되지 아니한 것을 너희가 알기를 내가 바라고 7우리가 하나님께서 너희로 악을 조금도 행하
지 않게 하시기를 구하노니 이는 우리가 옳은 자임을 나타내고자 함이 아니라 오직 우리는 버림 받은
자 같을지라도 너희는 선을 행하게 하고자 함이라 8우리는 진리를 거슬러 아무 것도 할 수 없고 오직
진리를 위할 뿐이니 9우리가 약할 때에 너희가 강한 것을 기뻐하고 또 이것을 위하여 구하니 곧 너희
가 온전하게 되는 것이라 10그러므로 내가 떠나 있을 때에 이렇게 쓰는 것은 대면할 때에 주께서 너희
를 넘어뜨리려 하지 않고 세우려 하여 내게 주신 그 권한을 따라 엄하지 않게 하려 함이라

11마지막으로 말하노니 형제들아 기뻐하라 온전하게 되며 위로를 받으며 마음을 같이하며 평안할
지어다 또 사랑과 평강의 하나님이 너희와 함께 계시리라 거룩하게 입맞춤으로 서로 문안하라 12모든
성도가 너희에게 문안하느니라

13주 예수 그리스도의 은혜와 하나님의 사랑과 성령의 교통하심이 너희 무리와 함께 있을지어다

쪽지 시험에서 혈액 검사에 이르기까지, 변호사 시험에서 시력 검사에 이르기까지 시험은 우리 삶의 일부다. 학문적이고 전문적인 시험 외에도 우리는 병, 고난, 깨어진 꿈, 실패, 동

료 집단의 압력, 도덕적 유혹, 심지어 의심과 두려움 같은 개인적인 믿음의 시험에도 부딪힌다.

이런 시험이 오기 전에 미리 대비할 수 있다는 것을 아는가? 우리는 인생에서 가장 중요한 질문들에 대한 답을 얻기 위해 하나님 말씀으로 돌아가 이 시험에 대비해 '공부'할 수 있다. 하나님은 누구신가? 하나님은 우리에게 무엇을 기대하시는가? 나는 무엇을 믿어야 하는가? 이런 질문에 비추어볼 때 나는 어떻게 살아야 하는가? 질문의 답을 신중하게 찾아가다 보면 느닷없는 인생의 시험이 닥칠 때 더 잘 대처하게 될 것이다.

바울은 고린도후서 마지막 몇 장에서 제멋대로인 고린도 교회에 대한 마지막 종합 시험을 준비하고 있다. 그것은 객관적인 외부 평가(13:1-4)와 더불어 고린도 교인의 자기평가로 이루어졌다(13:5-6). 그들이 이 시험을 잘 통과하고 부족한 점을 보완한다면 그리스도 안에서 완전해지고, 삼위일체 하나님에 대한 경건한 신앙으로 우뚝 설 것이다.

## —13:1-4—

어느 시험이나 합격 여부를 판단하거나 점수를 매기는 채점자가 있다. 바울은 고린도 교회에 대해 평가 기준과 평가 결과의 중요성을 밝힌다. 바울은 조수, 사자, 참관인을 보내지 않고 직접 고린도 교회를 방문하려 한다. 이것은 사도의 세 번째 방문이 될 것이다(13:1).[13]

바울은 이 세 번째 방문에 중요한 의미를 부여한다. 구약 율법은 어떤 사안에 대한 최종 판결은 "두 증인의 입으로나 또는 세 증인의"(신 19:15) 증언에 근거해야 한다고 규정했다. 이 본문의 배경에는 어렴풋한 위협이 암시되어 있다. 심판이 가까이 왔다. 고린도 교인이 그가 앞서 두 번 경고한 내용에 귀 기울이지 않으면 "용서하지 아니[할]" 것이다(고후 13:2). 바울은 그가 도착해서 싹 쓸어버리지 않게 하려면 그들의 삶을 깨끗이 하라고 다그친다. 다시 말해서, 시험이 다가오고 있는 것이다. 바울은 흰 장갑을 끼고 그들 삶의 구석진 곳을 열어젖히고 선반이란 선반은 모조리 손가락으로 쓸어볼 터였다.

고린도 교인은 바울이 편지에서는 강해 보이지만, 직접 만나면 약한 모습을 보인다고 비난했다(10:10). 바울은 이전에 고린도에 왔을 때 권위적이거나 고압적이거나 강한 면모를 보이지 않았다. 그가 보인 온유한 태도는 그의 사도적 권위-정말로 그리스도가 그 안에서 그리고 그를 통해 말씀하고 계시는지-에 대해 의구심을 불러일으켰다(13:3). 바울은 그가 곧 보여줄 엄격함이 그의 권위에 대한 모든 그릇된 판단을 불식시킬 거라고 말한다. 그가 오면 정말 그리스도가 그를 통해 말씀하시는지를 놓고 더는 의심하지 않게 될 것이다. 바울이 '연약함'과 '능력' 사이를 오락가락하는 모습은 그리스도의 사역을 그대로 보여주었다. "그리스도께서 약하심으로 십자가에 못 박히셨으나 하나님의 능력으로 살아 계시니"(13:4). 이와 마찬가지로, 사도들도 때로는 복음 전파를 위해 '약해' 보였지만, 필요할 때는 필요한 사람들에게 하나님의 권위를 행사할 수 있었다.

## 바울의 알려지지 않은 두 번째 방문(고린도후서 13:1)

고린도후서를 해설한 많은 주석가가 시간 순서의 문제로 혼란스러워했다. 바울은 고린도후서를 쓰기 전에 고린도를 몇 번이나 방문했는가? 바울이 AD 50-52년 사이 처음 방문했을 때 고린도 교회를 창립했다는 데에는 이견이 없다. 그 후 약 1년 후에 그는 지금은 없는 짧은 편지를 고린도 교회에 썼다(고전 5:9). 그런 다음 AD 54년쯤 고린도에서 온 사자들과 여행자들에게 전해 들은 고린도 교회의 중요한 문제를 다루기 위해 에베소에서 고린도전서를 썼다(행 19:1, 고전 1:11, 16:17). 그는 마게도냐를 통해 북쪽으로 갔다가 육로로 고린도에 갈 생각이었지만(고전 16:5), 고린도에서 골치 아픈 소식을 받았다.

이 지점에서 '중간 방문' 문제가 떠오른다. 고린도후서 2장 1절에서 바울은 "다시는 근심 중에" 그들에게 가고 싶지 않다고 말한다. 그런 다음 고린도후서 12장 14절, 13장 1절에서는 다음 번 방문이 "세 번째" 방문이 될 것이라 말한다. 그래서 많은 학자가 바울이 에베소에서 고린도에 다녀온, 기록되지 않은 짧은 방문이 있었을 것이라고 제안한다.[14] 이 방문 후에 바울은 디도에게서 고린도 교회에 대한 최근 소식을 듣고 마게도냐에서 고린도후서를 썼다(7:5-6).

그러나 일부 주석가는 고린도전서와 후서 사이에 바울이 두 번째 방문했으리라는 가능성이 적다고 생각한다. "바울은 얼마 동안 고린도 방문을 신중하게 삼갔다. 더욱이 서신서의 전반적인 분위기는 바울이 고린도에 오래 머물렀던 때 이후로 고린도에 간 적이 없었음을 내비친다. 그런 방문이 있었다면 이처럼 자세하고 사사로운 이야기가 넘치는 편지에 그 방문을 알 수 있는 정보가 없을 리가 없다."[15] 이 문제를 해결하기 위해 일각에서는 바울이 고린도를 처음 방문하고 떠난 직후 원래의 잃어버린 편지를 쓰기 전(고린도전서를 쓰기 전인)에 언급되지 않은 두 번째 방문이 있었다고 제안했다.[16]

또 다른 해명은 바울의 '고통스러운 방문'은 그가 직접 간 것이 아니라, 그의 편지-고린도전서나 고린도후서 7장 8절에 언급된 '근심의 편지'-를 전달한 대리인의 방문이었다는 것이다. "그러므로 내가 편지로 너희를 근심하게 한 것을 후회하였으나 지금은 후회하지 아니함은 그 편지가 너희로 잠시만 근심하게 한 줄을 앎이라." 바울은 고린도후서 2장 1-4절에서 중간 편지와 가설의 방문을 언급할 때 "근심"이라는 동일한 헬라어를 사용했다.

> 내가 다시는 너희에게 근심 중에 나아가지 아니하기로 스스로 결심하였노니 내가 너희를 근심하게 한다면 내가 근심하게 한 자밖에 나를 기쁘게 할 자가 누구냐 내가 이같이 쓴 것은 내가 갈 때에 마땅히 나를 기쁘게 할 자로부터 도리어 근심을 얻을까 염려함이요 또 너희 모두에 대한 나의 기쁨이 너희 모두의 기쁨인 줄

확신함이로라 내가 마음에 큰 눌림과 걱정이 있어 많은 눈물로 너희에게 썼노니 이는 너희로 근심하게 하려 한 것이 아니요 오직 내가 너희를 향하여 넘치는 사랑이 있음을 너희로 알게 하려 함이라(2:1-4).

그러므로 바울이 전에 쓴 편지(고린도전서 또는 '근심의 편지' 또는 두 가지 다)를 '두 번째 방문'으로 쳤을 가능성이 있다. 다음과 같은 글에서 바울이 디모데나 디도와 같은 권위 있는 대표자들이 읽은 편지가 자신의 존재를 매개한다고 여겼음이 확인된다. "내가 실로 몸으로는 떠나 있으나 영으로는 함께 있어서 거기 있는 것 같이 이런 일 행한 자를 이미 판단하였노라"(고전 5:3, 밑줄 나의 강조). 칼뱅은 이렇게 썼다. "그가 먼저 슬픔에 잠긴 서신을 보냈기 때문에 그들은 막상 그가 함께 있을 때는 그 엄중함을 느낄 수 없었을 것이다."[17]

나는 두 가지 이유에서 바울이 고린도전서와 후서 사이에 고린도를 잠깐 다녀왔을 가능성이 희박하다고 생각한다. 1) 그 시기에 바울은 고통스러운 방문을 피하기 위해 '근심의 편지'를 썼다(고후 2:1-4). 2) 그는 고린도전서에서 언급한 계획을 실천하지 않았다는 비난에 대해 고린도후서에서 고린도 방문이 지연된 이유를 변호해야 했다(고후 1:15-17). 그가 중간에 고린도를 방문했다면 그가 방문하지 않은 이유를 이렇게 설명하는 것이 앞뒤가 맞지 않는다. 따라서 (1) 처음 고린도를 떠나고 고린도전서를 쓰기 전에 언급되지 않은 두 번째 방문이 있었거나, (2) 특정한 쟁점에 대한 바울의 판단을 전달하고 고린도전서에 쓴 그의 강력한 지시를 따르게 하기 위한 '대리 방문'이나 '영으로' 함께했다는 이론을 나는 더 좋아한다.

## —13:5-10—

바울은 고린도 교인을 시험하러 곧 올 것이었기 때문에 시험에 대비하라고 강권했다. "너희는 믿음 안에 있는가 너희 자신을 시험하고 너희 자신을 확증하라"(13:5). 변호사 시험을 준비하는 법학대학 졸업생들이 모의시험을 치르듯 고린도 교인은 바울의 복귀에 대비해 스스로 훈련해야 했다.

"너희 자신"(13:5)이라는 말에 밑줄을 치라. 이 구절에서 이 말이 두 번 나온다. 바울은 이 말을 반복하면서 강조할 뿐 아니라 헬라어 구문의 통상적인 순서에서 벗어나게 배치함으로 강조한다. 문자 그대로 표현하면 이렇다. "너희는 예수 그리스도가 너희 안에 계시는지…너희 자신이 점검하라…너희 자신이 입증하라." 여기서 강조하는 것은 우리 각자가 예수님이 실제로 우리 안에 계시는지 조사하는 것이다. 알다시피, 이것은 최초의 회심과 구원에 관련된 것이지만, 그리스도가 매일 우리와 함께 걸으시면서 우리 안에서 그리고 우리를 통해서 역사하시는 것을 나타내기도 한다. 이 시험은 우리가 교회에 얼마나 성실히 출석하는지, 식사 기도를 얼마나 잘하는지, 얼마나 성경 구절을 많이 외우는지를 묻지 않는다. 이 필수 시험은 우리가 예수 그리스도와 함께 믿음 안에서 얼마나 진실하게 서 있는지를 밝힐 것이다.

우리는 세 부분에서 자기 점검을 해야 한다. 바로 시험, 증명, 인지다.

| 시험 분야 | 헬라어 | 질문 |
|---|---|---|
| 시험 | *peirazō*(3985), '시험' | 당신은 그리스도와 개인적인 관계를 맺고 있는가? 그리스도를 알고 나서 인생에 중대한 변화가 생겼는가? 당신은 그리스도의 인도하심과 임재와 평화와 기쁨을 경험하고 있는가? |
| 증명 | *dokimazō*(1381), '조사하다' | 당신이 정말로 거듭났음을 보여주는 증거가 있는가? 당신의 생각, 습관, 목표, 관계, 감정이 당신 주변의 세상이나 당신의 과거 모습과 얼마나 다른가? |
| 인지 | *epiginōskō*(1921), '인지하다' | 당신 삶 속에서 성령의 역사를 인지하는가? 다른 사람들도 그것을 알아보는가? 당신의 지식, 확신, 평화가 점점 더 커지고 있는가? 성령의 열매를 맺고 있는가(갈 5:22-23)? |

바울이 고린도 교인에게 그들의 구원을 의심해보라고 하지 않는다는 점에 유의하라. 그러나 이 구절은 종종 그렇게 해석된다. 물론 바울은 고린도 교인 가운데 있는 거짓 교사들은 그리스도를 진심으로 믿지 않는다고 생각했으므로 그런 시험으로 그들이 구원받지 못했음이 드러날 것이다. 그러나 그는 대다수 고린도 교인을 그리스도 안에 있는 형제자매로 여겼다. 고린도후서 13장의 전체 맥락은 바울의 교정-즉, 영적 성숙 또는 '성화'-을 흔쾌히 받아들이려는 그들의 마음가짐과 관련되어 있다. 그들이 그리스도와 맺고 있는 관계의 진정성은 그리스도가 바울을 통해 하신 명령에 그들이 긍정적으로 응답할 때 드러날 것이다. 바울이 고린도 교인에게 "믿음 안에" 있는지 확인해보라고 권유한 것은 이런 뜻이었다. "너희가 신자라는 것을 나에게 보여달라. 신자답게 살라! 그리스도의 말씀에 순종하라! 의심의 여지없이 너희의 신앙이 진실함을 보여주는 일을 하라!"

바울은 온갖 증거와 주장으로 그의 사역이 순수하다는 것을 입증했다. 그런 다음 그와 그의 동료 사도들은 "그 시험에 불합격하지 않았다는 것"(13:6, 현대인의 성경)을 고린도 교인이 깨닫기를 바랐다. 바울과 다른 사도들은 헌신된 그리스도인이 갖추어야 할 종의 자세와 행동을 분명히 보여주었기 때문에 고린도 교인을 지목해서 그들의 진정성을 보여달라고 요구할 자격이 있었다.

큰 시험을 앞둔 자녀를 위해 기도하는 부모처럼 바울은 고린도 교인이 사도들을 대하는 태도와 관계 없이 "악을 조금도 행하지" 않고 시험에 통과하게 해달라고 기도한다(13:7). 그의 관심은 훌륭한 선생이라는 명성이 아니라 학생들을 깨우치는 것이었다. 바울은 자기를 위해서가 아니라 고린도 교인을 위해서 그들이 시험에 통과하기를 바랐다. 훌륭한 선생들이 다 그렇듯 바울은 진리를 추구하는 데 매진한다(13:8). 그 때문에 바울은 기준을 낮출 수도, 책임을 소홀히 할 수도, 고린도 교인의 방만한 태도와 행동을 그냥 넘길 수도 없었다.

바울은 학생들이 가르치는 것을 '알아듣고' '완전히 터득하거나' '성숙할' 때 기뻐서 얼굴이 환해지는 훌륭한 교사와 같다(13:9). 여느 자상한 교사들과 마찬가지로 바울은 고린도의 제자들이 발전하기를 바란다. 그는 훈육의 매를 가지고 그들에게 나타나기를 원하지 않는다. 그가 원하는 것은 그들을 세우는 것이지 비난하는 게 아니다(13:10). 그러나 바울이 어떤 태도로 그들에게 올 것인지는 그들이 자신들의 삶과 교회에 대한 시험을 얼마나 잘 준비했는지에 달려 있다.

## —13:11–13—

바울은 고린도 교인에게 쓴 이 강하고 단호한 책망의 편지를 마무리하는 지점에서 먼저 신자가 어떻게 삶을 영위해야 하는지를 가르쳐주는 여섯 가지 실제적인 명령을 나열한다(13:11–12). 바울이 이 명령을 읽으면서 여섯 개의 짧은 권고를 "사랑과 평강의 하나님이 너희와 함께 계시리라"(13:11)는 강력한 약속과 연결하는 것에 주의하라.

**기뻐하라.** 고린도 교인이 바울의 경고와 권고에 귀 기울인다면 종종 찾아오는 인생의 역경을 기쁘게 받아들일 수 있다. 그들이 바울의 말을 경청한다면 유대주의자의 율법주의에서 놓여나고, 회개하지 않은 죄의 결과에서 자유로워지며, 깊은 곳에서 우러나는 성령이 주시는 기쁨으로 말미암아 웃게 될 것이다.

**온전해지라.** 헬라어 *katartizō*(2675)는 충분히 사용할 수 있도록 부족한 것을 제공해서 어떤 것에 대해 준비하고 있거나 준비되어 있다는 뜻이다. 고린도 교인은 특히 그릇된 믿음을 바꾸고 잘못된 관행을 회개하는 것을 포함해서 모든 것에 준비가 되어 있어야 했다.

**위로를 받으라.** 여기에 사용된 헬라어 *parakaleō*(3870)에 대해 필립 휴즈(Philip Hughes)는 이렇게 썼다. "여기서 이 말은 '훈계를 받으라'…즉, 이 편지가 호소하는 바에 응하라는 다른 의미로 번역하는 것이 더 좋을 것 같다."[18] 다시 말해서, 그들이 바울의 권고를 경청할 때 위로받게 될 것이다.

**마음을 같이하라.** 고린도 교인은 말 그대로 '같은 것을 생각해야' 했다. 이는 노골적인 반항과 갈등을 배제하고, 분열, 파벌, 당파, 격한 논쟁을 근절하는 것을 말한다. 우리가 그리스도를 향한 동일한 마음을 가질 때 다른 사람들을 향해서도 이타적이고 투명하며 지지하는 한마음을 품게 될 것이다.

**평안하라.** 평안은 모든 교회를 향한 바울의 목표—싸우지 않고 서로를 용인하는—였다. 슬프게도 고린도 교회나 역사상 대부분의 교회 그리고 우리 시대의 교회까지도 평화를 제대로 구축하지 못했다. 그러나 우리 모두는 그리스도의 몸 된 지체와 평화로운 관계를 맺기 위해 노력해야 한다.

**거룩한 입맞춤으로 서로 문안하라.** 바울은 고린도 교인이 사랑을 느끼거나 말로만 하지 말고 서로에 대한 애정을 구체적으로 표현하기를 바란다. 현대 문화에서 "거룩한 입맞춤"은 위로의 포옹을 하거나, 다른 사람의 어깨를 감싸거나, 등을 토닥여 안심시키는 등의 애정과 감사를 표현하는 실제적인 선물의 형태를 취할 수 있다.[19]

바울은 그와 함께 있는 성도들의 인사를 전한 뒤(13:13, 현대인의 성경) 아름다운 삼위일체의 축복으로 이 장엄한 서신을 끝낸다. 내주하시는 성령의 능력으로 유일하신 참 하나님의 아들이신 예수 그리스도를 통해 하나님과의 영원한 관계로 말미암아 누리는 은혜와 사랑과 교제를 떠올려보라. 고린도후서를 탐구한 우리의 여정을 마치는데 딱 어울리는 마무리다(13:14, 현대인의 성경).

주 예수 그리스도의 은혜와
하나님의 사랑과
성령의 교통하심이 너희 무리와 함께 있을지어다.

## 적용: 고린도후서 13:1-13

### 기억해야 할 두 가지

바울이 고린도 교인에게 보낸 두 번째 편지는 성부, 성자, 성령의 삼위일체 하나님이 우리의 구원과 그리스도인의 삶에 참여하고 계심을 상기시키는 멋진 말로 끝난다. 사실, 고린도후서 전체가 서로를 섬기는 소중한 소명에 관한 영원한 진리를 적시에 상기시켜주기 위해 쓰였다. 우리는 다 받아들이기 버거울 만큼 많은 것을 고린도후서에서 배웠다. 이 책의 메시지를 기억하고 적용하는 데 도움이 될 두 가지를 나누고 싶다.

첫째, 어디에 있든지 하나님의 사랑을 보여주라. 바울은 고린도 교인에게 그렇게 했다. 그들이 잘못된 길로 갔을 때 바울은 그들의 고집스러운 마음을 올가미로 잡아 다시 우리 안에 넣었다. 그렇지만 그는 그 일을 사랑으로 했다. 물론 대립의 날선 말도 오갔지만, 그것조차도 그들을 향한 깊은 사랑과 헌신에서 우러나온 것이었다. 당신이 하나님의 사랑을 베풀면 그것은 마치 자석처럼 가장 완강하고, 냉소적이며, 반항적인 죄인도 다시 하나님의 마음으로 끌어당길 것이다.

둘째, 무슨 일을 당하든지 하나님의 사랑을 기억하라. 이 글을 읽고 있는 많은 사람이 지독히도 힘든 시기를 겪었다. 당신의 삶은 결딴났고, 과연 견딜 수 있을지 알 수 없는 어려운 상황을 마주해야 했다. 바울 역시 이러한 삶과 사역의 단계를 통과했다. 그리고 하나님은 그 모든 과정에서 그와 함께하셨다. 이 중요한 사실을 절대 잊지 말라. 당신이 한참 씨름하고 있는 문제 한가운데 하나님이 계신다. 그분은 당신의 고통을 아신다. 그분은 당신을 죄와 죽음, 절망에서 구속하시기 위해 자기의 아들을 주실 만큼 우리를 깊이 사랑하신다. 그리고 그분은 우리를 더 친밀한 관계로 이끄시고 그분의 몸된 교회와 연합시키려고 성령을 보내셨다. 우리 삶에 어둠이 덮칠 때 하나님이 비추시는 사랑의 빛을 기억할 수 있다면 고린도후서의 메시지는 우리 삶에서 제 몫을 다한 것이다.

주

1. John Allen Gable, ed., *The Man in the Arena*(Oyster Bay, NY: Theodore Roosevelt Association, 1987), 54에서 인용. 이것은 1910년 4월 23일 프랑스 파리 소르본 대학에서 시어도어 루스벨트가 "공화국의 시민"이라는 주제로 연설한 내용 중 일부임.
2. "Acts of Paul and Thecla" in *Fathers of the Third and Fourth Centuries*, vol. 8 of Ante-Nicene Fathers, American repr., ed., Alexander Roberts, James Donaldson, and A. Cleveland Coxe(Grand Rapids: Christian Literature Publishing Company, 1886), 487. 이 기사는 바울이 죽은 지 약 1세기 후에 쓰인 문서에서 나온 것이지만, 바울의 일반적인 외모에 대한 정확한 기억을 보존하고 있을 것이다. 왜냐하면 당시에는 큰 존경을 받는 사도의 모습을 더 좋게 묘사하는 경향이 있었기 때문에 이 과장되지 않은 기술이 진실성을 가지는 것은 우리가 후대에 지어낸 전설적인 묘사에서 기대할 수 있는 것과 상반되기 때문이다.
3. Barrett, *Second Epistle*, 277.
4. Lowery, "2 Corinthians," 578.
5. 같은 책.
6. Keener, *1-2 Corinthians*, 227.
7. 고대 수사학의 역사에 대해서는 Thomas Habinek, *Ancient Rhetoric and Oratory*, Blackwell Introductions to the Classical World(Oxford, UK: Blackwell, 2004)을 보라.
8. 존 뉴턴이 작사한 찬송가 "나 같은 죄인 살리신."
9. 세 가지 모두 시편 139편 7-10절에 반영되어 있는데, 이는 하나님이 무소부재하시고 활동적이심을 나타낸다. 우리는 그리스도의 주권 역시 존재의 모든 영역으로 확장되면서 언젠가 "하늘에 있는 자들과 땅에 있는 자들과 땅 아래에 있는 자들로"(빌 2:10) 모든 무릎을 그분께 꿇게 할 거라고 들었다. 이와 똑같은 세 개의 차원이 요한계시록에도 똑같이 나타난다(계 5:3, 13).
10. Lowery, "2 Corinthians," 582.
11. Harris, "2 Corinthians," 395.
12. Hughes, *Paul's Second Epistle*, 442-448 참조.
13. 481쪽의 "Paul's Mysterious Second Visit" 참조.
14. Ernest Best, *Second Corinthians*, Interpretation: A Bible Commentary for Teaching and Preaching(Louisville: John Knox, 1987), 2, 124; Lowery, "2 Corinthians," 552.
15. John James Lias, *The Second Epistle to the Corinthians*, The Cambridge Bible for Schools and Colleges, ed. J. J. S. Perowne(Cambridge: Cambridge University Press, 1897), 130.
16. Robert B. Hughes, *Second Corinthians*, Everyman's Bible Commentary(Chicago: Moody Press, 1983), 16-17.
17. John Calvin, *Commentary on the Epistles of Paul the Apostle to the Corinthians*, vol. 2., trans. John Pringle(Edinburgh: Calvin Translation Society, 1849), 146.
18. Hughes, *Paul's Second Epistle*, 487.
19. "거룩한 입맞춤"의 고대 관습에 대해서는 302쪽의 적용에 나오는 "사랑을 표현하는 구체적인 방법"을 보라.

찰스 스윈돌의 신약 인사이트 시리즈

# 고린도전·후서

**1쇄 발행** 2020년 2월 28일

**지은이** 찰스 스윈돌
**옮긴이** 김희수
**펴낸이** 고종율

**펴낸곳** 주) 도서출판 디모데 〈파이디온 선교회 출판 사역 기관〉
**등록** 2005년 6월 16일 제 319 – 2005 – 24호
**주소** 서울특별시 서초구 서초대로 141–25(방배동, 세일빌딩 8층)
**전화** 마케팅실 070) 4018–4141
**팩스** 마케팅실 031) 902–7795
**홈페이지** www.timothybook.com

값 42,000원
ISBN 978–89–388–1658–0 04230
ISBN 978–89–388–1499–9 (세트)